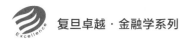 复旦卓越·金融学系列

金融理论与政策

马广奇 著

Financial Theory and Policy

復旦大學 出版社

内容简介

本书全面梳理了古今中外现有的八大类二十余种金融理论，尤其是荣获诺贝尔经济学奖的主流金融理论，包括货币供求理论、金融中介理论、金融功能理论、金融结构理论、有效市场假说、资本结构理论、投资组合理论、资产定价理论、证券市场微观结构理论、行为金融理论、制度金融理论、演化金融理论、法金融理论、金融发展理论、汇率理论、国际收支理论、开放金融均衡理论、金融风险与危机理论、金融监管理论与制度，以及马克思金融理论、中国金融学说等。每一种金融理论的专题介绍都围绕历史演变、代表人物、理论内容、主要观点、政策主张、中国应用等主线展开，力争给读者以清晰的全景式展示。

本书是金融硕士专业学位研究生基础核心必修课"金融理论与政策"的教材，也可以作为本科金融专业高年级学生的"金融学"类课程教材。同时，本书可供经济、管理专业同类课程的教学参考，也可供金融经济理论研究者和实际工作提升使用。

前　言

经济学的森林里,金融之花盛开。金融给人类经济生态系统增添了五彩斑斓的色彩,也带来了无限的活力和对财富的遐想。那么,金融到底是什么,金融是怎么来的,金融与经济的关系怎样？金融类专业为什么热门,金融学的知识体系是什么样的,金融理论到底有哪些,怎么才能学好金融学,金融业的定位和未来趋势如何？这些是我们首先要了解的,也是本书写作的缘起和宗旨。

1. 金融的渊源与定位

世界上本来没有金融,早期原始人类不需要货币。来自自然界的物品满足着人们本能的需要,超过生理需求的剩余物品才拿出来交换变成了商品。"商品—商品"的物物交换主宰了早期的原始社会,有了商品就能生存,所以人们崇尚的是"商品拜物教"。

货币是人类历史上伟大的发明,可以与文字的发明相提并论。剩余商品由简单的偶然的交换扩大到经常的必然的交换以后,物物交换由于时间上、空间上、需求上"三重巧合"的制约就难以直接进行了,客观上需要一种媒介的驱动。区域内一些共用的商品逐渐排他占据了"一般等价物"地位,当金银等贵金属垄断了"一般等价物"宝座的时候,货币就产生了。货币一旦产生,一切商品都要与它发生关系,通过这个"价值尺度"来衡量和外化自己的内在价值表现为价格,并借助这个"流通手段"先卖后买才能完成自己的交换。这样,世界就由"商品"单极世界变成了"商品-货币"两极世界。有钱能使鬼推磨,"商品拜物教"就变成了"货币拜物教"。

货币在媒介商品交换的同时自己也在运动,这就有了商品流通基础上的货币流通。货币流通与信用借贷一见面,互相黏合,互相促进,形成了一股无形的资金运动。以货币为媒介、以信用为基础形成的社会资金融通,就是我们今天所说的金融。可见,金融是人类社会分工条件下,随着商品交换的扩大和商品经济的发展而产生并为之服务的配套机制和专业部门,是所有货币资金融通的总称。

货币产生后,人类经济活动就变成了"一体两面":实际层面(the real world 或 the real economy)和货币层面(the monetary world 或 the monetary economy),即"商品-货币"两极世界,也就是今天我们所说的实体经济和虚拟经济。现代市场经济已经演变为一种高度发达的金融经济,货币的发明和金融的发展不仅极大地降低了人类交换的成本,提高了社会资源配置的效率,不断诱发出现实生产潜力,增加社会财富的总量,而且一步一步地推动着经济形态的自然演进和升级换代,推动着人类社会的进步和文明的提升。

当今,金融已成为现代市场经济的基础设施和核心机制,离开货币的媒介和金融的驱动,任何经济的运转都是不可想象的。金融体系构成了马克斯·韦伯(Max Weber)所说的"资本主义的支撑系统"。尤其是世界经济的一体化和金融的全球化背景下,金融对世界经济的影响更为惊人,甚至上升到国家安全的高度。可以说,自有人类历史以来,金融从未像今天这样左右世界,世界也从未像今天这样关心金融。

"金融无小事"。21世纪以来金融危机的频繁爆发给整个世界经济带来极大的冲击,也使人们对金融的基础战略地位有了更为真切的感受,关于金融发展与金融理论问题的探索成为经济学界的最大热点,金融学逐渐走向经济学的中心,诺贝尔经济学奖被频频颁发给金融学家就是最好的证明。

金融作为一种社会资金融通的市场机制,随着科技的进步,金融形态也不断演化发展。由最初的货币、信用、银行,逐渐派生出证券、信托、保险、租赁、担保、众筹、网贷等多种分支行业和新兴领域,共同构成了蔚为壮观的"大金融"生态系统。金融的功能由最初的交换媒介和资金融通,一步一步扩展到资源配置、风险管理、信息传递,甚至公司治理、激励机制、消费引导、资产管理、区域协调、经济调控、财富再分配等衍生功能。以银行为中介的间接融资和以证券为载体的直接融资两条传统的金融通道,逐渐被"影子银行"表现的"金融脱媒"(disintermediation)现象冲击和突破,金融的范围越来越扩大,边界越来越模糊。当代国际金融结构的变化趋势是:以商业银行为中介的间接融资的垄断地位不断下降,证券市场代表的直接融资渠道地位不断上升,"资产证券化"(asset securitization)倾向和财富管理趋势更是愈演愈烈。而且,当代网络信息科技的突飞猛进更是颠覆了传统金融的形态和作用,网上众筹、第三方支付、P2P、数字货币等互联网金融新业态,抢夺着传统银行和证券机构的饭碗,改变着人们对金融的认识。可以说,金融是现代经济系统的血液和生命线,是钱引物流的驱动力和方向盘,是要素配置的黏合剂,是财富管理的总枢纽,是宏观调控的总闸门。华尔街的金融魔幻主宰着世界资金的动向,全球各地的金融中心上演着跌宕起伏的财富江湖悲喜剧。可以说,金融越来越让人看不懂了,变成了一把双刃剑,它可以把经济推向天堂,也可以把经济拖进地狱。金融更是国家安全的无形屏障,成为全球大国博弈的关键棋子和输赢撒手锏。

2. 金融学科与课程体系

在金融浪潮的推动下,金融学成为经济学这一社会科学体系里的"皇冠",甚至是皇冠上璀璨夺目的"明珠",上升为经济学科大类中第一显学专业,成为普罗大众关心的话题,成为年轻人报考的热门专业,也是经济管理类各专业中应用面最广、技术性最强、最具竞争力和持久发展力的专业之一。

国内以前所理解的"金融学",大抵属于西方学界宏观经济学、货币经济学和国际经济学领域的研究内容,而西方学界所指的finance,就其核心研究对象而言更侧重微观金融领域。在国外,公司金融和投资学这样的微观性研究领域通常设在商(管理)学院,而类似货币银行学和国际金融这样的宏观性研究领域通常设在经济学院(系)。

国内传统金融学体系主要由货币银行学(money and banking)和国际金融(international finance)"两条主线",货币、信用、银行"三大块内容"构成。1997年,国务院学位委员会修订学科专业目录,将原来的"货币银行学"专业和"国际金融"专业合并为"金融学(含:保险学)"专业,而这些又被从西方引进的"公司金融"和"投资学"为代表的两大领域所修正。当下,正确理解金融学,需要全面认识和重新构建金融学学科体系。我们认为,新的金融学体系可以分为三大支系,即微观金融学、宏观金融学、中观金融学,以及与其他学科互相渗透形成的交叉学科,如与数学、心理学、法学、网络科技等交叉产生的金融工程、行为金融学、法金融学、科技金融学、智能金融学等。

国内大学教育的金融类本科专业以市场经济中的各类金融活动为研究对象,主要包括货币流通和信用活动、金融市场运行与投融资决策、金融产品定价及风险管理、金融机构经营管理、金融宏观调控等。设置了四个基本专业:金融学、金融工程、保险学、投资学;有三个特设专业:金融数学、信用管理、经济与金融;2016年来又开设了精算学、互联网金融、金融科技(fintech)三个新兴专业。目前一共有10个专业之多,今后可能还会交叉增设。

教育部高等学校金融学类专业教学指导委员会制定的《金融学类专业教学质量国家标准》规定,金融学课程体系由专业基础课、专业必修课和专业选修课组成。其中:专业基础课指定政治经济学、宏观经济学、微观经济学、计量经济学、统计学、会计学、财政学、金融学8门;专业基础课可以选开发展经济学、制度经济学、数理经济学、国际经济学、经济学说史、产业经济学、信息经济学、管理学原理、财务报表分析、管理会计、审计学、系统工程、管理心理学、组织行为学、项目管理、市场营销、民商法等。

专业必修课采取"5+X"模式。金融类各具体专业的5门必修课分别如下:"金融学"专业包括证券投资学、公司金融、金融风险管理、商业银行业务与经营、国际金融;"金融工程"专业包括证券投资学、金融风险管理、公司金融、金融工程学、金融计量学;"保险学"专业包括保险学原理、风险管理、保险精算学、人身保险、财产保险;"投资学"专业包括证券投资学、金融风险管理、公司金融、投资银行学、项目评估与管理;"金融数学"专业包括常微分方程、随机过程、证券投资学、金融风险管理、金融经济学;"信用管理"专业包括信用经济学、信用管理学、金融风险管理、信用评级、征信理论与实务;"经济与金融"专业包括证券投资学、公司金融、金融经济学、金融机构与金融市场、国际金融。"X"备选课则包括金融机构与金融市场、商业银行业务与经营、国际金融、中央银行学、金融中介学、金融市场学、货币金融史、信托与租赁、国际贸易、国际投资、金融经济学、公司金融、固定收益证券、金融工程学、金融衍生工具、金融计量学、常微分方程、应用随机过程、实变函数、数理金融、金融时间序列分析、投资银行学、投资组合管理、项目评估与管理、资产评估、投资价值分析与评估、房地产金融与投资、证券投资技术分析、金融产品设计、期货与期权、金融伦理学、金融心理学、银行会计、保险学原理、保险精算学、人身保险、财产保险、保险经济学、保险法、再保险、保险会计、社会保障学、保险经营管理学、保险营销学、利息理论、信用经济学、信用管理学、信用评级、征信理论与实务、信用风险度量方法、企业信用管理、消费者信用管理、金融机构信用管理等。以上是本科金融类专业的课程情况。

金融硕士专业学位培养目标是培养充分了解金融理论与实务,系统掌握投融资管理技能、金融交易技术与操作、金融产品设计与定价、财务分析、金融风险管理以及相关领域的知识和技能,具有很强的解决金融实际问题能力的高层次、应用型金融专门人才。《全国金融硕士专业学位(MF)指导性培养方案》要求:先修课包括经济学原理、会计学原理;专业必修课从金融理论与政策、金融机构与市场、财务报表分析、投资学、公司金融、金融衍生工具6门中任选4门;选修课包括商业银行经营管理案例、财富管理、固定收益证券、企业并购与重组案例、私募股权投资、资产定价与风险管理、金融营销、金融危机管理案例、金融企业战略管理、行为金融学、金融法、金融史等,可从中任选。

不看不知道,一看吓一跳;外行看热闹,内行看门道。一张金融学知识体系的图谱和金融学专业人才培养的课程体系设置脉络展现在人们面前。

3. 金融理论大厦的构建

金融历史源远流长,金融发展跌宕起伏,金融形态千姿百态,金融体系复杂多样;金融学研究走向主流,金融学科不断突破,金融专业越来越多,金融课程包罗万象;金融功能不断拓展,金融模式受到挑战,金融危机频繁发生,金融问题层出不穷。那么,到底怎么认识金融,怎么把握金融的实质,怎么不被浮云遮望眼,透过现象看本质?万变不离其宗,我们认为,必须回归起点、回归经典、回归基础,抓住"金融理论"这根主线,纲举目张,打好"金融理论"功底,这就是本书写作的目的。

国内金融本科专业使用的《金融学》类教材很多,金融硕士研究生使用的《金融理论与政策》也有两本,但是,能够满足高年级大学生和硕士研究生抽丝剥茧、提纲挈领掌握金融学理论的需求的教科书几乎没有。本书专门以"金融理论"为对象,以金融理论与政策为主线,在经济学森林里全面扫描,运用比较研究的范式,以学术讲座的方式,从古到今,从国外到国内,从主流到非主流,从经典到现实,从原理到应用,对各种金融理论进行全面的、总括的梳理、透视、分析和讲解,对金融理论体系大厦进行图景式展示,以使学生们对金融知识有一个深入、系统、清晰的理解和掌握。

《金融理论与政策》内容包括八大板块共23讲。首先是总论部分,介绍金融理论的总体框架和历史梳理;其次是主体部分,对各种主流金融理论分别进行专题介绍,主要有货币供求理论、金融中介理论、金融功能理论、金融结构理论、有效市场假说、资本结构理论、投资组合理论、资产定价理论、证券市场微观结构理论、行为金融理论、制度金融理论、演化金融理论、法金融理论、金融发展理论、汇率理论、国际收支理论、开放金融均衡理论、金融风险与金融危机理论、金融监管理论与制度等;最后作为延续和补充,对马克思金融理论、中国金融学说也做了归纳描述和比较介绍。就每一讲而言,对每一种金融理论的专题介绍主要围绕历史演变、代表人物、理论内容、思想观点、政策主张、最新动态、中国应用等大体思路展开,力争做到"显山露水""有骨有肉"。每一种理论开头都有"基本要求""本讲重点""本讲难点"等提示,每一讲最后都有"思考题"等。

笔者学金融、写金融、干金融、教金融近40年,一直致力于金融理论的学习、思考和下海工作实践探索。近些年回到陕西科技大学教书,先后给本科生、硕士生、博士生讲授过"金融学""金融与投资""国际金融""证券投资""资本运营"尤其是金融专硕"金融理论与政策"等课程,本书便是由多年积累的讲稿的整理集成,先后有多个年级100多位金融硕士研究生一起上课、研讨、写作、整理,因此,可以说是师生集体研究的成果,特向学子们表示感谢。在讲授、成书的过程中参考了大量国内外专家学者的文献成果,笔者虽尽量标注但难免挂一漏万,在此一并说明并表示感谢。当然,书中存在的疏漏、缺点甚至错误在所难免,尚希同行专家和广大读者不吝指正。让我们一起努力,携手精进,共同为中国金融理论大厦的构建和金融改革的深化添砖加瓦!

目 录

第一部分 金融理论总论

第1讲 金融理论的总体框架 ·· 003
    一、金融理论的三个维度 ·· 003
    二、获得诺贝尔经济学奖的前沿金融理论 ······················ 009
    三、金融理论的中国化 ·· 010

第2讲 金融理论的历史梳理 ·· 012
    一、早期经济学家的金融思想 ······································ 012
    二、古典经济学家的金融思想（亚当·斯密起至19世纪末） ····· 024
    三、20世纪30年代凯恩斯前的金融理论 ······················ 032

第二部分 货币理论

第3讲 货币供求理论 ·· 041
    一、货币供求及其均衡理论 ·· 041
    二、中央银行与货币政策 ·· 054

第三部分 金融主体理论

第4讲 金融中介理论 ·· 071
    一、金融中介概述 ·· 071
    二、金融中介理论的演变阶段 ······································ 072
    三、金融中介理论的主要内容 ······································ 074

第5讲 金融功能理论 ·· 080
    一、金融功能理论的提出 ·· 080
    二、金融体系的功能 ·· 081

三、金融功能的历史演进 ·· 083
　　四、全球化下金融功能的认识 ·· 088

第6讲　金融结构理论 ·· 091
　　一、金融结构的内涵 ·· 091
　　二、金融结构理论的演进轨迹 ·· 092
　　三、金融结构分析的基础与指标 ······································ 096
　　四、金融结构演进的决定因素 ·· 097
　　五、中国的金融结构分析 ·· 098

第四部分　金融市场理论

第7讲　有效市场假说 ·· 105
　　一、有效市场假说的历史回溯 ·· 105
　　二、有效市场假说的理论思想 ·· 107
　　三、有效市场假说的检验 ·· 111
　　四、有效市场假说的国际影响 ·· 113
　　五、有效市场假说在中国的实践应用 ································ 114

第8讲　资本结构理论 ·· 118
　　一、资本结构理论概述 ··· 118
　　二、传统资本结构理论 ··· 119
　　三、现代资本结构理论 ··· 120
　　四、新资本结构理论 ·· 123
　　五、资本结构理论在中国的应用 ······································ 126

第9讲　投资组合理论 ·· 130
　　一、证券与证券投资组合 ·· 130
　　二、传统投资组合理论 ··· 134
　　三、现代投资组合理论 ··· 135
　　四、投资组合理论在中国的应用 ······································ 143

第10讲　资产定价理论 ·· 146
　　一、资产定价理论的发展历程 ·· 146
　　二、资本资产定价理论的内容与扩展 ································ 148
　　三、资产定价的三大未解之谜 ·· 154
　　四、现代资产定价理论的展望 ·· 155

第 11 讲　证券市场微观结构理论 ·············· 157
　一、市场微观结构理论的发展历程 ·············· 157
　二、市场微观结构理论的模型 ·············· 159
　三、市场微观结构理论的内容 ·············· 161
　四、证券市场微观结构的设计与实践 ·············· 164
　五、中国证券市场的微观结构 ·············· 167

第五部分　新金融理论

第 12 讲　行为金融理论 ·············· 175
　一、行为金融理论的发展历程 ·············· 176
　二、金融市场中的非理性效应 ·············· 177
　三、行为金融理论的内容 ·············· 178
　四、行为金融理论在中国的应用 ·············· 181
　五、行为金融理论的未来展望 ·············· 183

第 13 讲　制度金融理论 ·············· 187
　一、制度金融理论的起源与发展 ·············· 187
　二、金融制度的功能与研究方法 ·············· 190
　三、制度金融理论的内容 ·············· 191
　四、制度金融理论的主要思想 ·············· 196
　五、中国金融改革的制度金融理论解释 ·············· 198

第 14 讲　演化金融理论 ·············· 202
　一、演化金融理论的起源 ·············· 202
　二、演化金融理论的研究内容 ·············· 203
　三、演化金融与主流金融的差异性 ·············· 205
　四、演化金融理论在中国的应用 ·············· 207
　五、演化金融理论的未来展望 ·············· 207

第 15 讲　法金融理论 ·············· 209
　一、法金融理论的缘起 ·············· 209
　二、法金融理论的基础与意义 ·············· 210
　三、法金融理论的内容 ·············· 211
　四、法金融理论的缺陷 ·············· 213
　五、法金融理论在中国的应用 ·············· 214

第 16 讲　金融发展理论 ·············· 218
一、金融发展理论的演变历程 ·············· 218
二、金融发展理论的内容 ·············· 221
三、发展中国家的金融深化 ·············· 228
四、中国金融深化程度分析 ·············· 229

第六部分　开放金融理论与政策

第 17 讲　汇率理论 ·············· 235
一、汇率决定理论 ·············· 235
二、汇率制度选择理论 ·············· 244
三、中国的汇率制度 ·············· 247

第 18 讲　国际收支理论 ·············· 251
一、国际收支理论的演变历程 ·············· 251
二、国际收支理论的内容 ·············· 253
三、当代国际收支危机模型 ·············· 259
四、国际收支理论前沿动态 ·············· 260
五、中国的国际收支状况 ·············· 263

第 19 讲　开放金融均衡理论与政策 ·············· 265
一、开放经济均衡政策目标 ·············· 265
二、内外均衡冲突 ·············· 267
三、政策搭配理论 ·············· 268
四、蒙代尔-弗莱明模型 ·············· 271
五、应用研究新动态 ·············· 281

第七部分　金融管理理论与政策

第 20 讲　金融风险与危机理论 ·············· 287
一、金融风险理论 ·············· 287
二、系统性金融风险与金融危机的形成 ·············· 295
三、金融危机理论及其治理 ·············· 299
四、金融危机理论在中国的研究和应用 ·············· 304

第 21 讲　金融监管理论与制度 ·············· 307
一、金融监管的发展历程 ·············· 307

二、金融监管理论 ·· 309
　　三、金融监管新动态:"监管沙盒" ··· 312
　　四、中国的金融监管制度 ·· 313

第八部分　其他金融理论

第 22 讲　马克思金融理论 ··· 319
　　一、马克思货币理论 ·· 319
　　二、马克思信用理论和利息理论 ··· 322
　　三、马克思资本理论 ·· 326
　　四、马克思虚拟资本理论 ·· 329
　　五、马克思金融危机理论 ·· 330

第 23 讲　中国金融学说 ··· 333
　　一、中国古代的货币学说 ·· 333
　　二、中国古代的信用学说 ·· 342
　　三、中国古代的金融机构学说 ··· 345
　　四、新中国成立前的金融制度 ··· 346
　　五、中国近代金融史研究综述 ··· 351

参考文献 ··· 356

第一部分
金融理论总论

第1讲 金融理论的总体框架

基本要求：1. 了解金融学与经济学的关系。
　　　　　2. 熟悉金融理论的总体框架：三个维度。
　　　　　3. 掌握金融理论的种类。
本讲重点：金融理论的时间维度。
本讲难点：金融理论的层次维度。

金融理论伴随着金融业和金融市场的发展在近百年中取得了迅猛发展，金融学已经上升为经济学的主流，成为经济学这一社会科学"皇冠"上最璀璨夺目的"明珠"。其标志就是目前已经有9届15位经济学家因金融理论方面的卓越贡献荣获了诺贝尔经济学奖。

一、金融理论的三个维度

金融理论的总体框架可以从3个维度来认识和梳理。

从时间维度看，金融理论的发展经历了脱胎于古典经济学的早期金融理论、建立在新古典经济学框架上的现代金融理论和当前正在探索中的以新制度金融理论和行为金融理论等为代表的新金融经济学3个阶段。

从层次维度看，类似于经济学理论的层次布局，金融理论也有3个层次，即宏观金融理论、微观金融理论和中观金融理论，以及与其他学科互相渗透形成的交叉学科。

从板块维度看，金融理论的内容包括货币理论、信用理论、银行理论、资本理论、国际金融理论，金融风险、金融危机、金融监管、金融安全理论，以及其他发展中新兴金融理论、非主流的金融理论等。

（一）时间维度

20世纪50年代是金融理论史上的重要标志，是早期金融学和现代金融学的分野。早期金融学脱胎于古典经济学家对货币问题的分析。古典经济学兴盛的时期则是从17世纪60年代到19世纪中期，其代表人物在英国是从威廉·配第（William Petty）开始到亚当·斯密（Adam Smith），再到李嘉图（David Ricardo）。最著名的著作有威廉·配第1662年的《赋税论》、大卫·休谟（David Hume）1752年的《政治论丛》、亚当·斯密1776年的《国民财富的性质与原因的研究》、李嘉图1817年的《政治经济学及赋税原理》。他们都对货币的本质和起源、货币的职能、货币流通规律展开了初步探讨，其理论探讨的成果最终形成了古典的"货币数量论"。

需要注意的是,虽然早期的金融理论是脱胎于古典经济学的,但并不代表在古典经济学繁荣之前,就没有金融或者相关的理论。要知道从以物易物到商品货币和现代货币的产生的发展脉络,无论在国内还是国外都有证据。对货币金融问题的研究,应该说在古代先贤哲人那里便已开始了。但在政治经济学(或经济学)作为独立的学科诞生之前,这方面的研究主要与哲学、伦理学、政治学等学科融合在一起,体现在思想家内容丰富的著作中。如古希腊哲学家柏拉图(Plato)的《理想国》和《法律论》著作中,就曾对货币和高利贷问题进行过专门的论述;古希腊另一位伟大的思想家亚里士多德(Aristotle)在著作《政治论》和《伦理学》中也曾多次讨论过货币和高利贷问题,并对货币流通、价值形式和信用的基本原理进行过早期的分析。古代思想家对货币、信用问题的分析在货币金融思想史中具有开端的意义。后来,马克思在古典学派货币理论的基础上,系统论证了货币产生的必然性、货币的本质和职能,以及流通中货币必要量规律。

在研究内容上,早期金融学的研究核心是基于银行体系的信用货币创造机制。信用货币创造数量的多少相应地引起商品价格水平变动即通货膨胀的形成过程,同时也会影响货币价格即利率的确定。早期金融学研究演变的轴心是从关注商品价格波动即通货膨胀规律逐渐过渡到研究资金价格即利率确定的影响因素。

最初,出于对商品价格的关注,早期金融学重点研究了货币的职能和货币的数量,从商品数量与货币数量对比的维度得出了物价变动的规律。在考虑了信用货币创造机制后,货币供给和货币需求的对比在一定程度上决定了通货膨胀率的高低。大约从19世纪末期开始,人们对商品价格形成原因的研究逐渐减少,进而转向研究利率决定。

其中,关于信用货币创造机制的研究,在1921年,菲利普斯(C. A. Phillips)出版了《银行信用》一书。在该书中,菲利普斯首次提出了原始存款和派生存款的概念,并对货币乘数机制进行了详细分析。1934年,詹姆斯·E.米德(James E. Meade)在《货币数量与银行体系》一文中用正式的货币供给模型对货币供给机制和银行系统的货币创造进行了系统研究。

如果说对商品价格的研究是对有形商品价格的研究,那么,对利率的研究实际上就是对资金价格的研究。慢慢地,早期金融学开始全面、系统地研究利率,试图找到是什么因素决定了利率的形成以及利率的高低,研究利率在经济运行及经济均衡中起着什么样的作用。这一时期的经典著作是欧文·费雪(Irving Fisher)于1930年出版的《利息理论》,其系统阐述了有关现值、利率和投资的理论,提出了定量的货币理论,费雪因此被誉为中央银行货币规则的创始人。显然,从经济发展的阶段性看,从主要研究商品价格到逐步转向主要研究资金价格即利率,是金融理论研究的一种深化,同时也表明经济活动开始出现虚拟化的倾向。经济的虚拟化实质上是经济体系的进步。

早期金融学关于货币对经济的作用以及货币政策调控的分析集中反映在IS-LM模型上。LM曲线包括了所有满足货币需求数量等于货币供给数量这一均衡条件的点,因此,货币供给的变动或者货币需求的自主性变动都会导致LM曲线的移动,相应地引起利率水平和总产出水平的变化。货币当局的货币政策操作正是基于这一机制,通过调控准备金率、再贴现率以及公开市场业务操作影响货币供给,从而影响经济体的总需求及总产出。其中,约翰·梅纳德·凯恩斯(John Maynard Keynes)纳入投机动机的货币需求理论是早期金融理论的重要内容之一。

20世纪50年代以后,经济结构特别是金融结构发生了重大的变化,利率虽然仍是人们所关注的问题,但已经慢慢地不被经济学界的主流所重视。人们开始将视野转向更加复杂的价格理论,即资本市场资产价格的变化及其决定。经济学家们对这个问题的研究与当时的经济结构特别是金融结构正在发生重大变化有着密切的关系。20世纪50年代以来,金融对经济活动的作用急剧加大。如果说人们着力研究利率理论意味着货币对经济的推动作用日益明显,那么,价格理论的研究重心从较为虚拟化的资金价格即利率转向更加虚拟化的资产价格,则表明以市场化金融结构为特征的现代金融已逐渐成为现代经济的核心。

现代金融学始于哈里·M.马科维茨(Harry M. Markowitz)1952年在《金融学杂志》上发表的《证券组合选择》一文。该文彻底改变了传统金融学用描述性语言表达金融思想的方法,把研究重点放在资本市场数以万计的证券资产的组合选择上,分别以均值和方差衡量收益和风险,提出了期望均值—方差理论,即投资者对证券资产的选择不仅取决于资产的收益均值,还取决于资产的收益方差。然而,当投资者面临选择的证券数量增加时,为了计算各种证券可能构成的证券组合,计算量将呈几何级数增加。

威廉·F.夏普(William F. Sharpe)1964年发表于《金融学杂志》上的《资本资产定价模型:风险状态下的市场均衡理论》一文,在马科维茨资产选择理论的基础上,研究了资本市场均衡条件下资产收益的确定,在一系列严格的假设下,推导出均衡状态下投资者将只在无风险证券和市场证券组合中进行选择,即"资本资产定价模型"(capital asset pricing model, CAPM),也被称为"单因素模型"。约翰·林特纳(John Lintner)和简·莫辛(Jan Mossin)分别于1965年和1966年独立地提出了CAPM模型。

米勒和莫迪利安尼(Miller & Modigliani)1958年共同发表的论文《资本成本、公司财务和投资理论》提出了著名的MM定理,即在完全市场条件下,公司资本结构不会影响公司价值。这一理论不仅奠定了公司金融这门学科的基础,并且首次明确运用了无套利分析方法。布莱克和斯科尔斯(Black & Scholes)同样使用了无套利分析方法,对股票价格变动的模型进行连续动态化分析,得到期权价格与股票价格之间的偏微分方程,并最终得出布莱克-斯克尔斯期权定价模型。布莱克-斯科尔斯期权定价模型得到了罗伯特·默顿(Robert Merton)所做的一系列重要扩展,这些扩展后来被总结在《连续时间金融学》一书中。同样使用无套利定价方法,斯蒂芬·罗斯(Stephen Ross)提出了在一定程度上克服CAPM不可检测问题的"套利定价理论"(arbitrage pricing theory, APT)。APT实际上是一个多因素定价模型,揭示了均衡价格形成的套利驱动机制和均衡价格的决定因素。

尤金·法玛(Eugene Fama)于1965年在其博士论文中正式提出的有效市场假说(efficient markets hypothesis, EMH)理论,在一定程度上对资本市场资产价格确定的效率问题进行了总结。按照有效市场假说,资本市场具有根据新信息迅速调整证券价格的能力,因此,高度有效的资本市场可以迅速传递所有相关的真实信息,使价格反映其内在价值。

现代金融学的理论对20世纪50年代之后的金融实践产生了根本性甚至革命性的影响。对金融资产尤其是金融衍生品精确定价技术的发展,直接导致了金融产品交易尤其是金融衍生产品的交易规模呈爆炸式增长。对公司金融理论的研究进展以及金融契约理论的发展,使得各种规模的公司在金融市场上的筹资和融资活动变得更加频繁。资产组合理论的发展和投资组合业绩的科学评估,导致基金公司、保险公司和养老金等大型机构投资者积极参与资本市场投资活动,这导致了资本市场规模的空前膨胀。与此同时,原本提供专门化金融服务的金融机构掀起了一波又一波并购浪潮,致使提供一站式金融服务的巨无霸式金融机构规模空前扩张,银行和非银行金融机构的界限变得模糊。金融活动跨越了国界,金融全球化浪潮汹涌,同时更直接推动了经济的全球化。

在现代金融理论彻底改变了金融实践的同时,现代金融学家也几乎都获得了诺贝尔经济学奖。现代金融理论如 MM 定理、CAPM 模型、B-S 期权定价模型等,其理论贡献对金融市场投融资活动影响很大,金融市场的参与者都耳熟能详,普遍拥有很高的声誉,他们几乎都亲身投入金融市场,实践由他们所创立的金融理论。

现代金融学辉煌的理论构建在新古典经济学基础之上。其理论前提假设之一是市场是完美的,因而并不存在交易成本;其前提假设之二是市场参与者都是理性的,并且拥有完全的信息。因此,现代金融理论属于新古典金融学的范畴,是在新古典经济学基础上建立起来的研究资本市场在不确定环境下对金融资产进行准确定价,从而对资源和风险进行跨期最优配置的理论体系。在方法上,现代金融学借助了新古典经济学的优化分析和均衡分析等基本方法,同时也最大限度地使用了随机过程理论等现代数学分析工具。

然而,真实的金融世界和现代金融理论是有差异的。一方面,市场并不是完美的,而是受到各种交易成本摩擦的影响。政治架构、税收制度、监管体系、法律制度、新闻媒体、文化渊源甚至信仰习惯都会影响金融体系的效率。新制度经济学在现代金融理论的模型基础上开始考察种种制度因素对金融活动的影响,形成了"新制度金融学"系列成果。另一方面,市场参与者并不是完全理性的,在进行金融投融资决策时存在系统性的偏差。首先,现代金融学理论的分析基础(经济主体决策基于理性预期、风险回避和效用函数最大化等假设)存在问题,例如,投资者具有倾向于过分自信和乐观的心理特征。此外,投资者会有回避损失和存在心理账户的系统性偏差。其次,无套利均衡是现代金融学理论分析的基础,即使市场存在非理性的投资者,理性投资者的套利行为也会使资产价格回到均衡水平。然而,由于存在基本面风险和执行成本以及噪声交易者风险,投资者最多只能进行有限套利。因此,现代金融理论面对一系列金融异象时并不能提供有力的理论解释,这些金融异象包括公司规模效应、日历效应、市场过度反应、股价过度波动、股票收益的均值回归,以及新信息在股票价格中的反映不足等。从心理学角度交叉研究创立的行为金融学理论应运而生。制度金融学和行为金融学理论不仅对现代金融理论提出了严峻的调整,更推动了现代金融理论向新金融理论的发展。

(二) 层次维度

金融理论的层次维度是仿照宏观、微观、中观经济学建立的,或者说这一维度是相应经济学的"金融版本"。

宏观金融学研究在一个以货币为媒介的交换经济中如何获得高就业、低通货膨胀、国际收支平衡和经济增长。宏观金融学着重于宏观货币经济模型的建立,并通过它们产生对于实现高就业、低通货膨胀、高经济增长和其他经济目标可能有用的货币政策结论和建议。国际学术界通常把与微观金融学相关的宏观问题研究称为"宏观金融学"(macro finance),如宏观金融体制、中央银行与货币政策、金融中介和市场安排、国际收支、金融体系稳定性、金融危机等问题的研究。可以说,宏观金融是站在一个国家的角度,从对整个金融行业进行管理的层次进行研究,具体指中央银行及其金融管理和宏观调控的活动,旨在实施货币政策,维持通货稳定,确保金融安全。这些通常放在经济学院的宏观经济学课程里面来讲授。

微观金融学也易于理解。微观金融主要指直接从事各种金融业务的微观主体及其运行的金融领域,处于金融领域的第一线,直接面向客户开展经营活动,包括商业银行及各种非银行金融机构的运营与管理。国际学术界通常把与微观金融主体相关的行为研究称为微观金融学(micro finance),是仿照微观经济学建立起来的一套研究微观主体如何在不确定的环境下,通过资本市场,对资源进行跨期最优配置的理论体系。微观经济学主要研究3个问题:个人在不确定环境下如何进行最优化投资;企业如何根据生产的需要开展经营活动;经济组织(市场和中介)在协助个人及企业完成这一资源配置任务时,应当起什么样的作用。其中的关键就在于怎样达成一个合理的均衡价格体系。可以说,西方学界所讲的"金融学"主要就是我们这里所称的"微观金融学",这些通常放在商学院的金融学课程里面来讲授。

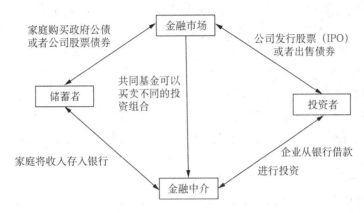

图 1-1　经济体系中的金融通道

那么如何理解"中观金融"呢?其实,目前并没有统一的界定或完整的"中观金融理论体系"。回顾中观经济学的产生,在 20 世纪 70 年代中叶,德国爱登堡大学的国民经济学教授汉斯·鲁道夫·彼得斯(Hans Rudolf Peters)首次提出"中观经济"(meso-economics)这一区别于传统宏观经济和微观经济的新范畴,象征着传统经济学领域的一次飞跃性发展和理论突破。

表 1-1　宏观经济、中观经济、微观经济的划分

理论分类	研究对象	理论范围	政策范围
宏观经济	国民经济	经济循环和国民经济核算理论,经济发展和就业理论,财政、货币、外贸理论,国际收支理论等	就业政策,金融信贷财政政策,国际收支政策,指令性经济计划等
中观经济	部门、地区、集团	经济结构理论,部门与地区发展理论,基础设施理论,环境保护理论,集团与协会理论等	部门结构政策,部门结构计划,地区结构政策,研究与工艺政策,部门原料供应政策等
微观经济	家庭、企业、市场	需求与供给理论,市场与价格理论,竞争理论,个人分配理论等	企业法,竞争政策,消费者政策,收入与价格政策等

表 1-1 中,中观经济研究有 3 个主要出发点,即部门(产业)、地区和集团。这些问题既不能归于宏观经济,也不能归于微观经济,所以产生了中观经济。中观经济所研究的部门、行业、地区经济又是国民经济重要子系统。金融是现代经济的血液,有经济的地方怎么会缺

少血液呢？即中观经济也需要一个货币版本，那就是中观金融，研究中观金融运行的就是中观金融理论。其实，中观金融的含义并不明确，主要指各种产业金融，或指省市或区域金融管理，总体上属于介于宏观和微观之间的中间金融层次，起到连接、传导、缓冲作用。

从部门来看，产业金融现在也是金融创新的热点。企业构成行业，行业构成产业，所谓产业金融，就是产业与金融的紧密融合，在融合中加快产业的发展，如科技金融、能源金融、交通金融、物流金融、环境金融等。金融对产业发展的主要功能是融通资金、整合资源、价值提升，发展产业金融大有可为。同时，产业金融也是金融服务实体经济的一座桥梁。

从地区或区域看，区域金融是一个省（区、市）、一个区域内的金融运行和发展问题，也是宏观金融和微观金融的连接点。当前，经济全球化的蛋糕不容易做大，因为各国倾向于保护主义。比如，英国"脱欧"暴露了欧盟一体化过程中存在的问题，美国成为近年来"去全球化"风潮的一个典型。退而求其次，区域一体化也是经济全球化的主要组分。比如，"一带一路"建设成为当今推动全球化深入发展的重要力量，丝路金融问题就是一个带有中观金融色彩的问题。金融业一直在支持国家重大战略中扮演重要角色。"一带一路"为中国金融业的发展创造了新机遇，打造丝路金融大动脉是实现"一带一路"建设目标的重要保障。丝绸之路经济带建设"五通"中的"货币流通"就是"丝路金融"研究的重要内容，其中金融服务的特点就在于"跨境"，这便引出人民币首先成为"丝路货币"实现货币流通区域化进而实现国际化等问题。

（三）板块维度

从板块维度梳理金融理论，似乎更加零散一些，是金融理论的细分化和碎片版。其中涉及货币理论、信用理论、银行理论、资本理论、国际金融理论等，同时还有金融风险、金融危机、金融监管、金融安全理论，以及其他处于发展中的新兴金融理论、非主流的金融理论等，未来一定会有更多。

从这一维度看的特点是，单独拎起其中的任何一个板块的内容，都不能完全割裂它与其他内容的关系。如货币理论和信用理论，早期金融学的真正形成始于货币、信用与银行之间的紧密关系及其对物价、利率和经济运行产生的重大影响。在古典经济学家的视野中，货币主要以金属铸币的形态存在，货币与信用仍然保持着相互独立的状态。随着银行券的广泛使用，货币与信用的联系日益紧密。到20世纪30年代，发达资本主义国家先后实施了彻底不兑现的银行券流通制度，货币流通与信用活动变成同一的过程，这也是金融学学科产生的由来。那么就不能再抛开货币理论讲信用，或抛开信用理论讲货币了。

货币银行学是金融理论中的重要支柱之一。顾名思义，货币银行学是研究货币和银行的学问，主要研究的是货币的流通和银行体系的运行原理。货币银行学在金融理论中偏宏观，该理论主要运用于国家对货币流通和信用风险的管理。国际货币基金组织根据货币涵盖范围的大小和流动性的差别，把货币供应量家族划分成3类：$M0$（市场货币流通量）是指银行体系以外各个单位的库存现金和居民的手持现金之和；$M1$（旧称"狭义货币供应量"）是指$M0$加上企业、机关、团体、部队、学校等单位在银行的活期存款；$M2$（旧称"广义货币供应量"）是指$M1$加上企业、机关、团体、部队、学校等单位在银行的定期存款和城乡居民个人在银行的各项储蓄存款以及证券客户保证金。货币乘数，又称"货币扩张系数"或"货币扩张乘数"，是指在基础货币（高能货币）基础上，货币供给量通过商业银行的创造存款货币功能产生派生存款的作用产生的信用扩张倍数，是货币供给扩张的倍数。$M0$是如何在货币乘数的

作用下变成了 $M2$，这就是货币银行学研究的主要内容了。

金融功能视角，尤其是以风险管理为核心的金融功能观，将在很大程度上指导未来的金融实践和金融研究。从金融功能视角出发，金融制度设计、金融机构和金融市场的定位以及金融产品的创新开发都将是内生决定的，都是为了更好地满足企业和投资者特定金融功能而发展出来的。因此，金融机构和金融市场将处于静态竞争和动态合作的创新螺旋之中。一般而言，这一创新螺旋表现为金融机构创新开发出新产品，一旦新产品拥有广泛的市场，就将迅速地在资本市场上获得推广，资产证券化就是一个典型范例。

同样，金融学也乘着经济学这艘船越走越远。保罗·萨缪尔森(Paul Samuelson)说过，"小的即美的"，在其著作《经济学》第 19 版中，删去了 3 章，减少了四分之一的内容，腾出的篇幅主要用来探讨当代金融经济学等内容。金融理论的不同板块分别用于政府、投资机构和实体企业，将政府、投资机构和企业的金融活动通过货币联系在一起。政府宏观调控投资机构和企业的金融风险，投资机构在政府的管制下合法投资赚取利润，企业在金融市场筹措资金用于扩大再生产。

二、获得诺贝尔经济学奖的前沿金融理论

金融学已经上升为经济学的主流，其标志就是已经有 9 届共 15 位经济学家的金融理论获得诺贝尔经济学奖。

1976 年，米尔顿·弗里德曼(Milton Friedman)，美国人，主要贡献是创立了货币主义理论，提出了永久性收入假说。

1981 年，詹姆士·托宾(James Tobin)，美国人，主要贡献是阐述和发展了凯恩斯的系列理论及财政与货币政策的宏观模型，提出了 Q 投资理论，在金融市场及相关的支出决定、就业、产品和价格等方面做出了重要贡献。

1985 年，弗兰科·莫迪利安尼(Franco Modigliani)，意大利人，主要贡献是提出了储蓄的生命周期假设，这一假设在研究家庭和企业储蓄中得到了广泛应用。他与默顿·米勒(Merton Miller)合作发表了《资本成本、公司财务和投资理论》，提出了资本结构理论，又称"MM 定理"。

1990 年，默顿·米勒，美国人，主要贡献是提出了资本结构理论即 MM 定理。同年获奖者还有哈里·马科维茨，美国人，威廉·夏普，美国人，主要贡献是提出了资产组合理论和资本资产定价理论(CAPM)，在金融经济学方面做出了开创性工作。

1997 年，罗伯特·默顿(Robert Merton)，美国人，迈伦·斯科尔斯(Myron Scholes)，美国人。前者对布莱克-斯科尔斯公式所依赖的假设条件做了进一步减弱，在许多方面对其做了推广。后者给出了著名的布莱克-斯科尔斯期权定价公式，该法则已成为金融机构设计金融新产品的思想方法。

1999 年，罗伯特·蒙代尔(Robert Mundell)，加拿大人，主要贡献是对不同汇率体制下货币与财政政策以及最适货币流通区域所做的分析，即最优货币区理论，被誉为"欧元之父"。

2002 年，丹尼尔·卡尼曼(Daniel Kahneman)，美国人，弗农·史密斯(Vernon Smith)，美国人，主要贡献是在心理和实验经济学研究方面所做的开创性工作，即行为金融理论。

2013 年，尤金·法玛，美国人，主要贡献是提出了有效市场假说(EMH)。同年获奖的还

有：拉尔斯·彼得·汉森(Lars Peter Hansen)，美国人，发现了在经济和金融研究中极为重要的广义矩方法，利用稳定控制理论和递归经济学理论研究风险在定价和决策中的作用；罗伯特·希勒(Robert Shiller)，美国人，主要贡献是对资产价格的实证分析。后两者都是行为金融理论代表人物。

2017年，理查德·塞勒(Richard Thaler)，美国人，主要贡献也在行为金融学方面，研究了人的有限理性行为对金融市场的影响，并做出了很多重要贡献。

这些荣获诺贝尔经济学奖的前沿理论是主流金融理论演变发展的主线，共同构成了现代金融理论大厦的基石和主体框架。

三、金融理论的中国化

对于中国而言，金融理论的研究与中国金融的发展密不可分。改革开放以来，中国金融的恢复、发展、扩张和深化的过程，同时伴随着主流金融理论的引进、学习、吸收、消化、验证、应用、发展、创新的过程，经历了40多年的互相碰撞、互相借鉴之后，形成了融合发展的态势。目前的情况，一方面是西方主流金融理论的中国化，另一方面是中国特色金融理论的形成和发展问题。

首先，目前建立在新古典经济学基础上的现代金融理论体系仍将在相当长的时期内"大致有效"。因此，在对任何金融现实问题的分析上，现代金融理论都将为金融学者提供一个好的出发点而不是终点。可以预见，现代金融理论和新制度金融学以及行为金融学将在理论互补的基础上发展演进，暂时还不会出现一个全新的金融理论范式。正如兹维·博迪(Zvi Bodie)和默顿所说，现代金融理论将在资产定价、资源配置和风险管理上大致正确，而新制度金融学和行为金融学则将在金融制度演进、金融机构组织和金融工具开发等领域提供理论指导。

其次，研究中国金融学说史的意义何在呢？金融和经济是中国历史发展中最厚重的一页，切莫轻易地翻过。我们现在应该在中国金融学说史的发展中找到未来的药方。历史会重演，但是不会简单地重演。中国金融学说史这一看似人文的研究也有梳理本国文化和警醒后人之意。但是也可以从中看出，中国的发展步伐为中国金融学说史发展做了切片，中国古代、近代、新中国成立前、新中国成立后和改革开放后等不同时期的重大事件影响了当时的金融思潮。中国市场是一个政府主导下逐步开放的金融市场，政府在金融市场的影响力是很强的。这与西方的金融市场不太一样，西方是一个自下而上、慢慢演化形成的市场，政府和市场之间相对泾渭分明一些。

再次，对于中国学者而言，应将对金融理论的研究与中国金融改革与发展的实践联系起来，逐步形成中国特色的金融理论。不论是从现代金融理论演进的逻辑出发，还是从当前中国金融改革的实践看，都要把金融结构市场化、证券化作为影响中国未来经济增长和稳定至关重要的手段和内容，而金融结构市场化、证券化的主要推动力来源于金融市场特别是资本市场的大发展。也就是说，我们更应该研究有中国特色的金融。目前，新兴的数字货币、普惠金融、金融创新等内容，是有中国金融发展实践烙印的，但是在我国金融观念匮乏的市场中，很多创新可能容易流于概念的炒作，需要慢慢融合、内化、消化、规范。

经济新形态下存量资源调整、风险流动和分散、经济增长的财富分享机制是金融市场具有深厚生命力和强大竞争力的三大原动力，也是近几十年来金融市场蓬勃发展的内在动力，是现代金融体系核心功能的体现。无论是风险分散还是资源配置,无论是增量资金需求还是存量资产流动,离开了金融市场其效率都将大打折扣。纵观世界经济发展的历史,任何一个经济体从小到大的迅速成长过程,无不体现着金融市场这个存量资源配置和风险配置平台的重要作用。金融结构的市场化、证券化强调的是有效的风险流动和释放机制,通过它们,可以避免风险的不断积聚和对经济体系的巨大破坏。正是从这个意义上说,发展金融市场是中国金融改革的核心任务之一,中国金融大厦的建设和金融理论的创新发展和完善任重而道远。

 思考题

1. 你听过的金融理论有哪些?哪些学者获得了诺贝尔经济学奖?
2. 金融理论的三个维度怎么理解?你对金融理论的总体框架有什么建议?

第 2 讲 金融理论的历史梳理

基本要求：1. 了解金融理论产生、发展的历史线索。
2. 大体熟悉各个阶段金融理论的代表人物、主要成就和主要思想。
3. 掌握早期金融学说与现代金融理论的关系。

本讲重点：金融理论的阶段划分。
本讲难点：新古典金融理论的主要思想。

人类对金融的认识有一个历史演变的过程，金融理论是随着经济学理论的演变而发展起来的。早期金融思想是整个金融理论的源头，具有重要的启蒙和基础作用，在世界金融学说史上的地位是不容忽视的。其重要性不在于早期金融学说本身有多大的成就，而是由于它同此后的金融学说，直至现代金融理论之间有割不断的渊源关系。

本讲按照主流经济学的发展阶段来梳理金融理论。其大体可以分为早期经济学阶段（古希腊、古罗马、重商主义、重农主义等前古典阶段）的金融思想、古典经济学阶段（亚当·斯密、约翰·穆勒、萨伊等）及新古典经济学阶段（边际革命至马歇尔、凯恩斯前）的金融学说，以及当代经济学阶段（凯恩斯开始）的金融理论。20 世纪 50 年代则是现代金融学的开始阶段。不同经济学时期有不同的金融观点、思想和学说，我们从历史演变角度梳理金融理论，旨在对金融理论大厦有一个横向维度的串联认识和把握。

一、早期经济学家的金融思想

（一）古希腊的金融思想

古希腊是由许多被称为"城邦"的奴隶制国家组成的，形成于公元前 8 世纪至公元前 6 世纪（我国东周时期），公元前 14 年（我国西汉末年）被罗马征服。在进入奴隶制国家形成时期后，由于社会分工的发展，商业有了很大的发展，货币已开始普遍使用，在公元前 5 世纪到公元前 4 世纪，各城邦之间的货币兑换业务已有发展，货币经营和高利贷已很普遍。它的手工业作坊有一定规模，门类很多，有制陶、酿酒、造船、纺织、制革等。它有地中海最大的商业中心，有发达的海上贸易。与发达的商品交换相适应，雅典的钱庄和高利贷也随之发展。

古希腊的金融思想在原始社会末期已产生，如《荷马史诗》中就有反映。比较系统的经济思想的代表人物是色诺芬、柏拉图和亚里士多德。

1. 色诺芬的金融思想

色诺芬(公元前430—前355年),古代希腊哲学家、历史学家(亦说作家),出身于雅典富人家庭,相传是希腊著名哲学家苏格拉底的学生。他拥护斯巴达奴隶主贵族寡头统治,曾参加斯巴达的军队,被雅典长期驱逐。他经营过农业,写过许多历史、哲学、政治和经济的著作,其代表性经济著作《雅典的收入》约写于公元前355年,主要谈论了增加国家财政收入的问题,其中也包含了对货币的见解。色诺芬的主要金融思想包括以下3个方面。

(1) 从使用价值的角度认识财富。古代奴隶制经济基本是自给自足的自然经济,生产不是为了交换,而是为了满足自身的需要,这就决定了色诺芬对财富的看法,即主要从使用价值的角度来看待财富,认为财富是一个人能够从中得到利益的东西。为了说明他的财富观,他举了许多例子,如笛子和马,对于会吹会骑的人来说是财富,而对于其他人来说则毫无用处。他甚至举例说,如果一个人能从他的仇敌身上得到好处,这种仇敌对他来说也是财富。

(2) 从使用价值角度考察了社会分工。他肯定了分工的必要性,认为一个人不可能精通所有的技艺,所以分工是必要的。但他是从使用价值角度来考察分工的,认为分工可以增加产品数量,提高产品质量,但未认识到可以节约劳动,降低成本。

(3) 对货币的作用有一些独到见解。认为货币有不同的作用,具有流通手段和储藏手段的职能。

2. 柏拉图的金融思想

柏拉图(公元前427—前347年),古希腊哲学家、伦理学家、政治家,出身于雅典的贵族家庭,相传也是苏格拉底的门生,长期从事哲学学园的讲学。主要经济著作有《理想国》《法律论》,主要论述了关于农业、分工、交换、货币的观点。其主要金融思想包括以下4个方面。

(1) 关于财富的见解。他把财富分成三等:第一等是精神财富,如知识、克制能力以及其他德行;第二等是肉体财富,如健康状况;第三等是一般的物质财富。

(2) 关于私有财产的看法。认为私有财产和家庭会造成人们的利己和贪欲之心,引起社会的分歧和矛盾。所以在理想国里,除了自由民阶层外,哲学家和武士都不应有私有财产和家庭,实行共产共妻共子,过集体生活。后来在《法律论》中放弃了共产,但实行平均分配,不许继承、买卖等。

(3) 对商品的某些现象的考察。从分工出发,认为交换、商业、货币的产生与分工有因果关系,也是自然的。他肯定了商业,但鄙视商业。

(4) 分析了货币职能,但反对将其当作储藏手段。

3. 亚里士多德的金融思想

亚里士多德(公元前384—前322年),古希腊思想家、哲学家,出身于国王的御医家庭,是柏拉图的学生。在理想国家的组织方面,他同柏拉图有意见分歧,柏拉图主张贵族寡头政体,亚里士多德则主张奴隶主阶级民主政体。主要著作有《政治论》《伦理学》,阐述了关于私有制、分工、交换和货币等问题的经济思想,对后世的影响很深。主要金融思想包括以下3个方面。

(1) 对商品的考察。指出所有物品都有使用和交换两种用途或属性,"使用"是物品固有的属性,而"交换"则不是物品所固有的属性,因为物品不是为交换而生产的。

(2) 分析了商品交换的历史过程。指出交换有三个阶段:物物交换、小商业阶段和大商业阶段。物物交换是为了满足双方生活所需,不是为了获取金钱;小商业阶段的特点是以货币作为交换的媒介,交换的目的仍然是获取物品的使用价值;大商业阶段交换的目的是谋利,获取货币。前两个阶段属于"经济",是自然的;第三阶段属于"货殖",是非自然的。

(3) 分析了货币的产生及其作用。指出货币产生于交换过程,是为了解决交换中的困难。认为货币是商品,是一种"中介货物",但他把货币一般属性与铸币等同(法律作用:可以废除)。已注意到货币具有价值尺度和流通手段的职能,并且已注意到货币可以当作财富来积累。对此,马克思曾予以肯定。

(二) 古罗马的金融思想

古罗马与古希腊的城邦制不同,它是一个政治上统一的国家。在公元前8—前6世纪(我国东周时期),从氏族制度过渡到奴隶制,史称"王政时期"。公元前5世纪—前3世纪(我国东周和秦朝时期),是罗马奴隶制形成和征服意大利时期,称"共和时期"。从公元前264年开始了帝国时期,征服了希腊及地中海沿岸国家。公元前2世纪至公元1世纪(我国西汉时期),它成为地跨欧、亚、非三洲的古代规模最大的奴隶制大帝国。公元476年(我国南北朝时期),罗马帝国灭亡。

古罗马在政治和法律的研究上有重大贡献,而金融思想就相对逊色,是散见于一些法学家、哲学家和农学家的著作中的。代表性的人物有三位。

(1) 贾图(公元前235—前149年),古罗马政治活动家、大奴隶主、著名农学家,当过古罗马的元老,历任执政官、监察官之职。主要金融思想表现在他的著作《论农业》中。

(2) 瓦罗(公元前116—前28年),古罗马著名农学家、思想家。主要金融思想表现在他的著作《论农业》中。

在贾图和瓦罗的《论农业》中,他们都主要论述了如何管理奴隶制经济和农业耕作技术的问题。

(3) 奥古斯汀(353—430年),古罗马末期基督教最著名的思想家,他的金融思想表现在他的多本著作中,最重要的一点是明确提出了"公平价格"的概念,但没有充分展开,这一思想后来在中世纪教会作家手中才有了进一步发展。

(三) 中世纪的金融思想

西欧中世纪是指公元5—15世纪(我国南北朝一直到明朝中期),西欧奴隶制崩溃后,封建社会形成、发展和繁荣的时期。公元5—11世纪是西欧封建社会早期,这时昔日繁荣的罗马帝国经济被破坏,城市被消灭,西欧被分割为许多小领地,商品货币流通大大减少,社会生产力处于停滞状况。公元11—15世纪,西欧封建社会处于兴盛阶段。手工业和农业分离,城市兴起,国内贸易有了发展,对外贸易活跃。公元13—14世纪,欧洲形成了地中海地区和北海、波罗的海地区两大主要贸易区。在农村,货币地租开始流行。但社会经济仍以自然经济为基本特征,商品经济还受到很大限制。

1. 阿奎那的金融思想

托马斯·阿奎那(Thomas Aquinas,1225—1274年),意大利神学家和经院哲学家,出生于那不勒斯的贵族(伯爵)家庭,曾在那不勒斯大学学习,后入巴黎大学学习并获得博士学位,在学界享有很高的声望。1265年,他拒绝担任那不勒斯大主教职位,终身从事教学研究。他根据基督教教义和早期教会作家的思想,特别是继承了亚里士多德的学说,创立了自己的神学理论,被称作"托马斯主义"。19世纪末,罗马教皇宣布阿奎那的神学体系为天主教会的最高哲学权威,是罗马教廷的官方哲学。主要著作《神学大全》,其金融思想也反映在这部著作中,很多见解源于亚里士多德的思想。主要金融思想包括以下 2 个方面。

(1) 货币论。关于货币,论述了货币的产生及其价值。一方面,把货币仅仅看作交换的工具,认为其价值可以主观确定;另一方面,又承认货币也是商品,应当具有稳定的内在价值(不能主观确定)。

(2) 利息论。对高利贷,一方面根据教义肯定放贷取息是一种罪恶,另一方面又认为在某些条件下出借货币收取利息是可以的(弥补损失,作为风险报酬)。

这些见解都具有两重性:一方面从教义出发持否定态度,另一方面从客观存在的经济现实出发,又不得不在理论上做出让步,承认其存在的合理性。这反映了他的学说折中主义的特点。造成这种两重性的原因是,一方面他要反映客观现实,另一方面又要维护教会和封建主的利益。

2. 奥雷斯姆的金融思想

尼科尔·奥雷斯姆(Nicole Oresme,1320—1382 年),是 14 世纪法国最著名的教士之一,在神学、数学方面有卓越的成就。主要经济著作是《论货币的最初发明》,这本书被认为是经济思想史上第一本系统论述货币的著作,分析了货币的起源、性质及规律。

3. 卡罗律斯·莫利诺斯的金融思想

卡罗律斯·莫利诺斯(Carolus Molinaeus,1500—1566 年),法国法理学家。主要经济著作是《论契约与高利贷》,为高利贷辩护,认为高利贷有存在的必要性,还论证了利息收入的合理性。

(四) 重商主义的金融学说

重商主义是在资本主义早期原始积累时的经济理论。15 世纪末 16 世纪初资本主义制度在西欧产生,这一时期也是重商主义产生与发展的时期。重商主义作为现代经济学的早期萌芽,为后来古典经济理论的产生和发展奠定了基础,具有很大的借鉴意义,但重商主义思想终究没能使经济学成为一门学科。

西欧封建社会晚期,商品货币经济有了相当的发展,封建自然经济日趋瓦解,资本主义生产关系在封建社会内部开始萌芽和成长,形成了统一的国内市场。15 世纪末 16 世纪初的地理大发现,又扩大了世界市场,刺激了商业、航海业和手工业的发展,加速了资本原始积累,更加促进了封建生产方式的解体和资本主义经济关系的发展。在这个时期,封建中央集权制的国家已经形成,但同时也还存在着封建领主的割据统治。封建国家与商业资本结成联盟,商业资本在经济上为封建国家服务,封建国家则运用强有力的行政权力为商业资本服务,实行重商主义政策。另外,14—15 世纪,欧洲兴起文艺复兴运动,在思想意识领域提倡人文主义,以同天主教会的神学相对抗。重商主义经济学说的产生,就深受当时意识形态领域产生的资产阶级人文主义思想的影响,重商主义正是用商人的观点来考察社会经济生活的结果。

重商主义的发展经历了早期的重金主义和晚期的贸易差额论两个阶段。早期重商主义约从 15 世纪末到 16 世纪中叶,代表人物有英国的约翰·海尔斯(John Hales)和威廉·斯塔福德(William Stafford),主要著作是其合著的《对我国同胞某些控诉的评述》,以及法国的孟克列钦(Montchrestien),主要著作是《献给国王和王后的政治经济学》。晚期重商主义从 16 世纪下半期到 17 世纪中叶,代表人物有英国的托马斯·孟(Thomas Mun)和米塞尔顿

(Missellton),孟的著作是《论英国与东印度公司的贸易》《英国得自对外贸易的财富》,以及法国的让·巴蒂斯特·柯尔培尔(Jean Baptiste Colbert),他是国王路易十四的财政大臣,推行了一套重商主义的政策。

重商主义时期,国际间的贸易结算、借贷、投资和金、银的买卖等国际金融业务也随之得到了发展。重商主义既是关于资本主义生产方式最早的理论研究,又是关于国际贸易和国际金融活动最早的理论阐述。重商主义的金融学说概括如下。

1. 货币中心论

重商主义者把货币当作至高无上的主宰,其理论与政策主张也围绕着货币这一中心而展开。他们把货币看作财富的唯一形态,认为财富的性质就是金银,从而把货币与金银混为一谈。在他们看来,一切经济活动的目的就是获取金钱,因此,货币的多寡成为衡量国家富裕程度的标准。国家要想致富,就必须增加货币,这是重商主义者的共同观点。

在这方面值得一提的是关于经济生活中"劣币驱逐良币"现象的表述,它是由英国财务官托马斯·格雷欣(Thomas Gresham)首先提出的。在早期重商主义时期,经常的货币需求以及必须不断充实国库的结果,出现了大量不足值的货币,这种劣币在名义上仍与以前的足值货币相同,这样人们就不将足值货币交出兑换新的不足值的铸币,也不拿到市场上去使用,而是把它们贮藏起来,输出到国外改铸,或者在有利的情况下将其兑换成外国货币。这就使得足值货币逐渐退出流通领域,产生了劣币驱逐良币的现象。

货币数量说是由奥雷斯姆和让·博丹(Jean Bodin)最早提出的,以后由多人加以补充和完善。一些早期重商主义者认为,物价上涨的原因是不足值货币和遭毁损货币的出现。法国重商主义者马莱斯特罗特曾指出,物价上涨是表面的,它由货币成色不良所引起。货币成色不良时,人们在购买商品时所支付的金属重量并没有增加,增加的只是货币的数额,这就提高了商品的价格,从而使物价上涨。另一法国早期重商主义者博丹反驳了马莱斯特罗特(Malestrot)的观点,他在《对马莱斯特罗特佟谈物价高昂及其补救办法的答复》一文中指出,物价的上涨不是表面的,在购买商品时不仅支付的货币数量增加了,而且用于购买商品的金属重量也增加了。货币数量增加,价格便上升。反之,货币数量减少,价格必然下降。针对16世纪的价格革命,他指出金银数量的增加是价格上升的首要原因,而金银的增多又在于贸易的扩展,特别是同产金丰富的南美各国贸易的扩展,要改变大量金银流入国内这种状况是不容易的,因为金银丰富本身是一件好事,它足以表明一个国家的富有,因此,价格的上升具有一种刚性。

此外,早期重商主义者,尤其是海尔斯,已经正确地看到了商品价值与货币价值之间的联系,与博丹一样,海尔斯认为,过多的货币数量是物价上涨的原因之一。但他认为,成色或分量不足的货币也会引起物价上涨,使收入固定的人们受到损害。这是因为,成色或分量不足的货币,其价值必然降低。货币价值降低,那么购买同一商品所需付出的货币数量就必然增多,结果造成了物价上涨。

2. 关于贸易收支的论述

重商主义者认为,获得货币财富的真正源泉是发展对外贸易。国内商业虽有益处,但它只不过是使一部分人获利而另一部分人亏损,并没有增加一国的财富,它既不能使国家致富,也不能使国家贫困。只有对外贸易才是国家获取货币财富的真正源泉,因为商人可以通过对外贸易将商品输出国外,换回金银,从而增加国内的货币存量。基于此,国家为了致富和防止贫困，必须发展对外贸易，在对外贸易中，必须遵守多卖少买、多收入少支出的原则，以求得对外贸易顺差。在这里，他们首次采用了贸易顺差这一名词。但是，在如何保持顺差、增加货币的问题上，他们之间存在着分歧，因而有早期重商主义和晚期重商主义、货币差额论和贸易差额论之分。

从15世纪到16世纪中叶，即早期重商主义时期，商品生产还不够发达，对外贸易还没得到充分的发展，因而早期重商主义者为了扩大货币存量，将多卖少买这一公式绝对化，尤其强调少买或不买。他们认为，一切购买都会使货币减少，一切销售都会使货币增加。如果强调尽量少买或不买，就可以少花钱而将货币积累起来，使国家发展致富；反之，货币就会离手，财产就会消失殆尽，国家就趋于贫困。因此，他们采取各种手段，吸收和保存国内所需的金银数量。基于此，他们极力主张国家采取行政措施，通过立法途径来增加货币财富。他们主张在设法吸收国外货币的同时，禁止输出金银。在他们的影响下，当时西欧各国采取严厉措施禁止货币输出和奢侈品进口，并专门设立汇兑管理机构，以加强对汇兑交易的管制，控制货币的国际流动。

在早期重商主义者中，英国的海尔斯是货币差额论的重要代表人物。他认为，在对外贸易中为了保持贸易顺差，应注意向外国人购买的东西不要超过自己国家向外国卖出的东西，要设法将货币保留在国内，不使货币流向国外。因此，他既反对从外国输入商品，又反对初级产品的输出。他认为前者只会引起货币的外流，因而要求对某些商品的进口课以重的关税，以利于本国商品的竞争。至于后者，他说，输出的初级产品经外国加工后再以高价输入，这样不仅卖出的商品便宜，买进的工业品贵，使货币外流，而且还剥夺了国内的生计。杰勒德·马林斯（Gerard Mullins）是货币差额论的另一坚决支持者，他支持政府对货币的管制，主张禁止金银块的出口，以便将货币保留在国内。此外，马林斯在国际金融方面的一个贡献在于他指出了汇兑平衡率的决定问题。

晚期重商主义则前进了一步，所坚持的基本原则是扩大商品输出，限制商品输入，发展贸易成为晚期重商主义时期的经济政策。其特点是通过调节商品的运动，达到积累货币财富的目的。他们已经认识到，货币产生贸易，贸易增多货币，货币只有在不断的运动中才能不断地增多。这样，国家就不应禁止货币输出，而应允许将货币输出国外以便扩大对外国商品的购买。但是，他们要求在对外贸易中必须保持贸易平衡原则，即购买外国商品的货币总额必须少于出售本国商品所得的货币总额，其目的仍然是要保证有更多的货币流回本国。他们认为，只有出超才能使国家积累货币财富，出超越多国家就越富有。在他们看来，国家的物质财富虽然随出超而减少，但是货币的数量增加了。为了保证对外贸易出超，他们认为应该尽量增加国内制造业的产品输出，因为输出这些产品比输出原料可以得到更多的货币，同时应该尽量减少或禁止本国能够生产的消费品的输入，特别是奢侈品的输入。于是，奖出限入成为晚期重商主义时期的重要任务，提出了实施保护关税政策的主张，要求对出口的原料课以高额关税，对外国输入的原料免收税金，任其自由进口。对于工业品，则一方面鼓励出口，另一方面对外国工业品征收高额关税，限制其进口。

贸易差额论的代表人物应首推英国的托马斯·孟，在《英国得自对外贸易的财富》一书中，他系统地论述了贸易差额论的原则及其实现途径。比其他重商主义者先进的是，他提出了总贸易的差额论，认为应该把个别贸易差额同总贸易差额区别开来。他认为，在对个别国家的贸易中可以允许贸易收支逆差的存在，只要总的贸易差额保持顺差就可以了。另外，在某一个时期里,国家从对外贸易中取得的货币入不敷出是可以允许的,只要能达到贸易平衡的结果,货币最终能够流回国内,使国家货币财富增多。在当时的经济发展水平下,孟能有这样的国际收支论述是相当可贵的,这是他在国际金融学说史上的一个贡献。可惜他的这一思想在当时并未受到重视。

米塞尔顿也是贸易差额论的代表人物之一,他以首次采用"贸易平衡"这一名词而著称。他认为,为了明确贸易是否有利,首先应该了解进口货与出口货的关系,应该计算出盈利,并将国家的贸易量列入"贸易结算表"以显示一个国家和另一个国家间的商业在数量上的差额,争取做到出超并防止入超。他的贸易结算表实际上就是今天"国际收支平衡表"的雏形。

3. 关于非贸易收支和转移支付的论述

托马斯·孟指出,影响一国对外贸易平衡的因素不仅仅是贸易收支,还包括"海关人员未能予以留意而记入账内的因素"。如:①旅客的费用,这包括本国人在外国旅行的费用和外国人来本国旅行的费用。②送给大使和外国人的礼物。③不经过海关的走私货物。④外国人在这里由于货币的兑换和再兑换,由于货币的利息,由于替英国人的货物和生命保险等所获的利益,还有由身居国外的本国人所享有的与此相同的种种利益。⑤汇往国外的金钱。⑥外国的捐赠。⑦进出口货物的运费、保险费、利润等。他指出,以上所有因素都会对贸易差额即国际收支产生影响。很显然,在这 7 个项目中,③⑤⑥等就是转移支付,而①④⑦等是非贸易收支项目或对外劳务收支项目。托马斯·孟把这些项目详细地开列出来,并阐明了它们是怎样影响一国的贸易差额的。

4. 关于资本项目的论述

至于国际收支中的资本项目,晚期重商主义者只是略有触及。他们主张输出货币,认为货币输出和商品输出一样有利,二者都是增加财富的手段。由于他们把资本和货币等同起来,所以主张货币输出实际上就是主张资本输出。关于主张资本输出的原因,晚期重商主义者们是从反面加以论证的。他们指出,如果像货币差额论者所主张的那样,把货币保留在国内,使国内货币过多,反而会引起物价的上涨,使输出下降。"昂贵的商品会造成使用与消费的降低……当我们通过贸易得到一些数量的货币的时候,我们会因为不用货币去进行贸易而再度把它失去。"①这就是说,把货币保留在国内,既不能使国家增多现金,也不能防止现金的输出,结果只会断送一切贸易。只有把货币投入流转,不断地购买,又不断地把购买的商品在有利可图的时机在国外市场上售出,才可能换回比先前多得多的东西。他们主张把货币(资本)输出国外,无非是向外国提供贷款,通过利息得到更多的货币(资本),从而达到扩大货币存的目的。但是,他们对资本输出的分析是非常初步和片面的。

5. 关于汇率的论述

重商主义者对汇率问题的研究已有相当的深度。这里主要介绍马林斯、米塞尔顿、安东尼奥·塞拉(Antonio Serra)和托马斯·孟的观点。

马林斯综述了当时颇为流行的确定汇兑平衡率的论点,揭示了偏离平衡率与国际间硬币转移之间的关系,后来被收纳在硬币输送点的理论中。首先,他指出,汇兑平衡率(也就是今天所说的均衡汇率)是由"汇兑的铸币平价"所决定的。所谓汇兑的铸币平价,是指两种货币按其金银含量相应的价值比率。只有按这种比率进行的汇兑才是符合平衡率(均衡汇

---

① 托马斯·孟.英国得自对外贸易的财富[M].商务印书馆,1997.

率)的汇兑。他认为,一旦汇兑的铸币平价发生变化,就会引起汇率的变化,使汇兑行为也相应地发生变化。他第一次阐明了汇率变化与货币流动间存在的关系。他认为:如果汇率保持不变,就不会发生金银的国际间流动;如汇率对某个国家有利,即汇率低于平衡率,则该国的金银不会外流;但是,如果汇率高于平衡率,那么该国的金银将会枯竭。这一论点受到后人的高度重视。至于汇率偏离平衡率(均衡汇率)的原因,马林斯把它归结为汇兑交易中的非法形式。他认为,汇票本是用于国际间交易的共同尺度,但它已被追求私利的金融业者玩弄的花招所腐蚀了。非法汇兑的日益增加,损害了国外汇兑的真实平价。这种非法汇兑主要有两种形式。一种是空头票据。在这种情况下,商人向金融业者借款,方式是取得金融业者的许可向其国外往来的同行开出一纸票据。这样,虽然没有发生商品交易,却产生了国外汇兑行为,并可将敲诈式的高利率隐藏起来。还有一种是承兑票据,银行家和他的国外代理人的信用被用来资助一个处境不妙的商人进行交易,而这个商人得按很高的利率付息。实际上,这两种情形并不是汇率偏离平衡率的主要原因,这表明马林斯对于汇率、货币流动、价格和商品贸易之间关系的见解是不正确的。同样地,马林斯也错误地认为汇兑交易应该仅限于皇家汇兑官或国王授权的另一些人,一切汇兑交易不得高于或低于汇兑平衡率(均衡汇率)。他说,只有这样,汇兑才是合法的,金融业者的各种花招才能被击败,汇兑才能趋于稳定,国家财富才能得以保持。

其他的重商主义者与马林斯展开了激烈的论战,他们反驳了马林斯的观点,但并不否认货币数量与国外汇兑率之间确有联系。他们认为硬币流动与汇兑波动都取决于商品贸易的平衡。这其中,最为典型的3个人是米塞尔顿、塞拉和托马斯·孟。

米塞尔顿认为,确定国外汇兑率的方式同确定其他货物的价格的方式一样。每一种货物都有它的"长处",这种"长处"决定了它的价格。但是,任何时间的通行价格,都可能有高有低,要依买者或卖者的判断而变化。同样的道理,汇兑的价格是由货币的"长处"决定的,也就是由硬币铸造平价决定的。硬币的铸造平价高,汇价就高;反之,汇价就低。这一点是与马林斯的观点相同的。他们之间的不同之处在于,米塞尔顿认为,根据汇兑双方的特殊情况,汇价可能围绕这种平衡点而波动,也就是根据货币的供求关系而变化。他说,汇兑并不像马林斯所主张的那样,是金银流动的原因,汇兑本身取决于对外贸易数量,而货币的流动也取决于对外贸易状况。货币流动与汇兑波动并不是互为因果的,这二者都取决于商品贸易的平衡。

意大利重商主义者塞拉指出了汇兑率与国内金银数量之间的关系。首先,他批驳了早期重商主义者桑奇斯(Sanchez)的观点。桑奇斯认为,提高外国货币的汇率和降低本国货币的比价,可以适当地使外币流入国内。因此,国家只需要以法律规定较高的外汇的汇价,就可以吸收大量外国货币,而本国货币的高汇率则阻止金银流入国内,促使金银的外流。塞拉对此持反对意见。他举例说,缺少货币绝对不是由于汇率定高了还是定低了,解决货币不足问题也绝对不能依靠降低或是提高汇率。他认为,商人输出货币,或者是为了购买大量商品然后出卖,或者是因为汇率适当,输出货币到国外比在本国获利更多,因此,禁止输出货币对本国有害无益。

托马斯·孟有关汇率问题的论述是相当多的。首先,他认为汇兑率是根据各种货币的分量和成色在它们的平价上确定的,亦即根据硬币铸造平价确定的,而影响汇率变动的因素则主要是货币的多少。他说,一个国家的货币或多或少,会使一切东西或贵或贱,而在汇兑过程中，货币本身总要起相反的作用：货币过多，就要使它在汇兑上贬值，则汇价提高；而货币过少，币值上升，则汇价降低，也就是说，在汇兑上使各种币值压低或提高，是由于在进行汇兑的地方现款供应多寡的缘故。据此，他把汇率的变动同贸易收支联系在一起。他认为：如果对外贸易取得顺差，就会使得货币的数量增多，从而汇价降低；如果对外贸易取得逆差，那么货币数量相应减少，从而汇率提高。对外贸易差额成为影响汇率波动的重要原因。

在讨论贸易差额如何影响汇率变动之后，托马斯·孟接着指出，汇率的变动同样也会影响贸易差额的变化。他认为在汇兑上压低我们的币值是于外人有损而于我们有利的。这是因为货币在汇兑上贬值，必然引起汇率上升，而本国货币汇率上升，在对外贸易中就可以拿少量的外币去购买外国商品，而外国人在购买本国商品时却需要拿出更多的本币，这样，就会有更多的货币流入国内，也就是说，提高本国货币的汇率，并不会像有些人所想的那样，将现金驱出本国，而是可以把它作为一种手段，使输出的现金数量比在等物交换时输出的更要减少一些。

根据汇率的决定和汇率变动的理论，托马斯·孟指出，人们可以根据各国的对外贸易状况进行汇兑以获得利润。他举例说，如果英国从荷兰的进口大于英国的出口，那么英国的币值将被压低而有利于收款者。这样，为了避免币值降低所带来的损失，付款者们往往想起那些英国对之出口大于进口的国家，从而把钱汇到那些国家去，经过辗转往复，最后到达荷兰，这样不仅避免了损失，而且由于汇兑经过的那些中介国与英国的贸易逆差使英国货币升值，把款汇往那里还有利可图。托马斯·孟的这一例子实际上讲的是怎样以套汇获利。

另外，托马斯·孟还指出，保持一国币值的稳定是十分重要的。他认为，货币不但是衡量国内其他一切东西的准确的尺度，而且也是一国与其他各国在国际贸易上所用的尺度，所以应该保持它的公正与稳定，避免发生混乱。他说："受人重视的不是我国的金镑、先令和便士的名称，而是我们的硬币的内在价值。我们没有理由对货币加上任何高于其实际价值的估价或价值，即使我们是有权利这样做的。"[①]因此，他认为，在汇兑上提高或贬低本国货币的币值，既不能使国家增加现金，也不能防止现金输出。国内货币的多少是由对外贸差额决定的，而本国货币汇价的高低又是由货币的多少决定的。任何人为改变汇率的行为，都不会给本国带来好的结果。根据这一点，他反对下述说法，即硬币价值提高，各处的硬币就会因为有利可图而流入国内，而若货币的成色或重量减轻了，就只好保存在国内，以免受到损失。他认为这样一种做法没有考虑到事情的发展和结果，从而不是使财富流入国内的好办法，并且也不能在获得了这种财富之后将它保存在国内。同样，托马斯·孟也反对提高外币的币值。他认为，准许外币以高于其实值的比率与国内的本位货币兑换并在国内通用，并不会增加国家的财富。他说，如果外币汇价高于其实值并在国内流通，这种办法首先会破坏互相往来的规律，并且将促使其他的国家实行同样的或更加厉害的抵制办法，而使本国的希望落空。其次，他指出，倘使货币是我们的其他一切财富的真正尺度，而姑且准许外国货币以高于其实值的兑换率在国内流用，那么就不可能公正地分配公共财富了。最后，他认为：如果以外币兑换本国货币时所获得的利益是很小的，那么流进国内的金银便会很少，甚至没有；另一方面，如果给予外币莫大的利益，那它就将带走国内一切基本的货币，因此，这种办法不会有什么效果，它不能增加本国的财富。

---

① 托马斯·孟.英国得自对外贸易的财富[M].商务印书馆,1997.

6. 关于国际货币市场的论述

意大利重商主义的发展有其特点。地理大发现后,通商航路的转移沉重地打击了意大利的对外贸易,使它失去了欧洲贸易中心的地位。因此,新兴资产阶级转而从事银行和高利贷业务,银行业得到了发展,并在欧洲各国的对外贸易中起了重大作用。

伽斯巴罗·斯卡卢菲(Gasparo Scaruffi)是意大利的早期重商主义者。他针对当时意大利在经济上渐趋衰落、政治上分崩离析、货币流通混乱的局面,出版了《货币讨论》一书,认为货币可以作为价值的尺度和交换的一般材料使用,国家不能依靠铸造货币获取收入来充实国库。当时各国货币制度极不一致,各国实行金银复本位制度,二者比率不稳定,妨碍了货币结算与汇兑,对货币流通十分不利。该书提出了建立欧洲统一货币市场,建议召开全欧洲大会,安排全欧范围的货币流通,发行欧洲统一货币,规定各国汇率和货币含金比率,确定复本位制,规定金银的比率为1:12,以及其他一些具体建议。这些建议和主张虽然没有被当时的政府所采纳,但这些有关国际货币市场的主张受到了意大利银行家贝纳多·达旺查蒂(Bernardo Davanzati)的支持。后者拥护复本位制和确定金银固定比价的主张,赞成国际间的货币流动。在国际金融学说史上,意大利重商主义者的上述观点是有关国际货币市场的最早论述。

总之,两个阶段的重商主义都混淆了货币与财富的概念,都把货币积累作为首要目的。它们之间的区别在于,早期重商主义强调的是货币差额论,晚期重商主义强调的是贸易差额论。重商主义并没有形成一个完整的理论体系,各家各派的观点也很不一致。总体上看,早期金融学说是在西欧封建主义解体和资本主义兴起期,为适应国际经济往来的日益发展而形成的资产阶级国际金融学说,它与当时的贵金属本位制度密切相关;它作为现代国际金融学说的源头,主要在国际收支调节的研究中形成了对后来较有影响的理论。

7. 威廉·配第过渡时期金融思想

威廉·配第(1623—1687年)是最早代表产业资产阶级利益的经济学家,是重商主义向重农学派过渡时期的代表人物,主要经济著作有《赋税论》《货币略论》,其金融思想主要包括以下5个方面。

(1)价值论。配第的价值理论是在《赋税论》中提出的,他区分了商品的"自然价格"和"政治价格"。自然价格就是与生产商品时实际需要的劳动数量相一致的价格(实际上指价值);政治价格指受供求影响在市场上直接实现的交换价值(实际上是市场价格)。他着重研究的是自然价格,即价值,并把其看作考察其他经济现象的基础。

(2)劳动价值论。在讨论自然价格时,配第提出了劳动价值论的思想,认为商品价值是由生产商品所需要的劳动量决定的,而各种商品价值权衡的基础就是劳动时间。正是基于这样的分析,配第第一次有意识地把商品价值的源泉归结于劳动,从而奠定了劳动价值论的基础。他还讨论了商品价值量和劳动生产率之间的关系,明确提出商品价值量与劳动时间成正比,与劳动生产率成反比这一事实。他还论述了分工对于提高劳动生产率的意义,证明分工越细,劳动生产率越高,劳动时间越少,商品价值量也就越低。这是他最主要的历史功绩。

(3)分配论。在劳动价值论基础上,配第分析了工资、地租、利息和土地价格等分配问题。在工资论中,他把劳动看成商品,把工资看成"劳动的价格",表示工资是工人全部劳动的报酬。关于地租,他认为地租是全部农产品中扣除了生产资料(种子)和劳动者的生活资料(工资)等生产费用后的剩余产品。这些剩余产品实际上是劳动者全部剩余劳动的物化形式,即剩余价值,其中包括地租和利润。但他没有把利润和地租分开,所以他把地租作为剩余价值的一般形态。正如马克思指出的,对于配第而言,重要的是"地租,作为全部农业剩余价值的表现,不是从土地,而是从劳动中引出来的,并且被说成劳动所创造的、超过劳动者维持生活所必需的东西的余额"①。配第还考察了地租和工资的关系,揭示了地租同工资的对立,实际揭示了剩余价值同工资的对立关系。因此,配第最先触到了剩余价值的存在和来源,这是他最主要的观点和贡献。

(4) 利息论。关于利息,配第认为利息是"货币的租金",是对其所有者出借货币期间使用不便的报酬。与地租一样,利息是合法的正当收入。他是从地租引申出利息的,把利息作为地租的派生形式。他反对用法律限制利息率,主张经济自由。他还认为利息的水平应当由货币的供求来决定。

(5) 货币论。在货币本质上,配第已经在一定程度上看到了货币的"一般等价物"作用,把货币看作和其他商品一样,都是劳动的产物,并用耗费的劳动时间来衡量其价值量。他认识到了货币的价值尺度和流通手段的职能,正确地提出了商品价格与货币价值成反比变化的情况。他还初步讨论了货币流通量问题,具体说明了流通所需的货币量决定于货币流通的周期。

(五) 重农学派的金融学说

重农学派产生于18世纪50—70年代,是法国新兴资产阶级的意识形态,属于法国古典政治经济学的一个阶段,稍早于亚当·斯密。创始人是弗朗斯瓦·魁奈(Francois Quesnay),他创立了一套完整的重农主义经济理论,在他周围聚集了一批门徒和追随者,形成了一个学派。他们每周定期集会,讨论问题,著书立说,宣传魁奈的学说。1796年,这个学派的主要代表人物P.S.杜邦·德·奈穆尔(P.S. du Pont de Nemours)在编辑出版魁奈的著作时,以《重农主义》作为书名,后来斯密在《国富论》中把他们称为"重农主义者",把他们的学说称为"重农主义体系",重农学派因此得名。

在重农学派产生之前,由于封建统治和剥削,以及实行过度的重商主义政策,当时的国王路易十四重军事和出口外贸,多次发动对外侵略战争,同时在国内建造豪华的凡尔赛宫,法国的农业受到了严重损害,也影响了工商业发展,经济处于危难之中,国家财政来源枯竭,面临崩溃的危险。这时法国正处在资产阶级大革命的准备时期,阶级矛盾非常尖锐,资产阶级、工人、农民反封建的斗争日益激烈,酝酿着反封建的革命风暴。在这样的背景下,皮埃尔·布阿吉尔贝尔(Pierre le Pesant, sieur de Boisguillebert)、理查德·坎蒂隆(Richard Cantilion)提出了重农思想,是重农学派的先驱者,马克思把布阿吉尔贝尔看作法国古典经济学的创始人。当时法国的伏尔泰、孟德斯鸠、卢梭、狄德罗等启蒙思想家们对封建专制制度进行了无情的批判,提出了"自然秩序"的思想,成为重农学派产生的哲学基础。重农学派继承和发扬了其先驱者的思想,吸收启蒙学者的观点,创立了重农主义的理论体系。马克思把重农学派作为法国古典经济学的一个重要阶段。但总体而言,法国古典经济学对理论的研究则不如英国古典经济学深入。

1. 布阿吉尔贝尔的金融思想

布阿吉尔贝尔(1646—1714年)是法国重农学派的先驱者,出身于卢昂的"长袍贵族"家

---

① 马克思恩格斯全集(第二十六卷第一册)[M].北京:人民出版社,1972:383.

庭,当过卢昂地方议会的法官和路易十四的经理官。主要经济著作有《法国详情》《法国的辩护书》《论财富、货币和赋税的性质》《谷物论》。其主要金融思想包括以下两个方面。

(1) 财富理论。同重商主义观点相对立,布阿吉尔贝尔认为社会财富是农业中生产出来的农产品及其他必需品、舒适品,财富来源于农业生产。他还论述了农业的优越性及其在国民经济中的重要作用,认为农业是其他行业的基础。

(2) 价值理论。他的价值理论是和他的经济协调理论相联系的,从另一个角度论述了劳动价值论。他认为各行业相交换的基础是商品生产上"必需的费用",如果生产者不能补偿生产商品时所必需的费用,最终会放弃他的职业。他认为各种商品按照"公平的价格"(即"一定比例的价格")进行交换,就能补偿生产商品的费用,而且可以相互促进,增进财富。他认为这种"一定比例的价格"就是市场价格波动背后的"真正价值"(实际上指交换价值)。他指出,这个价格归根结底取决于"劳动的比例",而劳动比例的形成必须依赖于完全的自由竞争。马克思对此评价说,他"不是有意识地,但是事实上把商品的交换价值归结于劳动时间,因为他用个人劳动时间在各个特殊产业部门间分配时所依据的正确比例来决定'真正价值'(la juste valeur),并且把自由竞争说成是造成这种正确比例的社会过程"。[①]

2. 坎蒂隆的金融思想

坎蒂隆(1680—1734年)是英国经济学家,出身于爱尔兰的贵族家庭,长期从事银行业和商业,大部分生涯在法国度过,因而被归为法国学者之列。主要经济著作《商业性质概论》是他流传下来的唯一著作,其他手稿都在他被害时毁于一旦。其主要金融思想包括以下3个方面。

(1) 财富及其源泉。他也把物质产品视为财富,指出土地和劳动是财富的源泉(配第在讨论国家财富增长问题时提出过同样的观点,指出"土地是财富之母,劳动是财富之父")。这相比重商主义是一大进步,为把资产阶级政治经济学的研究从流通领域转向生产领域提供了基础。

(2) 价值与价格理论。他提出了两个关于价值的概念,即"商品内在价值或价格"和"市场价格"。他认为"任何东西的内在价值都可以用在它的生产中所使用的土地数量以及劳动数量来度量"。也就是说,他把物品价值的决定归结为土地和劳动,这实际上是生产要素价值论的雏形(与劳动价值论是矛盾的)。关于市场价格,他明确指出市场价格会不断发生变动,变动的原因包括供求关系的变动、人们的想象和兴致的变动等。他指出,待售商品或商品的数量同买者的数量或需求量之间的比例是(或通常假定是)确定市场实际价格的基础[②]。这就是后来市场价格理论(供求关系决定商品价值)的雏形。

(3) 货币观。他认为,金银之所以能成为衡量价值的共同尺度,是由于其本身具有价值,加上其他特性尤其是同质性(还有均匀性、可分割性等)能够在交换中确定各种物品价值的比例。

3. 魁奈的金融思想

魁奈(1694—1774年),重农学派的创始人,出身于一个从事律师工作的地主家庭,兄妹13人中他排行第十,未受到很好的教育。魁奈55岁时被任命为法王路易十五的宠姬蓬皮杜

[①] 马克思恩格斯全集(第十三卷)[M].北京:人民出版社,1962:43—44.
[②] 理查德·坎蒂隆.商业性质概论[M].商务印书馆,1986.

夫人的御医，住进凡尔赛宫，因治愈皇太子的痘疮有功，又被任命为路易十五的侍医，由于其医学上的成就被赐封为贵族，路易十五称他为"我的思想家"。魁奈在宫廷居住期间，有很多机会接触到法国上流社会的哲学家和思想家，了解了法国当时的社会和经济情况，年近60岁开始研究经济问题，并且取得了很大的成就。主要著作有《租地农场主论》《谷物论》《人口论》《赋税论》《经济表》，最著名代表作是1758年发表的《经济表》及之后写的对《经济表》的说明和分析。

魁奈主要金融学说是资本理论。他在《经济表》中对农业资本进行了分析，但没有提出"资本"范畴，使用的是"预付"范畴。他把农业预付划分为"年预付"和"原预付"两部分。年预付是指每年花在耕作劳动上的支出数额，包括种子和工资；原预付是购置农业设备的基金，包括耕畜、家具、库房等。

魁奈的资本理论的贡献在于：①他把资本和生产联系了起来，和纯产品也即剩余价值的生产过程联系了起来，这是有价值的思想。②他的"年预付"和"原预付"实际上是把农业资本划分成了流动资本和固定资本，只是没有使用这两个范畴。

二、古典经济学家的金融思想（亚当·斯密起至19世纪末）

古典经济学是在重商主义衰落之后，作为欧洲国家的新兴的产业资产阶级意识而兴起的统治经济思想。真正使重商主义学说向古典主义经济学学说过渡的人是大卫·休谟，他建立起货币数量论，之后亚当·斯密的代表作《国民财富的性质和原因的研究》真正奠定了古典主义经济学的基础，这使得亚当·斯密成为现代经济学之父。自亚当·斯密开创古典主义经济学后的百年里，古典主义经济学一直是国际的主流经济学，它的继承者主要有大卫·李嘉图（David Ricardo）、托马斯·马尔萨斯（Thomas Malthus）和约翰·穆勒（John Mill）。

（一）大卫·休谟的金融思想

大卫·休谟（1711—1776年）是英国哲学家、历史学家和经济学家，是英国古典政治经济学产生时期的主要代表人物之一。休谟对当时英国政府所施行的保护贸易政策的抨击是激烈的，在所著《政治论丛》中，他从生产领域到流通领域论证了自由贸易的必要性，并批评重商主义的贸易差额论。后来，代表工业资本的经济学家对重商主义所做的许多批评，几乎都可以从休谟的论述中找到依据。他在金融理论方面坚持货币数量论，相信国际收支静态平衡，把"价格—现金"流动机制引入了国际收支分析中。

1. 休谟的货币数量说

货币数量说并非始创于休谟。早在1569年，法国学者让·博丹就在《对马莱斯特罗特佗谈物价高昂及其补救办法的答复》一书中，明确地把商品价格同货币数量联系起来，用货币流通数量的变化解释16世纪西欧的价格波动。在博丹之后、休谟之前的近两个世纪里，西欧某些经济学家如尼古拉斯·巴尔本（Nicholas Berben）、约翰·洛克（John Locke）等人，也对此做了进一步的发展。但是，休谟的货币数量说仍然具有特色，提出了许多重要的观点。

（1）关于货币职能的论述。休谟认为，货币只是一种交换工具，它不是贸易机器上的齿轮，而是一种使齿轮转动更加平滑自如的润滑油。如果单就一个国家自身来考察，货币量的多寡是无关紧要的，缺乏钱币本身决不会对任何国家造成损害，因为只有人和物才是社会真实力量之所在。

(2) 关于货币、商品与价格之间关系的论述。休谟认为,商品价格随货币数量的变动而发生严格的正比例变动。他指出:商品增加,价格就便宜;货币增加,商品就涨价;反之,商品减少或货币减少,都具有相反的结果。在这里,休谟给旧货币数量说补充了两个新内容:第一,货币不仅是金属货币,还包括象征性货币,如银行券和政府发行的有价证券;第二,货币专指流通中的货币,不包括储藏的货币。因此,他认为,与其说价格取决于国内的商品和货币的绝对数量,不如说它取决于进入或可能进入市场的商品的绝对数量以及处在流通中的货币的绝对数量。如果铸币锁在箱子里,对于价格是不起作用的,如果商品堆放在仓库里,结果也一样。在这种情况下,货币和商品永远彼此不相遇,所以也就互不影响。休谟还举例说,在任何时候,如果要推测粮食的价格,都不应把农民留作种子以及供他本人及其家庭食用的部分估算在内,只有剩余的部分才能对照需求状况来测定其价格。

(3) 首次提出了价格对货币的时滞效应。休谟指出,虽然商品价格昂贵是金银增加的必然结果,但这种昂贵并不紧跟金银增加而来,而是需要一些时间,直到货币流通到全国并使人们感受到影响。休谟还认为,货币量的变动只影响商品的绝对价格水平,而不影响商品的相对价格。

休谟的货币数量说从理论上说是错误的。它同早期货币数量论者一样,也建立在下述假设上,即认为在商品进入流通过程之前,商品没有价值,货币也没有价值,商品和货币二者只有在流通过程中才有数量关系并相互交换。休谟把货币看成单纯的价值符号。在他看来,一定量的商品同一定量的货币只有在流通过程中相比较,才能取得各自的价格和价值。休谟不了解,货币不仅仅是劳动和商品的代表,它同商品一样,本身也具有一定的内在价值,在金银作为金属货币执行流通手段职能时,它们只有代表具有一定的价值量的金银量,才能成为价值符号。

从历史背景来看,休谟的货币数量说是对美洲矿山发现以来金属货币的增加与商品价格的提高的表面考察。事实上,美洲矿山的发现,开采金银的生产率提高,大量金银涌入欧洲使商品价格上涨,并不是金银数量增加的结果,而是金银价格下降的结果。休谟货币数量说的错误在于颠倒了货币流通与商品流通的关系,从而也曲解了货币流通与商品价格的关系。商品流通是货币流通的基础,货币流通实质上是商品流通的反映或表现。商品流通中所需要的货币首先取决于待实现的商品价格总额,即流通中的商品量与商品价格水平的乘积,同时也取决于货币的流通速度。

2. 休谟的国际收支分析

(1) "价格—现金"流动机制。18世纪中期,虽然主张货币数量说的人很多,但休谟是把货币数量说应用到国际收支分析方面的先驱者,提出了著名的"价格—现金"流动机制。休谟认为只要世界各国相互保持贸易关系,则一国对外贸易的货币收支差额之有余或不足将自动调节,使各国的贵金属出现均衡分配。他所说的这种货币的均衡分配,不是指绝对数量的平均分配,而是指各国所拥有的货币同各自的商品和劳动数,以及工业和技艺发展水平之间所保持的比例大致相同。

休谟以英国为例来说明这种国际价格机制的自动调节作用,假设英国的货币一夜之间消失4/5,那么一切劳动和商品的价格将会相应下降。在这样的价格条件下,还有哪个国家能在国际市场上与英国竞争,或以与英国同样的价格从事海运和出售工业品呢?于是,用不了多长时间,英国就会弥补它所损失的货币量并赶上邻国的水平。一旦达到这一目的,英国就会立即丧失其廉价商品和廉价劳动的有利条件,外国货币也就不再流入英国。相反地,假设英国的货币在一夜之间增加4倍,则劳动和商品的价格将相应提高,这样,哪个国家能买得起英国的货物呢?英国无法阻止外国商品进口,无法限制本国货币外流,直到英国的货币量下降到与邻国相等为止。

休谟认为,汇率变动也可以通过价格机制的作用而自动调节贸易收支。他认为贸易逆差会使汇率不利于英国,而这又成为对出口的刺激,同时也不利于外国货物进口。出口增加,进口减少,有助于贸易收支的改善。此外,一国贸易逆差使得该国汇率下跌,当汇率跌至铸币的输出点以下时,就会引起国际黄金流动,这会引起其国内货币数量的减少,物价和收入下跌,出口增加,进口减少,从而纠正贸易逆差。如果一国贸易顺差,汇率变动对贸易收支的调节过程则与上述相反。

(2)国际收支静态均衡。休谟的国际收支分析是一种静态均衡分析,认为一国货币拥有量同该国的商品和劳动数量以及工业和技艺发展水平之间保持一定的比,一国的进口量取决于进口货物的相对价格(与本国货物相比),一国的出口量取决于其出口货物相对于国际市场的价格以及本国总生产能力。在一定时期内,只要该国商品生产总量、劳动数量、工业和技艺发展水平不变,出口和进口总是趋向于平衡的。

休谟的国际收支分析中包含了对技术水平提高的效应分析,认为技术水平的提高导致生产率提高、商品生产量增加、价格下降,于是出口商品具有相对价格优势,出口增加,进口减少,贸易收支顺差,货币流入。休谟认为在货币流入后,开始时价格并不马上上涨,从货币数量增加到商品价格上涨要经过一段很长的时间,在这段时间内,工商业会得到较快的发展。原因是货币在提高商品价格之前,一定会使人人勤奋,努力工作,此后价格才开始上升,本国商品具有的相对价格优势逐渐丧失,顺差减少,货币流入量减少,直到最后进出口平衡,货币停止流入,在新的基础上达到货币均衡为止。

休谟认为,影响货币均衡实现的因素有两类,一类是自然因素,一类是人为因素。在自然因素中,主要是地域上的远近、交通运输情况所决定的商品运输。当一个国家的商品、劳动、工业和技巧与邻国相比有2倍、3倍、4倍的增长时,货币也必然有2倍、3倍、4倍的增长,如果不能按这种比例增长,那么除了人为的因素外,原因就在于商品从甲地运往乙地的运输费用。人为因素主要有两个:一是银行、基金和有价证券组织机构发行货币的纸质等价物,流通全国,替代金银,从而相应地提高了劳动和商品的价格,因为这样一来,就会把一大部分贵金属钱币排挤掉,或者把金属货币量压缩到均衡水准以下。二是把大金属货币集中到金库里,不准流通,这也会影响货币均衡的实现。

(3)休谟的国际收支分析的影响。在休谟的时代,国际收支顺差和黄金流入引起货币供应量增大是不成问题的,因为在那个时代,货币、储备和金银基本上是一回事。也就是说,国际收支直接表现为货币储蓄量的变动。至于休谟关于货币供应量增大最终会使物价水平上升的论点,仍是以货币数量说为基础的。应该指出,休谟的这种从货币量变动到国内物价变动再到贸易差额变动的推理,需要有一个基本的既定条件,即进出口弹性条件,但他没有就此进行深入的分析。这个问题留待后来的马歇尔、勒纳、罗宾逊夫人等解决了。但从理论渊源来看,休谟的价格调整机制对国际金融学说发展的影响是巨大的,后来流行的弹性分析法,实质上就是相对价格变动对国际收支调节的影响的分析方法。

休谟关于国际收支分析的意义在于它在外汇理论与一般经济理论之间建立了联系,揭示了汇率在调节各国货币供应量差异方面起着重要的作用,从而在汇率和价格,以及国际收支和汇率变动之间建立了有机的联系。

休谟的国际收支分析成立的条件是:价格(广泛意义的)具有伸缩性,完全竞争,自由贸易。这在资本主义自由竞争时期,条件基本具备,因此,在第一次世界大战以前的金本位制时期,西方各国政府在国际收支调节方面奉行这一基本理论。

3. 休谟对亚当·斯密的影响

休谟的《人性论》《政治论丛》等著作是斯密经济思想的重要来源,而休谟与斯密之间的交往无疑给这种影响注入了感情因素。斯密早在格拉斯哥大学学习期间就与休谟相识。在牛津大学学习期间,斯密曾因在宿舍阅读休谟送给他的《人性论》一书而受到学校的处分。当他重返格拉斯哥大学任教后,每次去爱丁堡都要探望休谟,并做长时间交谈,两人成为莫逆之交。

在对经济运行机制的看法上,休谟与斯密表现出极大的相似性,但休谟比斯密更早地公开发表自己的看法。休谟经济理论的哲学基础是人性论。休谟认为"自私"和"贪欲"是人的本性,人们的欲望是劳动的唯一动机。斯密的经济理论也立足于人性论,建立在"经济人"假设之上。斯密认为各种经济现象都是在"经济人"的利己心驱使下自然地发生的。市场价格之所以围绕自然价格上下波动,同样是在千千万万"经济人"利己心支配下自然地产生的,是由人的本性决定的自发活动的结果,是自然秩序的表现。正是这样一种经济指导思想,使斯密支持休谟的论点,斯密在有关休谟《人性论》《政治论丛》的演讲中,对休谟反对重商主义者提倡的贸易保护主义和贸易差额论的立场,以及休谟提出的自由贸易主张,表示了积极的赞同。

休谟和斯密同样笃信经济中存在着一种"自然过程",不需要政府的干预。休谟曾把这种思想集中体现在国际收支分析中。斯密则大大扩展了这个范围,涉及经济活动的各个方面,虽然斯密在《国富论》中没有像休谟那样集中论述对外贸易自动平衡机制,但他是相信这种自动的价格调节机制的。他同休谟一样,相信一国出口量取决于该国国内的总生产能力,价格在其中起着自动调节作用。在《国富论》中,斯密曾多次论述了这一作用。但应当注意到,斯密的论述并不以货币数量说为基础。他认为,在各个国家,人类勤劳所能购入或生产的每一种商品量,自然会按照有效需求,即按照愿意支付为生产这种商品和使它上市所需支付的全部地租、劳动、利润的那些人的需求,自动调节。这里,斯密表述的实际上是有支付能力的需求和价值规律的调节作用。根据斯密的论述,就国际收支调节而言,当一国对外贸易出现逆差时,说明进口商品量超过了有效需求,价值将下跌至国际价格水平以下,于是商品停止输入,输出增加,这样,贸易收支将得到改善。当外贸出现顺差时,调整过程恰好相反。在这里起作用的仍然是相对价格,即国内商品价格与国际价格之比。

斯密与休谟一样,也看到了汇率对进出口的调节作用。他在评论重商主义关于汇率下跌会扩大该国的贸易逆差的论点时指出,汇兑的高价必定会产生类似的课税作用,因为它增高外货的价格,从而减少外货的消费。所以汇兑的高价不至于增加他们所谓的贸易逆差额,而只会减少他们所谓的贸易逆差额,因而也会减少金银的输出,这依然是价格机制起作用的表现。此外,斯密与休谟同样认为对外贸易的开展有利于传播技术,加强竞争,促进本国生产的发展。因此,他们都主张自由贸易,反对国家干预。

(二)亚当·斯密的金融思想

亚当·斯密(1723—1790年)是苏格兰人,代表作有《道德情操论》(1759)、《国民财富的性质和原因研究》(1776),后者真正奠定了古典经济学的基础,这使得亚当·斯密成为现代经济学之父。

亚当·斯密的主要思想包括以下7个方面。

(1) 分工理论。亚当·斯密认为,分工的起源是由于人的才能具有自然差异,起因于人类独有的交换与易货倾向。交换及易货是私利行为,其利益决定于分工,假定个人乐于专业化及提高生产力,经由剩余产品的交换行为,促使个人增加财富,此过程将扩大社会生产,促进社会繁荣,并达到私利与公益的调和。分工促进劳动生产力的原因有三:第一,劳动者的技巧因专业而日进;第二,由一种工作转到另一种工作,通常会损失不少时间,有了分工,就可以免除这种损失;第三,许多简化劳动和缩减劳动的机械发明,只有在分工的基础上才可能。

(2) 货币理论。货币的首要功能是流通手段,人们持有货币是为了购买其他物品。当物物交换发展到以货币为媒介的交换后,商品的价值就用货币来衡量。这时,便产生了货币的另一功能"价值尺度"。亚当·斯密也谈到货币的储藏功能、支付功能,但是,他特别强调货币的流通功能。

(3) 价值理论。亚当·斯密指出,价值涵盖使用价值与交换价值,前者表示特定财货之效用,后者表示用此一财货换取另一财货的购买力。他进一步指出,具有最大使用价值之财货,往往不具交换价值,水及钻石是其著名的例子。不过,水与钻石价值之比较直到百年之后边际效用学派才圆满解释这一问题。

(4) 分配理论。亚当·斯密的分配论,是关于劳动工资、资本利润及土地地租自然率之决定理论。他指出,尽管雇主拥有压低工资的力量,但工资仍有其最低水平,此一最低水平是劳动者必须能够维持基本生活。假定社会工人需求增加或生活费用提高,工资将高于最低水平。一国财富、资本或所得增加,将促使工资上涨,工资上涨则促进人口增加。资本利润之高低决定于社会财富之增减,资本增加固可促使工资上涨,却使利润为之下降。假定商人投资同一事业,因为彼此相互竞争,自然会导致利润率降低。地租系指对土地使用所支付的价格。亚当·斯密认为,地租高低与土地肥沃程度及市场远近有关。

(5) 资本积累理论。资本累积是大量进行分工必备的另一要素。分工的扩张与生产效率的提高跟资本的总额成正比。资本累积必须在分工之前进行,因为分工需要使用许多特殊的设备与机械,都需要以资本来购买。分工愈细,工具的需要愈多,资本愈显得重要。透过分工过程,可增加劳动生产量,提高国民所得,增强国民储蓄意愿与能力。

(6) 赋税理论。亚当·斯密提出四大赋税原则,即公平、确定、便利、经济。公平指一国国民应尽可能按其能力支持政府,亦即国民应按其在政府保护下所享有的利得比例纳税。确定是指各国民应当缴纳的税捐,必须确定并不得随意变更,缴纳时期、缴纳方法、应付税额都应对纳税人清楚宣示。便利是指一切税捐都应在最适合纳税人的时间与方法收之。经济是指每一税捐都应善加设计。

(7) 反对货币数量说。亚当·斯密认为,一国流通必需的货币量,取决于该国每年所流通的商品的价值量,亦即取决于该国每年所销售的商品的价格总额,而不是商品的价格总额取决于流通中的货币量。

亚当·斯密的经济思想体系结构严密,论证有力,把前人经济思想的优点都吸收进了自己的体系,同时也系统地指出了他们的缺点。亚当·斯密的接班人,包括像托马斯·马尔萨斯和大卫·李嘉图这样著名的经济学家对他的体系进行了精心的充实和修正(没有改变基本纲要),今天被称为古典经济学体系。虽然现代经济学说又增加了新的概念和方法,但这些大体说来是古典经济学的自然产物,甚至卡尔·马克思的经济学说都可以看作古典经济学说的继续。

(三)亨利·桑顿的汇率学说

英国经济学家亨利·桑顿(Henry Thornton,1760—1815年)在1802年出版了《对大不列颠纸币信用的性质和后果的研究》(以下简称《纸币信用》),该书是桑顿汇率学说的主要体现。当时由于拿破仑战争的影响,英国就通货、汇率和物价现象进行了一场范围广泛、时间持久的论战。

桑顿认为,逆转的汇价造成黄金的市场价格高于造币厂价格,这可以从一国的国际收支水平来看,长期是趋于均衡的,短期可能不平衡,当国际收支出现逆差时,就会出现汇价下跌的现象。当然,桑顿认为国际收支不平衡的因素除了贸易因素外,对外军费支出、在英国的外国公司会寄回本国红利和英国对外资本转移也会对国际收支产生影响。但是,在桑顿看来,汇价下跌不能证明纸币发行过多,有时只能说明一国的国际收支有逆差。同时,桑顿也否定黄金的价格过高是因为纸币过多,当国际逆差过大,黄金会流出国外,汇价下跌幅度超过黄金的运费时,私人会运送黄金出国,黄金需求加大,价格上升。桑顿强调,纸币信用应与整个工业、贸易状况相适应,而不主张按黄金存量的增减来决定信用放或收的方针。桑顿把金价上涨归因于汇价下跌与贸易逆差所引起的对黄金需求的上升,把汇价下跌归因于收支逆差,而在分析收支逆差时,又侧重分析贸易逆差,认为进出口长期会趋于平衡,而在短期内可能出现不平衡,从而产生贵金属流动。他的这些观点实质上是把商品流通看成决定贵金属流通的基础,同时又看到了货币流通对工业、贸易的反作用。桑顿汇率说在理论上是区分短期与长期的。汇价变动、金价上涨,如果是短期现象,应当到国际收支差额(尤其是贸易差额)中去找原因,如果以上现象是持续的而且波动幅度较大,那就应当归因于通货贬值、物价上升。正由于桑顿在理论上有长期分析与短期分析之分,所以,当他分析1802年的金价上升与汇率下跌时并不认为是由于纸币过多,而当他看到汇率在1810年持续下跌,黄金价格上升达20%时,就认定是由于纸币过度、纸币贬值。因此,他观点上的不一致来源于方法论上的差别。

对于桑顿的评价是不一致的。弗里德里希·哈耶克(Friedrich Hayek)认为,桑顿摒弃的是通过增加货币流通量去促进生产,从而改善国际收支状况、改善汇价的观点。皮埃罗·斯拉法(Piero Sraffa)则认为,桑顿所摒弃的是黄金价格升高只能证实对外贸易有逆差的观点。实际上,如果从桑顿的全书来看,他否定的是把一国财富的流出或流入都归因于贸易差额的论点,他承认自己有过这种错误观点。但是,尽管桑顿否定了以前把汇价变动、金价上升全部归结为贸易逆差的观点,他关于短期内贸易差额会影响汇价的思想却是有价值的。

桑顿后来的基本倾向是非黄金派的。他在论证金价上涨是纸币贬值的证明时,始终从外汇市场上的供求关系来说明汇价的决定,再从汇价贬值推论金币贬值。在整个论证过程中,黄金只是被看作一般的商品,而并没有被看作纸币的基础,没有从纸币所代表的黄金价值减少去论证纸币贬值。至于如何调节货币流通以确保通货稳定,桑顿不同意以流通中必需的黄金量来调节纸币量的原则,而是提出了利率调节的原则。约翰·希克斯(John Hicks)曾指出:"在古典经济学家中,至少存在着两条线。一条线(粗略地说来,是以李嘉图与他的追随者为代表)坚持认为完全要按金属货币流通那样来调节纸币流通;另一条线(以桑顿与约翰·穆勒为代表)主张对信用货币必须进行管制,即使这种管制是困难的。"把桑顿看作一个与李嘉图不同的、主张有管制的纸币信用的理论家,这也许比较符合历史事实。桑顿之所以能提出一些被现代西方经济学家所重视的观点,也许正是由于他的货币理论没有被黄金束缚。

(四) 大卫·李嘉图的金融思想

大卫·李嘉图(David Ricardo,1772—1823年)本来是英国一个金融实业家,由于手握大量证券、股票等金融资产,对通货贬值给货币资产的价值和经济契约关系所造成的后果非常敏感。面对金价上涨和汇价下跌,出于对国家公债的债权人的利益的关心,李嘉图对休谟、斯密、桑顿等人的货币理论进行了一系列研究,潜心思考通货问题。

(1) 财富增长的途径。李嘉图极力主张发展生产力,增加国家财富,认为增加资本积累是实现财富增长的必要条件,主张通过降低地租来增加资本积累,实现财富增长。他认为收入的分配状况对财富的增长影响重大。

(2) 使用价值、交换价值、价值之间的关系。他继承了斯密使用价值不能成为交换价值的尺度的观点,批判了斯密没有使用价值的东西也可以有交换价值的观点,提出没有使用价值的东西肯定没有交换价值,并意识到了价值与交换价值之间的区别。他认为商品的价值只能由生产商品所耗费的劳动决定,意识到在商品生产过程中新价值的创造与旧价值的转移的问题,以及在商品价值决定上个别劳动时间与社会必要劳动时间之间的区别。

(3) 金本位制理论。在金块大论战的背景下,李嘉图作为支持金块主义的代表,提出了金本位制。金本位制的主要内容包括:①用黄金来规定货币所代表的价值,每一货币都有法定的含金量,各国货币按其所含黄金的重量而有一定的比价;②金币可以自由铸造,任何人都可按法定的含金量,自由地将金块交给国家造币厂铸造成金币,或以金币向造币厂换回相当的金块;③金币是无限法偿的货币,具有无限制支付手段的权利;④各国的货币储备是黄金,国际间结算也使用黄金,黄金可以自由输出或输入。但是,李嘉图的金本位制把休谟关于金币在国际间流动、分配的规律的观点搬到纯粹纸币流通或金属币与纸币混合流通的条件下进行。他把休谟关于进出口逆差引起贵金属外流的观点倒了过来,认为进口增加、出口减少既然完全可以由货币量的增加来决定,那么,进出口逆差就只是贵金属外流的结果。

(4) 论通货贬值。李嘉图对通货贬值从纸币与黄金、金属硬币与金块价值比较这两方面下定义。他认为无论纸币价值低于纸币所代表的黄金的价值还是金币的法定价格低于金块的市场价格,衡量通货是否贬值的尺度始终是黄金。他认为不论何种意义上的贬值,只可能是纸币发行过多,不会是金币过多。在这个基础上,李嘉图认为外汇汇价下跌是纸币贬值的结果,即两种通货之间的汇率仅仅(或者主要)取决于这两种通货对同一种商品的购买力,通货的购买力取决于两国之间价格的相对水平,而这种相对的价格水平又取决于两国的货币流通量。因此,如果汇价低于金平价,一定说明该国通货购买力低于别国,说明该国的价格水平高于别国,说明该国流通中的通货数量过多和货币贬值。

在1819—1823年的金块论战中,李嘉图在说服皮尔银行实行金本位制并没有取得理想效果时,当时的经济学家们几乎全是反对他的。李嘉图从不同方面答辩了金本位制恢复对当下问题解决产生的影响,提出了以金本位制来调节货币供应量的主张。为稳定币值,他设置了一个双保险方案:一方面,找出一种价值变动最小的金属(黄金)作为通货本位,这样,尽管当本位金属的价值变动时,货币币值也会发生变动,但与别的本位制相比,币值变动的程度大大降低了;另一方面,以金本位来限制货币供应数量,根据数量进而控制通货价值。经过时间的锤炼与打磨,英国的古典经济学在李嘉图的手上达到了大成。既可以把李嘉图归为货币数量论的代表,又可以说他是金本位制理论的首领。

(五)约翰·穆勒的金融思想

约翰·穆勒(1806—1873年)在其父詹姆斯·穆勒(James Mill,1773—1836年)和李嘉图的影响下,对过去各家的理论加以综合和发展,成为早期货币数量学说的一个重要人物,其学说支配货币理论界数十年。其代表著作《政治经济学原理及其在社会哲学上的若干应用》,主要思想是价值论。

(1)一件物品的暂时价值或市场价值取决于需求和供给。价值总是自行调整到使需求与供给相等的程度。

(2)各种物品除它们的暂时价值外,还有永久价值,也可以称为自然价值,各种商品围绕它们的自然价值进行交换。某些物品以稀缺价值作为它们的自然价值。垄断价值就是稀缺价值。除非限制供给,否则垄断是不能赋予任何物品价值的。

(3)比较工资额不取决于工资本身,部分地取决于所需要的劳动的比较额,部分地取决于其报酬的比较率;同样,利润的比较率不取决于利润本身,部分地取决于资本使用时间的比较长度,部分地取决于不同用途中利润的比率。

(4)在这些要素中,最重要的是生产所必需的劳动量;其他要素的作用较小,虽然它们当中没有一个是无关紧要的。利润愈低,生产费用中一些次要的要素愈不重要,而各种商品与同它们的生产所必需的劳动的数量和质量成比例的价值的背离也愈小。

(六)西斯蒙第的金融思想

让·沙尔·列奥纳尔·德·西斯蒙第(Jean Shar Leonard Simonde de Sismondi)是19世纪著名法国小资产阶级浪漫主义经济学家,是法国古典政治经济学的完成者。其主要代表作有《政治经济学新原理》和《政治经济学研究》,包含了有关国际金融的论述,其主要成就是区分货币的职能,提出复本位制,分析了货币流通量与利率、汇率的关系,以及国际收支和通货膨胀的国际传递问题。

(1)货币职能说。西斯蒙第所说的货币指的是金属制成的硬币,认为其有三个职能:①货币是其他一切价值的标志,它代表着其他一切种类的财富。把货币从一个人手中转移到另一个人手里就意味着转移一种对其他一切价值的权利。保留货币并不能得到任何利润,只有使货币脱手,或者将这种标志换成实物,资本才能生息。②货币是其他一切财富的抵押,并和它所代表的财富等值。货币本身也具有价值,而且与其他商品不同,货币不因享受和流通而有丝毫消长,也不会有任何伤损。所以,对于货币持有者来说,它是一种不可损坏的抵押。③货币是一切价值的共同标准,它使得其他一切商品都可以进行比较,从而便利了商品交换。④至于纸币,一切强制流通的钞票,包括立即支付的钞票,都是纸币。每发行一次新的纸币,就会使等量的货币成为多余,甚至使这些多余的货币流出国外。纸币的发行量大大超过流通所需的货币量,就会引起纸币的贬值。西斯蒙第强烈反对纸币制度。

（2）复本位制。西斯蒙第所处的19世纪前半期，正是各种货币本位制度交替的时代。当时，银本位逐渐被金本位所代替，1816年以后，世界主要国家都采用金本位制。与此同时，美国却一直将复本位制作为其法定币制。西斯蒙第认为复本位优于金本位或银本位，采用复本位有利于平衡当时金本位或银本位引起的金银差价。

（3）对货币流通量与利率、汇率的关系的看法。西斯蒙第认为货币流通量与社会财富之间应保持一定比例，但这个比值并不确定，一国货币流通量和这个比值应与一国的货币量无关。他认为，利息是资本的收益，而不是货币的收益。资本是唯一具有生产力的东西，一切财富都是由劳动产生的，而只有资本才能推动劳动。货币只有在转化成为资本后才能生利，只增加货币而不增加实际东西，是不能产生任何利益的。他认为货币过多无疑会引起利率下降和货币贬值，从而汇率也下降；相反，货币缺少引起的是利率上升和货币升值，从而汇率也上升。将货币从利率较低的地方运到利率较高的地方，显然会获得利润；与此类似，将货币从低汇率的地方运到高汇率的地方也会获利。他认为，在纸币制度下，纸币的贬值表现在汇率的变动上。纸币发行过多，会使每一单位纸币所含贵金属量下降，因而纸币对外汇率必然下降，这标志着纸币购买力下降，物价必然上升。

（4）关于国际收支。西斯蒙第从关于社会收入和社会产品的分析中得出了额外价值不能实现，资本主义社会必然发生危机，因而必须有国外市场以转嫁危机的论点。消费是生产的前提并决定生产，生产应服从于消费。在实际经济生活中，商品的价值分解为三种收入：地租、利润和工资。在大机器时代，生产过剩，为避免损失，资本家会把商品运到国外寻找买主，而保留货币不会使人生利，只有使货币迅速转化为实物进行商品交换，才能获得利润。因此，在对外贸易中，一国不应该积聚货币，而应该用货币更快更稳定地进行购销。对于一国经常项目存在差额，他以转移支付加以解释，比如，当地主离开祖国移居到另一个国家时，其盟国对其定居国负担了一笔相当于他的收入的债务，他的祖国的土地还得向他缴纳地租，从这方面讲，他解释了一国经常项目存在的差额。

（5）关于通货膨胀的国际传递。西斯蒙第对于通货膨胀国际传递的分析是很有特色的。他主要从银行的业务和纸币发行的不当两方面来阐述这个问题。他认为，银行最基本的功能有两项：一是以普通借贷者的身份出现，供给商业活动所需要的资金；二是统一发行纸币，用纸币来完成流通，收回贵金属。正是由于纸币的不当发行，才引起了银行危机，进而导致通货膨账的国际传递。

三、20世纪30年代凯恩斯前的金融理论

19世纪后半期至20世纪30年代，是古典金融理论向现代金融理论的过渡时期。西方金融学说在继承休谟、斯密、李嘉图等人理论的基础上进一步发展，研究的重点是汇率、国际收支调节和资本的国际流动问题。值得注意的是：第一，这几十年是金本位制逐渐崩溃（直至最终结束）和不兑换纸币制度逐渐被各国所接受的时期，因而经济学界在研究金融时，都结合了从金本位制向不兑换纸币制度转换的实际进行探讨。汇率研究之所以成为重点，与此有密切关系。第二，这一时期的资本主义经济大体上经历了两个阶段：前一阶段是经济持续增长阶段，即从19世纪后半期开始到第一次世界大战为止，其间虽然发生过一些资本主义经济危机，但相对说来，对各国经济的震动还比较小；后一阶段是两次世界大战期间这个阶段，第一次世界大战结束之后不久发生了危机，然后是几年的相对稳定，接着是1929年爆

发的资本主义经济危机和大萧条。因此,怎样解决国际收支平衡问题自然成为国际金融研究的另一个重点。第三,这几十年也正是资本主义由自由竞争阶段向垄断阶段过渡和垄断资本主义确立的时期,资本输出成为这一时期资本主义经济的特征之一。与资本输出联系在一起的若干问题,如国际资本流动的机制、国际债务清偿能力、国际资本流动与经济周期的关系,也就成为西方经济学界关心的金融问题。

关于汇率的研究,这一时期贡献较大的经济学家有5位,他们是乔治·乔基姆·戈申(George Joachim Goschen)、里昂·瓦尔拉斯(Leon Walras)、艾伯特·阿夫塔里昂(Albert Aftalion)、古斯塔夫·卡塞尔(Gustav Cassel)、约翰·凯恩斯(John Keynes)。戈申对金本位制条件下的汇率取决于供求的原理做了系统的阐释。瓦尔拉斯运用一般均衡方法分析了汇率的决定问题。阿夫塔里昂强调汇率决定中的个人主观预期,成为古典利率平价理论的主要代表人物。他们的研究厘清了从金本位制到不兑换纸币制度下汇率的变化,使纸币条件下的汇率理论趋于成熟。国际收支调节的研究方面,阿尔弗雷德·马歇尔(Alfred Marshall)和凯恩斯的理论最具有代表性。马歇尔提出了弹性理论,凯恩斯提出了吸收理论。后来的学者对他们的主要理论思想做出了一个概括,称之为"弹性吸收理论"。资本国际流动的研究方面,主要探讨了经济周期同步性问题,贝蒂·俄林(Bertil Olin)和查尔斯·金德尔伯格(Charles Kindleberger)的贡献较大。俄林侧重于短期汇率的决定问题,但不同意购买力平价理论,而认为外汇供求决定汇率的观点是有道理的,价格体系只不过间接地对汇率发生影响。俄林主要研究资本的国际流动及其对各国经济的影响。俄林认为,资本的国际流动实质上就是借贷两国生产的调整,流动的结果必定导致两国生产和收入的变化。不仅如此,伴随着资本的国际流动,借贷两国的贸易条件也会发生相应的变化,两国资源配置的变化很可能引起某种程度的经济混乱(如失业等),这样,也就有可能把经济周期的变化同资本在两国间的流动直接或间接地联系在一起。金德尔伯格1937年出版的《国际短期资本流动》一书中,重点考察了国际短期资本流动与经济周期的同步性之间的关系,认为短期资本流出国的利率将会因资本的流出而提高,而短期资本流入国的利率则会因资本的流入而降低。

过渡时期的金融理论主要有甘末尔学说(1907年)、费雪的现金交易数量理论(1911年)、马歇尔的现金余额数量论(1923年)、庇古的剑桥方程式(1917年)、哈耶克的中立货币理论(1931年)、莫尔顿的银行可转换性理论(1918年)、勒纳等的弹性理论(20世纪30年代)。

(一) 甘末尔学说(1907年)

埃德温·甘末尔(Edwin Kemmerer)就货币、物价和信用的数量关系给出了不同的关系式。

(1) 货币与物价的关系的公式如下:

$$MR = NEP \text{ 或 } P = MR/NE$$

其中:M为货币的流通数量;R为货币的流通速度;N为所交易的商品数量;E为商品的交易次数;P为商品的价格;MR表示货币供给;NE表示商品供给;NEP表示货币需求。这是运用数学工具表示货币数量与物价关系最早的公式。

(2) 信用与物价的关系。甘末尔在分析了货币数量与价格的关系之后,还分析了信用交易对物价的影响。他将信用分为三种:①债务不能转让的信用形态,如账簿信用;②延期支付的信用形态,如期票与汇票;③见票即付的信用形态,如支票、即期票据等。他认为,前两种形态都不影响物价,后一种形态由于起到了交换手段的作用,故影响物价。甘末尔对支票信用与物价的关系给出的公式如下:

$$P_C = \frac{CR_C}{N_C E_C}$$

其中:C 为支票总额;R_C 为支票的流通速度;N_C 为用支票交易的数量;E_C 为用支票交易的平均交易次数。

(3) 总的通货数量方程式如下:

$$P_S = \frac{M_S R_S}{N_S E_S}$$

其中:P_S 为用货币与支票所交易的一切商品的平均价格;M_S 为货币与支票的总量;R_S 为货币与支票的平均流通速度;N_S 为用货币与支票交易的商品总量;E_S 为用货币与支票交易的商品平均交易次数。

甘末尔认为,信用交易与货币交易同样影响物价,但信用票据数量与货币数量之间保持着一定的比例关系,因此,货币数量决定物价始终是一个真理,而且不因信用发展而改变。

(二) 费雪的现金交易数量理论(1911年)

美国经济学家费雪(1867—1947年)集前人货币数量论之大成,特别是在甘末尔研究的基础上,提出了著名的费雪交易方程式,成为近代货币数量理论最著名的代表之一。

费雪公式首先区分了通货和货币两个概念。在具体的研究上,费雪同甘末尔一样,先将存款通货除外,来观察物价水平的决定因素,他认为物价决定于以下三个因素:①流通的货币平均数量 M;②流通货币的效率(即流通速度)V;③商品的交易数量 E。以 P 作为加权平均后的一般物价水平,T 表示用货币进行交易的社会总商品量,则:

$$E = PT, \quad MV = PT \text{ 或 } P = MV/T$$

费雪认为,物价水平与货币数量 M、货币流通速度 V 和用货币进行交易的商品量 T 的关系如下:① 与货币流通数量 M 作正比例的变动;② 与货币流通速度 V 作正比例的变动;③ 与用货币进行交易的商品量 T 作反比例的变动。他指出在上面三个关系中,第一个关系特别值得强调,正是这个关系构成货币数量学说。他强调,在货币的流通速度与商品交易量不变的条件下,物价水平随货币流通数量的变动而正比例地变动。

在分析了货币之后,费雪又把存款通货引入以上公式,并用 M' 表示了存款通货的总额,以 V' 表示其平均流通速度,则:

$$MV + M'V' = PT, \text{ 或 } P = (MV + M'V')/T$$

(三) 马歇尔的现金余额数量论(1923年)

马歇尔(1842—1924年)是剑桥学派的创始人,是凯恩斯之前最有影响的英国经济学家。马歇尔认为,货币的价值与其他商品一样,是由供给与需求所决定的。供给为当时存在的通货量,需求则为人们对于货币的需要量。他认为,费雪的交易方程式有很大的缺点。他指出,一国通货的总价值与其在一年内为交易目的而流转的平均次数相乘,其数额等于该年内通货直接支付所完成的交易总额,这是自明之理。但它却仅为恒等性的表达,而未明示支配通货流通速度的原因。

他认为,一般情况下,人们都把财产和收入的一部分用货币的形式持有,而另一部分用非货币的形式(实物形态或直接消费)持有。一国公众以货币形式保有的收入或财富,成为备用购买力,形成一国通货的总价值。从公众来看,如果保有货币过多,必然受到损失,因此,人们常将保有货币所得到的收益与损失加以权衡,而决定其应保有的货币量,即应保有的备用购买力数量。从社会来看,公众保有货币数量的多少对货币价值和物价有决定性作用。因此,他认为,货币的价值取决于全国居民用通货保持的实物价值与信用货币数量的比例。若货币数量不变而实物价值变动,则货币的价值随之作正比例变动;若实物价值不变而货币数量变动,则货币价值便随之作反比例变动。他把人们用通货形态保持的实物价值称为"实物余额",把与保持的实物价值相应的通货数额称为"现金余额"。因此,马歇尔的这种表述被称为"现金余额数量说"。

(四)庇古的剑桥方程式(1917年)

马歇尔的弟子、剑桥学派的主要代表人物亚瑟·赛斯尔·庇古(Arthur Cecil Pigou, 1877—1959年)在马歇尔分析的基础上,将现金余额理论用数学方程式予以解释。庇古给出了一个公式:

$$P = KY/M$$

按照该式,如 Y 与 M 不变,则单位货币的币值 P 与 K 的变化成正比。因为 K 值越高,物价越低,物价与 K 的变化成反比。所以,货币的币值或一般物价水平决定于现金余额系数 K,即马歇尔所说的"货币的价值决定于全国居民欲以通货保持的实物价值与该国货币数量的比例"。由于庇古的 K 是依据马歇尔的理论所假设的,人们一般称之为"马歇尔的 K"。

庇古把马歇尔的分析进一步明确化。他认为人们拥有的财产与收入有三种用途:一是投资于实物形态,从事生产;二是用以直接消费;三是保持货币形态,形成现金余额。投资于生产可得利润与利息,消费可得享受,保持现金余额可得便利与安全。此三种用途是互相排斥的,人们究竟在三者之间保持一个什么样的比例,由各自的选择所决定,K 也就因此而变动。庇古还明确了现金余额变化引起物价变化的传导中介是货币流通速度。

(五)哈耶克的中立货币理论(1931年)

中立货币的概念,最早是由瑞典经济学家克努特·维可塞尔(Knut Wicksell)在1898年出版的《利息与价格》一书中提出的。维可塞尔认为,在实物经济条件下,企业家保证正常生产所需,进行资本借贷是采用实物形态。只有当借贷利率与利润率达到一致时,实物资本的供给与需求才恰好相等,资本供求达到均衡,若无其他干扰,商品和劳务市场也将达到均衡。维可塞尔把这个均衡状态下的借贷利率叫作"自然利率"。

哈耶克在维可塞尔中立货币概念的启发下,进一步研究了货币与物价、货币与经济均衡的关系,在1931年出版的《物价与生产》一书中,提出了著名的中立货币说。主要内容如下:①货币与经济的关系是密切的,货币的变动影响经济的变动;②货币保持中立时对经济的影响最小,从而对经济的发展最为有利;③保持货币中立的首要条件是货币供应的总流量不变;④货币是否保持中立的标志是货币供应量是否稳定。前面两点主要继承了维可塞尔的思想,认为货币在经济中的最理想状态就是保持中立,后面两点是在维可塞尔思想启发下的新发展。哈耶克认为,保持货币中立的条件不是市场利率与自然利率的一致,而应是货币供应的总流量不变。变动货币数量必然会使商品相对价格和生产结构发生变动,进而影响生产的数量和方向以及经济均衡,因此,要使货币保持中立性,必须使货币供应量保持不变。只有依靠储蓄扩大生产,经济才能达到均衡状态。反之,若通过增加货币供应量来扩大生产和投资,货币就将失去中立性,进而成为破坏经济均衡、导致经济危机的祸根。所以,坚持刚性的货币制度,稳定货币数量,是保持货币中立、维护经济均衡的首要条件。货币供应量是否稳定,也就成为检验货币是否中立的主要标志。

(六) 莫尔顿的银行可转换性理论(1918 年)

可转换理论即资产转移理论,是美国经济学家 H.G.莫尔顿(H.G. Moulton)在 1918 年的《政治经济学杂志》上发表的《商业银行及资本形成》一文中提出的。它建立在这样一个命题之上:如果持有的资产可以转让或出售给其他贷款人或投资人而变成现金资产,如果贷款不能及时归还,但贷款抵押品可以在市场上转让获得现金资产,如果中央银行可以随时满足商业银行提出的再贴现要求,银行体系就能保持流动性。这一理论的问世与短期证券市场的发展密切相关,正由于证券二级市场的存在与发展,才使得银行有一个吞吐流动性需求的场所,使银行资产负债的期限结构不再拘泥于形式上的对称。多层次支付准备金的建立,为银行资金流动性供需提供了更广阔的发展途径。

(七) 勒纳等的弹性理论(19 世纪 30 年代)

弹性分析理论产生于 20 世纪 30 年代,是一种适用于纸币流通制度的国际收支理论。由英国经济学家马歇尔提出,后经英国经济学家琼·罗宾逊(Joan Robinson)和美国经济学家阿巴·勒纳(Abba Lerner)等发展而形成的。该理论把汇率水平的调整作为调节国际收支不平衡的基本手段,紧紧围绕进出口商品的供求弹性来探讨货币贬值改善国际收支的条件。

弹性分析理论前提假设:①其他条件不变,只考虑汇率变化对进出口商品的影响;②贸易商品的供给完全有弹性,即贸易收支的变化完全取决于贸易商品的需求变化;③不存在劳务进出口和资本流动,国际收支就等于贸易收支;④收入水平不变,从而进出口商品的需求就是这些商品及其替代品的价格水平的函数。

弹性分析理论主要研究货币贬值对贸易收支的影响。货币贬值具有促进出口、抑制进口的作用。贬值能否扬"出"抑"进",进而改善一国的贸易收支,取决于供求弹性。所谓进出口商品的供求弹性,是指进出口商品的供求数量对进出口价格变化反映的程度。弹性大,进出口商品价格能在较大程度上影响进出口商品的供求数量;弹性小,对进出口商品供求数量的影响较小。为了使贬值有助于减少国际收支逆差,必须满足马歇尔-勒纳条件,即一国货币贬值后,只有在出口需求弹性与进口需求弹性的和大于 1 的条件下,才会增加出口,减少进口,改善国际收支。

马歇尔-勒纳条件是:出口需求弹性为 D_x,进口需求弹性为 D_i,当 $D_x + D_i > 1$ 时,货币贬值有利于改善贸易收支;$D_x + D_i = 1$ 时,货币贬值对贸易收支不发生作用;当 $D_x + D_i < 1$ 时,货币贬值会使贸易收支逆差扩大。

弹性分析理论的重要贡献在于,纠正了货币贬值一定有改善贸易收支作用与效果的片面看法,而正确地指出,只有在一定的出口供求弹性条件下,贬值才有改善贸易收支的作用与效果。弹性分析理论的局限性表现在:①该理论把国际收支仅局限于贸易收支,未考虑到劳务进出口与国际间的资本流动。②该理论以小于"充分就业"为条件,因而做出了供给具有完全的弹性的假定,不适用于经济周期的复苏与高涨阶段。③它是局部均衡分析,只考虑汇率变动对进出口贸易的影响,忽略了其他重要的经济变量对国际收支的影响以及其他一些相互关系。④它是一种静态分析,忽视了汇率变动效应的"时滞"问题,汇率变动在贸易收支上的效应是呈"J形曲线"的,没有看到贬值不是通过相对价格变动,而是通过货币供给和绝对价格水平的变动来改善贸易收支的。⑤弹性系数在该理论中是一个最重要的参数,但如何确定是一个极为复杂和困难的问题。

  本讲梳理了金融理论的历史发展过程。金融理论的阶段划分没有统一的标准。可以看出,金融学说史跨度大,从公元前400年开始至今已2 000多年,大体来说分为早期金融学说、古典主义经济学家的金融思想及现代金融理论三大阶段。19世纪后半期到20世纪30年代是从早期及古典金融学思想向现代金融理论过渡的重要时期。20世纪30年代,凯恩斯学派流行于世,之后新古典经济学派也重新回潮,促进了早期金融学向现代金融学的转变,20世纪50年代则是现代金融理论崛起的标志。

  早期经济学家的金融思想具有以下特点:分析性少,思想性多,主张多;支离破碎,不成系统;当时的金融学说尚未独立,大多与政治思想、伦理学说等混合在一起。虽然早期金融学家的理论可能存在问题或者错误,观察不全面,但是早期金融理论在金融学说史上的地位是不容忽视的。这不在于早期金融学说本身有多么大的成就,而是由于它同此后的古典金融理论,直至现代金融理论之间有渊源关系,它是整个金融理论的源头,具有重要作用。金融学的发展历史悠久,丰富多彩,在本讲总体框架以及历史梳理的基础上,后面各讲将专题介绍各种现代金融理论的内容,以及新发展起来的金融理论和其他金融理论。

思考题

1. 金融理论的发展大体经历了哪些阶段?
2. 费雪的现金交易数量理论相比马歇尔的现金余额数量论有什么不同和进步?

第二部分
货币理论

第3讲 货币供求理论

基本要求：1. 了解货币需求理论。
2. 熟悉货币供给理论。
3. 掌握货币均衡与市场均衡的关系。

本讲重点：凯恩斯货币需求理论与弗里德曼货币需求理论的异同。

本讲难点：货币政策及调控机制。

在市场经济条件下，货币供求与社会总供求之间有着密切的联系；社会总供求平衡的关键是货币均衡而不是实物均衡；要保持货币供求均衡，中央银行必须有效地控制货币供应，使货币的供给与客观的货币需求经常保持一种相互适应的关系，为市场经济的正常运转提供一个良好的金融环境。

一、货币供求及其均衡理论

货币均衡即货币供求平衡，是指在一定时期经济运行中的货币需求与货币供给在动态上保持一致的状态，即货币需求＝货币供应。货币均衡是用来说明货币供给与货币需求关系的，货币供给符合经济生活对货币的需求则达到均衡。货币的需求与供给既相互对立，又相互依存，货币的均衡状况是这两者对立统一的结果。

在现代市场经济条件下，一切经济活动都必须借助货币的运动，社会需求都表现为拥有货币支付能力的需求，即需求都必须通过货币来实现。货币把整个商品世界有机地联系在一起，使它们相互依存、相互对应。整个社会再生产过程，就其表象而言，就是由各种性质不同的货币收支运动构成的不断流动的长河，货币的运动反映了整个商品世界的运动。因此，货币供求的均衡，也可以说是由这些货币收支运动与其所反映的国民收入及社会产品运动之间的相互协调一致。

（一）货币需求理论

货币需求是指社会各部门在既定的收入或财富范围内能够而且愿意以货币形式持有的数量。在高度货币化的现代经济社会里，社会各部门需要持有一定的货币去媒介交换、支付费用、偿还债务、从事投资或保存价值，因而便产生了货币需求。货币需求通常表现为一国在既定时间社会各部门所持有的货币量。

对于货币需求含义的理解，需要把握以下4点。

(1) 货币需求是一个存量的概念。它考察的是在某个时点和空间内,社会各部门在其拥有的全部资产中愿意以货币形式持有的数量或份额,而不是在某一段时间内,各部门所持有的货币数额的变化量。因此,货币需求是个存量概念,而非流量概念。

(2) 货币需求量是有条件限制的,是一种能力与愿望的统一。它以收入或财富的存在为前提,是在具备获得或持有货币的能力范围之内愿意持有的货币量。因此,构成货币需求需要同时具备两个条件:必须有能力获得或持有货币;必须愿意以货币形式保有其财产。二者缺一不可:有能力而不愿意持有货币不会形成对货币的需求;有愿望却无能力获得货币也只是一种不现实的幻想。

(3) 现实中的货币需求不仅包括对现金的需求,而且包括对存款货币的需求,因为货币需求是所有商品、劳务的流通以及有关一切货币支付所提出的需求。这种需求不仅现金可以满足,存款货币也同样可以满足。如果把货币需求仅仅局限于现金,显然是片面的。

(4) 人们对货币的需求既包括执行流通手段和支付手段职能的货币需求,也包括执行价值贮藏手段职能的货币需求。二者差别只在于持有货币动机的不同或货币发挥职能作用的不同,但都在货币需求的范畴之内。

1. 货币需求方程式

(1) 费雪方程式。美国耶鲁大学教授欧文·费雪1911年出版了《货币购买力》一书,提出了著名的交易方程式,以阐述其货币观。费雪认为,货币在社会经济生活中主要是一种支付工具,因此,货币在一定时期内的支付总额与商品的交易总额一定相等。

货币具有流通速度(V),因而货币的支付总额应等于流通中的货币数量(M)与一定时期内每一单位货币用于购买的平均次数(即货币的流通速度V)的乘积;而商品的交易总额应等于商品或劳务的交易数量(T)与交易中各类商品的平均价格(P)的乘积。所以,费雪方程式的表达式如下:

$$MV = PT$$

费雪认为,上述恒等式中的P值取决于M、V、T三个变量的相互作用。但他又认为M是一个由模型之外的因素决定的外生变量,而V、T均可视为常数。所以,只有P和M的关系最重要,P值主要取决于M值的变化,即货币数量决定了物价水平。

(2) 剑桥方程式。费雪方程式的缺陷之一就是未考虑微观主体动机对货币需求的影响,而把交易看作货币需求的唯一原因,这是片面的。以马歇尔、庇古等为代表的剑桥学派,在研究货币需求问题时,重视人们对货币的主观需求动机因素,克服了上述缺陷,从而产生了剑桥方程式。

剑桥方程式是由英国剑桥学派的代表人物庇古提出的一种货币需求函数,又称现金余额方程式。剑桥方程式是传统货币数量论的方程式之一。剑桥学派认为,处于经济体系中的个人对货币的需求,其实质是选择以怎样的方式保持自己资产的问题。决定人们持有货币多少的,有个人的财富水平、利率变动以及持有货币可能拥有的便利等诸多因素。但是,在其他条件不变的情况下,对每个人来说,名义货币需求与名义收入水平之间总是保持着一个较为稳定的比例关系。

1917年,庇古在《经济学季刊》上发表《货币的价值》一文,提出$M = kPy$的货币需求函数,即剑桥方程式。式中,y表示实际收入,P表示价格水平,Py表示名义收入,k表示人们持有的现金量占名义收入的比率,因而货币需求是名义收入和人们持有的现金量占名义收入比例的函数。

庇古提出这一货币需求函数的理论根据是马歇尔的货币数量论。马歇尔认为,货币流通速度决定于人们的持币时间和持币量,而人们的持币时间和持币量又决定于人们的财产和收入中多大一部分以货币形态贮存起来。人们以货币形态贮存起来的财产和收入是"人们愿意保持的备用购买力",这部分购买力的高低决定于以货币形态保持的实物价值。按马歇尔和庇古的假定,这个"实物价值"以一定数量的小麦表示,因而货币的购买力(即货币的价值)便表现为单位货币所能购买到的小麦量。设 R 为一定量小麦所代表的全部商品的总价值(即社会总收入和总财富),k 为以货币形态持有的备用购买力占社会总收入和总财富的比例,M 为货币量,P 为以一定的小麦量表示的单位货币价值,则:

$$P = \frac{kR}{M}$$

因此,庇古的货币需求函数,也就是马歇尔货币数量论的数学化。

在 $M=kPy$ 的货币需求函数中,y 是一个常数且假定它是不变的,因为国民已经充分就业,经济产量已经达到最高水平时货币的需求取决于 k 和 P 的变动。k 的变动取决于人们拥有的资财的选择:资财可投资于实物形态,借以从事生产,也可直接用于消费,还可保持在货币形态上。怎样选择,需要权衡利弊得失,若选择在货币形态上保存,必将增加现金余额,而现金余额的增加必然要使 k 增大。在 y 和 M 不变的条件下,k 的增大必然使 P 增加,因为 $P=M/ky$。这表明货币的价值与 ky 成正比,与 M 成反比。剑桥方程式表达的经济意义被称为"现金余额说",主要强调人们保有的现金余额对币值进而对物价的影响。此外,庇古还讨论了货币的供给对币值进而对物价的影响,即 P 与 M 成反比。他曾假定 k 也是个常量,是不变的,因为在一定时期内交易方式(支付方式)是不变的。这样,P 的高低便取决于 M 的多少。在这一点上,剑桥方程式要表达的是:货币的价值决定于货币的供求。

(3) 两方程式的联系与区别。两个方程式的联系是方程式的形式和结论基本一致,二者的区别主要在于以下 3 个方面。

① 二者所强调的货币功能不同。费雪方程式强调的是货币作为交易手段的功能;剑桥方程式强调的是货币作为资产持有形式的功能。

② 二者分析货币需求的侧重点不同。费雪把货币需求与支出流量联系在一起,重视货币支出的数量和速度,而这都与交易有关,所以费雪方程式又被称为现金交易方程式,其货币被称为"飞翔的货币";剑桥方程式从用货币形式持有资产存量的角度考虑货币需求,重视存量占收入的比例,第一次从个人持有现金余额数量的角度来分析货币需求量,所以又被称为现金余额方程式,其货币被称为"栖息的货币"。

③ 二者分析货币需求的宏、微观视角不同。费雪从宏观角度用货币数量的变动来解释价格;反过来,在交易商品量给定和价格水平给定时,也能在既定的货币流通速度下得出一定的货币需求结论。剑桥方程式则是从微观角度分析:保有货币最为便利,但同时要付出代价,如不能带来收益。微观主体在这样的比较中决定货币需求。显然,剑桥方程式中的货币需求决定因素多于费雪方程式。

通过上述分析和比较可知,剑桥方程式比交易方程式更适用于现实经济社会,它开创了从个人资产选择角度来探讨货币需求的分析方法,为后来的经济学家研究货币需求奠定了坚实的基础,使得后来的经济学家在谈到货币需求时,不再讨论流通中所需要的货币量是多少,而是讨论人们希望持有的货币额是多少,也就是在人们的财产总额中希望以货币这种资产形式持有的部分是多少。

2. 凯恩斯的货币需求分析

凯恩斯是对现代西方经济理论和政策产生了深远影响的英国经济学家。他本是马歇尔的弟子,曾是剑桥学派的重要代表,但自1936年发表其重要著作《通论》以后,他就成为独立的凯恩斯学派。这里讲的货币需求理论,指的就是他作为独立学派的货币需求分析。

凯恩斯继承了剑桥学派的分析方法,从资产选择的角度来考察货币需求。所不同的是,凯恩斯没有像他的前辈们那样,在概略陈述了影响货币需求的各种因素之后,就草率地断定只有财富总额(或名义国民收入)才是影响货币需求的主要因素,而是对人们持有货币的各种动机进行了详尽的分析,并进而得出了实际货币需求不仅受实际收入的影响,而且也受到利率影响的结论。

凯恩斯将人们持有货币的动机,称为流动性偏好。因为货币比起其他资产来说具有最充分的流动性和灵活性,需求货币便是偏好流动性或灵活性,所以凯恩斯的货币需求理论也被称为"流动性偏好"理论。

货币总需求(L)等于货币的交易需求(L_1)与投机需求(L_2)之和。对于交易性需求,凯恩斯认为它与待交易的商品和劳务有关,若用国民收入(Y)表示这个量,则货币的交易性需求是国民收入的函数,表示为$L_1=L_1(Y)$。而且,收入越多,交易性需求越多,因此,该函数是收入的递增函数。对于投机性需求,凯恩斯认为它主要与货币市场的利率(i)有关,而且利率越低,投机性货币需求越多,因此,投机性货币需求是利率的递减函数,表示为$L_2=L_2(i)$。但是,当利率降至一定低点之后,货币需求就会变得无限大,即进入了凯恩斯所谓的"流动性陷阱"。这样,货币需求函数就可写成:

$$L=L_1(Y)+L_2(i)=L(Y,i)$$

也就是说,货币的总需求是由收入和利率两个因素决定的。

在凯恩斯的货币需求分析中,当货币需求发生不规则变动时会出现所谓的"流动性陷阱",它是凯恩斯分析的货币需求发生不规则变动的一种状态。凯恩斯认为,一般情况下,由流动偏好决定的货币需求在数量上主要受收入和利率的影响。其中,交易性货币需求是收入的递增函数,投机性货币需求是利率的递减函数。所以,货币需求是有限的,但当利率降到一定低点之后,由于利息率太低,人们不再愿意持有没有什么收益的生息资产,而宁愿以持有货币的形式来持有其全部财富。这时,货币需求便不再是有限的,而是无限大了。如果利率稍微下降,不论中央银行增加多少货币供应量,都将被货币需求所吸收。也就是说,利率在一定低点以下对货币需求是不起任何作用的。这就像存在着一个大陷阱,中央银行的货币供给都落入其中,在这种情况下,中央银行试图通过增加货币供应量来降低利率的意图就会落空。

凯恩斯货币需求理论是货币经济理论最显著的发展之一,它是众所周知的凯恩斯革命的重要组成部分,在经济发展史中具有十分重要的地位。凯恩斯货币需求理论对经济理论和经济政策也产生了重要影响,它构成了众多货币经济论题讨论的经济学基础,也是分析评价宏观经济政策绩效的理论基础之一。但是,凯恩斯货币需求理论也并非完善,随着现代经济理论的进一步发展和对微观基础的日益强调,凯恩斯主义的货币需求理论也显示出若干缺陷。因此,从现代经济学多元发展的角度重新认识凯恩斯货币需求理论发展及其局限,这对促进货币需求问题的理论研究和正确认识货币政策的作用均具有十分重要的启示意义。

凯恩斯货币理论的一个关键是基于投机动机的流动性偏好 L_2,它和利率呈反向关系,在传播货币量改变所产生的种种影响过程中,起着特别重要的作用。

凯恩斯的货币理论认为,货币的作用主要有两个:一是充当商品交换的媒介;二是作为贮藏财富的手段。就前者而言,它只是一种便利,没有什么重要性和实际影响,但后者将通过利率而影响投资,从而影响产出、就业和收入。

古典学派只看到了货币的第一个作用,而未看到它的第二个作用,因而得出"货币中性"的结论;而凯恩斯正是因为看到并强调了货币的第二个作用,所以才得出货币影响就业的结论,甚至将货币的存在看作解决持久性失业的根本手段。

3. 弗里德曼的货币需求函数

在 20 世纪 30 年代经济危机的背景下,凯恩斯的《通论》引发了"凯恩斯革命"。在货币理论方面最显著的变化是推翻了自 18 世纪以来占统治地位的传统货币数量说理论,代之以流动性偏好的货币需求理论。20 世纪 30—50 年代是凯恩斯学派的新兴时期。但自 20 世纪 50 年代开始,通胀成为经济中的头号难题,到 20 世纪 70 年代又出现了"滞胀"问题。经济环境和背景的变化导致了货币数量说的复兴。

货币数量说的复兴以美国芝加哥大学教授弗里德曼为代表,由于他们采用了理论分析与实证研究相结合的方式,与古典学派大不相同,所以被称为"新货币数量说"(或"现代货币数量理论")。伴随着这一理论的产生而出现的,还有一个崭新的宏观经济学派——货币主义学派,所以该学说又被称为"货币主义"。货币主义是一个与凯恩斯主义直接相对立的西方经济学流派。

作为货币主义的代表人物,弗里德曼基本上承袭了传统货币数量论的长期结论,即非常看重货币数量与物价水平之间的因果关系。同时,他又继承了凯恩斯等人把货币视为一种资产的观点,从而把货币需求当作财富所有者的资产选择行为来加以考察。

所不同的是,弗里德曼不像凯恩斯那样,用债券来代表所有货币之外的金融资产,从而把资产选择的范围限定在货币和债券之间,而是把债券、股票以及各种实物资产都列为可替代货币的资产,从而将资产选择的范围大大扩展,并从中得出了与凯恩斯主义者截然不同的结论。

弗里德曼认为,货币数量论并不是关于产量、货币收入或物价水平的理论,而是关于货币需求的理论,即关于货币需求是由何种因素决定的理论。因此,弗里德曼对货币数量论的重新表述就是从货币需求入手的。

弗里德曼也将货币看作资产的一种形式,用消费者的需求和选择理论来分析人们对货币的需求。消费选择理论认为,消费者在选择消费品时须考虑三类因素:收入,这构成预算约束;商品价格以及替代品和互补品的价格;消费者的偏好。

同理,影响人们货币需求的第一类因素是预算约束,也就是说,个人所能够持有的货币以其总财富量为限,并以恒久收入作为总财富的代表。恒久收入是指过去、现在和将来的收入的平均数,即长期收入的平均数。弗里德曼注意到,在总财富中有人力财富和非人力财富。人力财富是指个人获得收入的能力,非人力财富即物质财富。弗里德曼将非人力财富占总财富的比率作为影响人们货币需求的一个重要变量。

影响货币需求的第二类因素是货币及其他资产的预期收益率,包括货币的预期收益率、债券的预期收益率、股票的预期收益率、预期物价变动率。

影响货币需求的第三类因素是财富持有者的偏好。

将货币视同各种资产中的一种,通过对影响货币需求 7 种因素的分析,提出了货币需求函数公式。货币学派强调,货币需求与恒久收入和各种非货币性资产的预期回报率等因素之间存在着函数关系,货币需求函数具有稳定性的特点。

$$M_d = f\left(P, rb, re, rm, \frac{1}{p^*}, \frac{Dp}{dt}, Y, W, U\right)$$

其中:Y 是实际恒久性收入;W 是非人力财富占个人财富的比率;rm 是货币预期收益率;rb 是固定收益的证券的利率;re 是非固定收益的证券利率;$\frac{1}{p^*}$ 预期物价变动率;U 是其他的变量函数。

弗里德曼强调,恒久性收入的波动幅度比现期收入小得多,而且货币流通速度也相对稳定,所以货币需求也比较稳定。

弗里德曼认为,货币需求函数具有稳定性,理由是:首先,影响货币供给和货币需求的因素相互独立。其次,在函数式的变量中,有些自身就具有相对的稳定性。最后,货币流通速度是一个稳定的函数。因此,货币对于总体经济的影响主要来自货币的供应方面。

凯恩斯认为利率是影响货币需求的重要因素,而弗里德曼认为利率变动对货币需求的影响极小,可以忽略。

根据上述分析可知,弗里德曼的货币需求函数中,影响货币需求的主要因素实际上只有恒久性收入,即由于恒久性收入是稳定可测的,所以由之决定的货币需求也就是稳定可测的。

货币供给是决定名义国民收入的主要因素。只要货币流通速度是稳定的、可测的,那么货币供应量变化时,把货币流通速度的预测值代入交易方程式,就可以估计出名义国民收入的变动。

弗里德曼对货币流通速度的上述认识,导致了与传统货币数量论相同的结论:货币供给是决定名义收入的因素。因此,他的理论也被称为名义收入货币理论,即现代货币数量论。其更主张货币政策的有效性,强调货币供给量对收入水平变动的直接作用,并认为货币政策应该实行"单一规则",即保证货币供给有一个长期稳定的增长率。不同的是,凯恩斯则认为货币供应量的变动先影响利率水平,再经过利率水平的变动,通过投资乘数效应,最后导致收入水平的变动,即更强调利率在经济中的核心作用。同时,凯恩斯主张"相机抉择"的货币政策。

(二) 货币供给理论

货币供给是某一国或货币区的银行系统向经济体中投入、创造、扩张(或收缩)货币的金融过程。货币供给量是指一个国家在某一特定时点上由家庭和厂商持有的政府和银行系统以外的货币总和。

1. 货币层次划分

现代金融理论普遍将货币作为一种金融资产来看待,并认为应根据金融资产的流动性来定义货币,确定货币供应量的范围。金融资产流动性是指一种金融资产能迅速转换成现金而对持有人不发生损失的能力,也就是变为现实的流通手段和支付手段的能力,又称变现力。这种能力越大,该金融资产的流动性就越强。

流动性不同的货币在流通中转手的次数不同,形成的购买力不同,从而对商品流通和其他经济活动的影响程度也不同。流动性程度较高,即在流通中周转较便利,相应地,形成购买力的能力也较强;流动性程度较低,即周转不方便,相应地,形成购买力的能力也较弱。

货币的流动性在大部分西方经济学家眼里实质上就是货币的变现能力。货币按照流动性一般情况下可分为以下几个层次:$M1=$现金$+$活期存款;$M2=M1+$在银行的储蓄存款$+$在银行的定期存款;$M3=M2+$各种非银行金融机构的存款;$M4=M3+$金融机构以外的所有短期金融工具。

以上只是一般情况,具体到每个国家都是不完全相同的。例如,有些国家只是很简单地划分为$M1$(狭义货币量)和$M2$(广义货币量),但某些大经济体,如美国、欧盟和日本等,对货币的划分却复杂得多。

我国关于货币量层次的划分,目前学术界也不统一,有主张以货币周转速度划分的,有主张以货币变现率高低划分的,也有按货币流动性划分的。若是按流动性划分,其依据是:①相对能更准确地把握在流通领域中货币各种具体形态的流通特性或活跃程度上的区别;②在掌握变现能力的基础上,把握其变现成本、自身价格的稳定性和可预测性;③央行在分析经济动态变化的基础上,加强对某一层次货币的控制能力。

中国人民银行于1994年第三季度开始,正式确定并按季公布货币供应量指标,根据当时的实际情况,货币层次的划分具体如下:$M0=$流通中的现金;$M1=M0+$企业活期存款$+$机关、团体、部队存款$+$农村存款$+$个人持有的信用卡存款;$M2=M1+$城乡居民储蓄存款$+$企业存款中具有定期性质的存款$+$信托类存款$+$其他存款;$M3=M2+$金融债券$+$商业票据$+$大额可转让定期存单等。

在我国,$M1$是通常所说的狭义货币供应量,$M2$是广义货币供应量,$M3$是为金融创新而增设的。

货币层次划分的现实意义主要有:货币是引起经济变动的一个因素,随着经济的发展,货币与经济的联系日益密切,货币供求的变化对国民经济的运行产生着重大的影响;通过对货币供应量指标的分析,可以观察分析国民经济的变动;考察各种具有不同货币性的资产对经济的影响,并选定一组与经济的变动关系最密切的货币资产,作为中央银行控制的重点,有利于中央银行调控货币供应,并及时观察货币政策的执行效果。

2. 货币乘数

所谓货币乘数,也称货币扩张系数或货币扩张乘数,是指在基础货币基础上货币供给量通过商业银行的创造存款货币功能产生派生存款的作用产生的信用扩张倍数,是货币供给扩张的倍数。在实际经济生活中,银行提供的货币和贷款会通过数次存款、贷款等活动产生数倍于它的存款,即通常所说的派生存款。货币乘数的大小决定了货币供给扩张能力的大小。

货币乘数是指货币供给量对基础货币的倍数关系,简单地说,货币乘数是一单位准备金所产生的货币量。

完整的货币乘数的计算公式是：$k=(R_c+1)/(R_d+R_e+R_c)$。其中，R_d、R_e、R_c分别代表法定准备金率、超额准备率和现金在存款中的比率，而货币乘数的基本计算公式是：货币供给/基础货币。货币供给等于通货(即流通中现金)和活期存款的总和；而基础货币等于通货和准备金的总和。

在货币供给过程中，中央银行的初始货币提供量与社会货币最终形成量之间客观存在着数倍扩张(或收缩)的效果或反应，即所谓的乘数效应。货币乘数主要由通货-存款比率和准备-存款比率决定。通货-存款比率是流通中的现金与商业银行活期存款的比率。

它的变化反向作用于货币供给量的变动：通货-存款比率越高，货币乘数越小；通货-存款比率越低，货币乘数越大。准备-存款比率是商业银行持有的总准备金与存款之比，准备-存款比率也与货币乘数有反方向变动的关系。

银行提供的货币和贷款会通过数次存款、贷款等活动产生数倍于它的存款，即通常所说的派生存款。货币乘数的大小决定了货币供给扩张能力的大小，而货币乘数的大小又由以下3个因素决定。

(1) 现金比率(k)。现金比率是指流通中的现金与商业银行活期存款的比率。现金比率的高低与货币需求的大小正相关。因此，凡影响货币需求的因素，都可以影响现金比率。例如，银行存款利息率下降，导致生息资产收益减少，人们就会减少在银行的存款而宁愿多持有现金，这样就加大了现金比率。现金比率与货币乘数负相关，现金比率越高，说明现金退出存款货币的扩张过程而流入日常流通的量越多，因而直接减少了银行的可贷资金量，制约了存款派生能力，货币乘数就越小。

即流通中的现金占商业银行活期存款的比率，k值大小，主要取决于社会公众的资产偏好。一般来讲，影响k值的因素有以下3个。

① 公众可支配的收入水平的高低。可支配收入越高，需要持有现金越多；反之，需要持有现金越少。

② 公众对通货膨胀的预期心理。预期通货膨胀率高，k值就高；反之，k值则低。

③ 社会支付习惯、银行业信用工具的发达程度、社会及政治的稳定性、利率水平等都影响k值的变化。

在其他条件不变的情况下，k值越大，货币乘数越小，反之，货币乘数越大。

(2) 超额准备金率(e)。商业银行保有的超过法定准备金的准备金与存款总额之比，称为超额准备金率。显而易见，超额准备金的存在相应减少了银行创造派生存款的能力，因此，超额准备金率与货币乘数之间也呈反方向变动关系：超额准备金率越高，货币乘数越小；反之，货币乘数就越大。

e值的大小完全取决于商业银行自身的经营决策。商业银行愿意持有多少超额准备金，主要取决于以下3个因素。

① 持有超额准备金的机会成本大小，即生息资本收益率的高低。

② 借入准备金的成本大小，主要是中央银行再贴现率的高低。如果再贴现率高，意味着借入准备金成本高，商业银行就会保留较多超额准备金，以备不时之需；反之，就没有必要保留较多的超额准备金。

③ 经营风险和资产的流动性。如果经营风险较大，而现有资产的流动性又较差，商业

银行就有必要保留一定的超额准备金,以备应付各种风险。

一般来说,e值越大,货币乘数越小;反之,e值越小,货币乘数越大。活期存款法定准备金率(r_d)和定期存款法定准备金率(r_t)的大小是由中央银行直接决定的。若r_d、r_t值大,货币乘数就小;反之,若r_d、r_t值小,货币乘数则大。

(3)定期存款与活期存款间的比率。定期存款与活期存款的法定准备金率均由中央银行直接决定。通常,法定准备金率越高,货币乘数越小;反之,货币乘数越大。

由于定期存款的派生能力低于活期存款,各国中央银行都针对商业银行存款的不同种类规定不同的法定准备金率,通常定期存款的法定准备金率要比活期存款的低。这样,即便在法定准备金率不变的情况下,定期存款与活期存款间的比率改变也会引起实际的平均法定存款准备金率改变,最终影响货币乘数的大小。一般来说,在其他因素不变的情况下,定期存款对活期存款比率上升,货币乘数就会变大;反之,货币乘数会变小。总之,货币乘数的大小主要由法定存款准备金率、超额准备金率、现金比率及定期存款与活期存款间的比率等因素决定,而影响我国货币乘数的因素除了上述 4 个因素之外,还有财政性存款、信贷计划管理两个特殊因素。

综上所述,货币乘数的大小是由 k、t、e、r_d、r_t 等因素决定的。也就是说,货币乘数受到银行、财政、企业、个人各自行为的影响。货币供应量的另一个决定因素即基础货币,是由中央银行直接控制和供应的。

3. 货币供给理论

信用创造学说的产生与发展为货币供给理论的产生提供了现实可能性和理论基础。信用创造学说的先驱是 18 世纪的约翰·劳(John Law),主要代表人物有 19 世纪末的亨利·麦克鲁德(Henry Macleod)和 20 世纪的约瑟夫·熊彼特(Joseph Schumpeter)、弗兰克·哈恩(Frank Hahn)等人。信用创造学说是与信用媒介学说相对立的一种学说。该理论认为:银行的职能在于为社会创造信用;银行的资产业务优先于负债业务,并且资产业务决定负债业务;银行通过信用创造出新的资本,以此推动经济的发展。

(1)传统货币供给理论。其理论的典型代表是凯恩斯的货币供给理论。凯恩斯认为,货币是国家的创造物,货币供给是由中央银行控制的外生变量,其变化会影响经济运行,但自身却不受经济因素的制约。中央银行调节货币供应量的主要方法是公开市场业务。一方面,中央银行通过在公开市场上买卖证券可以直接增加或减少货币供应的绝对量;另一方面,中央银行通过在公开市场上买卖证券可以改变社会公众对未来的预期,特别是改变社会公众的投机性货币需求,进而影响总需求,从而可以达到间接增加或减少货币供应的相对量的目的。

(2)现代货币供给理论。现代货币供给理论认为,货币供给是一个内生变量,货币存量的决定是各种经济主体错综复杂行为的结果。因此,货币供给不是由货币当局一家决定的,而是由包括金融体系在内的所有经济部门共同决定和影响的。新古典综合学派认为,货币供应量不是外生的,而是一个受经济体系内诸多因素影响而自行变化的内生变量。

(3)货币供给新论。所谓货币供给新论或新观点,是针对货币供给早先的理论而言的。其主要代表人物有詹姆斯·托宾、约翰·G.格利(John G. Gurley)和爱德华·S.肖(Edward S. Shaw)等人。格利和肖认为,货币的基本特性是具有高度的流动性,而且在金融市场较为发达的商品经济中,各种非货币的金融资产也具有较高的流动性。从货币供给的角度而言,货币的定义应该是广义的货币,即不仅包括通货与商业银行的活期存款,而且还应该包括商业银行的定期存款及各种非银行金融中介机构所发生的负债。

4. 货币供给理论模型

(1) 弗里德曼-施瓦茨模型。该模型将货币分为两种类型：一是货币当局的负债,即通货；二是商业银行的负债,即银行存款,用 M、C、D 分别代表货币存量、非银行公众所持有通货和商业银行存款,则有：$M=C+D$。根据基础货币的定义,又有：$H=C+R$,其中,H 和 R 分别代表基础货币和商业银行存款准备金。

其模型如下：

$$\frac{M}{H}=\frac{C+D}{C+R}=\frac{1+\frac{D}{C}}{1+\frac{R}{C}}=\frac{\frac{D}{R}\left(1+\frac{D}{C}\right)}{\frac{D}{R}+\frac{D}{C}} \qquad M=H\left\{\frac{\frac{D}{R}\left(1+\frac{D}{C}\right)}{\frac{D}{R}+\frac{D}{C}}\right\}$$

可见,决定货币存量的有 3 个因素：基础货币 H,商业银行存款与其准备金之比 D/R,以及商业银行的存款与非银行公众所持有的通货之比 D/C。

其中：D/R、D/C 同时也是货币乘数的决定因素,D/R 越大,一定量存款准备金支持的存款越多；D/C 越大,基础货币中充当存款准备金的部分也越大,货币乘数越大,货币存量也越大。决定货币存量的 3 个因素涉及公众、银行、货币当局 3 个经济主体,是由这 3 个主体行为分别决定的：$H=f$（政府行为）,$D/R=f$（银行体系的意愿）,$D/C=f$（公众行为）。

(2) 菲利普·卡甘(Phillip Cagan)的货币供给模型。

$$M=C+D$$
$$H=C+R$$
$$\frac{H}{M}=\frac{C+R}{M}=\frac{C}{M}+\frac{R}{M}=\frac{C}{M}+\frac{R}{D}\cdot\frac{D}{M}=\frac{C}{M}+\frac{R}{D}\left(1-\frac{C}{M}\right)$$
$$=\frac{C}{M}+\frac{R}{D}-\frac{R}{D}\cdot\frac{C}{M}$$

所以：$\dfrac{M}{H}=\dfrac{1}{\dfrac{C}{M}+\dfrac{R}{D}-\dfrac{R}{D}\cdot\dfrac{C}{M}}$（货币乘数）

因而：$M=\dfrac{H}{\dfrac{C}{M}+\dfrac{R}{D}-\dfrac{R}{D}\cdot\dfrac{C}{M}}$

货币存量由基础货币乘以货币乘数决定。

三要素：基础货币；C/M；R/M（这里 R 要大于法定存款准备金,同样 M 也大于 D）；与弗里德曼的模型不同之处在于：第一,C/M 与 D/C 的区别,二者不仅是倒数关系,而且,卡甘从 DM 扩大到 M。D 与 M 应该是有差距的,即二者所包含的内容不同。第二,关于 R/D,即准备金与存款比率,卡甘模型以此取代存款准备金比率。

这三个要素又分别取决于政府、公众与商业银行。政府控制基础货币；公众通过通货与银行存款的相互转化改变其基础货币持有额；商业银行则通过贷款和投资的放出和收回来改变其基础货币的持有额。

该模型特点包括：①界定通货比率为 C/M（取代 C/D）；界定准备金比率为 R/D。②认为政府控制基础货币，但公众与商业银行决定持有基础货币的比例：公众通过通货与银行存款的相互转化改变其高能货币持有额；商业银行则通过贷款和投资的放出和收回来改变基础货币的持有额。③公众行为改变通货比率；商业银行行为改变准备金率。④货币存量与通货比率和准备金比率呈负相关关系：准备金比率不变时，减少通货使存款增加，准备金增加，货币存量增加；在通货比率不变时，银行增加贷款，准备金比率下降，货币存量增加。

(3) 货币供给的一般模型：乔顿模型。

$$\because M_1 = B \cdot m$$
$$\therefore m = \frac{M_1}{B} = \frac{D+C}{C+R} = \frac{D+kD}{kD+r(D+T+G)}$$
$$= \frac{kD+D}{kD+r(D+tD+gD)} = \frac{1+k}{r(1+t+g)+k}$$

乔顿模型是货币供给决定的一般模型。根据该模型，货币供给取决于基础货币、活期存款的法定准备金比率、定期存款的法定准备金比率（这一因素现已取消）、超额准备金比率、定期存款与活期存款比率及通货与活期存款比率。其中，前三个因素由中央银行决定；超额准备金比率由商业银行决定，最后两个因素则由社会公众决定。

(三) 货币供求均衡理论

1. 货币均衡与非均衡

在研究货币供求关系问题上，货币需求的数量在现实中并不能直接地表现出来，也就是说，客观上需要多少货币，这是很难界定的。这是因为：其一，社会经济本身是一个不断发展变化的过程，客观经济过程对货币的需求受多种因素的制约，而且这种需求也是随客观经济形势变化而不断变化的。其二，在纸币流通条件下，再多的货币都会被流通所吸收，因此，不管社会的货币需求状况如何，货币供给量与货币需求量始终都是相等的。也就是说，在货币供给量一定的条件下，不管社会的货币需求状况如何，全社会所持有的货币的名义数量既不可能超过现在的货币供应量，也不可能少于这个量，二者名义上始终是相等的。但是，这种名义上的货币供求均衡关系，并不一定就是实际的货币供求均衡的实现。因为，从社会的角度看，名义货币总量并不一定就代表了社会经济过程所要求的货币需要量。名义货币量可以反映出 3 种动态趋势。

(1) $M_s = M_d$，即价格稳定，预期的短缺趋于稳定，国民收入增加。

(2) $M_s < M_d$，即物价上涨，预期的短缺增加，名义国民收入增加，而实际国民收入增加受阻，或增幅下降。

(3) $M_s > M_d$，即物价下跌或趋于稳定，预期的短缺消失，企业库存增加，商品销售不畅。国民收入下降，经济处于停滞状态。

因此，分析货币供求均衡与否，仅从名义的货币供求状况是很难做出判断的，必须深入分析实际的经济过程，才能弄清问题的实质。

货币供给和货币需求之间是一种互相制约、相互影响的关系，一方的变动会引起另一方的相应变动。当货币供给小于货币需求时，如果不增加货币供应，经济运行中的货币需求得不到满足，致使社会的总需求减少，生产下滑，总供给减少。商品供给的减少，致使货币需求量减少,最终使货币供求在一个较低的国民收入水平上得以均衡。如果中央银行采取放松即增加货币供应的方针,以满足经济运行对货币的需求,从而导致社会的投资需求和消费需求增加,促使生产持续发展,货币供求会在一个较高的水平上得以均衡。当货币的供给大于货币需求时,典型的情况是通货膨胀,在这种情况下,存在着两种可能:一是有生产潜力可挖,需求增加和物价上涨,可以刺激生产的发展,即在物价上涨的同时,产出增加,从而导致实际的货币需求增加,使货币供求恢复均衡。二是随着生产的发展,生产潜力在现有条件下已挖尽,这时,中央银行应采取收缩银根的政策,控制货币供应量的增长,从而致使货币供求趋于均衡。

总之,货币供求之间是相互联系、相互影响的:货币供给的变动可在一定条件下改变货币需求;而货币需求的变动,也可以在一定程度上改变货币的供给。连接货币供给与货币需求的桥梁和纽带就是国民收入和物价水平。

2. 货币均衡与利率

在市场经济条件下,货币均衡和非均衡的实现过程离不开利率的作用。一般而言,货币需求与利率负相关,货币供给与利率正相关。

所谓均衡的利率水平,是指在货币供给既定的条件下,货币需求正好等于货币供给时的利率。均衡利率是货币均衡的重要条件。均衡利率水平的形成是由货币供求的条件决定的。货币供不应求,利率上升;货币供过于求,利率下降。同样的道理,适当调节利率水平,就可以有效地调节货币供求,使其处于均衡状态。例如,当货币需求大于货币供给时,适当提高利率水平,可减少货币需求。当货币需求小于货币供给时,适当降低利率水平,可以刺激投资并增加国民收入,而收入水平的提高,将增加对货币的需求,从而使货币供求处于均衡状态。

如果货币供给是外生变量,即由货币当局决定,货币供给成为垂直于横轴的直线,即货币需求只对利率有影响,却不能通过利率机制影响货币供给,如图3-1所示。

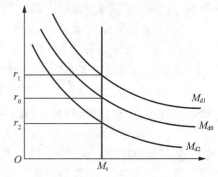

图 3-1 货币均衡与利率关系

3. 货币均衡与市场均衡

市场总供给由提供给市场的商品、服务构成,可进一步分为消费品供应和生产品供应。市场总需求由指向市场的支出构成,通常归为4项:消费需求、投资需求、政府购买支出和净出口。

市场总需求的实现手段和载体是货币,货币供给是否适当,就看作为载体的货币供给所形成的市场总需求能否保证市场总供给得以出清。

市场总供给则是决定货币需求的基本面,但宏观的货币需求要通过微观主体对货币的需求体现出来。虽然微观主体的货币需求从总体上受制于总供给,但微观主体的货币需求具有其独立性,因而微观的货币需求的总和在实际上并不总是等于由市场总供给决定的货币需求。

市场供求与货币供求的关系如下:总供给决定货币需求,但同等的总供给可偏大或偏小于货币需求。货币需求引出货币供给,但也绝非等量的。货币总供给成为总需求的载体,但同等的货币供给可偏大或偏小于总需求。总需求的偏大、偏小对总供给产生巨大的影响:不足,则总供给不能充分实现;过多,在一定条件下有可能推动总供给增加,但并不一定可以因此消除差额。总需求的偏大、偏小也可以通过紧缩或扩张的政策予以调节,但单纯控制需求也难以保证实现均衡的目标。

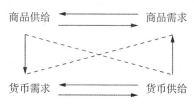

图 3-2 商品供求与货币供求的关系

如果把总供求平衡放在市场的角度研究,它包括了商品市场的平衡和货币市场的平衡,也就是说,社会总供求平衡是商品市场和货币市场的统一平衡。商品供求与货币供求之间的关系,可用图 3-2 来简要描述。

图中包括了 4 层含义:一是商品的供给决定了一定时期的货币需求。这是因为,在市场经济条件下,任何商品都需要货币来表现或衡量其价值量的大小,并通过与货币的交换实现其价值。因此,有多少商品供给,必然就需要多少货币量与之对应。二是货币的需求决定了货币的供给。就货币的供求关系而言,客观经济过程的货币需求是基本的前提条件,货币的供给必须以货币的需求为基础,中央银行控制货币供应量的目的,就是使货币供应与货币需求相适应,以维持货币的均衡。三是货币的供给形成对商品的需求。因为任何需求都是有货币支付能力的需求,只有通过货币的支付,需求才得以实现,所以在货币周转速度不变的情况下,一定时期的货币供给水平,实际上就决定了当期的社会需求水平。四是商品的需求必须与商品的供应保持平衡,这是宏观经济平衡的出发点和复归点。

(四) 货币失衡与调整

货币失衡是同货币均衡相对应的概念,又称"货币供求的非均衡",是指在货币流通过程中,货币供给偏离货币需求,从而使二者不相适应的货币流通状态。其基本存在条件可以表示如下:$M_d \neq M_s$。

货币失衡主要有两大类型:总量性货币失衡和结构性货币失衡。

总量性货币失衡是指货币供给在总量上偏离货币需求达到一定程度从而使货币运行影响经济状态。这里也有两种情况:货币供应量相对于货币需求量偏小,或货币供应量相对于货币需求量偏大。在现代信用货币制度下,前一种货币供给不足的情况很少出现,即使出现也容易恢复,经常出现的是后一种货币供给过多引起的货币失衡。造成货币供应量大于货币需求量的原因很多,如政府向中央银行透支以融通财政赤字,一味追求经济增长速度而不适当地采取扩张性货币政策刺激经济等,其后果之一就是引发严重的通货膨胀。

结构性货币失衡是另一大类货币失衡,主要发生在发展中国家,是指在货币供给与需求总量大体一致的总量均衡条件下,货币供给结构与对应的货币需求结构不相适应。结构性货币失衡往往表现为短缺与滞留并存,经济运行中的部分商品、生产要素供过于求,另一部分又求过于供,其原因在于社会经济结构的不合理。因此,结构性货币失衡必须通过经济结构调整加以解决,而经济结构的刚性往往又使其成为一个长期的问题。

总量性货币失衡和结构性货币失衡不是非此即彼的简单关系,在现实经济运行中二者往往相互交织、相互联系,从而形成"你中有我,我中有你"的局面,以至于难以分辨。由于结构性货币失衡根源于经济结构,所以,中央银行在宏观调控时过多地注意总量性失衡。

货币失衡的原因分析包括以下两个方面。

(1) 货币供给小于货币需求的原因主要有生产规模扩大后货币供给没跟上;货币供

正常状态下,央行收紧银根;经济危机时,信用失常,货币需求急剧膨胀,而央行货币供给没有跟上。

(2) 货币供给大于货币需求的原因主要有:政府因财政赤字而向中央银行透支;经济发展中,银行信贷规模的不当扩张;扩张性货币政策过度;经济落后、结构刚性的发展中国家,货币条件相对恶化和国际收支失衡,在出口换汇无法满足时,由于汇市崩市、本币大幅贬值造成货币供给量急剧增长。

结构性失衡是指在货币供给与需求总量大体一致的情况下,货币供给结构与需求结构不一致。

货币失衡到均衡的过程,客观上有两种力量在起作用。

1. 货币均衡的自动恢复

(1) 货币不足到均衡的恢复。货币供给不足导致消费需求和投资需求的减少,从而使企业销售困难和资源闲置,最终导致价格下降及生产下降,经济对货币的需求减少而达到平衡。另外,物价下降使实际货币余额增加,而工资的减少使个人所得税以更大的幅度减少,从而增加了货币的供给。因此,货币供求在较以前为低的国民收入水平上恢复均衡。

(2) 货币过多到均衡的恢复。一方面,物价上涨刺激生产的扩大,增加了货币需求;另一方面,物价的上涨减少了货币的实际供给。因此,货币供求在较以前为高的国民收入水平上恢复均衡。

2. 货币失衡的政策调节

(1) 供给型调节。中央银行在货币供给量大于(小于)货币需求量的货币失衡状态时,从紧缩(扩张)货币供给量入手,使之适应货币需求量。手段主要是中央银行动用三大货币政策工具。商业银行增发贷款的速度减缓(加快)。

(2) 需求型调节。货币供给量大于(小于)货币需求量的货币失衡状态时,从增加(减少)货币需求量入手,使之适应货币供给量。例如,货币供给量大于货币需求时:增加商品供给,引导需求;扩大进口,扩大国内市场上的商品供给;大幅度提高商品价格,吸收过多的货币供给量。

(3) 混合型调节。在货币供给量大于(小于)货币需求量的货币失衡状态时,中央银行并不是单纯地压缩(扩张),也不是单纯地增加(压缩)货币需求,而是既开展供给型调节,又进行需求型调节,以尽快实现货币供求均衡。

二、中央银行与货币政策

(一) 中央银行

中央银行是一个由政府组建的机构,负责控制国家货币供给、信贷条件,并监管金融体系,特别是商业银行和其他金融机构。中央银行是一国最高的货币金融管理机构,在各国金融体系中居于主导地位。中央银行的职能是宏观调控、保障金融安全与稳定、金融服务。

中央银行是"发行的银行",对调节货币供应量、稳定币值有重要作用。中央银行是"银行的银行",它集中保管银行的准备金,并对它们发放贷款,充当"最后贷款者"。中央银行是"国家的银行",它是国家货币政策的制定者和执行者,也是政府干预经济的工具;同时为国家提供金融服务,代理国库,代理发行政府债券,为政府筹集资金,代表政府参加国际金融组织和各种国际金融活动。

中央银行所从事的业务与其他金融机构所从事的业务的根本区别在于,中央银行所从事的业务不是为了营利,而是为实现国家宏观经济目标服务,这是由中央银行所处的地位和性质决定的。

历史上,商品经济的迅速发展、经济危机的频繁发生、银行信用的普遍化和集中化,既为中央银行的产生奠定了经济基础,又对中央银行的产生提出了客观要求。

(1) 政府对货币财富和银行的控制。商品经济的迅速发展,客观上要求建立相应的货币制度和信用制度。政府为了开辟更广泛的市场,也需要有巨大的货币财富作为后盾。

(2) 统一货币发行。在银行业发展初期,几乎每家银行都有发行银行券的权力,但随着经济的发展、市场的扩大和银行机构的增多,银行券分散发行的弊病就越来越明显,客观上要求有一个资力雄厚并在全国范围内享有权威的银行来统一发行银行券。

(3) 集中信用的需要。商业银行经常会发生营运资金不足、头寸调度不灵等问题,这就从客观上要求中央银行的产生,它既能集中众多银行的存款准备,又能不失时机地为其他商业银行提供必要的周转资金,为银行充当最后的贷款人。

(4) 建立票据清算中心。随着银行业的不断发展,银行每天收受票据的数量增多,各家银行之间的债权债务关系复杂化,由各家银行自行轧差进行当日清算已发生困难。这种状况客观上要求产生中央银行,作为全国统一的、有权威的、公正的清算中心。

(5) 统一金融管理。银行业和金融市场的发展,需要政府出面进行必要的管理,这要求产生隶属政府的中央银行这一专门机构来实施政府对银行业和金融市场的管理。

1. 中央银行职能

中央银行的性质可以表述如下:中央银行是国家赋予其制定和执行货币政策的权力,对国民经济进行宏观调控和管理监督的特殊的金融机构。中央银行的性质集中体现在它是一个"特殊的金融机构",具体来说,包括其地位的特殊性、业务的特殊性和管理的特殊性。

中央银行的性质具体体现在其职能上,中央银行有发行的银行、政府的银行、银行的银行、调控宏观经济的银行四大职能。

(1) 中央银行是发行的银行。中央银行是发行的银行,是指中央银行垄断货币发行权,是一国或某一货币联盟唯一授权的货币发行机构。

中央银行集中与垄断货币发行权有以下3个原因。

① 统一货币发行与流通是货币正常有序流通和币值稳定的保证。在实行金本位的条件下,货币的发行权主要是指银行券的发行权。要保证银行券的信誉和货币金融的稳定,银行券必须能够随时兑换为金币,存款货币能够顺利地转化为银行券。为此,中央银行须以黄金储备作为支撑银行券发行与流通的信用基础,黄金储备数量成为银行券发行数量的制约因素。银行券的发行量与黄金储备量之间的规定比例成为银行券发行保证制度的最主要内容。在进入20世纪之后,金本位制解体,各国的货币流通均转化为不兑现的纸币流通。不兑现的纸币成为纯粹意义上的国家信用货币。在信用货币流通情况下,中央银行凭借国家授权以国家信用为基础而成为垄断货币发行的机构,中央银行按照经济发展的客观需要和货币流通及其管理的要求发行货币。

② 统一货币发行是中央银行根据一定时期的经济发展情况调节货币供应量,保持币值稳定的需要。币值稳定是社会经济健康运行的基本条件,若存在多家货币发行银行,中央银行在调节货币供求总量时可能出现因难以协调各发行银行从而无法适时调节银根的状况。

③ 统一货币发行是中央银行实施货币政策的基础。统一货币发行使中央银行通过对发行货币量的控制来调节流通中的基础货币量,并以此调控商业银行创造信用的能力。独占货币发行权是中央银行实施金融宏观调控的必要条件。

(2) 中央银行是银行的银行。银行的银行职能是指中央银行充当商业银行和其他金融机构的最后贷款人。银行的银行这一职能体现了中央银行特殊金融机构的性质,是中央银行作为金融体系核心的基本条件。中央银行通过这一职能对商业银行和其他金融机构的活动施加影响,以达到调控宏观经济的目的。中央银行作为银行的银行需要履行的职责如下:集中商业银行的存款准备金;充当银行业的最后贷款人,即商业银行无法进行即期支付而面临倒闭时,中央银行及时向商业银行提供贷款支持以增强商业银行的流动性;创建全国银行间清算业务平台,商业银行按规定在中央银行开立存款账户交存存款准备金,各金融机构之间可利用在中央银行的存款账户进行资金清算,这加快了资金流转速度,节约了货币流通成本,于是,中央银行成为银行业的清算中心;外汇头寸调节,即中央银行根据外汇供求状况进行外汇买卖,调节商业银行外汇头寸,为商业银行提供外汇资金融通便利,并由此监控国际收支状况。

(3) 中央银行是政府的银行。政府的银行职能是指中央银行为政府提供服务,是政府管理国家金融的专门机构。

① 代理国库。国家财政收支一般不另设机构经办具体业务,而是交由中央银行代理,主要包括按国家预算要求代收国库库款,拨付财政支出,向财政部门反映预算收支执行情况等。

② 代理政府债券发行。中央银行代理发行政府债券,办理债券到期还本付息。

③ 为政府融通资金。在政府财政收支出现失衡、收不抵支时,中央银行具有为政府融通资金以解决政府临时资金需要的义务。中央银行对政府融资的方式主要有两种。第一种是为弥补财政收支暂时不平衡或财政长期赤字,直接向政府提供贷款。为防止财政赤字过度扩大造成恶性通货膨胀,许多国家明确规定,应尽量避免发行货币来弥补财政赤字。第二种是中央银行直接在一级市场上购买政府债券。

④ 为国家持有和经营管理国际储备。国际储备包括外汇、黄金、在国际货币基金组织中的储备头寸、国际货币基金组织分配的尚未动用的特别提款权等。首先,对储备资金总量进行调控,使之与国内货币发行和国际贸易等所需的支付需要相适应;其次,对储备资产结构特别是外汇资产结构进行调节;再次,对储备资产进行经营和管理,负责储备资产的保值增值;最后,保持国际收支平衡和汇率基本稳定。

⑤ 代表政府参加国际金融活动,进行金融事务的协调与磋商,积极促进国际金融领域的合作与发展。参与国际金融重大决策,代表本国政府与外国中央银行进行两国金融、贸易事项的谈判、协调与磋商,代表政府签订国际金融协定,管理与本国有关的国际资本流动,办理政府间的金融事务往来及清算,办理外汇收支清算和拨付等国际金融事务。

⑥ 为政府提供经济金融情报和决策建议,向社会公众发布经济金融信息。中央银行处于社会资金运动的核心,能够掌握全国经济金融活动的基本信息,为政府的经济决策提供支持。

2. 中央银行在金融监管中的地位

20世纪80年代以前,大多数国家的中央银行是金融业或银行的监管机构。现在,中央银行作为金融监管的唯一主体,已无法适应新的金融格局。这是因为银行在金融体系中的传统作用正受到挑战,金融市场在经济发展中的作用越来越大,于是许多国家通过另设监管机构来监管越来越多的非银行金融机构,如证监会、保监会等。从各国金融监管的实践来看,监管体制可分为四类:分业经营且分业监管,如法国和中国;分业经营而混业监管,如韩国;混业经营而分业监管,如美国;混业经营且混业监管,如英国和日本等。是否由中央银行担当监管重任也有不同情形:有中央银行仍负责全面监管的;有中央银行只负责对银行业监管的;也有在中央银行外另设新机构,专司所有金融监管的。

中央银行的主要业务有货币发行、集中存款准备金、贷款、再贴现、证券、黄金占款和外汇占款、为商业银行和其他金融机构办理资金的划拨清算和资金转移的业务等。

3. 中央银行独立性

中央银行独立性就是指中央银行在履行制定与实施货币政策职能时的自主性,即如果一国的中央银行可以不接受来自政府的指令,亦不必与政府协商,而无条件地拥有自主决定维持或变更现行货币政策的权力,那么这一中央银行便具有充分的独立性。中央银行的独立性问题,实质上是中央银行与政府的关系问题。

央行独立性的讨论源于欧美国家对历次恶性通货膨胀成因的反思。在第一次世界大战之前,中央银行拥有较强的独立性,较少受到政府干预。第一次世界大战期间,一些参战国的政府开始通过中央银行增发纸币以满足军费开支。战争结束后,一些国家继续沿袭战时做法,通过增发货币来推动本国经济增长,结果酿成恶性通货膨胀。在第一次世界大战之后,各国吸取沉痛教训,大都主张保持中央银行独立运行原则。央行独立性的学术研究最早见于美国经济学家欧文·费雪于1930年出版的《利率理论》,其含义为央行在货币政策制定过程中不受政府干预,目的在于防止政府将财政赤字货币化而造成恶性通货膨胀。

中央银行独立性的重要性体现在以下3个方面。

(1) 遏制通胀的重要性。政府在执行经济政策时,往往容易从短期利益出发,扩大财政支出,增加政府消费和公共投资,从而增加通货膨胀的压力。大量相关研究也表明,中央银行独立性强弱与通货膨胀率高低密切相关。从发达国家的经验看,中央银行受到政府操纵的国家的平均通货膨胀率要比中央银行具有高度独立性的国家高。如中央银行独立性非常高的德国和瑞士,平均通胀率在3.1%左右,而中央银行独立性比较低的澳大利亚和新西兰,平均通胀率则在7.5%左右。

(2) 提高中央银行信誉和透明度。按照货币经济学理论,中央银行采取的货币政策往往会造成动态不一致的后果。中央银行为了增加产出而采取通胀政策,而公众预期到货币当局会采取通货膨胀政策,均衡的结果是通胀而没有产出提高。为解决这种动态不一致的问题,就需要给予中央银行制定政策的独立性,提高中央银行的信誉和制定政策的透明度。此外,中央银行的业务具有较高的专业性和技术性,其管理人员必须具有熟练的业务、技术和制定货币金融政策、调节货币流通的经验。政府对央行在制定货币金融政策过程中的不正确干预会导致整个经济陷入困境。

(3) 加强金融监管,稳定经济和金融的需要。美国金融危机后,中央银行金融监管的职能逐渐凸现出来,受到越来越多国家的重视。为了有效降低金融系统的风险,提高金融系统的运行效率,需要中央银行独立地实施金融监管职能。此外,政府与中央银行的角色不同,因而在考虑经济政策的侧重点上存在差异。政府较多地考虑就业、社会保障等社会问题;中央银行则较多考虑货币稳定的经济问题。政府往往推行赤字财政政策以刺激有效需求和增加就业,结果往往导致通货膨胀;中央银行的首要任务是稳定货币,如果市场银根偏松,就会出现通货膨胀的危险,需要采取紧缩货币政策,提高利率,以遏制通货膨胀。这时中央银行不应仍维持低利率政策以利于财政筹措资金。

中央银行独立性问题不仅涉及是否赋予中央银行以更高的自主权,更需要明确中央银行的责任。在这种制度安排下,中央银行的首要职责是通过独立的货币政策操作来维护物价稳定,既要对通货膨胀承担责任,也要对通货紧缩承担责任,从而彻底改变有关官员在制定与实施货币政策方面的随意性。在货币政策操作方面,这种制度安排具有其他制度不具有的高透明度性——中央银行不仅要明确宣布具体货币政策目标,而且还要对所做的货币政策选择进行详细的说明。这样,就能够使社会公众清楚地了解货币政策的走向。一般的社会公众是合理的政策选择的最好监督人,一旦中央银行与政府明确宣布了具体的货币政策目标,任何没有正当理由而未实现调控目标的现象都意味着中央银行存在着失职行为,并将因此受到惩罚。为了避免这种现象的发生,中央银行有关官员必然要竭尽全力地履行其职责。另外,由于社会公众对货币政策目标以及各种政策调整的依据都有一个清楚的理解,这样就提高了人们对政策效果的信任程度(政策的可信度)。历史经验表明,保证货币政策的独立性有利于中央银行实现保持货币币值稳定的基本目标。

自有中央银行以来,其独立性一直是争论的热点,大致有3种观点:①完全的独立性。该理论认为货币政策及相应的货币稳定是一个复杂的问题,应由独立的权威机构来掌管,以免受政治利害或私利的支配。②完全没有独立性。这种观点认为政府是民选的,理应管理这个国家,更何况货币问题,而且中央银行与政府的目标基本一致,财政政策和货币政策必须相互协调。③相对独立性。大多数人持此种观点,即中央银行与政府保持相对独立性,而且认为这种独立性还应随不同的制度安排和不同时期的政治经济状况而变化。

从很多角度看,如法律赋予中央银行的职责、中央银行领导人的任命、中央银行与财政部关系、中央银行资本所有权等方面,大多数国家的中央银行对于政府的独立性不是绝对的,而是相对的。所谓相对独立性,就是有限制的、在一定范围内的独立性。央行与政府的使命是共同的,都承担了经济增长、稳定物价与增加就业等责任。因此,中央银行政策目标不能背离国家总体经济发展目标。央行必须与政府密切配合,并受政府的监督和指导,而不是凌驾于政府之上,或者独立于政府体制之外自行其是。随着垄断资本对于国家干预的加强,政府对经济和金融领域的干预也不断加深。加上中央银行公开市场业务的不断扩大,央行必须在政府制定的总的经济政策目标下制定自己的政策。另外,央行有其特殊性,它不同于一般的行政管理部门,有权独立制定货币政策,在管理金融、调节经济方面必须具有相对的独立性。

(二) 货币政策

货币政策是指中央银行为实现既定的目标,运用各种工具调节货币供应量来调节市场利率,通过市场利率的变化来影响民间的资本投资,通过影响总需求来影响宏观经济运行的各种方针措施。调节总需求的货币政策的三大工具为法定准备金率、公开市场业务和贴现政策。

1. 货币政策的作用

货币政策是通过政府对国家的货币、信贷及银行体制的管理来实施的。货币政策的性质(中央银行控制货币供应,以及货币、产出和通货膨胀三者之间联系的方式)是宏观经济学中最吸引人、最重要,也最富争议的领域之一。一国政府拥有多种政策工具来实现其宏观经济目标。其中主要包括以下两个方面。

（1）由政府支出和税收所组成的财政政策。财政政策的主要用途是通过影响国民储蓄以及对工作和储蓄的激励，从而影响长期经济增长。

（2）货币政策由中央银行执行，它影响货币供给。中央银行通过调节货币供应量，影响利息率及经济中的信贷供应程度来间接影响总需求，以达到总需求与总供给趋于理想的均衡的一系列措施。货币政策分为扩张性的货币政策和紧缩性的货币政策两种。

积极的货币政策通过提高货币供应增长速度来刺激总需求，在这种政策下，取得信贷更为容易，利息率会降低。因此，当总需求与经济的生产能力相比很低时，采用扩张性的货币政策最合适。

消极的货币政策通过削减货币供应的增长率来降低总需求水平，在这种政策下，取得信贷较为困难，利息率也随之提高。因此，在通货膨胀较严重时，采用消极的货币政策较合适。

货币政策调节的对象是货币供应量，即全社会总的购买力，具体表现形式为流通中的现金和个人、企事业单位在银行的存款。流通中的现金与消费物价水平变动密切相关，是最活跃的货币，一直是中央银行关注和调节的重要目标。

货币政策工具是指中央银行为调控货币政策中介目标而采取的政策手段。

货币政策是涉及经济全局的宏观政策，与财政政策、投资政策、分配政策和外资政策等关系十分密切，必须实施综合配套措施才能保持币值稳定。

2. 货币政策最终目标

（1）稳定物价。稳定物价目标是中央银行货币政策的首要目标，而物价稳定的实质是币值的稳定。稳定物价是一个相对概念，就是要控制通货膨胀，使一般物价水平在短期内不发生急剧的波动。衡量物价稳定与否，从各国的情况看，通常使用的指标有3个：一是国民生产总值（gross national product，GNP）平均指数，它以构成国民生产总值的最终产品和劳务为对象，反映最终产品和劳务的价格变化情况。二是消费物价指数，它以消费者日常生活支出为对象，能较准确地反映消费物价水平的变化情况。三是批发物价指数，它以批发交易为对象，能较准确地反映大宗批发交易的物价变动情况。需要注意的是，除了通货膨胀以外，还有一些属于正常范围内的因素。

这个限度的确定，各个国家不尽相同，主要取决于各国经济发展情况。另外，传统习惯也有很大的影响。

（2）充分就业。所谓充分就业目标，就是要保持一个较高的、稳定的水平。在充分就业的情况下，凡是有能力并自愿参加工作者，都能在较合理的条件下随时找到合适的工作。

所谓充分就业，是针对所有可利用资源的利用程度而言的。但要测定各种经济资源的利用程度是非常困难的，一般以劳动力的就业程度为基准，即以失业率指标来衡量劳动力的就业程度。

所谓失业率，是社会的失业人数与愿意就业的劳动力之比，失业率可以反映社会的充分就业程度。失业，理论上讲，反映了生产资源的一种浪费，失业率越高，对社会经济增长越是不利，因此，各国都力图把失业率降到最低的水平，以实现其经济增长的目标。造成失业的原因主要有以下4个方面。

① 总需求不足。由于社会总供给大于总需求，经济社会的各种经济资源（包括劳动力资源）无法得到正常与充分的利用。主要表现为以下两个方面：一是周期性的失业。这是在

经济周期中的经济危机与萧条阶段,由于需求不足所造成的失业。二是持续的普遍性的失业。这是真正的失业,它是由一个长期的经济周期或一系列的周期所导致的劳动力需求长期不足的失业。

② 摩擦性失业。当一个国家某个地区某一类职业的工人找不到工作,而在另外一些地区却又缺乏这种类型的工人时,就产生了摩擦性失业。

③ 季节性失业。有些行业的工作季节性很强,而各种季节性工作所需要的技术工作又不能相互替代,季节性失业可以设法减少,但无法完全避免。

④ 结构性失业。在动态的经济社会中,平时总有一些人要变换他们的工作,或者换一个职业,或者换一个雇主,有的可能调到其他地区工作,当某项合同到期时也会出现劳动力多余。这些情况中,人们在找到另一个工作之前,常常会有短暂的失业。

主流经济学认为,除需求不足造成的失业外,其他种种原因造成的失业是不可避免的现象。从经济效率的角度看,保持一定的失业水平是适当的,充分就业目标不意味着失业率等于零,美国多数学者认为4%的失业率即充分就业,而一些较为保守的学者则认为应将失业率压低到2%或3%以下。

(3) 经济增长。经济增长就是指国民生产总值的增长必须保持合理的、较高的速度。各国衡量经济增长的指标一般采用人均实际国民生产总值的年增长率,即以人均名义国民生产总值年增长率剔除物价上涨率后的人均实际国民生产总值年增长率来衡量。政府一般对计划期的实际GNP增长幅度定出指标,用百分比表示,中央银行即以此作为货币政策的目标。

当然,经济的合理增长需要多种因素的配合,最重要的是要增加各种经济资源,如人力、财力、物力,并且要求各种经济资源实现最佳配置。中央银行作为国民经济中的货币主管部门,直接影响其中的财力部分,对资本的供给与配置产生巨大作用。

因此,中央银行以经济增长为目标,指的是中央银行在接受既定目标的前提下,通过其所能操纵的工具对资源的运用加以组合和协调。一般地说,中央银行可以用增加货币供给或降低实际利率水平的办法来促进投资增加,或者通过控制通货膨胀率,以消除其所产生的不确定性和预期效应对投资的影响。

虽然世界上大多数国家的中央银行普遍将经济增长列为货币政策目标之一,但由于它在各国货币政策目标中所处的地位不同,其重要程度不尽相同,即使在同一个国家,其在各个历史时期也并不一样。

从美国来看,高度重视经济增长是在20世纪30—50年代,因为当时美国面临第二次世界大战之后的生产严重下降,以及随后出现的50年代初的经济衰退。自20世纪70年代以来,尤其是1981年里根担任总统之后,货币政策目标则以反通货膨胀为重点。

(4) 平衡国际收支。根据国际货币基金组织的定义,国际收支是某一时期一国对外经济往来的统计表,它表明:某一经济体同世界其他地方之间在商品、劳务和收入方面的交易;该经济体的货币性黄金、特别提款权以及对世界其他地方的债权、债务的所有权等的变化;从会计意义上讲,为平衡不能相互抵消的上述交易和变化的任何账目所需的无偿转让和对应项目。

就国际收支平衡表上经济交易的性质而言,主要可分为两种:一种是自主性交易,或称事前交易,它是出于经济上的目的、政治上的考虑以及道义上的动机而自动进行的经济交易,如贸易、援助、赠与、汇兑等。另一种是调节性交易,或称事后交易,它是为了弥补自主性交易的差额而进行的,如获得国际金融机构的短期资金融通、动用本国黄金储备、外汇储备以弥补差额等。

若一国国际收支中的自主性交易收支自动相等,说明该国国际收支平衡;若自主性交易收入大于支出,称之为顺差;若自主性交易支出大于收入,则称之为逆差。

判断一国的国际收支平衡与否,就是看自主性交易平衡与否,是否需要调节性交易来弥补。如果不需要调节性交易来弥补,则称之为国际收支平衡;反之,如果需要调节性交易来弥补,则称之为国际收支失衡。

所谓平衡国际收支目标,简言之,就是采取各种措施纠正国际收支差额,使其趋于平衡。因为如果一国国际收支出现失衡,无论顺差或逆差,都会对本国经济造成不利影响,长期的巨额逆差会使本国外汇储备急剧下降,并承受沉重的债务和利息负担;而长期的巨额顺差,又会造成本国资源使用上的浪费,使一部分外汇闲置,特别是如果因大量购进外汇而增发本国货币,则可能引起或加剧国内通货膨胀。当然,相比之下,逆差的危害尤甚,因而各国调节国际收支失衡一般着力于减少以致消除逆差。

从各国平衡国际收支目标的建立来看,一般都与该国国际收支出现问题有关。美国起初并未将平衡国际收支列入政策目标,直到20世纪60年代初,美国国际收支出现长期逆差。1969—1971年,国际收支逆差累计达到400亿美元,黄金储备大量流失,这时,平衡国际收支才成为其货币政策的第4个目标。

3. 各目标之间的关系

货币政策的最终目标一般有4个,但要同时实现则是非常困难的事。在具体实施中,以某项货币政策工具来实现某一货币政策目标,经常会干扰其他货币政策目标的实现,因此,除了研究货币政策目标的一致性以外,还必须研究货币政策目标之间的矛盾性及其缓解矛盾的措施。

(1) 稳定物价与充分就业。事实证明,稳定物价与充分就业两个目标之间经常发生冲突。若要降低失业率,增加就业人数,就必须增加货币工资。若货币工资增加过少,对充分就业目标就无明显促进作用;若货币工资增加过多,致使其上涨率超过劳动生产率的增长,这种成本推进型通货膨胀,则必然造成物价与就业两项目标的冲突。如西方国家在20世纪70年代以前推行的扩张政策,不仅无助于实现充分就业和刺激经济增长,反而造成"滞胀"局面。

物价稳定与充分就业之间的矛盾关系可用菲利普斯曲线来说明。

1958年,英国经济学家威廉·菲利普斯(William Phillips)根据英国1861—1957年失业率和货币工资变动率的经验统计资料,勾画出一条用以表示失业率和货币工资变动率之间交替关系的曲线。这条曲线表明:当失业率较低时,货币工资增长率较高;反之,当失业率较高时,货币工资增长率较低。由于货币工资增长与通货膨胀之间的联系,这条曲线又被西方经济学家用来表示失业率与通货膨胀率此消彼长、相互交替的关系。

这条曲线表明,失业率与物价变动率之间存在着一种非此即彼的相互替换关系。也就是说:失业多一点,物价上涨率就低;相反,失业少一点,物价上涨率就高。因此,失业率和物价上涨率之间只可能有以下3种选择:①失业率较高的物价稳定;②通货膨胀率较高的充分就业;③在物价上涨率和失业率的两极之间实行组合,即所谓的相机抉择,根据具体的社会经济条件做出正确的组合。

(2) 稳定物价与经济增长。稳定物价与促进经济增长之间是否存在着矛盾,理论界对此看法不一,主要有以下3种观点。

① 物价稳定才能维持经济增长。这种观点认为,只有物价稳定,才能维持经济的长期增长势头。一般而言,劳动力增加,资本形成并增加,加上技术进步等因素促进生产的发展和产量的增加,随之而来的是货币总支出的增加。由于生产率是随时间的进程而不断发展的,货币工资和实际工资也是随生产率而增加的。只要物价稳定,整个经济就能正常运转,维持其长期增长的势头。这实际上是供给决定论的古典学派经济思想在现代经济中的反映。

② 轻微物价上涨刺激经济增长。这种观点认为,只有轻微的物价上涨,才能维持经济的长期稳定与发展,因为通货膨胀是经济的刺激剂。这是凯恩斯学派的观点,凯恩斯学派认为,在充分就业没有达到之前增加货币供应、增加社会总需求主要作用是促进生产发展和经济增长,而物价上涨比较缓慢。

此外,凯恩斯学派还认定资本主义经济只能在非充分就业的均衡中运行,因而轻微的物价上涨会促进整个经济的发展。美国的凯恩斯派学者也认为,价格的上涨通常可以带来高度的就业,在轻微的通货膨胀之中,工业之轮开始得到良好的润滑油,产量接近最高水平,私人投资活跃,就业机会增多。

③ 经济增长能使物价稳定。这种观点则认为,随着经济的增长,价格应趋于下降,或趋于稳定。这是因为,经济的增长主要取决于劳动生产率的提高和新生产要素的投入,在劳动生产率提高的前提下,生产的增长一方面意味着产品的增加,另一方面则意味着单位产品生产成本的降低。所以,稳定物价目标与经济增长目标并不矛盾。这种观点实际上是马克思在100多年以前,分析金本位制度下资本主义经济的情况时所论述的观点。

实际上,就现代社会而言,经济的增长总是伴随着物价的上涨。这在前文分析物价上涨的原因时,曾予以说明,近100年的经济史也说明了这一点。有人曾做过这样的分析,即对世界上许多国家近100年中经济增长时期的物价资料进行了分析,发现除经济危机和衰退外,凡是经济正常增长时期,物价水平都呈上升趋势,特别是第二次世界大战以后,情况更是如此。没有哪一个国家,在经济增长时期物价水平不是呈上涨趋势的。就我国而言,几十年的社会主义经济建设的现实也说明了这一点。20世纪70年代,资本主义经济进入滞胀阶段以后,有的国家甚至在经济衰退或停滞阶段,物价水平也呈现上涨的趋势。

从西方货币政策实践的结果来看,要使稳定物价与经济增长齐头并进并不容易。主要原因在于,政府往往较多地考虑经济发展,刻意追求经济增长的高速度。譬如,采用扩张信用和增加投资的办法,其结果必然造成货币发行量增加和物价上涨,使物价稳定与经济增长之间出现矛盾。

(3) 经济增长与平衡国际收支。在一个开放型的经济中,国家为了促进本国经济发展,会遇到以下两个问题。

① 经济增长引起进口增加,随着国内经济的增长,国民收入及支付能力的提高,通常会增加对进口商品的需要。如果该国的出口贸易不能随进口贸易的增加而相应增加,必然会使得贸易收支状况变坏。

② 引进外资可能形成资本项目逆差。要促进国内经济增长,就要增加投资,提高投资

率。在国内储蓄不足的情况下,必须借助于外资,引进外国的先进技术,以此促进本国经济。这种外资的流入必然带来国际收支中资本项目的差额。尽管这种外资的流入可以在一定程度上弥补贸易逆差所造成的国际收支失衡,但并不一定就能确保经济增长与国际收支平衡的齐头并进。其原因在于:任何一个国家,在特定的社会经济环境中,能够引进技术、设备、管理方法等,一方面决定于一国的吸收、掌握和创新能力,另一方面还决定于国产商品的出口竞争能力和外汇还款能力。所以,在一定条件下,一国所能引进和利用的外资是有限的。如果把外资的引进完全置于平衡贸易收支上,那么外资对经济的增长就不能发挥应有的作用。此外,如果只是追求利用外资促进经济增长,而忽视国内资金的配置能力和外汇还款能力,那么必然会导致国际收支状况的严重恶化,最终会使经济失衡,不可能维持长久的经济增长。在其他因素引起的国际收支失衡或国内经济衰退的条件下,用于矫正这种失衡经济形态的货币政策,通常是在平衡国际收支和促进经济增长两个目标之间做合理的选择。国际收支出现逆差,通常要压缩国内的总需求,随着总需求的下降,国际收支逆差可能被消除,但同时会带来经济的衰退。应对国内经济衰退则通常采用扩张性的货币政策。随着货币供应量的增加,社会总需求增加,可能刺激经济的增长,但也可能由于输入的增加及通货膨胀而导致国际收支失衡。

(4) 充分就业与经济增长。一般而言,经济增长能够创造更多的就业机会,但在某些情况下二者也会出现不一致。例如,以内涵型扩大再生产所实现的高经济增长,不可能实现高就业。再如,片面强调高就业,硬性分配劳动力到企业单位就业,会造成人浮于事,效益下降,产出减少,导致经济增长速度放慢等。

4. 选择目标的标准

中央银行在实施货币政策中所运用的政策工具无法直接作用于最终目标,需要一些中间环节来完成政策传导的任务。因此,中央银行在其工具和最终目标之间,插进了两组金融变量,一组叫作"中介目标",一组叫作"操作目标"。

货币政策的中介目标和操作目标又称营运目标,它们是一些较短期的、数量化的金融指标。作为政策工具与最终目标之间的中介或桥梁,其特点是中央银行容易对它进行控制,但它们与最终目标的因果关系不太稳定。

中介目标是距离政策工具较远但接近于最终目标的金融变量,其特点是中央银行不容易对它进行控制,但它与最终目标的因果关系比较稳定。建立货币政策的中介目标和操作目标,总体来说,是为了及时测定和控制货币政策的实施程度,使之朝着正确的方向发展,以保证货币政策最终目标的实现。

货币政策中介目标是连接货币政策最终目标与政策工具操作的中介环节,也是实施货币政策的关键步骤。中介目标必须具备以下3个特点。

(1) 可测性。中央银行能够迅速获得中介目标相关指标变化状况和准确的数据资料,并能够对这些数据进行有效分析和做出相应判断。显然,如果没有中介目标,中央银行直接去收集和判断最终目标数据如价格上涨率和经济增长率是十分困难的,短期内如一周或一旬是不可能有这些数据的。

(2) 可控性。中央银行通过各种货币政策工具的运用,能对中介目标变量进行有效的控制,能在较短时间内(如1~3个月)控制中介目标变量的变动状况及其变动趋势。

(3) 相关性。中央银行所选择的中介目标必须与货币政策最终目标有密切的相关性,中央银行运用货币政策工具对中介目标进行调控,能够促进货币政策最终目标的实现。

5. 货币政策中介目标

可以作为中介目标的金融指标主要有长期利率、货币供应量和贷款量。

(1) 长期利率。西方传统的货币政策均以利率为中介目标。利率能够作为中央银行货币政策的中介目标是因为:①利率不但能够反映货币与信用的供给状态,而且能够表现供给与需求的相对变化。利率水平趋高被认为是银根紧缩,利率水平趋低则被认为是银根松弛。②利率属于中央银行影响可及的范围,中央银行能够运用政策工具设法提高或降低利率。③利率资料易于获得并能够经常汇集。

(2) 货币供应量。以弗里德曼为代表的现代货币数量论者认为,宜以货币供应量或其变动率为主要中介目标。他们的主要理由是:①货币供应量的变动能直接影响经济活动。②货币供应量及其增减变动能够为中央银行所直接控制。③与货币政策联系最为直接。货币供应量增加表示货币政策松弛,反之则表示货币政策紧缩。④货币供应量作为指标不易将政策性效果与非政策性效果相混淆,因而具有准确性的优点。

但以货币供应量为指标也有以下 3 个问题需要考虑。

① 中央银行对货币供应量的控制能力。货币供应量的变动主要取决于基础货币的改变,但还受其他种种非政策性因素的影响,如现金漏损率、商业银行超额准备比率、定期存款比率等,非中央银行所能完全控制。

② 货币供应量传导的时滞问题。中央银行通过变动准备金率以期达到一定的货币量变动率,但此间却存在着较长的时滞。

③ 货币供应量与最终目标的关系。对此有些学者尚持怀疑态度,但从衡量的结果来看,货币供应量仍不失为一个性能较为良好的指标。

(3) 贷款量。以贷款量作为中介目标,其优点是:①与最终目标有密切相关性。流通中现金与存款货币均由贷款引起,中央银行控制了贷款规模,也就控制了货币供应量。②准确性较强,作为内生变数,贷款规模与需求正相关;作为政策变数,贷款规模与需求也正相关。③数据容易获得,因而也具有可测性。

6. 货币政策操作目标

各国中央银行通常采用的操作目标主要有短期利率、商业银行的存款准备金、基础货币等。

(1) 短期利率。短期利率通常指市场利率,即能够反映市场资金供求状况、变动灵活的利率。它是影响社会的货币需求与货币供给、银行信贷总量的一个重要指标,也是中央银行用以控制货币供应量、调节市场货币供求、实现货币政策目标的一个重要的政策性指标。作为操作目标,中央银行通常只能选用其中一种利率。

过去,美国联邦储备系统(美联储)主要采用国库券利率、银行同业拆借利率。英国的情况较特殊,英格兰银行的长、短期利率均以一组利率为标准。其用作操作目标的短期利率有隔夜拆借利率、三个月期的银行拆借利率、三个月期的国库券利率;用作中介目标的长期利率有五年公债利率、十年公债利率、二十年公债利率。

(2) 商业银行的存款准备金。中央银行以准备金作为货币政策的操作目标,其主要原因是,无论中央银行运用何种政策工具,都会先行改变商业银行的准备金,然后对中介目标和最终目标产生影响。

因此，可以说变动准备金是货币政策传导的必经之路，商业银行准备金越少，银行贷款与投资的能力就越大，从而派生存款和货币供应量也就越多。因此，银行准备金减少被认为是货币市场银根放松，准备金增多则意味着市场银根紧缩。

但准备金在准确性方面的缺点和利率相似。作为内生变量，准备金与需求负值相关。借贷需求上升，银行体系便减少准备金以扩张信贷；反之则增加准备金而缩减信贷。作为政策变量，准备金与需求正值相关。中央银行要抑制需求，一定会设法减少商业银行的准备金。因此，准备金作为金融指标也有误导中央银行的缺点。

（3）基础货币。基础货币是中央银行经常使用的一个操作指标，也常被称为"强力货币"或"高能货币"。从基础货币的计量范围来看，它是商业银行准备金和流通中通货的总和，包括商业银行在中央银行的存款、银行库存现金、向中央银行借款、社会公众持有的现金等。通货与准备金之间的转换不改变基础货币总量，基础货币的变化来自那些提高或降低基础货币的因素。

中央银行有时还运用"已调整基础货币"这一指标，或者称为扩张的基础货币，它是针对法定准备的变化调整后的基础货币。单凭基础货币总量的变化还无法说明和衡量货币政策，必须对基础货币的内部构成加以考ების。这是因为：①在基础货币总量不变的条件下，如果法定准备率下降，银行法定准备减少而超额准备增加，这时的货币政策仍呈扩张性；②若存款从准备比率高的存款机构转到准备比率较低的存款机构，即使中央银行没有降低准备比率，平均准备比率也会有某种程度的降低，这就必须对基础货币进行调整。

多数学者公认基础货币是较理想的操作目标。这是因为基础货币是中央银行的负债，中央银行对已发行的现金和它持有的存款准备金都掌握着相当及时的信息，因而中央银行对基础货币是能够直接控制的。基础货币比银行准备金更为有利，因为它考虑到社会公众的通货持有量，而准备金却忽略了这一重要因素。

7. 货币政策工具

货币政策的运用分为紧缩性货币政策和扩张性货币政策。总体来说，紧缩性货币政策就是通过减少货币供应量达到紧缩经济的作用，扩张性货币政策是通过增加货币供应量达到扩张经济的作用。

货币政策工具是指中央银行为实现货币政策目标所运用的策略手段。中央银行的政策工具有主要的一般性的工具、选择性的工具和补充性工具等。

（1）法定存款准备金率。法定存款准备金率是指存款货币银行按法律规定存放在中央银行的存款与其吸收存款的比率。

法定存款准备金率政策的真实效用体现在它对存款货币银行的信用扩张能力以及对货币乘数的调节。由于存款货币银行的信用扩张能力与中央银行投放的基础货币存在乘数关系，而乘数的大小与法定存款准备金率成反比，所以，若中央银行采取紧缩政策，中央银行提高法定存款准备金率，则限制了存款货币银行的信用扩张能力，降低了货币乘数，最终起到收缩货币供应量和信贷量的效果，反之则反是。

但是，法定存款准备金率政策存在三个缺陷：一是当中央银行调整法定存款准备金率时，存款货币银行可以变动其在中央银行的超额存款准备金，从反方向抵消法定存款准备金率政策的作用；二是法定存款准备金率对货币乘数的影响很大，作用力度很强，往往被当作一剂"猛药"；三是调整法定存款准备金率对货币供应量和信贷量的影响要通过存款货币银行的辗转存、贷,逐级递推而实现,见效较慢、时滞较长。因此,法定存款准备金政策往往是货币政策的一种自动稳定机制,而不将其当作适时调整的经常性政策工具来使用。

(2) 再贴现政策。再贴现是指存款货币银行持客户贴现的商业票据向中央银行请求贴现,以取得中央银行的信用支持。就广义而言,再贴现政策并不单纯指中央银行的再贴现业务,也包括中央银行向存款货币银行提供的其他放款业务。

再贴现政策的基本内容是中央银行根据政策需要调整再贴现率(包括中央银行掌握的其他基准利率,如其对存款货币银行的贷款利率等),当中央银行提高再贴现率时,存款货币银行借入资金的成本上升,基础货币得到收缩,反之则反是。与法定存款准备金率工具相比,再贴现工具的弹性相对要大一些,作用力度相对要缓和一些。但是,再贴现政策的主动权却操纵在存款货币银行手中,因为向中央银行请求贴现票据以取得信用支持,仅是存款货币银行融通资金的途径之一,存款货币银行还有其他的诸如出售证券、发行存单等融资方式。因此,中央银行的再贴现政策是否能够获得预期效果,还取决于存款货币银行是否采取主动配合的态度。

(3) 公开市场业务。中央银行公开买卖债券等的业务活动即中央银行的公开市场业务。中央银行在公开市场开展证券交易活动,其目的在于调控基础货币,进而影响货币供应量和市场利率。公开市场业务是比较灵活的金融调控工具。

在多数发达国家,公开市场操作是中央银行吞吐基础货币、调节市场流动性的主要货币政策工具,中央银行通过与指定交易商进行有价证券和外汇交易,实现货币政策调控目标。中国公开市场操作包括人民币操作和外汇操作两部分。

传统的三大货币政策都属于对货币总量的调节,以影响整个宏观经济。在这些一般性政策工具以外,还可以有选择地对某些特殊领域的信用加以调节和影响。其中包括消费者信用控制、证券市场信用控制、优惠利率、预缴进口保证金等。

消费者信用控制是指中央银行对不动产以外的各种耐用消费品的销售融资予以控制。主要内容包括规定分期付款购买耐用消费品的首付最低金额、还款最长期限、使用的耐用消费品种类等。

证券市场信用控制是指中央银行对有关证券交易的各种贷款进行限制,目的在于限制过度投机。比如,可以规定一定比例的证券保证金,并随时根据证券市场状况进行调整。

补充性货币政策包括以下两种。

① 直接信用控制是指中央银行以行政命令或其他方式,从质和量两个方面,直接对金融机构尤其是存款货币银行的信用活动进行控制。其手段包括利率最高和最低限制、信用配额、流动比率和直接干预等。其中,规定存贷款最高和最低利率限制,是最常使用的直接信用管制工具,如 1980 年以前美国的 Q 条例。

② 间接信用指导是指中央银行通过道义劝告、窗口指导等办法间接影响存款货币银行的信用创造。

道义劝告是指中央银行利用其声望和地位,对存款货币银行及其他金融机构经常发出通告或指示,或与各金融机构负责人面谈,劝告其遵守政府政策并主动采取贯彻政策的相应措施。

窗口指导是指中央银行根据产业行情、物价趋势和金融市场动向等经济运行中出现的新情况和新问题,对存款货币银行提出信贷的增减建议。若存款货币银行不接受,中央银行将采取必要的措施,如可以减少其贷款的额度,甚至采取停止提供信用等制裁措施。窗口指导虽然没有法律约束力,但影响力往往比较大。

间接信用指导的优点是较为灵活,但是要起作用,中央银行必须在金融体系中有较高的地位,并拥有控制信用的足够的法律权力和手段。

8. 货币政策传导机制

货币政策传导机制是指中央银行根据货币政策目标,运用货币政策工具,通过金融机构的经营活动和金融市场传导至企业和居民,对其生产、投资和消费等行为产生影响的过程。一般情况下,货币政策的传导是通过信贷、利率、汇率、资产价格等渠道进行的。

从我国的实践看,中央银行制定货币政策是形成货币政策传导机制的起始点,其政策调整主要集中在对基础货币、利率和信贷政策导向等方面。面对中央银行的政策调整,商业银行按照"四自"(自主决策、自主经营、自负盈亏、自担风险)、"三性"(盈利性、安全性、流动性)的经营原则,对企业和居民的贷款总量、投向及其利率浮动幅度做出调整,以期影响企业和居民的生产、投资和消费行为,最终对宏观经济产生影响。

我国社会主义市场经济中,货币政策在传导过程中会受到商业银行运行体制和企业经营机制的影响,这使得货币政策传导效应有所削弱,甚至出现阻滞。为此,要进一步完善和疏通货币政策传导机制。主要体现在以下3个方面:一是商业银行应按现代金融企业制度的要求加快改革步伐,逐步完善商业银行运行机制,使中央银行的货币政策信号能够通过商业银行机制有效地运行而逐级顺畅传导;二是要加快企业制度改革,完善经营机制,强化信用观念,使企业和居民对存贷款利率信号的反应更加灵敏有效;三是要完善资本市场、外汇市场和货币市场操作机制,疏通对货币政策传导的影响,进一步提高货币政策的实施效率。

9. 货币政策局限性

(1) 在通货膨胀时期实行紧缩的货币政策可能效果比较显著,但在经济衰退时期,实行扩张的货币政策效果就不明显。

(2) 从货币市场的均衡情况来看,增加或减少货币供给要影响利率的话,必须以货币流通速度不变为前提。

(3) 货币政策的外部时滞也会影响政策效果。

(4) 在开放经济中,货币政策的效果还会因为资金在国际上流动而受到影响。例如,一国实行紧缩的货币政策时,利率上升,国外资金会流入,若利率浮动,本币会升值,出口会受到抑制,进口会受刺激,从而使本国总需求比在封闭经济情况下有更大的下降。

货币政策在实践中存在的问题远不止这些,但仅从这些方面来看,货币政策作为平抑经济波动的手段,作用也是有限的。

总而言之,在市场经济条件下,要促成和维持国民经济协调、均衡和稳定的发展,就必须保持货币均衡。而要保持货币均衡,必须做两方面的努力,一方面是要尽可能准确地预测货币需要量,另一方面是要灵活地运用各种手段控制货币供给量。货币均衡的基本内容就是要使货币供给量与正常的货币需要量相适应。货币政策工具是中央银行执行并传导货币政策的重要手段,中央银行选择什么样的货币政策工具实施货币调控,很大程度上会影响货币政策目标的实现及政策执行效果。

 **思考题**

1. 什么是货币均衡理论及调控机制？货币均衡与市场均衡的关系怎样？
2. 中国中央银行的货币政策、调控机制及其效果如何？

第三部分
金融主体理论

第4讲 金融中介理论

基本要求：1. 了解金融中介为什么存在。
2. 熟悉金融中介理论的演变历程和动因。
3. 掌握现代金融中介理论的视角和主要思想。

本讲重点：金融中介理论的主要思想。
本讲难点：金融中介理论的研究视角。

金融中介是市场经济中储蓄向投资转化过程的基础性的制度安排。这使金融中介成了经济增长的中心，金融、金融中介和经济增长存在密切的联系。金融中介发展到现在已突破了交易成本、信息不对称的范式约束，开始强调风险管理、参与成本和价值增加的影响，使金融中介理论从消极观点向积极观点转变。风险、不确定性、信息成本和交易费用构成了金融中介演化的客观要求，而制度、法律和技术则构成了金融中介演化的现实条件。

然而，更为基础性的金融中介理论问题，如为什么金融中介会存在，为什么金融中介这么普遍，以及它们如何变化等受到的关注相对较少。本讲将集中讨论金融中介（重点是银行类金融中介）在储蓄—投资转化过程中的作用及金融中介存在的理论基础。

一、金融中介概述

在金融市场的资金流通过程中，资金盈余单位通过金融中介将资金贷放给资金短缺单位。从这个意义上讲，金融中介是指为资金供需双方实现资金融通提供服务的机构，主要指银行，这应该也是金融中介的雏形。后来，随着经济的高度发展和金融活动的日益复杂，银行在提供融资服务的同时，开始提供其他服务。银行之外的其他金融机构也陆续发展起来，承担起特定的金融服务职能，因而金融中介的范围也随之扩展到银行之外的其他机构。

金融中介主要分为四大类，分别是融资类金融中介、投资类金融中介、保险类金融中介、信息咨询服务类金融中介。考察这四大类包含的机构数量和种类，融资类是最多的，主要原因是融资类金融中介是最早出现的，而且在经济运行领域占据比较重要的地位，所以数量和种类很多。投资类金融中介主要是为企业和投资者在证券市场上的投资提供中介服务的中介机构。例如，基金公司向个人出售基金份额获得资金，并将这些资金用于投资多样化的股票或债券。保险类金融中介主要是指各类保险公司，由于社会保障基金如退休基金、失业保险基金、医疗保险基金等的管理机构一般都在金融市场上进行运作，通过保单汇集的保费主要投资于长期证券,如公司债券、股票以及抵押贷款,所以社会保障类机构也具有金融中介的性质。信息咨询服务类金融中介机构是指资信评估公司以及其他以金融信息咨询业务为主的金融机构,这类机构既为企业和社会提供服务,也为前3类金融中介机构提供服务。

哈维尔·弗雷克斯(Xavier Freixas)认为,金融中介是从事金融合同和证券买卖活动的专业经济部门。约翰·钱特(John Chant)认为金融中介的本质就是在储蓄—投资转化过程中,在最终借款人和最终贷款人之间插入一个第三方。也就是说,金融中介既从最终贷款人手中借钱,又放贷给最终借款人,既拥有对借款人的债权,也向贷款人发行债权,从而成为金融活动的一方当事人。格利和肖、乔治·本斯顿(George Benston)、法玛指出,金融中介(银行、共同基金、保险公司等)是对金融契约和证券进行转化的机构。金融中介发行的金融债权对普通储户来说远远比直接由企业发行的债权更有吸引力。在充当资产转换的媒介过程中,金融中介购买由企业发行的金融形式的权利——股票、债券和其他债权等所谓的一级证券,并以存款单和保险单等形式向居民投资者和其他部门出售金融形式的所有权为购买这些企业证券筹集资金。

在理想的无摩擦完全金融市场上,投资人和借款人都能够很好地得到多样化选择和最佳的风险分担状态。但是,一旦交易技术中出现更小的不可分性和非凸性,则理想的多样化状态不复存在,就需要金融中介的参与了。因此,金融中介也可视作单个借贷者在交易技术中寻求规模经济的联合,结果个体得到几乎完美的多样化选择。风险、不确定性、信息成本和交易费用构成了金融中介演化的客观要求,而制度、法律和技术则构成了中介演化的现实条件。

二、金融中介理论的演变阶段

(一) 古典的金融中介理论

古典的金融中介理论包括相互对立的两种理论,即信用媒介论和信用创造论。

1. 信用媒介论

对金融中介的信用媒介论研究最早的可能是亚当·斯密、大卫·李嘉图、约翰·穆勒等人。其基本观点如下:①货币只是简单的交换媒介和一种便利交换的工具,这是信用媒介论的全部理论基础;②信用仅仅是转移和再分配现有资本的一种工具,并不能创造出新的资本;③银行的作用在于媒介信用,而不是创造信用;④银行必须在首先接受存款的基础上才能实施放款;⑤银行通过充当信用媒介,发挥着转移和再分配社会现实的资本、提高资本效益的作用。

信用媒介论的出现是由当时客观经济基础决定的,有其合理成分。但它排除了银行超过其吸收的存款数量而进行贷款的可能,这在纸币流通条件下就不十分正确了。随着商品经济的发展,银行在国民经济中发挥着巨大的作用,它由普通的中介者变成万能的垄断者。面对这一现实,简单朴素的信用媒介论无法解释,于是信用创造论便应运而生。

2. 信用创造论

信用创造论的先驱者是18世纪的约翰·劳(John Law),主要代表人物是19世纪末的亨利·麦克鲁德(Henry D. Macleod)以及20世纪初的约瑟夫·熊彼特(Joseph Schumpeter)和弗兰克·哈恩(Frank H. Hahn)等人。信用创造论的基本观点如下:银行的功能在于为社会创造信用。银行能够超过它吸收的存款额进行放款,而且能够用放款的办法创造存款。因此,银行的资产业务优先于负债业务,而且资产业务决定负债业务。银行通过信用创造,能为社会创造出新的资本,推动国民经济的发展。

信用创造论从技术上描述了银行信用对货币流通的经济过程的影响,并且提出了信用制度下货币供应方式和货币倍数扩张的原理,这为中央银行制度的完善和对货币量的调控提供了理论依据,对后来的经济学家深入研究货币信用起了很好的启发作用。但是,信用创造论"信用即财富、货币即资本""银行无限创造信用"的观点则是错误的。

上述古典的金融中介理论实际上只说明了银行的部分职能,但是没有论及银行等金融中介存在的原因,这可能是受当时经济金融环境及认识能力所限。

(二) 现代金融中介理论

约翰·钱特将金融中介理论分为新论与旧论。

"新论"主要是对信息经济学和交易成本经济学的平行发展做出的回应。也就是说,随着信息经济学和交易成本经济学的发展,金融中介理论的研究以信息经济学和交易成本经济学作为分析工具。"新论"对金融中介提供的各种不同的转型服务进行了更细致的识别与分析,更深入地探寻金融中介如何运用资源以博取有用信息、克服交易成本,从而通过改变风险与收益的对比来实现这些转型。"新论"中,又涉及第一代和第二代金融发展理论的不同观点。前者的代表格利和肖认为,金融中介利用了借贷中规模经济的好处,它们以远低于大多数个人贷款者的单位成本进行初级证券投资和管理。乔治·本斯顿认为,存在交易成本、信息成本和不可分割性等摩擦的市场是金融中介产生并存在的理由。后者的代表博伊德和史密斯(Boyd & Smith)认为,信息获取和交易监督上的比较优势使金融中介得以形成;本西文加和史密斯(Bencivenga & Smith)认为,当事人随机的流动性需要导致了金融中介的形成;杜塔和卡普尔(Dutta & Kapur)认为,当事人的流动性偏好和流动性约束导致了金融中介的形成。事实上,金融中介发展到现在已突破了交易成本、信息不对称的范式约束,开始强调风险管理、参与成本和价值增加的影响,使金融中介理论从消极观点(金融中介把储蓄转化为投资)向积极观点转变(在转换资产的过程中,金融中介为最终储蓄者和投资者提供了增加值)。

"旧论"将金融中介提供的服务等同于资产的转型,金融中介向客户发行债权,而这些债权与其自身持有的资产具有不同的特点。"旧论"把金融中介视为被动的资产组合管理者,只能根据它们在市场上所面对的风险与收益情况完成组合的选择。事实上,"新论"与"旧论"的区分不是很明确,因为任何一种理论的形成与发展都是在以前理论的基础上进行的,新旧之间很难截然分开。金融中介理论的发展也不例外。

1. 20世纪初叶至20世纪60年代前的金融中介理论

20世纪前期,对金融中介理论的研究进展不大,一般的研究都把金融中介作为既定的要素。当然,也存在例外,费雪发现,每个家庭都有一个跨时消费效用函数,在缺乏外部交易的情况下,每个家庭的消费效用函数将在两个时期间效用的边际替代率等于相同两个时期间家庭内部"生产"的边际转换率的那一点达到最佳。后来,人们对此做了引申并概括为费雪分离定理。如果进一步引入消费者信贷,则会使家庭消费储蓄的个量和总量轨迹发生改变,而且这种改变具有帕累托最优改进的性质。这个所谓的"内部信贷市场"观点实际上凸显了金融中介的功能,即消费者信贷市场的存在会改变家庭的总效用和福利水平。费雪的贡献开启了金融中介重要性的理论闸门,对后来的经济学家产生了影响。

然而,长期以来认为金融中介对经济不产生影响的观点一直存在,远有萨伊(Say),近有阿罗(Arrow)、德布鲁(Debreu)、弗里德曼和施瓦茨(Friedman & Schwartz)和真实经济周期模型的信奉者。在阿罗、德布勒提出的包含银行部门的一般均衡模型中,均衡时,银行的利润为零,而且银行的资产负债表的组成和规模对其他经济部门无任何影响,企业和家庭通过市场相互作用,金融中介不扮演任何角色。当市场完美和完全的时候,资源配置达到帕累托效率,不存在可由金融中介改进福利的余地。而且,MM定理用到此处会得出资本结构无关紧要的论断,家庭能够构建资产组合以抵消中介持有的任何头寸,金融中介不能创造价值。

弗里德曼和施瓦茨认为,由中央银行控制的货币供给是最为关键的金融变量,这也就意味着,银行在货币创造功能之外不会发挥其他功能,包括中介功能。莫迪利安尼和米勒提出的MM定理以及随后发展起来的"真实商业周期模型",都可导出金融中介多余或者无关紧要的结论。

上述金融中介无关紧要的论断明显与现实不符。历史上,银行和保险公司在金融市场上已经扮演了中心角色,即使在经济发展的初始阶段,金融中介的发展也会导致金融市场本身的发展。以后的研究者正是在对上述模型的前提进行修正的情况下,认为信息成本、交易成本、参与成本和风险管理等是金融中介存在的原因。

2. 20世纪60年代后的新金融中介理论

新金融中介理论利用信息经济学和交易成本经济学的最新成果,以降低金融交易成本为主线,对金融中介提供的各种服务进行了深入的分析,探讨了它们如何利用自身优势克服不对称信息、降低交易成本,从而以比市场更低的成本提供服务。

格利和肖、乔治·本斯顿以及随后的许多经济学家强调了交易成本的作用。利兰和派尔(Leland & Pyle)、戴蒙德(Diamond)、盖尔和赫尔维希(Gale & Hellwig)等经济学家则强调金融中介在解决信息不对称方面的作用。莫顿和博迪提出了金融中介的"功能观"。艾伦和圣多美罗(Allen & Santomero)强调了风险管理和参与成本的重要性。文斯芬(Wensveen)提出,价值增加应是金融中介理论的焦点。

三、金融中介理论的主要内容

(一) 不确定性与金融中介

跨期交易结果的不确定性可分为个人不确定性和社会不确定性,当面向个人的不确定性在某种程度上结合起来,即从结果上表现为经济社会总体的不确定性时,社会不确定性就产生了。假定无论社会不确定性还是个人不确定性都是经济社会所固有的,从某种意义上讲,个人并不能通过其他资源的使用就减少这些成本。

布莱恩特(Bryant)以及戴蒙德和迪布维格(Diamond & Dybvig)研究了在个人面临消费不确定性时银行类中介的作用。在他们的研究中,银行负债是作为平滑消费波动的机制而出现的,而不是执行交易媒介的功能。银行为家庭提供防范影响消费需求(路径)的意外流动性冲击的保险手段。

戴蒙德和迪布维格模型(以下简称DD模型)的前提假设如下:假定从投资机会中获得的支付与消费者的期望消费路径不一致,消费者的消费需求是随机的。除非他们通过中介在一定程度上分散了消费冲击,否则满足这些随机消费需求会要求消费者提前结束投资。DD模型认为:在投资者面对独立流动性冲击的经济中,金融中介提供的存款合同可改进市场配置;而市场不能为防范流动性提供完全保险,因而不能实现有效的资源配置。实际上,

DD 模型的金融中介为个人投资者提供了一种风险保障。投资者可以利用金融中介来提高自己在孤立状态下备用投资的可能性。一方面,投资者可以避免投资机会中固有的风险;另一方面,可以避免消费需要中固有的风险。在 DD 模型中,在没有交易成本的情况下,投资者之间可直接订立合约,以获得与利用金融中介相同的投资结果。但是,由于道德风险的原因,这样的私人合约最终会走向解体。

戴蒙德和迪布维格假定活期存款是不能交易的,而且没有考虑其他证券市场。杰克林(Jacklin)以及豪布里希和金(Haubrich & King)也认为金融中介的存在依赖上述假定。赫尔维希(Hellwig)考察了在 DD 模型中加入其他条件时银行的功能问题。

戴蒙德发展了一个包含银行和证券市场的模型,考虑了在市场上代理人有限参与的情况,重点是银行流动性的提供和市场深度的相互作用。代理人参与证券市场越多,银行提供额外流动性的能力越弱。艾伦和盖尔(Allen & Gale)考虑了金融中介的不同的平滑功能,也就是所提供的平滑跨代风险转移机制。在迭代模型中,市场是不完全的,但是他们指出,长期存在的金融中介是提供这种跨期平滑作用的制度机制。金融中介持有所有资产,为每一代人提供存款合约。在积累了大量储备之后,金融中介为每一代人的存款提供独立于真实红利实现情况的不变收益。

上述分析主要针对个人的消费风险所引起的不确定性。投资不确定性会引起风险厌恶型的投资者进行多样化投资,而金融中介可以减少个人持有多样化组合的成本。

(二) 交易成本与金融中介

交易成本曾经是解释金融中介存在的一个主要因素,正如乔治·本斯顿所述,"这一行业(指金融中介业)存在的原因在于交易成本"。交易成本包括货币交易成本、搜寻成本、监督和审计成本等。其中,搜寻成本、监督和审计成本放在信息与金融中介部分介绍。

新金融中介理论的先驱格利和肖及其后继者乔治·本斯顿和法玛认为:由于金融资产交易技术中的不可分性和非凸性,阿罗-德布鲁范式中理想的无摩擦的完全信息金融市场已不再存在,因而就需要金融中介参与金融交易;金融中介可视为单个借贷者在交易中克服交易成本、寻求规模经济的联合,并指出金融中介存在的原因在于交易成本,提出了金融中介理论中的交易成本思路,从而开创了新金融中介理论。

金融中介降低交易成本的主要方法是利用技术上的规模经济和范围经济。也可以这样说,规模经济和(或)范围经济起源于交易成本。若存在与任何金融资产交易相关的固定交易成本,那么,和直接融资情况下借贷双方一对一的交易相比,通过金融中介的交易就可以利用规模经济降低交易成本。之所以有规模经济存在,是因为在金融市场上,当交易量增加时,一项交易的总成本增加得很少。从整个社会的储蓄投资过程看,中介手段有助于提高储蓄和投资水平以及在各种可能的投资机会之间更有效地分配稀缺的储蓄,这被称为金融中介的"分配技术"。同时,金融中介还可通过协调借贷双方不同的金融需求而进一步降低金融交易的成本,并且依靠中介过程创造出各种受到借贷双方欢迎的新型金融资产,这被称为"中介技术"。

克莱因(Klein)认为多样化成本是出现金融中介的必要条件,并且注意到这提供了一种聚合资财的经济刺激,而中介机构则是如此聚合资财的合乎逻辑的工具。凯恩和布塞(Kane & Buser)研究了美国商业银行持有证券的多样化程度。金融中介的规模经济还表现在它能更好地开发专门技术来降低交易成本。互助基金、银行和其他金融中介开发了计算机专门技术,使之能以极低的成本提供多种便利的服务。

(三) 信息不对称与金融中介

运用信息不对称来解释金融中介的存在是20世纪70年代金融中介理论的热点。通常认为,关于信息不对称问题的文献可追溯到利兰和派尔。但施蒂格(Stiger)把这一问题追溯到凯恩斯的关于借款者的风险和贷款者的风险区别的论述。在回顾了凯恩斯关于诸如获得借款人的知识和监督他们在贷款期间的行为的"信息成本"的分析之后,施蒂格得出一个经典的定义,即信息成本是指从无知到无所不知转变的成本,而很少有交易者能够负担全过程的成本。

1. 逆向选择

解决逆向选择问题的一个办法是让私人来生产和销售信息。也就是一小部分人生产信息而成为知情者,然后把信息出售给不知情者。然而,这引入了"可信度问题",一个相关的问题涉及信息的再出售。如果信息生产者可信地生产了有价值的信息,然后卖给另一代理人,但没有办法阻止第二个代理人把该信息卖给第三方、第四方等,换句话说,信息的购买者在不必减少自己对信息的使用的情况下把它卖给别人或与人共享,这是所谓的"剽窃问题"。信息生产者不能完全得到信息生产的回报,这使得信息生产不经济。信息生产中的再出售和剽窃问题激发了金融中介的产生。利兰和派尔首次提出中介可以克服可信度问题。中介通过将它自己的财富投资在资产中以可信地生产信息,这表明它所生产的信息是有价值的。他们建议金融中介通过发行证券和将收益投资到证券组合中使得中介成为私人知情者,这样能有效地解决信息生产中的可信度和剽窃问题。

从交易成本的角度看,逆向选择导致的成本如下:在贷款之前,贷款人在逆向选择环境下对合适的投资项目和借款人进行搜寻和核实投资项目预期收益的成本,即搜寻成本和核实成本。有学者(Chan,1983)建立了一个模型,认为金融中介的优势是能将搜寻投资机会的成本分散于众多投资者之间,因为在不存在金融中介的场合,每个投资者都要独立支付一笔搜寻成本,而金融中介则可以在不同投资项目之间进行广泛的搜寻,一旦找到了某个有效益的项目,还可与其他投资者一同分享,即金融中介在项目搜寻方面存在规模经济。核实成本是对投资效益进行评估的成本,要进行评估就要采取措施,就要花一笔费用。核实成本的效果是落实所取得的投资效益,投资效益是"不能轻易地在投资者中间分享的"。投资效益不容易直接分配给各个投资者,要分配给各个投资者,只能通过金融媒介体。金融媒介体之所以有存在的必要,就在于投资效益的一部分能够让自己的客户分享。

2. 道德风险

解决道德风险的办法是增加监督,而监督是有成本的,如果由大量的小的贷款人直接监督借款人,成本会很高,而且同样会产生"搭便车"问题。银行监督则具有规模经济,所以把它委托给一个特定的机构——银行是有效率的。银行相对于其他金融中介的另一个优势是:由于企业通常在银行开户,银行可以直接得到重要的信息,银行就可以通过观察企业的存款和取款来评定企业的金融状况。戴蒙德首次对金融中介的存在作了一致性的解释。

戴蒙德模型中的金融中介"监督"借款人。赫尔维希对此进行了研究。汤森(Townsend),盖尔和赫尔维希,以及维拉米尔(Villamil)提出了处罚或审计违约借款者的问题。温顿(Winton)提出了另外一个问题,即银行资本的作用问题,他指出银行资本是完成委托监督功能的另一机制。同时,中介贷款时所解决的任何能够增加价值的问题同样也是借款给金融中介的一方面临的问题。在戴蒙德模型中,中介代表借款给中介的投资者监督借款人。但是,贷款给中介的贷款人自己不得不直接监督中介。这个所谓的监督监督者的问题如何解决?戴蒙德是第一个认识到并解决这一问题的人。更准确地说,"监督监督人"的问题是:如果监督中介的成本低于贷款人直接贷款给借款人的成本和所导致的监督成本,则借款给中介会减少监督成本。他的基本结论显示,随着中介规模的增大,如果中介按所承诺的监督借款人,它就会按承诺的支付存款人。如果不是这样,中介会遭受非金钱的惩罚即破产或声誉损失。如果贷款的回报是相互随机独立的,维拉米尔应用大偏差定理表明:只要存款人的监督成本不随银行规模呈指数增长,对大银行充分监督的期望成本趋于零。

(四) 风险管理、参与成本与金融中介

艾伦和盖尔认为现有的文献过分强调了金融中介在减少交易成本和信息不对称方面的作用。他们指出,金融中介是风险转移的推进器和处理日益复杂的金融工具及市场难题的推进器。他们同时指出,为参与金融活动提供便利是金融中介的一项重要服务。减少参与成本对理解已在金融市场发生了的变化是至关重要的。

默顿增加了金融部门的另外一个功能。他认为金融中介具有在不同参与者之间分配风险的能力。在这里,金融中介的主要增值能力在于它们具有以最低成本有效地分配风险的功能。金融中介可以通过动态交易战略创造大量的合成资产,其业务日渐集中于风险的交易和各种金融合约风险的捆绑和拆分。

20世纪70年代以来,许多传统的金融市场扩大了,新的金融市场产生了,交易成本也降低了,信息变得便宜和容易得到,但却没有伴随金融中介的减少。反而,金融市场广度与深度的扩展却是金融中介和企业增加运用这些金融工具的结果,也就是说,金融市场的扩大并没有使人们对金融中介的依赖程度降低,反而,个人参与金融市场的方式急剧转向通过各种金融中介。因此,传统的以交易成本和信息不对称为基础的金融中介理论对此现象的解释就存在问题。

1. 风险管理与金融中介

针对银行等金融中介业务的变化,艾伦在归纳银行新业务后认为,风险管理已经成为银行和其他金融中介的主要业务。文斯芬则认为,风险管理从诞生起就是银行的核心业务,银行总是持有风险资产并管理它。而随着银行新业务的拓展和衍生金融工具的出现,这一职能大大加强了。管理风险现在是而且一直是金融中介的生计所在。依靠在信息生成和处理上的专业化以及分散个体信贷和期间风险,中介一直能够吸收风险。针对金融中介职能的变化,艾伦认为,原有的金融中介理论视野过于狭窄,需要用风险管理和参与成本来解释现代金融中介的存在。他认为,在传统的以银行业为基础的经济中,金融市场的作用并不显著,银行管理风险的办法是将风险跨期平滑化:在资金充裕的时候吸收大量短期流动性资产,而在资金短缺时用它们作为流动性风险的缓冲剂。但是,20世纪70年代以来,金融市场的发展对银行业形成的冲击使这种风险管理办法难以为继了。金融市场给投资者提供比银行利息高得多的回报,因而使资金从银行流入金融市场。为了生存,银行不得不对其风险管理办法动手术:银行等金融中介绕开分业经营的限制,开拓新业务,进入新市场,进行金融创新,推出新的金融产品,向"全能银行"转变。这样,与传统的信贷业务比例下降相伴随,银行开始在金融市场中扮演进行资产交易和风险管理代理人的角色。

2. 参与成本与金融中介

参与成本可以解释银行的职能转变。参与成本有两方面的含义:一是指花在参与风险

管理和决策上的时间,随着人们特别是专业人士的单位时间收入的提高,他们花在风险管理和决策上的时间的机会成本大大增加了;二是指由于金融创新,金融工具越来越复杂,使得非金融从业人员了解金融风险交易和风险管理的难度也大大增加了。投资者学习某种金融工具需要花费固定成本,既然如此,虽然交易成本与信息成本可能已经大为下降,但由于伴随着上述固定成本,投资者的最佳选择仍然是只持有有限的资产。这两方面的原因使得个人参与金融资产交易和风险管理的成本大大增加。金融中介作为专业机构,可以利用其专业优势,代理人们进行风险交易和管理,从而大大减少参与成本。在这里,金融中介的职能主要是代理金融资产交易和风险管理,已不同于传统的吸收存款和发放贷款的职能了。

(五)价值增加、客户导向与金融中介

文斯芬认为,尽管市场不断向完美市场逼近,信息价格不断下降,但不对称信息和交易成本仍然是中介起作用的重要因素。参与成本并不能很好地解释金融业近年来发生的一些巨大变化,诸如共同基金的发展和金融衍生工具的广泛使用。在他看来,这些金融产品迅速发展的关键仍然是风险而不是参与成本,金融中介理论必须拓展其目前的研究边界。应当放弃静态的完美市场范式,采用更为动态的概念,金融中介理论应当包括金融创新的动态过程和在此基础上的市场差异化。金融中介不是居于最终储蓄者和投资者之间充当"代理人",以减少不对称信息和参与成本之类的市场非完美性,而是一个独立行事的市场主体。它能够创造金融产品,并通过转换财务风险、期限、规模、地点和流动性而为客户提供增加值。因此,价值增值是现代金融中介发展的主要驱动力,从而理应成为金融中介理论的核心。当然,价值增值是通过降低人们的参与成本和扩展金融服务来实现的。

基于此,文斯芬的这种所谓的补充理论自然强调金融中介的顾客导向而不是信息不对称。也就是说,金融中介本身就是向顾客出售金融服务并从中获利的,而传统理论所谓的节约交易成本、消除信息不对称以及参与成本等则属于上述过程的伴随效应。总之,这种补充理论与传统理论相比:后者强调成本,而前者则强调价值;后者强调信息不对称,而前者强调顾客导向。

总而言之,在金融理论中,对金融中介的存在性的解释是最基础的部分,也是受到较少关注的领域,在发展中国家尤其如此。大部分经济、金融学家都把金融中介作为既定的组织。现有的金融中介理论是伴随着金融业的实践而发展的。金融中介理论的发展体现出这样一个过程:不断地向新古典的完全竞争模型中加入现实因素。先是以金融中介技术上的规模经济和范围经济来解释金融中介的存在;但随着金融交易技术进步,这种解释的说服力明显下降。于是,新金融中介理论开始寻求更基本的原因。借助于信息经济学和交易成本经济学的发展,交易成本一度成为新金融中介理论的核心概念。但是,随着近十多年来金融中介职能的转变,人们开始寻求交易成本之外的其他原因,典型的如风险管理和参与成本。风险、不确定性、信息成本和交易费用构成了金融中介演化的客观要求,而制度、法律和技术则构成了中介演化的现实条件。所有这些也构成了金融中介理论的主要内容。

从金融中介理论本身来说:一方面,金融中介理论尤其是金融中介新论发展的时间不长,无论是古典理论,还是新论中的不确定性、风险、交易成本、信息不对称、参与成本都只是部分地解释了金融中介的存在性;另一方面,现有的金融中介理论都是以成熟的市场经济体制为前提的,虽然这些理论到后来已经开始注重演进与结构变化的所谓动态视角,但也只是一种十分有限的扩展,或者说只是把原来分割和静态的市场与中介的关系加以整合,从总体

上讲,仍然是以市场体制为背景和条件的,而没有考虑到不发达经济/转轨经济的制度背景。

对于金融中介的正确认识也有助于政府的管制。如果像新金融中介理论所分析的那样,金融中介的职能不仅仅是资产转型的话,那么对金融中介的管制以及管制方法就应当有所改变。比如,在金融中介系统中,产品创新和金融基础设施演进之间的冲突难以避免,政府行为能够减轻金融产品和金融基础设施之间的冲突,中介也可能加剧它们之间的冲突,关键在于政府的管制政策。

思考题

1. 金融中介与经济体系是什么关系?金融中介何以存在并不断发展?
2. 金融中介理论的研究维度有哪些?分别有哪些主要思想?

第5讲 金融功能理论

基本要求：1. 了解金融功能的演进。
2. 熟悉金融的基本功能。
3. 掌握金融的衍生功能。

本讲重点：金融的基本功能。

本讲难点：金融的衍生功能。

金融功能是指金融对经济的功效、效应或作用，可以说它是研究金融与经济相互关系的主轴、核心与关键，金融功能的发展与金融的发展、经济的发展具有极大的相关性、协同性和一致性。金融功能理论探讨金融机构对经济发展提供的服务和功能以及金融发展对经济增长的作用及其方向。

努力维持一个稳定的金融体系，并提高其运行效率是个世界性的课题。金融机构会随着时间、空间的转移和基础技术的更新换代表现出不同的组织形式和运行方式，因此，从金融组织形式以及与此相关的金融制度来研究金融对经济的增长作用或者说金融体系的稳定性和效率性不具有指导意义。相反，由于金融体系的金融功能具有相对的稳定性，根据金融功能的发挥程度来对金融体系的稳定性和效率性进行研究，并运用交易费用理论和信息经济学等解释这些功能，得出的结论更加具有可靠性和前瞻性。

在当今经济全球化和金融全球化的背景下，研究什么样的金融体系稳定且具有效率显得十分重要。本讲结合金融全球化下的金融功能进行分析与梳理，进而勾画金融功能演进的历史轨迹，试图加深对金融功能问题的理解。

一、金融功能理论的提出

传统的金融理论认为，现存的金融市场活动主体及金融组织是既定的，并有与之相配套的金融规章和法律来规范各种组织的运行，现有的金融机构和监管部门都力图维持原有组织机构的稳定性。金融体系所有问题，如商业银行不良资产和资本市场的系统性风险等，都应在这种既定的框架下来解决，即使要牺牲效率也是值得的。这些观点的明显缺陷是当经营环境以及这些组织机构赖以存在的基础技术以较快的速度进行革新时，银行、保险及证券类机构也在迅速变化和发展，由于相关法律和规章制度的制定滞后于其变化，金融组织的运行将会变得无效率。针对这一缺陷，默顿和博迪于1993年提出了功能主义金融理论。

功能主义金融理论具有两个假定。一是金融功能比金融机构更加稳定。默顿和博迪认为,随着时间的推移和区域的变化,金融功能的变化要小于金融机构的变化。从金融机构的纵向来看,以银行为例,现代商业银行的组织设置和机构布局与早期的货币代管机构相比,已经发生了翻天覆地的变化;从横向来看,处于不同地域的银行其组织设置也不同,但履行的功能却大致相同。二是金融功能优于组织机构。金融功能比金融的组织机构更加重要,只有机构不断创新和竞争才能最终使金融具有更强的功能和更高的效率。在这些假定前提下,默顿和博迪认为,从功能金融观点看,先要确定金融体系应该具备哪些经济功能,然后据此设置或建立能够最好地行使这些功能的机构与组织。任何金融体系的主要功能都是为了在一个不确定的环境中帮助不同地区或国家在不同的时间配置和使用经济资源。

二、金融体系的功能

各种金融功能并不是杂乱无章地被堆砌在一起的,而是处在不同层次上并具有一定的内在逻辑关系。据此,可以把金融功能划分为4个具有递进关系的层次:基础功能、核心功能、扩展功能、衍生功能。

(一) 基础功能:服务功能、中介功能

金融的基础功能是服务功能和中介功能。也就是说,金融产生以后,在相当长的历史时期内主要是为经济社会活动提供交易、兑换、结算、保管等服务功能以及进行简单资金融通的中介功能,最终都是为了便利与促进价值的运动。

服务功能主要是指金融为整个经济运行所提供的便利,包括为现实经济活动甚至社会活动提供一个统一的度量标准(即作为最基本金融要素的货币)、为拥有剩余物质财富的人提供跨时消费的可能途径(如通过贮藏货币或其他金融工具)、解决物物交换的需求三重巧合困境从而便利交易(一般等价物、提供流动性)、为大宗跨地交易提供汇兑结算服务、为富有者提供财富保管服务等。服务功能是金融最基础的功能,货币乃至金融正是因此而产生,服务功能是其存在和发展的基础。

中介功能主要是指金融作为中介机构实现的简单的资金融通,即在资金赤字者和资金盈余者之间进行调剂。以前教科书中对金融的定义一般是"资金融通",其实就是对这一基础功能的表述,虽然现在对这个定义提出了很多批评和修正,但不可否认的是,从金融功能的角度来说,这个定义把握了金融体系最基本的功能之一。由于资金赤字者和资金盈余者的并存几乎是经济的一种常态,就意味着金融的中介功能也属于基础功能。不过,中介功能主要是被动地适应经济发展的需要,体现了早期金融对经济的依附状态。

之所以认定服务功能和中介功能是金融的基础功能,原因在于:一是金融自从产生以来在相当长的历史时期内主要是服务功能和中介功能在发挥作用;二是金融的服务功能和中介功能是金融后续功能得以产生的基础,也是讨论金融功能演进的起点。另外,虽然这里把服务功能和中介功能放在同一个层次上,但其关系仍不是完全并列的。一般来说,服务功能更为基础,正是在服务功能的基础上,中介功能的产生才成为可能。但在现实发展过程中,二者更多时候是交织在一起的,并不能很明显地区分出谁先谁后。

(二) 核心功能:资源配置

金融的核心功能是资源配置功能。如果从广义上来理解资源配置,货币的价值尺度功能(价格)本身就是一种重要的资源配置功能,前面的中介功能也可以视为资源配置功能的

萌芽状态,而资源配置功能可以理解为金融中介功能的复杂化和主动化。中介功能只是便利价值运动,而资源配置功能则直接引导价值运动实现资源有效配置。

资源配置功能主要通过金融体系的运作进行储蓄动员和项目选择从而达到资源配置的目的。这里的流程与中介功能并无形式上的差别,即实现资金赤字者与资金盈余者之间的调剂,差别主要是内在的主动性与被动性。储蓄动员体现的是一种主动的负债创造业务,而项目选择体现的是主动的资产创造业务。储蓄动员和项目选择既可以通过传统的银行等金融机构进行,也可以通过非银行金融机构或在非银行金融机构的辅助下直接通过资本市场来进行。金融体系通过其资源配置功能,建立起整个经济中资金赤字者(需求者)与资金盈余者(供给者)之间的联系,调剂整个社会中资金的余缺(或不平衡),以达到对资金(进而对实际经济资源)更有效的利用进而提高整个社会的福利水平。更有效一方面体现在通过金融体系动员储蓄把社会上的闲散资金聚集起来,使资金的利用率大大提高,另一方面体现在金融体系对好项目的选择上,使资金的使用效率大大提高。

资源配置之所以被看作核心功能,主要有4个原因。一是从经济学金融学最基本的意义上来说,资源配置是中心议题。例如,萨缪尔森就把经济学定义为"研究在不同的选择之间如何配置资源的学科",默顿和博迪则把金融学定义为"研究人们在不确定的环境中如何进行资源的时间配置的学科"。二是从经济运行的本质过程来看,经济首先是价值的生产和流动过程,金融在便利价值流动的基础上进一步便利价值的生产,并直接引导价值流动促进价值生产,而价值生产直接依赖于资源配置。三是随着经济货币化的不断提高以及经济金融化的日益增进,金融逐步成为经济的核心,逐步成为社会资源配置的主导与主体。四是后续功能的扩展和提升从广义上来说都是为了提高资源配置效率,或者说是服务于资源配置功能的。

(三) 扩展功能:经济调节、风险规避

金融的扩展功能是经济调节功能和风险规避功能。扩展功能并不是在核心功能充分发展以后才出现的,而是金融功能在横向上的一种扩展。其实从历史过程进行考察,两者在时间顺序上具有较大的重叠性。

经济调节功能从严格意义上来说并不是金融的功能,而是通过金融手段发挥的功能。在金融的核心功能显现出来以后,尤其是随着经济金融化的不断发展,金融在整个社会资源配置过程中日益居于主导地位,通过金融手段对经济进行调节便显得更加有效和直接。具体来说,金融的经济调节功能主要是指货币政策、财政政策、汇率政策、产业倾斜政策等通过金融体系的传导实现调节经济的目的。另外,政府也可以通过设立专门的政府金融机构(主要是相关政策性金融机构)引导经济发展,实现特定的战略目标与目的,这就是政策性金融过去一百多年来在全球各国普遍持续发展的深刻原因。

经济金融活动本身具有极大的不确定性,因而可以说经济金融活动从产生之日起就面临着如何规避风险的问题。金融的风险规避功能主要是利用大数定理把风险分散化社会化,例如:货币便利与促进了价值运动,体现了初步的风险规避功能;股票除了筹措大额资金以外还可以把投资风险进行分散,由众多的投资者或股东来共同承担投资风险;票据承兑、信用证、备用信用证等也都是为了避免经济交易中的风险;保单则体现了更为明确的风险规避功能。以上这些金融工具或金融契约以及相配套的金融机构如保险公司、信用担保公司等金融元素则是实现风险规避功能的具体手段。

之所以说这些功能是扩展功能，主要原因如下：一是经济金融发展到一定程度才会出现对这些功能的需求，如市场失灵表现得越来越明显、不确定性越来越大以及发挥功能的技术提高从而实施成本下降；二是这些功能是在基础功能和核心功能基本完善以后，对金融功能的一种横向扩展。

（四）衍生功能

衍生功能是金融体系为了进一步提高资源配置效率而在微观与宏观两个层面的"衍生"，其内容比较丰富，包括风险交易、信息传递、公司治理、引导消费、区域协调、财富再分配等功能，并可以概括为（微观）风险管理和宏观调节两类。风险管理主要包括风险交易、信息传递、公司治理等，而宏观调节主要包括财富再分配、引导消费、区域协调等。

风险来源于知识或信息的缺乏，即信息不对称，信息不对称会使整个经济的资源配置发生扭曲从而降低资源配置效率。金融通过相关的金融工具、金融机构、金融市场和金融交易可以有效地回避风险，并实现风险的主动管理。例如，上市公司的投资者与管理层是一种委托代理关系，由于双方掌握信息的不同而容易出现内部人控制，损害股东及广大投资者的利益，而一个有威慑力的股权收购市场，加上强制性的信息披露制度，就可以较为有效地解决上市公司的内部人控制问题、改善公司治理结构。再如，由于未来汇率的不确定性，进出口贸易中收款的时滞风险就可以通过一项与实际交易相对冲的期货交易把未来的损益固定下来，从而消除风险。因此，艾伦和萨托莫指出"可以定义金融中介为通过金融资产而经营金融风险的机构"。随着金融工具和金融市场的发展，金融体系已不再是被动地去管理风险，而是主动地进行风险的分拆与打包。

宏观调节功能可以视为经济调节功能的延伸，其本质并无差别，只是操作手段和传导机制已随金融体系的复杂化而发生了变化。例如，股票市场的财富效应可以实现一定的财富再分配功能，对落后地区的开发可以通过资本市场的运作来筹集部分资金，政策性金融活动也可以借助证券市场来表达政策意图等。而且在金融经济时代，经济金融安全问题和可持续发展问题更为突出，宏观调节也更为必要。

之所以把风险管理和宏观调节称为衍生功能，有两层含义：一是衍生功能是在核心功能与扩展功能的基础上产生的，尤其是对扩展功能的复杂化与主动化，并且还在不断向前"衍生"；二是衍生功能的实现越来越倚重于各种各样的金融衍生工具及其交易，这显然以20世纪七八十年代以来各种各样的金融创新为基础，同时又是依靠它们来实现的。

三、金融功能的历史演进

金融功能的演进并不是完全意义上的更替关系，更多的是在共存情况下重要性的更替。因为在特定的历史时期，某些金融功能是潜在的，只是当社会的经济技术水平发展到一定程度才有了对那些功能的需求，也才有了那些功能发挥作用的历史舞台，那些金融功能也才逐步由潜在变为现实。当然，金融功能演进的现实基础是金融体系由萌芽到成型到复杂化的发展，以及商品经济特别是市场经济的普遍持续高度发展。

（一）金融体系的萌芽：基础功能的显现

金融体系的最初萌芽表现为货币的产生，也有观点认为信用活动（如实物借贷）是更早更为重要的金融活动。虽然我们不能完全确认到底是货币产生在前还是信用活动在前，但可以确认，货币参与信用活动大大拓展了信用活动的领域，提高了信用活动的效率，进而扩大了信用活动的规模,而信用活动规模的不断扩大又促使了货币更广泛的使用以及货币形式的效率化演变。基于此我们可以认定,货币与信用活动是相伴而生并在发展过程中相互促进的。由于这里主要考察金融功能演进的历史轨迹,为了使考察的思路更加明确、线路更加清晰,我们选择以货币为基准,把货币的产生视为金融体系的最初萌芽。

人类社会产生以后,随着社会生产力水平的提高,生产出来的物质财富并不能完全被当期消费掉,那么就有必要考虑剩余物品的处置问题。交换是首先被考虑的途径,开始进行交换只可能是物物交换,而物物交换所要求的需求巧合与时空巧合的苛刻条件严重阻碍了交换的顺利进行,迫切需要一种统一的度量标准和媒介手段,这样货币应运而生,成为金融功能演进的起点。这一起点就人类历史而言贯穿了整个原始社会以及漫长的农业经济时代。金融的交易媒介、价值尺度等基本的服务功能此时主要由货币来实现,并不断地朝着更有效率的方向发展(从货币形态的演变就可以看出这一趋势)。交换的需要促使了货币的产生,货币产生以后又大大提升了整个经济的交易水平,并使以货币为基础的金融要素开始丰富起来。需要说明的是,金融发展并不是在货币已经充分发展的基础上才开始的,而是在货币出现以后就与货币发展交织在一起,相互影响相互促进。

对剩余物品的另一种处置方式就是保存到下一个时期,但保存是有成本的,并且许多物品根本难以保存。在整个经济中,某些人拥有剩余物质财富的同时也必然有一些人需要该物品,如果能够以一种合理而可信的方式进行物质财富的余缺调剂,必然可以提高整个经济的福利水平。此时,金融的简单中介功能可以满足这一需要,如通过简单的票据或纯粹的信用把剩余物质财富在不同经济体之间进行转移。很明显,中介功能只是为了适应经济发展的需要而被动产生的。同时,金融发挥中介功能也需要服务功能的支持,如果服务功能不存在,则中介功能也不可能产生。

可见,金融的服务功能是随着生产力的发展而出现的,并以货币为起点开始向前演进,而中介功能则是在服务功能基础上发展起来的,两者共同构成金融的基础功能。

早期金融的基础功能对整个商品经济的发展起到了极大的促进作用,其中,货币好像润滑剂一样使整个经济的交易效率得到极大的改善,随着货币化水平的提高,生产分工进一步细化,进而经济发展水平不断提高,整个社会的财富积累速度也大大加快。但在这个漫长的时期内(主要是农业经济时代),经济自给自足的特征以及当时低下的生产力水平决定了社会经济对货币金融的需求是十分有限的,为数不多的交易主要发生在地主、贵族阶层以及家族、部落等狭小的圈子内,资金的余缺调剂以高利贷为主要形式,资金借贷的范围、形式与数量受到极大的局限,从而金融的中介功能也受到极大的局限。虽然也出现了一些现代金融的萌芽,如中国的汇票、钱庄、票号等和西方世界的货币兑换商等,但其作用主要集中于发挥金融的基础功能即服务功能和中介功能,经济的货币化水平还相当低,因而金融也不大可能成为资源的主要配置方式或渠道。

(二) 金融体系的成型:主导功能的显现

随着生产力水平的进一步提高,剩余物质财富的数量大大增加,尤其是工业革命以后,人类社会进入工业经济时期,整个经济有了明确的扩大再生产的投融资需求,金融体系被动的中介功能逐步转向主动的资源配置功能以适应这种需求。其实,中介功能与资源配置功能并不是完全分离的,之所以做这种区分,只是为了凸显其中的演进关系。因为在经济发展的早期阶段,物品的剩余并不多,对其保存和调剂也仅仅在很小的范围内进行(由盈余者补贴赤字者），也许还没有所谓时间价值的概念，更谈不上主动地去动员储蓄和选择项目，所以这种调剂周转并不能等同于金融的资源配置功能。随着分工水平的提高和剩余物质财富的进一步增加，偶尔的交换变成了有意识的自觉行为，人们就会开始考虑如何更有效地利用这些财富，商品经济的发展使金融的中介功能得到进一步提升，金融的资源配置功能逐步显现。

由于剩余财富的数量扩大，规模经济开始发挥作用，同时随着科学技术水平的发展，基础配套设施开始跟上，交易成本大大降低，而且随着经济发展水平的提高，人们的收入水平也开始提高，与此同时人们进行经济交易的"面子成本"也会逐渐增加，从而产生了进行匿名"调剂"的需要，而不再仅仅局限于亲朋好友狭小的圈子内部，交易范围极大拓展。这些共同促成现代金融体系资源配置功能的发展和完善。因此，金融中介机构和金融市场也必然随之发展，如投资银行、租赁公司、项目融资、股票市场、债券市场等，金融种类的逐步丰富提高了整个经济的货币化水平，也为金融功能的进一步演进提供了现实的基础。

从整个人类历史发展过程来看，到了资本主义生产方式逐步确立，商品经济得以普遍发展的时候，金融的资源配置功能才比较完整地显现出来。随着市场经济的高度发展，金融活动的规模迅速扩大、范围迅速拓展，经济的货币化水平逐步提高，金融的资源配置功能才真正显现：一方面，通过金融体系动员储蓄的功能把社会上的闲散资金聚集起来；另一方面，通过金融体系把资金投向具有效率的项目。自从工业革命以来，社会化大生产极大地提高了人类的生产力，生产规模迅速扩大，很多项目的上马并不是一个或几个人可以承担的，项目的不可分性必须通过金融体系的资源配置功能来解决。这也是熊彼特和希克斯认为金融对创新和工业革命的产生发挥了巨大的无可替代的作用的主要原因。

当金融的资源配置功能发挥作用时，整个社会的闲散资金得到更充分更有效的利用，从而极大地促进了整个经济的发展。但与此同时，另外一些问题也开始出现：一是市场失灵问题；二是不确定性问题。这两个问题必须得到解决，否则将会严重影响到金融的资源配置功能。金融的经济调节功能和风险规避功能正是为了解决这两个问题，不过侧重于从横向上对金融功能进行扩展，在一定程度上体现了良性金融发展，以前专注于对资源的配置，现在不仅关注资源配置，也关注资源配置过程中的其他伴生问题。①20世纪30年代的大危机激发了人们对市场机制的深刻反思，以国家干预主义为特征的宏观经济学逐步确立起来。在金融业中，金融的经济调节功能也逐步得到重视。一方面，主要政策主张都离不开货币政策，都强调货币政策调节经济的重要性；另一方面，需要对金融业重新规范与管制，如美国在大危机以后接连出台了有关银行、证券、投资的一系列法案。而且政府通过各种方式参与金融活动对经济进行调节以克服市场失灵。特别是第二次世界大战以后，政策性金融在发达国家与发展中国家得到普遍重视，尤其是发展中国家在取得民族独立以后面临着紧迫的发展问题，政府通过金融体系对经济的调节与干预更是盛极一时。②风险规避功能则主要是为了初步地解决不确定性问题。其实在经济金融活动产生之初就存在着不确定性问题，如货币的出现也具有一定的风险规避功能，只是在早期并不显得那么重要而很少有人去关注它。应该说，在资源配置功能发挥作用的同时，风险规避功能也开始出现。其最初的表现主要是股份公司、保险公司以及其他金融元素，通过金融活动把风险分散化社会化，以达到风险规避的目的。

当金融的资源配置功能、经济调节功能与风险规避功能都基本成型以后，金融的主导功能也就显现出来了。到 20 世纪末叶,随着科学技术的发展尤其是网络技术在金融业的广泛应用,一方面是发达国家的金融创新与放松管制,另一方面是发展中国家金融深化政策的推动,经济金融化的程度不断提高。正是在这样的背景下,金融在各种资源配置方式中日益居于主导地位,其资源配置功能的核心地位显现出来。此时,人们开始关注金融的资源配置效率,金融功能必须进一步提升以适应这种需要,这就是金融的衍生功能。

(三) 金融体系的复杂化:衍生功能的显现

随着 20 世纪末经济金融化和金融全球化的不断发展,经济金融的交易范围逐步扩展到全球,交易的复杂程度和不可控性大大提高,信息不对称表现得更为突出。由于影响资源配置效率的主要因素是信息不对称所导致的不确定性风险,其表现形式有逆向选择、道德风险、委托代理成本以及未来的不确定性,所以衍生功能首先是风险管理,即为了解决信息不对称问题而提高资源配置效率,也就是现在经常说的改善公司治理结构问题、加强信息披露、风险的分拆与打包等。

在金融体系基本成型以后,金融机构在利润的驱动下与监管机构之间展开了监管—创新—监管的循环博弈,新的金融工具、金融机构和金融业务、金融市场纷纷出现,如垃圾债券、管理层收购、杠杆收购、过桥贷款等,金融市场也由简单的动员储蓄、分散风险发展到进行企业监控、信息传递等,整个金融体系逐步复杂化。这为资源配置功能的更有效发挥提供了可能,并通过在金融市场上的运作大大改善了公司的治理结构,部分地解决了信息不对称问题,从而大大提高了资源配置的效率。

由于未来始终是不确定的,随着金融活动的进一步复杂化,在大部分人厌恶风险的情况下,期货期权市场发展起来,后来逐步发展到广义的金融衍生品市场。随着金融衍生工具的产生和兴起,风险管理越来越成为金融的重要功能。尤其是在布雷顿森林体系崩溃以后,国际金融市场上的风险急剧增加,加上一些人力难以控制的突发事件(如石油危机、海湾战争、新冠肺炎疫情等),使风险管理成为国际贸易和国际金融市场上的一项重要内容。与此同时,金融工程学作为一门新兴学科,把工程化的思想融入金融市场运作中,大大推动了金融衍生品市场的发展,金融的主动风险管理功能表现得淋漓尽致。

此时的风险管理功能与前面的风险规避功能已经有了本质上的区别,前面的风险规避功能主要是一种被动的风险管理,而这里才是真正意义上的风险管理,即主动的风险管理。风险管理功能则可以理解为对金融功能的进一步提升,是风险规避功能的深化、主动化与复杂化。

不过,金融体系的上述发展只关注了资源配置的微观效率,宏观上却在不断地累积与提升风险。金融衍生工具在为风险厌恶者提供有效保护的同时,也给风险偏好者提供了更为犀利的投机工具,从而大大提升了整个金融体系的系统性风险,极大地威胁着一国的金融安全与经济安全。因此,金融的宏观调节功能也是衍生功能的主要组成部分。例如,随着市场经济的发展,社会贫富差距扩大、地区发展失衡、经济金融动荡等问题逐步暴露,金融的财富再分配、引导消费、地区协调等功能就显得十分必要。尤其是世界金融危机以来,各国不仅加强了本国金融的宏观调节,也在积极寻求国际金融协调的有效方式。

风险管理功能的发挥大大改善了经济的微观效率,提高了经济的活力;宏观调节功能的发挥则维持了整个经济金融的稳定以及国家的经济金融安全,从而实现宏观效率。可见,包含风险管理功能和宏观调节功能的衍生功能,既关注了资源配置的微观效率,又关注了资源配置的宏观效率,并尽力实现微观效率和宏观效率的统一。到目前为止,金融的衍生功能还在不断发展,这个方向也不会改变。

(四) 金融功能演进的历史特征

通过上述历史考察可以发现,先是经济发展对金融提出了功能上的需求,金融体系不断扩展和提升其功能来满足这种需求并进一步促进经济发展,如此相互促进共同发展。另外也可以看出,这里的金融既包括商业性金融也包括政策性金融,正是在二者的共同作用下才实现了金融功能不断扩展和提升的演进过程。但二者发挥作用的方式、渠道和强度并不完全一样,就市场经济总体而言,商业性金融是主体,政策性金融是辅助与补充,而就某一特定领域来说,政策性金融则更可能是主体而非配角。

在金融发展的过程中,金融最早显现出其基本功能,即服务功能和中介功能;随着经济发展水平的提高和金融本身的发展,金融的资源配置功能逐步显现出来;此后为了解决资源配置过程中的伴生问题,金融功能进行了横向扩展,即经济调节功能和风险规避功能;为了进一步提高资源配置的效率,金融的衍生功能开始显现出来:一方面是改善公司治理结构以及克服未来不确定性风险,而且随着其应用得越来越广,风险管理功能引起人们的极大关注,甚至有人认为该功能是金融最核心的功能;另一方面是宏观调节功能的显现,以进一步实现微观效率和宏观效率的统一。需要注意的是,在这样一个过程中,各种金融功能的作用发挥并不是无条件的,而是依赖于发展到一定程度的经济金融环境以及科学技术水平。只有当经济金融发展到一定程度才会产生对某种金融功能的需求,同样也只有当金融发展到一定程度才能供给某种金融功能,而且这种供给越来越依赖于当时的科学技术发展水平;在需求和供给达到均衡状态的环境中,该功能的作用才能有效地发挥出来。

传统上人们都或多或少地把金融发展理解为金融结构的变化,也就是雷蒙德·戈德史密斯(Raymond Goldsmith)的定义。国内学者白钦先通过对金融功能演进过程的重新界定和历史考察,进而提出金融发展的功能观点,应该说这和传统金融发展观都是对同一客观事物的描述,只不过视角不同:一个从与现实联系较为紧密的机构和工具的角度进行描述;一个从与现实有些距离,也显得有些抽象但更为客观、更为稳定和更为准确的功能角度进行描述。这与对金融中介进行考察的金融机构观和金融功能观有着完全一致的对应关系。所以可以这样说,传统的金融发展观是金融中介机构观的自然延伸,而这里金融发展的功能观点则是金融中介功能观的自然延伸。

以往文献中关于机构观和功能观的比较分析是基本合适的。以前学者们认为,因为金融功能相对于金融机构来说更为稳定,所以是更为恰当的研究视角,但也可以把金融功能纳入动态过程进行考察,从其动态的演进过程来研究金融发展,那么对其稳定性就有必要进行重新阐释。首先,金融功能的稳定性是相对稳定性,是相对于金融机构而言的。其次,如果站在现在的时点上对整个金融体系的功能进行先验性的考察,那么金融功能无疑具有稳定性,动态过程只是强调在经济发展的历史长河中金融功能的逐步显现过程。最后,前面已经指出这里的演进强调的是不同功能重要性上的更替,即所有功能几乎都是同时存在的,只是到一定阶段某一功能的重要性才凸显出来。可见,金融功能的动态过程与金融功能的稳定性并不矛盾。

通过提出金融发展的功能观点,可以更为深刻地理解和把握金融发展过程,并把金融功能观拓展到动态领域。似乎可以这样说,金融发展的功能观点是金融功能观的动态化。那么,提出金融发展的功能观点,不仅加深了对金融发展过程的理解和把握,而且也是对金融功能观的一种补充和拓展,应该说这也是其理论意义之所在。

未来可能的方向是:在对金融功能进行深入全面把握的基础上考察这些功能是如何演进的,从而对金融发展过程有一个更好的把握。只要这种把握足够深入,就可以对金融发展的内在机制有一个了解,而这对于提出具有针对性的金融发展政策,进而指导实践改善整个经济的资源配置效率是极为重要的。不过很明显,后续研究的技术性必然加强。另外还需要指出的是,这里对金融功能的研究侧重于正面功能,但对金融负面功能的研究绝对不可或缺,甚至于有时,对通货膨胀与通货紧缩、金融危机与经济危机等金融负面功能的研究还具有更强的政策含义与社会影响。同时也要加强对功能发挥作用的环境和条件的研究,因为在一定的环境和条件下金融可以优化资源配置,在一定的环境和条件下金融也可能劣化资源配置。

四、全球化下金融功能的认识

在金融全球化的今天,金融的资源配置功能在金融的诸多功能中逐渐占据了主导地位。金融的资源配置功能是从金融中介功能发展而来的,在工业革命以后,市场竞争愈发激烈,企业想要在这种激烈的竞争环境中生存下来,就必须拥有大量的货币资本,并将其转化为生产设备、生产原料与劳动力,进一步进行生产。因此,金融对资金、人力等社会资源的配置具有非常重要的影响,而随着银行、证券市场等的发展,通过融资等完成资源配置活动会越来越多,金融资源配置功能对经济运行的影响也会越来越大。

(一) 金融功能的强化

1. 基础功能的加强和国际化

在信息技术进步的驱动下,电子货币、数字货币发展迅猛,货币的支付结算等基础功能逐渐倾向于电子化方向,这大大提高了金融服务功能的效率。而且金融全球化的发展会推动货币朝统一化方向发展,使金融的服务功能更加方便快捷,欧元的成功发行就是在这一方面的探索。人民币数字货币的率先发行和流通,将带来支付结算等货币基础功能的革命性变化。

跨国银行在全球各地设立分支机构,扩展自己的"触角",各国证券市场也加快向国外投资者开放,这使得金融中介功能突破了国界的限制,资金融通能在世界范围内更方便地实现。这方面,中国的"沪港通""深港通""沪伦通""债券通"等都是近年来改变金融国际格局的举措。

2. 主导功能的加强和国际化

经济发展早期,金融资源配置功能局限于一国或一定地区的范围,而信息技术的进步以及金融工具的创新使金融配置资源更加便利,成本相对较低,经济效果也更加显著。金融全球化背景下,通过国际外汇市场和证券市场资金可以实现大规模大范围的转移,在利益的驱动下资金会流向全球获利更高的"沃土",在资金的带动下其他相关生产要素也会流入,最终实现生产资料在全球的优化配置。

金融全球化中实现金融的调节功能变得更加困难和复杂,同时也变得更加紧迫。2008年金融危机使世人认识到了金融对全球经济的深刻影响,各国政府和中央银行通过国际性的沟通合作,世界银行和国际货币基金组织也在协调各国金融货币政策方面发挥了更加积极的作用,以期实现世界经济的稳定发展。

生产和贸易的全球化在促进经济进步的同时,风险也在逐渐积累和放大。金融全球化中衍生出的新的金融工具也在适应经济贸易全球化的需求,使之更加安全有效,如对外贸易中广泛用到的汇票、信用证等有利于规避进出口贸易中的风险,期货合约、期权合约以及互换协议等衍生工具的广泛使用,能尽可能使金融风险被金融系统本身所吸收。如今金融领域衍生工具发展迅速,现在市场上衍生工具产品已有 2 000 余种,这对于金融风险的规避起到了重要作用。

(二) 金融功能的作用

1. 发展中国家经济发展的"推进器"

发达国家利用不合理的国际经济旧秩序长期在经济全球化中处于主导和有利的地位,而发展中国家则缺少资金,经济发展缓慢,"南北差距"进一步扩大。在金融全球化背景下,资本流动不仅更加自由而且规模也更大,发展中国家通过逐步放宽本国金融管制,与国际金融市场实现对接,可以吸引更多的国外投资,而不必受限于国内的储蓄水平。例如,发展中国家通过国际外汇市场筹集外汇,然后用于进口先进技术和设备,从而促进本国经济发展,缩小与发达国家的差距。亚洲"四小龙"的崛起很大程度上就是充分利用了国际资本。从 20 世纪末起,越来越多的发展中国家实行"金融先行"的战略,希望借助金融增强本国的综合实力。

2. 世界经济发展的"稳定器"

金融全球化下,一方面,金融是改善各国经济的推动力,而另一方面,如果对它利用不慎,金融危机会对全球经济产生巨大冲击,美国次贷危机引发的世界性经济社会危机就是如此。所以,经济社会能否稳定发展,一定程度上也取决于金融系统性风险的防范。防范金融系统性风险根本上还是要靠"内因",即金融制度本身的创新,金融制度创新主要是指对各国金融市场、金融机构进行优化组合,并对相关的国际金融规章制度做合理的修改和完善以适应金融全球化的需要。通过制度创新可以加强对各金融市场主体的利益约束,尽早切断全球金融风险的传递链条,对金融的利用最终实现趋利避害,使金融成为世界经济的"稳定器"。

3. 国际合作的"催化剂"

当金融风险超越地域限制,以其强烈的传染性和"乘数效应"而产生超强的破坏力时,一国的金融监管部门面对风险往往会"捉襟见肘",应对办法不多。针对金融全球化下金融系统风险愈发具有隐蔽性和复杂性的情况,各国政府和监管部门都在努力深化国际协调与合作。世界银行、国际货币基金组织(International Monetary Fund, IMF)和 G20 峰会等国际性组织和会议论坛已成为各国金融和经济合作的重要平台,产生了许多积极的效果。在金融拓展到国民经济的各个领域且相互联系紧密时,其他任何一个行业的波动都可能对金融业产生影响,尤其是国民经济的支柱行业(能源化工、机械电子和汽车制造等产业),比如,历次石油能源危机都使得国际证券市场的波动幅度增大,所以各国在加强金融领域的合作时也必然会深化经济领域中其他产业的合作,这使得金融成为扩大和深化国际合作的"催化剂"。

(三) 金融功能的缺陷

1. 金融功能在风险管理上的缺陷

金融全球化背景下的金融功能虽然对经济发展有着很大的促进作用,但同时也存在着一定的缺陷,这主要体现在风险管理上。风险管理主要是指企业在面对市场开放、法规接近、产品创新等特殊情况时,利用科学合理的管理举措来降低经营的风险性,降低失误决策概率,减少乃至规避经济损失。然而在经济快速发展的同时,风险管理手段与理念却并没有得到充分的完善,对于风险管理学科的研究也并没有取得显著成效,这使得目前的风险管理措施根本无法满足企业需求,解决金融风险问题。以美国的住房贷款证券化为例,在金融市场的发展下,美国的次级信用住房抵押贷款逐渐衍生出了新的金融工具,即贷款证券化。这种金融衍生工具不仅在价格上极其不稳定,还具有高杠杆、高风险的特性,使得金融市场内任何的微小波动都会造成投资者的大幅度盈利或亏损,长期下来很容易导致经济危机。因此,还需要正视金融全球化下金融功能带来的影响。

2. 金融功能在宏观调节上的缺陷

金融全球化下的金融功能在宏观调控上同样存在着缺陷。金融能够根据市场经济的发展情况来进行货币政策等方面的市场经济宏观调控,实现社会经济的整体运作。但宏观调节政策的制定却存在着一定的风险性,正确的经济政策能够保持社会经济的稳定,但错误的经济导向也会导致巨大的经济损失。比如,21世纪由美国次贷危机引发的全球经济危机一定程度上就是由错误的货币政策所导致。在经济危机爆发前,为刺激消费,美国实行了过度宽松的货币政策,使得贷款利率极低,出现了过度贷款消费现象,最终破坏了债务链,导致了经济危机。

总而言之,金融全球化使得金融对经济的影响越来越大,金融的功能也随之得到了进一步的完善与延伸,金融全球化下的金融衍生功能实质是对主导功能的扩展,我们在利用金融功能大力发展经济和造福人类的同时,还必须深刻认识到金融功能的"二重性"。在金融全球化中,我们必须要积极完善金融功能,趋利避害,为全球经济和金融可持续的稳定发展创造条件。只有对此有了清晰明确的认识,才能够给未来的金融经济发展创造有利条件。

 思考题

1. 金融的功能是什么?金融在整个经济中到底发挥什么功能?
2. 中国的金融功能发挥得如何?全球化时代金融功能的发展趋势是什么?

第6讲 金融结构理论

基本要求：1. 了解金融结构的内涵。
2. 熟悉金融结构理论的演变历程和动因。
3. 掌握现代金融结构理论的主要思想。

本讲重点：金融结构理论的主要思想。
本讲难点：金融结构理论的分析指标。

金融发展的实质是金融结构的优化以及金融市场效率的提高。如果说金融资产规模决定了一个金融体系的"量"的部分的特征，那么金融结构则决定了该金融体系的"质"的部分的特征。金融结构不同，其具备和实现的金融功能也不相同。自戈德史密斯之后，金融结构理论已成为现代金融领域的前沿问题，金融结构理论从研究方法到基本结构都对研究金融和金融发展问题产生了深远的影响。本讲对金融结构理论进行了梳理和归纳，并对中国金融结构的演变及现状进行了分析。

一、金融结构的内涵

金融结构是一国金融系统内部核心构成要素的存在、相对规模与相互作用的状态和结果，主要包括金融机构（产业）结构、金融市场结构、金融工具（资产）结构和金融价格结构等组成部分。

在经济全球化、经济金融化、金融全球化的今天，经济运行与金融活动是相伴进行的，经济的发展必然伴随着金融的发展。与此同时，金融的发展反过来又成为推动经济进一步发展的重要力量。在金融促进经济发展的过程中，总量增长与结构变化共同发挥作用，但金融结构的变化更是一种内在的推动力，其不仅对于金融运作效率具有重大影响，也是金融业自身能否稳健发展并充分发挥积极作用的决定性因素。金融结构因制度而区别、随时序而演进，一国金融结构的变迁对一国经济乃至世界经济都有着举足轻重的作用。

金融结构在经济增长中之所以重要，是由于实体经济对金融服务的要求是多种多样的，存在金融结构的差距，而不同的金融结构在金融服务方面具有各自的比较优势，金融效率也有差异。随着实体经济的变化，金融结构所发生的相应变化就构成了不同发展阶段最优金融结构的演变路径。尽管在金融发展史上，总量增长已经具有规律性，但若结构调整跟不上将制约金融发展。在现代市场经济中，金融处于资源配置的中枢与核心地位，并且随着经济货币化、金融化程度的不断提高,金融体系的资源配置功能和作用还在不断得到强化,对一国的经济发展方式和产业结构调整发挥着极其重要的引导和推动作用。无论是理论分析还是各国经济发展实践都表明,在金融发展过程中,总量增长和结构协调具有同等重要性,特别是当总量增长到一定程度后,其功能的发挥和效率的提升往往受到结构问题的制约。因此,应及早对金融结构的调整和优化做出战略规划和安排。

金融结构理论是研究金融发展问题最早和最有影响的理论之一,该理论对金融发展的过程及规律进行了描述和分析。自1969年美国经济学家戈德史密斯的著作《金融结构与金融发展》问世以来,金融结构理论已成为现代金融领域的前沿问题,金融结构与经济增长的关系也成为发展经济学研究的一个新课题。

二、金融结构理论的演进轨迹

1580年威尼斯银行的产生,标志着近代意义上金融业的产生。早期关于金融结构与经济增长关系的研究是伴随着对金融发展与经济增长关系的研究的发展而发展的。从历史上看,人们对货币与经济增长关系问题的探讨最早可以追溯到十六七世纪欧洲"价格革命"时期的货币数量论,之后以著名的费雪方程为代表。费雪在其1911年出版的《货币的购买力》一书中提出交易方程式 $MV=PT$,认为在货币的流通速度与商品交易量不变的条件下,物价水平是随流通货币数量的变动而正比例变动的。早期的经济学家们将研究的注意力主要集中在货币的中性与非中性的问题上,中性论者认为货币不过是便利交易的工具,非中性论者则强调货币能够对经济发展产生重要的推动作用。其中,非中性论者代表之一凯恩斯,其著作《就业、利息与货币通论》把金融结构寓于金融业整体中进行研究的方法是与当时金融业的发展相适应的。

研究金融结构问题的鼻祖是美国金融学家戈德史密斯,其在经典著作《金融结构与金融发展》中,对近百年的金融发展史及35个国家的金融结构现状进行了大量的比较研究和统计验证。戈德史密斯提出:"金融结构即金融工具和金融机构的相对规模";"各种金融工具和金融机构的形式、性质及其相对规模共同构成了一国金融结构的特征";并且,金融结构"随时间而变化的方式在各国不尽相同"。其核心思想是认为,一国现存的金融工具与金融机构之和构成该国的金融结构,其中包括各种现存金融工具与金融机构的相对规模、经营特征和经营方式,金融中介中各种分支机构的集中程度等,并且,金融结构随着时间推移而发生变动。因此,戈德史密斯主要从宏观上来研究金融结构。

实际上,金融结构包含宏观和微观两个层次,在宏观层面上是指在金融体系中金融机构、金融业务、金融工具、金融资产等各个组成部分的比例、相互关系及其变动趋势;在微观层面上是指上述各个组成部分内部的构成、比例关系及其变动趋势。

(一) 格利与肖的金融结构理论

国外经济学家对金融结构的研究始于20世纪50年代。在当时占有统治地位的主张强迫储蓄和国家干预的凯恩斯学派影响下,大多数发展中国家都实行了低名义利率政策,这不可避免地导致了金融抑制,降低了实际经济增长率,也导致了各发展中国家经济的病态和金融体系的不健全,从而迫使人们开始反思并真正关注金融在经济中应扮演的角色。1955年和1956年,格利和肖分别发表了《经济发展中的金融深化》和《金融中介机构与储蓄—投资过程》,阐述了金融与经济的关系、各种金融中介机构在储蓄—投资过程中的作用等问题。

1960年出版的《金融理论中的货币》一书,把整个经济划分为盈余部门、平衡部门和赤字部门,指出只要经济部门之间存在赤字和盈余,投融资行为便不可避免,而投融资分为直接融资和间接融资,并提出以多种金融资产、多元化的金融机构和完整的金融政策为基本内容的广义货币金融理论,强调经济单位之间的储蓄—投资差异是金融制度存在的前提。虽然格利和肖没有明确提出金融结构概念,但在他们的货币金融理论中,已包含了金融工具、金融机构、融资方式和金融政策等金融结构问题。

也就是说,在戈德史密斯之前,金融结构的定义没有明确给出,理论研究上倾向于从某一国或几国一定时期内的发展现象去探讨金融结构与经济增长之间的关系。在早期的理论研究中,学者们已经注意到各国金融体系的结构差异,并试图探讨这一差异与经济增长速度差异之间的联系。但是以上研究还仅仅是从某一国或几国一定时期内的发展出发进行的研究,从逻辑上而言具有一定的片面性,并且没有在理论上对"金融结构"的概念给予明确的界定,也妨碍了不同学者在高于现实层面上深入的比较和分析,因而尽管这一阶段的理论研究对现实具有一定的解释效果,但也存在明显的不足。对金融结构与经济发展关系的进一步、相对更全面的研究,应该说是从戈德史密斯对金融结构与发展的研究开始的。

(二) 戈德史密斯的金融结构理论

戈德史密斯1959年出版的《金融结构与金融发展》是一个"分水岭",这本书不仅是这一领域的开山之作,而且至今仍是研究金融结构与金融发展的主要著作。在该书中,戈德史密斯首次给出了金融结构和金融发展的定义,"金融结构"是指各种金融工具机构的形式、性质及其相对规模共同构成一国金融结构的特征。"金融发展"是指金融结构的变化。因此,研究金融发展必须以有关金融结构在短期或长期内变化的信息为基础。这些信息既可以是各个连续时期内的金融交易流量,也可以是不同时点上对金融结构的比较。若要全面了解金融发展的状况,上述两种信息都是必不可少的。该书详尽细致地分析整理了数十个国家前后长达百余年的统计资料,对金融发展和金融结构做了广泛的国际比较和历史比较研究。戈德史密斯认为,金融结构是一国经济运行中金融工具、金融市场和金融机构的综合。从数量上描述,它不是一个单一的指标,而是一套指标体系。金融结构的变化就代表了金融发展水平的变动,他制定了包括最重要的金融相关比率(financial interrelations ratio, FIR, 即全部金融资产价值与全部实物资产价值之比)在内的7个指标衡量金融结构的水平,并将它们结合起来,从8个方面给出了衡量金融结构和金融发展水平的基本指标。

戈德史密斯对金融结构和金融发展理论做出了开创性的贡献。他对金融结构变迁的关注及研究,显示了敏锐的触觉和深刻的洞察力,戈德史密斯的重要贡献在于以下3个方面:一是率先提出了综合全面的金融结构和金融发展的概念,确立了衡量一国金融发展水平的基本指标。戈德史密斯将金融发展的出发点和归宿定位于经济增长,为金融发展理论专门研究发展中国家货币金融与经济发展间的内在联系奠定了基础,创造性地提出了衡量一国金融结构与金融发展水平的基本指标——金融相关比率。戈德史密斯认为,FIR的计算公式适合任何时期、任何国家的FIR值的计算,通过这个公式,可以大致衡量和反映一个国家金融发展的一般面貌。二是戈德史密斯采用了数量分析和比较分析方法。在研究中,戈德史密斯十分注重探讨和分析金融活动内部及其与经济活动之间的数量关系,考虑的是金融结构的差异是如何并在多大范围内导致经济增长的速度和特征产生差异的。仅在上述问题中,他就使用了150多个图表进行分析。与此同时,戈德史密斯并没有忽视定性分析,金融发展的道路、类型和基本趋势就是在定量分析基础上,以定性方法归纳总结的基本结论。除此之外,戈德史密斯还进行了比较分析,采用比较金融分析方法是戈德史密斯金融结构理论的重要贡献。戈德史密斯认为,金融比较研究的主要任务是找出各国之间、各时期之间在金融结构与金融发展上存在的实际差异。在这一思想的指导下,他对世界上最具代表性的35个国家进行比较研究,将纵向分析与横向分析结合起来,找出了金融结构与金融发展的规律与差异。三是戈德史密斯总结了金融发展与现代经济增长的关系,揭示了金融发展的基本趋势。戈德史密斯通过对各个国家金融发展状况和经济发展水平的观察,发现虽然各国的金融结构与经济发展水平不尽相同,但是它们却具有大体一致的金融发展路径,并且在其发展过程中,金融相关比率、金融机构相对地位等的变化都呈现一定的规律性。戈德史密斯认为,金融发展与经济发展齐头并进,并指出"发展中国家早晚要走上发达国家已走过的道路"。

戈德史密斯之后,无论在理论、实证或方法论上,有关金融结构和经济增长关系的研究都取得了很大的进展:在理论方面,不对称信息和交易成本被引入相关分析中,拓宽了研究的视野和范围;另外,原先研究侧重宏观层面,现在产业层面和企业层面的研究也不断涌现,为前者提供了微观基础;实证方面,不限于戈德史密斯著作中35个国家数据的搜集和分析,包括了更多的国家,而且所采用的计量方法也在不断进步,实证结论更有说服力;方法论方面,20世纪80年代兴起的内生增长理论(又称新增长理论)为金融发展理论提供了进一步发展的空间,为金融理论和经济发展理论注入了新的活力,即把内生增长和内生金融中介机构(或金融市场)并入金融发展模型中,目的在于解释金融中介机构和金融市场的内生形成以及金融发展和经济增长之间有何关系。金融发展内生化,可以说是方法论上的一大突破。

(三) 麦金农与肖的金融结构理论

20世纪50—60年代是新古典经济增长模型占据主流地位的时期。该模型强调资本积累是经济增长的源泉,其最重要的预测就是"趋同",即不同国家的人均产出增长率将"收敛"于稳定的平衡增长路径,穷国最终能够赶上富国。作为金融发展理论的创立者,麦金农(1973)和肖(1973)推翻了新古典主义和凯恩斯主义模型关系假设。肖在其《经济发展中的金融深化》一书中完全放弃了新古典理论,认为传统货币理论将货币视为财富的观点不符合落后经济,在经济落后的发展中国家,往往并未形成统一的市场与价格,资本市场被严重分割,而且受到普遍的歧视和干预,金融制度与经济发展之间处于一种恶性循环的状态,认为造成发展中国家金融压制的根本原因是金融制度上的缺陷和当局政策上的错误,特别是政府对利率水平的管制。因此,应该放弃金融抑制而实行金融深化。

(四) 金融结构的"两分法"

在戈德史密斯之后,西方学术界关于金融结构问题的研究集中到对银行主导型与市场主导型两种金融组织模式优劣的比较上,研究基本上是围绕着比较哪一种金融结构更能促进经济增长而展开的。他们主要以英美、德日作为这两种模式的典型代表,并以此评判不同的金融结构对金融发展乃至经济增长的作用。在这一过程中,逐渐形成了金融结构的"两分法"。

1. 银行主导论

这种观点认为银行是重要的,而资本市场相对效率较低。早在19世纪末,德国的经济学家们便通过英国、德国两国经济发展的状况,提出了以银行为中心的金融结构要优越于以金融市场为中心的金融结构的观点。他们认为,相对于英国市场主导型的金融结构,德国银企之间的密切联系有效地降低了信息成本,使企业寻找投资项目变得容易,从而能够迅速赶超,成为工业社会的领头羊。20世纪中后期,日本经济的迅速发展,再一次使这种观点流行起来,一些经济学家甚至认为,由于其主办银行制度的先进性,日本经济必将迅速赶超美国。

现代经济学家认为,首先,金融中介体可以降低投资者获得及处理企业和管理者信息的成本,因而有利于资源配置和企业控制。其次,金融中介体降低了投资者资产分散化的交易成本,有利于风险共担。不仅如此,金融中介机构还可以减少跨期风险以及流动性风险。最后,通过节约与储蓄的聚敛和信息不对称相关的成本,金融中介体促进了储蓄的流动性。

但是,对银行主导型金融结构持批评态度的学者指出,它的主要弱点是不利于创新性企业和项目的发展。在标准化的环境下,银行在收集和处理企业信息方面具有优势,但在非标准化(即涉及创新过程的不确定性)的环境下,银行往往不如证券市场有效率。另外,由于银行对企业的特殊地位,银行对企业的监控可能倾向于非效率。

2. 市场主导论

这种观点充分肯定了资本市场的作用,并认为银行主导型的金融结构相对低效率。特别是在亚洲金融危机过后,一些经济学家认为银行已不再是合适的组织机构,博迪甚至提出了必须抛弃银行的观点。他们认为,使美国幸免于日本以及银行主导型的其他亚洲国家发生的危机的唯一原因,是美国有一个充满竞争的市场。银行体系在逐步消失,在竞争的作用下,它被一些能满足家庭需要的专业机构所取代,如货币市场共同基金和其他种类的共同基金。另外,一种流行的观点认为,美国经济的强劲增长与其风险资本的大力发展关系密切,以金融市场为基础的金融结构为风险资本的发展提供了更为适合的土壤。以银行为基础的德国、日本在发展风险资本方面就要差得多,原因在于:以金融市场为基础的经济,可以产生良好的股票市场,能够发展大量的结构投资者,前者为风险资本的发展提供了制度支持,后者为风险资本的发展提供了资金支持。

市场主导论强调功能完备的证券市场尤其是股票市场在激励投资者获取信息、行使对企业的监控、风险管理和促进资本的流动等方面都发挥着重要的作用。股票市场规模越大、流动性越强,当事人就越容易通过证券交易使其获得的有价值的信息迅速转变为收益,从而促使市场参与者努力去收集企业的信息。股票市场的监管压力也有助于实施对企业融资之后的财务监控。在风险管理方面,投资者可以构造证券组合以实现风险分散化的目标,同时二级市场的存在降低了流动性风险。

对市场主导型金融结构的批评主要集中在信息外部性和企业监控两方面。在一个有效市场上,如果其他投资者也能搭便车从这些信息中获利的话,个别投资者不愿花费时间和资源去搜集信息。不仅如此,内部人和外部人之间的信息不对称降低了并购威胁的效力,使市场监控企业的作用下降,流动性市场也为投资者提供了方便的退出选择,因而削弱了他们监控企业的动力。

3. 金融服务论

这种观点认为,不论银行还是市场,总体来说都是服务部门,其基本功能都是为企业和产业的发展提供金融服务,因而重要的是如何提供合理的服务以及服务水平的高低,而不是孰优孰劣的问题。二者不应是对立的,而应是相辅相成的关系。

金融服务论最早由罗斯·莱文(Ross Levine)提出,核心内容是金融发展水平影响经济增长,强调合约、市场、中介等用来弥补市场不完善并且提供金融服务的金融安排,问题的关键不在于谁提供金融服务,而是服务的质量。莱文于 2000 年在《银行主导和市场主导的金融体系——哪一种更好》一文中,通过建立经验模型得出结论:不管银行的发展水平如何,股票市场更大的流动性意味着经济的更快发展。同样,不管股票市场的流动性如何,银行业的快速发展也意味着更快的经济增长。即使考虑其他变量的影响,如初始收入、货币和财政政策等,数据仍然显示银行发展和股票市场的发展与经济的发展都呈正相关。也就是说,银行与市场不存在此消彼长的关系,而是相辅相成,共同促进经济增长。

三、金融结构分析的基础与指标

(一)金融结构分析的基础

金融结构,作为总体或总量中各个部分的构成状况与总量同时存在,经济学中的结构分析便是研究总量与组成总量的各个部分之间的数量比例关系。分析金融结构,首要的问题是以何种金融总量作为考察的基础,最广义的金融总量是全社会的金融总资产,如果以全社会的金融总资产作为金融总量来考察金融结构,它的结构体现为以下 3 个方面。

(1) 金融资产的结构:如果我们把金融资产划分为货币资产和有价金融资产,那么这两类的比重以及内部分项的比重构成金融资产的组成状况。再细分,存款类的金融资产还可以划分为个人存款、企业存款等,证券类的资产可以划分为企业债券、金融债券、股票等。与此同时,同样重要的是它的分布结构,即这些金融资产在金融机构和非金融单位之间各占多少比重,在不同的金融机构里面又各占多少比重。货币性的金融资产全部反映在资产的负债表当中,证券类的资产有一半反映在社会公众当中,还有一半则通过银行的负债表来呈现。

(2) 货币结构:货币性的金融资产,我们可以通过货币总量来统计,货币总量直接表现为全社会的购买支出能力,在全社会金融资产总量当中又占相当大的比重,特别是在发展中国家,基本上占主体。因此,货币总量的结构分析,对于考察经济运行和宏观调节有一定的特殊意义。分析这个结构,也就是考察货币层次当中各个层次流动性的大小,看看它们各自的构成比例。

(3) 融资结构:主要就是直接融资和间接融资的比例,也就是通过金融结构的资产业务和资本市场的发展来看这个比例。

(二)金融结构分析的指标

上面说的这 3 个结构即金融资产的结构、货币的结构、融资的结构,是金融结构当中 3 个最基本的方面,金融结构分析的具体指标如表 6-1 所示。

表 6-1　金融结构分析的具体指标

指标	描述
金融相关比率	FIR 随着一国经济的发展而逐渐增大,货币化程度越高,FIR 就越高;积累率越低,FIR 越低
主要类型的金融工具发行额/金融工具发行总额	同样的金融工具总额,即便它体现了同样的金融相关比率,也可能具有极不同的经济重要性
金融机构发行的金融工具/非金融机构发行的金融工具	该比率是衡量金融机构化程度的最广泛尺度

续表

指标	描述
在已发行的主要类型金融工具存量中,金融机构所占有的份额	这个指标更详尽地体现金融机构化程度。经济越发达,金融机构所占有的份额越大,它表明间接金融的发展和储蓄、投资行为的机构化
同类金融机构资产之和/全部金融机构总资产	该指标用以衡量机构间的相关和谐
主要金融机构的相对规模	
主要非金融部门的内部融资与外部融资的相对规模	
主要金融机构持有各种金融资产的份额	它是一个国家金融资产结构最简单的总指标。为进一步分析,有必要分别以社会各种金融资产类型进行同样的计算
各经济部门和地区在金融资产中所占的份额,以及在各类金融工具中所占的份额	分析不同经济部门和地区在某一金融工具总额中所占的份额,以及持有该金融工具的人数和各持有人所持有的金融工具数量,为了解不同金融工具对经济的渗透程度以及各个部门和地区对金融工具的偏好提供了重要线索。这种统计对分析货币和研究经济增长都是重要的
对金融资产存量按工具种类和部门的分类组合构成一个金融相互关系矩阵	用以识别各类金融工具的发行者和持有者

上述金融结构统计指标是从金融资产存量角度进行分析的。但实际上,以上各类指标既适合于存量统计,也适合于流量统计。

四、金融结构演进的决定因素

不同的学者对这一问题有不同的理解,但总体上看,大致有两种不同的分析思路:一是经济决定金融,或者说一国现有的资源禀赋、产业结构等是其金融结构最为重要的决定因素,进而金融结构是经济金融发展过程中由内在机制决定的自然的客观结果或金融发展状况的现实体现,在经济金融总量或总体发展的同时,金融结构也随之变动;二是试图在经济因素之外寻找原因,认为法律、政治、文化等相关制度是一国金融结构演进的决定性因素。

(1) 法律:在拉弗勒·拉·波塔(Raphael La Porta)等人以及勒内·施图尔茨(Rene Stulz)等人看来,法律制度和法律起源是决定金融发展及金融结构演变的决定性因素。之所以法律制度可能通过外部融资而对金融体系产生影响,主要是因为良好的法律制度能够增强投资者的信心,让他们相信投资收益(由机构管理)是能够全部或者部分返还给他们的。返还的途径要么通过银行,要么直接从投资本身获得。

(2) 文化:文化(语言,特别是宗教)差异是金融结构及金融发展决定因素研究中经济学家颇为关注的另一个制度原因。基于现有文献的认识,施图尔茨和罗翰·威廉姆森(Rohan Williamson)把文化影响金融发展进而影响金融结构演进的途径概括为以下3个方面。首先是通过价值标准的形成和发展的影响。迪帕克·拉尔(Deepak Lal)指出,世界观作为文化的实质要素,对于西方世界的崛起和政治经济的发展至关重要。这一观点显然是韦伯所谓的宗教是资本主义增长的主要决定因素的另一种表述。文化影响金融发展的第二条途径是通过对制度的形成和发展的影响。天主教和新教不同的价值观无疑影响了制度特别是法律体系的形成。文化影响金融发展的第三条途径是通过经济中资源配置方向的影响,对于不同的文化,经济中资源配置的导向不同。

(3)政治:相对于法律和文化这两个极为稳定的因素而言,政治制度在世界各国不仅差异颇大,而且也存在显著的时变性特征。因此,从金融结构的历史演进视角着眼,法律和文化这两个因素对金融结构的影响往往与政治制度不可分离,彼此之间带有极强的互补色彩——以法律执行为例,显然就离不开政府的行政机构,反过来,司法的不同解读在很大程度上制约着行政机构的权限。同样,过多的政府干预,或者说有助于公民抵制专制政府行动的社会规范在很大程度上可能反映了特定社会的文化偏好或信仰。关于金融发展的政治制度约束早期最重要的文献来自道格拉斯·诺斯(Donglass North)和巴里·温格斯特(Barry Weingast)对英国光荣革命金融影响的分析,其核心结论就是"有限政府"构成了金融发展的基本前提。拉古拉姆·拉扬(Raghuram Rajan)和路易吉·津加莱斯(Luiqi Zingales)从政治学的视角系统考察了利益集团是如何阻碍金融发展的,并通过对作用途径和机理的考察和基于系统的证据有针对性地提出削弱利益集团影响的政策建议。

五、中国的金融结构分析

(一)中国金融结构的演变历程

1. 二元化金融结构阶段:1927—1949年

1927—1949年,我国并行共产党和国民党控制区两个独立的金融体系,金融结构二元化特征明显,现代金融发展迟缓,金融功能和效率低下。

(1)国民党统治区的金融结构。国民党统治区的金融体系在20世纪30年代后一度取得较快发展:组建了商业银行、证券机构、保险机构、信托机构等现代金融组织;建立了国家信用、商业信用、银行信用多种信用形式;现代金融市场的种类结构基本齐全。但总体来说,国民党统治区的金融发展水平较低,功能薄弱,效率低下,其金融结构呈现出官僚资本垄断与半封建、半殖民地混合的扭曲状态,表现如下:官僚金融资本在金融体系中处于绝对垄断地位;外资金融资本在进出口信贷和结算领域势力强大;民族金融资本主要从事金融投机活动,不具备现代金融机构的基本职能。

(2)共产党革命根据地的金融结构。1927年,根据地开始建立自己的金融机构,以根据地银行为主,辅以部分信用合作社,业务范围主要是吸收群众存款,发放农业生产贷款和粮食贷款,没有金融市场。革命年代根据地难以形成完整和稳定的金融体系,金融结构仍处于简单的原始状态。

2. 财政主导型金融结构阶段:1949—1978年

新中国成立后至1978年,我国实行高度集中的计划经济管理体制,政府把全社会的经济资源通过计划管理手段集中起来,然后根据经济发展需要把资金分配到需要投放的各个领域。在计划经济时期,政府的计划管理和财政部门实际上承担了促进储蓄向投资转化的职能,财政在资源配置过程中占据主导地位,银行处于附属和补充地位,是典型的"大财政、小金融"。这一财政主导型金融结构的形成经历了两个阶段。

1949—1952年:"统一有序"的金融结构阶段。新中国金融体系的诞生以1949年12月1日中国人民银行的成立为标志,通过对国民党统治区金融体系的改造和大力发展集体性信用合作组织,到 1952 年,组建了以人民银行为核心和主体,以农村信用合作社和专业银行作为补充的金融机构结构体系;金融市场结构则以新设立的证券交易所为中心,同时辅以票据和外汇市场。这样,我国初步建成了统一有序的金融结构体系。

1953—1978 年:"大一统"的金融结构阶段。我国从 1953 年开始实行高度集中的计划经济管理体制,为了适应和配合这一转变,同时开始对金融结构进行根本性改造:限制以至取消现代意义上的金融市场,建立高度集中的、以行政管理为主的单一国家银行体系结构,1955 年后基本只有人民银行办理银行业务。"大一统"的金融结构是高度集中的计划经济体制的产物,优越性是便于统筹和控制全局,可以集中资金支持重点建设项目;但金融体系作用的发挥受到很大限制,运作效率低下,而且随着社会生产和流通规模的扩大越发突出。

3. 银行主导型金融结构阶段:1978 年至今

十一届三中全会以后,经济体制改革全面展开。从 1979 年开始,我国进行"拨改贷"的尝试,到 1985 年开始正式全面施行,银行贷款资金的有偿使用从此取代了财政资金的无偿拨付,银行系统配置社会经济资源的能力和地位大为提高。此后,银行融资很快上升到社会各种融资方式中的主导地位,"小财政、大金融"的新格局得以形成。金融结构开始出现革命性变化,金融机构逐渐增加,金融市场开始恢复,金融工具也逐步实现了多样化。

(二)中国金融结构的演变特征

1. 政府主导型变迁特征明显

改革开放以来,我国的金融结构发生了重大的、革命性的变革和优化,市场化和多元化发展态势明显,整个金融体系的功能与资源配置效率也有了大幅度的提升。但同时必须指出的是,这种金融结构的演变是由政府主导的自上而下的强制性改革,是一种典型的政府主导型制度变迁,无论是新中国成立初期形成的统一有序的多元金融结构,20 世纪 50 年代中期以后形成的"大一统"单一金融结构,还是改革开放以后逐步建立完善的现代多元化金融结构,无不是由政府根据当时特定的政治经济历史条件下主导形成,而非依靠金融系统内部力量的自然演进。新中国成立之初,我国政府果断采取了一系列有力措施,迅速终结了过去混杂的金融结构,在较短时间内初步建立了统一有序的多层次的金融结构体系,对稳定社会经济秩序和社会主义国营经济的建立发展起到了至关重要的促进作用。从 1953 年开始,配合高度集中的计划经济管理体制和财政信贷管理体制的建立,我国的金融结构进行了革命性的变革,形成了中国人民银行的单一国家银行体系结构。之后伴随着改革开放,在计划经济体制向市场经济体制转型的大背景下,我国的金融结构也进行了革命性的变革,即由计划型、单一型金融结构向市场化、多元化金融结构转变。

2. 金融结构对经济发展变化的适应弹性较低

虽然改革开放以来我国金融结构发生了革命性的变革,但必须清醒地认识到,这种变革更多是靠政策推动和制度安排在框架搭建上催生的多元化,随着社会主义市场经济体制逐步建立和完善,由体制变革所带来的"改革红利"必将逐渐衰减,其边际作用力量逐渐下降。产生于转轨时期、短暂而特殊的外在推动力消失后,我国的金融结构将失去继续演变的推动力,在较长时期内维持当前的不均衡状态。在政府主导的金融结构演变中,金融系统自身的作用发挥始终受到限制,无法实现自下而上的主动的结构变革。金融结构演变的形式重于实质,以表面上的完整和形式上的多元化为主,金融发展的内在规律性没有得到充分的重视。其后果是长期来看,金融结构的扭曲将制约金融系统资源配置功能的发挥和资源配置效率的提高,使其无法充分满足实体经济的发展需要。

(三) 中国金融结构现状

1. 融资结构

改革开放以来,我国的融资结构发生了重大变化,打破了由单一国家银行提供外源融资的局面,逐步形成了间接融资为主、直接融资为辅的融资结构。长期以来,在中国的社会总融资结构中,以企业债券和非金融企业境内股票为代表的直接融资资金比例严重偏低。中国金融改革的滞后集中体现在资本市场直接融资严重不足上。如表6-2所示,2014—2018年,实体经济(境内非金融企业和住户)通过企业债券和非金融企业境内股票获得的融资额与人民币贷款的比值,最高的为34.01%,最低的只有9.54%;资本性最强的非金融企业境内股票融资额与人民币贷款的比值,最高的为9.98%,最低的只有2.38%。而且,企业债券的很大部分又由商业银行购买,因而真实企业债券和非金融企业境内股票直接融资额与人民币贷款的比值可能更低。资本市场发展滞后,直接融资不足,银行积聚了巨量的货币,巨量民间资本找不到具有价值的直接投资场所和相应投资渠道,资本所有者和投资对象存在严重的信息隔断和渠道隔断,金融血脉不通,外源资本生成机制缺失。

表 6-2 社会融资规模增量统计

类别	2014 年	2015 年	2016 年	2017 年	2018 年
人民币贷款(C,亿元人民币)	88 916	97 813	112 693	124 371	138 629
企业债券(A,亿元人民币)	18 113	23 817	29 388	29 993	4 495
境内股票融资(B,亿元人民币)	2 119	4 350	7 943	12 415	8 734
$(A+B)/C$	22.75%	28.87%	33.13%	34.01%	9.54%
B/C	2.38%	4.45%	7.05%	9.98%	6.30%

注:社会融资规模增长量是指一定时期内实体经济(境内非金融企业和住户)从金融体系获得的资金额。境内股票融资是指非金融企业境内股票融资。

2. 金融机构结构

实施赶超发展战略的国家,对金融结构的设计多是以有利于对经济进行控制和追逐发展目标为出发点的,因而金融体系大多是银行主导型。长期以来,中国的金融体系也是银行主导型。当前,中国金融体系中的机构种类比较简单,按功能可分为四大类:第一类是中央银行,即中国人民银行;第二类是经营性银行,包括政策性银行、商业银行,经营性银行以商业银行为主,商业银行又以国有大型银行为主;第三类是非银行金融机构,包括保险公司、信用合作社、投资银行、财务公司、信托公司、贷款公司、资金互助社等;第四类是准金融机构,包括典当公司、融资担保公司、股权投资基金、融资租赁公司等。

截至2018年年底,中国银行业法人机构4 588家,其中大中型银行占主导地位,而投资公司、信托公司、机构投资者、融资租赁公司等非银行类金融机构发展非常不足。尽管各类非银行业金融机构数量难以统计,但从其他类金融机构资产负债与银行业金融机构资产负债的比较中,可以看出非银行业金融机构发展之不足。表6-3显示,2018年,其他类金融机构总资产与银行业金融机构总资产比值不超过20%。如果除去政策性银行、国家开发银行、民营银行、外资银行、资产管理公司、邮政储蓄银行,仅算保险公司、信用合作社、投资银行、财务公司、信托公司等非银行业金融机构,其总资产与银行业金融机构总资产比值则远低于20%。

表6-3 2018年其他类金融机构资产负债统计

项目	2018年			
	第一季度	第二季度	第三季度	第四季度
总资产(亿元人民币)	443 257	465 873	480 743	500 851
比上年同期增长率	15.31%	14.48%	14.51%	13.71%
占银行业金融机构比例	18.59%	19.16%	19.45%	19.84%
总负债(亿元人民币)	401 154	422 678	436 191	454 726
比上年同期增长率	15.19%	14.40%	14.75%	13.76%
占银行业金融机构比例	18.20%	18.79%	19.11%	19.53%

数据来源:中国银保监会网站统计信息。其他类金融机构包括政策性银行、国家开发银行、民营银行、外资银行、非银行金融机构、资产管理公司、邮政储蓄银行。

3. 融资工具结构

金融工具是资金流动的载体。改革开放以来,适应市场经济不断发展的需要,新型金融工具不断涌现,金融工具日益丰富多样。多样化的金融工具使中国金融市场上各市场主体的金融需求得到一定的满足。但是应看到,面对实施经济创新发展战略的现实需求,中国目前的金融工具结构还很不合理,支持经济创新发展的金融工具还很不充足。从间接金融工具和直接金融工具相比较来说,中国的银行存贷款类工具等间接金融工具较为丰富,但是票据、股票、融资券、债券等直接金融工具还远远满足不了金融市场主体的金融需求。从货币市场金融工具和资本市场金融工具相比较来说,商业票据、短期公债、回购协议等货币市场类金融工具较为丰富,但股票、公司债券、中长期公债等资本市场类金融工具发展明显滞后。从债券凭证类金融工具和所有权凭证类金融工具相比较来说,债券凭证类金融工具相对丰富,但所有权凭证类金融工具发展则相对不足。从原生性金融工具和衍生性金融工具相比较来说,原生性金融工具较为丰富,但期货、期权和互换等衍生性金融工具(金融衍生工具)发展还处于初级阶段。相比较而言,直接类金融工具、资本市场类金融工具、所有权凭证类金融工具和衍生性金融工具对经济创新发展的金融需求来说,适应性更强,效率更高,推动力更足。

总而言之,金融结构不仅是金融发展状况的具体体现,而且对一国金融发展和经济发展具有重要的决定作用和影响力。通过金融结构的优化,可以增强金融业的功能和市场竞争力,提高金融产业的运作效率和金融市场的运作效率;可以分散金融风险,增强金融发展的稳定性,迅速和畅通地传导中央银行的货币政策,有利于实现宏观调控的目标。自戈德史密斯提出关于金融结构的重要论断以来,有关金融结构的研究就受到国际金融理论与实务界的广泛重视,甚至成为世界各国金融战略调整的重大议题。

中国金融业目前正处于金融深化与战略调整的关键时期,许多带有战略性的关键问题都有待准确定位和明确回答。同时,我国经济正处于高速发展、结构转型的关键时期,金融发展也面临着金融功能提升、金融生态环境改善、金融基础设施建设等多重任务,因此,厘清金融结构演进的规律性认识对于我国的金融改革和金融深化具有重要的意义。

 **思考题**

1. 金融结构与经济发展是什么关系？金融结构演进的决定因素有哪些？
2. 中国金融结构的演变特征及未来走向是什么？

第四部分
金融市场理论

第7讲 有效市场假说

基本要求：1. 了解有效市场假说的内涵和发展历程。
2. 熟悉有效市场假说的国际影响。
3. 掌握有效市场假说的主要思想。

本讲重点：有效市场的类型：弱式、半强式、强式。
本讲难点：有效市场假说的检验。

有效市场假说（efficient market hypothesis，EMH）是金融经济学核心基础理论，也是评价金融市场效率的重要参照系。它与价值评估理论、投资组合理论、资本结构理论等紧密联系，其作为现代金融学的基础理论之一，在现实世界中的应用十分广泛，尤其是在金融市场投资方面。2013 年，诺贝尔经济学奖颁发给有效市场假说的代表人物尤金·法玛，是对他的奠基性贡献的肯定。本讲对有效市场假说的产生背景、发展历程、理论观点、类型划分及其在国际经济历史上的政策作用与影响等进行了综述，并对其在中国的实践应用情况进行了分析。

一、有效市场假说的历史回溯

在一般的意义上，金融市场可以被认为最接近于经济学所讨论的完全竞争市场，金融市场中交易者之间最主要的差别体现在信息量和信息的精确程度上，交易者的信息比较优势表现为那些没有完全反映在市场价格中的信息。尤金·法玛提出的"有效市场假说"可以看作完全竞争市场理论在金融资产市场上的应用。资本市场效率与金融经济领域内的诸多理论紧密相关，如价值评估理论、投资组合理论、资本结构理论等，其理论前提中均包括资本市场是有效的。有效市场假说是传统主流金融学理论的奠基石，是经济学家们所追求的完全竞争均衡思想，是建立在完全理性假设基础上的完全竞争市场模型。如果有效市场假说的存在性受到了挑战，则建立在此基础上的资产定价模型、套利定价模型等就难以成立。因此，有效市场假说在金融经济领域内的理论意义重大，研究有效市场的产生、发展及实践情况对我们更深刻地认识有效市场假说具有极其重要的意义。

（一）有效市场假说的产生

有效市场假说的产生是从随机游走开始的。1900 年，路易斯·巴舍利耶（Louis Bachelier）在分析法国商品价格时，发现了商品的价格所具有的"随机波动性"。尽管巴舍利耶的这一研究不能够被当时主流"经济学"所接受,但是他的研究成果直接推动了后来股票市场价格运动作为维纳过程进行研究的发展。1953年,莫里斯·肯德尔(Maurice Kendall)经过实证研究得出了后来经济学者们归纳的"随机游走模型"或"随机游走理论",为霍布鲁克·沃金(Holbrook Working)等人对价格波动的描述提供了坚实的实证基础,也为有效市场理论的提出奠定了基础。1959年,奥斯本(Osborne)分析了美国股票市场的价格运动后,认为股票价格运动的过程有很多方面的性质与原子运动的性质相似。1963年,克莱夫·格兰杰(Clive Granger)和奥斯卡·摩根斯特恩(Oskar Morgenstern)运用了更加强大的时间序列分析方法,对股票市场价格波动进行了分析,也得出了与肯德尔等人相似的结论。这使得人们基本认识到股票价格的时间序列是符合随机游走模型的,但是这也就意味着股票市场中价格的波动并非遵从价格形成理论,而是极有可能被反复变化且不可测度的投资者心理因素所左右,而对这一结论当时的经济学理论无法给出明确合理的解释,甚至有人以资本市场价格波动无规律可循为由,将资本市场排斥在经济学家的研究对象以外。

就在人们无法对股票价格波动呈现布朗运动现象进行合理的经济学解释时,又有学者对这一问题进行了分析。1965年,萨缪尔森认为金融市场中价格波动无规律可循的现象反而证明了金融市场中理性投资者不断利用新信息套利,金融市场在有效地按照经济规律运行,尤其是股票价格的随机波动体现出来的是一个有效率的市场。1966年,本华·曼德博(Benoit Mandelbrot)提出,在一个由理性的风险中性投资者组成的竞争市场中,资本市场能够对各种影响资产价格的连续的、不可预知的信息做出迅速而合理的反应,资产价格水平能够充分反映当前所有影响其价格的信息集,其价格水平的波动是资本市场进行资源配置的表现形式。

与此同时,尤金·法玛等学者开始从信息与股票市场价格波动的关系研究市场有效性问题。法玛指出"有强有力的证据支持股票市场价格运动的随机性特征"。萨缪尔森和曼德博在仔细研究了随机游走理论后,较为严密地揭示了EMH期望收益模型中的"公平游戏"原则。1967年,哈里·罗伯茨(Harry Roberts)根据信息的不同层次及证券价格对不同信息集的反映情况给出了有效市场价格的三种形式:弱式市场价格、半强式市场价格和强式市场价格。1969年,法玛、费雪、迈克尔·詹森(Michael Jensen)、理查德·罗尔(Richard Roll)最先提出了"有效市场"的概念,并将有效市场定义为"根据新信息迅速调整的市场",同时将信息作为市场效率研究的核心因素。

最终,在总结了前人的理论和实证的基础上,法玛将有效市场定义为"总是充分反映所有可得信息的市场",对有效市场进行了全面阐述,并给出了一个研究EMH的完整理论框架,正式形成了"有效市场假说"。其核心思想是,有效市场中证券价格总是能够及时、准确、充分反映所有相关信息。法玛同时提出,资本市场在不同信息环境下具有三种有效形式:弱式有效、半强式有效和强式有效。自此,以股票价格随机游走为理论精髓的有效市场假说达到了全盛时期。

(二)有效市场假说的发展

1970年以后,理性主义各学派对EMH进行了更符合现实的扩展和修订。法玛在提出了有效市场的表述后,运用一系列经济模型(价格密度函数模型、公平博弈模型和市场有效性随机游走模型)对市场有效性的经济含义进行实证检验。阿里尔·鲁宾斯坦(Ariel Rubinstein)在1976年和马克·莱瑟姆(Mark Latham)在1986年从逻辑学、信息经济学等角度对有效性的结构进行了重新构造,提出了不同的定义并且首次将交易量与市场有效性结合在一起进行研究。1978年,詹森提出了考虑交易成本的定义,并为以后的实证研究打下了基础。

在法玛市场有效理论的框架下,为了检验市场的有效性及有效性程度,经济学家们提出了一系列的检验模型。1986年,约翰·泰勒(John Taylor)基于对证券收益率序列分布的基础上,提出了乘积过程模型;蒂姆·波勒斯勒夫(Tim Bollerslev)提出了异方差模型(GARCH);1988年,A.克雷格·麦金利(A. Craig Mackinlay)提出了方差比的检验方法;皮特(Peter)在1989年提出了重标级差模型(R/S);1991年,布洛克(Brock)和勒巴伦(Lebaron)提出的混沌理论在实证检验上得到了运用,极大地丰富了检验方法。对于市场的半强式有效检验,由法玛提出的事件研究法在20世纪70年代之后得到了很大的发展。1983年,佩特尔(Petell)使用一天内交易的数据,进行了市场对信息反应速度的研究;伯纳德(Bernard)和托马斯(Thomas)在1990年研究了"宣布后的漂移"现象。对市场强式有效性的检验是通过检验内幕交易对超额收益的反映程度来进行的。1990年,斯蒂克尔(Stickel)、赛义德(Syed)(1990)通过研究,认为咨询公司和其他证券投资分析机构利用其公布的消息可获得小的但统计上显著的超额收益,说明强式有效假说在实际市场中没有得到支持。

随后,法玛于1991年对有效市场的分类进行了调整:原来第一类的弱式检验主要研究过去收益的预测能力,现在则包括与收益可预测性有关的更广泛的检验;第二类和第三类包括的范围不变,但建议更换名称,半强式有效检验改为事件研究检验,强式有效检验更改为内幕信息检验。

基于实证分析过程中出现的问题,在法玛有效市场理论的基础上,1992年,伯顿·麦基尔(Burton Malkiel)从3个方面概括了有效性的定义,新的有效性的定义是对"有效市场"定义的深化;2000年,安德鲁·施莱弗(Andrei Shleifer)在有效市场中投资者构成描述的基础上,给出了以完全理性人为市场有效性核心的有效市场假说的争论,与发展有效市场参与者3个逐渐放松的理论假设。他认为有效市场中的市场参与者可以是非理性的,但是这部分非理性的投资者所做出的随机交易行为可以相互抵消而不会影响市场的有效性等。

总之,有效市场假说是一个建立在完全理性人假设基础上的完全竞争市场模型,该假说为人们通过微观角度认识证券市场的运动规律和进行投资策略管理提供了理论基础。但是,由于有效市场假说中有关完全理性人、完全信息以及有效套利的假设与现实证券市场并非完全符合,该假说也遭到了来自信息经济学和行为金融学的质疑,以及现实证券市场中"异象"的各种挑战。学者们对市场有效性假说的不断完善,使该假说能够更加贴近于真实的证券市场。

二、有效市场假说的理论思想

(一) 有效市场假说的含义

有效市场假说(EMH)是由法玛(Fama)于1970年提出并深化的。在有效市场假说理论框架下,证券市场上的价格反映了所有可能得到的信息,即股票价格总是能够充分反映所有可以得到的信息。依据这一观点,在证券市场上,即使股票的价格偏离了其内在价值,也是因为有关股票的信息在市场上的流通不完全、不及时、不准确。随着投资者获取的信息越来越完全,对信息的理解越来越透彻,股票价格便会慢慢回归基本价值。投资者不能够利用现有的信息获取超额利润。换句话说,即使积极的投资者也不能够通过基本面分析和技术分析获得超出市场平均利润的收益。

有效市场假说包含以下3个要点：①在市场上的每个人都是理性的经济人,证券市场上每只股票所代表的各家公司都处于这些理性人的有效市场数据严格监视之下,他们每天都在进行基本分析,以公司未来的获利性来评价公司的股票价格,把未来价值折算成今天的现值,并谨慎地在风险与收益之间进行权衡取舍。②股票的价格反映了这些理性人供求的平衡,想买的人数正好等于想卖的人数,即认为股价被高估的人数与认为股价被低估的人数正好相等。假如有人发现此二者不等,即存在套利的可能性的话,他们会立即用买进或卖出股票的办法使股价迅速变动到能够使二者相等为止。③股票的价格也能充分反映该资产所有可获得的信息,即"信息有效",当信息变动时,股票的价格就一定会随之变动。一个利好消息或利空消息刚刚传出时,股票的价格就开始异动,当它已经路人皆知时,股票的价格也已经涨或跌到适当的价位了。有效市场假说实际上意味着"天下没有免费的午餐",世上没有唾手可得之物。在一个正常的有效率的市场上,每个人都别指望发意外之财,所以花时间去看路上是否有钱好拣是不明智的,费心去分析股票的价值也是无益的。当然,有效市场假说只是一种理论假说,实际上,并非每个人总是理性的,也并非在每一时点上都是信息有效的。"这种理论也许并不完全正确,"格里高利·曼昆(Gregory Mankiw)说,"但是,有效市场假说作为一种对世界的描述,比你认为的要好得多。"①

从股票价格对信息的反应程度方面讲,根据公式 $Et(xt+1 \mid \phi t)=xt$,当信息集 ϕt 从最小达到最大时,股票市场也就从最弱形式达到了最强形式。从反应速度方面分析,如果市场是有效的,则股票价格能够迅速对所有相关信息做出完全反应;如果市场是相对无效的,则股票价格不能够及时反映信息的变化,投资者要花费一定时间进行分析才能做出反应(可能反应过度或反应不足),如图7-1所示。

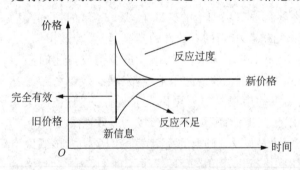

图7-1 信息在证券市场中传播的三种情况

根据有效市场假说可以推论,在理性投资者和非理性投资者的博弈过程中,由于理性投资者具有理性意愿和投资分析能力,加上市场的选择机制,最终理性投资者将成为市场的主导,而证券市场最终也将达到有效。

(二) 有效市场假说的前提

即使作为研究证券市场效率的核心理论,有效市场假说本身仍是一个完美假设。若要有效市场假说成立,则仍须满足以下4个前提条件。

假设一,理性经济人假设,即市场上所有的投资者都是追求个人效用最大化的理性人,具有同样理解和分析信息的能力,对股价的预期也是相同的,股票价格的变动完全是投资者基于所有的信息集的理性预期的结果。

假设二,信息的获得是零成本的,而且信息的分布是充分的、均匀的。

假设三,即使市场中存在较大部分非理性的投资者,由于存在交易的随机性和独立性,

---

① 格里高利·曼昆.经济法原理[M].6版.北京大学出版社,2013.

这两种特性仍会使证券价格不遭受任何影响。

假设四,若某一证券的价格由于非理性投资者的存在,出现随意哄抬价位的情况,无法避免地使得证券价格突然出现大于其基本价值的情况,对于理性的投资者来讲,他们会发现一个可以为他们带来收益的契机,即与那些被胡乱哄抬价位的证券未来收益相近的可替代证券此刻价位将会低于被哄抬证券,套利行为一定会发生在一些理性投资者身上。

通过上述分析可知,EMH并不只是单纯地建立在理性投资者假设的前提条件上进行相关讨论的。国际上绝大多数的证券市场均不可避免地存在着非理性的投资者,夸张地讲,他们在做决策时行为不受理性大脑控制,即使发生这种情况,市场中存在的交易随机性和独立性特点也会帮助证券价格不遭受非理性投资者"愚蠢行为"的干扰。换句话讲,即使非理性的投资者做决策的行为并不具备随机性和独立性,还会存在理性投资者进行套利的行为,进行风险对冲的行为仍旧会使市场价格逐渐回归到原本的价值。

(三) 有效市场的分类

现代金融市场有效性研究的奠基性工作是萨缪尔森完成的,他提出了信息有效的市场,而不是经济学中的资源配置有效和帕累托(Pareto)有效市场,在有效市场中资产价格已经完全反映了目前市场参与者全体所拥有的信息和对市场的预期,因此,今天的价格变化只能是由今天的信息引起的。所以,在有效市场中,资产价格的变化是不可预测的。

近几十年来,金融市场有效性的研究方法就是把市场的有效性与市场对信息的反应结合起来,把市场有效的程度用市场价格对信息的反应速度和反应程度来衡量。法玛提出EMH完整理论框架时,在罗伯特的分类基础上,把证券市场上的信息分为3类:一是历史信息,通常指证券过去的价格、成交量、公司特性等;二是公开信息,如红利报告等;三是内部信息,是指所有非公开的信息。相应地,法玛按照证券价格对相关信息的反应程度不同,把有效市场分为弱式有效市场、半强式有效市场和强式有效市场3类,如图7-2所示。

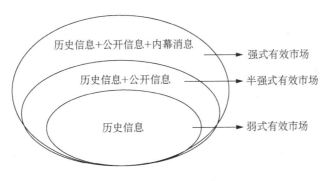

图 7-2 有效市场分类图

1. 弱式有效市场

弱式有效市场是市场有效性的最低层次。在弱式有效市场中,当前证券价格充分反映了所有历史记录中的信息,包括证券的历史价格序列、收益率、成交量和其他一些市场产生的信息。若该假设成立,则投资者无法利用过去股价所包含的信息获得超额收益,股票价格的技术分析失去作用,投资者无法通过对以往价格的分析来预测未来股价走向,从而获取超额利润。即证券价格的变动同其历史行为方式是相互独立的,证券价格变动的历史时间序列数据呈现出随机游动形态。

2. 半强式有效市场

若市场呈现半强式有效，则证券价格不仅反映了历史信息，而且反映了所有与公司证券有关的公开信息，如收益和股息分配公告、市盈率、账面价值与市场价值比、股份分割、有关的经济和政治新闻等。由于市场上的任何一个投资者都可以通过公开适用的渠道获得这些信息，投资者就会预期这些信息已经体现在股价上了。如果证券价格对于公开信息仍在做出反应，则说明在证券价格形成过程中，投资者对公开发表的资料尚未作出及时充分的挖掘和利用，这样的市场尚未达到半强式有效。在半强式有效市场中，利用技术分析和基本分析都失去作用，获取内幕消息可能获得超额利润。

3. 强式有效市场

若市场是强式有效的，则证券价格全面反映了所有公开的和未公开的信息。这意味着，在市场上，任何投资者包括获得内幕消息的人士都不能从独占的信息渠道获得超额收益。强式有效市场假设包括半强式和弱式有效市场假设，因而在强式有效市场中，市场价格不仅完全反映了一切历史信息、一切公开获得的信息，同时也已充分反映了一切内幕信息。强式有效市场假设把有效市场假设扩展到了"完美"市场假设。在强式有效市场中，投资者即使获取内幕信息，也无法从中获取超额利润。

有效市场的3种形式和证券投资分析有效性之间的关系如表7-1所示。

表7-1 市场有效性与投资分析的关系

	技术分析	基本分析	内幕消息	组合管理
弱式有效	无效	有效	有效	积极进取
半强式有效	无效	无效	有效	积极进取
强式有效	无效	无效	无效	消极保守

(四)有效市场假说的进一步认识

1. 完全竞争

有效市场假说实际上是一个在完全理性基础上的完全竞争模型。市场的有效性是完全竞争的结果，竞争的程度不同会导致市场有效性程度的不同。根据股票市场内外在效率理论，股票市场是一个集信息和资金高速流动的市场，这正是股票市场区别于其他商品市场的主要特征。正是这种流动性，使股票市场的竞争程度要比其他市场激烈得多。激烈的竞争使投资者能容易地进出不同行业，使得整个市场的收益水平能够趋向均衡，消除了超额收益存在的可能。

2. 有效市场的特征

有效市场假说认为，证券价格应该能够准确地反映收集有关未来定价的新资料和信息；证券价格从一个阶段到下一个阶段的变化应该是随机的，因而今天的价格与昨天发生的价格变化或过去的任何一天的价格变化无关；区别将来某段时期的有利和无利的投资不可能以现阶段已知的信息作为依据；如果我们把投资专家和无知的投资者区分开，我们将发现我们不能找到这两组人投资绩效的重要区别。

3. 对有效市场的质疑和挑战

行为金融学对有效市场理论提出了质疑与挑战。在行为金融学看来，证券市场中的投资者亦并非全部为理性投资者,种种原因导致其自身存在较为弱式的一面,投资者做出的投资行为也并不全都是最好的做法,无论因何缘故他们多多少少总是会出现系统性错误,总而言之,出现此类系统性错误在所难免。

分形市场假说对有效市场理论也提出了质疑与挑战。分形市场假说认为:首先,投资起点这一概念非常重要,起点让投资者选购股票甚至收益均会带非线性。其次,市场达到稳定的前提是具备一定的流动性支撑。如何能够保证市场一直具有较强的流动性?最后,需要证明是否证券的长期价格与未来经济发展具备内在一致性。

三、有效市场假说的检验

(一) 弱式有效市场的检验

1. 检验股票价格数据之间的独立性

股价之间存在统计上显著的系列相关性,说明股票价格的升降对后来的价格变化存在着某种影响,即可从股票价格的历史变化中发现预测未来股价的规律,弱式有效市场假说不成立。对股价时间序列建立如下的 m 阶自回归模型(AR模型):

$$P_t = \alpha + \theta_1 P_{t-1} + \theta_2 P_{t-2} + \cdots + \theta_m P_{t-m} + \varepsilon_t$$

其中:参数 θ 表示股价变化的滞后影响。如果市场是弱式有效的,股票的未来价格变化与历史价格不存在相关性,即模型的参数 θ 与零相比不会有统计意义上的显著性。否则,表明股票的历史价格影响股票的未来价格,市场弱式有效不成立。

2. 检验股票价格变化的随机性

从统计检验的角度来看,如果股价变化不具有统计上显著的随机性,则投资人有可能利用该非随机特性获取异常收益,弱式有效市场假说不成立;反之,则弱式有效市场假说成立。在实际应用中,可采用以下两种方法。

(1) 自相关函数:

$$\rho_k = \frac{E[(X_t - \mu_t)(X_{t+k} - \mu_{t+k})]}{\sqrt{E[(X_t - \mu_t)^2] E[(X_{t+k} - \mu_{t+k})^2]}} = \frac{\text{cov}(X_t, X_{t+k})}{\sqrt{\text{var}(X_t)} \cdot \sqrt{\text{var}(X_{t+k})}}$$

根据自相关函数判断:如果相关性强,说明市场是无效的;如果不相关,说明市场是有效的。

(2) 单位根检验:

$$X_t = X_t + \varepsilon_t, \{\varepsilon_t\} \text{为平稳过程}$$

单位根过程本身是非平稳过程,经过一次查分后,$\{\Delta P_t\}$ 为一阶平稳过程。股票市场弱式有效意味着股价序列 $\{P_t\}$ 呈随机游走特征,这实际上说明序列 $\{P_t\}$ 为1阶单整过程。因此,对股票市场的检验可以通过对 $\{P_t\}$ 进行单位根检验,确定其单整阶数来进行。

常用的单位根检验方法:扩展的迪克富勒检验(Augmented Dickey Fuller Test,ADF),PP检验(Pillips-Perron Test)。

3. 检验各种股票技术分析方法及交易规则的有效性

对股票市场有效性进行检验,学者们大多采用了所谓的"过滤法则",即选择一个与股票价格变化有关的指标,然后按照这一指标的指示进行股票的买卖。如果这种操作在扣除风险和交易成本等因素后能比一般的投资者取得更高的收益,则股票市场弱式有效不成立;反之,股票市场弱式有效成立。

(二) 半强式有效市场的检验

对于半强式有效市场假说的检验主要是验证股票价格是否能迅速充分地反映任何公开信息。如果能,则投资者不可能利用任何公开信息获取异常收益,股票市场半强式有效成立;反之,如果股票价格对任何信息的反映具有滞后性或不完整性,则投资者便可能利用该公开信息获取异常收益,股票市场半强式有效不成立。这些公开信息通常包括公司规模、股票拆细、盈利报告公布、资产重组、股利分配和增发新股等。

假设事件没有发生,此时个体的收益称为正常收益,一般用事件没有发生时的预期收益率 $E(R_{it}|I_t)$ 来表示。但若事件发生了,其收益率将成为事后实际的收益率 R_{it}。异常收益率 AR,则是事件窗中的事后收益(实际收益)减去正常收益或预期收益。

$$AR_{it} = R_{it} - E(R_{it}|I_t), t \in [T_1+1, T_2]$$

其中:$E(R_{it}|I_t)$ 可以分为市场模型、常数均值模型、资产定价模型。

(1) 市场模型的理论基础在于市场中任何证券的收益与市场投资组合的收益存在很强的相关性。

$$E(R_{it}|I_t) = \hat{\alpha}_i + \hat{\beta}_i R_{mt}, t \in [T_1+1, T_2]$$

其中:R 为投资组合收益率,实际中为综合指数。

(2) 常数均值模型假定股票在事件窗口内正常收益类为常数。

$$E(R_{it}|I_t) = \mu_i, t \in [T_1+1, T_2]$$

$$\mu_i = \frac{1}{T_1-T_0}\sum_{T_0}^{T_1} R_{it}, t \in [T_0, T_1]$$

其中:利用估计窗口期 $[T_0, T_1]$ 内实际收益率的平均值作为事件窗期 $[T_1+1, T_2]$ 的正常收益率。

(3) 资产定价模型,即 CAPM 模型。

$$E(R_{it}|I_t) = r_{ft} + \hat{\beta}_i \cdot (R_{mt} - r_{ft}), t \in [T_1+1, T_2]$$

对于以上提到的 3 种估计正常收益率的模型,在 20 世纪 70 年代的事件研究中,西方学者广泛使用的是 CAPM。有一些经验性的结果证实,用以上不同方法估计正常收益率,其效果相差不大。

我国学者陈汉文和陈向民的研究表明:虽然市场模型具有某些优点,但在针对我国证券市场的研究中则需要注意其有更容易拒绝原假设的倾向。这意味着将它运用在一些价格反应力度较小或不易确定的研究中时,对结果的阐述要慎重;而均值模型在不同情况下对事件研究有很多优于市场模型的特点,从而运用均值模型可以更有效地达到探测股票价格时间性表现的目的。

另外,运用 CAPM 估计正常收益率,从而验证股市是否弱式有效,这容易陷入上文提到的那个悖论,即 CAPM 的成立须以市场有效为前提,而我们在检验市场是否有效时又肯定 CAPM 成立以估计股票的正常收益率。基于这种思路,有效市场假说可以说是不可检验的。

若应用市场模型或均值模型则能避开这样一个悖论。

(三) 强式有效市场的检验

强式有效市场假说的信息集包含所有公开的和内幕的信息,但这一信息集在实践中显然很难定义。为此,对强式有效市场假说的检验主要以间接的方式进行,即通过检验内部人员和专业投资机构的股票交易的盈利状况,来发现是否有投资者能持续获得异常利润。

专业投资机构在日常经营活动中,通常都会迅速建立起自己与政府、投资对象以及社会相应部分间广泛而缜密的关系网,以尽可能地获取第一手情报,因而专业投资机构也可能获得垄断性的未公开信息。如果有证据表明专业投资机构能够持续地获取异常利润,则否定了市场的强式有效;否则,市场强式有效成立。

四、有效市场假说的国际影响

(一) 有效市场假说的国际影响

2013年,有效市场假说荣获诺贝尔经济学奖,是全球金融资本主义时代的一个标志性事件,因为有效市场假说正是全球金融资本主义最重要的理论支柱。如果说全球金融资本主义是资本主义经济体系发展和演变的最高阶段,那么,有效市场假说则是资本主义自由放任经济理论演变和发展的巅峰之作。有效市场假说在提出后的几十年时间里,通过众多学者对该学说内容的不断丰富和发展,其内涵越来越严密,并成为一个理论体系。该理论对金融经济研究领域的影响是重大和深远的。

有效市场假说揭示了证券市场内在特征,改变了投资者对股票市场的固有认识,并促进了股票市场的创新与发展。投资者在没有了解有效市场假说之前,总是认为在股票市场上是存在价格波动规律的,并试图通过对股票市场过去价格的走势来预测股票市场未来的价格走势。有效市场假说的诞生将信息与股票价格有机联系在了一起,并通过价格对相关信息的反应效率来判断股票市场的效率。有效市场假说为证券市场朝着健康方向发展提供了有力的理论依据。有效的证券市场必然是一个信息传递有效的市场。而只有监管得当,才会保证信息在证券市场有效的流通,才能提高证券市场效率。

有效市场假说的产生促进了金融理论的发展。有效市场假说与金融经济学中的资本结构理论(MM)和资本资产定价模型(CAPM)几乎是同时提出的,它们之间相互有着紧密的依赖性,在验证市场有效性时需要均衡模型,而均衡模型的正确前提又在于市场是有效率的。在此之后的布莱克-斯科尔斯期权定价模型、套利定价模型等都是建立在有效市场假说的基础之上的。如果有效市场假说的存在性受到了挑战,则资产定价模型、套利定价模型和布莱克-斯科尔斯期权定价模型等就难以成立。

有效市场假说是金融市场理想状态的反映,为人们研究市场效率提供了一个基本的参照系。国际上近几十年来围绕有效市场假说进行了大量的理论和实证研究,这些研究丰富和完善了人们对于资产价格形成机制和金融市场效率的认识。

结合金融计量学的最新发展,对中国证券市场的有效性进行研究,一方面能够揭示转轨经济中金融市场的发展规律和特点,丰富金融学理论,另一方面也能够促使投资者对自己的认知习惯和行为偏差有更加清醒的认识,从而促进整个资源配置效率的提高。

经过40年的演变和发展,有效市场假说已经成为推动全球金融市场开放、放松金融市场管制、鼓励金融市场创新、提升金融市场效率、增加金融市场流动性、尽可能促进公司上市交易等各项金融政策的理论基石。有效市场假说事实上已经成为市场原教旨主义和"华盛顿共识"的理论支柱,成为全球金融资本主义经济体系的理论基石。

(二) 有效市场假说的发展态势

2013年,诺贝尔经济学奖颁发给尤金·法玛、彼得·汉森和罗伯特·希勒3位美国经济学家,以表彰他们在资产价值认知方面的重要贡献。瑞典皇家科学院认为他们3人从不同角度提出了研究资产定价的实证方法,并将这些方法应用到对股票、债券和其他资产价格变动趋势的预测中,他们的方法已经成为相关领域学术研究的标准,对专业的金融投资实践也产生了深远影响。法玛是美国芝加哥大学布斯商学院的金融学教授,也是全球经济学论文引用率最高的经济学家之一,在金融学领域最为人熟知的贡献就是有效市场假说和三因素模型,前者奠定了整个金融市场的理论基石,后者则解释了标准的资本资产定价模型不能解释的异常问题。希勒则是行为金融学的奠基人之一,其获奖的主要贡献源于较早关注股票价格指数的大幅波动,他所提出的过度波动论对后来的金融资产价格研究产生了极其重要的影响。因此,尽管诺贝尔奖委员会通过资产价格实证研究的分析视角,找到了法玛和希勒对金融学共同的研究贡献,但是,实际上他们两人却分别代表着驱动现代金融学快速发展的不同力量。

法玛的有效市场假说与希勒引领的行为金融学的发展脉络之间存在较大的学术分歧与对抗,是一场旷日持久的论战。随着双方争论的不断深入,行为金融较好地解释了各种金融异象,但是市场似乎也并不像行为金融理解得那样持续无效,许多金融异象在相关的学术论文公开发表后出现消失、逆转或变小的迹象;而且在放宽假设条件的情况下,有效市场假说也能解释金融异象。因此,行为金融与有效市场假说究竟孰对孰错?时至今日,争论仍在继续,而且导致更多金融理论的出现,如分形市场假说、演化博弈论、金融市场代理人模型等,特别是华裔金融学家罗闻全提出的适应性市场假说,弥合了有效市场假说与行为金融之间的分歧,为两种理论建立了具有内在一致性的分析框架。

总之,有效市场假说作为金融经济学中的一个基础理论,在学术理论界具有基础性的地位,同时被市场人士广泛地运用到实务投资的实践中,自其被提出之后,就一直是金融经济学中的一个重要研究领域。但有效市场假说虽被人们广泛接受,却并非一个完美的理论。为正确认识复杂金融系统的运行本质,金融学家们进行了上百年艰苦卓绝的努力,取得了一系列开创性的研究成果。就金融市场的本质而言,从法玛集大成的有效市场假说开始,到希勒引领的行为金融学的崛起,再到以华裔金融学家罗闻全为代表的适应性市场假说的兴起,经济思想和金融理论始终在充满争论和激辩的学术争鸣中不断前行。因此,随着大数据时代的到来,基于计量经济学的研究方法,在融合了物理学、心理学和生物学等前沿成果的金融实证研究中日臻完善,有关金融市场本质的学术分歧也在殊途同归中逐步走向弥合,并且得到了诺贝尔奖委员会的褒奖与肯定。

五、有效市场假说在中国的实践应用

20世纪90年代至今,中国证券市场已发展了30余年,但与西方发达国家相比还处于低级阶段。中国证券市场要保持快速高效发展须借鉴国外先进的理论与实践经验,有效市场假说作为现代金融经济学领域两大基础理论之一,对于我国规范证券市场主体行为、完善信息披露制度、提高市场运行效率、降低投资者成本都具有积极意义。

（一）由有效市场假说探讨中国证券市场效率

我国相关学者基于有效市场假说对中国证券市场有效性进行分析，认为中国证券市场效率较低的原因包含以下4个方面。

1. 非理性投资主体居多

法玛对有效市场假说的一大假设是市场上存在的是理性投资者。在我国，众多的证券市场投资者中，还是以中小个体股民为主，专业的机构投资者相对来说较少。与西方大多数国家的股民通过证券经纪人和投资基金参与证券市场不同，我国证券市场的中小个体股民直接参与市场，由于信息不对称性以及专业知识的匮乏等因素，这些中小个体股民在收集、整理、分析信息方面存在较大困难，并不能像国外专业经纪人那样进行理性分析和投资，往往存在盲目买卖、跟风买卖等非理性投资行为。又由于他们对信息的获取往往相对滞后，股票的买与卖行为同样相对滞后，导致市场上股票价格脱离实际价格，市场效率不高。

2. 证券市场制度存在缺陷

我国证券市场制度的缺陷主要表现为两个方面。

一是信息披露制度方面：①信息披露不完全。按照有关规定，所有上市公司的股票信息资料应该尽可能地公开，不得错报、遗漏重要信息。但是，我国许多上市公司为了自身的利益，往往只公布利好信息，不公布对公司不利的信息。②信息披露不对称。有效市场假说的一个前提条件是每个市场参与者都掌握了所有信息，但实际情况往往并非如此，特别是在我国，由于上市公司与投资者特别是中小个体股民间信息沟通不畅，交易双方并非掌握同等信息，大多数投资者无法获得应该获取的信息，只有极少数投资者可以通过真实的内幕信息获取收益。③信息披露滞后。及时的信息披露有利于投资者及时调整投资策略和投资方针，避免或降低由于信息延误而造成的投资损失。但是，我国许多上市公司对于信息的披露具有滞后性，往往在股价异常波动了一段时间后，才将真实的信息公布于众。此时，掌握内幕信息的投资者已获取超额收益，而蒙受投机损失的则是那些无法获取及时信息的中小投资者。

二是交易制度方面：我国证券市场实施的是"T+1"的交易制度，即投资者在买入股票的当天不能再进行交易，要等到第二天才可以交易，卖出股票。西方成熟证券市场所实施的则多是"T+0"的交易制度，即投资者在买入股票的当天就可以交易，卖出股票。若投资者在买入股票的当天，得到对该股票不利的信息，如果股票市场实施的是"T+0"交易制度，那么投资者就可以立即卖出股票，避免或降低投资损失。但在我国实施的"T+1"交易制度下，投资者当日就不能再卖出股票了，最快只能第二天卖出，投资者的投资决策受交易制度束缚，市场的效率也受到一定程度的限制。

3. 交易成本偏高

理查德·威斯特（Richard West）在其经典文献中指出，交易费用是用来衡量证券市场内部效率的主要指标。交易费用与交易时间决定了证券市场内部的效率。如果某一次交易的费用很高，交易的时间很长，那么证券市场内部效率就较低，从而影响投资者对市场信息的反应程度，进而影响证券市场的外部效率。我国以及其他一些发展中国家都单边征收股票交易印花税，一般来说税率在千分之一左右，但在牛市时会双向征收千分之三的印花税。另外，证券公司还会按照交易额征收千分之三的佣金，股票交易所还要征收千分之一的过户费以及5元的通信费。加起来，我国证券市场的交易费用仍然偏高，表明效率还偏低。

4. 市场监管力度有待进一步提高

我国证券市场实行的是分业经营、分业监管的监管体制。中国证监会作为市场监管的主体,市场中还存在自律组织如中国证券业协会,不同的组织都有自己的法律法规和规章制度的约束。另外,虽然我国的《证券法》与《公司法》早已出台,但与之配套的法律法规和规章制度等实施细节还有待进一步完善。

(二) 对中国提高证券市场效率的借鉴意义

1. 大力发展机构投资者

投资者的操作行为与证券市场的效率有着紧密的联系。与中小个人投资者相比较,由于专业背景的不同,机构投资者相对来说具有更好的证券投资知识,他们的投资理念、投资方式和方法相对来说更加成熟,他们对信息的获取、分析和判断能力相对来说更加完善。因此,为了提高我国证券市场的效率,促进证券市场的规范发展,应该增加理性投资者的数量,如大力发展机构投资者。与此同时,机构投资者的理性投资行为,也会在一定程度上对中小个人投资者的投资行为起到模范作用,使得中小个人投资者的投资行为逐渐从非理性向理性靠拢,从而进一步提高证券市场的效率。

2. 证券市场制度的完善

必须针对我国证券市场上的制度缺陷进行完善。首先,应该健全与完善信息披露制度。健全与完善信息披露制度是证券市场有效的重要标志,也是市场能够做到公平、公正、公开交易的前提条件。及时、准确的信息披露,以及交易双方及时的信息沟通,才可以确保股票的价格准确及时反映各类信息。其次,作为监管部门,应加强对上市公司各类财务信息的监管,确保各类信息准确、及时、合法地被披露,只有这样才能使市场的效率得以提高。最后,应对交易制度进行改革。为了使得投资者可以及时根据掌握的信息调整投资的方案,避免不必要的投资损失,我国应该仿效西方发达国家成熟证券市场,实施"T+0"的股票交易制度。

3. 降低证券交易成本

我国股票交易成本明显要高于西方发达资本主义国家,如印花税的征收。从国际上看,为了提高市场效率,大部分西方发达国家已经停征股票交易印花税,即便有些国家仍然在征收,其税率一般也比较低。因此,我们国家也可以仿效这些发达国家的做法,逐步减少印花税的征收,提高资本的配置效率,提高证券市场的效率。

4. 提高市场监管力度

提高市场监管力度,要进一步明确监管机构的职能。股票监管机构的基本职能是为广大股民提供一个公平、公正、公开的投资环境,将证券市场变为一个直接融资的场所,而不是专为少数玩家提供超额收益的地方。必须将维护中小投资者作为工作的出发点和落脚点,预防和严厉惩处内幕交易以及操纵和欺骗市场的行为。另外,要充分发挥市场的作用和监管手段。利用互联网、大数据、云计算的优势,建立股票的监管和预警机制,通过股票的定价机制和预审机制来提高证券市场的效率。

总而言之,有效市场假说经过40多年的发展演变,在质疑中不断修订完善,已经成为推动全球金融市场开放、促进金融市场创新、提升金融市场效率、增加金融市场流动性的理论基石。有效市场假说事实上已经成为市场原教旨主义和"华盛顿共识"的理论支柱,在学术理论界具有基础性的地位,同时被金融市场很多人士广泛地运用到各种投资操作实践中。

随着人们对有效市场假说理解的深入,未来关于资产价格的概率分布特征、如何建立更具有实际指导意义的资产定价模型等,都将是有效市场假说未来发展的关注点。我国更应该充分发挥其借鉴作用,提高证券市场有效性,促进我国证券市场的高质量发展。

 思考题

1. 有效市场假说的主要思想和国际影响有哪些?如何评价该假说荣获诺贝尔经济学奖?
2. 中国证券市场的有效性如何?

第 8 讲　资本结构理论

基本要求：1. 了解资本结构的内涵。
　　　　　　2. 熟悉资本结构理论演变过程。
　　　　　　3. 掌握资本结构理论的主要思想。
本讲重点：传统资本结构理论。
本讲难点：现代资本结构理论。

　　资本结构又称融资结构，是公司金融理论研究的重要方面。公司是不是存在一个最优的资本结构，从而使得公司的价值达到最大化？这历来是实业界和学术界关心的一个问题，也是公司金融领域中最激动人心的一个研究方向。资本结构是一个涉及资本市场、交易成本、委托代理、信息对称性、参与方博弈、制度设计、行为金融理论等的综合问题，在这个领域的探索和研究已经初步形成了比较完整的理论体系，即资本结构理论。其代表人物莫迪利安尼和米勒所建立的资本结构模型简称 MM 定理。莫迪利安尼因此获得 1985 年诺贝尔经济学奖，米勒（与哈里·马科维茨和威廉·夏普）获得 1990 年诺贝尔经济学奖。本讲按照资本结构理论发展的历史轨迹，评述资本结构中最为重要的各种观点，描述资本结构理论的基本内容，介绍国内外实证研究动态。

一、资本结构理论概述

　　一个公司经营所需要的资金来源通常有三个不同的渠道：直接来自股东的权益融资、来自债权人的债务融资、来自公司经营利润的留存收益，当然最后一种也是权益融资的另一种形式。资本结构是指以债务、优先股和普通股权益为代表的企业的永久性长期融资方式的组合或比例。资本结构设计与管理的目标是调整公司资金来源，寻求公司资本成本最低的融资组合，以实现企业价值最大化。

　　广义的资本结构也称财务结构，是指企业全部资本的构成及其比例关系，是公司资产负债表右边的所有内容的组合结构。企业一定时期的资本可分为债务资本和股权资本，也可分为短期资本和长期资本。狭义的资本结构是指企业各种长期资本的构成及其比例关系，尤其是长期债务资本与股权资本之间的构成及其比例关系：

$$V = B + S$$

其中：V 是公司价值；B 是负债；S 是所有者权益。

资本结构设计需要解决的问题,就是如何调整公司长期资金来源的构成,寻求公司资本加权平均成本最低的融资组合,以实现公司价值最大化。

从莫迪利安尼和米勒于 1958 年在《美国经济评论》上发表具有划时代意义的《资本成本、公司财务和投资理论》创建了现代资本结构理论起,资本结构理论已历经 60 多年的发展历程。从 20 世纪 70—80 年代中期起,金融经济学家提出了一系列基于资本市场不完美的新模型,被称为公司金融学术成果的黄金时代。从 1976 年至今,金融经济学家将经济人及其自利行为、经济人之间的利益冲突纳入研究范畴,研究话题更加丰富。

资本结构理论的发展历程大体上可以划分为 3 个阶段:传统资本结构理论(1958 年之前),现代资本结构理论(1958 年至 20 世纪 70 年代末)和新资本结构理论(20 世纪 80 年代初至今)。莫迪利安尼 1985 年荣获诺贝尔经济学奖,米勒 1990 年获得诺贝尔经济学奖,这是对资本结构理论的肯定。

二、传统资本结构理论

最早对公司资本结构理论进行系统性研究的是美国经济学家大卫·杜兰特(David Durand),他于 1952 年在美国经济局召开的企业理财研究学术会议上提交了一篇《企业债务和股东权益成本:趋势和计量问题》的论文,提出了公司资本结构的 3 种理论:净收益理论、净经营收益理论和传统折衷理论。这 3 种理论主要依据企业市场价值最大化或者资本成本率最小化标准,采用边际分析方法,从收益角度来研究企业的资本结构选择问题。它们的主要区别是投资者确定企业负债及股本价值的假设条件和方法的不同。

(一) 净收益理论

净收益理论是早期资本结构理论中的一个极端理论。认为随着企业利用负债融资总额的增加,企业的财务杠杆比率会不断提高,产生税盾效应,可降低总资本成本率,从而提高企业的市场价值,故企业采取负债融资总是有利的。假定该理论正确,那么企业的最优资本结构就是 100% 的负债,因为它能使资本成本最低,企业市场价值最大。该理论有两个假设:一是投资者以一个固定不变的比例投资或者估价企业的净收入;二是企业能够以一个固定利率筹集所需要的债务资金。

假设权益资本要求收益率 K_e 和负债成本率 K_d 固定不变,且 $K_e > K_d$。出于 $K_a = \frac{D}{V}K_d + \frac{E}{V}K_e = \frac{D}{V}(K_d - K_e)$,负债 D 的增大将导致总资本成本率 K_a 的下降。在一般情况下,权益资本的风险比负债的大,括号内为负。因此,在没有债务时 $K_a = K_e$,加权平均资本成本最高;随着企业财务杠杆率的提高,K_a 则开始下降,当企业的资本完全来自负债时,$K_a = K_d$,加权平均资本成本最低,企业市场价值最高。

该理论很明显的缺陷是不考虑企业融资风险和融资成本率变化的假设是很难成立的。因为现实中随着债务资本的增加,企业支付压力不断增加,融资风险会大幅度上升,企业的财务困境成本大幅上升,融资成本率也将上升,不可能保持固定不变。

(二) 净经营收益理论

净经营收益理论代表了早期资本结构理论的另一个极端,与净收益理论恰好相反,认为无论企业财务杠杆作用如何变化,加权平均资本成本率都是固定的,对企业市场价值没有影响。因为随着负债增加、财务杠杆变大,会相应增加企业权益资本的风险,进而普通股股东会要求更高的收益率,使得权益资本成本上升,权益成本和负债成本一升一降,加权平均成本将不变。它假设总资本成本率不受资本结构的影响,是固定不变的,同时还假设负债成本率也是固定不变的。

$$K_a = \frac{D}{V}K_d + \frac{E}{V}K_e, \quad K_e = \left(K_a - \frac{D}{V}K_d\right)\frac{V}{E} = (K_a - K_d) + K_a$$

由于 K_a 和 K_d 固定不变,而且 $K_a > K_d$,随着 $\frac{D}{V}$ 比率的增加,K_e 将不断提高。该公式表明随着财务杠杆作用的扩大,会相应增加企业权益资本的成本,使普通投资者要求更高的收益率,财务杠杆产生的收益将全部作为奖励向股东发放,权益资本成本上升,正好抵消财务杠杆带来的好处。因此,企业价值不受债务在整个企业资本中所占比例增减的影响。该理论推出的企业市场价值与资本结构无关的结论,对企业融资决策没有意义,事实上,随着企业财务风险增加,破产概率会变大,因而公司价值必定受到影响。

(三) 传统折衷理论

传统折衷理论是介于净收益理论和净经营收益理论两种极端之间的一种折衷理论。该理论认为,债务成本率、权益资本率和总成本率均非固定不变,都可能随着资本结构的变化而变化。企业在一定限度之内进行债务融资是合理的,无论是对债权人或股东都不会增加其投资风险,企业可以通过财务杠杆的使用来降低加权平均资本成本,从而增加企业的总价值,当企业加权平均资本成本达到最低点时,即企业最佳的资本结构。

$$K_a = \frac{D}{V}K_d + \frac{E}{V}K_e = K_e + \frac{D}{V}(K_d - K_e)$$

当企业在一定的限度之内利用财务杠杆作用,即负债比例在一定限度内时,负债和权益资本都不会有明显增长,债务成本率 K_d 和权益成本率 K_e 基本不变,由于 $K_d < K_e$,K_a 则会随着负债 d 的增加逐渐下降,从而使企业的市场价值上升,并且可能在此限度内达到最高点。但是,企业负债融资的财务杠杆作用一旦超出这个限度,风险就会增加,企业债务成本率和企业资本成本率开始上升,加权平均资本成本率上扬。负债比例超出越多,加权平均资本成本率上升越快,市场价值下降也越多。

该理论承认可以通过财务杠杆的运用取得最佳资本结构从而使得企业市场价值最大化。一般来讲,在最佳资本结构点上,负债的实际边际成本率与权益资本的边际成本率相同。但是,同前两种理论一样,它缺乏周密的分析和实证检验,主要建立在经验判断之上,无法准确描述财务杠杆与资本成本以及企业价值之间的关系,难以在实践中运用。

以上的这 3 种观点从不同的角度说明了企业负债同企业价值之间的关系,说明了企业财务风险对企业价值有影响,为以后的研究指出了方向,并且肯定了最佳资本结构的存在和确定,为后来的资本结构研究奠定了一定的理论基础。

三、现代资本结构理论

美国经济学家莫迪利安尼和米勒于 1958 年在《美国经济评论》上发表了《资本成本、公司财务和投资理论》一文,奠定了现代资本结构理论的基石。该理论是在早期的净经营收益理论的基础上发展而来的,它经过严密的数学推导,证明了在一定条件下,企业的市场价值与企业的资本结构无关。此后,在 1963 年发表的《企业所得税和资本成本:一个修正》一文中,他们加入了对企业所得税情况的考虑,并相应修正了理论。围绕 MM 定理的论战持续了半个多世纪,真实地记录了西方资本结构理论发展的整个历史过程,多次交锋确立了 MM 定理在现代资本结构理论中的主流地位。随后,众多学者受到 MM 定理的启发,放松了 MM 定理的各项基本假设,发展出了权衡理论、后权衡理论。进入 20 世纪 80 年代后,伴随着信息经济学的发展,资本结构理论进入了新的发展阶段:以代理成本为基础的理论、以非对称信息为基础的优序融资理论,考虑公司控制权的理论。

(一) 无摩擦环境的 MM 定理

经典的 MM 定理建立在一系列严格的假设之上:①不存在破产风险;②个体可以在无风险市场上以市场利率借贷;③不存在税收;④不存在交易成本。

在满足上述假设的条件下,如果两个厂商在各种可能状态下的收益完全相同:$Y_1(s) = Y_2(s)$,不管这两个厂商的资产负债比是否相同,它们的价值都一定相等:$V_1 = V_2$。下面分两种情况对上面的结论进行详细的解释。

1. 简单情况

厂商 1 没有未清偿债务:$V_1 = E_1$;

厂商 2 则发行价值 $B_2 > 0$ 的债券:$V_2 = E_2 + B_2$。

我们建立一个组合 P:卖空厂商 2 比例为 $a > 0$ 的股份,买进厂商 1 相同比例 a 的股份。该组合的投资成本是 $aE_1 - aE_2$,收益是 $P(s) = aY_1(s) - a[Y_2(s) - (1+r)B_2]$。这个组合的收益确定是无风险组合。我们知道,在存在无风险套利的情况下,任何无风险组合的收益率必然等于市场上无风险资产的收益率 $1+r$,因此有下式:

$$\frac{(1+r)B_2}{V_1 - (V_2 - B)}$$

等式两边相等,必然有 $V_1 = V_2$。

2. 一般情况

厂商 1 发行债券 $B_1 > 0$,上面的结论说明它的价值等于不发行债券时候的价值,又等于厂商 2 发行债券 B_2 的价值。因此,不管资产负债比例是否相同,它们的价值总相等。我们的结论得证。

在消费者和厂商的借贷条件相同的情况下,如果厂商改变了它的资产负债比例,消费者总是可以通过适当调整其持有的无风险资产比例,恢复原有的杠杆比例,即如果存在一个对消费者而言最优的资产组合比例,那么厂商直接影响该资产与厂商提供任意组合的资产让消费者在市场上调整是一样的。在 MM 定理之前,人们认为财务杠杆对公司价值的影响很复杂,难以理解,而 MM 定理却给人们提出了一个简单的结论:如果杠杆公司定价过高,只要投资者能够以公司相同的条件借入或者贷出,理性投资者就可以靠自己来自制财务杠杆,而企业的价值是不受影响的。因此,对于股东而言,资本结构没有好坏。从一定程度上来讲,MM 定理是悲观的,无为而治,人们会因此失去主动调整资本结构的积极性。

MM 定理最早采用了无套利理论的均衡分析方法,并成功地运用数学模型,揭示了资本结构中负债的意义,从这个角度来说,它是现代金融学的发端之作。

MM 定理是建立在一系列严格假设的基础之上的,这些假设与现实情况存在不少冲突。

如交易费用为零、企业债务和个人债务可以完全替代、个人和企业的借款利率相同等在现实中都是不可能的,因此,对 MM 定理的批判就没有停止过,以斯图尔特·迈尔斯(Stewart Myers)和杜兰特为代表,双方为了维护自己的观点,进行了长达 30 多年的论战。

实际上,MM 定理并没有对现实经济生活中公司的资本结构与公司价值之间的关系给出无关的理论,相反,它给出了在不确定的现实世界中厂商和股份估价理论的基础,它只不过是为了抓住问题的要点,不得不做出的高度简化,之后就可以朝着更现实和相关的方面放松假设。可见,MM 定理最大的贡献并不是它的结论,而是它提出的问题,即公司资本结构与公司价值的问题,为后来围绕 MM 定理的研究奠定了基石。从这一意义上来说,它提出了现代企业资本结构理论的经济学基础的问题,即解决了为什么现代企业资本结构理论是一个经济学的问题,而传统的微观经济学研究企业时关注的只是利润最大化或成本最小化,只把企业当成资金的使用者,并没有研究资金的来源及其成本,更没有研究资本来源与公司价值的关系。

MM 定理从逻辑上来讲是合理的,但是在实践中却受到了挑战。根据该定理,企业资本结构与市场价值无关,则企业的债务、权益资本的比率在不同地区、部门、行业会呈现随机分布。在实践中,企业的债务、权益资本之比在各个部门或行业间分布具有一定的规律性。例如:几乎所有的航空公司、公用事业公司和房地产公司的负债比例都很高;迅速增长的公司,如 IBM,虽然迅速增长对资金的需求量很大,但负债却很小;而制药公司和广告公司几乎全依赖自有资金。但是我们并不能因此而否认 MM 定理的价值,它告诉我们,如果观察到的现象与结论不符合的话,一定是定理的假设条件在现实中没有满足。正是从这个角度,之后很多金融学家将其假设放松进行了研究,又出现了存在公司税的 MM 定理、考虑个人所得税的米勒模型,以及存在破产风险的权衡理论,这些理论从现实的角度使得 MM 定理更加完善。

(二) 权衡理论

MM 定理假设不存在破产费用,这是与现实相背离的。因为当企业破产时,清算过程中会涉及巨额的破产费用。在其他条件不变时,企业破产的概率与负债比率正相关。企业负债一旦增加到无力支付债权人的固定债务利息时,债权人就有权对该企业进行清算。借入资本成本随着资产负债比例上升也将呈现上升趋势,企业的破产风险概率加大,并相应承担巨额的破产费用。

20 世纪 70 年代发展的权衡理论,主要就是探讨在企业存在财务危机和破产成本的情况下,市场价值与资本结构的关系。根据权衡理论,破产风险是制约企业无限追求利息免税优惠的关键因素。由于利息免税,企业可以通过增加债务从而增加市场价值,但是随着企业债务增加,企业也会因此陷入财务危机甚至破产危机,从而增加企业额外的成本,企业市场价值下降。因此,企业的最佳资本结构应该是平衡免税收益和破产成本的负债比率。

约瑟夫·斯蒂格利茨(Joseph Skiglitz)认为:一方面,在破产风险存在的情况下,如果一个厂商存在破产可能,它必须为其债券支付高于无风险利率的利息,而且随着债券融资量增加,债券利息也会增加;另一方面,消费者通常不能构造出一个像 MM 定理的证明过程中那样的组合,也可以说,消费者不能以完全股权公司的股权和无风险资产构造出与借债公司相同的债券收益,因此,MM 定理证明过程将不再成立。

假设公司 1 的资产来自完全股权融资,而公司 2 的资产包含部分债务。在 MM 定理证明中,我们考虑的是这样一个投资组合 P:卖空厂商 2 相当于其股票总市价中比例为

$a>0$ 的股份,买进厂商 1 相同比例 a 的股份。如果厂商 2 不存在破产的可能性,这个投资组合的状态依存收益如下:

$$P(s)=Y_1(s)-a[Y_2(s)-(1+r)B]$$

其中:$Y_1(s)$ 是公司 1 的状态依存收益,按假设在任何状态 s 下均有 $Y_1(s)=Y_2(s)$,上述组合是无风险的。

现在假设厂商 2 存在破产风险,从而它支付的利息 r_2 需要高于无风险利率 r。如果厂商 2 在某些状态 S' 下无力支付债务本息:$Y_2(s')<(1+r)B_2$,那么在这些状态下上述投资组合的收益实际上等于:

$$P(s')=aY_1(s')-a\max\{Y_2(s')-(1+r)B_2,0\}=aY_1(s')$$

这个组合不再是无风险的,我们也就无法进一步利用无套利原则推出 MM 定理的结论。但是,如果允许个体在市场上借入组合 P 的投资成本 aE_1-aE_2,并且以该组合资产 P 本身作为抵押,如果允许这种抵押借款方式,市场所要求的利息 r_p 自然会比无风险利率高。事实上,在均衡状态下,它恰好就等于厂商 2 的债券利息 $r_2:r_p=r_2$,因为贷出这样一笔贷款所获得的收益结构与持有厂商 2 的债券时完全一样。

持有上述组合 P,加上以其为抵押、利息为 r_p 的一笔抵押贷款 aE_1-aE_2,就构成了一个新的投资组合 Q。这个新的投资组合 Q 的成本为 0,因为购买组合 P 的成本全部来自借款。Q 的状态依存收益如下:

$$Q(s)=\begin{cases}a(1+r_2)B_2-(aE_1-aE_2)(1+r_p), & Y_2(s)\geqslant(1+r_2)B_2\\0, & Y_2(s)<(1+r_2)B_2\end{cases}$$

由于组合 Q 的投资成本为 0,而它在厂商 2 破产的情况下收益是 0,由无套利原则,它在厂商 2 不破产的情况下也应当是 0。

$$a(1+r_2)B_2-(aE_1-aE_2)(1+r_p)=0$$

代入 $r_p=r_2$,将该式变形:$B_2-[V_1-(V_2-B_2)]=V_2-V_1=0$

这样我们就证明了:在存在破产风险的情况下,如果允许个体在资本市场上进行抵押贷款,MM 定理依然成立。在上述抵押机制受限制的情况下,MM 定理将不成立。

四、新资本结构理论

20 世纪 70 年代末 80 年代初以来,经济学理论的发展给了资本结构理论全新的研究工具和研究视角。新资本结构理论并没有简单地沿袭现代资本结构的研究套路,而是在研究方法和着手点方面具有创意。这一时期的代理理论、非对称信息、契约理论和产权理论等,摒弃了原来资本结构理论只注重税收、破产等"外部因素"对资本结构的影响,试图从"内部因素"来展开对资本结构问题的分析,使得资本结构理论在这个时期得到了极大的发展和丰富,资本结构理论进入了一个新的发展阶段。

(一)不对称信息理论视角

现代资本结构讨论了资本结构与公司价值的关系,之后的理论发展放松了 MM 定理很多假设条件,但是,信息充分假设条件尚未被涉及。信息充分假设是指相关利益主体具有相同的信息。显然,这是不符合客观实际的,现实中外部投资者在与公司管理层的博弈中处于劣势,他们不能取得和管理层相同的信息。由于他们的利益并不完全一致,在信息不对称情况下就有可能产生逆向选择和道德风险问题,从而影响公司的融资决策和资本结构。关于信息不对称的理论主要有信号传递理论和优序融资理论。

1. 信号传递理论

该理论主要是指在信息不对称的情况下,公司资本结构可以透露出某些关于公司未来前景的信息,投资者会把公司资本结构作为一种信号传递,并据此信号来改变对公司价值的预期。

罗斯提出的信号模型是信号传递原理在公司金融理论中的首度应用。他证明了公司的债务资产比例可以作为标志公司未来经营风险和利润的信号传递工具,投资者通过观察公司资本结构来判断公司的价值。具体地说,企业的管理者对于企业的经营与管理情况更了解,从而比投资者更能准确预期企业未来收益。资本市场投资家评价的企业证券的价值会较多影响企业管理者的效用,管理者效用与企业证券价值成正比,与企业破产成本成反比。预期好的企业破产概率低,管理者倾向于采用较高的负债比率。假设外部投资者具有预期这种情况的能力,投资者就会根据负债比率来判断企业的优劣,高负债企业优质,低负债企业劣质,负债比率从而成为投资者做出选择的信号。

利兰和派尔的信号传递理论以公司创办人或经理对公司的权益持股比例为信号。公司创办人对公司的经营状况比外部投资者更了解,如果公司价值高,具有较好的发展前景,公司的管理人员也会较多持有该公司的股票;相反,如果公司经营不善、财务状况恶化,经理人会较少持有本公司的股票。所以,公司创办人持股的比例就向外界传递了公司价值高低的信号。公司创办人持股比例越高,外部投资者就会认为公司价值高;反之,公司发行新股降低其持股比例,外部投资者就会认为公司价值低。因此,可以得出公司价值与创办人或经理人的权益持股比例呈正相关关系。

2. 优序融资理论

该理论在资本结构理论中占有重要地位,最早由迈尔斯和尼古拉斯·梅吉拉夫(Nicholas Majluf)提出,他们认为,如果相关者间存在非对称信息,那么股票就会被市场错误定价。如果公司需要新融资,定价太低会使新投资者获得的收益比新融资项目取得的净现值要多,对于现有股东来说就是净损失。因此,即使该项目的净现值是正的,它也不会被考虑,而无风险的内部融资和风险较低(或无风险)的债券却不存在这种情况。他们指出,融资的顺序为首先内部融资,然后是低风险债券,最后才是股票融资。克拉斯科(Krasker)扩展了该思想,认为股票发行越多,公司价值下跌信号越强,这样,融资方式及资本结构的变化也会影响外部投资者对企业投资信心,从而影响企业的价值。

(二)代理理论视角

詹森和威廉·梅克林(William Meckling)着眼于从代理成本方面来研究资本结构,他们的论文是将代理成本理论引入厂商资本结构的经典文献。他们认为,在现代企业制度下,公司所有者与经营者是分离的。非对称信息的情况下,外部投资者无法跟踪监督经营者的行为,后者会在一个很大的空间内偏离股东收益最大化的目标,选择自己效用最大化的经营决策,产生道德风险。具体来说,他们努力工作时承担了企业经营的全部成本但却只能获得部分收益,而当他们在职消费时,只需要承担部分成本就可以获得全部收益。这直接导致了经营者不努力工作却热衷于在职消费,从而使得企业的价值小于管理者为企业完全所有者时的价值,这个差额就是外部股权的代理成本。

债务的代理成本是由债权人和股东之间的利益冲突引起的。一旦债券的持有人意识到企业经理人会牺牲他们的利益最大化股东利益,就会事先采取措施预防事后机会主义的发生,如在贷款合同中设置若干保护性条款来防止企业将财产转移到股东手中。但是,这样做是有代价的,它制约了企业经营的灵活性,使得企业经营效率低下,而债权人为了保证企业遵守约定必须监督企业活动,产生监督成本。这些债务代理成本将提高负债成本,降低负债对企业以及对市场的作用。

因此,存在着股权代理成本和债权代理成本之间的权衡,最优的资本结构可以通过最小化总代理成本得到,这时股权的边际代理成本等于债务的边际代理成本。

桑福德·格罗斯曼(Sanford Grossman)和奥利弗·哈特(Oliver Hart)拓展了他们的理论,并把理论模型化。在他们的模型中,假定经营者在企业中的持股比例为零或接近于零,这个假定符合大型或者超大型企业的情况。他们认为经理的效用依赖于其经理职位,从而依赖于企业的生存。一旦企业破产,经理将失去在职的好处,这就是所谓的破产成本。如果企业完全股权融资,破产的可能性为零,经理就可以将所有的钱用于在职消费;相反,如果完全债务融资,则任何非利润最大化的选择必然导致破产,负债融资就可以被当作一种缓和股东和经理冲突的激励机制。如果不发债,就不会有破产风险,这意味着经理处在相对不受约束的地位,就不会积极为利润最大化而努力,因此代理成本高,市场对企业的评价也低;如果同时发行债务和股票,经理受到约束,若其行为偏离利润最大化,自身也要付出代价,因而市场将意识到企业利润上升,企业的市场价值会增大。这里的债务是一种担保机制,能够促使经理多努力工作少个人享受,并积极做出更好的投资决策,从而降低代理成本。

(三) 控制权理论视角

20世纪80年代后期,有关资本结构的研究重点转向探讨公司控制权市场与资本结构的关系,由于普通股有投票权而债务没有,所以资本结构必然影响控制权的分配。

米尔顿·哈里斯(Milton Harris)和阿图尔·拉维夫(Artur Raviv)在考察了有投票权的经理控制后,认为由于经理既从其股份又从其对企业的控制中获得收益,而经理及其竞争对手经营企业的能力不同,企业的价值取决于兼并竞争的结果,但是这种结果反过来又由经理的所有权份额所决定。因此,对于经理来说必须进行权衡。一方面,增加股份,控制权增加,收益增大;另一方面,股份增加过大,更有能力的潜在竞争者成功取代经理的可能性减小,企业股权的代理成本增加,企业价值以及相应经理的股份价值就会减少。所以,最优的所有权份额是掌握控制权带来的任何收益同自有股份的资本价值损失相权衡的结果。

伊斯瑞尔(Israel)认为,债务越多,留给目标企业以及收购企业的股东分割的收益就越少,收购企业的股东获得的收益也就越少。但是,目标企业的股东可以在发行债券时获得不属于他们,而是属于企业债权人的收益。这样,被收购企业的负债水平的提高就减少了收购企业股东所得的收益,一旦收购发生,目标企业的负债水平越高,目标企业股东的收益就越高。企业反收购的策略中的毒丸计划,是指规定当公司遭遇到接管威胁、管理者被更换时,所有债务马上到期,这就是利用负债的作用来反击兼并收购。因此,最优资本结构决定于股东收益增加同因收购企业股东份额的减少而导致的兼并可能性减少之间的平衡。

五、资本结构理论在中国的应用

我国关于资本结构的研究起步较晚,主要分为两个方向。

一个方向是研究资本结构与企业绩效之间的关系,主要代表有陈德萍、曾志海,他们通过建立资本结构与企业绩效的联立方程模型,运用广义矩估计法(GMM)对联立方程进行估计分析,研究了创业板上市公司资本结构与企业绩效之间的互动关系,认为资本结构与企业绩效确实存在互动关系,资本结构、成长能力、股权集中度、董事会兼任经理人和企业规模都对企业绩效有显著影响,而盈利性、成长能力、偿债能力、资产担保价值和企业规模5个因素对企业资本结构选择具有显著影响。

另一个方向是研究影响企业资本结构的因素。主要代表有陆正飞和辛宇,他们采用基本统计分析方法,对沪市1996年上市公司(含A股和B股)按不同行业分组,计算其资本结构的有关统计指标并进行比较,以分析行业因素对资本结构的影响。他们认为:不同行业的资本结构有着显著的差异;获利能力与资本结构负相关;规模、资产担保价值、成长性等因素对资本结构的影响不甚显著;获利能力、规模、资产担保价值、成长性4个因素对长期负债比率的影响均不甚显著。洪锡熙和沈艺峰以1995—1997年在上海证券交易所上市的221家工业类公司为样本,研究结果表明:一是盈利能力和企业规模对企业资本结构有显著影响;二是行业因素、成长性和公司权益对企业资本结构没有显著的作用。吕长江和韩慧博首先提出了我国上市公司的主要特点,然后对影响我国上市公司的因素进行了分析,得出了企业的获利能力、流动比率、固定资产比例与负债率负相关,而公司规模、公司的成长性与负债率正相关的结论。肖作平和吴世农选取1996年1月1日之前在深市上市的117家公司为研究样本,研究结果表明:国有股股本与负债水平负相关;经理人员占董事会人数的比例与长期负债率呈负相关关系;企业规模、资产担保价值、财务困境成本与债务水平呈正相关关系,成长性、非债务税盾、产生内部资源能力与债务水平呈负相关关系;他们没有获得投资额与债务水平具有相关性。王娟和杨凤林以2000年深沪市场非金融类公司(除ST、PT类公司)为研究对象,利用845家上市公司1999—2000年的财务数据与相关统计数据进行实证研究。结果发现:加权平均资本成本WACC对资本结构的影响最为显著,而且为负相关;影响资本结构变动的第二大因素为盈利能力指标,内部留存收益RER与净资产收益率ROE对资本结构的影响完全相反,前者为负相关,后者为正相关;影响资本结构变动的第三大因素是非负债税盾NDT;影响资本结构的第四大因素是资产担保价值CF;成长性与资本结构显著负相关。

(一)MM定理在我国的实践

由MM理论的分析可知,税收节约价值与公司所得税税率相关。公司所得税率越高,企业由于债权融资所支付利息的税盾作用就越大。因此,公司所得税率越高的国家,企业应更倾向于债权融资,而股权融资倾向相对较低;公司所得税率低的国家,企业债权融资倾向相对较低,股权融资倾向相对较高。

从我国的情况来看,国内的企业所得税率偏高,企业理应倾向于债权融资。但是,事实上并非如此,我国债权融资的比重远远小于股权融资比重。要解释这种现象,必须从我国的实际情况加以分析。

1. 缺乏MM理论作用的机制

一方面,我国缺乏MM理论作用的机制。根据MM理论的基本假设,个人和机构投资者可以在资本市场上随意进行套利活动。在西方国家有相当发达的资本市场,有广泛的筹资渠道和较多的筹资方式可供选择,套利机制通常能发挥作用。然而我国市场机制尚未健全,资本市场还不发达,融资形式有限,而且约束条件也较多,这就使套利活动难以进行,MM 理论缺乏作用的机制。

另一方面,MM 理论的税盾效益在我国作用很小。我国的税收以流转税为主,税收中 80% 主要来自增值税、消费税等,所得税仅占 20% 左右。比起西方国家占税收 80% 左右的所得税,靠所得税来取得节税效益,在我国收效甚微。

2. 缺乏完善的金融市场

MM 理论的提出以完善的金融市场为前提。西方有着较完善的金融市场,企业可以自由选择市场上的各种资金来源,市场上各投资主体可自由选择投资对象。我国资本市场尚不健全,债券筹资受到严格管制。与发达国家内部融资优先、债务融资次之、权益融资最后的排序方式不同,我国众多的上市公司则尽量避免债务融资。因为在我国,即使上市公司也无法自由选择融资方式,融资成本和风险都相对较高,而绝大部分上市公司的效益比较差,缺乏内部融资能力。而且,较之股票市场,我国的债券市场更加不成熟,企业几乎没有通过发行债券融资的机会。所以说,西方的理论在我国的具体实践过程中并不完全适用,我国上市公司还应当结合经营环境的变化和企业的实际情况选择融资方式。

虽然目前我国的现实情况与 MM 理论相悖,但随着我国资本市场的发展,企业的融资行为将会逐渐符合 MM 理论的分析。因此,在 MM 理论的基础上,借鉴西方经济学家 MM 理论发展的思路和方法,对我们研究中国企业的资本结构尤其是国有企业资本结构、国有股等问题具有很大的指导意义。

(二) 优序融资理论在我国的实践

依据迈尔斯和梅吉拉夫的分析,公司存在这样一个融资顺序:留存收益、债务融资、权益融资。中国目前广泛流行"股权融资偏好"的观点,即股权融资优先于债权融资。我国学者对于上市公司融资偏好问题的研究起源于 20 世纪 90 年代初,对中国融资偏好问题的解释主要是上市公司规模小、股权融资成本低、股权结构不合理、资本市场发展不完善等。

1. 股权融资成本偏低:股权融资偏好的直接动因

在比较融资成本之前,要先明确融资成本的概念。被大家熟知的成本主要包括筹资费用,如向银行借款过程中发生的手续费,发行股票和债券过程中的中介机构费用、申报费用、发行费用等;用资费用,如银行借款和债券发行应支付的利息费用,发行股票需要派发的股利,租赁资产需要按时付的租金等。但是除此之外,还存在许多容易被忽视的成本。以股权融资为例,我国对于发行股票要求必须 ROE 大于等于 10%,特殊企业大于等于 6%,而且审批要求严格,审批时间长,因而从准备申请股票发行到审批合格正式发行的期间存在一定且不短的时间差,这就会形成股权融资的机会成本。机会成本同筹资用资费用一样,应该纳入融资成本的考虑范畴。

根据我国特有的国情,上市公司股权融资的成本实则低于债务融资,相关学者主要出于如下原因的考量。

我国上市公司很少分配现金股利,甚至不分配股利,即使分配股利也是以股票股利居多。因此,股利支出并不会对我国上市公司形成太大的成本。

我国上市公司大都由国企改制而来,国有股一直处于控股地位,形成"一枝独秀"的股权结构,因而发行股票由于公司控制权的削弱而发生的成本很小。

再来看看债务融资,无论是银行还是企业债发行者,为降低风险,都会对贷款设有诸多限制条款,这使得上市公司在融资时受到限制。一旦融资方没有及时偿还借款,银行大多数情况下为保全债权,将会对企业进行破产处理。相比之下,股权融资使得公司拥有一笔永不到期的可自由支配的资金,这种"软约束"特征实际上也降低了资金成本。

由于我国很多企业都处在成长发展期,尽管债务融资在一定条件下可以起到税盾作用,但与债务融资的高成本和按期还本付息的压力相比,上市公司更愿意选择保守和安全的策略。股权融资虽然会导致原有股东的控制权下降等风险,但股利制度的弹性规则还是被众多上市公司所青睐。

2. 制度和政策:强烈股权融资偏好的深层原因

(1) 资本市场发展不完善。中国资本市场发展起步晚,债券市场的发展更加缓慢,发行股票进行融资简单易行,所以很多上市公司首选权益融资以获得大量资金,增强公司的偿债能力。

(2) 股权结构不合理。我国股票市场不同于西方发达国家,股票种类多且上市公司股权高度集中,前三大股东拥有绝对的控制权。由于我国股票市场尚处于发展阶段,一万多家上市公司中仅有3 000家左右在主板上市,上市条件严苛。由于上市公司少,股票的供小于求,股票价格也偏离了其实际的价值。正因为如此,控股的股东偏好利用股票融资增加公司的每股净资产值,提高自身收益。

(3) 内部人控制的结果。我国上市公司治理结构一大特点就是"内部人控制",这也是中外上市公司的一个很大区别。在美国,资本市场竞争充分,股东可以在资本市场选择"用脚投票"来解决股本分散、"搭便车"和激励不足的问题,而兼并市场的存在使内部人必须顾及股东的利益。所以,"控制权理论"特别强调兼并市场对经理行为的影响。在中国,股票市场信息披露机制并不能与西方国家等同,存在过度投机,股价的异常波动不能很好地反映公司实际情况。这些都使得我国内部人控制问题异常严重。我国上市公司存在"一股独大"的现象,导致"用脚投票"无法起到施压的作用。由此可知,中国的内部人控制问题产生的机理与美国是不一样的,中国的内部人控制问题有很多特殊性。按照青木昌彦的观点,内部人控制是转轨过程所固有的一种潜在可能现象,是从计划经济制度的遗产中演化而来的。因此,内部人控制问题也是造成我国与西方发达国家在融资次序上不同的原因之一。

(三) 资本结构理论对我国的实践启示

资本结构理论揭示了企业资本结构中负债的意义。虽然这一理论建立在特定的条件之上并具有高度的抽象性,但这一理论对企业融资方式的选择和资本结构的优化有着重要的指导意义。它不仅对西方国家企业融资决策有价值,而且对我国发展资本市场、优化资本结构及建立现代企业制度都有着重要借鉴意义。

(1) 实现适度负债,优化资本结构。根据西方资本结构理论,企业使用负债融资,虽然能为企业带来税收收益,增加企业价值,但是企业在负债的同时也产生了财务危机和代理冲突。因此,企业在日常经营中应当适度地负债,使企业的资本结构达到最佳值。

(2) 大力发展债券市场,完善我国的资本市场。啄食顺序理论及西方发达国家企业的资本结构变化的事实都呈现出一个共同点:在证券资金中,债券资金比重上升,而股票资金下降。与此相比,我国却呈现出相反的格局。这同我国证券市场机制不健全和功能存在缺陷有很大关系。可见,我国应大力发展企业债券市场,为企业扩大债券融资规模、优化资本结构提供必要基础和前提。

(3) 强化企业兼并破产机制和激励约束机制,提高企业责任感。西方资本结构理论是在一定的前提条件下形成的,即在成熟市场经济条件下,企业经理人和投资者都是理性人。我国企业对经理人员的激励和约束机制很不健全,而且企业相关利益各方之间存在严重的信息不对称,导致经理人和投资者的行为缺乏理性。因此,我国要发展证券市场和证券融资,就必须重塑企业基础,完善理论运用的前提条件,即在明晰产权的基础上使企业行为人格化和理性化。

总而言之,传统资本结构理论对资本结构与企业价值关系的理解比较单一、机械。MM理论是现代资本结构理论的起点。以 MM 定理为开端,可以说,资本结构从完美的"真空"状态开始,一步步"世俗化":先是放宽完美状态所需要的各种假设条件(如所得税影响),然后是考虑具体现实经济环境的制约进行修订(如代理成本),最后是引入经济人及其自利动机,提高了研究结论对现实经济生活的解释能力。

实证研究是当前资本结构研究的重点,主要集中在研究资本结构与企业绩效之间的关系、影响企业资本结构的因素、国际资本市场的融资决策资本结构问题。资本结构是一个涉及资本市场、交易成本、委托代理、信息对称性、参与方博弈、制度设计、行为经济理论等的综合问题。

可以预见,未来资本结构的研究中,对于美国等市场基础相对较发达的经济体,会将传统、人文等因素纳入研究;在中国的制度环境下,资本结构研究需要将方法、人、制度等因素结合起来,才能更有效地解释中国企业的资本结构特征。这既是后续研究的方向,又是我国学习借鉴西方资本结构理论的意义所在。

 **思考题**

1. 传统资本结构理论与现代资本结构理论的关系是什么?
2. 中国资本结构的特征是什么?融资顺序为什么与国外不一样?

第9讲 投资组合理论

基本要求：1. 了解证券投资组合的内涵与假设。
2. 熟悉投资组合理论的科学化过程。
3. 掌握现代投资组合理论的主要思想。
本讲重点：马科维茨投资组合理论。
本讲难点：现代投资组合理论的各种扩展。

投资组合理论(portfolio investment theory)是1990年荣获诺贝尔经济学奖的现代金融理论。投资组合理论是针对分散投资风险的可能性,研究在各种不确定的情况下,如何将可供投资的资金分配于更多的资产上,以寻求收益和风险水平相匹配的最适当、最满意的投资组合的系统方法。或者说,投资组合理论研究的是理性投资者如何选择最优投资组合的问题,即在给定风险水平下使期望收益达到最大,或者在给定期望收益水平下使风险达到最小,实现不同类型投资者所能接受的目的。

投资组合理论的研究由来已久,20世纪50年代由马科维茨提出的均值-方差模型用方差定义风险,奠定了现代投资组合理论的基础。后来,沿着投资组合理论的经典假设逐一放松这一线索,经济学家对现代投资组合理论进行了不断改进,出现了贝叶斯投资理论、家庭资产配置理论等丰硕成果,使模型更接近现实,大大发展了传统投资理论。本讲对投资组合理论进行了梳理,在介绍证券与证券投资知识的基础上,对马科维茨投资组合理论进行了重点介绍,对各种现代投资组合理论进行了分析,最后介绍了该理论在中国的应用情况。

一、证券与证券投资组合

(一) 证券与证券市场

证券(securities)是一个含义相当广泛的概念,它是代表某种权利、持有者据此能够获得一定权益的书面凭证,是各种经济权益凭证的统称,一般认为它是表明各类财产所有权和债权的凭证的统称。证券所有人凭证券所载内容有权取得相应的权益。如股票、债券、本票、汇票、支票、保险单、存款单、借据、提货单等各种票证单据都是证券。

证券必须具备两个最基本的特征:法律特征和书面特征。作为法律特征,它反映的是某种法律行为的结果,本身必须具有合法性,它所包含的特定内容具有法律效力。作为书面特征,它必须采取书面形式或与书面形式具有同等效力的形式,并且必须按照特定的格式进行书写或制作,载明相关法规规定的全部要素。

证券按其性质不同,可以分为有价证券和无价证券两大类。

无价证券是证明某种事实或获得某种财物的凭证,包括证据证券和凭证证券等,如证明、借据、收据、粮票、油票等。无价证券本身没有价值,也不代表任何价值。无价证券不能流通,也不能单独地作为所有权证书来行使权利。例如,计划经济时期的粮票、油票等,在有券无钱或有钱无券的情况下,均不能获得粮油。

有价证券是一种具有一定票面金额,证明持券人有权按期取得一定收入,并可自由转让和买卖的所有权或债权证书。有价证券本身并没有价值,只是由于它能为持有者带来一定的股息或利息收入,因而承载了价值,并可以在证券市场上自由买卖和流通。我们平常所说的证券主要是指有价证券。

有价证券又可分为以下3种。

(1) 商品证券:又称财物证券,是指持券人拥有某种商品或财物索取权的有价证券,如货运单、提单、仓库栈单等,与商品流通相联系,代表商品索取权。

(2) 货币证券:货币证券是与商业信用、银行信用相联系,代表货币索取权的有价证券,包括商业票据和银行票据两类,如银行券、汇票、支票、存单等。

(3) 资本证券:资本证券是与资本筹集、融通等活动相联系而产生的有价证券,包括产权证券和债权证券两种,如股票、债券等。

资本证券是有价证券的主要代表,资本证券按照权益与风险的不同可以进一步分为股票、债券两大类。

(1) 股票是一种所有权证书,是股份公司为筹集资金而发行给股东作为持股凭证并借以取得股息和红利的一种有价证券。

(2) 债券是一种债权证书,是发行者为筹集资金,向债权人发行,在约定时间支付一定比例的利息,并在到期时偿还本金的一种有价证券。债券按发行主体不同分为政府债券、金融债券和公司债券。

综上所述,证券的种类及其关系如图9-1所示。

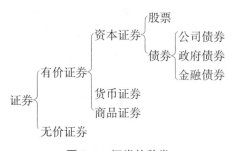

图9-1 证券的种类

证券投资是现代市场经济中重要的金融性投资活动。证券投资是在证券市场进行的。证券市场是现代金融体系的核心组成部分,承担着直接融资的重任。

证券市场是各种有价证券发行和交易的场所,或者全面地说,证券市场是资金短缺方发行证券、资金盈余方购买证券,通过证券买卖实现资金融通的一种市场机制。把证券市场定义为"场所"是一种习惯性说法,因为现代证券市场早已突破了狭隘的空间概念,既可以是有形市场,也可以是无形市场,尤其是在科技高度发达、网络日益普及的情况下,大量证券交易是通过无形网络完成的。把证券市场定义为一种"市场机制"更符合现代证券市场的特征。

从整体上看,证券市场隶属于长期金融市场,是资本市场的主要构成部分之一。证券市场主要功能是建立证券需求者和供给者之间的直接联系,并为双方证券交易提供服务,促使证券发行与流通高效地进行,从而实现社会资本的直接融通。

在现代金融体系中,证券市场与以银行为主体的间接融资不同,它是以证券公司为主体的直接融资通道。理论上看,间接融资和直接融资作为两种资本融通方式各有特点和优势,并无优劣高下之分,不同的经济体制完全可以选择合适的方式为主。但从实践来看,当代国际金融的变化趋势是:以银行为中介的间接融资的垄断地位不断下降,全球证券市场蓬勃发展,传统的金融结构正在向以证券市场为渠道的直接融资倾斜;也就是说,商业银行的垄断领域不断受到证券市场发展的侵蚀和削弱,证券市场逐步上升为现代经济资本融通的主渠道。尽管各个国家由于发展历史、传统文化、风俗习惯、经济体制等不同,商业银行和证券市场在其金融结构中的地位和作用有别,直接融资和间接融资的占比不同,但总体上看,证券市场作用凸显和银行金融地位下降的总体趋势已成定论。证券市场作为同质化、标准化、多选择、竞争性、高效率的直接融资渠道,不仅在现代金融体系中发挥着更大的融资作用,而且作为市场化程度最高的市场,成为现代市场经济的核心机制和神经中枢。

在金融理论中,我们经常可以看到与证券市场相联系的几个名词,如"金融市场""资本市场""证券市场""股票市场"等。例如,在有些著作中,资本市场可能指的只是证券市场,与其对应的是货币市场或信贷市场。在一些著作中,资本市场可能用来指整个金融市场,货币市场以及银行信贷市场也被包括在其中。还有一些著作中,资本市场仅指证券市场中最典型、最核心的股票市场。在我国,资本市场的概念最早是指长期资金市场,与短期资金市场的货币市场概念相对应。不过,随着西方经济学和西方金融理论的大量引进,资本市场的概念也出现了"混乱"的局面,各种含义的解释都有。之所以出现多种多样的解释,是由于划分的标准和研究的角度不同。例如:有的以"实际经济"为参照物,将资本市场等同于"金融市场";有的以间接融资为参照物,将资本市场理解为一切直接融资的金融活动;有的以期限为标准,将资本市场解释为一年以上的融资活动;有的以"机构"为标准,凡是无金融机构为中介、通过"市场"自发完成的融资活动皆归入资本市场;还有的从依托的金融工具种类的不同,认为以股票和债券等为载体的融资活动才是真正的资本市场活动;等等。

那么,这些概念之间是什么关系呢?在这里,我们按照外延的大小,将这些相联系的几个常见名词及其关系列示如图9-2所示。

金融市场:与实际经济相对应的"货币面",是最广义的概念,包括货币市场、资本市场、外汇市场、黄金市场等几乎所有的金融活动。

资本市场:与货币市场相对应的(长期)资本市场。

证券市场:除去银行信贷市场、只包含股票市场和债券市场在内的资本市场。

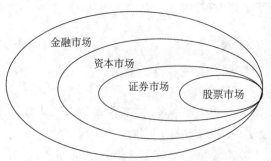

图9-2 证券市场概念从属关系图

股票市场：再除去债券市场的最狭义的、最典型的资本市场。

很显然，以上几个概念是按照外延从大到小依次排列的：金融市场包含资本市场，资本市场包含证券市场，证券市场包含股票市场；它们在不同条件下或不同场合具有不同的含义。本章所介绍的证券市场，仅指股票市场和债券市场，尤其指其中最主要、最典型、最核心的股票市场。

（二）证券投资组合

证券投资是指自然人、法人及其他社会团体通过有价证券的购买和持有，借以获得收益的投资行为。

投资组合(portfolio)是指在一定的假设条件下，投资者通过选择若干种资产作为投资对象，把投资资金分配给这些资产，使各类资产的投资额占投资者投资额的一个比例，以达到在保证收益率的前提下，把风险降到最小，或者在既定风险下，使收益率达到最大的投资方法。这里的"组合"包含两方面的意义。第一，投资组合是一个整体概念，是一个包含两个或两个以上元素的集合，证券投资正是由若干种不同证券以不同数量结合而形成的一个整体。第二，投资组合是一个可以包含广泛而不同内容的组合。如果组合内的元素是证券，那就是证券组合；如果组合内的元素仅是股票或债券，那就是"股票组合"或"债券组合"。如果进一步推广到金融资产以外的实物资产，则可称为"资产组合"。证券组合的基本原理就是选择某些证券，按一定组合比例同时投资，以分散风险。进行证券组合的重要意义在于组合的总风险会低于各个证券风险的线性之和。这是因为组合的风险不仅仅取决于它们之间相互关系的程度，也就是说，某些证券收益的降低可以通过另外一些证券收益的升高得以补偿。

（三）证券投资的收益与风险

收益(return)是财富数量的增量。收益意味着更多的财富，更多的财富意味着更多的消费，给予人更多的福利。投资者进行投资时，其目的就是获得一定的财富增量。这是因为，投资者选择投入一定资金需要放弃当前的消费，即投资者在当前消费和未来消费之间进行选择，投资者之所以放弃当前的消费就是为了在未来能获得更多或更好的消费。对收益的度量通常用利润和收益率作为指标。当用一定量的货币来表示某项投资在期初和期末的差额时，收益表现为利润；当用利润额占期初投资额的百分比来表示收益时，收益表现为收益率（一般提到"收益"时，往往指的就是"收益率"）。狭义的收益率通常是指以一年为单位来计算的收益，而要表示任一期收益则使用持有期收益。一般而言，证券投资的收益包括利息、股息等经常收益和由证券价格的涨落所带来的资本利得两部分。

风险(risk)从广义上讲是指预期事物的不确定性。通常有两种情况：一是预期不确定性可能带来的意外收益，即风险收益；二是预期不确定性可能带来的意外损失，即风险损失或风险成本。从狭义上讲，风险仅指人们依据对未来的判断而做出的决策和行为与客观条件变化的不确定性所产生的冲突而可能引起的后果与预定目标发生多种负偏离的总和。它通常是客观事物的变化与人们对这种变化的主观判断的统一体，风险程度的高低因事因人而异，而且可以认识和测量。证券投资风险是指证券预期收益率变动的可能性及变动幅度。

风险根据是否可以分散分为系统风险和非系统风险。系统风险又称市场风险，也称不可分散风险，是指由于某种因素的影响和变化，导致股市上所有股票价格的下跌，从而给股票持有人带来损失的可能性。系统风险的诱因发生在企业外部，上市公司本身无法控制它，其带来的影响面一般都比较大。一般系统风险是由共同因素引起的，经济方面的如利率、现行汇率、通货膨胀宏观经济政策与货币政策能源危机经济周期循环等,政治方面的如政权更迭、战争冲突等,社会方面的如体制变革、所有制改造等。这些对市场上所有的股票持有者都有影响,只不过有些股票比另一些股票的敏感程度高一些而已,并且无法通过分散投资来消除。一个国家由于宏观经济政策发生变化而将对上市公司的经营乃至整个国民经济产生不利影响时,或者利率的提高等都可能引发系统风险。

与之相对,非系统风险又称"非市场风险"或"可分散风险"。它是与整个股票市场的股价波动无关的风险,是指某些因素的变化造成单个股票价格下跌,从而给股票持有人带来损失的可能性。非系统风险是由特殊因素引起的,如企业的管理问题、上市公司的劳资问题等。它只影响某些股票的收益,是某一企业或行业特有的那部分风险,如房地产业股票,遇到房地产业不景气时就会出现下跌。非系统风险可以通过分散投资来消除,由于非系统风险属于个别风险,是由个别人、个别企业或个别行业等可控因素带来的,所以投资者可通过投资的多样化来分散非系统风险。

二、传统投资组合理论

传统投资组合理论可追溯到中世纪时期意大利的威尼斯、热那亚等城市为政府筹集军饷而发行的军事公债。到 19 世纪,随着工商业的迅速发展,投资者们开始寻找对风险证券进行定价和预测未来价格的方法。在现代投资组合理论形成之前,欧美发达国家盛行着"技术分析法"和"基础分析法"两种传统的投资理论。

投资理论是应投资管理的需求而产生的,并随投资管理的发展而发展。一般认为,投资管理经历了三个发展阶段:投机阶段、职业化阶段和科学化阶段。在投机阶段,投资者没有成熟的投资理论可循,投资所依赖的是直觉、经验和一些传统的投资理论,如查尔斯·道(Charles Dow)和爱德华·琼斯(Edward Jones)提出的"道琼斯股价理论"和凯恩斯提出的"空中楼阁理论"等,这些理论缺乏理论基础和实践验证,不足以对投资管理产生重要的指导意义。虽早在 1900 年,法国数学家路易斯·巴舍利耶就在其博士论文《投机理论》中首次对布朗运动给予了严格的科学描述,但是长达半个多世纪没被重视,直到 1950 年初萨缪尔森通过统计学家伦纳德·萨维奇(Leonard Savage)才重新发现巴舍利耶所做的工作。因此,按照 1997 年诺贝尔经济学奖得主默顿的说法,在 20 世纪的上半叶,金融学基本上是描述性的,很少有精辟的定量分析,显然作为金融学一部分的投资组合理论也局限于定性分析阶段。

(一)传统投资组合的理论方法

在 20 世纪 50 年代之前,传统的投资组合理论主要是描述性的经验总结,其"理论"的文字表现形式主要是格言和谚语,如"不要把所有鸡蛋放在一个篮子里""分散你的风险"等。在具体投资过程中,投资者们逐渐形成早期的组合投资方法。

(1)确定投资目标。不同的投资者,其组合投资的目标有明显的差异。如果投资者想获得稳定的现金流,以满足经营对现金流的需求,那么组合的构建就注重风险的防范,这可以通过选择中、长期国债,信誉好的大公司的债券,以及信用等级高、股息发放稳定的股票等来实现。如果投资者为了资产的增值而追求尽可能高的收益率,那么组合的构建就注重收益,这可以通过选择具有高成长性和具有发展潜力的股票,进行风险投资,或是投资低信用而高收益的债券等来实现。如果投资者想在投资的同时,又要保证证券的易变现性,那么组合的构建就要注重证券的强流动性,这可以通过选择短期国债或是高信用的短期票据等来实现。

(2) 分析选择证券。证券的分析是基于单只证券进行的。证券的投资分析方法分为基础分析(基本面分析)和技术分析。基础分析包括宏观和微观分析两个方面,宏观分析是对整个证券市场的因素分析,微观分析是对某个或某类公司进行分析。基础分析主要致力于证券的内在价值和整个证券市场的走势分析。技术分析是基于价格的历史趋势会重复出现,通过对历史资料(证券价格、成交量、技术指标等)的分析,预测证券的价格未来走势。通过分析,选择可以达到目标要求的证券以及入市的时机。

(3) 确定证券组合。根据投资目标和一定分析选择证券之后,确定选择投资对象,决定具体的投资比例,使证券投资组合具有理想的风险和收益特征,实现提高投资收益、规避投资风险的目标。这一阶段的组合理论仍然停留在描述性分析上,其指导思想是:不同种类的证券组合、不同行业的证券组合、不同期限的证券组合、不同市场的证券组合。

(4) 证券组合管理。投资组合确定之后,证券市场意外事件的发生、股价的异常变化或投资者当初预测分析的失误会导致组合的预期收益难以达到,因而需要对组合加以调整。这一阶段也可进行组合的业绩评价,在考虑组合带来收益的同时,也考虑组合蕴含的风险,为证券组合的调整或新的证券组合的构建做准备。

(二) 传统投资组合理论的内容

传统投资组合理论是大量的定性描述,其核心内容可以概括成如下 3 点。

(1) 投资者应该选择具有最大贴现值的资产或资产组合进行投资,即贴现值最大化原则。

(2) 投资者进行决策时,力求达到最高收益,同时避免收益的过分波动。

(3) 投资者所持有的资产应尽可能保持多样化,以减少风险暴露,主要通过投资于不同行业或不同类型的资产来实现。

传统投资组合理论描述了投资的基本原则,即收益与风险的平衡,同时考虑到通过多样化来分散风险。不过,只有在马科维茨的资产选择理论建立后,投资组合理论才从定性的分散投资规避风险阶段进入现代投资组合理论的定量分析阶段。

三、现代投资组合理论

现代投资组合理论(modern portfolio theory,MPT)又称证券组合理论或投资分散理论,其本质内容是关于风险的准确度量和对风险资产的定价。现代投资理论应投资管理的实际需求而产生,并随投资管理的发展而日趋成熟。

现代投资组合理论产生于投资管理的职业化阶段,即 20 世纪 50 年代左右。这一时期,经济学家开始把成熟的微观经济理论和数理统计知识引入投资领域,使投资管理向科学化方向迈进,直到 20 世纪 80 年代初,投资组合理论才基本形成完整严密的科学体系。

(一) 马科维茨的投资组合理论

1952 年,马科维茨发表了题为《投资组合的选择》(*Portfolio Selection*)的博士论文,这是现代金融学的第一个突破。马科维茨的独特之处在于他认为分散化投资可有效降低投资风险,但一般不能消除风险,并且在其论文中,证券组合的风险用方差来度量。1990 年,马科维茨因此文及其 1959 年出版的《投资组合选择:有效分散化》一书,被授予诺贝尔经济学奖。

按照马科维茨的理论,市场上的投资者都是理性的,即偏好收益厌恶风险,并存在一个可以用均值和方差表示自己投资效用的均方效用函数,理性投资者获得使自己的投资效用最大的最优资产组合。一般步骤如下:首先,建立均值-方差模型,通过模型求解得到有效投资组合,从而得到投资组合的有效选择范围,即有效集;其次,假设存在一个可以度量投资者风险偏好的均方效用函数,并以此确定投资者的一簇无差异曲线;最后,从无差异曲线簇中寻找与有效集相切的无差异曲线,其中切点就是投资者的最后资产组合,也就是给出了最优选择策略。按照上述步骤和方法,在理论上,理性投资者可以获得自己所期望的最优资产组合收益。

1. 马科维茨模型假设

马科维茨模型的基本假设如下:①证券的价格反映了证券的内在价值,每个投资者都掌握了充分的信息,了解每种证券的期望收益率及标准差,即证券市场是有效的。②投资者都是风险厌恶者,或者称之为"风险回避者",即投资者在追求较高收益的同时又要求较低的风险。③投资者以期望收益率及收益率的标准差为选择投资方案的依据,如果所选择的投资组合的方案风险较高,必须有额外收益作为这部分风险的补偿。④各种证券的收益率之间有一定的相关性,可以用相关系数或者协方差来表示。

以上4点是模型本身的基本条件,而以下4点也可作为模型的隐含条件,这些隐含条件也是非常重要的,是在模型的建立和求解时的依据:①每种证券的收益率都服从正态分布;②每一种资产都是无限可分的,即如果投资者愿意的话,他可以购买每个股份的一部分;③投资者可以以无风险利率贷出或借入资金;④资本市场上没有摩擦,即资本和信息可以自由流动,不存在交易成本,不存在对红利股息和资本收益的征税。

在这些假设的基础上,马科维茨提出了均值-方差模型,以期望收益及其方差(E, σ^2)确定有效投资组合。所谓均值,是指投资组合的期望收益率,它是单只证券的期望收益率的加权平均,权重为相应的投资比例。所谓方差,是指投资组合的收益率的方差。我们把收益率的标准差称为波动率,它刻画了投资组合的风险。以期望收益E来衡量证券收益,以收益的方差σ^2表示投资风险,通过计算各个资产预期收益的加权平均值和衡量组合资产风险的方差或标准差,从而得出资产组合的总收益。

其表达式如下:

$$\min \sigma^2(r_p) = \sum \sum x_i x_j \mathrm{Cov}(r_i, r_j)$$

$$r_p = \sum x_i r_i$$

限制条件: $\qquad 1 = \sum x_i \qquad$ (允许卖空)

或 $\qquad 1 = \sum x_i, x_i \geqslant 0 \qquad$ (不允许卖空)

马科维茨提出的均值-方差模型分析说明通过投资组合可以有效降低风险,提出的证券投资的风险和收益的衡量指标或标准,解决了资产投资时的风险衡量和如何取舍投资风险与收益的问题。引导证券投资由过去的注重选股票和单个证券的分析转向分散投资和组合投资,使投资管理理念发生了革命性变化。

2. 两种股票组合

两种股票组合的原理如图9-3所示。

图9-3中，A、B点分别表示证券甲和乙的比例为100%，这里的三条直线AB、AG、GB分别表示相关系数为+1和-1时，证券甲和证券乙分别在组合证券中所占的比例，曲线AB是一条双曲线，表示证券甲和证券乙所占的比例。

(1) 线段AB，相关系数=+1，一揽子证券未产生组合效应。

(2) 曲线AB，相关系数=0，股票甲的比例变化，组合证券产生组合效应，随着证券甲比例的变化，风险程度均比单独购买一种股票为好。以P点为转折点，在ANP和POB上，出现了具有相同风险但是收益的期望值不同的两个点。

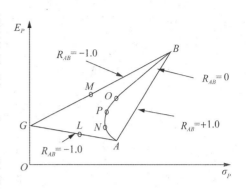

图9-3 两种股票组合曲线

(3) 交于G点的AG和GB，相关系数=-1，A点沿着相关关系为-1的线段进行运动，当运动至G点时，过了G点，风险又逐步回升。AG和GB上的点风险相同，但是存在着期望值不同的对应的两个点，如L点和M点，这也表明A点沿着GB运动比AG为优。

从以上分析可知，组合证券沿着所有线段运动都是可以的，但存在着一些比其他效应更优的线段。

3. 三种股票组合

三种股票组合的原理如图9-4所示。

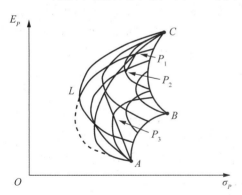

图9-4 三种股票组合的各种曲线

由图9-4看出，P_2风险小于P_1，因此，风险厌恶者偏好于P_2组合股票，风险爱好者偏好于P_1组合以获得更高的预期收益。P_3比P_2严格占优，其风险与P_2一样，但预期收益却远较低。

所以，选择收益好的组合股票原则如下：①风险相同，但是收益较其他为高的组合股票；②收益相同，但风险比其他要小的组合股票。

4. 组合的适当规模

证券投资不止2种或3种股票的组合，而是多种股票组合。那么，多种股票组合的适当规模是多少呢？

埃文斯和阿切尔（Evans & Archer）第一次从实证角度验证了组合规模和风险之间的关系。他们以1958—1967年标准普尔指数中的470种股票为样本，以半年收益率为指标，采用非回置式抽样方法，分别构建了60个"1种证券的组合"、60个"2种证券的组合"……60个"40种证券的组合"。在计算各个组合的标准差后，分别计算40类不同规模组合标准差的平均值，并用其代表组合的风险。结果表明：当组合规模超过8种证券，为了显著（0.05水平）降低组合的平均标准差，需要大规模地增加组合的规模；当组合规模达到10种证券时，组合标准差的值趋于稳定。

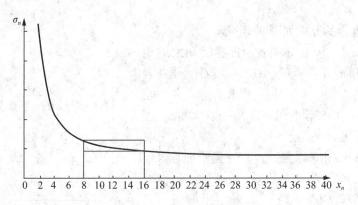

图 9-5 多种股票组合

(二) 基于交易费用和流动性的投资组合理论

如果市场是无效的和存在摩擦的,就会导致交易成本的存在,而证券的流动性直接与交易成本相关。关于市场摩擦的投资组合问题,是由马吉尔和康斯汀奈德斯(Magil & Constantinides)首先提出来的,之后有学者(Davis & Norman,1990)对此做了进一步研究。他们利用随机控制方法分析了在存在市场摩擦的情况下与证券流动性相关的交易成本问题,发现保持在一定风险区间内并且在接近区间的边界时做最小交易是合理的。有研究者(Akian et al.,1995)利用粘度理论研究了具有交易成本的多维资产组合问题,并利用有限差分法求解了一个三资产的期终财富最大化问题。但是,他们提出的方法忽略了固定成本所导致的较大交易成本,后来的学者(Eastham & Hastings,1998)使用脉冲控制方法有效地解决了这一问题。有学者(Morton & Pliska,1995)也研究了固定交易成本下的最优组合管理问题,尽管他们建立的模型中的交易成本不是真实的交易成本,但是他们的方法在解决相应的组合问题时具有一定的指导作用。

最近的研究认为证券的流动性是证券价值的决定性因素,相对于流动性证券来说,非流动性证券的定价总是存在一定的折扣。例如,有研究(Amihud & Mendelson,1991)就证实在非流动性的中期债券和流动性的国债间存在超过 35 个基本点的收益差距,其他学者等也证实过类似现象。关于资产组合的流动性作用的研究成果(Dumas & Luciano,1991;Boudoukh & Whitelaw,1993)集中在外生的交易成本和借入或卖出的限定上,后来的研究(Longstaff,2001)则集中于交易策略和证券价值内生的非流动性作用上,解决了投资者受限于流动性限制的跨期组合问题。

(三) 基于风格投资的投资组合理论

投资"风格"一词尚未有一个统一的界定。大多数学者认为风格是与其投资对象密切相关的,也就是市场中某一类的股票所具有的共同的价格行为或者收益特征。风格投资就是根据这种共性也就是风格来进行投资对象的选择以及资产的配置,风格投资的意义在于对股票某一种共性的把握,而不是对单只股票进行分析选择,这是因为同种风格的股票之间是高度相关的,具有收益相关性。随着机构投资者数量的剧增,风格投资越来越受到重视。

风格投资始于 1992 年夏普的论文《资产配置:风格管理与业绩评价》,风格投资在国外的研究主要集中在以下 4 个方面。

(1) 投资风格的分析。目前普遍接受的风格分析方法主要有基于收益和基于组合的风格分析。前者是由夏普提出的基于收益的风格分析,他认为通过比较基金的收益和所选择的风格指数收益之间的关系可以判定基金管理人在过去一段时间的投资风格;后者主要是根据基金实际持有的股票特征来划分基金的投资风格。卡恩(Kahn)发现对于小样本基金,基于组合分析来预测风险比基于收益的分析方法具有更高的相关性;罗伯特·卡普兰(Robert Kaplan)研究发现,对于大盘价值型组合,两种风格分析方法所得结果相似,而对于中小盘和成长型组合,两种分析方法则存在显著差异。

(2) 风格投资的表现及形成原因研究。风格投资常常表现出小市值效应(投资于小规模公司股票所获得的收益要高于投资于大规模公司股票)和净资产/市值(BV/MV)效应。最早的相关研究(Banz,1981)发现,最小一类公司股票的平均收益率要高出最大一类股票19.8%;其他学者(Reinganum,1981)也发现了类似现象。对于 BV/MV 效应,有研究(Stattman,1980)发现美国公司股票的平均收益与其 BV/MV 呈正相关关系;法玛等人也证明美国市场的 BV/MV 效应明显。对此,有这样4种解释:其一,法玛等学者认为风格投资的超额收益是对风险的补偿,而这些风险被正统的资本资产定价模型所遗漏;其二,有学者(Lakonishok,Shleifer & Vishny,1994)认为超额收益是由于投资者对某种股票过去表现的过度反应所致;其三,有学者(Daniel & Titman,1997)认为由于具有某种相同属性的公司分享着某些共同特征,所以有可能同时出现一些经营上的问题而导致上述两种效应;其四也有学者认为是计算方法的选择以及数据处理等人为原因造成的。

(3) 风格投资的周期性以及风格转换策略研究。从价值型、成长型或大盘股利、盘股等角度来看,风格投资在不同时期有着不同表现,存在周期性。研究表明,美国、日本股票市场中小盘股、大盘股总是间隔表现较差或优良。对美国、加拿大等国数据的分析发现,价值型/成长型组合的收益率存在较为明显的周期性。风格投资具有周期性,因而投资者可以通过风格转换以获取更好的收益。对英国股市的研究发现,当两种相对风格的收益率差异不显著时,投资者有机会通过风格转换增进组合绩效,诸多学者都对此现象进行了研究。

(4) 风格投资对证券市场的影响研究。有学者(Lee et al.,1991)用风格投资的理论解释了为什么在同一证券市场挂牌的基金虽持有完全不同的股票,但却同涨同跌;也有学者(Froot et al.,1999)同样运用风格投资的概念解释了在不同交易所上市的同种股票却有着不同表现的原因;其他学者也先后就某种风格与某种具体影响因素(如宏观经济因素、价格趋势等)之间的关系进行了研究。

(四) 基于连续时间的长期投资组合理论

长久以来,马科维茨的均值-方差模型在指导人们短期投资中占有重要地位。但事实上,长期投资和短期投资的最优资产组合不尽相同。

萨缪尔森等最早描述了长期投资者与短期投资者做出相同决策的限制条件;默顿也对此进行了长期、深入的研究。他们的研究告诉人们,投资机会会随时间变化,长期投资者总是关心长期中投资机会所受到的冲击,并希望从中套利。有学者(Kim & Omberg,1996;Barberis,2000)等人建立了长期投资者资产组合选择的实证模型,这些模型建立在萨缪尔森、莫辛、默顿、斯蒂格利茨、鲁宾斯坦、布里登(Breeden)等人研究的基础上,并且最终完成了早期理论文献的实证检验。他们假设一个生命有限的投资者具有期末财富的双曲型绝对风险厌恶(hyperbolic absolute risk aversion,HARA)效用,结果发现没有用到任何近似,最优的组合权重是线性的。对那些忽视投资长期性的投资者的效用检验得出,忽略现实的交易成本将导致效用成本增加 0.8%～16.9%;研究发现,即使将许多参数的不确定性纳入模型之后,还有足够的收益期望使长期投资者总能在股票上分配更多资产。

对于利率在长期的影响,莫顿提出了套期保值效应,当投资者的风险厌恶系数大于 1 时,对风险资产的需求不仅受到资产风险溢价的影响,还受到预期收益率与预期远期利率调整的协方差的影响;对于跨期理论中的跨期预算约束条件,约翰·坎贝尔(John Campbell)认为当消费-财富比率不变或变动不大时,投资者的跨期预算约束条件为近似线形;有学者在允许借入和卖空的约束条件下,将静态投资组合的选择标准结果扩展到动态的跨期模型。坎贝尔和路易斯·维瑟拉(Luis Viceira)对这部分结论也有详细的阐述。

对长期投资的资产组合选择和风险控制问题,杰里米·西格尔(Jeremy Siegel)通过分析认为,在长期投资中,股票的风险低于债券甚至国库券,长期股票是最安全的投资资产。坎贝尔和维瑟拉(Campbell & Viceira, 1999, 2000)证明,对最优投资策略中市场择机的忽略会导致更大的效用损失。坎贝尔等用 VaR(一阶向量自回归)模型来分析长期投资者的消费和资产组合选择问题。研究表明,股票收益的可预测性增加了投资者对于股票投资的需要,并且长期通货膨胀债券能够增加稳健投资者的效用;坎贝尔等(Campbell, Chacko, Rodriguez, 2004)的研究也显示,保守的长期投资者有一个积极的股票跨期套利需求。这些研究对长期资产组合框架的建立做出了卓越贡献。

对长期投资的资产配置问题,用连续时间数学来分析动态资产组合选择,至少可以追溯到默顿的研讨工作。相关研究(Karatzas & Shreve, 1998)给出了连续时间中资产组合选择的一般方法。有学者探讨了时变风险对投资的影响。有学者(Cox & Huang, 1989)提出跨期消费与资产组合选择的"鞍方法",利用完全市场中的随机贴现因子(stochastic discount factor, SDF)属性,把动态问题转换为静态问题,使得结果更容易求解。坎贝尔和维瑟拉(Campbell & Viceira, 2002)在他们合著的《战略资产配置:长期投资者的资产组合选择》中第一次系统地讨论了长期资产组合选择问题。他们创立了一个可以与均值-方差分析相媲美的跨期实证分析方法,证明了长期通货膨胀指数化债券是对于长期投资者的无风险资产,揭示了股票对长期投资者比短期投资者更为安全的条件,证明了劳动收入怎样影响资产组合选择。

(五) 基于 VaR 的投资组合理论

在 20 世纪 70 年代以前,金融机构所面临的风险主要是信用风险。随着布雷顿森林体系的解体,汇率、利率以及商品价格波动日益频繁,来自市场方面因素的变动对金融机构的影响日趋显现。出于防范风险的需要,远期交易、期货、互换、期权等金融衍生工具得到迅猛发展的同时,由于一些衍生工具具有很高的杠杆率,交易主体面临的风险被放大,一旦市场出现逆向变动,他们就可能蒙受巨额损失。交易者最关心的是市场风险到底是多少,能否以一个简单的量化指标表示出来,以便进行适当的风险管理。从金融监管的角度来看,也希望能方便地了解被监管对象从事金融交易时所面临市场风险的大小。由于投资者和监管者对市场风险的关注,各种管理市场风险的方法也应运而生。

VaR(value at risk),中文译为"风险价值"或"在险价值",风险价值是指在一定的持有期和给定的置信水平下,利率、汇率等市场风险要素发生变化时可能对某项资金头寸资产组合或机构造成的潜在的最大损失。这里选定的持有期可以是一天、一周、两周、一个月等,持有期的确定要根据投资者所持有的工具的流动性不同来选择,证券的流动性越强,持有期应越短。一般投资者对货币市场工具和短期债券所确定的持有期是一天,长期债券和股票是一周,而选定的置信水平一般为90%~99%。利用这一概念,金融市场中从单个资产到多个资产甚至多个资产类,从单个交易的头寸到交易组合,或整个企业甚至整个行业都能进行风险分析与度量。

VaR方法在20世纪50年代才得到研究证券投资组合理论的学者的关注,它原先被人们用于测度一些金融公司交易证券的市场风险。VaR方法的引入在一定程度上弥补了原先投资组合理论对证券投资组合风险度量的不足。

国外学者从不同角度先后对VaR进行定义。有的认为是给定概率置信水平内最坏情况下的损失;有的认为是在定义期间内,在一定的概率条件下潜在的最大损失。有的则认为是在一定的概率条件下,单个头寸或整个组合可能产生的损失;在给定资产(组合)价值变动分布的前提下,风险按照价值变动超过某一临界点的可能性来界定。还有的学者分别利用历史模拟法和蒙特卡罗模拟法估算了VaR条件下的资产组合选择最优化问题。

但VaR仍然存在很多的缺陷。有学者(Artzner et al.,1999)提出了一致性风险度量(coherent measures of risk)的概念,其中:一致性以4条公理假设条件作为判别标准,VaR不满足4个条件中的次可加性(sub-additivity),意味着在某些条件下拒绝资产组合风险分散化原理,认为VaR不是一种一致性风险度量。

基于此,有学者(Rockafellar & Uryasev,2000,2002;Acerbi & Tasche,2002)提出了条件风险价值(conditional value at risk, CVaR)作为风险的度量来对VaR进行修正。CVaR被定义为损失超过VaR部分的条件期望,只考虑下跌风险(downside risk)。如果VaR对应的置信区间为$(1-\alpha)$,则α-CVaR就是超过α-VaR的平均损失;针对VaR无法比较来自不同市场的风险暴露,有学者(Tardivo,2002)提出Benchmark-VaR的概念,即在一定的时间段内,在一定的置信区间内,基金或者组合偏离基准(benchmark)的最大离差;有学者引入了风险资本(capital at risk, CaR)的概念,用以代替方差来衡量风险;鉴于VaR仅测度了市场常态下的资产组合的风险,有学者(Embrechts et al.,1997)将测度极端情况的极值理论与VaR相结合提出了测度市场极端风险的方法,有学者(Frey,2000)运用极值理论研究了瑞士金融市场时间序列的尾部特征,结论认为极值方法比VaR更为稳健和精确。

在界定了VaR和CVaR等风险测度指标后,以其为基础研究资产组合选择的工作相应展开。有学者(Rockafellar et al.,2000)考虑了CVaR作为风险测度时的资产组合优化问题,证明了CVaR是凸函数,可以用来构建有效的优化方法,而且他们还提出了一种线性规划方法,可以同时最小化VaR和CVaR。有学者在引入了风险资本(capital at risk, CaR)的概念后,建立了资产组合选择的"均值-CaR模型",推导出解析形式的最优解和有效边界;还有学者提出了一个极大极小收益的资产组合模型(MMR):在保证资产组合平均收益率超过某一最低收益水平约束下,极大化其任一时期的极小收益,决策目标是考虑在最不利收益中取最优收益。风险度量指标采用的是最小的可能收益而不是方差。

(六) 基于非效用最大化的投资组合理论

托马斯·科弗(Thomas Cover)是较早提出非效用最大化投资组合理论的学者之一,他提出了在离散时间条件下的泛组合模型。该模型的突出优点是构建它不需要知道市场参数及有关统计信息,如利率、价格波动率,甚至不需要详细描述离散时间条件下价格变动的动力学机制,只要通过跟踪不同证券权重的绩效加权变动情况便可达到最优恒定组合。科弗还描述了泛组合的渐近行为,并引用实例说明了泛组合具有较好的解释力。

赫尔维希提出了一种普遍适用的经济资源定价方法——价值维持原理(value preserving principle),即资源的内在价值(将来收益价值)不随时间变化而变化。赫尔维希利用该方法考察了在离散时间、有限状态空间条件下证券市场的组合最优化问题,并表现出较好的解释力。

巴克利和科恩(Buckley & Kohn)从考察随机现金流下的指数跟踪误差的角度认为,对于那些消极跟踪指数的投资者来说,其理想状况的证券组合总是由进入指数的所有证券持有组成。这必然导致资本资产投资者持有的现金账户绩效与指数绩效的偏离(即导致跟踪误差的产生)。据此,巴克利和科恩给出了这种情形下的相关模型(即基于半鞅的一般连续时间模型),分析了投资者导致的脉冲控制问题,并给出了其存在最优控制策略的一般条件。除此之外,他们还探讨了某些扩散类型市场价值维持策略的存在性和唯一性,解决了来自非完全市场中的期权套期保值理论的唯一价值维持测度问题(即最小鞅测度问题),并考察了附加约束对组合策略的影响。

(七) 贝叶斯投资组合理论

传统理论往往假设变量的未来分布已知,可以用准确的模型和参数刻画。但是在现实中,由于信息不完全,变量的未来分布是不确定的,用于刻画变量分布的模型和参数也是未知的。比方说,投资者在应用均值-方差模型进行资产配置时,事先并不知道投资机会集的各种参数(如预期收益率、资产波动率以及资产间的协方差等),他们往往通过历史数据和各种计量模型进行估计,与此同时产生的估计误差会给投资组合带来估计风险(estimation risk),估计风险又被称为"参数不确定性"(parameter uncertainty)。同时,投资者还将面临模型不确定性(model uncertainty),即资产收益预测模型设定形式的不确定性。

另外投资者不仅可以从新闻、宏观经济分析和资产定价理论获得投资决策问题的某些先验信息,而且在进行动态资产配置时,会不断地利用新获得的信息调整组合头寸,使动态资产组合处于最优状态。

(八) 行为金融学和行为投资组合理论

近20年来的金融实证研究不断发现股票收益率具有可预测性的证据,有效市场假说(EMH)的理论基础和实证检验都受到了强有力的挑战。证券市场上的实证研究发现了许多无法由EMH和资本资产定价模型加以合理解释的异常现象。面对一系列金融异象,人们开始质疑以有效市场假说为核心的传统金融理论。由于行为金融学能够较好地解释这些现象,原先不受重视的行为金融学开始受到越来越多学者的关注。

(九) 家庭资产配置的资产组合理论

在2006年美国金融学年会上,坎贝尔(Campbell)提出将家庭金融作为与资产定价、公司金融等传统金融研究并立的一个新的独立的研究方向。坎贝尔认为,家庭金融主要研究家庭如何使用各类金融工具以实现其财富目标的问题,因而研究家庭投资组合的选择和建立是家庭金融的研究核心。

坎贝尔将家庭金融学分为实证主义家庭金融和规范主义家庭金融。实证主义家庭金融分析实际生活中家庭是如何进行消费/投资决策的,这方面的研究往往需要高质量的家庭微观数据。大量学者运用这些微观数据实证分析发现,实际的投资选择行为与经典文献的结论是相背离的。标准的投资组合理论认为个人愿意将财富投资于风险资产的数量取决于其风险厌恶程度。在两基金定理有效的情况下,因为所有的投资者面临的资产回报的分布都相同,所以个人资产组合构成的差异应该只反映风险厌恶程度的不同,风险态度是导致资产组合行为不同的唯一因素。也就是说,不管人们是穷还是富,他们都将持有相同头寸的风险资产。但是学者们发现,实际投资行为存在"投资者有限参与"和"投资组合相异性"两个未解之谜。"投资者有限参与"是指尽管存在着较高的股权溢价,大多数家庭并没有参与股市;即使参与股票市场,实际持有的份额也远低于理论上的最优风险资产持有份额。另外,投资者参与股票市场的投资组合选择也千差万别,而且不同年龄持股比例也不一样,即"投资组合相异性"。

四、投资组合理论在中国的应用

在现实应用中,马科维茨模型存在一个明显的缺陷,即当资产数量较多时,基本输入所要求的估计量非常大,从而使得该理论的运用受到很大的限制。夏普所提出的单一指数模型为这一困境提供了很好的解决办法,因为它将资产收益单纯与市场相挂钩。此后,国内外大多数学者都以这两个理论为基础,不断研究,从不同角度为资产组合选择与优化这一研究注入了新的思想。

(一)基于风险测度的投资组合运用

马科维茨模型的重点在于如何合理测度风险,最原始的方法是运用方差来进行度量,而这也是马科维茨理论体系受到质疑的原因之一,因为方差与标准差并非总是风险的有效度量指标。盲目运用标准差来度量风险常常会造成数据分析结果背离市场实际情况。实证研究表明,绝大多数金融变量的收益率存在明显的非对称性,"肥尾"等显著的非正态分布的特征大量存在;行为经济学的研究表明,投资者对待收益和损失的态度是不同的,而标准差无法识别这些差异。研究表明,只有当资产收益率严格服从正态分布时,用标准差来表示风险才是令人信服的。此后,很多学者一直致力于研究在现实金融市场环境中,如何测度风险才是合理与有效的。

标准差之后,在险价值(VaR)与条件在险价值(CVaR)成为两大主流风险测度工具。龙雨晴基于 VaR 及 ES 模型修正研究中国公司债券下行风险的实证检测,发现在不同置信水平下总体符合要求;中国公司债券 ES 分组统计结果表明,总体呈现由小到大的分布,中间大、两头小,每组平均收益与 ES 正相关,但个债并不严格正相关。但 VaR 不具有一致性和次可加性,这导致在使用 VaR 进行风险测量时会出现投资组合风险未必小于各资产风险的简单求和、尾部风险测量不充分以及难以严格满足资产组合收益正态分布假定等问题。于是,学者们在运用 VaR 和 CVaR 测量风险程度的基础上还加入了 t-Copula 模型和蒙特卡罗模拟算法,以期能够更加准确地测度风险。康龙基于时变 t-Copula 模型研究期货合约的相依关系,实证分析结果显示可以足够好地描述多种合约的条件相关系数和在一定程度上体现数据中的显著的尾部相依关系。王大鹏、赵正堂提出,可以运用 Copula 函数连接各资产收益率的分布函数,进而运用蒙特卡罗模拟测算我国保险资金投资比例下的 CVaR 值,实证表明,t-Copula 函数较正态 Copula 函数能够更好地拟合我国保险业资产收益率状况,并且债券、股票和基金的投资比例增大会增加整合风险 CVaR 值。此外,在实证分析时,使用高频数据是提高风险测度精度的有效途径之一，随着互联网技术的发展，高频数据变得更加容易获得。殷炼乾表明，利用高频数据来计算协方差矩阵模型可以得到波动率的更有效近似估计，显著提高了资产组合风险测度的精度。

现有的风险测度模型大多起源于西方国家，我国学者大多是在原有模型的基础上进行实证分析，具有开创性的研究较少。部分学者结合我国实际金融市场环境对原有模型进行了重组，或对原来的参数进行了一定程度的调整，但是均没有改变模型的根本因子或开创出新的风险测度模型。相信随着学者们在风险测度方面研究的深入，资产组合理论也将愈加趋于完善。

（二）基于流动性的投资组合运用

资产组合理论通常假设资本市场是无交易成本、无市场摩擦，而且是具有充分流动性的。然而，在实际生活中，交易成本、市场摩擦和非流动性普遍存在于金融市场之中。正是这些市场条件的约束，使得实际资本价格逐渐偏离资本资产定价理论，投资者无法根据传统定价理论持有理想的最优资产组合。随着研究的发展，非流动性已越来越成为学者在分析资产组合策略时不可避免的一个问题。袁志刚等指出，流动性会直接影响资产的价格。吴泱等通过对国指期货的定价研究发现，流动性对期指的价格发现、定价权功能有着至关重要的影响。这些研究结论主要说明了流动性资产在资产组合中的重要性。然而，吴卫星、齐天翔在结合中国投资者的投资表现时发现，非流动性资产对投资者决策影响显著，主要表现为房地产对其他资产所产生的"替代效应"或者说"挤出效应"，这主要与中国人的心理偏好有关。

我国学者在研究流动性与资产定价这一问题时，大多是基于流动性水平这一角度来进行的。学者们通过多种流动性测量方法对不同样本数据的流动性进行测量，研究证明，真实金融市场中流动性溢价现象普遍存在，说明流动性水平是资产定价过程中必须考虑的重要变量。相对于外国学者，我国学者在基于流动性风险这一角度对资产组合选择与优化问题所进行的研究较少。此外，由于风险度量方法的不同，不同学者的研究结果也存在着差异。包括市场总流动性的波动性风险以及市场收益对总流动性的敏感性风险的流动性风险与资产定价之间的关系是我国研究有待于进一步发展的领域。

（三）其他角度的投资组合运用

除此以外，还有很多基于不同角度的关于资产组合理论的研究。例如，基于利率和通货膨胀率的资产组合理论研究，李爱忠等认为理性的资产组合策略在最大化收益和最小化风险的基础上，还应该考虑资产的收益能否弥补通货膨胀带来的损失以及利率、汇率等宏观经济因素变动造成的影响。因此，简单维持固定比例不足以保持组合总价值最优且风险最小，投资者可以通过连续时间资产配置的非线性均值调整策略来近似最优策略以保证组合总资产最优。李斌等将 VaR 模型应用到均值-方差模型的期望收益估计中，提出序列相关性有助于提高证券投资组合的样本外绩效。基于行为金融学的资产组合理论研究，顾燕燕指出，在实际情况下，投资者的资产组合是根据对不同资产风险的认识和投资目的，进而形成金字塔形状的行为组合。投资者构建的每层投资目标以及风险偏好都是有差别的，所以就忽视了各层之间的相关性。

总而言之，自从马科维茨提出资产组合理论以来，学者们便就资产组合选择与优化这一问题进行了持续的研究，已逐步解决资产组合理论由基本输入较庞大、数据误差带来的解的不可靠性、解的不稳定性和重新配置的高成本等问题。但是,如何将理论分析更好地应用于实际投资组合策略,以及如何联系我国金融改革和金融市场实际来优化投资组合策略,这是我国学者在未来研究中亟待解决的问题。

 **思考题**

1. 现代投资组合理论1990年荣获诺贝尔经济学奖具有什么重要意义?
2. 投资组合理论在量化投资及中国证券市场的应用情况如何?

第10讲 资产定价理论

基本要求：1. 了解资产定价理论的发展历程。
2. 掌握资产定价理论的主要思想。
3. 知悉资产定价理论的未解之谜。
本讲重点：资产定价理论的内容和模型。
本讲难点：资产定价理论的各种扩展。

资产定价理论是现代金融学的核心热点领域，也是研究成果最为系统、最为丰富的领域之一，在现代金融学理论体系中占有十分重要的地位。1990年夏普的资本资产定价理论（CAPM）、1997年斯科尔斯和默顿的期权定价理论（APT）、2013年拉尔斯·彼得·汉森资产价格的实证分析，先后获得了诺贝尔经济学奖。

在金融市场上，人们从事金融资产交易时，首先需要确定金融资产的合理价格，以便能够做出理性的买卖决策，研究这一问题的理论即资产定价理论。它是专门研究如何对资产特别是金融资产进行估价的理论，是具体研究具有不确定未来收益的索偿权的价值的一种金融理论。本讲对资产定价理论发展过程进行回顾，明晰资产定价理论的发展演进脉络，对各个定价理论及相应模型进行了描述，建立起金融资产定价理论的体系框架，并根据当前资本市场三大资产定价未解之谜，对其未来发展进行展望。

一、资产定价理论的发展历程

资产定价理论经历了20世纪50年代之前的理论萌芽阶段、20世纪50—80年代标准金融资产定价理论的形成与大发展阶段，以及20世纪90年代至今行为金融资产定价理论的崛起与发展阶段，其研究成果无论从广度还是深度来说，都已达到了很高水平。

1. 20世纪50年代前的资产定价理论

资产定价问题发生得很早，具体时间无从考证。最早对资产定价问题的规范性研究是1738年丹尼尔·伯努利（Daniel Bernoulli）在圣彼得堡科学院发表的题为《关于风险衡量的新理论》的拉丁论文，距今已有近300年历史，该论文首次提出了期望效用和风险衡量的思路和方法，中心思想是资产的价值不是基于其价格，而要根据其提供的效用的大小来确定。文中还提出了边际效用递减概念，这为后来经济学家发展风险决策理论提供了一定的帮助。其中，巴舍利耶以当时看来全新的方法对法国股票市场进行了研究，发表了《投机理论》，奠定了资产定价理论的基础。《投机理论》的创新之处在于作者将股票价格变化视为随机过程，并且提出了价格变化服从鞅过程。他试图运用这些全新的理论和方法来研究股票价格变化的规律性，因而巴舍利耶的理论不仅在数学界产生了很大的影响，而且对后来的 B-S 期权定价公式也有直接的影响。

在巴舍利耶之后，20 世纪 30 年代，经济学家约翰·威廉姆斯(John Williams)证明了股票价格是由其未来股利决定的，提出了重要的股利折现模型。威廉姆斯于 1938 年出版了《投资价值理论》，详细介绍了股利折现模型，对投资学和金融学的发展起了重要的作用。后来的研究者对股利折现模型进行了改进，提出了现金流贴现模型。因此，股利折现模型或现金流贴现模型成为最为经典的资产定价理论之一。

2. 20 世纪 50—80 年代的资产定价理论

20 世纪 50 年代以前，现金流的确定是资产定价的核心，然而这种定价方式无法解决风险度量和风险溢价问题。后来的学者则从这个角度进行不断的研究，1952 年马科维茨发表的《现代资产组合理论》实现了突破性的进展，标志着人们对风险的认识达到了量化的程度，也为资产定价理论的发展奠定了坚实的基础。

这个时期的资产定价理论包括：阿罗-德布勒的一般均衡理论，马科维茨的证券组合选择理论，夏普和林特纳的资本资产定价理论，罗斯的渐进套利定价理论，布莱克和斯科尔斯的跨期无套利定价，默顿的跨期最优消费、投资和均衡定价理论，不完备市场中的投资与定价理论。这些工作主要是在 20 世纪 80 年代以前完成的。

3. 20 世纪 80 年代以后的资产定价理论

虽然预期效用理论、资产组合理论、资本资产定价模型和有效市场假说互为印证，体系完备，共同构造了现代金融学大厦，并且在 20 世纪六七十年代得到了实证检验的支撑，取得了辉煌的成就。但是，正如物理学中相对论对经典物理学理论的突破一样，传统理论不能解释的"市场异象"往往是新理论产生的背景和突破口。

20 世纪后期计算机技术的迅猛发展，伴随着对于股票和债券价格数据更加便捷的获取渠道，使得研究者可以对这些多种多样的资产定价模型进行严格的数据检验。更进一步地，大量案例中在数据之间揭示出的矛盾，也反过来影响了新的理论模型的发展。与此同时，资产定价理论对现实的商业和金融业也产生了直接的影响。另外，大量资本依据这些理论模型在市场中进行投资的行为本身，也给研究者带来了讨论、发展和检验这些理论的压力。自 20 世纪 80 年代以来，与现代金融理论相矛盾的实证研究或"市场异象"的不断涌现，为行为金融的兴起埋下了火种。

总体而言，资产定价理论分为两类：一类是主流经济学推崇的演绎法，理论论证严密但往往证明现实无力，因为现实很难满足这些理论严格的假设条件。基本理论包括 CAPM 模型和 APT 模型等；另一类是归纳法，通过历史数据找出规律预测资产价格的未来走势，包括广泛运用的技术分析、技术分析的延伸——人工智能和基于成交量的股价序列模型等方法和理论。资本资产定价理论体系如图 10-1 所示。

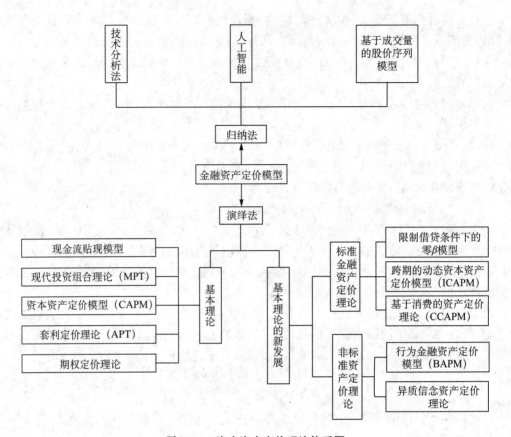

图 10-1 资本资产定价理论体系图

二、资本资产定价理论的内容与扩展

(一) 资本资产定价模型

1. 现金流贴现模型

1938 年,美国著名投资理论家威廉姆斯在《投资价值理论》一书中,提出了贴现现金流(discounted cashflow model,DCF)估值模型。该模型在后来的几十年里一直被奉为股票估值的经典模型。威廉姆斯认为,投资者投资股票是为了获得对未来股利的索取权,对于投资者来说,未来现金流就是自己未来获得的股利,企业的内在价值应该是投资者所能获得的所有股利的现值。

现金流贴现模型在传统金融学中就是一个重要的定价方法,在加入不确定性的分析后成为现代金融资产定价理论的重要组成部分。现金流贴现模型集中体现了资金的时间价值特性,任何资产的价值都是由其未来现金流的现值所确定的。

以复利计算为基础的现金流贴现模型可表示如下:

$$P = \sum_{t=1}^{\infty} \frac{CF_t}{(1+k)^t}$$

其中:P 为资产现在的价格;CF 为将来各时点的现金流;k 为折现率。

折现率 k 的确定是该模型的关键,也是演绎法资产定价理论的核心。从经济学的角度讲,折现率应该等于资金使用的机会成本,也就是同一笔资金用于除考察的用途外所有其他用途中能得到的最好的收益率。在现代金融理论中,折现率用无风险利率加上风险补偿来表示。无风险利率是指货币资金在不承担任何风险的情况下可以取得的收益率,常用短期国债利率作为代表;风险补偿取决于金融资产风险的大小,理性的投资者都是风险厌恶的,资产收益率的波动性越大,被要求的风险补偿也就越高。如何确定某种资产风险补偿的大小是资产定价理论的核心内容。

现金流贴现模型十分简单方便,但是该模型并没有给出风险补偿的定量方法,这个缺陷最终还是由现代投资组合理论解决的。

2. 资本资产定价模型 CAPM

在马科维茨于 1952 年提出现代资产组合理论的基础上,夏普、林特纳、莫辛均独立地得出了资产均衡定价理论(CAPM 理论)。该理论是金融学的支柱之一,自提出以来就一直是实证金融关注的焦点,得到了广泛的应用。

(1) 资本资产定价模型公式。夏普发现单个股票或者股票组合的预期回报率(expected return)的公式:

$$\bar{r}_a = \bar{r}_f + \beta_a \times (\bar{r}_m - \bar{r}_f)$$

其中:r_f(risk free rate)是无风险回报率,即纯粹的货币时间价值;β_a 是证券的 Beta 系数;$\bar{r}_m$ 是市场期望回报率(expected market return);$(\bar{r}_m - \bar{r}_f)$ 是股票市场溢价(equity market premium)。

CAPM 公式中的右边第一个是无风险收益率。如果股票投资者需要承担额外的风险,那么其将需要在无风险回报率的基础上多获得相应的溢价。这样,股票市场溢价就等于市场期望回报率减去无风险回报率。证券风险溢价就是股票市场溢价和一个 β 系数的乘积。

(2) 资本资产定价模型的假设。CAPM 是建立在马科维茨模型基础上的,马科维茨模型的假设自然包含在其中:①投资者希望财富越多越好,效用是财富的函数,财富又是投资收益率的函数,因而可以认为效用为收益率的函数。②投资者能事先知道投资收益率的概率分布为正态分布。③投资风险用投资收益率的方差或标准差标识。④影响投资决策的主要因素为期望收益率和风险两项。⑤投资者都遵守主宰原则(dominance rule),即同一风险水平下,选择收益率较高的证券,而同一收益率水平下,选择风险较低的证券。

CAPM 另附加了 8 个假设条件:①可以在无风险折现率 R 的水平下无限制地借入或贷出资金。②所有投资者对证券收益率概率分布的看法一致,因而市场上的效率边界只有一条。③所有投资者具有相同的投资期限,而且只有一期。④所有的证券投资可以无限制地细分,在任何一个投资组合里可以含有非整数股份。⑤买卖证券时没有税负及交易成本。⑥所有投资者可以及时免费获得充分的市场信息。⑦不存在通货膨胀,且折现率不变。⑧投资者具有相同预期,即他们对预期收益率、标准差和证券之间的协方差具有相同的预期值。

上述假设表明,投资者是理性的,而且严格按照马科维茨模型的规则进行多样化的投资,并将从有效边界的某处选择投资组合;资本市场是完全有效的市场,没有任何摩擦阻碍投资。

(3) 资本资产定价模型的优缺点。CAPM 的优点在于简单、明确。它把任何一种风险证券的价格都划分为 3 个因素，即无风险收益率、风险的价格和风险的计算单位，并把这 3 个因素有机结合在一起。另一优点在于它的实用性。它使投资者可以根据绝对风险而不是总风险来对各种竞争报价的金融资产做出评价和选择，用来解决投资决策中的一般性问题。

CAPM 也有局限性。一方面，CAPM 的假设前提是难以实现的。CAPM 的假设可以归纳为 6 个方面。假设之一是市场处于完全的竞争状态，但是实际中完全竞争的市场是很难实现的，"做市"时有发生。假设之二是投资者的投资期限相同且不考虑投资计划期之后的情况，但是市场上的投资者数目众多，他们的资产持有期间不可能完全相同，而且现在进行长期投资的投资者越来越多，所以假设就变得不那么现实了。假设之三是投资者可以不受限制地以固定的无风险利率借贷，这一点也是很难办到的。假设之四是市场无摩擦，但实际上市场存在交易成本、税收和信息不对称等问题。假设之五、六是理性人假设和一致预期假设，显然这两个假设也只是一种理想状态。另一方面，CAPM 中的 β 值很难确定。

3. 套利定价理论 APT

套利定价理论（APT）由罗斯在 20 世纪 70 年代中期建立。套利定价理论是建立在多因素进行个体套利行为之上的一种均衡模型。通过消除套利机会，套利者使市场更具有效率。无套利分析方法是金融资产定价理论中的基本方法。西方主流经济学研究的基本方法是供给和需求的均衡分析，注重研究均衡的存在性和均衡的变动情况。金融研究的一项核心内容是对于金融市场中的某项资产进行估价或定价。分析的基本方法是用价格已知，未来的预期收益现金流与该资产完全一致的资产或资产组合对未定价的资产进行复制，构造一个不能产生无风险收益的组合，进而为该项资产定价，这就是无套利分析方法。现代金融理论的研究取得的一系列成果都是基于这种无套利的分析技术形成的。

套利定价理论认为，影响某项资产价格的宏观经济因素很多，如果用因素组合 F 风险补偿的变动来代表某种宏观经济因素相对于其预期值的变动，则第 i 项资产的预期收益如下：

$$E(R_i) = R_f + U_i[E(R_F) - R_f]$$

这是套利定价理论的单因素模型。由此可见，如果把市场因素 M 视为宏观经济因素，此模型与 CAPM 给出的定价模型完全一样。套利定价理论中最有实用价值的是多因素模型。当多个宏观经济因素共同影响一种风险资产的预期收益时，该资产的预期收益可以表示如下：

$$E(R_i) = R_f + U_{i1}[E(R_{f1}) - R_f] + U_{i2}[E(R_{f2}) - R_f] + \cdots + U_{ij}[E(R_{fj}) - R_f]$$

与 CAPM 的均衡定价法不同，APT 是建立在无套利均衡分析基础上的，它不需要市场组合的存在，不需要 CAPM 那么苛刻的假设条件，它的基本假设只有两个：一是投资者都是理性的；二是市场上不存在无风险套利机会。由于假设条件的放松，APT 比 CAPM 更加贴近实际，所得出的预期收益率数据的适用性也比 CAPM 大大增强了。不足之处是 APT 并没有指出影响资产收益率的具体风险因素是哪些，有关风险因素的种类、数量及其含义问题在该模型提出后一直存在争议。

4. 期权定价理论

20 世纪 70 年代,资产定价理论在 APT 之外的一个重要发展是期权定价模型的提出。布莱克和斯科尔斯在 1973 发表了题为《期权和公司债务定价》的论文,首次给出了具有解析解的欧式股票期权定价公式,这就是著名的布莱克-斯科尔斯(Black-Scholes)期权定价公式。

同年,默顿发表了《理性期权定价理论》,提出了与 Black-Scholes 公式类似的期权定价模型,并做出了一些重要的扩展。由于默顿对期权定价理论所做出的贡献,Black-Scholes 期权定价公式又称布莱克-斯科尔斯-默顿(Black-Scholes-Merton)期权定价模型。

Black-Scholes-Merton 期权定价公式如下:

看涨期权 $$c = S(t)N(d_1) - Xe^{-r_f(T-t)}N(d_2)$$

看跌期权 $$p = Xe^{-r_f(T-t)}N(-d_2) - S(t)N(-d_1)$$

Black-Scholes-Merton 期权定价模型的基本原理是无套利原则,核心思路是投资者总是可以构造一个标的股票和无风险债券的适当组合,使得这个组合的收益与期权在到期日的收益完全相同。这一组合也称合成期权或人造期权。既然合成期权的收益与原期权的收益相同,那么根据无套利定价原则,两者的价格就必须相同,因此,只需要对此合成期权进行定价,就可得到对原期权的定价。

紧随着 Black-Scholes-Merton 模型,期权定价的研究得到了延伸和发展。其中,有重要影响的是约翰·考克斯(John Cox)、罗斯和马克·鲁宾斯坦(Mark Rubinstein)在 1979 年提出的二项式定价理论。二项式定价理论的原理与 Black-Scholes-Merton 期权定价模型的原理一样,在考虑很短的时间段时,两者会得出一致的期权价格,但相比较而言,二项式定价理论可以用于更广泛的衍生工具的定价。

(二) 资产定价理论的扩展

经典的 CAPM 模型是对资产定价有着一系列严格的假设条件的单因素模型,后人的理论发展也主要从如下 3 个方面展开:①通过放宽那些不现实的假设条件扩展该模型;②通过将时态由单期模型扩展到多期模型进行研究;③针对原模型中忽略的因素,引入新的因子检验该模型。

1. 限制借贷条件下的零 β 模型

资本资产定价模型假设所有的投资者都可以以固定的无风险利率 R_f 无限制地借入或贷出无风险资产,但是在现实的资本市场上,这种情况是不存在的。投资者在以无风险利率借贷时往往受到很多限制,在这种情况下,市场组合就不再是适合于所有投资者的风险资产组合了。投资者将根据自己的风险厌恶程度,在有效组合边界上选择适合自己的风险资产组合。

1972 年,布莱克提出了无风险借入限制条件下的预期收益均衡关系,即零 β 模型。该模型以一个零 β 资产组合来代替原来的无风险资产。该模型放宽了 CAPM 模型中无风险资产借贷无约束的假设,在风险资产的有效组合边界上的任意一个资产组合,在双曲线的无效部分存在着一个与之相对应的资产组合,称为该有效资产组合的零 β 组合 ZM。

修正后的 CAPM 模型如下:

$$E(r) = R(ZM) + \beta \times [R_m - R(ZM)]$$

即不存在无风险资产时,用零 β 组合 ZM 的期望收益率代替无风险收益率。

2. 跨期的动态资本资产定价模型 ICAPM

简单的静态资本资产定价模型假设所有投资者在一个共同的时期内计划他们的投资，这使它只注重均衡收益率，而忽略了投资者的消费决策。

罗伯特·卢卡斯(Robert Lucas)、默顿等人在静态资本资产定价模型的基础上提出了跨期的动态资本资产定价模型 ICAPM。ICAPM 分为离散时间模型和连续时间模型两种。离散时间模型以卢卡斯的资产定价模型为代表，假设投资者在离散的时间点上进行投资和消费决策，并且各期的产出量与消费量相等。该模型以投资者的效用最大化为目标函数，推导出资产价格与边际效用之间的关系，再结合产出与消费的均衡关系，得到用边际效用函数表示的资产定价方程。

考克斯、罗斯、默顿等人提出的连续时间模型中，假设投资者连续地进行投资和消费，推导过程的本质是在既有财富的约束下使投资者终身消费的效用达到最大，通过求解最优的消费-投资方案得到资产定价的基本方程，再结合代表投资者的间接效用函数和财富过程，求出资产的价格。

该模型放宽了 CAPM 模型中关于所有投资者都是单期决策的假设，把一期模型扩展到多期模型是现代证券组合投资理论的重要工作，一期模型与多期模型有本质的差别。该模型认为，资产价格的变化符合连续随机过程，资产价格与投资者偏好无关。

3. 消费基础资本资产定价理论 CCAPM

继 CAPM 之后，也有学者提出消费基础资本资产定价模型(CCAPM)，其核心思想是把投资视为对消费的一种保障，本质是交换经济下一般均衡理论在资本市场的延伸。

CCAPM 通过使用资产收益率与总消费增长率的协方差来描述风险，不仅引入了投资者的效用函数，而且能够在资本资产定价模型中同时考虑消费和投资的决策，把产品市场、要素市场和金融市场上的各种变量通过消费和投资的关系联系起来，从而简化基本定价方程，使得证券的期望超额回报率和证券的超额回报率与消费之间的协方差相联系，由此获得对资产组合决策的真正意义上的一般均衡分析。但是，CCAPM 无法解释股票溢价之谜和无风险利率之谜等金融市场"异象"。CCAPM 并不能保证存在某个证券组合其回报率与总消费完全正相关，这说明 CCAPM 模型同样存在理论上的缺陷。

该模型主要考虑了跨期消费情形下的投资行为，通过求出一个两期消费决策下的均衡发现给定了投资者的各期消费偏好和下一期的资产收益，就可以确定资产的预期价格。

4. 行为资产定价模型 BAPM

长期以来，以有效市场理论和资产定价理论为代表的金融经典理论占据着现代金融理论的统治地位。但 20 世纪 80 年代以来，与经典理论相悖的如"封闭式基金之谜""股权溢价之谜""规模效应""旧历效应""过度反应和反应不足"等金融异象不断涌现，让经济学家们不得不从另外的角度去审视和研究金融市场的现象。

赫什·舍夫林(Hersh Shefrin)和迈尔·斯塔特曼(Meir Statman)于 1994 年在洛拉·洛佩斯(Lola Lopes)的 SP/A 理论和前景理论的基础上针对 CAPM 提出了 BAPM 模型，即行为资产定价模型。在 BAPM 中，投资者也被分为两类，一类是理性的信息交易者，另一类是非理性的噪声交易者。信息交易者即 CAPM 中的投资者，他们严格按照标准 CAPM 行事，不会受认知偏差的影响，而且具有相同的风险偏好，他们通过套利能够使资产价格趋于理性价值；噪声交易者则是那些处于 CAPM 框架之外的投资者，他们不按 CAPM

行事,时常犯认知偏差错误且具有不同的风险偏好。两类投资者在市场上相互影响,共同决定资产价格。当信息交易者起主导作用时,市场是有效的;当噪声交易者起主导作用时,市场是无效的。噪声交易者的存在导致噪声估计的发生并形成噪声交易者风险,理性的信息交易者无法量化这一新的风险因素,只能在真实风险之上再加上额外的风险,它用行为 β 系数来表示。该 β 系数的值为均值-方差有效组合的切线斜率。这样,在 BAPM 中,证券的预期收益就决定于行为 β 系数。

将信息交易者和噪声交易者以及两者在市场上的相互作用同时纳入资产定价框架是 BAPM 的一大创举。BAPM 典型地体现了行为金融学的基本理念,即非理性交易者长期性、实质性的存在,它所描述的同样是理性交易者和非理性交易者互动情况下的资产定价方式。

5. 异质信念资产定价理论

异质信念是针对传统金融学中"同质预期"的概念提出来的。在经典的 CAPM 模型中,投资者被假设为同质无差异的,每个投资者的投资策略也是一致的,区别仅在于投资者对无风险资产的配置。这一假设暗含两层意思:一方面,投资者对影响证券价格的所有信息能够做出快速反应。另一方面,投资者面对相同的信息,对资产收益的未来预期能够做出一致而准确的判断[1]。但是现实中,每个投资者的偏好、收入和信念等因素并非一致。

目前,理论研究主要通过放宽经典的资产定价假设来解释异质信念的原因,假设投资者存在过度自信,可能没有意识到自己的信息劣势,可能由于自信而不会从与他人的交易中获取信息。基于这样一个基础,坎贝尔将投资者的异质性分为四类:异质偏好、异质约束、异质收入和异质信念,其中异质信念又是投资者异质性研究的基础。异质信念资产定价模型是建立在混沌理论的基础上的。混沌理论将资本市场的波动看成一个复杂的、交互作用的非线性动力学系统,解释了有效市场理论无法涵盖的波动现象。

6. 基于成交量的股价序列模型

资本市场上,成交量一直都是进行技术分析时的重要指标。尽管主流经济学排斥技术分析法,但是越来越多的研究表明,在资本市场上成交量的作用是不可忽视的,成交量指标的使用是技术分析法优越于标准金融理论的一个重要特征。

以 CAPM 和 APT 为代表的标准金融学未考虑成交量这一重要因素。这主要是因为传统的资产定价理论中将所有的投资者都简化成一个代表性的理性经济人,而以行为金融学为代表的一系列新学说都指出投资者并不是全理性的,代表性理性经济人假设忽视了不同的经济人个体之间的差异,认为交易的产生只是投资者根据偏好或收益率的分布变化而重新调整资产组合,忽略了其他的交易目的,如不对称信息、个股风险、交易费用等市场不完全因素。

为了将成交量因素引入资产定价模型中,学者们提出了许多方法,其中最具代表性的是基于成交量的股价序列模型。以往的标准金融理论把时间作为度量价格变化的一种基准,然而把时间作为自变量的价格序列虽然可以很方便地解释资产的时间价值,却丢掉了除此以外的大量信息。基于成交量的股价序列模型认为价格变化不仅是随时间进行的,更可能是由成交量驱动的。累积成交量随着时间的增加而单调地递增,它包含了比时间更丰富的信息。

---

[1] 张圣平.编号、信念、信息与证券价格[M].上海人民出版社,2002.

三、资产定价的三大未解之谜

(一)风险溢价之谜

风险溢价之谜是由拉吉尼什·梅拉(Rajnish Mehra)与爱德华·普雷斯科(Edward Prescot)于1985年提出的,通过对美国过去一个多世纪的相关历史数据分析发现,股票的收益率为7.9%,而相对应的无风险证券的收益率仅为1%,其中溢价为6.9%,股票收益率远远超过了国库券的收益率。进一步,他们又对其他发达国家1947—1998年的数据进行分析,发现同样存在不同程度的溢价。对于风险溢价的研究,现存文献主要集中在两个方面。

一方面是用一般均衡理论解释股票与无风险资产这两种资产之间的内在关系。2012年来,大部分关于股票和债券收益的一般均衡研究都受到基于消费的资本资产定价模型CCAPM的影响。根据该理论,股票相对于债券的高收益反映了这两种资产与消费之间协方差的不同。相对于债券收益率,股票收益率更容易与消费同时波动,因此,股票并不是一个好的预防消费波动的保值工具。所以,要使投资者愿意持有股票,就需要一个风险溢价。纳拉亚娜·科赫拉科塔(Narayana Kocherlakota)在1996年对这方面的文献做了一个述评,他认为美国股市风险溢价的价值至今仍是一个谜。

另一方面是在部分均衡框架下研究股票与无风险资产这两种资产收益率与可能的变量之间的实证关系。这方面研究主要集中于预测及在多大程度上能够预测股票市场相对于债券市场的波动,因为这对于有效市场假说EMH具有重要意义。这方面的文献表明,一些财务比率,如股利价格比、市盈率以及短期利率、长期利率可能对股权风险溢价具有预测力。如果能够对相对于债券收益率的股票收益率进行预测,那么这与有效市场假说是相反的,有效市场假说认为证券的价格无法通过其自身的过去值或其他变量的过去值来预测。

国外金融经济学家使用基于幂效用的标准假设,发现股票市场的平均回报太高,不能被卢卡斯等提出来的模型所解释。金融理论将风险资产超过无风险利率的超额期望回报解释为风险的数量乘以风险价格。在其研究的标准消费资产定价模型中,当风险的价格是一个代表性投资者的相对风险回避系数时,股市风险数量根据股票超额回报以及消费增长的协方差来测量。股票高平均回报和低无风险利率意味着股票的期望超额回报高,即股票溢价高。但是,消费的平滑性使得股票回报与消费的协方差较低,所以股票溢价只能由非常高的风险回避系数来解释,梅拉和普雷斯科将此问题称为"风险溢价之谜"。

(二)股票市场波动之谜

有学者对该正统学说提出了挑战,他们指出,估计的期望未来红利比实际股价的波动小得多。股市回报中的方差几乎不可预测,而且红利是驱动股市波动最重要的因素。相对于短期实际利率、消费、红利的波动而言,实际股票回报的波动太高。坎贝尔称之为"股市波动之谜"。

当一个资产价格高时,投资者会预期未来高红利和未来低回报的组合。股价变化必定跟有关未来红利变化着的预期和未来回报变化着的预期的组合有关;后者可以分为有关未来无风险实际利率的消息和未来股市超过短期债务的超额回报的消息。

股票回报率的波幅太高,无法用现有理论来解释。对于这个谜,一直未有有效办法来解决。坎贝尔指出,解决股票市场波动之谜的一个办法是采用随时间变化的风险回避系数,使得风险的价格而不是风险随时间变化而变化。希勒指出,即使在现值公式中有许多方法对贴现率修修补补,这样将来有一天有人可能发现贴现率的其他一些定义,使其更符合实际股价的现值序列,但它们也并没显得更令人信服。

(三)无风险利率之谜

对股权溢价之谜的一个回应是考虑相对风险回避系数的更大值,但是这会导致另一个难解之谜,即无风险利率之谜。

为了解释实际数据中的过高风险酬金水平,需要投资者的风险回避系数取非常大的值。由于跨期替代弹性等于风险回避系数的倒数,所以,当风险回避系数非常大时,跨期替代弹性将取一个非常低的值。但是,跨期替代弹性过低则表明,投资者偏好非常平坦的消费水平。在收入保持增长的经济中,这说明投资者会从将来借钱供给现在的消费。从理论上来说,这种从将来借钱的行为将导致非常高的无风险利率,而实际市场中的无风险利率却很低。有学者把这种无法解释的现象称为无风险利率之谜。也有学者利用非期望效用函数来解决无风险利率之谜。因为风险回避系数与跨期替代弹性是相互独立的,所以在保持高风险回避系数的同时能够保持合适的跨期替代弹性。

因此,无风险利率之谜就是,假若投资者是高风险回避,而且具有幂效用,他们一定也非常不愿意进行跨期替代。假定平均消费增长为正值、低无风险利率和高时间偏好率,这样的投资者将有一种强烈的愿望从未来借贷,以减少他们的平均消费增长率。只有在投资者时间偏好率较低或者是负值时,降低他们借贷的想法,一个低无风险利率才会处于均衡中。

四、现代资产定价理论的展望

资产定价理论在经历了20世纪50年代之前的理论萌芽阶段、20世纪50—80年代标准金融资产定价理论的形成与大发展阶段,以及20世纪90年代至今行为金融资产定价理论的形成与发展阶段之后,其研究成果无论从广度还是深度来说,都已达到了很高水平。但由于金融市场的复杂性,已有的理论还未达到完美解释现实世界的境界,人们还需要不断探索,推动资产定价理论进一步发展。

标准金融资产定价理论经过长期发展,形成了形式优美、逻辑严密的理论体系,但由于其远离现实的基本假设,在实证检验中碰到了困难,无法解释金融市场异象,但它并未丧失存在的意义。标准金融资产定价理论实际上描述和分析的是理想世界中的资产定价问题。尽管现实世界不同于理想世界,但对理想世界的分析有助于人们更好地认识和理解现实世界。因此,不能因为标准金融资产定价理论的前提假设脱离现实,就认为它是毫无价值的理论。它的重要意义在于其可以作为理解现实的基准。如果抛弃标准金融资产定价理论,就会使后续发展起来的金融资产定价的研究失去出发点从而无据可依。目前来说,标准金融资产定价理论还将继续存在和发展下去,不会因行为金融资产定价理论的发展而被取代。

现代金融资产定价理论模型贴近现实,以解释特定的市场异象为目的得到了创新性、爆发式的发展。随着心理学、社会学、决策理论等学科的进一步发展,现代资产定价理论与行为金融学相结合,打开了标准金融资产定价理论所忽视的个人决策的黑箱,对资产定价理论的进一步发展做出了很大贡献。相对于标准金融资产定价理论,现代金融资产定价理论能够有效地解释许多标准金融理论难以解释的市场异象,与人类真实的投资行为更加接近。但是,迄今为止,现代金融资产定价理论还没有建立起能够获得普遍接受的统一理论框架和研究范式,所提出的理论模型也都只是基于投资者的某个特定的行为偏差或针对某种特定的市场异象,尚缺乏一种具有普遍解释力的理论模型,无法对金融资产价格行为给予系统性、一致性的解释。因此,行为金融资产定价理论的完善与发展还有很长的路要走。

思考题

1. CAPM 与 APT 之间是怎么延伸的?
2. 标准资产定价理论与行为资产定价理论的关系如何?

第11讲 证券市场微观结构理论

基本要求：1. 了解证券市场微观结构的内涵和研究目的。
2. 熟悉证券市场微观结构的国际实践和比较。
3. 掌握证券市场微观结构理论的主要思想。
本讲重点：证券市场微观结构理论的模型。
本讲难点：证券市场微观结构的设计。

市场微观结构理论是金融学中一个重要的新兴分支，主要研究证券交易价格形成与发现的过程与运作机制，包括内部价格形成机制和外部交易制度，具体包括价格形成方式、订单形式、价格监控机制、交易信息披露机制、交易支付机制等方面。许多实证分析和实验研究表明，不同交易机制下市场参与者的行为对价格形成过程影响不同。因此，从理论、实证和实验的角度深入阐释金融资产价格行为的形成机理、市场组织结构和交易机制设计等微观层面的内容对于发展和完善现代金融理论具有重要的科学意义，对于政策制定者进行正确的市场监管和交易机制设计也有重要的参考价值，有利于防范市场系统性风险，同时有利于稳定证券市场。本讲沿着证券市场微观结构理论的发展历程，梳理了证券市场微观结构理论的主要内容，介绍了证券市场微观结构的设计和国际比较，分析了中国证券市场微观结构的实践情况。

一、市场微观结构理论的发展历程

证券市场微观结构理论产生于 20 世纪 60 年代末期，哈罗德·德姆塞茨（Harold Demsetz）是第一个直接将交易制度引入证券交易价格决定过程的学者，他通过分析供应方和需求方的时间决策如何影响证券价格的决定，开创了证券市场微观结构理论的先河。德姆塞茨提出，股票的价差是即时性提供者（做市商）的报酬，价差包含了立即执行交易的隐性成本。这一理论第一次表明了证券市场的微观结构是决定股票价差（证券市场价格行为）的一个决定因素。德姆塞茨的研究始于对交易成本的观察。他发现，交易是有成本的，交易成本包括两大部分：一部分是显性成本，如各项手续费、佣金等；另一部分成本是隐性的，这种交易成本隐藏在成交的价格中，这种隐性成本是由交易制度本身决定的交易被立即执行的时间成本。进而，他提出市场中的供应方和需求方都存在两类人：一类是需要立即成交的供应方和需求方；另一类是并不想立即成交的处于观望之中的潜在供应方和需求方。因此，存在着两重均衡:立即成交的均衡和潜在的均衡。尽管从长期来看存在单一的均衡价格,但在某一时点,当一方想立即卖出,而另一方并不急于购买或者想立即卖出的数量与想立即买进的数量不相等时,就不可能由单一的均衡价格使市场出清。为了使处于观望中的供应方或需求方不再观望,那些要立即交易的需求方或供应方必须向观望中的供应方或需求方提供更优惠的价格。在德姆塞茨的经典论文之后,有关市场微观结构的理念的发展开始集中到做市商的报价行为上。

市场微观结构理论真正受到人们普遍重视源于 1987 年的纽约股市危机。在宏观经济相对稳定的情况下,一则与收购有关的信息造成了纽约股市有史以来最大的震荡,充分暴露了金融市场的脆弱性,这不能不促使人们去关注证券市场更深层的微观原因,去分析市场微观结构影响股票价格的机理。经济学家们认为,造成这次股市大震荡的最主要原因是股票市场上交易者之间的信息不对称。莫琳·奥哈拉(Maureen O'Hara)认为:市场微观结构是指证券交易价格的发现形成过程和运作机制;市场微观结构包括一个具体的中介机构,如专业证券商,或者一个委托人,集中化的交易中心,如交易所或者期货交易场,或者是一个能够显示交易双方交易兴趣的简单的电子交易牌。因此,设计包括价格发现机制在内的市场微观结构,使得市场上投资者之间的信息不对称程度下降,成为市场参与者关注的焦点和金融理论研究的重点。此外,伴随着世界经济一体化的深入发展以及通信技术的不断改进,金融创新不断扩展,新的市场和交易所不断涌现,从而使得各国、各地区以及国内金融市场不断加强联合的同时,它们之间的竞争也在不断加剧。各交易所为争夺市场份额,纷纷加快各自市场的改革步伐,进一步完善市场微观结构(交易机制),以期吸引更多的交易者。通过对市场微观结构理论的研究,充分了解市场微观结构和价格行为之间的关系,有助于正确估计竞争对手的策略所带来的影响,从而制定相应的对策。

迈克尔·艾特金(Michael Aitken)和亚历克斯·弗里诺(Alex Frino)认为,对一个证券市场来说,其微观结构是由以下五个关键部分组成的,即技术(technology)、规则(regulation)、信息(information)、市场参与者(participants)和金融工具(instruments)。通过对这些方面的研究,揭示该市场的质量和效率,当然研究市场微观结构的目的是采取必要的手段,提高市场的流动性、透明性,降低波动性,降低交易成本,如手续费、印花税、买卖价差、市场影响成本及机会成本等。

有学者把市场使用的交易规则和交易系统定义为市场结构。市场结构决定了谁能交易、交易什么、什么时间交易、在哪儿交易,以及如何交易等,这些市场结构要素影响和决定了市场的流动性、价格的有效性、价格的波动性和交易利润。

也有学者认为,市场结构指的是一套保证交易过程的交易规则,由以下选择组成:①市场类型,包括是连续性交易市场还是间歇性交易市场,是依赖做市商的报价驱动型市场还是不依赖做市商的委托单驱动型市场,是基于大厅的手工交易市场还是基于计算机屏幕的自动交易市场;②价格发现功能;③委托单类型,包括是采用限价委托单还是市价委托单或止损单等;④交易规则,包括有关程序交易(programming trading),最小报价的选择,停止交易的规则,开盘、再开盘和收盘的交易规则;⑤透明性。

世界银行集团国际金融公司高级经济学家杰克·格伦(Jack Glen)将证券市场微观结构具体化为证券价格形成过程中的微观因素,包括交易品种、证券市场参与者构成、交易场所构成以及参与者行为所遵循的交易制度结构。其中,交易品种、证券市场参与者构成、交易场所构成虽然在一定程度上也影响价格行为,但它们一般由政府机构决定。因此,市场微观结构主要是指市场参与者所遵循的交易制度结构。

二、市场微观结构理论的模型

所谓市场微观结构理论,是关于证券市场参与者在既定的交易制度下进行证券交易的过程与结果的理论,即证券均衡价格的形成理论。该理论主要研究微观结构对价格形成过程有什么影响,要求研究者关注信息的产生与传播、价格变化的分布、委托单的到达情况、价格管制的情况等。

传统经济学通常通过两种方法研究价格形成机制。第一种被称为"黑箱理论":均衡价格即市场出清价,但对市场出清价到底是如何获得的,没有加以考虑。这一理论将出清过程看成黑箱,认为交易制度(微观结构)不起任何作用,价格只受供求关系的影响。这种价格决定不可知论,其隐含的假设是交易机制不影响均衡价格。但这种假设对于拥有不同信息的市场参与者而言是不成立的。有学者(Radner,1979)就曾表示:对均衡状况的全面分析,要求对有关交易机制进行具体的深入分析,而不是一般意义上的均衡分析。第二种理论认为,价格是瓦尔拉斯出清价格,它是根据供给和需求的总量调整来实现的。市场好比一个拍卖行(供给是外生确定的),通过瓦尔拉斯拍卖法来达到供求均衡。拍卖商先集中交易商的需求量或需求计划,制定一个潜在的交易价格,各交易商再根据这个价格调整其需求量,拍卖商再根据新的需求量调整新的报价,交易商再调整其需求量,直到产生最后一个价格,使交易商不再调整其需求量,使供应量和需求量相等的价格就是市场出清价格。这时拍卖商手中不再剩余任何供给量。在这里,拍卖商起着一种间接促成供给和需求相等的中介作用。拍卖活动无成本,交易过程无摩擦。均衡价格的形成是看不见的买卖双方无成本交易的自然结果。这种理论虽然考虑到了价格发现过程,但是仅仅把交易过程看成撮合供应和需求达到均衡的过程,而基本上没有考虑交易制度本身在价格形成过程中的作用。

对证券市场微观结构的研究,首先是探讨存货问题,后来逐步与信息经济学相结合,研究市场参与者如何进行博弈的问题。

(一) 存货模型

当做市商在做市过程中面临交易商提交的不确定性指令(买卖指令不均衡)时,为避免做市失败(破产),做市商须有一定的股票和现金存货以平衡买卖委托的不平衡。为弥补持有存货的成本,做市商要设定买卖报价价差。委托不平衡导致了存货成本,存货成本的存在产生了价差。可以认为,存货模型的主要内容是研究买卖委托的不平衡对价格行为的影响。存货模型在对买卖指令流的性质做某些假设后,根据最优化条件计算做市商的最优报价。不同的存货模型都有一个共同点,即认为价格是由个人的最优理性行为决定的,做市商在决定买卖报价时,既没有考虑其他交易商的理性行为(即认为其他交易商只是一个被动的价格接受者),更没有考虑其他交易商对做市商报价行为的预期,所有交易商与做市商拥有的信息都是相同的,产生价差的原因不是由不对称信息引起的信息成本,而是包括存货成本在内的交易成本。这种传统的微观结构理论,对市场价格行为的解释是有限的,随着信息经济学及博弈论在经济学中的应用,其适用性显得不合现实。

德姆塞茨侧重研究与供需的随机特性相联系的问题以及做市商利用价差来平衡供给和

需求矛盾的问题,其中,做市商的存货状况(股票与现金存货)是研究的核心。由于它以交易成本(其中主要是存货成本)来解释价格形成,因而这类模型被称为存货模型。

1976年,马克·加曼(Mark Garman)首次正式提出证券市场微观结构理论一词。他提出,证券市场的均衡价格是在做市商这种交易制度下,做市商为了保证做市职能不致失败而使自己单位时间的利润最大化的行为决定的。做市商能影响价差的大小,是市场流动性的提供者,他的研究把市场微观结构当成了决定价格形成的因素。

汉斯·斯托尔(Hans Stoll)于1978年提出,在做市商制度下,由于做市商的做市成本和做市商面临的存货风险,做市商本身是风险厌恶型的,使得做市商必须在制定买卖报价时,收取服务成本(含风险暴露成本、税费成本、信息收集成本)和风险溢酬,因而,要有买卖价差(做市商须制定合适的价差以弥补提供服务的成本)。他对加曼的模型进行了优化,拓展了交易成本的内涵。

1981年,斯托尔又和其他学者一起将其1978年的分析从单周期扩展到多周期。他们提出:做市商的价差设定取决于交易的周期,周期越长,价差越大,以补偿其存货风险与资产组合风险;周期风险引致价差的调整幅度取决于做市商的风险厌恶系数、交易规模及股票的风险程度(瞬时方差)。他们又分析了在存在多名相互竞争的做市商的情况下,对价格形成的影响,发现不仅对存货头寸的预期,而且对其他做市商的成本及行为的预期都会影响该做市商的报价及价差。

有学者研究发现,在竞争性市场上(有多个做市商提供流动性或靠不同种类的委托提供流动性),如果投资者既可提交市价委托也可提交限价委托,同时市场上不存在主动交易的做市商,那么价差就是由交易指令的成交概率和交易成本共同引导的。

上述模型都是报价驱动机制下证券市场均衡价格以及价差的决定理论。存货理论的主要观点可概括如下:①股票与现金存货成本影响价差,价差是存货成本的反映;②做市商为保证做市成功,必须保有一定的存货;③存货规模取决于存货的内在价值,并影响价差的大小;④影响存货规模的因素包括交易制度、偏好、成本及其他因素。

(二)信息模型

现代证券市场微观结构理论研究的是各类交易者,包括知情者和未知情者,如何在信息存在的条件下安排其交易时间和交易数量,进行策略性交易以实现预期收益最大化或尽可能地减少交易损失。现代证券市场微观结构理论与理性预期理论密切相关。每个交易者都要对其他交易者的行为进行推测:知情者需要推测做市商的报价策略,做市商要根据知情者的交易行为推测他所掌握的信息。

沃尔特·白芝浩(Walter Bagehot,1973)将博弈论的方法引入微观结构理论的研究中,尝试用信息成本来解释价差,其文章被认为是现代证券市场微观结构理论的第一篇论文。他将交易商分为知情交易商(informed trader)和不知情交易商(uninformed trader)。他发现,做市商的报价不仅受做市成本的影响,更重要的是受信息不对称的影响。

1985年提出的格劳斯顿-米尔格罗姆(Glosten-Milgrom)模型则标志着市场微观结构理论正式迈入了第二阶段,研究的重点转到分析做市商如何从交易中获得信息,并且在一定时间后又如何反过来影响价格变化。汤姆·科普兰(Tom Copeland)和丹·加莱(Dan Galai)于1983年引入了信息成本的概念,并建立了一个关于做市商定价问题的单周期模型,通过比较分析垄断做市商与多个竞争性做市商的价差设定情况,发现:随着做市商的增多,总体市场价差将减少;如果知情交易商的比例增加,那么垄断做市商的价差会减少。

有学者(Glosten & Milgrom,1985)通过序贯交易模型(sequential trade model)将动态因素引入了信息模型,从做市商的报价变动分析指令流与报价设定的动态关系,把交易看成信息传递的信号。这一研究在信息模型的发展史上具有划时代的意义,从此,市场微观结构理论的研究重点转移到了做市商的动态学习过程。

也有学者(Easely & O'Hara,1987)考察了交易规模对价格行为的影响,发现规模大的指令往往以较劣的价格成交。这两位学者1992年又考察了交易的时间性对价格的影响,从此,信息模型的研究重点又从做市商的报价行为转移到知情与不知情交易商的交易策略。

于是有研究者(Holden & Subrahmanyam,1992)探讨了多个知情交易商的交易策略,发现知情交易商越多,信息融入价格的速度越快,市场深度越大,知情交易商越不易伪装,越不可能通过私有信息谋利。其他学者(Admati & Pfleiderer,1988,1989)则提出了不知情交易商通过选择交易时间来隐藏身份的策略模型。

进入20世纪90年代之后,陆续有学者探讨更长时期(不止一天)公开信息与私有信息对未知情交易商的交易策略的影响,对未知情交易商进行大宗还是小额交易决策的影响,以及对风险厌恶的未知情套期保值交易商交易行为的影响。

三、市场微观结构理论的内容

证券市场微观结构理论的主要内容,一是价格发现的模型及其实证研究,二是市场结构与设计方面的理论研究与经验研究。进入20世纪90年代后,学术界开始更多地关注市场结构方面的问题,如集合竞价市场和连续交易市场的价格形成、市场分割、大宗交易、最小报价单位、透明度与信息披露问题等。这说明,市场微观结构理论开始进入实践领域,也标志着市场微观结构理论的基本成熟。

(一)价格形成

市场微观结构理论的一个核心内容就是对交易机制,即价格形成方法的研究。交易机制的关键功能在于,能够在有效交易规则的约束下通过"黑箱"将投资者的潜在需求转化为已实现的价格和成交量。不同的交易机制在价格发现过程中所起的作用是不同的,各交易机制所允许的指令类型、交易发生的时间、指令递交时投资者所能获得的信息数量与质量以及对做市商提供流动性的依赖程度也是不同的。

(二)买卖报价差的决定

在市商市场中,市商报出两个价格:他们将要买进证券的出价(bid)和将要卖出的要价(ask),两者之间的差额就是价差。德姆塞茨(Demsetz,1968)解释,市商在有组织的证券交易所中提供即时性的服务,买卖报价差就是他们在竞争之下提供流动性服务的合理收益。在市商市场中,市商扮演着被动的角色,他们面对变化的市场环境只能简单地调整买卖报价差。买卖价差模型可分为两种:一种是库存模型,该模型认为买卖报价差与市商面临的库存持有成本有关;第二种为信息不对称模型,该模型认为价差来自市商面临的逆向信息成本。

(三)市场流动性与指令流

1. 交易规模的信息效应

市场微观结构研究中有两个分支致力于研究知情交易是否随交易规模而增加。第一个分支集中于研究不同规模的交易对价格的影响。研究支持交易规模与知情交易的发生存在正向关系。另有学者(Jones,Kaul & Lipson,1994)开创了相关研究的第二分支,把纳斯达克(NASDAQ)股票每天的成交量分为交易频数和平均交易规模两部分;在交易频数保持不变的情况下,发现波动与交易规模之间不存在关联关系。

2. 指令流和交易成本的季节性

根据已有的研究结果,成交量与交易成本之间呈负相关的关系,因而我们又能够预期价差在日内应呈倒置的U形。第一份对价差的日内研究发现,日内价差大致呈U形(作者描述为倒J形)。怎样才能解释日内价差的这种形式,库存模型认为专业商对库存失衡做出反应放宽了他们的价差。总之,指令流和交易成本的日内形式表明,交易能够揭示信息,这导致逆向选择成本在一天中逐渐减小。临近交易结束时的价差增加说明,市商在其后非交易期间持有库存的成本或风险增加。

3. 市场透明度

有关市场微观结构的很多信息研究都集中在市场透明度上。有学者(Admati & Pfleiderer,1991)给出了一个有关阳光交易(sunshine trading)的模型。在这个模型中,一些流动性交易者能够提前宣布自己交易的指令规模,而其他流动性交易者不允许这样做。他发现,那些能够提前公布其交易的交易者会享受到降低交易成本的好处,因为市场能够正确地推断出他们并不是出于信息驱动而交易。市场透明度可以分为交易前透明度和交易后透明度。交易前透明度是指当前买卖报价、深度,以及其他信息的广泛传播。交易后透明度是指交易后信息的公开和及时的传播,包括执行时间、交易量、价格和买卖双方的身份。透明度会影响到价格的有效性和市场的流动性。

透明度能够影响指令流的信息性,从而会影响价格发现的过程。透明度越高,价格所包含的信息性就越高。完全透明对市场运行并不一定是有利的。事实上,很多研究证明,太高的透明度会降低流动性,因为交易者在高度透明下不愿意暴露自己交易的意图。相反,有些披露能够提高流动性,降低交易成本。此外,透明度的变化可能使一组人受益,但要以牺牲另一组人的利益为代价。以私人信息信号为基础的交易者通常偏好匿名交易制度,而那些非信息驱动的交易者(如被动的指数基金)通常偏好更多的披露。因此,对所有交易者来说,没有一个单一的市场结构是最好的。

(四) 交易机制

市场微观结构理论的一个主要内容就是有关交易机制的设计。交易机制的关键功能在于能够将投资者的潜在需求转化为现实交易。在这一转化过程中,价格发现即找出市场出清价格的过程是很关键的。不同的交易机制在价格发现过程中所起的作用是不同的。

(1) 按照交易连续性可分为连续交易机制和定期交易机制。

连续交易机制:在连续交易的市场上,投资者的指令一旦递交就立即得到执行。连续交易机制的特点是(可能)在不同的价格上所发生的双边交易序列。

定期交易机制:在定期交易制度中,投资者的指令被累积起来,等到某一事先确定的时间同时执行。这种定期的交易制度通常指集合竞价(call auction)或批量市场(batch market),它的特点是同一价格下的多边交易。

(2) 按照报价方式可分为报价驱动和指令驱动。

报价驱动:投资者在递交指令之前就能够从做市商那里得到证券价格的报价。因为投资者在这种市场上不需要等待指令成交,而是与做市商即时交易,因而又被称为连续性做市商市场。

指令驱动:投资者递交指令要通过一个竞价过程来执行。指令驱动机制既能以连续交易制度又能以定期交易制度来运行。

通常,最常见的交易机制是集合竞价市场、连续竞价市场、做市商市场。在集合竞价市场上,市价指令与限价指令成批在间断的时点上执行。也就是说,交易所的电脑主机在接到委托指令之后,并不立即成交,而是累积一定的时间,最后由电脑主机确定一个价格来清算市场,所有能够成交的指令都按照这个价格执行。这种交易机制具有许多优点。例如:由于指令流的暂时累积,因而具有高度的流动性;不存在外在的买卖报价价差;降低了大额指令对市场的冲击等。大量的指令同时执行有助于更好地实现价格发现,但是这一优点又因集合竞价不能传送信息而被部分抵消。集合竞价的主要缺陷是缺乏即时性,而且不可能同时防范价格与执行风险。世界上大多数交易所并不是单独采用某种交易制度,而是综合采用上面的3种交易制度。例如:纽约证券交易所采用批量市场开盘,之后就进入做市商市场;我国上海和深圳证券交易所采用集合竞价的方式开盘,之后采用连续竞价方式。事实上,大多数证券交易所都采用集合竞价来确定开盘价,但是收盘价以及在日内交易中却很少使用集合竞价。

(五)市场微观结构理论的内容体系

由于大量使用博弈论和信息经济学的理论与方法,市场微观结构理论看起来好像是一堆模型的集合,少有共性,而更多偏重于分析具体问题。然而这些研究却共同关注市场数据的隐含信息和如何将这些信息转化成价格的学习过程,即市场微观结构理论主要研究在特定交易机制下资产交易的结果。一方面,它研究特定交易机制如何影响价格形成过程;另一方面,它研究具体的交易过程,包括信息的产生和传播、交易订单的到达情况、价格变化的分布、管理和放松管制的效果。

总体来看,市场微观结构理论的研究主要包括两大类内容:一是关于价格发现的模型及其实证研究;二是关于市场微观结构设计方面的理论、实证和实验研究。市场微观结构理论的早期文献侧重于研究价格确定模型和对价格形成过程进行实证检验,包括交易成本的确定和交易价格对信息的动态调整等问题,如存货模型和信息模型。进入20世纪90年代以后,市场微观结构理论开始关注市场结构与设计问题,即研究不同的市场结构和交易机制安排对市场质量及价格的影响,如流动性、存活性、稳健性和市场设计等一系列问题。证券市场微观结构理论研究框架如图11-1所示。

针对市场微观结构问题的研究方法基本上可概括为3种,即理论分析与建模、实证研究和实验研究。理论分析和建模主要指根据特定的假设条件建立数学模型,推导市场参与者行为及其对价格的影响。实证研究主要是利用市场的历史数据(主要是高频交易数据)对相关理论模型进行检验,如对做市商报价、日内价格模式的研究等。实验研究主要对金融市场进行模拟,通过参与实验人员的交易行为来研究市场微观结构问题。目前,实验研究主要集中在市场结构与设计领域,探讨的内容包括不同交易模式对市场流动性和波动性的影响、市场透明性对市场质量的影响等(O'Hara,1995;刘逖,2002)。

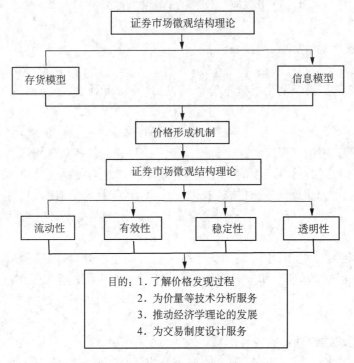

图 11-1　证券市场微观结构理论的研究框架

四、证券市场微观结构的设计与实践

(一) 市场微观结构的设计原则

现实的证券市场是一个不完全的市场,在这样一个市场中,市场微观结构无疑会影响市场价格的变化。因此,在设计交易机制时,必须考虑市场微观结构对市场的影响。综合各国证券实践和学术研究成果,市场微观结构设计大体上要遵循 6 个原则。

1. 流动性原则

流动性是证券市场的生命力所在。交易机制的一个主要功能就是在交易成本尽可能低的情况下,使投资者能够迅速、有效地进行交易。也就是说,市场必须提供足够的流动性。流动性可用交易的间接成本、市场深度和换手率等多种指标来衡量。证券交易的间接成本包括买卖价差、有效价差、已实现价差等。其中:买卖价差衡量潜在的订单执行成本;有效价差反映订单成交的平均价格与订单达到时买卖报价中点之间的差额;已实现价差衡量订单执行价格与订单执行后一段时间内的买卖报价中点之间的差额,反映订单执行后的市场影响成本。一般而言,订单执行的间接成本越小,市场的流动性越好。市场深度衡量在特定价位上(如最优报价)市场能够实现的交易量。市场的流动性越好,在最优价位上达成的交易量就越大,市场深度就越大。换手率衡量在一定时间内证券周转的速度,换手率越高,市场的流动性越好。

2. 稳定性原则

保持证券价格的相对稳定,防止证券价格大幅波动,是证券市场的内在要求。证券市场的稳定性通常以市场指数的波动进行衡量,指数的波动性越大,市场的稳定性越小。引起证券价格波动的因素很多。一般地,外部信息(如宏观经济状况、上市公司情况等)是影响市场价格波动的主要原因,但交易机制在一定程度上也会影响证券价格的稳定性。合理的市场机制设计应使引起市场波动性的交易机制因素最小化。

3. 透明性原则

透明性是维持证券市场公开、公平、公正的基本要求。公平市场的首要特征是信息能够及时、全面、准确并同时传送给所有投资者。证券市场的透明度包括广义和狭义两个方面。狭义的市场透明是指证券交易信息的透明,即有关证券买卖的价格、数量等信息的公开披露;广义的市场透明不仅包括交易信息的透明,也包括上市公司信息的即时和准确披露。从市场微观结构的角度看,透明度主要是指狭义的透明度。根据披露信息的时间不同,狭义的市场透明又分为交易前透明和交易后透明。交易前透明是指在交易执行以前披露市场上买卖订单的价格与数量等情况;交易后透明是指成交后交易情况的公布,包括成交的价格和数量、交易者身份等信息。

4. 有效性原则

有效性衡量价格反映信息的效率,即证券价格能够准确、迅速、充分反映市场上的信息。经典的金融理论通常忽略了交易机制在价格发现过程中的作用,然而市场微观结构理论的研究表明,同一种资产在不同交易机制下的价格发现过程不同。因此,在设计交易机制时,必须充分考虑到交易机制对市场有效性的影响,并由此确定交易机制设计的目标。

5. 公平性原则

公平性是证券市场的基本要求。公平的市场结构意味着所有投资者(无论个人投资者还是机构投资者)都有同等的准入资格、同等的公开信息获取渠道以及全面、严格的监管机构的保护。

6. 可靠性原则

可靠性本质上是一个技术原则,即要求系统市场结构应足够强大,能在交易量剧增的时期满足交易需求,系统应有足够的容量和处理能力。从交易机制的角度考虑,即要求所设计的交易机制在技术上是可行的,又不会导致交易机制自身失灵。

总而言之,在设计证券市场微观结构时,要遵循一定的设计原则,但是这一过程存在许多矛盾和冲突,很难同时满足,因此,在确定市场微观结构时,应根据每个时期市场的不同特点、发展需要以及国情的不同,有所侧重,权衡取舍,相机抉择。

(二) 市场微观结构的国际比较

由于各国证券市场的形成有着其特定的政治、经济、社会、法律制度和交易传统等方面的原因,以及各国证券市场发展的不平衡,各国证券市场并没有一个统一的市场微观结构。但由于各国证券市场的不断发展,以及市场的国际化程度日渐提高,不同类型市场的交易机制仍存在着许多相同或相似之处。下面分别概述成熟市场、新兴市场、二板市场的微观结构。

1. 成熟市场

成熟的证券市场大多属于经济发达的国家和地区,在长达几百年的发展历程中,交易机制不断被改进,逐渐形成了一个比较成熟和完善的市场微观结构。颇具代表性的市场有纽约证券交易所、伦敦证券交易所、泛欧交易所、法兰克福证券交易所、东京证券交易所等。成熟市场在交易机制方面的共性主要体现在以下 4 个方面。

(1) 价格形成与确定机制十分灵活。在成熟市场中,集合竞价、连续竞价和做市商报价这3种形式均得到广泛应用。例如,纽约证券交易所采取基于交易大厅的专家辅助竞价制度;泛欧交易所和法兰克福证券交易所采用的是以电子自动竞价交易为主的竞价与做市商制度相结合的交易机制;伦敦证券交易所对FTSE100指数成分股实行电子竞价交易,对其余证券主要采用做市商制度。

(2) 订单形式多种多样。机构投资者在成熟市场交易中占主导地位,因此,各市场普遍设立了满足机构投资者多样化需求的订单形式。例如,限价订单、市价订单、止损订单、市价转限价订单、全额即时订单、非全额即时订单、全额非即时订单、冰山订单、或有订单、择一订单、联动订单、联合订单、平均价订单、一揽子订单等。

(3) 普遍设有大宗交易机制。机构投资者的订单数量通常较大,因而成熟市场普遍设有大宗交易机制,以满足机构投资者大额交易的需求,同时尽可能地降低大额交易的不利影响。例如:纽约证券交易所允许大宗交易在楼上市场进行;伦敦证券交易所对大宗交易实行延迟信息公布制度,大宗交易信息披露走"大宗交易通道";泛欧交易所允许大宗交易可不向其他投资者公开显示;法兰克福证券交易所允许大宗交易采取"冰山订单"方式交易,或直接进入 Xetra XXL 系统交易。

(4) 价格监控机制多样化。成熟市场的波动性相对较小,因而多数市场对交易不设涨跌停板制度,而采取多样化的价格稳定机制。例如:纽约证券交易所仅对大盘设有断路器机制;伦敦证券交易所在连续交易时段采取自动执行中止和执行中中止制度;泛欧交易所和法兰克福证券交易所在集合竞价与连续交易中引入了断路器规则;东京证券交易所引入特别报价制度。

2. 新兴市场

新兴市场主要指新兴经济体的证券市场,其发展历史相对较短,机构投资者发展较慢,个人投资者的比重较大,市场波动性相对较大。新兴市场主要集中于第二次世界大战后取得较快发展的亚洲和拉美的发展中国家。基于新兴市场的特征,其交易机制也存在一些共性。

(1) 新兴市场起步较晚,可借鉴成熟市场的成功经验,在技术上具有后发优势,交易技术的起点较高。例如,除少数市场仍然采用大厅交易方式外,新兴市场普遍采用电子化的自动交易系统。

(2) 由于大多数新兴市场仍以个人投资者为主体,因而交易机制相对单一。例如,大多数新兴市场采用订单驱动的竞价交易机制,而采用做市商报价制度的相对较少。

(3) 订单形式单一。新兴市场主要以限价订单和市价订单为主,很少采用成熟市场中机构投资者使用的复杂订单,如或有订单、一揽子订单等。

(4) 由于新兴市场投机色彩相对浓厚,价格波动性相对较大,因而大多数新兴市场的价格监控措施比较严格。例如,许多新兴市场采用了价格涨跌幅限制。

3. 二板市场

二板市场又称创业板或另类证券市场。主要指与主板市场相对应、面向中小公司的股票市场。世界上最大的二板市场是纳斯达克市场。二板市场的主要特征包括公司牌准低、风险高、上市公司具有发展前景和增长潜力等。二板市场的交易特征是证券价格波动性大、普遍缺乏流动性。由于二板市场的高波动性和低流动性的特点,二板市场普遍采取了以流动性为核心的交易机制,具体表现在以下4个方面。

（1）做市商制度使用非常普遍。例如，纳斯达克市场对股票交易采用多个做市商竞争报价的交易制度。

（2）对一些流动性不高的证券，采用集合竞价或做市商报价与集合竞价交易相结合的混合型交易模式。例如：英国另类投资市场（alternative investment market，AIM）采取竞争性报价与会员订单相结合的电子交易系统；巴黎新市场采取集中订单与做市商报价相结合的方式。大体来看，欧美的二板市场大多采取有做市商参与的交易模式，而新兴市场则多采取订单驱动的交易模式。

（3）订单形式比较简单。大多数二板市场以市价订单和限价订单为主，多数市场不接受止损订单。订单撮合的原则以价格优先、时间优先为主，但也有数量优先、客户优先（如纳斯达克市场）等原则。

（4）多数二板市场均设有价格稳定机制，监控措施形式多样。例如：纳斯达克市场、加拿大风险交易所、泰国另类投资市场设有大盘断路器；韩国、日本大阪和东京等二板市场设有涨跌幅限制等。

五、中国证券市场的微观结构

中国大陆目前共有两家证券交易所，上海证券交易所于1990年11月20日成立，深圳证券交易所于1991年7月3日正式成立。经过30多年的发展，沪深证券交易所的交易系统不断完善，实现了从实物交易到无纸化交易、从手工竞价到电脑撮合、从有形席位到无形席位的巨大转变，建立了具有世界领先水平的高效、安全、快捷的电脑自动交易系统。投资者可以通过书面或电话、自助终端、互联网等自助委托方式委托会员买卖证券。在订单申报通道方面，目前沪深证券交易所均采取分散报盘方式，即各证券营业部直接将投资者的买卖订单通过地面专线或卫星系统送达交易所的撮合系统。尽管如此，中国证券市场仍然属于新兴市场。

从市场层次来看，目前沪深证券交易所均有A股主板市场，其中，深圳证券交易所设有具有二板市场性质的中小企业板和创业板市场，上海证券交易所设有具有二板市场性质的科创板市场。交易的品种包括股票、基金、债券、债券回购和权证等。交易日为周一至周五（法定节假日和公告休市日除外），交易时间为每个交易日的9：15—9：25（开盘集合竞价时间）、9：30—11：30、13：00—15：00。

证券交易的程序是指投资者在交易市场上买进卖出已上市证券的过程，包括开户、委托、竞价成交、清算与交割4个阶段。我国证券市场交易流程如图11-2所示。

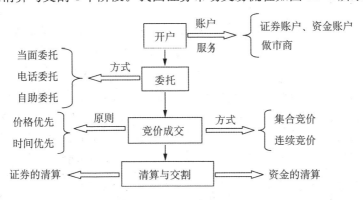

图11-2 证券市场交易流程

根据沪深证券交易所的交易规则,中国证券市场的微观结构可以概述为以下8个方面。

1. 订单形式和订单优先原则

在2006年7月1日之前,沪深证券交易所只接受投资者的限价订单申报。2006年7月1日后,交易所在连续交易阶段接受投资者的限价订单申报和市价订单申报。其中:上海证券交易所规定的市价订单申报包括最优五档即时成交剩余撤销申报和最优五档即时成交剩余转限价申报;深圳证券交易所规定的市价订单申报包括对手方最优价格申报、本方最优价格申报、最优五档即时成交剩余撤销申报、即时成交剩余撤销申报和全额成交或撤销申报。

证券竞价交易按价格优先、时间优先的原则撮合成交。其中:成交时价格优先的原则为,较高价格买入申报优先于较低价格买入申报,较低价格卖出申报优先于较高价格卖出申报;成交时时间优先的原则为,买卖方向、价格相同的,先申报者优先于后申报者。先后顺序按交易主机接受申报的时间确定。

2. 价格形成机制

在价格形成机制方面,沪深证券交易所采用集合竞价与连续竞价两种方式。其中,开盘价格由开放式集合竞价方式确定;连续交易阶段采用连续竞价方式;在收盘价格确定方面,深圳证券交易所对最后3分钟(14:57—15:00)的限价订单采用开放式集合竞价方式,上海证券交易所采用最后一笔交易前一分钟所有交易的成交量加权平均价格为收盘价。

在集合竞价阶段,上海证券交易所成交价格的确定原则如下:可实现最大成交量的价格;高于该价格的买入申报与低于该价格的卖出申报全部成交;与该价格相同的买方或卖方至少有一方全部成交。两个以上申报价格符合上述条件的,以未成交量最小的申报价格为成交价格;仍有两个以上以未成交量最小的申报价格符合上述条件,其中间价为成交价格。深圳证券交易所成交价格的确定原则如下:可实现最大成交量的价格;高于该价格的买入申报与低于该价格的卖出申报全部成交;与该价格相同的买方或卖方至少有一方全部成交。两个以上价格符合上述条件的,取距前收盘价最近的价格为成交价格。

在连续竞价阶段,成交价格的确定原则如下:最高买入申报与最低卖出申报价格相同,以该价格为成交价格;买入申报价格高于集中申报簿当时最低卖出申报价格时,以集中申报簿当时的最低卖出申报价格为成交价格;卖出申报价格低于集中申报簿当时最高买入申报价格时,以集中申报簿当时的最高买入申报价格为成交价格。

3. 大宗交易机制

上海证券交易所规定,证券买卖符合以下条件的,可以采用大宗交易方式:①单笔交易数量不低于50万股,或者交易金额不低于300万元人民币;②基金单笔交易数量不低于300万份,或者交易金额不低于300万元人民币;③国债及债券回购的单笔数量不低于1万手,或者交易金额不低于1 000万元人民币;④其他债券单笔数量不低于1 000手,或者交易金额不低于100万元人民币。

深圳证券交易所规定,证券买卖符合以下条件的,可以采用大宗交易方式:①单笔交易数量不低于50万股,或者交易金额不低于300万元人民币;②基金单笔交易数量不低于300万份,或者交易金额不低于300万元人民币;③债券、债券质押式回购交易单笔数量不低于1万张,或者交易金额不低于100万元人民币;④多只A股(基金/债券)合计单向交易金额不低于500万元,而且其中单只A股(基金)的数量不低于20万股(100万份/1.5万张)。

上海证券交易所接受大宗交易申报时间为9:30—11:30、13:00—15:30。深圳证券交易所接受大宗交易申报时间为 9:15—11:30、13:00—15:30。

大宗交易的申报包括意向申报和成交申报两种方式。其中,意向申报包括证券账号、证券代码、买卖方向、本方席位代码等,是否明确交易价格和交易数量由申报方自行决定;成交申报包括证券账号、证券代码、买卖方向、交易价格、交易数量、本方和对手方席位代码等。有价格涨跌幅限制证券的大宗交易成交价格,由买卖双方在该证券当日涨跌幅价格限制范围内确定。无价格涨跌幅限制证券的大宗交易价格,由买卖双方在前收盘价的上下 30% 或当日已成交的最高、最低价之间自行协商确定。买卖双方达成协议后,向交易所主机提出成交申报,成交申报的交易价格和数量必须一致。

4. 交易离散构件

目前,在最小报价单位方面:上海证券交易所规定,A股、债券交易和债券买断式回购交易的申报价格最小变动单位为 0.01 元人民币,基金、权证交易为 0 元人民币,B股交易为 0.001 美元,债券质押式回购交易为 0.005 元人民币;深圳证券交易所规定,A股、债券和债券质押式回购交易的申报价格最小变动单位为 0.01 元人民币,基金交易为 0.001 元人民币,B股交易为 0.001 港元。

在最小交易单位方面,通过竞价交易买入股票或基金的,申报数量应为 100 股(份)或其整数倍。卖出股票或基金时,余额不足 100 股(份)部分,应当一次性卖出。关于债券交易:上海证券交易所规定,在竞价交易中,债券交易的申报数量应当为 1 手(1 000 元面值)或其整数倍,债券质押式回购交易的申报数量应当为 100 手或其整数倍,债券买断式回购交易的申报数量应当为 1 000 手或其整数倍;深圳证券交易所规定,在竞价交易中,买入债券的申报数量应当为 10 张(100 元面值为 1 张)或其整数倍,卖出债券时,余额不足 10 张部分,应当一次性申报卖出。债券质押式回购交易的申报数量应当为 10 张或其整数倍。

股票、基金、权证交易单笔申报最大数量不超过 100 万股(份),债券交易和债券质押式回购交易单笔申报最大数量应当不超过 1 万手(10 万张),债券买断式回购交易单笔申报最大数量应当不超过 5 万手。

5. 交易信息披露

交易所在每个交易日发布证券指数和股票即时行情(交易前信息)以及证券交易公开信息(交易后信息)等信息。

集合竞价期间的即时行情包括证券代码、证券简称、集合竞价参考价格、虚拟匹配量和虚拟未配量;连续竞价期间的即时行情包括证券代码、证券简称、前收盘价、最近成交价、当日最高价、当日最低价、当日累计成交数量、当日累计成交金额、实时最高 5 个价位买入申报价和数量、实时最低 5 个价位卖出申报价和数量等。首次上市股票、债券上市首日,其即时行情显示的前收盘价为其发行价,基金为其前一日基金份额净值(四舍五入至 0.001 元)。

关于交易后信息的披露,沪深证券交易所的规定是,有价格涨跌幅限制的股票、封闭式基金竞价交易如果出现日收盘价格涨跌幅偏离值达到 7% 的各前 3 只证券,或日价格振幅达到 15% 的前 3 只证券,或日换手率达到 20% 的前 3 只证券,交易所将分别公布相关证券当日买入、卖出金额最大 5 家会员营业部或席位的名称及其各自的买入、卖出金额。收盘价格涨跌幅偏离值、价格振幅或换手率相同的,依次按成交金额和成交量选取。无价格涨跌幅限制股票,交易所公布其当日买入、卖出金额最大的 5 家会员营业部或席位的名称及其买入、卖出金额。

股票、封闭式基金竞价交易出现下列情况之一的,属于异常波动,交易所分别公布其在交易异常波动期间累计买入、卖出金额最大5家会员营业部或席位的名称及其各自累计买入、卖出金额:①连续3个交易日内日收盘价格涨跌幅偏离值累计达到20%的;②ST和*ST股票连续3个交易日内日收盘价格涨跌幅偏离值累计达到15%的;③连续3个交易日内日均换手率与前5个交易日的日均换手率的比值达到30倍,并且该证券连续3个交易日内的累计换手率达到20%的;④交易所或证监会认为属于异常波动的其他情况。

6. 价格监控机制

沪深证券交易所对股票、基金交易实行价格涨跌幅限制,涨跌幅比例为10%,其中ST和*ST股票价格涨跌幅比例为5%。属于下列情形之一的,股票上市首日不实行价格涨跌幅限制:①首次公开发行股票上市的;②增发股票上市的;③暂停上市后恢复上市的;④交易所或证监会认定的其他情形。

关于交易行为的监督,沪深证券交易所规定,对可能影响证券交易价格或者证券交易量的异常交易行为,予以重点监控:①可能对证券交易价格产生重大影响的信息披露前,大量买入或者卖出相关证券;②以同一身份证明文件、营业执照或其他有效证明文件开立的证券账户之间,大量或者频繁进行互为对手方的交易;③委托、授权给同一机构或者同一个人代为从事交易的证券账户之间,大量或者频繁进行互为对手方的交易;④两个或两个以上固定的或涉嫌关联的证券账户之间,大量或者频繁进行互为对手方的交易;⑤大笔申报、连续申报或者密集申报,以影响证券交易价格;⑥频繁申报或频繁撤销申报,以影响证券交易价格或其他投资者的投资决定;⑦巨额申报,且申报价格明显偏离申报时的证券市场成交价格;⑧一段时期内进行大量且连续的交易;⑨在同一价位或者相近价位大量或者频繁进行回转交易;⑩大量或者频繁进行高买低卖交易;⑪进行与自身公开发布的投资分析、预测或建议相背离的证券交易;⑫在大宗交易中进行虚假或其他扰乱市场秩序的申报;⑬交易所认为需要重点监控的其他异常交易。

7. 交易支付和交割机制

目前,沪深证券市场设有买空和卖空(融资融券)机制。从市场稳定的角度看,买空和卖空机制有助于完善证券价格形成机制,发挥市场缓冲器作用。例如:当股价过度上涨时,"卖空者"预期股价会下跌,便提前融券卖出,增加股票的供给,从而使行情不致过热;当股价真的下跌之后,"卖空者"需要补进现货,增加了股票的需求,从而使股价不致继续下跌。

在交收制度方面,目前沪深证券市场对权证实行"T+0"制度,对A股股票、基金和债券实行"T+1"的制度。

8. 上海证券交易对差异化交易机制的支持

交易所根据市场中交易品种的不同特性采用不同的交易机制。可以为具有相似交易特性的一系列产品设定产品群,产品群内的各个交易品种采用相同的交易机制,而不同的产品群所采用的交易机制可以由交易所根据交易品种的特性进行定制。

总体上看,中国证券市场微观结构与国际上发达成熟的市场微观结构相比,还有不少差距,由于我国证券市场起步较晚,再加上特殊的国情,证券市场微观结构的设计和发展应当适应我国的发展情况。比如:在价格形成机制方面,不同产品群可以分别实行连续竞价、公告板协商交易的交易方式,也可以引入一级交易商(做市商),采用报价驱动交易或者混合交易模式;在订单形式方面,新交易系统允许在一些交易品种中引入市价订单类型,还可以根据产品群的不同分别引入止损订单、冰山订单、一揽子订单等几乎所有的订单类型；在价格限制方面，新交易系统允许在产品群内引入"断路器"规则和"波动中断"规则，也可以分别实行动态涨跌幅限制或静态涨跌幅限制，而且允许不同产品群中交易品种的涨跌幅限制采用不同的计算方式。

思考题

1. 证券市场微观结构理论的内容有哪些？证券市场微观结构应该怎么设计？
2. 我国证券市场微观结构怎么样？是怎么运行的？

第五部分
新金融理论

第12讲 行为金融理论

基本要求：1. 了解行为金融理论的缘起与代表人物。
　　　　　2. 掌握行为金融理论的主要思想。
　　　　　3. 知道行为金融理论的发展方向。
本讲重点：行为金融理论的内容和模型。
本讲难点：金融市场中的非理性效应：羊群效应、沉锚效应、投资者情绪。

行为金融理论将心理学尤其是行为科学的理论融入金融学理论之中，从微观个体行为及产生这种行为的心理等动因来解释、研究和预测金融市场的运行。这一研究视角通过分析金融市场主体在市场行为中的偏差和反常，来寻求不同市场主体在不同环境下的经营理念及决策行为特征，力求建立一种能正确反映市场主体实际决策行为和市场运行状况的描述性模型。

行为金融理论已经成为金融研究中十分引人注目的领域，它对原有理性框架中的现代金融理论进行了深刻的反思，从人的角度来解释市场行为，充分考虑市场参与者的心理因素的作用，为人们理解金融市场提供了一个全新的视角。行为金融理论是第一个较为系统地对有效市场假说和现代金融理论提出挑战并能够解释市场异常行为的理论。行为金融理论以心理学对人类的研究成果为依据，以人们的实际决策心理为出发点讨论投资者的投资决策对市场价格的影响。它注重投资者决策心理的多样性，突破了现代金融理论只注重最优决策模型，简单地认为理性投资决策模型就是决定证券市场价格变化的实际投资决策模型的假设，使人们对金融市场投资者行为的研究由"应该怎么做决策"转变到"实际是怎样做决策的"，研究更接近实际，因而行为金融的研究是很有突破意义的。

行为金融理论取得了巨大的成就。2002年，卡尼曼与弗农·史密斯等两人共同分享了诺贝尔经济学奖；2013年，罗伯特·希勒因在金融市场、行为经济学、资产价格实证分析方面的贡献获得诺贝尔经济学奖；2017年，理查德·塞勒因研究人的有限理性行为对金融市场的影响而获得诺贝尔经济学奖。

本讲介绍了行为金融理论的产生背景和发展历程，对行为金融理论的主要内容进行阐述，从行为金融的视角对金融市场中的非理性效应进行分析，并对其在中国的应用和发展，以及行为金融理论的未来走向进行了展望。

一、行为金融理论的发展历程

行为金融理论是在对现代金融理论的挑战和质疑的背景下形成的。长期以来,基于理性人假设的现代金融学逐渐形成了一个基于资本资产定价模型的抽象理论框架。自20世纪80年代以来,随着金融异象的增加,人们开始对传统金融理论提出质疑,而基于非理性假设的行为金融理论应运而生。

在博弈论和实验经济学被主流经济学接纳之际,对人类个体和群体行为研究的日益重视,促成了传统的研究方式向以生命为中心的非线性复杂范式的转换,使得我们看到了金融理论与实际的沟壑有了弥合的可能。行为金融理论将人类心理与行为纳入金融的研究框架,是金融学和心理学相交叉的新兴学科。它基于经济学分析范式,放松传统金融理论的部分假设,吸取行为心理学相关理论,以"行为人"为基础出发点,揭示了金融市场中投资者各种非理性的认知和决策,以及这些行为对于金融市场尤其是资产定价方面的影响,并对在投资者理性或有效市场情况下不能够出现的各种市场异象进行了很好的解释。

现实中的金融市场往往也是非理性的,如股票长期投资溢价、股票价格泡沫、有限套利、噪声交易、金融市场非理性走牛或走熊等。对于许多异常现象,如长期反转现象、期间异常现象、股权溢价之谜、公司异常现象等,现代金融理论并不能做出合理解释。近几十年来,金融市场理论正在经历着向传统金融市场理论发起挑战的"非理性革命"。许多学者开始关注金融决策中投资者的行为分析,利用心理学、行为学等学科的研究方法,在保留某些最优化理论的基础上,以投资者个人的实际行为模式作为分析基础,希望能够重构一个与现实世界更为接近的金融分析框架。这从方法论上对金融理论进行了革新,导致了行为金融的诞生与发展。

行为金融理论的发展历史可以简单概括为以下3个阶段。

(1) 早期阶段。19世纪,古斯塔夫·勒庞(Gustave Lebon)的《乌合之众》(*The Crowd*)和查尔斯·麦基(Charles Mackay)的《大疯癫:非同寻常的大众幻想和全民疯狂》(*Extraordinary Popular Delusion and the Madness of Crowds*)是两本研究投资市场群体行为的经典之作。凯恩斯是最早强调心理预期在投资决策中作用的经济学家,他基于心理预期最早提出股市"选美竞赛"理论和基于投资者"动物精神"而产生的股市"乐车队效应"。普莱尔(Purrell)是现代意义上行为金融理论的最早研究者,在其《以实验方法进行投资研究的可能性》(1951)论文中,开拓了应用实验将投资模型与人的心理行为特征相结合的金融新领域。后来的保罗(Paul)、思诺维奇(Slovic)等人继续进行了一些人类决策过程的心理学研究。

(2) 心理学行为金融阶段。这一阶段(1960年至20世纪80年代中期)的行为金融研究以阿莫斯·特沃斯基(Amos Tversky)和丹尼尔·卡尼曼(Daniel Kahneman)为代表。特沃斯基研究了人类行为与投资决策模型基本假设相冲突的3个方面,即风险态度、心理会计和过度自信,并将观察到的现象称为"认知偏差"。卡尼曼和特沃斯基(Kahneman & Tversky,1979)共同提出了"期望理论",使之成为行为金融研究中的代表学说。但是,当时的行为金融的研究还没有引起足够重视,一方面是因为此时EMH风行一时,另一方面是因为人们普遍认为研究人的心理、情绪对金融研究来说是不科学的。

(3) 金融学行为金融阶段。这一阶段是从20世纪80年代中期至今,金融市场不断发生的异常现象引起金融学界的注意,大量的证据表明许多金融理论还不完善,再加上期望理论得到广泛认可和经验求证,所以这个时期的行为金融取得了突破性的进展。这个时期行为金融理论以芝加哥大学的理查德·塞勒和耶鲁大学的罗伯特·希勒为代表。塞勒(Thaler,1987,1999)研究了股票回报率的时间序列、投资者心理会计等问题。希勒(Shiller,1981,1990a,1990b)主要研究了股票价格的异常波动、股市中的"羊群效应"(herd behavior)、投机价格和流行心态的关系等。此外,奥登(Orden,1998)对于趋向性效应(disposition effect)的研究,伊·R.里特(Ritter,1999)对于IPO的异常现象的研究,卡尼曼等(Kahneman et al.,1998)对反应过度和反应不足切换机制的研究都受到了广泛的关注。与上个时期相比,这个时期的行为金融理论研究是从投资策略上加以完善,注重把心理学研究和投资决策结合起来。

二、金融市场中的非理性效应

(一) 羊群效应

羊群效应是指行为人在决策、判断的时候,经常会考虑其他人如何判断和如何行动,从而做出与其他人相同的决策和行动。经济学里经常用"羊群效应"来描述经济个体的从众跟风心理。

在资本市场上,"羊群效应"是指在一个投资群体中,单个投资者总是根据其他同类投资者的行动而行动,在他人买入时买入,在他人卖出时卖出。导致出现"羊群效应"还有其他一些因素,如一些投资者可能会认为同一群体中的其他人更具有信息优势。"羊群效应"也可能由系统机制引发,如当资产价格突然下跌造成亏损时,为了满足追加保证金的要求或者遵守交易规则的限制,一些投资者不得不将其持有的资产割仓卖出。在国外的研究中,信息不对称、经理人之间名声与报酬的竞争是羊群行为的主要原因。对个人投资者与机构投资者之间的羊群行为进行理论、博弈分析,可以从另一个角度揭示这一异象产生的原因与影响。

羊群效应模型认为投资者羊群行为是符合最大效用准则的,是在"群体压力"等情绪下贯彻的非理性行为,有序列型和非序列型两种模型。序列型由阿比吉特·班纳吉(Abhijit Banejee)于1992年提出,在该模型中,投资者通过典型的贝叶斯过程从市场噪声以及其他个体的决策中依次获取决策信息,这类决策的最大特征是其决策的序列性。但是,现实中要区分投资者顺序是不现实的,因而这一假设在实际金融市场中缺乏支持。非序列型则论证无论仿效倾向强或弱,都不会得到现代金融理论中关于股票的零点对称、单一模态的厚尾特征。

羊群效应是资本市场的一种异象,是一种特殊的非理性行为,对于市场的稳定性和效率有很大的影响,也和金融危机有密切的关系。

(二) 沉锚效应

沉锚效应,心理学名词,指的是人们在对某人某事做出判断时,易受第一印象或第一信息支配,就像沉入海底的锚一样把人们的思想固定在某处。作为一种心理现象,沉锚效应普遍存在于生活的方方面面,第一印象和先入为主是其在社会生活中的表现形式。用一个限定性的词语或规定作为行为导向,达成行为效果的心理效应,被称为"沉锚效应"。

1973年,卡尼曼和特沃斯基指出,人们在进行判断时常常过分看重那些显著的、难忘的证据,甚至从中产生歪曲的认识。1974年,卡尼曼和特沃斯基通过实验来进一步证明沉锚效应。

许多金融和经济现象都受沉锚效应的影响。比如,股票当前价格的确定就会受到过去价格影响,呈现沉锚效应。证券市场股票的价值是不明确的,人们很难知道它们的真实价值。在没有更多的信息时,过去的价格(或其他可比价格)就可能是现在价格的重要决定因素,通过锚定过去的价格来确定当前的价格。沉锚效应同时发生在商品定价的其他经济现象中,它类似于宏观经济学中的"粘性价格",只要把过去的价格作为新价格的一种参考(建议),那么新价格就会趋于接近过去的价格。商品的价值越模糊,参考就可能越重要,锚定就可能是更重要的价格决定因素。

(三) 投资者情绪

投资者情绪是指投资者对未来预期的系统性偏差(Stein, 1996)。投资者情绪是个难以度量的概念,它反映了市场参与者的投资意愿或者预期。投资者能感觉到它的客观存在,但是要问它到底有多高、近期发生了何种变化,每个个体的投资者因为持仓、风格、财富、地位等因素的不同,会给出不同的答案。不过所有人都难以否认的是,投资者情绪是个非常重要的概念,在经济活动中,情绪是个不确定因素,它影响投资者对未来收益的主观判断,进而影响其投资行为,形成合力后,对市场会形成很大的影响。投资者情绪对未来市场波动的影响逻辑在于对正面消息、负面消息的逐级正反馈放大。

传统的金融理论认为股价是上市公司的预期利润的贴现,但在实际交易过程当中,股票价格的形成在较大程度上也依赖于投资者的情绪心理。基于股价的决定因素不仅仅是上市公司的经营情况,也包括投资情绪。可以从两方面来定义投资者情绪:一方面是投资者的投机性情绪,主要反映投资者对市场面信息,如资金面、政策面的乐观、悲观程度;一方面是投资者对上市公司的盈利前景的情绪,主要反映投资者对实体经济和上市公司经营情况的乐观、悲观程度。

投资者情绪在证券市场中扮演着重要角色。在投资者情绪上升的周期中,利好信息往往被强化,利空信息被弱化,投资者对宏观面和上市公司的盈利前景看好,对后市看法越来越乐观,市场中的高亢情绪还不断感染场外投资者,新增股民和新增资金也开始积极入场,进而继续推动股价上扬,股价的上扬又进一步强化了投资者的盈利预期以及放大了投机性的需求,投资者的两方面情绪区域亢奋,市场在高潮中达到了顶点;而在投资者情绪的下降周期中,利空消息往往被强化,利好消息被弱化,市场所经历的下跌历程与上述的情绪上升周期基本相反,两方面的投资者情绪变化导致市场在绝望中迎来底部。

三、行为金融理论的内容

行为金融理论的研究取得了很多富有价值的成果。卡尼曼和特沃斯基于1979年提出了著名的"前景理论",奠定了行为金融研究的理论基础。自此,行为金融作为一个新的领域取得了不少研究成果,其中有噪声交易理论DSSW模型(De Long et al., 1990)、BSV模型(Barberis et al., 1998)、DHS模型(Daniel et al., 1998)、HS模型(Hong & Stein, 1999)以及羊群效应模型等,这些构成了行为金融理论的主要内容。

(一) 前景理论

前景理论(prospect theory)也称作展望理论,是描述和预测人们在面临风险决策过程中表现与传统期望值理论和期望效用理论不一致的行为的理论。它是决策论的期望理论之一,是行为经济学的重大成果之一。利用前景理论可以对风险与报酬的关系进行实证研究。

前景理论认为,个人基于参考点位置的不同,会有不同的风险态度。在面对"失"时变得风险追求,而面对"得"时却表现得风险规避;参照点的设立和变化影响人们的得失感受,并进而影响人们的决策。

前景理论是描述性范式的一个决策模型,它假设风险决策过程分为编辑和评价两个过程。在编辑阶段,个体凭借"框架"(frame)、参照点(reference point)等采集和处理信息;在评价阶段,依赖价值函数(value function)和主观概率的权重函数(weighting function)对信息予以判断。该价值函数是经验型的,它有3个特征:一是大多数人在面临获得时是风险规避的;二是大多数人在面临损失时是风险偏爱的;三是人们对损失比对获得更敏感。因此,人们在面临获得时往往小心翼翼,不愿冒风险,而在面对失去时会很不甘心,容易冒险。人们对损失和获得的敏感程度是不同的,损失时的痛苦感要大大超过获得时的快乐感。前景理论中的价值函数如图 12-1 所示。

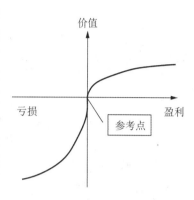

图 12-1 前景理论中的价值函数

价值函数以参考点为界将图形分为盈利和亏损两个区域。盈利区间的图形表现为下凹,即风险回避特征,而在亏损区域图形表现为上凸,即风险寻求特征。亏损区域的斜率大于盈利区域的斜率,前者大约是后者的 2.5 倍,表明人们对损失所产生的负效用为同等金额的盈利产生的正效用的 2.5 倍。

前景理论的价值函数和预期效用理论中的效用函数一个重要的不同点是:价值函数存在一个拐点,即存在所谓的"参考点"。它指人们在评价事物时,总要与一定的参考物相比较,当对比的参考物不同时,即使相同的事物也会得到不同的比较结果,因此,参考点是一种主观评价标准。

前景理论中期望的价值即"前景效用"是由"价值函数"和"决策权重"共同决定的:

$$V = \sum_{i=1}^{n} w(p_i) v(x_i)$$

其中:$W(p)$ 是决策权重,是一种概率评价性的单调增函数;$v(x)$ 是决策者主观感受所形成的价值,即价值函数。

(二) 后悔理论

后悔理论是指投资者在投资过程中常出现后悔的心理状态。在大牛市背景下,没有及时介入自己看好的股票会后悔,过早卖出获利的股票也会后悔;在熊市背景下,没能及时止损出局会后悔,获点小利没能兑现,然后又被套牢也会后悔;在平衡市场中,自己持有的股票不涨不跌,别人推荐的股票上涨,自己会因为没有听从别人的劝告而及时换股后悔;当下定决心,卖出手中不涨的股票,而买入专家推荐的股票,又发现自己原来持有的股票不断上涨,而专家推荐的股票不涨反跌时,更加后悔。

圣塔克拉拉大学的迈尔·斯塔特曼教授是研究"害怕后悔"行为的专家,由于人们在投资判断和决策上经常容易出现错误,而当出现这种失误操作时,通常感到非常难过和悲哀。

所以，投资者在投资过程中，为了避免后悔心态的出现，经常会表现出一种优柔寡断的性格特点。投资者在决定是否卖出一只股票时，往往受到买入时的成本比现价高或是低的情绪影响，由于害怕后悔而想方设法尽量避免后悔的发生。

(三) 行为组合理论和行为资产定价模型

行为组合理论(behavioral portfolio theory，BPT)和行为资产定价模型(behavioral asset pricing model，BAPM)是行为金融理论的重点之一。一些行为金融理论研究者认为将行为金融理论与现代金融理论完全对立并不恰当，将二者结合起来对现代金融理论进行完善，正成为新的研究方向。在这方面，斯塔特曼和舍夫林提出的 BPT 和 BAPM 引起金融界的关注。

行为组合理论(BPT)是在现代投资组合理论(MPT)的基础上发展起来的，包括单一心理账户和多个心理账户，其中单一心理账户投资者关心投资组合中各资产的相关系数。他们会将投资组合整个放在一个心理账户中，而多个心理账户投资者会将投资组合分成不同的账户，忽视各个账户之间的相关关系。与现代资产组合理论认为投资者最优的投资组合应该在均值方差的有效前沿上不同的是，行为组合理论实际构建的资产组合是基于对不同资产的风险程度的认识以及投资目的所形成的一种金字塔式的资产组合。金字塔的每一层都对应着投资者特定的投资目的和风险特征。投资者通过综合考察现有财富、投资的安全性、期望财富水平、达到期望水平的概率等因素来选择符合个人愿望的最优投资组合。MPT 认为投资者应该把注意力集中在整个组合，最优的组合配置处在均值方差有效前沿上。BPT 认为现实中的投资者无法做到这一点，他们实际构建的资产组合是基于对不同资产的风险程度的认识以及投资目的所形成的一种金字塔式的行为资产组合，位于金字塔各层的资产都与特定的目标和风险态度相联系，而各层之间的相关性被忽略了。

行为资产定价模型(BAPM)是行为金融理论之核心。行为金融理论的孕育及诞生与"新时代金融"的到来表明金融理论进入新的发展时期。但是，行为资产定价理论只能被视为对"现代金融"的资本资产定价模型的补充而非所谓的"重建"。BAPM 是对资本资产定价模型(CAPM)的扩展。与 CAPM 不同，BAPM 中的投资者被分为两类：信息交易者和噪声交易者。信息交易者是严格按 CAPM 行事的理性交易者，不会出现系统偏差；噪声交易者则不按 CAPM 行事，会犯各种认知偏差错误。两类交易者互相影响，共同决定资产价格。事实上，在 BAPM 中，资本市场组合的问题仍然存在，因为均值方差有效组合会随时间而改变。BAPM 模型典型地体现了行为金融理论的基本理念，即上文所提到的非理性交易者长期性、实质性的存在，它所描述的是理性交易者和非理性交易者互动情况下的资产定价方式。在该模型中，理性交易者，即信息交易者，他们遵循 CAPM 模型，是传统理论当中预设的具有良好认知、专业技术并且有均值方差偏好的市场行为者；而非理性交易者，即噪声交易者，则不具备理想状态下的投资者所应有的知识储备和行为方式，他们并不具有均值方差偏好，往往背离 CAPM。因此，在 BAPM 中，与 CAPM 不同，把决定证券预期回报的 β 系数与行为相联系，这样的行为 β 与均值方差有效组合的切线有关，而不是与市场组合有关。可以看出，BAPM 既有限度地接受了市场有效性，也秉承了行为金融理论所奉行的有限理性、有限控制力和有限自利。

(四) 投资者行为模型

近 30 年来，行为金融理论者以认知心理的研究为起点研究人们的决策心理，发现不管是缺乏技术经验的个人投资者,还是精明老练的机构投资者,在资本市场的投资过程中均会无意地受到认知、情绪和意志等各种心理因素的影响,如过度自信、过度反应、反应不足、参考点、代表性启发式、损失厌恶与后悔厌恶等,进而产生行为认知偏差和有限理性。不少学者在认知心理学的基础上,建立了投资者行为模型。其中,比较有代表性的是 BSV 模型(Barberis et al., 1998)、DHS 模型(Daniel et al., 1998)和 HS 模型(Hong & Stein, 1999)。这 3 个模型超越了传统金融学的范畴,以认知心理学为基础,对资本市场上存在的过度反应和反应不足的现象进行了解释。

(1) BSV 模型。1996 年,尼古拉斯·巴伯瑞斯(Nicholas Barberis)、施莱弗和魏施尼在《投资者心态的一个模型》中提出了 BSV 模型,将投资者进行心理投资决策时存在的心理判断偏差分为两种偏差:其一是选择性偏差,即投资者过分重视近期数据的变化模式,而对产生这些数据的总体特征重视不够,这种偏差导致股价对收益变化的反映不足。另一种是保守型偏差,投资者不能及时根据变化了的情况修正自己的预测模型,导致股价过度反应。BSV 模型是从这两种偏差出发,解释投资者决策模型是如何导致证券的市场价格变化偏离有效市场假说的。

(2) DHS 模型。有学者(Daniel, Hirsheifer & Subramanyam, 1998)将投资者分为有信息和无信息两类。无信息的投资者不存在判断偏差,有信息的投资者存在着过度自信和有偏的自我归因(self-contribution)。过度自信导致投资者夸大自己对股票价值判断的准确性;有偏的自我归因则使他们低估关于股票价值的公开信号。随着公共信息最终战胜行为偏差,对个人信息的过度反应和对公共信息的反应不足,就会导致股票回报的短期连续性和长期反转。所以,法玛(Fama, 1998)认为 DHS 模型和 BSV 模型虽然建立在不同的行为前提基础上,但二者的结论是相似的。

(3) HS 模型。有学者(Hong & Stein)于 1999 年提出了 HS 模型,又称统一理论模型(unified theory model)。统一理论模型区别于 BSV 和 DHS 模型之处在于:它把研究重点放在不同作用者的作用机制上,而不是作用者的认知偏差方面。该模型把作用者分为"观察消息者"和"动量交易者"两类。观察消息者根据获得的关于未来价值的信息进行预测,其局限是完全不依赖当前或过去的价格;"动量交易者"则完全依赖过去的价格变化,其局限是他们的预测必须是过去价格历史的简单函数。在上述假设下,该模型将反应不足和过度反应统一归结为关于基本价值信息的逐渐扩散,而不包括其他的对投资者情感刺激和流动性交易的需要。模型认为,最初由于"观察消息者"对私人信息反应不足的倾向,使得"动量交易者"力图通过套期策略来利用这一点,而这样做的结果恰好走向了另一个极端即"过度反应"。

虽然 BSV、DSH 等行为金融模型对动量效应的微观机制进行了研究,但这些行为理论模型存在着投资者行为逻辑假设的非一致性问题。研究表明,BSV、DSH 等理论模型中的资产定价与模糊不确定性下资产定价具有逻辑结构上的一致性,可将 BSV、DSH 等行为金融模型中的资产定价置于一个更为基础的统一逻辑框架中,试图解决行为金融模型中投资者行为逻辑假设的非一致性问题。

四、行为金融理论在中国的应用

中国证券市场是一个新兴的市场,在许多方面尚未成熟。目前一个突出的问题是过度投机性,而其最主要的产生原因就是众多中小投资者的非理性行为。证券市场的投资者可分为机构投资者与普通投资者:前者在资金实力、分析手段与信息获得与把握上具有优势;而后者由于势单力薄,经常揣摩、打听前者的消息或行动,作为自己决策的参考依据。而且,中国证券市场上中小投资者占绝大部分,他们的决策行为在很大程度上决定了市场的运行状况,而他们又以弱势人群的姿态出现,其决策行为的非理性导致了市场的严重不稳定。因此,仅借助传统金融学的方法无法正确分析中国证券市场,应充分重视行为金融理论这一新兴理论方法,利用它来发展、完善现代金融学,并将其应用到中国的证券市场实践中,合理引导投资者的行为。根据行为金融理论,结合中国的实际,中国投资者在进行证券投资时,除了考虑传统金融理论中的因素,还必须从行为金融理论角度进行考虑。

投资者可以运用行为金融理论确定投资策略。市场参与者的非理性造成的行为偏差导致了市场价格的偏离,而若能合理利用这一偏差,将给投资者带来超额收益,这就形成了行为金融理论的投资策略。传统投资策略还存在投资者搜集信息、处理信息能力的变动,而人类的心理决策特征是在长期演化过程中逐渐形成的,所以某些行为是稳定的和跨文化的,行为金融投资理念的交易策略相应也就更具有相当的持久性。从国外看,基于市场异象的行为金融理论投资策略主要有价值投资策略与反向投资策略、动量交易策略、成本平均策略和时间分散化策略等。2014年,美国的共同基金中已经出现了基本行为金融理论的证券投资基金,如行为金融理论大师塞勒发起的富勒-塞勒(Fuller-Thaler)资产管理公司,其中有一些还取得了复合收益率25%的良好投资业绩。中国机构投资者可以考虑利用市场现象的行为金融理论解释,并依据中国证券市场的特性,采取相应的投资策略。

(1) 反向投资策略与价值投资策略。该策略就是买进过去表现差的股票,而卖出过去表现好的股票,如选择低市盈率的股票、选择股票市值与账面价值比值低的股票、选择历史收益率低的股票等。行为金融理论认为,反向投资策略是对股市过度反应的一种纠正,是一种简单外推的方法。中国股市素有"政策市"之称,不同的投资者对政策的反应是不一样的。普通投资者由于消息的不完全,往往对政策信息表现出过度反应,尤其是个人投资者对政策面消息的反应尤为强烈;而机构投资者的信息库和专家队伍则对政策的把握有一定的预见性,针对个人投资者的行为反应模式,可以采取反向投资策略,进行积极的波段操作。中国股市还存在大量的"跟风""跟庄"的羊群行为,使整个市场的预测出现系统性偏差,导致股票价格的偏离,并随着投资者对价格趋势的积极跟进而进一步放大了价格与股票基础价值的偏离。这些对股票价值的高估或低估最终都会随着金融市场的价值回归而出现异乎寻常的股价下挫或上扬,也就带来了相应的价值投资机会。

(2) 动量交易策略。该策略的核心内容是寻求一定期间股价变动的连续性:如股价变动连续趋涨,则采取连续卖出的策略;如股价变动连续趋低,则采取连续买入的策略。中国投资者的"处置效应"倾向比国外同类研究的发现更加严重。赵学军、王永宏(1998—2000)的实证研究发现,中国股市中投资者卖出赢者的概率是其卖出输者概率的两倍,而国外学者(Odean, 1998)的研究显示,国外证券市场中投资者卖出赢者的概率是其卖出输者概率的1.5倍。处置效应会带来股票基本价值与市场价值之间的差幅,而这一差价最终的收敛意味着那些有大量资产收益未实现的股票一般要比那些有大量资产亏损未实现的股票有更高的预期回报。利用这一异象可以采用动量交易策略,也就是基于过去股票价格的走势,通过差幅获利。另外,投资者的过度自信带来的锚定效应等也会导致其对新的信息反应不足,使得股票的上扬或下挫趋势会维持一段时间,对此也可以运用动量交易策略,从业绩变动与事后股价的这种关系中捕捉到获利的机会。

（3）技术分析策略。中国投资者典型的羊群行为带来的信息骤集效应也增强了技术分析的有效性。将图形分析视为一种进行短期决策的信息,当越来越多的投资者采用这一方法,骤集在这一"信息"上由此分析得出相似的结论,并据此进行交易时,投资者就会从中获利,进而又吸引更多的投资者采用图形分析的手段,最终使技术分析所预测的预测值与未来的资产价格确实呈现出正相关关系。

中国进行行为金融理论研究具有独特的意义。首先,在经济转轨形态下,政府控制力很强,作为参与者和调控者的政府过多干涉市场,行为金融理论及其模型对此很有解释力。其次,中国的证券市场运作不规范,存在很高程度的信息不对称,投资者难以做到理性地评估资产价值。中国证券市场基本上是一个无效市场,在这里市场参与者具有广泛的非理性行为。在中国证券市场出现的异象较多,而且较为独特。再次,在中国进行行为金融理论的研究具有其内在驱动力,长期来看,投资者在股市中以散户为主,注重短期行为,而且投资者的风险偏好并不同传统金融理论表现得相一致。中国股票市场缺乏做空机制,市场力量不协调,存在相当多的操纵现象,价格更多地表现为单边行为。最后,中国证券市场投资的渠道受阻,远期与期权市场缺乏,难以合理地套期保值和分散风险。总之,行为金融理论提供了一种针对投资者非完全理性和非完全市场的投资操作策略,这对中国证券市场中的个体投资者特别是机构投资者,具有不小的参考作用。

五、行为金融理论的未来展望

作为蓬勃发展的新兴领域,行为金融理论依然存在很多缺陷,要在现代金融学领域中形成一门独立的学科,未来可以在以下 6 个方面进行理论创新和探索。

1. 建立新的基本理论框架

行为金融理论发现,人在不确定条件下的决策过程中并不是完全理性的,会受到过度自信、代表性、可得性、框定依赖、锚定和调整、损失规避等信念的影响,出现系统性认知偏差。行为金融理论的展望理论取代了传统金融学的期望方差理论,将"芝加哥人"假设扩展为"KT 人"假设,这不仅是对传统金融学的挑战,也是对经济学理论基础的挑战。但是,行为金融理论的展望理论迄今还未形成一个统一的理论基础,还未成为一个公理化标准。不同的研究者往往依据特定的心理假设,建立自己的模型和理论。这使得行为金融理论的不同研究者无法在公理化标准下进行讨论,从而限制了行为金融理论的科学化。一门学科若想建立完整的体系,不仅要有"破"而且要有"立"。行为金融理论需要在形成新的、规范化的对行为人的假设的基础上,建立一个类似传统金融学中有效市场假说地位的核心理论框架,作为对金融市场现象和人的行为分析的基础。未来新的基础性理论框架应当是在理性人假设放松的前提下构建的更贴近市场现实的理论,同时也将旧理论作为新理论的一个特例包含于其中。

2. 建立统一独特的严密分析范式

行为金融理论将认知心理学对人的行为的研究成果应用于对投资者的行为分析固然是其特色,但是行为金融理论目前还不具有严密的内在逻辑体系。例如,一种金融现象的产生是受哪类心理因素影响的?哪些心理因素对投资者行为具有基础性或决定性影响?其影响机制是什么?这种机制是否会随着人的认识而消失?例如,对于"反应过度"和"反应不足"

这两种相互关联现象的解释,有学者(Barberis, Shleifer & Vishny, 1998)引入代表性(representativeness)和保守性(conservatism)来解释,其他学者(Daniel, Hirshleifer & Subramanyam, 1998)则引入过度自信(overconfidence)和自我归因(selfattribution)来解释,还有学者(Hong & Stein, 1999)从趋势交易者和套利者的相互作用机制来解释。对于一个现象在一个学科内出现了多种完全不同的解释,而对于到底哪种心理因素占主导地位、各影响因素相互之间的关系是什么、传导机制如何等,依然没有好的解释,这说明对行为人的假设没有建立一个规范化和公理化标准,学科基础理论并不牢靠,也说明行为金融理论还没有建立一个具有严密内在逻辑的分析框架。同时,上述模型也无法解释为什么对于有些事件是正的反应,如收益公告、股利发放等;而对于另外一些事件却是负的反应,如新股上市、代理权之争等。有效市场假说的坚定支持者法玛认为,这些所谓异象是由偶然因素造成的,产生的异象在反应过度和反应不足之间是随机分布的,这与有效市场假说是一致的。正是因为没有一个统一的、具有严密内在逻辑的分析框架,行为金融理论无法对"Fama批评"进行有力的回应。

3. 建立新的基于行为的核心模型

行为金融理论尽管取得较快的发展,但却由于缺乏基于其基本理论框架的核心资产定价模型,故无法对现代金融学的核心基础进行颠覆。例如,在对市场是否有效的争论中,现代金融学因其严密的内在逻辑体系和资产定价理论的不断发展,在争论中并没有处于下风。尽管斯塔特曼和舍夫林的理论建立于行为资产定价模型(CAPM),将CAPM中的β值扩大为噪声交易者风险和传统β值之和,但是由于噪声交易者风险难以衡量,所以模型并没有被广泛接受。由于行为金融理论没有出现核心的基于行为的资产定价模型,所以在对于市场有效性进行检验时只能通过实证来说明特定市场在检验期的非有效性,并不能对市场进行理论描述,来说明金融资产的定价机理。未来行为金融理论的核心模型可能是将有限套利理论和基于展望理论的投资者的非理性心理信念有机结合的模型。只有建立新的基于行为的资产定价模型,才能改变行为金融理论实证多、核心理论模型少、缺乏解释力,描述性多、定量分析少、指导性差的现状,才能推动对市场有效性的检验,有力回应Fama批评。如果没有建立基于行为的资产定价模型,就不能从理论和实证上充分说明现代金融学核心理论的有限性,就不能使行为金融理论得到广泛的认可。

4. 确立明确的研究对象和研究方法

心理学及其研究方法在行为金融理论中的地位和作用是需要界定的,而行为金融理论是以认知心理学对不确定条件下行为人的决策的研究成果为基础的,研究人的心理对资产组合和定价的影响。但是行为人的心理是什么,以及如何影响资产组合和定价、影响到什么程度等,这些问题都很复杂。在这个新兴的领域里,没有成熟的成果可以利用,这就给学科的发展和确定明确的研究对象带来了困难。行为金融理论的研究对象是什么呢?它是解释金融市场中人的实际行为的学科,是对异象进行解释的学科,还是解释金融市场现象的学科?这个问题还需要深入探讨,以使行为金融理论的研究能够有明确的主线,这样才能迅速地发展,有较大的创新。

同时,行为金融理论的很多研究方法采用实验经济学中的实验方法,这种研究方法在行为金融理论的方法论中的性质、地位和作用也需要界定。行为金融理论在实证中采用的方法大都是传统金融学理论框架下的方法,这些方法有些是与传统金融理论相适应而发展的,或者是以传统金融学的前提为基础的。行为金融理论在新的假设前提的基础之上,建立了新的基本理论和分析范式,这就要求行为金融理论创新出新的基于其核心理论的研究方法,以适应新的分析范式的需要,并形成特色鲜明的方法论,以促进行为金融学科的建立和快速发展。

5. 有明确的研究主线和独特的知识点

在行为金融理论的研究对象和研究方法确定后,就可以厘清其研究主线了。研究主线意味着各个研究课题之间的逻辑顺序,如哪些知识属于基础知识,哪些属于重点理论,各课题之间的关系如何,逻辑体系如何,依什么样的逻辑层层展开、步步深入等。行为金融理论已经形成部分独特的知识点,如展望理论、有限套利理论、噪声交易者理论、反馈理论、人在决策中的各种信念和心理、反应不足和反应过度等,但是这些知识点如何通过研究主线将其联系起来,进行合理安排,达到逻辑严谨、条理清晰的目的,仍然是值得探讨的。例如,有限套利理论和投资者的心理和信念是行为金融理论中最重要的两个理论支柱,但是二者的关系如何并没有清晰的界定。再如,展望理论提出可得性、代表性、锚定和调整3个信念偏差,这些基本的知识点和过度自信、模糊规避、乐观主义等知识点之间的关系和逻辑并不十分清楚。

6. 对行为金融范围进一步拓展

行为金融理论尽管已经有研究成果证明投资者心理和行为对公司活动和期权等衍生品的价格有影响,但是用行为金融理论的理论体系和分析范式来分析公司活动和期权等衍生品的定价依然需要进一步展开。例如,对于公司金融领域的分析,舍夫林和斯塔特曼利用行为金融的方法对投资者偏好现金股利的现象给出了自我控制解释、心理账户解释和避免后悔解释。罗尔(Roll, 1986)对于公司的兼并给出了经理层狂妄自大的假说。但是,在公司金融上的行为分析依然不够。在传统金融学中,投资者是无差异的理性人,市场是有效的,所以才有公司金融的核心基础理论(MM 定理)的出现,即在一定条件下,公司价值和资本结构无关。但如果投资者是非理性的、市场是无效的,那么不同条件下投资者的不同行为对公司价值的影响是什么,这种影响是否会改变公司的投融资决策以及改变的机制如何,公司和投资者的互动是否会对市场产生影响,是否会对宏观经济产生影响,这些问题都需要在拓展行为金融范式的情况下做出进一步的解释。再如,对于期货期权等衍生品的定价,传统金融学建立了二叉树模型、布莱克-斯科尔斯模型等来对衍生品进行定价。尽管舍夫林(Shefrin, 1999)就分析了框定依赖、参照点、启发式偏差等投资者情绪对期权交易和价格的影响,但是并没有用行为金融的分析框架建立新的衍生品定价模型。

以上几个问题是行为金融理论作为一门独立学科所必须要逾越的障碍,也是对行为金融领域有兴趣的研究者未来主要的探索方向。在这些问题尚未较好解决的情况下,以行为金融"学"来表述这个领域,似乎不够严谨。

总而言之,行为金融理论突破了传统的现代金融理论的基础假设和决策模型,立足于投资者的心理状况,使人们对金融市场投资者行为的认识更加深刻。但是,行为金融理论不是要完全否定传统的金融学理论,而是要开创新的研究思路、研究视角和研究方法,使金融学理论更加接近真实的金融市场。目前行为金融理论的发展仍然处于探索阶段,其主要理论和模型尚未形成类似现代金融理论的统一的理论体系。在现有理论和模型的基础上,整合和发展成为一套统一的行为金融理论体系是行为金融理论的发展方向。

 **思考题**

1. 证券市场为什么存在各种"异象"？行为金融理论为什么3次荣获诺贝尔经济学奖？
2. 行为组合理论和行为资产定价理论与传统的投资组合理论和资产定价理论的关系是什么？该怎么评价？

第13讲 制度金融理论

基本要求：1. 了解制度金融理论的起源与发展。
　　　　　2. 掌握制度金融理论的主要思想。
　　　　　3. 熟悉金融制度的功能。
本讲重点：金融交易费用。
本讲难点：金融产权制度与金融制度变迁。

制度金融理论是制度经济学派在金融理论的一个新兴的分支，作为解释金融制度效率、揭示金融发展内在逻辑的理论工具，自形成以来便对金融制度及金融发展的研究产生了重要影响。制度金融理论把金融制度作为研究对象，其关注的是"真实的金融世界"，强调分析金融制度应坚持实践的、联系的、发展的观点，摒弃先验的、孤立的、静止的制度价值观，将制度与特定的制度环境相联系。金融交易费用、金融产权制度、金融制度变迁共同构成了制度金融理论的理论支柱。本讲介绍了制度金融理论的起源、支柱内容以及核心观点，并根据制度金融理论对中国金融制度变迁进行了分析。

一、制度金融理论的起源与发展

根据制度经济学的早期代表人物约翰·康芒斯（John Commons）的观点，制度就是集体行为控制个人行为；诺贝尔经济学奖得主道格拉斯·诺斯（Douglass North）则认为，制度是一个社会的游戏规则，它通过向人们提供一个日常生活的结构来减少不确定性，从而影响经济绩效；另一位诺贝尔奖得主西奥多·舒尔茨（Theodore Schultz）认为，制度是人们的一种行为规则，这些规则涉及社会、政治与经济行为。总体说来，制度是为社会经济发展提供服务的。新制度经济学认为，制度对经济活动起着极为重要甚至是决定性的作用，这一基本观点已被越来越多的人所接受。目前，新制度经济学已成为国内外经济理论界最活跃、也最有发展潜力的领域之一。金融是经济的核心，因此，制度也必然对金融活动同样起着极为重要甚至是决定性的作用。在此基础上，一些专家学者试图将制度因素引入金融分析，从而形成了一个新的金融理论学派，即制度金融理论。

（一）涉及制度因素的早期货币金融理论

1. 门格尔的交易费用理论

在现代经济学发展历程中，卡尔·门格尔（Carl Menger）是一个举足轻重的人物，他与威廉姆·斯坦利·杰文斯(William Stanley Jevons)、里昂·瓦尔拉斯(Leon Walras)一起创建了经济学的新古典范式,也是著名的奥地利经济学派的创始人之一,然而让人意外的是,他最终选择与新古典经济学家分道扬镳,不仅开启了经济制度分析的新领域,而且还通过对货币演进过程的刻画铺设了制度金融理论的最初一块砖。

门格尔与其他新古典经济学家"将时间、知识的变化等因素视为外生变量"理念不同,他认为,时间的流逝以及伴随于此出现的知识、制度和组织的发展,应当居于经济学分析框架最显著的位置,不能将其视为外生因素。

他发现经济交易中存在所谓的"交换的经济损失",使得潜在的生产性交易始终不能发生,这就是"交易费用"的概念。市场中介的作用就是通过更新知识和改善市场组织,减少交易的经济损失。门格尔还特别强调了惯例和习俗的作用,认为它们对于货币的形成意义重大。在经济理论史上,强调习俗的作用曾被认为是辨认制度经济学面目的一个醒目标志。

美国经济学家劳伦斯·怀特(Lawrence White)曾对门格尔理论做了重新表述,他解读门格尔提出的是一个"非瓦尔拉斯"的概念。在瓦尔拉斯的一般均衡模型中,交易是无成本的,每一种商品都只有单一价格,这意味着商品具有完全的可售性。然而在一个有成本的交易世界中,将一个商品卖个好价钱需要花费许多时间、精力和费用,人们会关注商品的可售性并千方百计拥有可售性高的商品。

基于门格尔的理论,怀特构建了一个完整的货币制度理论框架。无论如何,门格尔有关货币起源问题的阐述尚属初步和简略,但它揭开了货币制度演进的视角,让人们看到了经济交易和货币作用曾被假设条件长期掩盖的更多层面,是促使整个经济学范式向真实世界回归的重要组成部分。

2. 希克斯的交易费用货币理论与金融制度演进观点

将交易费用作为考察货币、金融资产选择以及金融制度演进的主要视角,从而形成独特的货币金融理论分析范式,无疑是英国经济学家希克斯(Hicks)对制度金融理论早期框架形成的重要贡献。王志伟(1996)曾评价,也许希克斯是把交易费用概念引入货币理论、货币制度史、资产选择领域的第一人。

从总体上讲,交易费用的存在划分了新古典金融学和新制度金融理论,交易费用凸显了金融合约、金融组织以及金融制度的重要性,并在很大程度上使金融制度的结构成为理解一国金融资源配置绩效和金融发展的关键。希克斯是从风险角度入手将交易费用引入货币理论的,如他本人后来所说,"正是通过对风险的研究,我才开始研究货币"(1977)。希克斯在货币理论史上首次阐明了因交易而产生的现金需求和因躲避风险而产生的现金需求,进而认为每一种金融资产的风险和收益都存在差异。更进一步地,希克斯提示了人们应对风险的两种金融方式,第一种方式就是持有货币,第二种方式则为尽量多样化地持有证券。对交易费用的考虑和对避开风险的考虑一样,都会导致投资者采取相应的资产选择行为。

既然交易费用妨碍了人们分散投资从而规避风险愿望的实现,那么,寻求节约交易费用的制度安排就自然成为每一位投资者的内在需求。希克斯认为,市场的发展以及市场组织方式的演进,主要取决于人们减少交易费用努力的刺激。随后,他将视角转向金融发展与金融制度演进层面,认为金融发展其实就是"扩大信誉好的借款人的圈子"的过程。随着金融交易"圈子"的扩大,人们对信用的需求迅速增长,相应的金融制度供给也会紧随其后。作为其专业化发展的结晶,银行体系则在此番金融制度演进的高潮阶段悄然登场。

希克斯通过对国家制度、法律制度、货币制度以及银行制度之间逻辑关系的梳理,已经初步形成了一个完整的金融制度分析框架。这种框架因其凸显了理论逻辑和历史逻辑的统一而具有重要的理论建构价值,进而成为制度金融理论发展过程中一个不可缺少的关键阶梯。

(二)制度金融理论的发展

长期以来,金融理论的研究与发展都建立在新古典主义模型之上,即一个"零交易费用的陌生世界"。在这个"零交易费用的陌生世界"中,信息充分、对称且能够获得,所有的经济主体都具有完全的理性,效率最大化是其唯一目标,即便面对再复杂的情况也能做出最为理性的选择。在零交易费用、信息完全、完全理性、最大化的新古典主义模型理论假设之下,社会、政治、文化、法律等构成制度的因素都被视为中性的外生因素而被排除在新古典主义的分析模型之外。正如从罗纳德·科斯(Ronald Coase)在《企业的性质》(1937)、《社会成本问题》(1960)中所推导出来的"科斯定理":当交易费用为零时,无论制度如何安排,人们都能实现经济效益的最大化。在这一"零交易费用的陌生世界"里,金融的世界完全超脱于现实中的摩擦,制度于金融发展而言,并没有起到任何的作用。

与新古典主义经济学一样,一个理论发展到了一定的程度,僵化是不可避免的,新古典主义金融学也是这样。边际革命之后的经济学逐步走向了利奥尼尔·罗宾斯(Lionel Robbins)的"选择的理论",古典政治经济学中的福利传统及对制度和历史的关注被渐渐淡忘,事物的本身已不再是那个年代经济学理论研究所关注的内容,更多人沉醉于通过理论模型对外部世界进行预测。最终,新古典主义经济学在纯粹的、技术性的理论假设中一步一步走向僵化,失去了对真实世界的解释力。面对新古典主义经济学的困境,对制度与历史的回归重新进入人们的视野之中。以托斯丹·凡勃伦(Thorstein Veblen)、康芒斯为主的,建立在德国历史学派之上的旧制度经济学也应运而生。虽然旧制度经济学将经济学研究重点重置于制度之上,采用历史描述的表达方式来解释经济社会的发展规律,但因其缺乏内部统一的分析框架与观点(孙良,2002),在解释真实世界时也同样乏力。旧制度经济学对制度分析的回归为往后制度经济学的发展积淀了必要的经验,此后以科斯、威廉姆森、诺斯、阿尔钦、张五常为首的学者提出了新制度经济学理论。新制度经济学理论以交易费用、产权、合约与制度变迁为主要理论支柱。与新古典主义下的"零交易费用的陌生世界"不同,新制度经济学所关注的是"真实的世界",即一个存在交易费用的社会,在交易费用不为零的情况下,制度就显得尤为重要。同时,信息不完全、经济体的有限理性、非最大化等假设都是这个"真实的世界"的构成要素。自此,经济学的理论发展进入了一个崭新的时代。

在经济学理论发展的推动下,"制度革命"席卷了同样对真实的金融世界缺乏解释力的新古典主义金融学。但与经济学理论的"制度革命"相比,金融理论的"制度革命"来得要更晚一些。在2005年,默顿和博迪意识到新古典主义下金融理论在金融创新与发展过程中所面临的问题,提出了功能视角下金融功能与金融结构的统合。默顿与博迪将金融制度内生化,指出随着交易费用的引入,内生化的金融制度是实现金融功能中减少交易费用和行为障碍的重要因素。默顿与博迪还讨论了新古典主义经济学下的金融理论与新制度主义经济学及行为经济学下的金融理论的不同,这在一定程度上可以视为制度金融理论在西方的正式提出。但在制度金融理论正式提出之前,以金融制度因素为分析对象的研究已多有出现。国内学者张杰(2010)对此进行了很好的综述,认为货币金融理论原本就是制度金融理论,或者说,制度金融理论应当是货币金融学的本源,而不仅仅是后者的新发展。以货币金融理论为切入点,门格尔的货币演进范式中提出了制度因素(货币)内生起源的观点;劳伦斯·怀特的"新门格尔主义"对门格尔理论的重述确认了商品可售性上的差异,从而推演出交易费用为正,并构建了完整的货币制度理论框架;希克斯将交易费用作为货币金融理论的考察对象,认为利息本身就是一种交易费用,并进一步梳理不同制度间的逻辑关系,初步形成了一个完整的金融制度分析框架;罗伯特·克洛尔(Robert Clower)强调交易费用的存在直接影响了物物交易的进行,继而说明了通过制度对货币进行安排有助于降低市场中的交易费用;尼汉斯则在克洛尔的基础之上进一步提出围绕交易费用最低的货物——货币而进行的间接交易远比原始的物物直接交易更为节约交易费用。

在默顿和博迪正式提出制度金融理论之前,中国学者江春于1999年在新制度经济学的基础之上提出了"新制度金融理论",并在之后的一段时间里将"新制度金融理论"运用在不同的金融研究领域中。在江春的研究中,金融产权是其研究的重点,金融产权的重要性背后所暗含的则是"真实的金融世界"中现实存在的交易费用。只有清楚划分产权边界才能有效降低金融过程中的交易费用。其后,张杰(2013)对制度金融理论的研究也体现出了制度金融理论对"真实的金融世界"的回归。张杰认为,真实的金融世界与新古典主义下的金融世界存在巨大差异,与新古典主义下金融世界的既定制度不同,"真实的金融世界"存在不同的制度安排,衡量不同制度安排的效率则是制度金融理论所强调的一个方面。从制度金融理论出发,"真实的金融世界"中的制度安排并不是先验性的,不存在绝对的好的制度与坏的制度,而衡量一个具体的金融制度是否有效,应定位于真实的金融世界,定位于其与相应制度环境的匹配程度上,定位于其能否有效降低真实金融世界中的金融交易费用。

如果说交易费用的引入在经济学理论上进行了一场"制度革命",无疑,金融交易费用的引入同样也会在金融理论研究中掀起巨浪。回归一个"真实的金融世界",不仅是国内外金融理论研究的一个新诉求,同时也是推进金融发展与创新所必须坚持的基本出发点。

二、金融制度的功能与研究方法

(一)金融制度的功能

(1)配置资源或融通资金功能。在收入→储蓄→投资的流程中,金融制度扮演着重要的角色。通过金融组织制度的形式,将分散的或暂时未进入生产过程的闲散资金(如居民个人收入)集中起来,然后再变闲散资金为生产资金,变储蓄资金为投资资金,从而有效地动员社会闲散资源。通过金融市场制度的形式,以金融交易为手段,将货币资金流向生产性和效益好的部门、地区和企业中去。

(2)内在调节或稳定约束功能。金融制度结构包括3个子系统,即金融组织、金融市场和金融监管与调控制度。每一个都是另一个存在的前提,同时又是别的子系统调节的结果。从三者产生的逻辑关系看,三者之间事实上互为前提条件,中央银行的存在以金融组织和金融市场的存在为前提条件,而金融组织和金融市场稳定有效的发展必须以中央银行对其进行有效监管和调控为条件,否则,金融组织和金融市场会出现混乱和崩溃。

(3)节约费用或提高效率功能。制度的产生是为了节约交易费用,金融制度也是如此。金融制度所提供的规则可以降低人们在金融交易中的讨价还价所引起的费用。金融制度的安排可以节约人们在交易收集信息方面所花的成本。金融制度提供的规则可以节约金融交易中无序所造成的费用。金融监管与调控制度可以降低金融风险所造成的成本费用等。

(二) 制度金融的研究方法

制度金融理论作为新制度经济学的一个分支,其一般范式的研究方法与新制度经济学相同。新制度经济学区别于一般经济学,其研究方法采用的是动态分析法,而不是一般的静态分析法,这是因为制度是在不断演化的过程中的。这个理论方法来自德国历史学派。德国历史学派认为历史是连贯的运动,而不是静态的,传统经济学运用的是静态分析法,这是新制度经济学与其他经济学的重要区别之一。

因此,在新制度金融理论的研究应用中,需要采用与新制度经济学相同的动态的、连贯的眼光去看待金融问题,在不断演化的金融制度中发现金融问题的解决之道。而且,由于制度金融理论对于制度本身认为其是参与其中的理性经济主体力量博弈的结果,是一种博弈均衡,并处于不断的动态变化过程之中,其分析范式基本上是"个体主义"和"演进主义"的,并且注重对"过程"的分析,也就是说,不仅关注结果,而且关注均衡是如何实现的。

三、制度金融理论的内容

(一) 金融交易费用

制度金融理论认为,金融市场上存在金融交易费用,金融交易费用的高低直接影响整个金融体系的效率,合理的金融制度是降低金融交易费用的有效途径。理解制度金融理论的关键在于理解金融交易费用的存在。对于交易费用的理解,无疑要先回答一个问题,即金融交易费用是什么。科斯在《企业的性质》中从不同的企业出发,推断企业是价格机制的替代物,再通过列举不同企业存在的理由,指出市场的运行是存在交易费用的,而企业的存在使得合约的签订减少进而降低了市场运行的交易费用。这是交易费用最原始的表述。在此之后,越来越多的制度经济学研究者尝试对交易费用进行定义。一般而言,交易费用就是经济制度运行的成本。显然,现实当中的交易费用不止于经济制度的运行成本,在诺斯(North,1990)看来,交易费用源于信息的不完全,交易费用包括衡量交换物之价值的成本、保护权利的成本,以及监督与实施契约的成本。张五常在《交易费用的范式》中将交易费用进一步扩大为在"鲁滨孙·克鲁索经济"中所不可能存在的一切成本。张五常认为交易费用也就是制度成本,只有一个人的社会是不存在制度的,而只要社会中多于一人,则制度就会产生。但这种成本与科斯最开始的信息和谈判的交易费用又有所区别,或者可以说是一种更广泛意义上"交易费用"。对此张五常也指出,他所指的交易费用不仅是科斯所提出的"交易费用",也指代更广泛意义上的制度费用,这点也得到了科斯的赞同。从经典的交易费用的定义中,我们可以简单地对金融交易费用进行界定:金融交易费用就是金融社会中的一切制度成本。

金融交易费用从哪里来?这是我们要回答的第二个问题。弗鲁博顿与芮切特(Furubotn & Richter,1996)对交易费用的类型进行了划分,依其足迹,我们亦可将金融交易费用划分为市场型交易费用、管理型交易费用和政治型交易费用。在此基础上进行逆推,不难发现第二个问题的答案,金融交易费用源自市场金融交易中的信息搜索、合约谈判、监督与执行,源自金融组织的建立、维持或改变及运行的费用,源自金融制度框架的建立、运行和调整。在交易费用经济学派的代表人奥利弗·威廉姆森(Oliver Williamson)看来:一方面,这种种交易费用的源起与人类的两大天性——有限理性与机会主义息息相关;另一方面,与特定交易有关的因素也会形成交易费用,如资产的专用性、不确定性的程度与交易的频率。

在新古典主义下,金融交易费用为零,给定的制度作为外生因素并不影响效率的最大化;而在制度金融理论中,金融交易费用不为零,不同的金融制度安排内生于金融发展,会导致金融效率的差异。这也引出了我们所要回答的第三个问题,也是制度金融理论学者所关注的核心问题——如何通过金融交易费用来衡量金融制度效率?一般而言,金融交易费用的存在使得金融制度尤为重要,而金融制度设立的目的亦在于有效降低金融交易费用。那么,能否有效降低金融交易费用就成为衡量金融制度优劣的主要标准。诺斯通过交易费用的分析范式,解释了制度变迁的过程,提出相对价格的变化是制度变迁的源泉,其变化产生了构建更有效率的制度的激励。但也有学者对交易费用是制度效率的衡量标准提出质疑,认为交易费用无法真正衡量制度的效率,这与著名的"诺斯悖论"有所联系。简单来说,"诺斯悖论"认为通过制度变迁,交易费用在不断地降低,这成为经济发展的源泉,而经济发展也意味着社会分工等因素的复杂化,这又直接导致了交易费用的上升,引发经济发展的停滞。边际意义上短期交易费用的下降与长期交易费用的上升构成了"诺斯悖论"。对此,杨小凯(1998)、李建标和曹利群(2003)、袁庆明(2011)都做出了一定的解释。诺斯在其后期的研究对"诺斯悖论"也有所回应,将"适应性效率"作为衡量制度绩效的标准之一。与交易费用注重边际效率不同的是,"适应性效率"更看重的是制度在长期中的效率,即制度体系与制度环境的相适度。"适用性效率"的适用,似乎更符合制度金融理论所强调的"真实的世界"。不同经济体制下有着不同的金融环境,也就是说每一特定金融制度所要面临的金融制度环境也是不一致的。先验地认为某一金融制度在所有金融制度环境中都能取得同样的效果显然是不可能的。特定的金融制度环境就是理论模型中所必须予以考虑的约束条件,金融交易费用则仍然是理论模型中用以衡量制度绩效的重要工具,通过分析交易费用所得出的"适应性效率"是制度绩效衡量的结果。由此可以看出,"适应性效率"的提出并不是对交易费用的排斥。金融交易费用仍然是衡量金融制度边际效率的主要标准,是指引金融制度变迁的重要工具。对于交易费用能否衡量制度绩效,另一个质疑则来自交易费用的可度量性。对此,张五常(1999)做出了必要的回应,指出对交易费用的度量并不在于"可以用元或分来度量",而在于边际意义上不同制度间效率差异的可观察性。

自交易费用的概念被引入金融理论研究之中后,国内学者多有利用交易费用的分析方法来研究中国金融制度问题。殷孟波和翁舟杰(2005)通过分析中国农村信用社合作制的交易费用,指出中国农信社改革的方向是真正落实合作制;李竞成(2005)利用交易费用的分析范式诠释了金融制度的效率,认为不同金融制度效率的高低取决于该制度发挥功能所需交易费用的大小,指出中国往后金融制度的选择和设计需要综合考虑制度环境因素;易绵阳(2014)基于交易费用的视角比较了中国近代两种金融监管制度,指出近代中国金融监管制度的成败均与国家(政府)息息相关,当下中国金融监管制度的完善应当充分发挥市场主体自律监督的作用,避免过度依赖政府的行政手段;王劲屹与张全红(2014)从交易费用的视角研究了中国农村资金互助社的问题,指出对中国农村资金互助社的金融监管应采取非审慎监管制度。

(二)金融产权制度

制度金融理论认为,合理的金融产权制度可以明晰界定金融产权的边界,降低金融交易费用,提升金融发展效率。制度金融理论强调"真实的金融世界",即金融交易费用不为零。根据科斯定理,交易费用不为零时,权利的界定与配置将极大地影响经济效率,而决定权利界定与配置的基础无疑就是产权制度。可以说，金融产权制度是金融制度体系的核心，其构成了金融制度体系中其他制度的基础并直接决定了整个金融体系的效率。要理解金融产权，需要厘清什么是金融产权。对于产权概念的表述，最经典的莫过于"产权是一个权利束"，包含所有权、占有权、支配权、使用权、处置权等一系列财产权利。那么，金融产权就可理解为一个基于金融资产的权利束。金融产权作为一切金融权利的基础，是金融市场竞争、金融交易的重要工具与规则。金融产权的作用不仅在于提供一个竞争规则与合理预期，更体现于对金融资源的合理配置，对金融发展的激励、约束与协调。只有在完善的金融产权制度的基础之上，金融市场才能有序发展。对此，有学者(Mauro, 1995; Knack & Keefer, 1995)通过相关数据验证了产权与投资及经济发展的关系，指出缺陷的产权会导致投资额的下降，并最终拖慢经济的发展。也有学者(Johnson, McMillan & Woodruff, 2002)研究认为弱金融产权会抑制企业的投资欲望，相反，强金融产权则会刺激企业进行再投资。有研究者(Claessens & Laeven, 2003)发现，在有更完善证券产权制度的国家中，企业能够更好地配置金融资源，并获得更快的成长，进而推动整个金融的发展。

  金融产权的公私属性是一个值得考量的问题。作为最早认识到产权重要性的人，阿曼·阿尔钦(Armen Alchian)认为私有产权是一个社会所强制实施的选择一种经济品的使用的权利，而市场资源总是稀缺的，资源的稀缺性总会导致人与人之间的竞争，有竞争则需要有规则，而私有产权制度就是竞争的规则(张五常，2008)。相较于私人产权，阿尔钦认为政府产权和共有产权的性质是模糊而难以推演其结果的，在此之下个人的权利会遭受损害。德姆塞茨在权利束的基础上提出了"外部性内在化"的命题，认为产权作为一种社会工具，其重要性在于能帮助交易个体形成交易时的合理预期，其主要功能就是引导人们实现将外部性较大地内在化的激励。产权经济学派对产权的核心概念建立在私有产权之上，德姆塞茨以土地所有权为例说明共有产权相较于私有产权有着更高的交易费用、更低的效率以及无法避免的搭便车问题。似乎，在西方经济学人眼中共有产权便是毒瘤，但这并不能否认共有产权的存在，其存在的形式既可能是完全共有，也可能是共有与私有并存。金融产权就可能同时存在私有产权和共有产权两种属性。从私有产权的角度来看，金融产权必然从属于某一特定产权主体，如自然人、银行、证券公司、保险公司等。即便在中国以公有制为主体的经济体制下，也不外如是，国有金融机构是中国金融产权的主要行使主体。但从共有产权来看，一方面，行使金融产权中某项权利的主体其本身就有可能是"共有"的，这将导致其所拥有的金融产权也烙上"共有"的标记。在中国，国家所有是最主要的共有形式。目前，中国银行业金融机构中存在着明显的国有资产垄断，真正意义上的民营银行屈指可数。如此一来，可以说中国银行业金融产权多有共有(国有)产权的意蕴。另一方面，从金融机构的资产构成上来看，金融机构的资产大多数来自他人金融产权的让渡，如商业性银行业金融机构的资产，除资本金外，主要是基于储户与商业性银行业金融机构之间的金融借贷关系而获得的存款。从外观上来看，商业性银行业金融机构对其机构内的金融资产拥有私有的金融产权，可在合法范围内进行使用；从其金融资产的来源构成上来看，商业性银行业金融机构所使用的金融资产大部分是共有的，直接来源于储户的存款。存在即合理，共有产权的存在自有其道理，其中最为主要的是实现社会福利、社会公平及资源效率的可持续性和最大化。对于"共有产权无效率论"，在诺斯(North, 1977)看来，共有产权之所以容易失效，原因在于没有确定权利的所有人。有学者(Lueck, 1994)通过检验得出了共有产权产生高效率的条件。韩文龙和刘灿(2013)认为,考量一个共有产权制度的效率应当将其置于由特定的历史阶段、政治、文化等因素组成的制度环境中。可见,简单地说私有产权优于共有产权带有一定的先验主义色彩,不管何种产权制度安排,其效率都应在特定的制度环境中来衡量。作为交易的约束条件,只要能够合理划分产权边界,则不应拘泥于私有产权与共有产权的效率之争上。彻底的私有产权可能导致市场失灵,彻底的共有产权也容易导致政府失灵,将二者合理地配比并清楚地划分彼此之间的权利边界,或是产权制度产生最大效用的安排。

产权概念的引入,对中国金融发展问题的研究产生了深远的影响。国内传统主流金融学理论认为,金融就是货币或资金的借贷或融通。引入产权概念之后,江春(1999)从财产权利的角度重新分析了金融的本质,认为金融的本质是金融财产的借贷或财产的跨时交易,是金融产权的跨时交易。那么,从这一视角出发,就不难发现金融交易主体进行金融交易的前提便是拥有独立的、排他的金融产权。通过完善金融产权制度来培养金融市场上独立自主的金融交易主体,不仅将推动中国金融市场机制的构建和完善,也将是中国整体金融制度体系改革的方向。在江春看来,中国金融发展的最大缺陷就是金融产权制度缺陷,不管是人民币自由兑换问题(江春,2000)、利率市场化问题(江春,2003)、人民币升值问题(江春,2004)、金融创新问题(江春,2006),还是人民币汇率制度问题(江春,2008)等,其解决的路径无疑都是金融产权制度改革。苑书义(2011)研究了中国金融产权与金融组织的内生关系,认为金融产权与金融组织具有强烈的内生关联性,指出提高金融组织效率的路径在于逐步改革中国金融产权制度。目前,中国金融产权结构中国有产权占有重要地位,这在银行市场中表现得尤为明显。银行是整个金融体系的核心,中国银行业金融机构以国有资本银行为主,真正进入银行业中的民营资本所占比例较小,国有银行的效率直接影响了中国银行业及整个金融业的效率。在较为单一的银行产权结构下,国有银行的效率一直为人所诟病。高连和(2005)指出,改革国有银行产权结构乃至整个银行业产权结构单一化的问题,是提高国有银行效率及整个银行业效率的关键所在。王林辉和董直庆(2008)认为,改革金融产权结构,实现多元化的金融产权格局才能促进中国金融发展效率的提高。刘东(2003)认为,中国金融产权制度的改革不应局限于形式上的产权改革,更应注重相关配套制度的完善。

(三) 金融制度变迁

制度金融理论认为,金融制度变迁是解释金融发展的重要因素。制度变迁理论是新制度经济学的主要分支,其形成与发展经历了早期以凡勃伦、康芒斯为主的批判资本主义的萌芽阶段。19世纪70年代,以诺斯为首的新制度经济学派学者将新古典经济学运用于分析制度与制度变迁,此时,制度变迁经济学派正式形成。制度变迁理论对经济绩效的强大解释力吸引了越来越多的学者对其进行研究及发展,熊彼特等将以达尔文主义为基础的演进经济学引入制度变迁理论之中,形成制度变迁的演进理论;青木昌彦、奥野正宽等引入进化博弈论,形成制度变迁的进化博弈理论。在不断发展的制度变迁理论之中,诺斯的制度变迁理论仍历久弥新,其采用人类行为理论与交易费用理论相结合的视角进行制度分析,认为"制度是一个社会的博弈规则,或者更规范地说是一些人为设计的、形塑人们互动关系的约束,从而构造了人们在政治、社会或经济领域里交换的激励。制度变迁决定了人类历史中的社会演化方式,是理解历史变迁的关键"[①]。不同的制度会导致不同的经济绩效,不同的制度演

---

① 道格拉斯·诺斯.制度变迁与经济绩效[M].格致出版社,2014.

化方式则可以用以解释相应制度下长期经济绩效的差异。对于制度的变迁,诺斯(North,1981)视产权理论、国家理论以及意识形态理论为其理解经济结构的3个基石,产权直接影响经济绩效,国家规定产权结构,意识形态影响人们对客观存在的事物的反应。其中,国家是理解制度变迁的关键因素。诺斯认为国家的存在本就是一个悖论:国家既是经济增长的源泉,同时也是经济衰败的关键。要正确理解国家,则必须通过产权。一方面,国家是产权结构的制定者;另一方面,国家也面临潜在的竞争对手,为保证获得政权,国家又需要满足特定利益集团的需要,即为特定利益集团实施特殊的产权制度,而这种特殊的产权制度对于社会整体而言往往是低效甚至无效的。王曙光(2007)认为在转型时期,国家为了整体经济改革的顺利推进和稳定性租金的最大化,会在一定时期内严格控制金融体系制度演进的总体规模和速度,从而为经济制度变迁的顺利实施分摊成本。在中国的主流意识形态的影响下,中国沿用的是以公有制为主体的经济体制,同样的影响也发生在金融产权制度上。为分担经济体制改革及经济发展的成本,国家作为金融产权制度的制定者,通过金融产权制度将大部分金融产权直接或间接地赋予国家,以达到垄断。在此基础之上,国家通过金融市场获取大量资产用以推动经济体制有序改革和经济的稳定发展。因此,中国的金融制度变迁,尤其是金融产权制度的变迁明显是滞后于国内整体经济体制改革的。综上所述,要理解中国金融结构,深入探寻中国金融制度变迁须重视由国家、意识形态及金融产权组成的金融制度供给语境。

制度变迁的路径是制度分析的重中之重。诺斯认为,影响制度变迁路径的两个重要因素是报酬递增与不完全市场。通过对欧洲各国制度演化变迁历程的分析,诺斯发现各国在漫长岁月中经济绩效相异的原因是"路径依赖",并以"西北法令"为例证明了路径依赖的存在(North,1973),后将路径依赖的特征总结如下:制度变迁的路径一旦被选定,网络外部性、组织的学习过程及主观模型将不断强化这一特定的制度演化路径,文化就是其根源。关于制度变迁的路径,林毅夫(1989)提出了"强制性制度变迁与诱致性制度变迁"的观点。林毅夫将制度视为一种公共品,是社会中个人所遵循的行为规则,交易费用则是要获得制度性服务所需支付的费用,这项所需支付的费用就是衡量制度安排是否合理的标准。新的制度安排使得制度效益高于制度变迁的费用,这样新的制度就会产生,制度就会发生变迁。制度演变的路径,林毅夫认为有两种不同的类型:诱致性变迁与强制性变迁。诱致性变迁是现存制度安排的变更或替代或者新制度安排的创造,它是由个人或一群(个)人响应制度的不均衡而产生的获利机会继而自发倡导形成的制度变迁。强制性变迁则恰恰相反,由国家或政府通过法律或命令而形成。制度作为一种公共产品,其不可避免地存在"搭便车"的问题。仅有诱致性变迁,则意味着社会整体制度的安排无法达到最优。这时候,国家的干预便是一个很好的解决途径,强制性变迁成为一个新的、并行的制度变迁路径。但强制性制度变迁也同样存在缺陷:统治者个体的有限理性会影响作为制度供给者的国家或政府的理性;统治者个体的偏好也会造成同样的影响;同时,我们也不能忽略国家或集体层面上不可避免的官僚政治及利益集团斗争。这些因素都可能导致强制性制度变迁中的制度失败。因此,衡量一个制度、整个制度体系的有效性时,不可避免地要考量其制度变迁的路径。但要强行在诱致性制度变迁与强制性制度变迁两者之间分出优劣,则大可不必。如前文提到的,对任何制度的考量都应放在特定的制度环境中。

与诺斯所讲述的"西方世界"一样,在中国金融制度的变迁过程中也存在着明显的路径依赖。新中国成立以来,中国金融制度变迁的初始条件是高度统一的计划经济,在大一统的计划经济思维下,中国金融制度演变的历程也充斥着浓厚的计划经济色彩(张宝祥,2004)。造成这种大一统的、计划性的制度变迁路径的原因更可追溯到中国千百年历史演进中亘古未变的文化基因——皇权至上的儒家文化(马建华,2012)。相较于城市金融制度,中国农村金融制度的变迁似乎更受这种儒家文化的影响。中国农村金融制度变迁一直是以政府供给为主导的渐进性制度变迁,体现出一个由国家、地方政府、农业银行和农村信用社内部人组成的"四方博弈"的格局(谢家智,冉光和,2006;皮天雷,2009)。与"四方博弈"相类似,中国整体金融制度变迁也体现为不同利益集团博弈的结果,导致了中国现如今国有资本垄断银行业金融市场的格局。可以说,利益集团的博弈是中国金融制度变迁的路径依赖的重要原因,这在很大程度上也体现了诺斯制度变迁理论中的国家理论。随着民营资本不断流入金融市场,利益集团博弈的格局将会进一步变化,如何改变中国金融制度变迁的大一统、政府主导的路径依赖成为中国金融制度改革所要面临的重要问题。在路径依赖之外,中国金融制度变迁存在着以强制性变迁为主,诱致性变迁与强制性变迁并存的特征。王曙光(2007)提出了"制度变迁成本分摊假说",指出中国金融制度演进的首要目标变量是社会和政权的稳定性。为了实现这一目标,以强制性变迁为主的中国金融制度,其明显滞后性就可以理解了。在中国整个社会制度变迁的过程中,金融制度分担了大部分的制度变迁成本,其中,农村金融制度则更是金融制度变迁中主要的成本承担者。在中国,正式金融的制度变迁以强制性为主,这也是贯穿中国银行业制度变迁的主要脉络(陶士贵,2014),这种正式金融制度的强制性变迁特征也体现在中国的农村金融制度之上,以农业银行、农村信用社、农村发展银行等为主的农村金融机构,其制度的变迁皆以政府为主导的强制性制度变迁为主(王君,2014)。

四、制度金融理论的主要思想

以制度因素为切入点,以制度分析为主线来研究金融问题,往往能得出既有开创意义又有很强的现实解释力的新观点或新发现。

(1)货币的功能是推动产权交易的发展和财产的积累。根据新制度经济学的观点,市场交易的实质是产权的交易,因此,将这一观点引入金融学,就会得出这样一个观点,即货币实质上是人们在产权交易中普遍接受的交易媒介,是人们进行产权交易最有效的工具,是减少交易费用的重大制度创新。同时,货币也是度量和核算财产价值的统一尺度,由于货币能兑换成任何财产,货币是财产的典型代表,是人们积累财产最方便的形式。可见,货币的功能是推动产权交易的发展和财产的积累。

(2)对"金融"概念的重新解释。从目前流行的观点看,一般认为"金融"是指资金的借贷活动或资金的融通活动。但是,将新制度经济学引入金融学后就会得出不同的结论,即借贷或金融的实质并不是资金的借贷,而是财产的借贷,或者说金融活动实际上是盈余单位所拥有的"现在财产"同赤字单位所拥有的"将来财产"之间的交换,是财产的跨时交易活动。由于财产的真正意义并不是指财产本身,而是指因拥有财产而享有的一系列权利,这些权利统称为产权。由此,我们可以得出一个重要的理论观点:金融活动实质上也是一种产权交易活动,是产权的跨时交易活动。

(3)金融工具是一种具有法律效力的合约,是一种产权证书。所谓金融工具,实际上是拥有独立财产权的盈余单位和赤字单位在金融活动中一致达成并共同签订的一种界定、区分、保护或约束双方所应享有的财产权利和所应承担的财产义务或责任的合约，是从事金融活动的交易双方共同商定的协议或双方一致接受的"合意"。合约是法律上有效的许诺，合约责任是法律责任，因此，金融工具实质上是交易双方界定各自的财产权利和财产义务或责任的法律文件。显然，对于金融工具的持有者（盈余单位）来说，金融工具又是一种产权证书，因为这代表了对金融工具的发行者（赤字单位）索偿"将来财产"的财产权利。任何能索取收益或财产的权利就是资产，因此，金融工具又称为金融资产。金融衍生工具或产品则是在原有金融合约的基础上派生创造出来的一种新的合约，或者说一种双边合约，其合约价值取决于原金融合约的价格及其变化。金融衍生产品的实质是根据市场的变化，对原有金融合约中财产权利和财产义务或责任进行不断的分割、重新组合或再组合，以达到最大限度地规避或转移风险及降低交易费用，并稳定地获取收益的目的。

（4）金融市场是各类金融合约的集合，是产权证书的交易场所或机制。金融工具实质上是具有法律效力的合约，是一种产权证书，因此，金融市场的实质可以说是各类金融合约的集合，是产权证书的交易场所或机制，是通过产权证书的交易实现产权的合理配置及有效利用的交易规则或制度安排。

（5）金融机构实质上也是一种产权交易的形式，是降低交易费用及风险的合约安排。由于从事金融交易需要耗费一系列的成本，如信息成本（包括寻找理想的交易对象、全面了解交易对象的信誉及财务状况，以及准确评估交易对象的信用等级所需花费的成本）、合约成本（包括谈判、设计、签订借贷合约的成本及保证借贷合约得到履行的成本）、监督成本（包括深入监督交易对象的行为，以及对违约行为进行制裁的成本），这些成本统称为金融活动中的交易费用。同时，与瞬时完成的市场交换活动不同，金融活动是产权的跨时交易活动，它涉及时间因素，涉及不确定的将来，因此，金融活动存在着较大的风险。在这种情况下，如果每个盈余单位都直接去从事金融活动，则会导致极大的交易费用，并因每个盈余单位都必须独自承担较大的风险而有可能使金融交易变得无利可图。在这种情况下，降低交易费用及风险的企业——金融机构便应运而生。

金融机构实质上通过签订合约进行产权交易，将多个财产所有者的财产组合成一个拥有独立财产的产权主体，以一个独立的产权主体代替若干个独立从事金融交易活动的产权主体，以一次性的合约代替市场上的一系列合约，从而大大减少独立从事金融活动的市场主体数量及金融交易的合约数量，并扩大金融交易的规模，这样就自然能有效地降低金融活动中的信息成本、合约成本及监督成本。同时，金融机构还通过大量持有多样化的、期限长短及风险和预期收益组合各不相同的金融合约，重新组合或分散风险，或使各类不同金融合约的风险相互抵消，从而大大降低金融活动的风险。

（6）产权制度是影响货币需求的重要变量。货币是财产的代表，是人们积累财产的重要形式，因此，人们的货币需求必然受到一国产权制度的深刻影响：产权制度愈稳定，人们的货币需求就愈稳定；产权制度愈不稳定，人们的货币需求就愈不稳定。由此，新制度金融理论把制度变量纳入货币需求函数中，以便为货币需求函数奠定微观基础。

（7）货币政策的目标是保证财产价值的稳定，从而保护人们的财产不受侵蚀。新制度金融理论认为，在市场经济条件下，货币政策的真实目标实际上是通过保证币值的稳定来保证财产价值的稳定，从而保护人们的财产不受侵蚀，由此为产权的交易提供一个稳定的、可预见的环境,并减少交易的不确定性,进而使人们有充分的信心去积累财产,并为积累财产而进行创造财富的生产或交易活动,这自然将创造出更多的就业机会并刺激经济的增长。

(8) 货币自由兑换的实质。货币的自由兑换意味着国际贸易的自由化和国际投资的自由化,而国际贸易的实质是产品的产权在国际间的交易,国际投资的实质是生产要素的产权在国际上的交易,国际贸易的自由化和国际投资的自由化则意味着产品和生产要素的产权能够在国际上自由交易,因此,货币的自由兑换是产权在国际上自由交易的结果,或者说货币自由兑换的实质是产权在国际间的自由交易。货币的可兑换实际上也是货币持有者应该享有的一项财产权利。

(9) 利率和汇率的决定实质上是产权如何界定和如何交易问题的现实反映。根据现代产权经济学的观点,价格只是产权的标价,价格的形成和决定问题实际上是产权如何界定和如何交易问题的现实反映。利率和汇率都是价格,因此,利率和汇率的决定问题的实质也是产权如何界定和如何交易的问题。

(10) 国际收支是一国居民与其他国家居民进行产权交易的综合反映。国际金融学认为,所谓国际收支,是在一定时期内,一国居民对其他国家的居民所进行的全部经济交易的货币价值总和。但是,引入新制度经济学关于"市场交易的实质是产权的交易"这一基本观点后,我们就可得出这样的观点:国际收支实质上是一国居民同其他国家居民所进行的产权交易的货币价值总和,或者说国际收支是居民与非居民在国际上进行产权交易的系统记录及价值反映,因此,国际收支的基础是产权在国际上的交易。

五、中国金融改革的制度金融理论解释

现代金融体系在一国的经济发展中居于重要地位。如果从新中国成立之日算起,中国的金融体系在不断改革中已经走过了70多年的历程。从制度金融理论的观点看,金融体制本无好坏之分,而且任何金融制度都不是事先给定的,而是一个长期变迁过程的结晶(张杰,2011)。因此,对中国金融体系的改革和演变历程进行大历史和长周期的考察,能够更深刻地理解其中的内在逻辑。研究长周期背景下中国金融改革和金融制度变迁的具体历程,制度金融理论是更为合适的分析视角。

(一) 改革前垄断金融体系的制度特征

新中国的成立伴随着革命性的制度变迁,这种制度变迁使得整体性制度安排具有"推倒重来"的性质,即建立一个与当时的意识形态、政治结构和社会结构相容但是与过去又不同的制度结构。因此,新中国成立之后就建立了高度垄断的金融体系,隶属于当时高度集中的政治经济体系,是其中的一个子系统。作为整体性制度安排一部分的金融制度,其所具有的制度形态和结构也必然被整体性制度安排所限定。

与高度集权的计划经济体制相适应的金融制度是高度集中的大一统金融制度,决定了金融业难以逃脱被抑制的命运。大一统金融制度具有以下6个方面的特征。

(1) 货币作用范围小。理论界机械地套用马克思主义关于从发达的资本主义经济过渡来的高级社会主义经济中货币将消亡的理论,极力主张消灭货币;在货币一时消灭不了的同时,却强调它的作用已到处表现为消极因素。但是,由于集权型经济也需要一定程度的分权决策,而且如果废除货币实行实物交换,那么经济将付出高昂的交易成本等缘故,客观上不得不在不稳定的基础上允许货币的存在。不过,货币的活力被严重地压抑了。货币的五大

职能被简单化为计量尺度;货币的运动主要采取家庭部门的现金循环和企业、政府部门的存款循环两种状态,而现金循环和存款循环也受到严格的管制,物资流动渠道和货币流动渠道经常脱节,造成货币作用的失效。

(2) 金融机构单一化。中国人民银行独揽金融业务,而且由政府所有和经营,其性质是国家机关而不是金融企业。其他金融机构一并取消,其他金融业务如保险、信托等一律停办。仅有的这一家银行也是政府的附庸,只是社会的出纳机关。其业务主要是最原始的储蓄业务、转账结算和工商企业的超定额流动资金贷款。不论从所有制关系、性质、地位还是业务上讲都不成其为银行,更不用说推动经济发展了。

(3) 资金非商品,利率不发挥作用,银行、企业缺乏资金成本的观念。传统的集权型经济体制下,利率由国家统一规定,一定几年不变,处于死杠杆状态;另一个显著特点是利率水平低。无论是与历史水平、其他国家水平、物价水平相比,还是就利息支出占企业成本比重来看,新中国成立以来的利率水平都是很低的。造成这种状况的原因是多方面的,如在指导思想上把利息与剥削等同起来,片面认为低利微利是社会主义制度的优越性,再如体制上的原因,没有保证家庭、企业、政府三者兼顾的利率机制,吃资金大锅饭,缺乏资本成本的观念。这种政府界定利率的机制是集权型产品经济的特有现象,完全不同于商品经济中利率由供求机制决定的情况。

(4) 缺乏资金市场。集权型经济的轴心是计划机制,资金的分配也不例外,由计划部门统一配给。资金的行政性配给是这种经济模式的一大特点,也是这种经济体制得以运转的必要条件。资金的高度计划性配给排除了通过市场机制配给的必要,因而不需要建立资金市场。

(5) 资金流动依附于实物流动,货币对商品运动的导向作用丧失。集权型计划经济实际上是一种否定货币经济的实物经济,实物流动决定资金流动,支配经济运行的是实物计划。由于计划受主观因素影响较多,计划失误经常导致经济运行的非规则波动,酿成巨大的经济损失。资金流动对经济发展的导向作用被严重忽视了。

(6) 中国的集权型经济还是一种封闭式经济,奉行"既无内债,又无外债"的政策,几乎没有引进外资,国际金融业务仅仅局限在国际结算方面;外汇实行固定汇率制度,汇率由中国人民银行自行确定,存在着高估人民币币值的倾向。这与许多发展中国家金融抑制的情况基本相似。

可见,传统的集权型经济体制为金融业套上了牢固的枷锁,金融结构极其简单,货币活力丧失,资金流动缓慢,信贷效益低下,这主要根源于资金配置的计划机制完全排挤和代替了资金融通的市场机制,结果中国传统体制下的金融制度处于严重的抑制状态。如果从世界范围来观察就会发现,集权型经济下的金融结构是一种极端的金融制度。

中国垄断均衡的金融制度结构之所以会长期存在,可能的原因是制度变迁的路径依赖以及动力依赖性。中国的金融体系一开始就是外生建立的,以这种方式建立起来的金融体系也需要外生动力的维护。可以说,外生动力即国家推动在中国早期的金融体制形成中扮演了重要角色,但制度条件的逐步改善和内生金融的成长,会使得内生动力发挥越来越重要的作用。另外,封闭的金融系统造成金融制度的僵化。可见,中国金融体系的建立从一开始就是自上而下的强制性制度变迁的结果。从博弈均衡观点来看,这种制度安排并非是整体性制度安排的最优选择。

（二）垄断竞争金融体系的制度变迁

随着中国市场化改革进程的深入推进，私有经济也在快速成长，经济体系中蕴藏的突破垄断均衡金融体系的力量在不断积聚。相较于改革前，中国当前的金融体系中，市场因素和竞争因素已经有了大幅增加。从新中国金融发展的历史看，以下3个因素起着重要作用。

（1）地方间的经济竞争与金融资源抢夺。1994年分税制改革后，地方政府的财权与事权更加不匹配，地方财政收入不足以支撑地方政府的职能，形成了财政缺口，造成了对土地财政的依赖。为了建设和增加财税收入，招商引资成为地方政府之间竞争的主要战场。如此一来，为了占有更多的金融资源，地方政府之间展开了激烈的竞争，表现在各地方政府都鼓励在本地开设银行的分支机构，几乎每个省级行政区都有自己的证券公司，而且每个地方政府都不愿本地的金融机构被外地兼并或收购。这一举动有利于新的内生金融机构的创设，从而有利于打破垄断均衡，走向垄断竞争。

（2）国有商业银行的市场化改革。中国的金融体系中，银行业仍占据主导地位，国有银行是垄断金融体系的主要组成部分。国有商业银行的市场化改革有利于引入更多的市场因素，降低垄断因素。为了提高资金的运用效率与更好地应对与国际大型金融机构的竞争，国家主导了国有商业银行的市场化改革，国有五大商业银行完成了股份制改革且成为与国际接轨的现代化商业银行。这意味着国有银行的行为不仅是国家意志的反映，也是本身权衡成本收益结果的反映。此外，随着中国金融开放程度的提高，越来越多的国外金融机构进入中国经营，进一步瓦解了垄断性的金融体系。

（3）民营经济的崛起与内生性金融的成长。在中国，民营经济已经成为创造产值、增加就业与促进经济发展的主要动力。与其经济地位相比，大多数民营企业难以从正规金融机构获得信贷支持，融资贵、融资难。这些民营资本会形成资本联盟，发起设立民营银行。以民营银行为代表的内生金融的成长对于打破垄断均衡的格局具有决定性意义。展望未来，内生金融所具有的革命性制度变迁以及成长的潜力不可低估。

综上所述，地方间经济竞争、国有企业和国有银行的市场化改革，以及内生金融的成长，有利于中国构建一个合意的垄断竞争性质的金融制度体系。

（三）中国未来金融制度改革的方向

（1）金融机构准入的市场化。中国金融体系是以国有银行为主导的，民间资本在很长一段时期内被排除在外。为了提高金融机构之间的竞争、提高金融资源的配置效率，国家开始鼓励民间资本进入金融领域。2013年7月，国务院提出"尝试由民间资本发起设立自担风险的民营银行、金融租赁公司和消费金融公司等金融机构"，这可谓金融体系对外开放的里程碑，不仅有望形成国有银行和民营银行共同竞争的银行业产业组织，而且在其他非银行金融领域，也会越来越多地看到民间资本的身影。金融机构准入的市场化也意味着监管部门的简政放权是改革的重点任务，即金融机构的准入、绩效表现等由市场来评判。

（2）金融要素价格的市场化。和要素市场的价格一样，金融价格也是一种要素，即资金的价格。这种价格能够反映资金的稀缺程度，并决定了金融资源配置的效率。对内而言是利率，对外而言是汇率。目前，中国的利率市场化已经完成，金融市场的各种利率基本实现了市场化，与此同时，中国也在大力推进人民币汇率的市场化。通过汇率形成机制的改革，人民币汇率已经达到或接近均衡水平。汇率的市场化将有力地促进人民币的国际化以及资本账户的开放，为构建开放型经济体系奠定了基础。

总而言之,制度金融理论是制度经济学派在金融学理论的一个新兴学科,作为解释金融制度效率、揭示金融发展内在逻辑的理论,自形成以来便对金融制度及金融发展的研究产生了重要影响。制度金融理论继承了新制度经济学派的理论内核,并将新制度经济学派的分析框架——交易费用、产权及制度变迁用于解释金融制度、金融制度变迁及金融发展。与以往的金融制度分析工具不同,制度金融理论关注的是一个"真实的金融世界",一个存在交易费用、有限理性、机会主义、信息缺陷、制度缺陷的真实的金融世界。制度金融理论认为,在真实的金融世界里,金融制度是至关重要的,只有有效的制度安排才能真正促进金融的发展。在理解与衡量金融制度有效性时,制度金融理论摒弃先验的、孤立的、静止的制度价值观,认为衡量一个金融制度的效率不能仅看该制度在理论模型中的边际效益,而应将该制度放在一个特定制度环境当中,与其他相关联的制度一起去考量,同时也要充分考量该金融制度的变迁过程及背后的演进逻辑。

思考题

1. 为什么要研究金融产权制度与金融制度变迁?
2. 中国金融产权制度有什么特征?中国金融制度变迁的动力是什么?

第14讲 演化金融理论

基本要求：1. 了解演化金融理论的起源。
2. 掌握演化金融理论的主要内容。
3. 知道演化金融理论与主流金融理论的差异。

本讲重点：演化金融理论的主要成果。
本讲难点：演化金融的理论基础。

随着金融市场的发展，许多问题不能被传统金融理论解释，演化金融理论由此兴起。演化金融理论(evolutionary finance)是借鉴达尔文的生物进化论和让·巴蒂斯特·拉马克(Jean-Baptiste Lamarck)的遗传基因理论来研究金融市场的一门学科，是演化经济学与金融学的交叉研究的成果。将演化思想引入经济学的研究，可以追溯到凡勃伦、熊彼特和马歇尔等人，所关注的是"发展演变中的金融世界"，核心思想是进化、突变和复制。演化金融理论的研究对象是金融市场上投资策略之间交互作用的动态过程，目的在于借鉴生物进化的思想，增进我们对金融市场动态特性的前因后果的理解。演化金融理论认为传统金融学静态的、机械的、均衡的思想是不现实的，强调动态的、联系的、发展的观点，认为其是一种动态的、非均衡的、更接近市场实际的经济学方法论。银企网络、金融市场、证券金融演化等共同构成了演化金融理论的研究内容。本讲梳理了演化金融理论的起源和发展历程，介绍了演化金融理论的主要内容以及功能，并描述了演化金融理论在我国的研究动态和应用情况。

一、演化金融理论的起源

根据杰克·维诺曼(Jack Vromen)的观点，演化金融理论就是把新古典经济学等正统理论中忽视的演化过程和机制进行加强甚至放置于理论核心地位，这是其新颖之处，可以看作经济变迁的一般理论。福斯(Foss)把演化经济学的作用和意义归纳为，对经济系统中新奇的创生、传播和由此导致的结构转变进行研究的科学。它更加注重对经济变化过程的研究，如新偏好的形成、技术创新过程、制度创新过程和新资源创造过程等。总体来说，演化金融理论是为社会经济的发展提供服务的，研究传统金融理论的演化过程对研究类似股市的波动以及技术分析获得超额收益等问题具有很重要的意义。目前，演化金融理论已经成为金融研究领域里最有发展潜力的部分之一。学者们试图以一个全新的视角来分析传统金融理论，演化金融理论随之形成。

随着金融市场的发展,越来越多的市场现象不能被传统金融理论解释,传统理论框架下的模型改进仍然无济于事,如股市为何波动如此剧烈、技术分析为何能获得超额收益等。直到今天,研究 20 世纪 30 年代美国大萧条的经济金融学家们还没有搞清楚,为什么在没有任何明显利空消息出现的情况下,纽约股市就突然崩溃了。有人开始质疑传统金融理论的分析框架,企图跳出传统理论的分析范式,于是出现了众多的金融学分支学科,其中影响较大的包括行为金融理论和演化金融理论。

马尔萨斯最先将达尔文的进化论引入社会科学的研究。阿尔钦(Alchian,1950)放弃了新古典理论中理性人具有完全预期的假设,从生物进化和"自然选择"的角度来解释经济系统的动态行为,人们并不总是能采取最优行动,即对未来收益具有理性预期,而是通过学习、试错等行为来获得"正收益"。随后,弗里德曼(Friedman,1953)与法玛(Fama,1965)察觉到了演化思想对于金融学的意义,他们认为,类似生物进化论的思想,金融市场上也存在"适者生存"和"优胜劣汰"。因此,金融市场上演化过程的最终结果是理性预期策略生存下来,而其余非理性策略全被淘汰,此时市场达到有效状态。可见,演化思想是有效市场假说的思想来源。虽然演化思想很早就提出了,但一直没有进入主流经济学。在沉寂多年之后,随着相关学者(Blume & Easley,1992)开创性的工作,演化金融逐渐形成了一个分支学科。现在演化金融理论的研究成果越来越频繁地出现在国际主流经济学期刊上,《数学金融杂志》(*Journal of Mathematical Finance*)在 2005 年还推出了演化金融专刊,这表明演化金融理论越来越受到主流经济学的关注,尽管其力量还不足以与传统金融理论相抗衡,但是却显示出了巨大的生命力和发展前景。

二、演化金融理论的研究内容

(一) 理论基础

(1) 对策论。又称"博弈论",是一种研究参与者决策相互作用的模型方法,对策论认为,由于参与者的一举一动都会影响其他参与者的决策行为,所以参与者必须在策略层面上考虑如何行事。

(2) 进化对策论。由生物学中的进化思想与对策论交叉而形成的一个新分支领域,其核心思想是演化稳定策略,包括鹰式策略与鸽式策略(王忠玉,2007)。

(3) 演化博弈论。演化思想和博弈论结合的产物,该理论的一个关键性概念就是进化稳定策略。所谓进化稳定策略,就是把经济分析均衡点看作调整过程的产物,其分析策略主要体现为把博弈过程动态化,其关注的核心问题是均衡选择。进一步看,演化博弈论是纳什均衡理论在经济领域的有效补充,它以有限理性为基础,强调纳什均衡的进化机制和发展动因,从而使得纳什均衡理论在更具有现实性的同时更好地解释了经济博弈的动态过程。

(二) 研究内容

演化金融理论是在参与人有限理性和异质性的前提下,借鉴生物进化论的思想来研究金融问题。在异质性条件下,参与人的投资策略是不同的。演化金融理论研究的是具有相同投资策略的群体而非单个投资者,所有持有相同策略的单个投资者可看作购买了持有该策略的投资基金。不同投资者之间的交互作用表现为不同投资策略之间的交互作用,其实质是通过投资策略影响价格,从而影响其他投资者的策略和财富。各种各样投资策略之间的相互作用导致了复杂的金融市场现象。

当前演化金融理论的研究内容主要有以下 5 个方面。

1. 银企网络

演化金融的应用最早体现在银企网络的研究当中。银企网络由银行家与一个企业家之间以及作为一个互补性的结果的企业家间的链接组成。互补的结果形成了一个发展区域，那里提供资金者协调着企业家的行为。有学者通过网络约束，将经济理论和社会学观点进行综合，把文化嵌入和社会网络引进演化模型来阐释银企网络和经济演化问题，将金融制度添加到格罗斯曼-赫尔普曼(Grossman-Helpman)的具有质量等级的内生增长模型中去。他将银企网络的演化用一个演化的捕鹿博弈模型来分析，指出银企网络的演化通过一个成功的银行家和企业家间互动的历史，确立了作为网络中节点的银行家和企业家间的经久的链接。他对银企网络存在的解释是机能主义演化。银企网络在其建立的模型里得以演化发展的原因在于通过在融资中学习，它们提供了一个更高的银行家和企业家的相对适应性。盛昭瀚和蒋德鹏(2002)的银行家和企业家的交往演化博弈模型，基于捕鹿博弈模型提出了银行家和企业家的博弈模型，从而说明了制度的重要性。章华(2002)一直致力于嵌入性与制度演化的研究，将制度演化看作企业家主体和非企业家主体通过互动创造"新连接"的过程，制度演化的实质是知识的演化和发展，制度演化也是一个伴随着嵌入性变化的动态过程。他的研究更为深入和全面，为制度的演化提供了全新的演化经济学解释，银企网络演化的过程也能从其泛化的观点中找到理论根基。

2. 金融市场的研究

金融市场应该是最适合演化分析的领域。最早的金融市场演化研究可能就是有关对数偏好(logarithmic preferences)和财富长期增长的讨论。如有的学者(Breiman, 1961)的研究更多的是一种规范研究，即市场主体(agents)为什么要采取适应策略，而不是一种实证研究，即为什么只有适应策略才能生存。

威廉·布洛克(William Brock)和卡尔斯·霍姆斯(Cars Hommes)提出了适应性理性均衡动态学的概念(adaptively rational equilibrium dynamics, ARED)，它是连接市场均衡动态学和信念的演化更新的中介，目前的信念决定新的市场均衡价格，产生信念的演化更新，这些新的信念进一步决定新的市场均衡价格，这一过程循环往复。因此，在 ARED 中，均衡价格与信念是随着时间的推移共同演化的。霍姆斯指出，投机者可以在演化竞争中生存下来的理性预期模型是 ABS 模型的特例。霍姆斯还进一步指出，在金融问题的分析中，对金融心理的洞察至关重要。布洛克和霍姆斯提出了一个拥有很多类型交易者的演化系统的理论框架。其 IJrrL 的概念描述了存在很多竞争的不同交易者类型的演化系统中的动态行为平均。IJrrL 框架可以应用于任何类型的预测规则，这些规则通过一个有限维的指定类型的部分进行编号。

3. 投资策略及市场动态研究

具体来说，就是以投资策略为研究对象，建立随机动态系统模型，考察不同投资策略交互作用对资产价格和投资者财富的影响，以及市场选择过程。在市场选择过程中，有的投资策略会被淘汰出市场，而有的投资策略将生存下来。这是生物学中"适者生存"法则在金融市场上的应用。最早建立演化模型分析金融市场的文献出现在 1992 年(Blume & Easley, 1992)，这是一篇开创性的文献，为很多后续研究奠定了基础。在此之前，所有的投资问题都是投资者的最优化问题，换句话说，投资者的收益仅仅取决于他们自己的选择；而在演化金融中,投资者是相互影响、相互依赖的,也就是说他们的收益受到其他投资者选择的影响。该文献考察了投资者财富的动态过程及资产价格的长期行为,证明如果所有参与者的储蓄率相同,那么最大化期望效应的参与者最终将赢得所有市场财富。但是,这些最适宜生存的投资者并不一定持有准确预期,持有准确预期的投资者也不一定能生存下来。也就是说,当投资者的储蓄率固定时,市场选择假说并不成立。在此基础上,相关学者(Blume & Easley,2006)证明了市场选择假说成立的条件。在动态完全市场上,市场选择假说成立,持有错误预期的参与者将被持有更准确预期的参与者淘汰出市场。从长期来看,非理性预期投资者将会被理性预期驱逐出市场,理性预期投资者将赢得所有财富,并决定资产价格。有研究(Blume & Easley,2006)讨论了在异质性消费者和随机一般均衡框架下帕累托最优配置的渐进性质,证明了在完全市场条件下,市场选择假说成立,并且从长期来看,资产价格由理性预期投资者来决定,但不完全市场条件下这些结论并不成立。在一个纯交换经济中考察具有不同信念、禀赋和效用函数的投资者的"适应度",结果证明,持有更准确预期的投资者积累财富的速度更快,并且最终将赢得所有市场财富,此结论与市场完全与否、投资者的风险偏好等因素无关。

4. 基于主体的计算金融研究

这是演化金融理论和计算机科学的一个交叉学科,或者说是为了实现演化金融理论的思想而采用的一种工具。演化金融的早期研究无法深入进行的原因之一就是演化模型过于复杂,大多数都不存在解析解,尤其是考虑有限理性和异质性投资者之后。随着计算技术的发展,基于主体的计算金融研究已经取得了令人瞩目的成就,其特点就是数据量和运算量都非常庞大。该方法不再考虑均衡的概念,而是以生物进化思想为基础,通过计算机模拟大量交互作用的主体建立人工市场来研究金融问题,这些主体具有学习能力,他们可根据历史数据来更新自己的信念和决策方式。从整体的角度来看,该人工市场表现出自适应和演化的特征。这种建模方式的优点在于:与传统理论不同,事先并不假定经济会朝着某个预定的均衡点趋近,在任何时点,主体根据当时的环境和自身的规则进行决策。

5. 其他内容

虽然演化金融的实证分析仍然相对欠缺,但是其数理模型的发展却比较迅速。尤其是演化博弈论的发展已经较为成熟,很多学者都利用该理论来分析金融问题。弗里德曼(Friedman,1991)将演化博弈论引入经济分析,另有学者研究了社会习俗的形成,还有学者利用演化博弈论进行了比较制度分析。

郑震龙利用演化博弈论分析了民间高利率具有内在的合理性和稳定性。李冠一(2003)分析了美国和日本的风险投资差异,即美国风险投资一般采用股权形式,而日本的风险投资中股权形式和债权形式并存。他利用一个演化博弈模型来解释这种差异的根源,即出资者和风险企业家的交往过程在制度充足的前提下会自发演化,在制度不充足的前提下集体行动会使该网络系统成为一个特权组织。美国的单纯股权模式是制度不充足的结果,而日本的股权债权并存模式则是制度充足的结果。

三、演化金融与主流金融的差异性

演化金融理论与主流金融学的研究方式有所不同,主要体现在基本思维、最优化、知识、企业概念、时间感知和随机因素等方面。

1. 基本思维

主流金融理论受原子论和机械力学思维模式的影响,把复杂的经济社会和复杂的人还原到一个理想环境中进行同质性分析,而且从非理性环境和异质性逐步扩展;演化金融理论受达尔文生物进化论和拉马克的遗传基因理论思维模式的影响,把市场行为主体的多样性及其复杂的相互作用关系作为分析基础。从这个角度讲,演化金融理论模型能够真实地表现,这是对人与人关系研究的回归,更贴近实际和有一定的说服力。

2. 最优化和均衡

源于经典力学的主流经济学理论,在对某一社会经济现象进行研究时,往往通过一定的条件和行为假设建立相应的模型,在一定条件约束下对模型进行最优求解,在论证实现最优路径的同时分析经济系统的均衡特征。演化金融理论以生物进化论和遗传基因隐喻为基础,该理论在强调经济均衡是一个动态过程的同时注重经济变化的动因分析,在强调经济系统暂时性均衡的同时对到达均衡点的时间给予不确定性认定(很难确定多长时间能够达到均衡),在认同经济系统均衡点多重性的同时对于到达均衡的路径依赖持进化观。

3. 知识

演化金融理论所述的知识主要体现为一种"默示知识",即无意识的知识,这种知识具有不可测性和不可比性。人的有限理性约束、个体计算能力的异质性和知识分布的差异性,使得人不可能考虑到所有的因素并做出最优决策,更多体现为某些人获得成功后,其策略被其他人仿效,因此,微观经济主体对于经济规律的认识在演化过程中不断得到丰富和发展,而经济系统里的很多一般性规则也是一个演化过程。当然,这些一般性规则也将成为一种共同知识并为后继者节约了很多创新成本。

4. 企业与竞争

主流金融理论主要强调企业价格竞争机制,企业竞争过程一方面使得市场状态变得有序和稳定,另一方面能够使得企业向平均利润水平靠近。演化金融理论超越价格竞争论,认为在现代市场和产业中,除了价格竞争机制外,企业的产品、技术或组织形式的创新和引进成为首选,这些因素对于企业竞争参与者显得更为重要。另外,主流金融理论一般假定企业有追求利润最大化的行为,而演化金融理论则假设企业有搜寻利润的行为。

5. 时间和感知

主流金融理论注重均衡状态的研究,把时间看作对称的或可逆的过程,往往假设企业面对环境变化能够做出立即的反应,在瞬间完成调整的同时达到新的均衡。演化金融理论则注重对达到均衡的过程的研究且强调过程与时间的重要性,认为社会经济过程与生物进化过程的不可逆性极为类似。也就是说,演化金融理论往往假设企业决策或社会经济是一个不可逆的连续过程,企业决策是一种学习、模仿竞争对手和改进自身策略组合的过程,是一个适应性的"试错"过程,而且,企业的"模仿"和"试错"过程除了对于企业今天产生影响以外,今天行动策略和结果还将对未来的决策产生影响。因此,时间在进化过程中起着关键的作用。

6. 随机因素

主流金融理论的研究方法往往将注意力集中在一些重要变量及其均值上,忽略不确定性因素与随机变量对经济系统的影响,而且在理性人假定下,人们面对不确定因素仍可找到最优化行为。演化金融理论往往把随机因素看作关键性因素并对之进行分析,强调决策的搜寻和革新过程,认为随机变量和不确定性等因素往往会对长期最优化决策的实现产生影响,造成经济系统长期趋势在其进化过程中难以预测。

四、演化金融理论在中国的应用

中国正处于转型发展的时期,演化金融理论通过演化思想与传统主流金融理论的交叉综合来进行一系列金融问题的研究,事实上,二者的有机结合对中国更具有适用性和特殊意义。

1. 金融环境界定方面

中国金融以行政分权和金融分权以及政府主导为主要特征,因此,针对中国转型金融问题研究时,把演化金融理论中"遗传基因"(政府行为)惯例和经济行为主体的多样性及其复杂的相互作用关系的基本思维,以及金融制度设计的默示知识、各种决策是一个适应性的"试错"过程的时间与感知分析和随机因素关键性等内容,融入并刻画转型金融环境特征显得极其重要,包括初始条件、金融产权、历史金融制度等因素特征。

2. 经济人行为假设方面

转型时期金融活动以规制和中央集权为主导特征,因此,对金融活动参与者的行为方式(包括政府金融规制部门、政府金融监管部门和地方政府等)做经济人和利己与有限理性的假设,以及演化金融理论中有关受有限理性约束和知识分散化影响的个体异质性和知识分布差异性的假设或前提是极为必要的。

3. 金融制度安排方面

转型时期金融活动的法治建设是一个长期的过程,法律规则体系不够完善使得金融规则的形成路径往往由政府及其金融专业部门主导,这也说明转型时期政府实施的金融规则效果,在很大程度上会影响整个社会的金融效率问题。因此,可以将演化经济理论中动态过程、暂时均衡、均衡点的多重性和到达均衡的路径进化依赖等最优化和均衡分析,以及决策的适应性"试错"过程的时间和感知的观点,融入金融游戏规则制定的目标和过程的分析。

4. 分析工具方面

对于转型时期一些金融问题分析,除了主流经济学一些经典数学模型以外,可以借鉴进化稳定策略的演化博弈论分析工具,对于正处于转型过程中的中国金融问题分析更加贴近现实。这是因为:一方面,演化博弈论是以有限理性为基础的演化思想和博弈论结合的产物;另一方面,把转型时期很多金融活动均衡问题看作金融制度调整过程的产物而不是某种突然出现的东西。

五、演化金融理论的未来展望

作为一个新兴学科,演化金融还远不成熟,直到现在也还没有形成像新古典经济学那样精巧的分析框架和数学模型,实证基础也还比较薄弱。但是,它为我们研究金融市场和解释金融现象提供了一个新颖的视角,例如,在演化金融模型中,资产价格是内生的,投资策略对资产价格产生影响,相对于传统金融理论而言,这比较符合市场实际,尤其是对于机构投资者而言。

与现有的新古典金融范式相对比,在演化金融的分析框架下,完全理性被有限理性取代,随机性被确定性取代,代表性投资者被异质性投资者取代。与基于完全有效市场假说的一般均衡金融分析相比,演化金融支持积极投资,认为信息不是随机生成的,因而由信息驱动的市场行为也不是随机的,私人信息扩散为公开信息是需要时间的。与现代的行为金融理论相比,演化金融理论从金融市场上信息产生、汇总和传递的机制出发,无论是在理论还是在应用方面,演化金融都具有广阔的发展前景。

未来的演化金融理论发展应致力于加强实证研究,并充分借鉴其他学科的研究成果,如人工智能、实验金融学、金融市场微观结构理论和演化博弈论等。实证方面有两个比较有发展前景的研究领域:一是建立更加智能化的人工金融市场模型,使参与人更接近现实中的投资者,从系统的层面来寻找金融市场的运作规律,发现市场异象产生的机制;二是以演化博弈为基础研究投资者行为,根据真实的市场数据来推测投资者在市场上的种群分布,并据此对金融时间序列进行预测或者提取价格序列背后所隐含的信息。这方面的工作才刚刚起步,还有很大的发展空间,而且对投资者和市场监管部门而言都具有很强的实用性。

总而言之,演化金融理论是演化经济学派在金融学理论的一个新兴学科,金融理论主要是研究和解释人类金融行为和金融现象的学科分支。因此,在研究转型中国金融问题时,除了借鉴主流经济学比较成熟的分析框架和研究方法并将之延伸到金融领域以外,更多地融入演化经济学的一些思想、概念、研究视角、研究方法和基本结论,有助于我们分析和解释中国金融问题的实质。同时,该理论注重对经济的初始条件、创新动因、路径依赖等过程的研究,强调历史和现实中的不确定因素对经济活动产生重大影响的理念以及制度分析中的整体观、演化观、价值结构变迁、最小破坏原则,注重对权力的分析等。另外,演化金融理论强调人们面对不确定环境时不断试错、摸索前行、不断学习的演化过程和重视"路径依赖"的作用,对中国金融"渐进式改革"实践特点和金融现象的理论分析和解释来讲更加合理。

思考题

1. 什么是演化金融?演化金融理论的研究成果及方向有哪些?
2. 演化金融理论在中国的研究应用情况如何?

第15讲 法金融理论

基本要求：1. 了解法金融理论的缘起和发展。
    2. 掌握法金融理论的主要思想。
    3. 知道法金融理论的两大研究方向。
本讲重点：法金融理论的基础。
本讲难点：法金融理论的主要成果。

  法金融理论作为第三代金融发展理论的组成部分，是现代金融理论研究的前沿课题，近年来已取得了较大发展，并分为宏观法金融理论和微观法金融理论。法金融理论认为，不同的法律起源以及由此产生的法律系统的适应能力，在金融发展方面表现各异，进而导致了不同的社会经济结果。法律渊源决定论、政治因素决定论、宗教因素决定论和地理因素决定论共同构成了法金融理论的支柱。

  传统的金融法和金融学研究长期处于割裂状态，金融法研究执着于概念法学或法律解释学之一隅，而金融学又常偏安于金融资产定价与金融市场均衡分析的象牙塔。法金融理论研究的重要意义在于，一方面可以为金融法律变革提供价值判断，另一方面也可以从比较国家治理和比较金融系统的角度为金融发展与法律改革提供有关制度移植的方向性启迪。本讲介绍了法金融理论的缘起、意义以及支柱内容，并根据法金融理论对中国金融相关法律变迁进行分析。

一、法金融理论的缘起

  美国哈佛大学和芝加哥大学的学者（La Porta，Lopez-de-Silanes，Shleifer & Vishny，LLSV，1998）发表了《法与金融》（"Law and Finance"）一文，这篇奠基性文献标志着法金融学派的产生。它将原本分离的法律制度与金融问题成功地联系了起来，探讨了不同法系中法律制度、会计制度特别是投资者保护制度的不同，及其最终对资本市场运行和经济增长所产生的影响。

  目前，法金融理论有两大研究方向。

  （1）结合法律制度来研究金融学问题。主要以金融学为中心，以经济学或计量经济学作为分析工具，同时研究涉及的法律问题，强调法律环境因素对金融主体行为和金融系统运行的影响，比较金融组织在节约交易成本方面的功能性结构和与其相适应的法律形态。

(2) 利用金融经济学的研究方法来研究法律问题。主要运用经济学、金融学的最优化、均衡、效率、风险、收益等概念和工具来解析金融法律制度,描述和评判金融法律制度和法院的行为和效果,将法律原则转化为经济学原则,去解释金融法背后的效率逻辑。

根据文献梳理,法金融理论的成就可以分成以下两个领域。

(1) 宏观法金融理论,即研究法律和金融的关系、法律起源、法律移植与金融发展、法系与金融发展、司法效率与金融发展,投资者保护、债权保护与金融发展等问题。

(2) 微观法金融理论,即研究法律与企业成长、企业融资能力、融资成本,法律体制的质量与企业所有权和企业规模,投资者保护与企业公司治理、公司价值等问题。

法金融理论目前还没有一个统一的研究范式,尚未形成完整系统的理论体系,一些研究成果散落于法律经济学、新制度经济学、管制经济学以及金融法等领域的一些专题研究文献中。

二、法金融理论的基础与意义

(一) 法金融理论的基础

(1) 法律渊源决定论。拉·波塔等(La Porta et al., 1998)指出:一方面,各国由合同法、公司法、破产法和证券法等构成的法律体系对私人产权的重视和保护程度不同,而这种不同可以从各国法源的根本性差异上得到解释;另一方面,这些法律的实施效率取决于移植而来的法律与所在国社会文化环境的适应或匹配性。这两方面的因素都会影响投资者保护程度,从而影响人们购买证券和参与金融市场的信心。有学者(Beck et al., 2003)提出并检验了法律渊源影响金融发展的两种机制:一是政治机制,即认为政权是主导因素。不同的法律体系赋予个人和政府不同的权利义务,进而影响产权和金融市场的发展,政府在其中起重要作用。二是适应能力机制,即认为法律发挥作用的机理是对环境的影响和改变,或对环境的适应。不同法律体系差异的关键是适应环境的能力不同,这与法律的制定过程密切相关。能对环境变化做出快速反应的法律体系比相对僵化的法律体系更有助于促进金融发展。他们的实证检验证实了法律的适应能力机制。

(2) 政治因素决定论。有学者(Rajan & Zingales, 2000)指出,法律是由一国的掌权者制定的,掌权者通过制定政策、建立各种制度(法律、金融等制度)来维护自己的权利。因此,是政治体制和掌权者决定着法律对投资者的保护程度、私人合同的执行力度,以及私人财产所有者相对于政府的权利,进而决定一国的金融发展水平。

(3) 宗教因素决定论。有学者(Stulz & Williamson, 2003)研究了宗教派别对债权人权利的不同态度。有些宗教对收息行为与债权人权利持否定态度,如天主教。信奉这类宗教的国家往往会有一个相对不发达的信贷市场。16世纪的宗教改革促成的新教则将支付利息视为正常的商业行为,从而有效地维护了债权人的权益。可见,宗教信仰也是一国金融市场发展的影响因素之一。

(4) 地理因素决定论。很多国家的法律起源于不同殖民统治者的殖民政策,而殖民地的选择又与一国的地理位置、资源禀赋等直接相关。因此,有学者(Acemoglu et al., 2001)认为,一国的地理位置(如距离赤道和海洋的远近)、疾病发生率等外生因素决定政治体制、法律制度及经济、金融的发展模式和水平。殖民者会选择不易发生疾病的地区定居,并建立保护私人产权的法律制度,进而逐步推动金融市场的发展。在较易发生疾病的地区,殖民者会采取掠夺式殖民政策,允许少数"精英"分子榨取殖民地的财富,这时私人产权就可能得不到有效保护,从而抑制殖民地的金融发展。

(二) 法金融理论的意义

研究法金融理论的现实意义是不言而喻的,因为如果通过研究发现法律与金融之间存在着内在的联系,而金融与经济之间存在着内在的联系,那么加强法治建设对于一个国家的经济就是非常重要的。具体而言,法金融理论有如下两方面的意义。

(1) 由于法金融理论的研究大多倾向于支持"法是重要的"论断,这为"金融功能观"提供了大量的证据,同时不支持甚至否定"金融结构观"。

(2) 中国正在全面深化金融改革,开展法金融理论的研究可以为中国的金融法变革提供价值判断(效率),同时也可以从比较国家治理与比较金融系统的角度为中国金融发展和法律改革提供有关制度移植的方向性启迪。

三、法金融理论的内容

基于法金融理论研究的基础和渊源,法金融理论的分析框架如图15-1所示,其主要内容和思想包括宏观和微观两个方面。

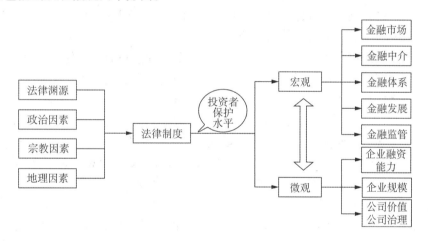

图15-1 法金融理论的分析框架

(一) 宏观法金融理论

1. 法与金融市场

LLSV研究的出发点是(外部)投资者权利法律保护与金融市场发展的关系。他们设计了若干指标,主要是外部股东(少数股东)和债权人的权利在法律上能够得到来自企业内部(经营者和大股东)的多大程度的保护以及49个国家法律执行的有效性等。研究结论认为,对投资者保护程度更高的国家拥有市值更高的证券市场、人均更多的上市公司数量、人均更高的新股发行额度和更大的信贷市场。LLSV四人组合中的施莱弗(Shleifer,2006)通过考察49个国家的证券法,发现证券法对证券市场的发展意义重大,在缺乏证券市场法律制度的情形下,单纯依靠市场力量不能促进证券市场的繁荣。有学者(Haselman, Pistor & Vig, 2006)在对12个经济转轨国家进行实证研究后发现,债权人权利保护整体水平与信贷规模正相关,法律确实促进了信贷行为。这说明投资者权利的法律保护程度对一国金融市场的总体规模有着重要的影响。

投资者权利的法律保护也深刻地影响金融市场的效率。有学者（Morck，Yeung & Yu，2000）分析了投资者保护状况与证券市场效率（证券价格有效性）之间的关系，发现投资者权利的法律保护状况是解释各国证券市场价格同步性差异的原因。在那些法律制度不能有效保护中小股东利益的国家，国内证券价格更为趋同。有学者（Wurgler，2000）考察了法律制度是否会对企业或行业间的资本分配造成影响，发现在那些中小投资者权利的法律保护较好的国家，资金会流出经营业绩较差的企业，重新配置到增长型企业。

2. 法与金融中介

有学者通过跨国实证研究法律制度与金融中介之间的关系，认为在企业债权人的债权请求权和有担保债权的优先权得到保护、企业信息披露准确充分和契约得到有效执行的国家里，金融中介机构能得到良好的发展。他们在分析了法律制度对银行价值的影响后发现，股东权利保护状况越好的国家，银行的价值也相应越高。具体考察执法效率与银行信贷成本之间关系的研究表明，影响银行利率的主要因素恰恰是执法效率，改善法律的执行效率是降低金融中介的信贷成本以及企业和家庭融资成本的关键因素。

3. 法与金融体系

金融结构论将金融体系划分为银行主导型和市场主导型两种模式，而法与金融学则提出了以法律制度为基础来划分金融体系的观点（LLSV，2000）。LLSV认为以银行为主导还是以市场为主导来划分金融体系并不重要，而用投资者权利的法律保护程度不同来划分金融体系才能够更好地解释不同国家金融发展的差异。有研究者在LLSV的基础上进一步提出了划分金融体系的4种观点：以银行主导为基础；以金融市场主导为基础；以金融服务为基础；以法律制度为基础。他们的跨国实证检验结果表明，一国的金融体系不管是以银行为主导还是以金融市场为主导，在推动一国经济发展上差别并不明显。但是，一国金融服务效率的高低和质量的好坏却与一国的经济发展水平高低有着十分密切的联系，而投资者权利的法律保护程度对于金融服务的效率与质量起着关键性的作用。

4. 法与金融监管

LLSV研究发现，金融发展和法律、监管之间存在很强的相关性。他们认为，要发展外部融资，投资者需要得到法律和监管的保护。有学者指出，在具有完善法律和监管的国家，内部人控制的私人收益比较低，金融市场也较为发达。有研究者从法律内在的不完备入手，提出了一个分析各类法律机构的框架。他们认为，法律是内在不完备的，这意味着不可能制定出能准确无误地说明所有潜在损害行为的法律。当法律高度不完备且违法行为会导致重大损害时，将执法权分配给监管者而非法庭是最优的，因为监管者能主动开展调查、禁止损害行为或强制罚款。具有剩余法律制定权和主动法律执行权的金融市场监管者的出现是对高度不完备的法律和司法效率低下做出反应的结果。但是，向金融市场监管者进行任何额外权力的转移，都必须以相应的治理机制作为配套制度安排，这些制度安排要足以监督和制衡权力的运用，防止权力滥用，还要对金融市场监管者产生充分的激励以使他们制定社会福利最大化而非个人利益最大化的决策。

5. 法与金融发展的国别差异

LLSV认为，可以用法律起源的不同来解释各国金融业发展方面的差异，法律起源决定着金融发展。LLSV（1998）通过对49个国家的股东权利指数、债权人权利指数以及法律执行质量的测度,发现法律制度在对投资者权利的保护程度上因法律起源的不同而发生变化,其中,普通法国家对投资者权利的保护最强,法国法系国家对投资者权利的保护最弱,德国法系与北欧法系则居中。就法律执行质量而言,北欧法系与德国法系国家效率最高,普通法国家居中,法国法系国家最差。

(二) 微观法金融理论

1. 法与企业融资能力

法金融理论认为,一个国家的法律起源影响该国企业的融资能力。有研究(Demirgü-Kunt & Maksimovic,1998)发现,与法律体系运作低效的国家相比,在法律体系运作良好的国家中,企业更容易获得外部融资,长期融资比例也更高,期限更长。有学者(BDL,2004)利用 38 个不同国家的 4 000 多个企业的数据进一步研究发现,在投资者权利法律保护程度较低的国家,企业面临着更高的外部融资障碍。有研究发现,与投资者权利法律保护较差的国家相比,在拥有较好的投资者权利保护法律的国家中,抵押品较少的企业往往更容易获得外部融资。

2. 法与企业规模

有研究(Beck,Demirgü-Kunt & Maksimovic,2002)发现,在法律对产权保护越有效的国家,大规模企业的数量就越多。有学者(Laeven & Woodruff,2004)通过研究企业规模分布与法律制度质量之间的相关性发现,好的法律制度可以通过减少企业所面临的不确定性较大的异常风险来扩大厂商的投资,从而扩大企业规模。

3. 投资者保护、公司治理与金融发展

LLSV(1999)提出契约的履行是需要成本的,当这种成本大到一定程度后,用法律制度对投资者的保护代替契约履行,并以此控制管理者,或许是更有效的手段,以主银行型或主市场型为标准区分各国的金融制度、公司治理结构并不恰当,用法律方法去理解公司治理及其改革要比通常存在于以银行为中心和以市场为中心的金融系统间区别的方法更有效,通过法律对投资者保护程度的不同,理解各国金融制度、公司治理结构的差异更为合理。

当公司治理外部环境好时,企业主(内部人)愿意和放心从外部筹措资金,同时投资者也乐意把资金投入企业。当股东权利保护程度高时,人们就愿意通过股权来相互融通资金,就会促进该国股票市场的发育与成长。克拉森(Classen)对东亚 9 国的研究证实了投资者保护程度的确和所有权集中程度呈反比关系,研究发现,除了日本(对投资者保护较好)外,其他国家的公司普遍由家族控制和经营,最大的 10 大家族控制了 18%～58%不等的股票市场市值。有学者在理论上论证了,从动态角度看,随着投资者保护程度的提高,控制权的私人收益会越来越小,所有权也会趋于公众化,同时公司价值也得到提升。克拉森等发现,当投资者保护程度低时,集中所有权反而会提高公司的价值。对投资者保护不力的治理结构会导致一国金融体系的不稳定,进而影响一国的整体宏观经济变量。

四、法金融理论的缺陷

法金融理论综合运用法学、金融学和计量经济学的方法对金融领域中的一些问题进行了开创性的探索,取得了不少有价值的研究成果。虽然其研究成果尚不系统,部分结论也存在较大争议,但不可否认,它对金融领域的诸多问题还是具有极强的解释力,显现出极强的生命力。许多结论对中国颇有启示,如加强金融法治建设、提高金融执法效率、加强投资者

法律保护等。

不可否认,当前法金融理论也存在着不少缺陷和不足。

1. 法金融理论研究过分推崇英美的普通法

法金融研究者十分推崇英美的普通法。他们认为:在英美法系国家,法官具有造法功能,法律更具灵活性,司法独立;而在大陆法系国家,法官只能有限地解释法律,司法的独立性不强,而且时常受到行政干预。事实上,英美法系和大陆法系作为在世界上已经存在数百年的两大主要法律体系,尽管二者在诸多方面有很多差别,但很难简单地评判孰优孰劣,各有利弊。而且近几十年来,两大法系相互融合的趋势日益明显,在世界范围内,不少法律领域已经开始出现趋同化趋势。因此,受过分推崇英美法的价值观念影响,在法与金融研究中基于有限的几个法律指标得出的英美法更利于金融发展的结论也难免缺乏坚实的理论基础。

2. 法金融的实证分析中变量选取的合理性值得商榷

LLSV利用股票市值与GNP比值、国内上市企业的数目等规模变量对法律规则和法律渊源等进行回归分析,得出对投资者法律保护的不同影响了资本市场发展的广度和深度的结论。但对资本市场发展深度的测度不能仅限于规模变量,在其他条件相等的情况下,一国股票市场的发展越成熟,股市越有投资价值,投资者往往侧重于投资,减少投机行为。一些发展中国家(如中国),在股票市场的发展中,对于股市的价格走向、企业的上市准入等,政府一再干预。因此,对资本市场发展深度的测度仅利用规模是不够的。

3. 法金融理论的研究范式较为单一

法律和金融是相互影响的,法律推动或阻碍金融发展,金融发展反过来也会推动法律变革。现阶段的法金融理论则仅仅主要研究了法律对金融发展的影响,较少涉及金融对法律变革的影响。此外,就法律影响金融而言,法金融理论也主要运用计量经济学的方法发现和描述了一些现象,而对于法律影响金融的内在机理和深层次因素,如文化观念、历史演进、社会构成等缺乏深入的研究。

五、法金融理论在中国的应用

中国许多学者研究了法金融理论与中国的结合情况和在中国的解释力,主要也分为两个部分,分别为公司治理的法律理论和金融发展的法律理论。与法金融理论本身的研究相似,中国的研究相当程度上支持了公司治理的法律理论,但是对金融发展的法律理论却存在着不同的解释。法金融理论在中国的应用研究分为两个部分,一部分是关于中国公司金融所受影响的研究,一部分是关于中国金融发展所受影响的研究。

1. 投资者保护对公司金融影响的研究

法金融理论提出后,中国的部分学者检验了中国的投资者保护对公司治理和公司金融特别是资本市场发展的影响。沈艺峰等(2004)指出,LLSV的一系列论文主要是横向比较了国家投资者保护和金融发展的不同,提出一个国家的投资者保护是一个逐步从弱到强的过程。因为中国投资者保护的立法是一个随时间不断深化和增强的过程,他们将中国的投资者保护立法分为初级、发展和完善3个主要阶段,采用LLSV(1998)股东权利指标和法律执行水平指标对每个阶段的投资者保护水平打分,发现随着投资者保护的增强,中国的首次公开募股(initial public offering, IPO)的初始收益率也逐渐下降,从而与法金融理论的观点相同,即投资者保护的增强会促进资本市场的发展。

王克敏等(2004)将中国的股权结构、投资者保护和公司绩效纳入一个统一的框架体系进行研究,建立了在投资者保护不同的条件下,股权结构分别对以资产收益率衡量的公司绩效和以管理费用率衡量的代理成本的影响的模型。他们对2000年深沪交易所642家上市公司的数据进行了实证分析,得出如下结论:①在不存在接管市场或接管市场不发达时,代理成本随着管理层股权单调递减,而公司绩效随着管理层股权单调递增;②大股东对管理层可以起到监督作用,从而可以减少权益代理成本,增加公司绩效,大股东的持股比例越大,其监督力度越强;③法律制度对投资者的保护可以减少管理者对所有者利益的侵占,使代理成本减少,公司价值增加;④随着投资者保护程度的增加,管理者股权的变动对公司绩效的影响边际递减;⑤在既定的大股东持股比例下,随着投资者保护程度的增加,大股东对管理层的监督力度会下降,反之会上升,是一种互相消长的关系。他们的研究与LLSV的研究相一致,即认为管理层持股可以减少代理成本,股权集中和投资者保护都可以降低代理成本,与许多大陆法系国家一样,为了弥补投资者保护的不足,企业股权集中作为一种替代机制可以很好地监督管理层降低代理成本,但是随着投资者保护的增强,大股东的监督力度就会下降,而且股权变动对监督的边际收益会递减。

汪炜等(2004)运用2002年前在上海证券交易所上市的516家公司数据,检验了上市公司权益资本成本与其自愿披露水平的关系,以样本公司2002年全年临时公告与季报数量作为衡量公司资源信息披露水平,在控制了公司规模与财务风险变量后,发现上市公司信息披露水平的提高有助于降低公司的权益资本成本。汪炜等(2004)的研究结论与LLS(2002)关于证券法的研究结论相似,均认为信息披露有利于公司金融的发展。但是,汪炜等(2004)对金融发展的衡量仅采用了上市公司的权益资本这个微观指标,而且信息披露仅为其中私人执行的一部分。

2. 对中国金融发展影响的研究

有研究指出,按照法金融理论的指标衡量,中国的法律制度和金融发展水平都比较低,如果将经济领域分为正式和非正式两部分,就会发现非正式领域所面对的法律和金融发展水平更低,但是中国的非正式领域是中国经济高速增长的源泉,增长率、贡献率和雇佣劳工数都高于正式领域。在研究了正式领域和非正式领域的融资和公司治理后,他们指出,不同于法金融理论所指出的主流的通过股市和债市融资和以投资者保护改进公司治理,中国的非正式经济领域融资主要靠自由融资、商业信用或贸易信贷和港澳台及外国投资,公司治理主要靠名誉、人际关系和竞争,当然也包括家族治理。正式领域融资则得到了政府的支持和资本市场的支持,公司治理虽然采取了董事会和监事会等制度,也引入了独立的法律中介和会计、审计中介,但是效果仍不明显。

卢峰和姚洋(2004)分析了上述研究者在其文最后提出的一个疑问,即中国非正式领域的企业的快速增长是否是它们钻了政策的空子,从而其快速增长是一个资源和利润从国有向非国有转移的过程。卢峰和姚洋(2004)提出了漏损效应,论证了金融资源从国有部门流向私人部门的漏损效应的存在。无疑,中国存在着金融压抑,银行业的大部分资金流向了正式领域,非正式领域除了获得国外投资外,资金的获得主要是通过卢峰和姚洋(2004)所称的漏损效应:①商业信用或贸易信贷;②国有企业的资产和资金直接转移到私人部门,如银行的贷款指标从内地向沿海转移,而沿海的私人企业多,内地的国有企业多,可以认为是资金从国有部门向私人部门的转移。上市公司将募集资金挪作他用很有可能也进入了私人部门,国有资产流失也使得资金从国有部门向私人部门转移。

袁振兴、杨淑娥(2006)将 LLSV(2000)关于法律对公司红利分配政策保护的研究应用到中国股票市场,纵向分析了中国现金股利政策是法律保护机制还是替代机制的结果。他们将法律对红利分配政策保护分为两个阶段:在法律保护较弱的阶段,法律替代模型起主导作用;随着法律保护程度的提高,法律保护机制更能解释中国上市公司的现金股利政策。这与 LLSV(2000)的结论相同,即法律保护是影响公司现金股利政策的一个重要因素。

3. 法金融理论在中国研究的述评

法金融理论提出后,经过许多学者进一步的研究和质疑,逐渐形成了一个比较完整的体系。其中,公司治理的法律理论作为法金融理论的重要方面和微观基础,得到了比较完备的研究和比较少的质疑。法律起源所影响的各国对投资者保护的不同和法律执行水平的不同通过对投资者的影响造成了各国资本市场发展的不同、企业公司治理的不同、企业价值的不同、企业所有权结构的不同、企业分红政策的不同等。法律起源为什么会造成投资者保护的不同就在于不同的法律起源下各国的亲投资者性和司法独立性不同:普通法系国家倾向于保护投资者,司法独立性更大,可以较少地受到一国行政当局的干涉;而大陆法系则强调国家权力对私人产权的优先性,其司法体系更加行政化,法官队伍更像被雇用的官员,其独立性远不如普通法系国家。

但是,当学者将法律起源的决定作用延伸至一国乃至世界的金融发展和经济增长时,其解释力就受到了怀疑。因为各国的经济增长路径不尽相同,许多国家的经济增长并没有遵循法金融理论所推崇的范式,仍然取得了不俗的经济增长成就。许多学者提出了法律外的解释变量,如文化对金融的影响、国内利益集团对金融的影响等,试图找到更基础于法律的解释变量,在其中,法律仅仅是这些变量起作用的机制而不是金融发展不同的原因。当然,有的学者认可了法金融理论的前提,承认了法律起源对金融发展的作用,但是质疑法律起源起作用的传导机制,对机制的质疑无疑表明了法金融理论的研究需要进一步地深入,否则法金融理论的现实意义就会大打折扣。法律起源作为一个单一的变量很难解释世界范围内如此多国家的各个具体的差异,而且从法金融理论的政策含义来看,正因为法律起源的重要作用,一个国家为了促进本国的金融发展就应该引入普通法系,支持司法独立,但是许多学者指出,法律的移植更是一个复杂的过程,不仅要选对移植的目标,还要和本国的实际相结合,才有可能形成一个能有效运作而不只是被束之高阁的法律体系。

与国外法金融理论的研究一样,法金融理论在中国的研究也遇到了国外研究中出现的问题。投资者保护对资本市场和企业公开融资的影响似乎没有什么争议,中国许多企业的股权集中度与法金融理论的预测相似,中国股票市场的弱势也反映了投资者保护的重要性。但是,中国法律环境和金融环境的欠发达并没有影响中国在过去 40 余年经济的高速增长,特别是中国国内的非正式领域经济部门,所面对的法律环境和金融环境更差,但是发展更迅速。许多学者将中国和其他一些亚洲国家的经济增长奇迹归因于中国儒家文化的作用,这种解释与金融发展的文化决定说相一致,都质疑了法律环境的解释力。

不论是从直觉上、实证分析上,还是从美国、英国、德国等具体国家的案例分析上,我们都必须承认投资者保护的重要性,这无疑会增加投资者的信心,促进一个规范化市场的形成和交易成本的降低,问题在于投资者保护的前因后果因为太复杂而没有形成一个学术上的定论。法律起源能否决定一国的投资者保护水平？许多学者研究的是法律条文对投资者保护的影响，而对与各国国家具体的实际结合更紧并在现实中对投资者的预期影响更大的法律执行的研究还远远不够。法律环境对一国金融发展和经济增长的解释力有多少？即使它可以成为最主要的解释变量，是否其他解释变量的结合可以代替法律环境的作用，如文化和家族控制等治理机制可以很好并长久地代替外部投资者保护？中国等一些国家的反例是否是源于一种稀有的机缘而使得中国经济可以在低效的法律环境和金融环境中高速增长？如果说中国有幸获得了这种机缘，这种机缘能否长久地持续下去，不利的法律环境和金融环境的副作用是否会在将来以更大的破坏力表现出来？这就说明一个问题，关于法金融理论的研究还远远不够，尤其是投资者保护的指标选择可能还不够。例如，法律执行能否仅仅以中国的腐败指数和法治水平简单代替？中国虽然是一票一权，但是中国股市的双元股权结构使得大股东的投票权与现金流权存在很大的差异。中国的法律规章虽然全国统一，但是各地的法律执行水平相差很大，法院并不是垂直管理的体系，容易受到当地政府的影响和自身法官队伍的影响。在具体到改革的措施时，法律变革是一个牵一发而动全身的改革，如何改、怎样吸取普通法的精华更是一个理论研究远远不够的领域。

总而言之，法金融理论综合运用法学、金融学和计量经济学的方法对金融领域中的一些问题进行了开创性的探索，取得了不少有价值的研究成果。虽然其研究成果尚不系统，部分结论也存在较大争议，但不可否认，它对金融领域的诸多问题具有极强的解释力，显现出极强的生命力，许多结论对中国颇有启示，如加强金融法治建设、提高金融执法效率、加强投资者法律保护等。

思考题

1. 法金融理论的两大研究方向及其主要成果是什么？
2. 法金融理论在中国的研究应用情况如何？

第16讲 金融发展理论

基本要求：1. 了解金融发展理论的演变历程。
2. 掌握金融发展理论的主要内容。
3. 熟悉金融发展理论的政策主张。

本讲重点：金融抑制论、金融深化论、金融约束论、内生金融增长理论及其关系

本讲难点：金融抑制论与金融深化论的相关模型

金融发展理论（financial development theory）是以系统性、全局性视角对一国金融体系发展情况进行研究的理论，尤其是对发展中国家经济发展进行战略性指导的金融思想。金融发展理论主要研究金融发展与经济增长的关系以及金融体系（包括金融中介和金融市场）在经济发展中所发挥的作用，研究如何建立有效的金融体系和金融政策以最大限度地促进经济增长，以及如何合理利用金融资源以实现金融的可持续发展并最终实现经济的可持续发展。

金融发展理论的重要标志是麦金农和肖针对发展中国家或落后经济提出的金融抑制论和金融深化论，也称金融自由化理论。该理论倡导金融应遵循自由主义，反对国家政策干预，金融自由是经济发展的重要影响因素。本讲梳理了金融发展理论的演变历程，介绍了金融发展理论的主要内容和政策主张，分析了发展中国家的金融深化，并对中国金融深化程度进行了评价。

一、金融发展理论的演变历程

（一）金融发展理论的渊源

金融发展理论最早可以追溯到亚当·斯密的自由主义思想：哲学上表现为重视个人的主权，个人财产的所有权被视为个人自由最重要的部分，强调自由放任的政策；经济上表现为坚持一个"不受管制的自由市场"才能有效满足人类的需求，并且能将资源分配至最合适的地方。

金融是经济发展的重要影响因素这一观点是金融发展理论的另一思想渊源。20世纪50年代以前，奥地利经济学家约瑟夫·熊彼特在1912年出版的《经济发展理论》中首次提到了影响经济发展的重要因素是金融，他认为银行家是经济发展中最关键的人物，因为银行家可以为企业家提供生产商品和技术创新所需要的信贷资本，正因如此，经济才会出现发展状态。

金融发展理论是随着专门研究经济发展的发展经济学的产生而诞生的,但是在以结构主义为主导发展思路的发展经济学的初期阶段,金融发展理论一直处于被支配和附属于发展经济学的地位。第二次世界大战过后,一些新独立国家在发展经济的过程中,储蓄不足和资金短缺都或多或少地制约了经济发展,低效的金融体系和金融发展更深层次地阻碍了经济的发展。以戈德史密斯、肖和格利、麦金农等为代表的一些西方经济学家在20世纪60年代末,开始研究金融与经济发展的关系,先后出版了关于经济发展与金融发展关系的著作。20世纪50—60年代,格利和肖在《经济发展中的金融方面》《金融中介机构与储蓄—投资过程》《金融理论中的货币》《金融结构与经济发展》等一系列著作中系统剖析了金融发展和经济增长的关系,致力于建立金融促进经济增长的较为完整的解释模型。其首先肯定金融这一因素对经济发展的重要作用,然后指出,除中央银行和商业银行之外,非货币体系的金融中介也同样能起到货币金融中介的将储蓄转化为投资的作用,从而提高全社会投资水平,带动经济发展。

美国经济学家休·T.帕特里克(Hugh T. Patrick)在《欠发达国家的金融发展和经济增长》中研究了金融深化对国民财富的构成及使用的影响,提出了货币供给带动下的金融发展战略,总结出了金融发展和经济增长的两种关系。其在1966年发表的《经济发展和文化变迁》一文中指出:金融的发展是需求和供给共同作用的结果,在研究这一问题时不可忽视任何一个方面,应将其纳入统一理论分析框架。在经济发展初期阶段,应以供给为主、需求为辅分析金融的发展,因为在经济发展不充分时期,金融要素的供给方会先于需求方主动提供金融中介服务,以此支撑经济的发展;随着经济进一步发展,各个企业的发展相对成熟,为了进一步扩大投资规模提升企业效益水平,会产生更多对金融中介服务的需求,因而在这一时期倡导需求追随型金融发展。他进一步指出,金融的发展通过提高既有资本和新资本的配置效率以及加快资本积累速度促进了经济的增长。

英国经济学家希克斯通过考察金融对英国工业革命的积极作用肯定了经济发展中金融因素的重要地位。在1969年出版的著作《经济史理论》中,他指出技术创新不会直接带来工业革命,因为技术的创新使用需要以流动资本的提供为前提,没有金融为社会注入资本,技术创新的成果将无法运用于实际生产,即金融发展要先于工业革命发生。

美国经济学家戈德史密斯在《发达国家的金融结构和经济增长》《墨西哥的金融发展》《金融机构》《金融结构与金融发展》中,提出了衡量一国金融结构和金融发展水平的存量和流量指标,考察了金融结构、金融发展和经济增长之间的关系。其中,他在1969年出版的《金融结构与金融发展》一书中阐释了影响金融发展的因素,指出金融的发展意味着金融结构的改善,即一国现存的金融机构和金融工具总和的改善,主张应找出决定金融工具存量和金融交易流量的经济因素来研究金融发展的推动力因素。

总之,20世纪60年代,人们也越来越注重市场在经济发展中的作用,并且新古典主义发展思路开始处于支配地位,完全取代了结构主义思路,观念的转变在很大程度上为金融产业的发展提供了合适的空间,在此基础上催生了金融发展理论。

(二) 金融发展理论的形成

金融发展理论产生于肖和格利分别发表的《金融中介机构与储蓄—投资过程》和《经济发展中的金融方面》两篇论文,他们假设金融从低级、简单的状态逐步发展到高级、复杂的过程,从而建立了一个模拟金融发展过程的模型,并用此模型证明了经济发展的阶段越高,金融对经济发展的促进作用就会越强。在著作《金融理论中的货币》中,他们创建了一个基本模型来分析金融对经济发展的作用和构建广义货币金融理论来研究金融资产和金融机构的多样性和金融政策的完整性。他们先建立了一个增加变量的初始模型,然后慢慢将一些与经济增长有关的因素如货币、债务等作为变量增加到初始模型中,从而形成了一个比较完整的关于经济增长与其影响因素的理论模型。他们通过《金融结构与经济发展》一文,更深入地研究了上述问题,得出金融发展也是推动经济发展的动力和手段,并且试图发展一种包含银行理论和货币理论的金融机构理论来验证这一说法。在《欠发达国家的金融发展和经济增长》中,他们研究了需求带动和供给引导的金融问题,认为欠发达国家尤其是发展中国家要优先采用货币供给带动政策。金融发展理论的前提是戈德史密斯在《金融结构与金融发展》一书中提到的金融理论的职责,即分析出一国的金融交易流量、金融同期存量和金融结构变化是由哪些经济因素决定的,而所谓的金融发展的变化就是金融结构的变化。

金融发展理论真正形成的标志是20世纪70年代以发展中国家和地区为研究对象的麦金农的《经济发展中的货币与资本》和肖的《经济发展中的金融深化》这两本著作的问世。他们提出的关于发展中国家的金融发展及其与经济发展的关系的精辟见解和"金融抑制论"与"金融深化论"被认为是发展经济学和货币金融理论的重大突破,并且在国际学界引起了非常大的反响。那个时期许多发展中国家都以该理论为指导制定本国的货币金融政策及确定本国货币金融改革的时间。

麦金农认为,发展中国家严格限制本国的金融活动,尤其是严格管制利率和汇率致使其严重扭曲,不能真实准确地反映本国的资金供求和外汇供求的关系,因而很多的微观经济主体通过持有实物来进行内部积累,而不再采取传统的现金、活定期存款等方式;由于利率管制产生了信贷配额,信贷资金的配置效率明显降低。该状况被麦金农称为"金融抑制"。

肖认为经济发展与金融体制之间存在着相互促进和相互制约的关系,因为:一方面,经济的良好有效发展不但可以提高国民收入从而增加储蓄资金;另一方面,良好的金融体制能将储蓄资金有效地动员起来以使其处于良好的循环阶段,并将其引导到生产性投资上,从而促进经济的发展。所以,他完全放弃了新古典理论,提出了金融抑制与金融深化相结合的新金融发展理论。然而,经济欠发达的发展中国家,金融体制与经济发展却处于一种恶性循环的状态。所以,应摒弃金融抑制而采取金融深化,具体手段包括:使政府部门储蓄趋于增加;促使收入分配平等;提高国内私人储蓄与收入之间的比率;促使产出与就业稳定增长,为金融深化创造一个良好的经济环境,使其得到有力的发展。

虽然发展中国家的金融问题是金融深化理论的研究对象,其没站在传统角度上来讨论金融发展与经济增长的关系,但是依然为发展中国家的经济增长提供了一个全新的思路。因此人们认为,金融发展理论真正形成的标志是金融抑制和金融深化理论的提出。

(三) 金融发展理论的发展

20世纪80—90年代,一批经济学家发现在发展中国家金融自由化的实践中,部分国家并没有被金融危机影响,这是因为这些国家按照本国的实际情况,而不是盲目跟风地进行金融自由化改革。托马斯·赫尔曼(Thomas Hellman)、约瑟夫·斯蒂格利茨(Joseph Stiglitz)出版的《金融约束:一个新的分析框架》一书,运用信息经济学重新分析了金融体制中的政府放松管理与过度干预造成不同结果的问题,提出了金融约束的理论分析框架,即政府适时适当地干预,而不是完全放松对利率和汇率的管制,能有效地促进金融深化和经济发展,并且证明了金融约束也是金融自由化的必经阶段。

20世纪90年代,一些经济学家针对发展中国家在金融深化改革过程中暴露的问题,在继承以前的金融发展理论思想的前提下,尝试着将金融发展理论与经济学的其他相关理论相结合,包括交易成本理论、信息不对称理论、约翰·纳什(John Nash)等人的博弈论、罗纳德·科斯(Ronald Coase)的产权理论和保罗·罗默(Paul Romer)、罗伯特·卢卡斯(Robert E. Lucas)的内生经济增长理论,利用内生经济增长模型充分证明了金融要素和体系在经济发展过程中是如何内生形成的,把影响经济发展的金融因素作为变量引入内生增长理论模型中,很好地诠释了金融如何促进经济增长及其效用的大小。这个理论有力地促进了金融发展理论的发展。

综上所述,金融发展理论共经历了3个阶段,由金融抑制理论到金融自由化理论再到内生金融经济增长理论,通过理论与实践结合,逐步形成了适合发展中国家经济发展的金融理论体系,如图16-1所示。

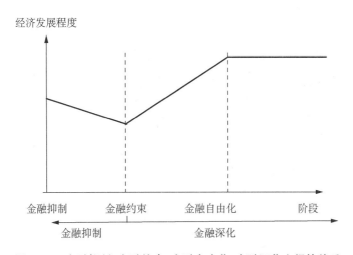

图 16-1　金融抑制、金融约束、金融自由化、金融深化之间的关系

二、金融发展理论的内容

(一) 金融抑制论

1. 金融抑制的内涵

1973年,麦金农在著作《经济发展中的货币与资本》中,提出了金融抑制论,指出发展中国家往往不相信市场机制的作用,而采用一种过分干预金融活动,使资金分配条件向有利于筹资者的方向倾斜,希望刺激投资者并带动经济增长的战略。这些国家压低存贷款利率,高估本币,进行信贷配给和外汇配给,以通货膨胀和高存款准备金为财政融资,结果是储蓄不足,投资效益低下,国民经济结构失调,抑制了经济发展。麦金农和肖均认为,发展中国家欠发达的原因在于其实际利率太低。低利率使金融市场的需求远远大于供给,政府被迫以"配给"方式提供信贷。在信贷配给制下,资金几乎无偿使用,结果必然是资金使用粗放,投资效益低下。同时,低利率还阻碍了新增收入向投资转化,导致储蓄和投资缺口不断扩大,经济停滞不前。这反过来又使储源萎缩,资金紧缺,迫使政府对利率进行更严厉的管制,形成了恶性的"经济涡流"。这种人为压低利率,造成金融体系和经济效率低下的现象,麦金农和肖

称之为"金融抑制"。通过研究,他们认为发展中国家的贫困不仅在于资本稀缺,更重要的是金融市场的扭曲造成了资本效率低下,经济增长受到抑制,即发展中国家经济增长缓慢甚至衰退的重要原因在于这些国家存在严重的金融抑制。

当然,金融抑制也是政府部门为了降低金融体系风险而采取的有效政策。金融抑制有利于确保银行的安全性、流动性和清偿力,避免银行业等金融机构不必要的经营风险,而按照金融和法律政策严格管理金融机构的市场准入、经营流程和退出市场;并且为了保证银行等金融机构避免经营风险,促使其谨慎运作,政府采取了一系列的行政手段来控制金融机构资金的结构和空间布局、运营方式及方向。在此基础上,金融抑制还能为银行业的经营创造一个良好运行的市场竞争机制,更重要的是能在银行业的稳定性和效率性之间寻求一个最佳平衡点,即能在保持银行业获得收益的同时,使其避免很多大的金融经营风险。这样,当金融危机出现时,能最大可能地以最小的代价保持银行等金融企业的稳定。

2. 金融抑制模型

在图 16-2 中,若实际利率被限制在 r_0,储蓄总额就为 s_0,投资总额只能为 I_0。但根据投资曲线可以看出,在实际利率为 r_0 时,愿意投资的总额(即贷款需求)却是 I_3,这就形成了资金供求的较大缺口($I_3 - I_0$)。由于可贷资金严重不足,这就必然导致非价格性的信贷配给,只有在实际利率为 r_2 时,储蓄曲线移到 $S(g_2)$,投资总额为 r_2,经济增长率达到 g_2。因此,r_2 才是麦金农与肖所说的资本市场上的均衡利率。

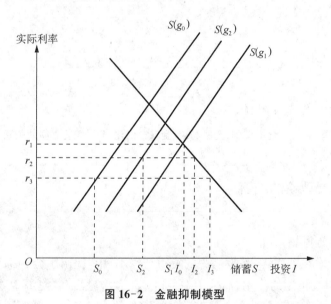

图 16-2 金融抑制模型

3. 金融抑制的后果

金融抑制的后果表现为,在经济刚刚起步的农村地区,小额借款人没有门路也没有资源可以找到所需的资金。有组织的银行业在向发展中国家的内地经济渗透上,严重忽视了这个问题,只把银行的贷款拨放给一些独占许可证的进出口企业,大型的跨国公司,政府高度保护的、享有特权的制造业,甚至还有政府机构,而没有考虑传统的农业、服务型行业、小规模的制造业等。这些部门只有依靠放债人、当铺老板和合作社来满足自己的融资需求。又因为金融自由化和国际上金融电子化技术的迅速发展和创新,使金融抑制的难度和成本增加,使"非市场性"风险隐患存在于金融领域。金融抑制的后果表现在以下3个方面。

(1) 扭曲了金融资源的价格。例如,对银行体系规定过高的流动性比率和准备金率,从而造成了金融资源的虚假供求关系。实际利率(存贷款利率)不能真实反映资金的稀缺程度和供求状况,因为其被人为压得很低是金融抑制的主要特征,其明显的表现包括政府强制性低息贷款给供应部门以及对外汇市场的外汇管制等。

(2) 破坏了市场的健康发展,降低了市场配置资源的效率。少数国家控制的金融机构垄断了金融业务,导致金融市场缺乏竞争,效率低下。这种通过实施金融政策,以人为的力量控制的金融体制,相对于市场力量下的金融体制,其增加的直接成本是各项管理费用及人力耗费,而间接成本则是抽象化的,即因为阻断了市场对资源的配置作用而降低了银行等金融机构的效率。

(3) 破坏了金融市场的连续性,分割了金融市场。首先,金融体系的"二元"状态是其充分的表现:一元状态是分布在全国范围内的国家控制银行与管理技术现代化的国外银行组成的金融市场网络,并且具有组织性和实效性;另一元状态则是类似地下金融市场、钱庄等传统的、落后的非正式的小规模的组织。其次,表现在与二元体系相关或者不相关的资金流向上:公营部门及少数大企业可以按照政府部门制定的金融政策,以较低的利率从有组织的金融机构获得贷款,而被排斥在金融市场之外的大多数的小企业和居民个体,要想获得所需的贷款,只能以较高的利率从非正式的金融机构获得。最后,政府不适当的资金投向以及由于此行为累积的大量金融风险,是金融抑制的另外一个巨大的弊端。

因此,金融抑制的战略会压低或缩小金融体系中非金融部门的实际增长率和实际规模,因为它会扭曲金融资产的价格,就是利率和汇率的价格。金融体系的整体功能的滞后甚至丧失是实施金融抑制的结果,因为用金融管制代替市场机制是金融抑制的政策主张。当然,在研究金融发展理论的过程中必须以客观的态度评价金融抑制,不能只看到它的负面影响,在不承认金融抑制价值的前提下推动金融深化。

(二) 金融深化论

1. 金融深化的内涵

金融深化论是由当代金融发展理论奠基人肖与麦金农提出的。肖的代表作是《经济发展中的金融深化》,这是一部影响深远的金融著作,探讨了经济发展与金融业的密切关系,针对发展中国家特定的经济和金融环境,提出了以"金融深化"为核心的发展理论。麦金农的代表作是《经济发展中的货币与资本》。这两部著作共同构成了金融深化理论的基础。由此,经济发展理论与货币金融理论开始融合,为金融发展理论开启了新篇章。其理论核心是经济中的金融部门与经济发展息息相关,金融机制会促使被抑制的经济摆脱徘徊局面,加速经济增长,但如果金融领域本身被抑制或扭曲,就会阻碍和破坏经济发展。该理论在对发展中国家金融体系及现代经济重要性分析的基础上,以发展中国家为分析对象,将金融纳入发展中国家的经济体系。

发展中国家经济发展迟缓的根源,人们一般认为是"资本匮乏"。若要实现经济腾飞,必须促进提高储蓄率,或者引进外资,加速资本形成。在著名的哈罗德-多马模型(Harod-Domar model)中,资本积累被看作经济增长的决定因素。威廉·刘易斯(William Lewis) "二元经济结构论"也认为经济发展的核心问题是提高资本形成率。但是,用这些理论来解释实践力不从心。因此,肖和麦金农系统地提出了金融深化论。

根据肖的概括,金融深化是指如果政府取消对金融活动的过多干预,发展中国家货币金融与经济可形成金融深化与经济发展的良性循环。金融深化理论极大地推动了各国金融自由化进程的发展。自20世纪70年代以来,很多发展中国家和地区,如苏联、韩国,以及亚洲和拉丁美洲的许多国家,都进行了金融自由化和经济自由化的改革。这些改革对于消除金融抑制、促进经济发展起到了巨大的推动作用。

但是,到20世纪80年代末90年代初,实施改革的这些国家都出现了不同程度的通货膨胀和金融体系的不稳定。对此,麦金农进一步提出了"金融自由化理论",他指出:"金融自由化的次序即财政、货币和外汇政策如何排列顺序是至关重要的。"麦金农与肖在论证金融发展与经济发展相互制约、相互促进的新辩证关系时,根据发展中国家的实际情况,提出了金融抑制论,指出政府对金融市场的价格和数量管制扭曲了资源配置,阻碍了经济增长。但在很多国家和地区,尤其是在东亚地区,许多国家都存在着不同程度的金融抑制,而经济却得到了迅猛发展。为了解释这种现象,托马斯·赫尔曼(Thomas Hellman)、凯白·默尔多克(Kevin Murdock)提出了"金融约束论",试图对此进行解释。该理论认为,在经济自由化的进程中,劳动力和商品的自由化流动比资本的自由流动更为重要,许多进行了自由化改革的国家出现金融危机的一个重要原因是没有对资本的自由化流动进行有效管制。

2. 金融深化理论的内容

麦金农与肖分别在其著作中论述了金融业发展有利于动员和配置储蓄,促进经济发展,同时,经济增长和发展也会促进金融体系的不断发展和深化,这就是金融深化与经济发展之间的良性循环。在阐述这种循环关系时,麦金农对新古典综合派的哈罗德-多马模型进行了修正,并讨论了金融深化对经济增长的重要贡献。

最基本的哈罗德-多马模型概述如下:

$$G = S/K (增长率 = 储蓄率/资本产出比例)。$$

哈罗德-多马模型简要说明了 GNP 增长率是由国民储蓄率和资本产出比例共同决定的。GNP 的增长率与储蓄率成正比,与资本产出比例成反比。储蓄越多,投资越多,增长也就越快。当然,GNP 的实际增长速度也取决于投资的生产能力,其与收入水平、储蓄率和资本产出比例密切相关。从动态上看,储蓄转化为资本,新的资本形成是新的产出增长的源泉,这种增长又成为进一步扩大资本形成的基础。

在20世纪50年代和60年代初期,哈罗德-多马模型对经济发展,尤其是发展中国家的经济发展起到了重要的指导作用,受到了发展中国家的普遍推崇。发展中国家崇尚"唯资本论",强调资本积累是经济增长的源泉,坚信只要有不断提高的资本率就有持续的经济增长。这种资本积累的直接结果实际上就是工业化进程的实现。但是,投资需求并非决定经济增长的唯一因素,其他因素如资本产出比率也同等重要。如果生产能力没有被充分利用,不扣除闲置资本,资本产量比率会增大,这会缩小增长率。因此,要提高资本产出率,提高技术水平也同等重要。其实,哈罗德-多马模型暗含了决定经济增长的因素也包含着技术因素,只是这方面没有被发展中国家重视。在发展中国家的经济增长过程中,采用高积累的赶超性经济增长模式,虽然取得了经济高速增长的成就,但也留下了发展隐患。

在最基本的哈罗德-多马模型中,储蓄倾向被假定为固定不变,麦金农对这一模型的修正就在于他提出的储蓄倾向并非常量,而是由经济增长和金融深化进程所决定的函数,而且储蓄倾向随着经济增长率的提高和金融深化程度的提高而相应地提高。

即 $S=S[G,\phi]$，那么，修改后的经济增长模型为：$G=S[G,\phi]/K$。

其中：S 为储蓄倾向；G 为经济增长率；ϕ 为金融深化程度。

结论是：金融深化能够提高储蓄倾向，进而刺激投资，导致经济增长率的提高，而经济增长率的提高又可以进一步增加储蓄，从而形成储蓄与经济增长之间的良性循环，而金融深化是促进这种良性循环得以实现的关键。

为了研究如何加快一国的金融发展，麦金农从发展中国家货币与资本间的关系入手提出了关于发展中国家的货币需求函数：

$$M/P=L(Y, I/Y, d-p')$$

其中：M/P 为实际货币需求；Y 为收入；I 为投资；I/Y 为实际投资率；d 为各类存款利率的加权存款利率的加权平均数；p' 为预期的未来通货膨胀率；$(d-p')$ 为实际存款利率。

该理论的观点包括以下两个方面。

(1) 强调 I/Y 变量，认为它与实际货币需求是正相关关系。原因是在经济相对落后的国家，大多是"分割"经济，即企业、政府机构和居民户等经济单位相互隔绝，土地、劳动力和资本等方面不存在统一的价格，各部门难以获得同等水平的生产技术。由于资本市场极为落后，间接金融机能较弱，众多的小企业要进行投资和技术改革，只有通过内源融资，即依靠自身积累货币的办法来解决。在投资不可细分的情况下，投资者在投资前必须积累很大一部分货币。计划投资规模越大，所需积累的实际货币余额就越多。因此，I/Y 对货币需求不仅影响很大，而且是正相关关系。

(2) 强调变量 $(d-p')$，即实际存款利率与货币的实际需求自然是正相关关系。如果 $(d-p')$ 为正，就会导致实际现金积累不断增长，企业资源融资条件下的资本形成也会增多，这是一种良性循环。但是，假如货币的实质收益率超过某一限度，许多人就会以现金的形式保有货币而不愿将其转化为投资或实际资本，这样投资率反而会下降。

因此，货币需求函数的结论是：实际货币余额大量迅速地增长，会有助于投资和总产出的迅速增长。但在发展中国家，由于金融抑制以及实行严格的利率管制，使 M/P 的增长相当有限，解决的途径则是金融自由化。其具体内容是：政府放弃对金融市场和金融体系的过度干预，放松对利率和汇率的严格管制，使利率和汇率成为反映资金供求和外汇供求对比变化的信号，从而有利于增加储蓄和投资，促进经济增长。

金融深化理论的内容包括：取消政府对存款利率的控制或人为干预，改变利率水平不反映真实货币供求均衡水平的状况，消除负利率现象；政府放宽对金融体系的管理，银行与资本市场真正发挥动员储蓄与引导生产性投资的功能，允许社会上金融机构的发展；政府要改变通货膨胀政策，不仅要以此刺激经济发展，而且要承担控制通货膨胀水平的职责；在财政上要取消利息税以鼓励储蓄，同时减少对企业的财政补贴；此外，政府还应放松对于外汇市场的管制，放弃对外汇汇率低估、对本币汇率高估的政策等。通过上述一系列改革，实现金融深化。

3. 金融深化论的政策主张

(1) 放开利率。取消对存款利率的限制，减少政府财政赤字，控制货币发行，降低通货膨胀率，增加货币的实际收益。

(2) 鼓励银行竞争。削弱少数金融机构吸收存款和分配贷款的垄断权，变专业银行为商业银行,成立新的银行,鼓励竞争。

(3) 增加对高效率小企业的放贷。大银行可以把货币贷给信用合作社和钱庄,再让它们以较高的利率贷出,将资金从低利率领域引向高效率。这种利率仍然低于民间高利贷。

(4) 金融改革与财政改革同步。金融与财政要各尽其职,进行税制改革,减少财政赤字,缓和通货膨胀。

(5) 金融改革与外贸改革同步。促使汇率自由浮动,实行外币自由兑换。取消对进口的歧视关税和对出口的优惠补贴,逐渐降低本币汇率,实现外贸全面自由化。

4. 金融深化的效应

(1) 收入效应。正收入效应是指货币对国民经济的促进作用,负收入效应是指货币所耗费的实物财富和劳动。金融深化有利于经济发展的正收入效应,降低其负收入效应。

(2) 储蓄效应。实际国民收入增加,带动储蓄按一定比例增加;货币实际收益率提高,也导致储蓄倾向的提高。

(3) 投资效应。通过储蓄效应,增加投资和提高投资效率。投资效率的提高的途径有:金融深化统一资本市场,缩小地区间和行业间投资收益的差异,提高了平均收益率;减少实物资产和金融资产未来收益的不确定性,促使投资者对短期投资和长期投资做出较为理性的选择;资本市场的统一,为劳动市场、土地市场和产品市场的统一奠定了基础,促进资源合理配置和有效利用,发挥生产的相对优势,提高规模经济的好处,进而提高投资的平均收益;促使建筑物、土地和其他本来不易上市的实物财富可以通过中介机构或证券市场进行交易和转让,资本的自由转移提高投资的效率。

(4) 就业效应。货币收益率的上升提高了资金成本,投资者以劳动密集型的生产代替资本密集型的生产,就业水平相应提高。

虽然麦金农与肖关于金融发展理论的研究途径不同,但最终研究均落脚于发展中国家应取消金融抑制,金融深化是政府放弃对金融的过分干预,使利率和汇率充分反映供求状况,并有效控制通货膨胀。他们主张发展中国家应推行金融深化(即金融自由化),降低金融业的准入标准,解除金融抑制,从而增加金融体系的竞争性,实现经济增长。

(三) 金融约束论

20世纪90年代,信息经济学的成就被广泛应用到各个领域尤其是对政府行为的分析中,很多经济学家分析了在信息不完全的前提下金融领域的"道德风险""逆向选择"等问题。赫尔曼、穆尔多克、斯蒂格利茨等人于1996年在麦金农和肖的金融深化理论基础上提出了"金融约束论",认为政府对金融部门选择性的干预有助于而不是阻碍了金融深化,提出经济落后、金融程度较低的发展中国家应实行金融约束政策,在一定的前提下通过对存贷款利率加以控制、对市场准入及竞争加以限制以及对资产替代加以限制等措施,为金融部门和生产部门创造租金,并提高金融体系运行的效率。

金融约束是一种选择性政策干预政策,政府金融政策制定的目的是在金融部门和生产部门创造租金机会,刺激金融部门和生产部门的发展并促进金融深化。金融约束是与金融抑制截然不同的政策,金融约束的前提条件是稳定的宏观环境、较低的通货膨胀率、正的实际利率,最关键的是金融抑制是政府从金融部门攫取租金,而金融约束的本质是政府通过一系列的金融政策,在民间部门创造租金机会而不是直接向民间部门提供补贴。租金创造并不一定要靠利率限制来达到,政府也可以采用金融准入政策、定向信贷和政府直接干预等来创造租金。只要政府使银行和企业获得了超过竞争性市场所能得到的收益而政府并不瓜分利益,这就可以说政府为它们创造了租金。通过创造经济租金可以使银行和企业股本增加从而产生激励作用,增加社会利益。

金融约束论的政策主张主要有以下3个方面。

(1) 政府应控制存贷款利率。即将存款利率控制在一个较低的水平上(但要保证实际存款利率为正值),降低银行成本,创造增加其"特许权价值"的租金机会,减少银行的道德风险,激励其长期经营。只要存款利率控制适度,金融约束就是有好处的。如果控制力度过大,资源配置将受到扭曲,金融约束将会蜕变为金融抑制;只要干预程度较轻,金融约束就会与经济增长正相关。

(2) 严格的市场准入限制政策。严格的市场准入政策并不等于禁止一切的进入,而是指新的进入者不能侵占市场先入者的租金机会。如果没有市场准入的限制政策,银行数目的增加将使资金市场竞争加剧租金下降,激烈的无序金融竞争会造成社会资源浪费,甚至还可能导致银行倒闭,危及金融体系的稳定。为保护这种租金不至于消散,一个重要的保护手段就是限制进入者的进入,以维持一个暂时的垄断性存款市场,对现有存款市场的少数进入者进行专属保护。严格的市场准入政策可提高金融体系的安全性,对整个社会经济具有重要的外部效应。

(3) 限制资产替代性政策。即限制居民将正式金融部门中的存款转化为其他资产,如证券、国外资产、非银行部门存款和实物资产等。金融约束论认为,发展中国家证券市场尚不规范,非正式银行部门的制度结构薄弱,存款若从正式银行竞争流向非正式银行部门,会降低资金使用效率,也不利于正式银行部门的发展,而资金若由居民部门移向国外,则会减少国内资金的供应,扩大国内资金的缺口,对国内经济尤为不利。

金融约束是发展中国家从金融压抑状态走向金融自由化过程中的一个过渡性政策,它针对发展中国家在经济转轨过程中存在的信息不畅、金融监管不力的状态,发挥政府在市场"失灵"下的作用,因而并不是与金融深化完全对立的政策,相反是金融深化理论的丰富与发展。

(四) 内生金融增长理论

20世纪90年代,一些经济学家对麦金农和肖的金融发展理论不再满足于只是在其分析框架内修补,加上原有理论背景下实行利率自由化政策观点的激进性,他们受到20世纪80年代兴起的经济内生增长模型的启发,突破麦金农-肖理论框架,将金融发展理论进一步拓展。这次的理论拓展将金融中介和金融市场直接量化纳入内生增长理论分析模型,模型变得更为复杂。内生金融经济增长理论模型很好地解释了金融中介体系和金融市场是如何内生出来的,以及是如何促进经济增长的。

杰里米·格林伍德(Jeremy Greenwood)和博扬·约万诺维奇(Boyan Jovanovic)的理论模型认识到金融中介体系和金融市场的发展是一个动态过程,随一国经济发展和收入水平的变化而变化,并将固定交易成本引入模型分析中。他们认为在一国经济发展初期收入水平低下的情况下,由于人们支付不起进入金融中介机构和金融市场的固定交易费用,所以金融服务不存在供给,而当一国经济发展和收入水平达到一个期限值时,才会诞生一大批金融服务需求者,因为进入金融服务体系获得的收益可以弥补进入时的固定成本。随着经济的再度发展和收入水平的提升,对金融服务的需求也增加,于是金融中介和金融市场得到了不断的发展和完善,因而金融中介和金融市场是随经济的增长和收入水平的提高发展起来的。在金融发展对经济增长的影响传导机制方面,内生金融经济增长理论做出了全面规范的解释。金融体系鼓励私人储蓄,并将储蓄转化为生产性投资带动经济增长;通过信息甄别以选择"好"的投资项目、发挥风险分散功能和带动创新活动提高资源配置效率以带动经济增长,金融体系的风险分散功能使私人投资具有多样化特征,从而提高资本平均收益,带动经济增长。

在罗伯特·肯(Robert King)和罗斯·莱文(Ross Levine)的模型中,金融中介除银行之外,还可以包括投资银行和风险投资机构,这些金融中介机构与私人投资相比能有效对投资项目进行信息甄别和经营监督,形成风险分散投资,同时拥有较低的交易成本,从而能更好地为企业投资进行高效率服务。另外,他们也将企业家创新和企业家精神纳入分析模型中,指出只有创新活动才可提高生产率,而金融体系的发展成为很好的促进创新活动的动力。

三、发展中国家的金融深化

(一) 基于"华盛顿共识"的金融深化

20世纪80年代中后期,在解决拉美国家债务危机的过程中,西方国家政府、国际经济组织以及金融机构要求债务国进行结构调整和政策改革,以此作为开启债务重组谈判和提供新贷款的条件。威廉姆森从中选取出那些具有共同基础的改革政策,组成了他所说的"华盛顿共识",归结为3点:审慎的宏观经济政策、促进外向型经济发展的政策和推动自由市场资本主义的政策。随着债务危机的解决,体现在"华盛顿共识"中的市场化的经济发展观被推广到拉美国家。进入20世纪90年代以后,"华盛顿共识"的全球影响进一步强化,越来越多的发展中国家和转轨国家开始实践"华盛顿共识",但是在实践的过程中,自由化和私有化成为主要的政策导向。

金融是传统上管制较多的领域,前期的改革相对较少,这就为金融领域的自由化改革(即金融深化理论)留下了较大的空间,使得金融自由化成为发展中国家改革的核心,主要是金融领域的对外开放,依据市场的自身逻辑进行市场化改革。金融自由化理论在发展中国家的实践中存在一个普遍的问题,发展中国家金融开放并不是国内金融深化进程充分发展以后的自然发展,而是特定背景下的被动选择。外向型经济发展战略导致这些国家的工业化过程严重依赖国际市场和外部资金。为应对这种情况,可以通过国内的信用扩张来推动货币化进程。但这会导致国内通货膨胀,使实际利率水平下降,甚至出现负利率现象。面对这种困境,政府不得不采取更多的非市场化手段来动员储蓄和引导投资。由此可以看出,在变化了的国际经济环境中,发展中国家的内部金融深化或自由化改革并不符合整体经济的发展需求。整个20世纪90年代危机不断。面对这种状况,人们一方面重新思考"华盛顿共识"自身所存在的问题,另一方面竭力探寻发展中国家金融改革实践与"华盛顿共识"之间的差异。"华盛顿共识"是一个系统性的概念,但是发展中国家在金融领域身体力行"华盛顿共识"的时候,忽略了其他领域的变革和整体制度的调整,包括宏观经济的长期发展问题。

(二) 基于"后华盛顿共识"的金融深化

针对发展中国家在金融自由化实践中面临的困境,单纯以市场为导向的金融发展战略受到质疑,认为发展中国家应该进入"改革的第二阶段"。第二阶段的改革不仅要进一步深化和调整原有的改革进程,更重要的是要转变金融改革和发展的战略。必须在宏观经济全面发展的框架下,用一种长期的、整体的、战略的眼光来看待金融的改革和发展。在这样的整体分析框架内,市场机制的效率优势依赖市场以外的因素,特别是政府和制度等方面的条件。所以,无论是金融自身的发展还是金融对整体经济推动作用的发挥,都不能单纯依靠市场替代政府这样简单的市场化战略。基于这些认识,"华盛顿共识"逐步演变为"后华盛顿共识"。针对金融领域所提出的主要建议如下:首先是进一步推进金融企业的谨慎私有化,在增加金融领域竞争的同时实施正确的管制,金融自由化必须与审慎监管制度的强化同步进行;其次是防范危机的政策建议,包括积累财政盈余、增强财政的调控能力、积累外汇储备、建立弹性汇率制度、降低国内居民存贷活动中外币的比重、提高储蓄率、强化资本充足率要求和银行体系的监管制度;最后是构建宏观经济的制度基础,目的是为充分发挥第一阶段的改革功效创造必要条件。

"后华盛顿共识"尤其强调宏观经济制度基础的改革和完善,从中探究金融改革和发展的政策导向,可以看出金融发展战略的转变趋势。首先,金融的发展已经开始超出金融本身。作为市场体系的一部分,金融市场的效率依赖于整个市场体系的完善程度。所以,金融市场的发展自然应该与其他市场的发展以及整个市场体系的完善同步展开。其次,置于整体经济当中,金融自身的发展需要良好的宏观经济环境,既包括宏观经济的整体平衡状况和宏观经济政策这样的短期因素,也包括政府职能、制度、社会组织这样的具有长期影响的结构性因素。最后,也是最重要的一点,金融发展对宏观经济推动作用的发挥,不是也不能单一地依靠市场机制。所以,"后华盛顿共识"所提出的实际上是一种广义的金融发展战略。单纯依靠市场机制的自发作用,金融自身的发展及其与整体经济之间的联系都是很脆弱的。从根本上说,这种脆弱性源于市场自身的脆弱性。在选择金融发展战略时,必须考虑宏观经济的基本面因素,包括宏观经济的整体平衡状况、经济结构、制度、政府职能、社会组织等因素所施加的约束。从发展中国家的特定条件出发,考虑到上述因素施加的约束,主导金融发展战略的不能只是市场与政府之间的简单替代关系。在金融发展和整体经济发展的过程中,政府与市场之间的关系是替代与互补并存。选择金融发展战略,实际上就是确定什么样的金融发展路径最有利于金融自身的发展和宏观经济整体的发展。这取决于各国具体的经济发展战略和特定的经济条件。因此,在"后华盛顿共识"之下,发展中国家的金融发展道路必然呈现出越来越多的多样性和差异性,因为各国现实的经济和社会条件是多样的。

四、中国金融深化程度分析

(一)金融深化程度的测算指标

借鉴肖的衡量标准,测算一国的金融深化程度通常采用3个方面的指标。

1. 金融存量指标

金融存量指标主要是利用体现该国在某一时点上金融发展程度的指标体系来测算该国金融深化程度。主要包括两个方面。

(1)金融资产存量占国民总收入的比重。流动性的资产存量被认为是与金融深化紧密联系的重要参考物,流动性资产存量较其他的资产存量更容易反映金融深化的程度,尤其是在实物资产与金融资产的比较中,可以很清楚地看到金融资产的流动性较强,因此,在这个指标中,非常重视流动性资产存量这一指标。该国金融资产存量与国民收入之比越高,该国金融深化程度越深,反之,则有待于进一步深化。

(2)金融资产存量的结构特征。在该国金融深化的过程中,金融资产的结构也随之发生变化,这个变迁过程也是可以被用来观察金融深化状况的,因此,通过对连续时段上该国各金融资产存量之间的结构分析,进行测算和量化,同样可以衡量该国金融深化的程度。

2. 金融流量指标

金融流量指标是指计量该国在一定的时间段内总的金融发展情况,以此作为监测该国金融深化程度的参考指标。该指标体系主要包括以下 3 个方面。

(1) 财政预算的投资预算占全社会投资总额的比重。一般来说,财政预算的投资预算占全社会投资总额的比重越高,金融深化程度越低,反之,则表明该国金融深化程度在提升,两者呈负相关关系。

(2) 居民在银行存款占居民存款总额的比重。一般来说,居民在银行存款占居民存款总额的比重越高,金融深化程度越低,反之,则表明该国金融深化程度在提升,两者也呈负相关关系。

(3) 企业在银行中的贷款总额占其融资总额的比重。一般来说,企业在银行中的贷款总额占其融资总额的比重越高,金融深化程度越低,反之,则表明该国金融深化程度在提升,两者也呈负相关关系。

3. 金融资产价格指标

金融资产价格指标主要是统计市场中一系列与金融波动相关的价格水平,用以计量该国金融深化程度。该指标体系主要包括以下两个方面。

(1) 实际利率水平。一般来说,实际利率水平越高,金融深化程度越高,反之,则表明该国金融深化程度越低,两者呈正相关关系。

(2) 利率的期限结构。一般来说,利率的期限结构越合理,金融深化程度越高,反之,则表明该国金融深化程度越低。此外,还能够通过检验利率期限结构是否优化,来测算消费者非意愿性地推迟消费的程度。

4. 国内常用的金融深化程度测算指标

(1) 真实货币余额 M/P 增长情况。计算方法是货币余额(可以采用 $M0$、$M1$ 或 $M2$)的增长率与物价指数 P 的比值。增长率越高,说明该国经济增长过程中,经济货币化所带来的货币需求越旺盛,这种货币需求主要是针对交易动机和财富动机而言的。

(2) 货币化比重 $M2/GNP$。该指标表达式是货币存量 $M2$ 与国民收入 GNP 的比值,该比值的增长率越高,说明该国经济发展带动货币流通的速度越快,从侧面反映了该国金融深化的程度。

(3) 金融化比重,也被称为金融相关比率。表达式是该国金融资产总额除以其国民总收入(GNP)。当该国经济发展较快,该比值会不断提升,也反映了其金融化程度在不断提升。

(二) 中国金融深化程度评价

1. 中国货币化进程分析

中国自 20 世纪 80 年代以来,除 1985 年、1988 年、1994 年和 2008—2011 年这些年份之外,截至 2016 年,中国的货币化(一般用货币化比重指标,即 $M2/GDP$ 衡量)进程一直在加速,表现为 $M2/GDP$ 不断提升。从具体指标上看,1978 年为 30%,发展到 2016 年已经是 208.31%。与该指标相互印证的是货币供应量指标,据统计,20 世纪 80 年代以来,中国货币供应量(一般采用 $M2$ 作为衡量指标)平均增长 22.38%,同期国民生产总值年均增长率仅为 15.90%,如果将物价因素剔除(即 CPI 年均 4.47%),货币增长量的增速也超过国民生产总值的增长速度。如果细化到年份来观察,有 6 年(1985 年、1988 年、1989 年、1993 年、2004 年和2006年)的货币供应量增速小于国民生产总值的增长速度。

2. 中国金融资产的分析

从金融学角度看,金融资产是一种未来权益,是当期不进行消费而进行投资,以换取未来时段收益的一种金融凭证。按照中国人民银行对其的划分,主要可以区分为货币、债券和股票3类资产。西方也将保费收入作为金融资产,由于中国保险业发展速度较慢,原先中国保费收入占国民生产总值的比重较低,目前也将其纳入金融资产范围内。对于一些其他类的金融资产,如民间借贷、集资等资金融通行为所产生的金融资产,一般也是要纳入国家金融总资产范围内的,但限于统计上的困难,只能通过资金流量核算测算出金融流量部分。

按照中国人民银行的统计标准:货币类资产按照中国人民银行历年公布的即期货币供应量余额测算;债券资产一般采用当年的债券余额进行测算;股票资产一般按照当期年底的市值进行测算。

(1) 中国金融资产总量分析。3类金融资产不是从改革开放开始就存在,当时除了货币供应量$M2$存在,股票和债券等基本不存在,中国外债从1979年开始正式恢复统计,股票在1978年时根本不存在,统计从20世纪80年代中期后开始计算,企业债也在同期开始计算。20世纪80年代以来,由于中国经济快速发展,金融资产也随之快速增长,截至2016年年末,中国的金融资产总量(含上述3类金融资产)已经是当期国民生产总值的2.85倍。

(2) 中国金融资产结构变化分析。改革开放以来,随着经济快速发展,资金融通速度加快,非货币性金融资产的规模也在快速扩大,这使得中国金融资产的结构也发生了剧变。据中国人民银行统计,1992年,广义的货币量、债券余额和股票市价总值占全部金融资产总量的比重分别为87.6%、8.8%和3.6%;2014年年末,广义的货币量、债券余额和股票市价总值占全部金融资产总量的比重分别为64.2%、15.66%和18.14%,3种金融资产的占比变动,不仅反映了间接金融与直接金融的一退一进,也反映出中国金融深化的过程和趋势。此外,通过20世纪80年代以来中国股票市场和债券市场的变化,可以更深入地观察中国金融深化的进程。选取股票筹资规模和银行贷款增加额这两个指标,可以很清楚地看出金融市场的发展。1994年,中国境内股票筹资额为99.8亿元,仅约占当时全社会融资总额的2%,根本无法与当时的银行贷款相比,但是2014年境内股票筹资额达到7 468亿元。

股票市场的迅速发展,也可以从股票市场筹资规模的扩张以及股票筹资额和银行贷款增加额的比率变化中得以体现。据中国人民银行统计,1994年境内股票筹资为99.8亿元,占银行贷款增加额的比率仅为1.38%,而2015年各类企业和金融机构在境内外股票市场上通过发行、增发、配股、权证行权等方式累计筹资1.1万亿元,同比增长60.4%,其中,A股筹资8 518亿元,同比增长75.9%。2015年,全年人民币贷款增加11.72万亿元,占人民币贷款总额的比重接近10%。观察债券市场也是如此,债券发行规模的不断增长,同样是推动中国金融资产规模大幅度增长的主要因素。据统计,1986年开始在全国发行企业债和金融债券,当时国债余额占全部债权总额的73%。2016年,债券市场全面开花,据中国人民银行统计,国债发行2.9万亿元,地方政府债券发行6万亿元,国家开发银行、中国进出口银行和中国农业发展银行发行债券3.4万亿元,政府支持机构发行债券2 250亿元,商业银行等金融机构发行金融债券1.3万亿元。

3. 中国金融深化程度的总体分析

(1) 财政投资在全社会固定资产形成占比不断下降。据国家统计局的统计,改革开放以来,中国的固定资产投资结构中财政投资呈现逐年减少趋势,1981年该比值为20%,以后逐年递减,至2016年已不足5%。

(2) 国有企业的间接融资比重虽然有所下降,但趋势不是非常明显。一般来说,金融深化会促使金融工具的多样化,从而促进一国的直接金融向间接金融转变,但是中国国有企业融资结构中以银行为主的间接金融仍旧占绝对优势,据统计,中国国有企业的这一指标从来没有低于95%,这显示了金融改革过程中国有企业对银行信贷资金的高依赖性。

(3) 社会融资总额占总融资比重逐步增加。改革开放以来,中国金融资产总量出现了快速扩张,金融结构也呈现出多元化发展的趋势,但是以银行为主的间接金融逐渐向以融资多元化的直接金融为主转变。目前,中国人民银行借用的新增人民币贷款指标已不能全面地反映经济与金融的关系,在这种情况下,2011年,中国人民银行引入了社会融资总量概念,试图分析判断和调控宏观经济。中国社会融资总额增加迅速,人民币贷款占社会融资总额的比重由2002年的92%已经下降到2016年的71.3%,信托贷款、委托贷款和企业债券的增幅较大,已经成为替代商业银行贷款的重要力量。

4. 中国金融深化的方向

(1) 国家逐步放宽对利率与汇率的管制。渐进式推进利率市场化改革,逐步增加市场因素对利率影响比重,减小基准利率对名义利率的影响。金融机构根据自身资金持有状况以及资金市场供求状况调节利率水平。

(2) 取消政府对金融资本的配给行为,消除由政府引起的企业金融歧视。政府逐步放宽政策性因素对资本配置的影响,减少对各行业、产业的金融干预,金融资本根据市场需求自由流动,使各类企业具有相同的金融获得权与市场参与权。

(3) 完善法律法规,强化银保监会、证监会等金融监管机构对金融市场的监管功能。中国金融市场的法律体系尚不完善,证券市场和银行业等金融监管体系并不完善,监管行为也未落到实处,易引发资本的投机行为。加强金融监管体系的确立,使金融行业规范发展。

(4) 成立专门进行金融信息收集、管理的机构。加强金融市场参与双方信息的对称性,将金融危机产生的概率降至最低。针对中小民营企业生产经营信息较难获取的问题,可以由市场引导,成立专门进行金融信息收集、管理的机构,完善信用管理体系及风险评估体系,减少资金流向信息不确定的企业,提高资金使用效率,使整个社会的发展效率达到最大。

随着中国金融市场市场化改革的不断加深,金融抑制现象已经改善,国家逐步放宽对金融市场的管制,形成以市场为主导、金融资源自发配置的机制。中国逐步形成以经济发展促进金融市场发展、以金融市场推动经济发展的良性循环。在金融深化的过程中,为避免金融泡沫的产生、引发金融危机,在尚未完全具备金融深化条件时,政府应在逐步放宽对金融市场的干预的同时保证国家的金融安全,金融改革应与经济发展相协调,不应一蹴而就地进行金融自由化,避免金融危机的发生而承担更高的社会成本。

思考题

1. 金融发展理论的内容有哪些?金融发展与金融深化是什么关系?
2. 金融深化程度的测量指标有哪些?怎样评价中国的金融深化程度?

第六部分
开放金融理论与政策

第17讲 汇率理论

基本要求：1. 了解汇率决定理论的主要种类和思想。
     2. 掌握汇率制度选择理论的主要思想。
     3. 熟悉中国汇率制度的特征。
本讲重点：购买力平价理论，蒙代尔-弗莱明模型。
本讲难点：最适货币区理论与汇率目标区理论。

  汇率的出现起因于国际贸易，为了探究汇率的性质和原因，产生了汇率理论。汇率理论是国际金融理论的核心内容。汇率理论总体上可以分为汇率决定理论和汇率制度选择理论两大类。随着全球一体化进程的深入，汇率理论的范畴也在不断丰富和变化，正是由于这种变化，与其他经济学理论相比，汇率理论是难度很高、争议很大的理论，尚未形成完整的、最终的理论体系。本讲梳理了汇率决定理论和汇率制度选择理论的起源和发展历程，介绍了主流汇率理论的主要内容和思想，对其进行评述，并对中国汇率制度改革进行了分析和展望。

一、汇率决定理论

  汇率是本国与外国货币兑换的比价，由于其在一国经济内外均衡中的重要作用，一直是国际金融领域研究的核心。汇率本质上也是价格，但与经济中的其他价格不同，汇率是货币的价格。货币本身的双重性决定了汇率的双重性。一方面，在外汇市场中货币只是一种商品，其价格（汇率）产生于供求的均衡；另一方面，在实体经济中，货币只是一种符号，其价值取决于单位货币所能购买的商品和资产。正是这种双重性决定了汇率理论研究的两种基本思路：一种是从外汇市场的价格形成机制出发，通过直接描述来回答汇率的形成和变动；另一种则从货币的内在价值出发，探寻经济实现均衡时的货币价值以及相应的均衡汇率。汇率的决定相当复杂，实体经济多层次上的各种因素都对汇率有着重要影响，因而汇率决定理论相当丰富繁多。

  汇率决定理论（exchange rate determination theory）是国际金融理论的核心内容之一，主要分析汇率受什么因素影响和决定。汇率决定理论为一国货币当局制定汇率政策提供理论依据。汇率决定理论随经济形势和西方经济学理论的发展而发展，已经形成了由多个理论学派组成的理论体系，主要有国际借贷学说、购买力平价学说、利率平价学说、国际收支说、资产市场说等。资产市场说又分为货币分析法与资产组合分析法。货币分析法又分为弹性价格货币分析法和粘性价格货币分析法。

(一) 国际借贷学说:19 世纪

国际借贷学说(theory of international indebtedness)出现和盛行于 19 世纪金本位制时期,是第一次世界大战前,在金本位制盛行的基础上,用以说明外汇汇率变动的最主要理论。其理论的主要依据来源于古典经济学派特别是重商主义有关国际贸易及外汇方面的论述。国际借贷说又称为外汇供求说,是由英国经济学家乔治·戈森(George Goschen)于 1861 年在其所著的《外汇理论》一书中正式提出来的。

国际借贷说认为:汇率由外汇市场上的供求关系决定,而外汇供求又源于国际借贷。国际借贷分为固定借贷和流动借贷两种。前者指借贷关系已形成,但未进入实际支付阶段的借贷;后者指已进入支付阶段的借贷。只有流动借贷的变化才会影响外汇的供求。戈森的主要观点可归纳为以下 3 个方面。

(1) 汇率的变动是由一国对其他国家的债权、债务决定的。其推理过程如下:一国的经常项目和资本项目差额构成一国的国际借贷差额。如果在一定时期内,一国国际收支中债权大于债务,即构成国际借贷出超,所超过的数额为该国对其他国家的净债权;如果一国国际收支中债务大于债权,则构成该国国际收支入超,超过的数额为该国对其他国家的净债务。国际借贷的出超和入超是决定一国资金流入或流出的最根本原因,而资金的流入或流出则直接影响该国货币汇率的涨落。这是因为货币以一种商品形式在国际市场上流通,则其价格涨落必然受到供求法则的制约,而一国的货币在国际市场上的供求关系与该国的国际借贷息息相关。总之,汇率变动由外汇供求引起,而外汇供求的变动则源自国际借贷。所以,戈森认为国际借贷关系是决定一国汇率涨落的关键。

(2) 国际借贷不仅仅由于商品的输入和输出而发生,股票、债券的买卖,利润和捐赠的收付,以及资本交易等亦会导致国际借贷的产生。为此,戈森将国际借贷分为两种类型:固定借贷,即借贷关系已经形成,但未进入实际收付阶段的借贷;流动借贷,即已进入收付阶段的借贷。他认为只有流动借贷的改变才会对外汇供求产生影响,原因在于固定借贷并不立即产生现金支付。此时,如果流动借贷不变,固定借贷发生变化而使国际借贷处于入超状态,入超的金额并不等于须立即输送的现金。本国货币并不因此而增加现时外流量,则汇率亦不至于马上上升。同样,如果由于固定借贷的变动而使国际借贷处于出超状态,出超的金额亦不等于立即收进的现金,本国货币并不会因此而有所增加,则该国货币汇率也不至于下跌。譬如,在固定借贷增加使一国处于国际借贷入超状态时,一般仍可借入短期资本以平衡国际借贷差额,防止本国货币外流。这样一来,债务的增加反而阻止了本币贬值。而当固定借贷减少导致国际借贷出超时,按理资金应该内流,但如果该国未及时收回其应得的债权金额,反而向债务国投资,则该国货币有可能会因此贬值。

(3) 流动借贷与外汇供求及汇率的关系概括如下:一国流动借贷相等,则外汇供求平衡,汇率不变;一国流动债权大于债务,则外汇供给大于需求,本币升值;一国流动债务大于债权,则外汇需求大于供给,本币贬值。除国际借贷因素之外,物价、黄金存量、信用状况和利率水平等因素也会对汇率变动有影响。戈森认为,利率变动会引起国际资金流动,而国际资金流动又会影响即期汇票价格,从而对汇率产生影响。这种对利率因素的分析,曾被认为是戈森对 19 世纪的汇率理论的一大贡献。

戈森的国际借贷理论第一次较为系统地从国际收支的角度解释外汇供求的变化,分析了汇率波动的原因,因而这一理论又被称为外汇供求说或国际收支说,盛行于第一次世界大战前的金本位货币制度时期。国际借贷说是建立在金本位制度下的理论,必然存在一些不足,主要是没有说清楚哪些因素具体影响到外汇的供求,但是其思路还是具有启迪意义的。

(二)购买力平价学说:20世纪早期

购买力平价学说是研究和比较各国不同的货币之间购买力关系的理论,已成为当今汇率理论中最具影响力的理论之一。该学说最初由英国经济学家桑顿在1802年提出,其后成为李嘉图古典经济理论的一个组成部分,最后由瑞典经济学家古斯塔夫·卡塞尔(1866—1945)加以发展和充实,并在其1922年出版的《1914年以后的货币与外汇》一书中做了详细论述。卡塞尔在书中以较成熟的形式提出了汇率如何决定的购买力平价学说:两国货币的购买力之比是决定汇率的基础,汇率的变动是由两国货币购买力之比变化引起的,这一理论被称为购买力平价学说(theory of purchasing power parity,简称PPP理论)。在这种背景下,以克里斯蒂尔尼为代表的非官方经济学家提出了汇率贬值是由货币购买力下降所致的观点,这是购买力平价的早期观点。

购买力平价理论认为,人们对外国货币的需求是由于用它可以购买外国的商品和劳务,外国人需要其本国货币也是因为用它可以购买其国内的商品和劳务。因此,本国货币与外国货币相交换,就等于本国与外国购买力的交换。所以,用本国货币表示的外国货币的价格也就是汇率,取决于两种货币的购买力比率。由于购买力实际上是一般物价水平的倒数,所以两国之间的货币汇率可由两国物价水平之比表示。从表现形式上来看,购买力平价学说有两种定义,即绝对购买力平价(absolute PPP)和相对购买力平价(relative PPP)。

1. 绝对购买力平价

绝对购买力平价是购买力平价的早期理论。绝对购买力平价是指在一定的时点上,两国货币汇率取决于两国货币的购买力之比。如果用一般物价指数的倒数来表示各自的货币购买力的话,则两国货币汇率取决于两国一般物价水平之比。用直接标价法下的汇率 Pa 和 Pb 分别表示本国和外国一般物价的绝对水平,则绝对购买力平价公式如下:

$$Ra = Pa/Pb \text{ 或 } Pb = Pa/Ra$$

其中:Ra 代表本国货币兑换外国货币的汇率;Pa 代表本国物价指数;Pb 代表外国物价指数。它说明的是在某一时点上汇率的决定,决定的主要因素即货币购买力或物价水平。

绝对购买力平价理论认为,一国货币的价值及对它的需求是由单位货币在国内所能买到的商品和劳务的量决定的,即由它的购买力决定,因而两国货币之间的汇率可以表示为两国货币的购买力之比。购买力的大小是通过物价水平体现出来的。根据这一关系式,本国物价上涨将意味着本国货币相对外国货币的贬值。从总体上看,绝对购买力平价理论较为合理地解释了汇率的决定基础,虽然它忽略了国际资本流动等其他因素对汇率的影响,但该学说至今仍受到西方经济学者的重视,在基础分析中被广泛地应用于预测汇率走势的数学模型。

2. 相对购买力平价

相对购买力平价是指不同国家的货币购买力之间的相对变化,是汇率变动的决定因素。

该理论认为汇率变动的主要因素是不同国家之间货币购买力或物价的相对变化。同汇率处于均衡的时期相比,当两国购买力比率发生变化时,则两国货币之间的汇率就必须调整。

相对购买力平价表示一段时期内汇率的变动,并考虑到了通货膨胀因素。1918年第一次世界大战结束后,由于各国在战争期间滥发不兑现银行券,导致了通货膨胀及物价上涨,这促使经济学家对绝对购买力平价进行修正。他们认为,汇率应该反映两国物价水平的相对变化,原因在于通货膨胀会在不同程度上降低各国货币的购买力。当两种货币都发生通货膨胀时,它们的名义汇率等于其过去的汇率乘以两国通货膨胀率之商。因此,相对购买力平价说明的是某一时期汇率的变动,即两个时点的汇率之比等于两国一般物价指数之比。用e_0和e_t分别表示基期汇率和报告期汇率,Pld和Plf分别表示报告期本国和外国的一般物价指数,则相对购买力平价公式如下:

$$e_t/e_0 = Pld/Plf$$

该理论产生于第一次世界大战刚刚结束的时期,是世界经济动荡不安的产物。当时,各国相继从金本位制改行纸币流通制度,随之而来的就是通货膨胀,此时提出该理论是适时并有一定道理的,较令人满意地解释了长期汇率变动的原因。相对购买力平价理论在物价剧烈波动、通货膨胀严重时期具有相当的意义。它以两国货币各自对一般商品和劳务的购买力比率为汇率决定的基础,能相对合理地体现两国货币的对外价值。另外,从统计验证来看,相对购买力平价很接近均衡汇率,有可能在两国贸易关系新建或恢复时,提供一个可参考的均衡汇率。它是西方国家最重要的、唯一的传统汇率决定理论,为金本位制崩溃后各种货币定值和比较提供了共同的基础,70多年来在汇率决定理论中一直保持着重要的地位,对当今西方国家的外汇理论和政策仍有重大影响。今天,许多西方经济学家仍然把其作为预测长期汇率趋势的重要理论之一。

但是,该理论在许多方面仍受到批评,具体表现在其理论基础的错误。其理论基础是货币数量论,但货币数量论与货币的基本职能是不相符合的。它把汇率的变动完全归于购买力的变化,忽视了其他因素如国民收入、国际资本流动、生产成本、贸易条件、政治经济局势等对汇率变动的影响,也忽视了汇率变动对购买力的反作用。该理论在计算具体汇率时,存在许多困难,主要表现在物价指数的选择上:是以参加国际交换的贸易商品物价为指标,还是以国内全部商品的价格即一般物价为指标,很难确定。绝对购买力平价方面的"一价定律"失去意义,因为运费、关税、商品不完全流动、产业结构变动以及技术进步等会引起国内价格的变化,从而使一价定律与现实状况不符。

(三) 利率平价学说:20世纪中期

利率平价(interest rate parity)学说认为两个国家利率的差额等于远期兑换率及现货兑换率之间的差额。

利率平价学说的思想起源可以追溯到19世纪60年代。19世纪90年代,研究远期外汇理论的德国经济学家沃尔塞·洛茨提出了利差与远期汇率的关系问题。20世纪初期,凯恩斯第一个建立了古典利率平价模型,得出以下结论:①决定远期汇率的基本因素是货币短期存款利率之间的差额。②远期汇率围绕利率平价上下波动。③不论远期汇率与其利率平价偏离多大程度,都能获得足够利润的机会使套利者把资金转移到更有利的金融中心。④如果外汇交易被少数集团控制,或在主要交易人之间达成交易协议,那么,挂牌汇率可能偏离其利率平价。⑤套利资金有限,常常不能大到足以使远期汇率调整到其利率平价水平上。⑥在不兑换纸币的条件下,银行利率变化直接促使远期汇率重新调整。20世纪30—40年代,保罗·艾因齐格(Paul Einzig)运用动态均衡思想,发展了利率平价的动态理论。经过罗伯特·Z.阿利布尔等人的进一步完善,现代利率平价学说框架趋于成熟。

利率平价学说的主要思想认为,均衡汇率是通过国际抛补套利所引起的外汇交易形成的。在两国利率存在差异的情况下,资金将从低利率国流向高利率国以谋取利润。但套利者在比较金融资产的收益率时,不仅要考虑两种资产利率所提供的收益率,还要考虑两种资产由于汇率变动所产生的收益变动,即外汇风险。套利者往往将套利与掉期业务相结合,以避免汇率风险,保证无亏损之虞。大量掉期外汇交易的结果是:低利率国货币的现汇汇率下浮,期汇汇率上浮;高利率国货币的现汇汇率上浮,期汇汇率下浮。远期差价为期汇汇率与现汇汇率的差额,由此低利率国货币就会出现远期升水,高利率国货币则会出现远期贴水。随着抛补套利的不断进行,远期差价就会不断扩大,直到两种资产所提供的收益率完全相等,这时抛补套利活动就会停止,远期差价正好等于两国利差,即利率平价成立。因此,我们可以归纳一下利率平价学说的基本观点:远期差价是由两国利率差异决定的,并且高利率国货币在期汇市场上必定贴水,低利率国货币在期汇市场上必定升水。

这一理论存在一些缺陷,主要表现在:①利率平价学说没有考虑交易成本。然而,交易成本却是很重要的因素。如果各种交易成本过高,就会影响套利收益,从而影响汇率与利率的关系。如果考虑交易成本,国际的抛补套利活动在达到利率平价之前就会停止。②利率平价学说假定不存在资本流动障碍,假定资金能顺利、不受限制地在国际间流动。但实际上,资金在国际流动会受到外汇管制和外汇市场不发达等因素的阻碍。目前,只有在少数国际金融中心才存在完善的期汇市场,资金流动所受限制也少。③利率平价学说还假定套利资金规模是无限的,故套利者能不断进行抛补套利,直到利率平价成立。

(四)国际收支说:布雷顿森林体系时期(1944—1973年)

1944—1973年布雷顿森林体系实行期间,各国实行固定汇率制度。这一期间的汇率决定理论主要从国际收支均衡的角度来阐述汇率的调节,即确定适当的汇率水平,这些理论统称为国际收支学说。这一期间有影响的汇率理论主要有局部均衡的弹性论、一般均衡分析的吸收论、内外均衡分析的蒙代尔-弗莱明模型以及注重货币因素在汇率决定中的重要作用的货币论。

国际收支说是从国际收支角度分析汇率决定的一种理论,其理论渊源可以追溯到14世纪。早期形式是国际借贷学说,于1861年由英国学者戈森提出。其实质是汇率的供求决定论,但并没有给出具体影响外汇供求和国际收支的因素。第二次世界大战后,随着凯恩斯主义的宏观经济分析被广泛运用,很多学者应用凯恩斯模型来说明影响国际收支的主要因素,分析了这些因素如何通过国际收支作用到汇率,从而形成了国际收支说的现代形式。

国际收支说指出了汇率和国际收支间存在的密切关系,有利于全面分析短期内汇率的变动和决定。国际收支说是关于汇率决定的流量理论,其核心思路是国际收支引起的外汇流量供应决定了短期汇率水平及其变动。这一特点使其很难解释现实中的一些经济现象。

(五)资产市场说:20世纪中后期

20世纪70年代初期,在全球性固定汇率制度崩溃和各国金融市场已高度发达的背景下,不少经济学家发展出了一种新的汇率决定学说。由于这种学说侧重于从金融市场均衡这一角度来考察汇率的决定,因而被称为"资产市场说"或"金融市场投资组合说"(portfolio balance)。

在20世纪70年代众多资产市场说的论述中,美国普林斯顿大学教授布朗森(W. Branson)最早、最系统和最全面地阐述了资产市场说,可以被看作资产市场说的主要代表人物之一,尽管他的学说本身并不十分成熟。

较之传统理论,资产市场说最大的突破在于它将商品市场、货币市场和证券市场结合起来,用一般均衡的方法分析汇率的决定。同时,研究国内国外市场时,存在一个市场替代程度的问题,而仅研究国内3个市场时,则又存在冲击后调整速度不同步的问题,由此引出了不同的资产市场理论。

资产市场说核心观点是假设完全的资本流动,把汇率看成金融资产的相对价格,并采用全新的存量分析方法。基于国内与国外资本品是否完全替代的不同假设,产生了货币分析法和资产组合分析法;基于商品市场价格是否具有完全弹性的不同假设,产生了弹性价格货币分析法与粘性价格货币分析法(汇率超调模型)。

1. 货币学派的汇率理论

货币学派的汇率理论由货币学派的金融专家贾考伯·弗兰克尔(Jacob Frankel)和哈里·约翰逊(Harry Johnson)等人在其著作《汇率经济学》中提出,是一种从中短期的角度分析汇率决定与汇率变动的理论,强调货币市场和货币存量的供求情况对汇率决定的影响。认为汇率的决定由各国货币存量的供求引起,汇率决定于货币市场的均衡而非商品市场的均衡;汇率的变化由两国货币供求关系的相应变化而引起;从长期看,承认购买力平价理论,即过多的货币供应所引起的通货膨胀必然使该国货币汇率下浮,从短期看,两国金融资产的供求情况,即人们自愿持有或放弃这些金融资产的情况决定汇率;国民收入与本币汇率表现为正相关关系,国家宏观经济政策对汇率发挥着重要作用,强调合理预期对汇率变动的影响。

该理论可取之处是:强调了各种因素的相互关系与共同作用,克服了其他一些理论的片面性;强调任何影响外汇资产预期收益率或相对风险率的因素,都可能成为汇率变动的原因;强调金融市场对各种短期影响因素的反应比对长期因素来得更敏感与尖锐;强调预期对汇率的影响,物价水平变动在短期内可能比在长期中对汇率的影响来得大。缺陷是未能回答货币供求平衡时货币价值、汇率由何决定的问题,以及未能考虑国际收支的结构因素对汇率的影响,尤其否认经常项目对汇率的重要作用。

2. 射击过头理论:汇率超调模式

射击过头理论又称"汇率超调模式"(overshooting model),是美国麻省理工学院教授鲁迪格·多恩布什(Rudiger Dornbusch)提出的。其理论要点是:在经济运行中出现某些变化(如货币供给增加)的短期内,汇率将发生过度的调节,很快会超过其长期均衡水平,然后再逐步恢复到它的长期均衡水平上。这是因为,金融市场对外生的冲击可立即进行调节,而商品市场则在一段时间后才能缓慢地进行调节。该学说同样主张只有货币需求等于货币供给,货币市场才能达到均衡的货币主义学派观点。该理论是对货币分析法模型假定所有市场都能够瞬时进行调节这一观点的修正。

3. 平衡理论

资产组合平衡理论产生于20世纪70年代中期,由布朗森(W. Branson)、霍尔特纳

(H. Halttune)和梅森(P. Masson)等人提出并完善。该理论综合了传统的汇率理论和货币主义的分析方法,认为汇率水平是由货币供求和经济实体等因素诱发的资产调节与资产评价过程所共同决定的。它认为,国际金融市场的一体化和各国资产之间的高度替代性,使一国居民既可持有本国货币和各种证券作为资产,又可持有外国的各种资产。一旦利率、货币供给量以及居民愿意持有的资产种类等发生变化,居民原有的资产组合就会失衡,进而引起各国资产之间的替换,促使资本在国际间流动。国际间的资产替换和资本流动,又势必会影响外汇供求,导致汇率的变动。

该理论是资产组合选择理论的运用,在现代汇率研究领域中占有重要的地位。该理论一方面承认经常项目失衡对汇率的影响,另一方面也承认货币市场失衡对汇率的影响,这在很大程度上摆脱了传统汇率理论和货币主义汇率理论中的片面性,具有积极意义;同时,它提出的假定更加贴近现实。

但该理论也存在明显的问题:①在论述经常项目失衡对汇率的影响时,只注意到资产组合变化所产生的作用,而忽略了商品和劳务流量变化所产生的作用;②只考虑目前的汇率水平对金融资产实际收益产生的影响,而未考虑汇率将来的变动对金融资产的实际收益产生的影响;③它的实践性较差,因为有关各国居民持有的财富数量及构成的资料是有限的、不易取得的。

4. 货币分析法

(1) 柔性价格货币分析法。汇率是两国货币之间的相对价格,分析两国货币求状况,可以得到汇率决定的货币主义方法。柔性价格货币模型理论(flexible-price monetary model)是由著名经济学家弗伦凯在1976年提出的,持有类似观点的还有马萨等。早期的柔性价格货币模型建立在两个主要假设上,即购买力平价理论长期持续有效,以及货币需求函数形式是稳定的。购买力平价条件持续成立,即 $q_t = S_t - P_t + P_t^*$ 为一常数(对数形式)。国内货币供给决定了国内物价水平,从而汇率最终也是由货币供给来决定。利用国内外货币市场均衡条件,可以得到:

$$S_t = (m_t^* - m_s^{t*}) - \phi y_t + \phi^* y_t^* + \lambda r_t - \lambda^* r_t^*$$

其中:实际收入 y、物价水平 P、名义汇率 S 以及利率 r 的函数均采取对数形式。上式便是柔性价格货币模型的基本公式,它表明,若国内货币供给较国外货币供给增加得快,则将导致本国货币汇率值 S_t 的上升,即本国货币的贬值;国内产出的增加将促使本国货币升值;国内利率水平的上升将促使本国货币贬值。

(2) 粘性价格货币分析法

粘性价格货币模型(sticky-price monetary model)又称"汇率超调货币模型"(exchange rate overshooting model),是由美国著名学者多恩布什教授提出的。粘性价格货币模型假定购买力平价长期有效而非持续有效,并且产品市场价格的调整速度落后于外汇市场的调节速度。汇率超调货币模型是一种小国经济模型,即本国经济变量的变化不对世界市场产生影响,国际市场的利率与物价水平是外生给定的。在资本自由流动的情况下,利率平价条件成立:

$$i = i^* + s$$

其中:i、i^* 分别表示本国与外国利率水平;s 为汇率的预期变化。该模型的另一个重要

假设是长期均衡汇率为既定的,短期内市场汇率会偏离长期均衡汇率,但市场机制最终会将其调整到均衡位置,其调整过程为:

$$S = \theta(\bar{\pi} - \pi)$$

其中:$\bar{\pi}, \pi, \theta(>0)$ 分别为长期均衡汇率、市场即期汇率以及调整系数。假定经济已达到充分就业状态,产出水平 $y = \bar{y}$,最终可得到汇率同物价之间的重要关系式如下:

$$\pi = \bar{\pi} - \frac{1}{\lambda\theta}(P - \bar{P})$$

汇率超调货币模型的核心表明,若现行价格高于长期均衡价格水平,则实际货币数量较小,本国的利率将上升,从而导致资本内流,本国货币迅速升值,但受到利率平价条件约束,市场预期本国货币随后将出现贬值的趋势。

货币理论的主要贡献在于接受了存量均衡的思想,将经常账户与资本账户结合起来,运用存量-流量调整方法研究汇率决定问题,强调国际收支差额会引起货币存量的变化,进而影响一国的经济活动。

其不足主要表现如下:①认为货币需求函数是稳定的,与收入保持一定比例。这基本上符合长期现实,但在短期内是不成立的,所以只能用于解释长期汇率现象。②把货币因素看成决定性的,而收入水平、支出政策、贸易条件和其他实物因素只能通过对货币供给与需求的影响发生作用。过于强调货币渠道,把国际收支仅仅看作一种货币现象。

5. 资产平衡分析法

资产平衡模型(portfolio balance model)是 20 世纪 70 年代由布朗森等人提出来的。该模型将资产市场供求之间的短期均衡与调整同长期均衡状态区别开来,进而考虑汇率、收支平衡、个人财富水平及证券市场均衡之间的互动关系。在短期内,资产平衡模型中的汇率水平是由资产市场的供求状况来决定的,并假定短期内一国的金融财富水平是暂时固定不变的。在资产平衡模型中,将个人财富划分成 3 个部分,即货币 M、本国国债 B 以及外汇资产 F(如持有外国的国债等资产)。其中本国国债又可以认为是国内居民个人所持有的政府债务,而 F 是国内居民个人所持有的对国外的净债权。假设国内外利率水平分别为 r、r^*,可将该国财富及各个部分的需求函数表示成如下形式:

$$W = M + B + \pi \cdot F$$
$$M = m(r, r^*) \qquad Wmr < 0, mr^* < 0$$
$$B = b(r, r^*) \qquad Wbr > 0, br^* < 0$$
$$\pi \cdot F = f(r, r^*) \qquad Wfr < 0, fr^* > 0$$

在短期内,假定国内的货币、国内债券与国外债券的供给是固定的,即国内利率与货币汇率由市场需求状况决定,国外利率由国外市场外生决定并是固定的,则短期内的均衡汇率由以上公式表示的 3 种资产的需求状况来决定。所决定的利率与汇率水平便是短期均衡水平。中央银行在市场上投放基础货币数量通过货币乘数的作用使得国内名义货币供应量增加,从而导致财富总量的增加,促使投资者加大对国内外债券的购买需求,国内债券的需求使得国内利率下降,国外债券的需求增加将导致本国货币的贬值即名义均衡汇率值的上升。

资产平衡模型是汇率决定的一种动态模型,其重点是分析汇率的形成机制,以及初始均衡被打破后新的均衡重新达到的动态过程,汇率调整到长期均衡水平时,便达到了稳定状态。国外资产 F 产生的利息收入 r^*F 将引起国际收支中的经常项目 B 的变化,并又将引起该国外汇资产 F 的变化。F 的变化反过来又影响货币汇率的变化,F 增加则国内外汇市场供给增加,进而必将导致本国货币的升值,继而会引起本国的出口减少及进口增加,从而导致净出口的减少,这样又影响到本国外汇资产 F 的减少。最终,经过这些经济变量之间的相互动态作用,使得经常项目 B 恢复平衡,名义汇率便达到长期均衡汇率水平,国内经济达到长期均衡状态。

6. 资产市场说

资产市场说借用了传统的利率决定学说的基本原理,来讨论汇率的决定。私人投资者可持有货币(货币是一种不生利息的资产),也可用货币购买并持有某种资产(如政府债券)。在某种资产供应量既定的情况下,供求相等决定该种资产的均衡价格或收益率(利率)。如果某种资产的利率不在均衡点上,投资者将买进或卖出该种资产,直到均衡利率的达到。这种利率决定的模式,同样可以被引用到汇率的决定上。

一国的资产种类,经归纳后可以分为三大类:货币(M)、本国货币表示的有收益的资产(B)、外国货币表示的有收益的资产(F)。一国私人投资者在某一时点上的财富(即资产总量)总量(W),可用 $W = M + B + eF$ 来表示。其中:e 为直接标价法表示的外币价格,即汇率;外币资产(F)的累积,是通过国际收支中经常账户的顺差达到的;本币资产(B,以政府债券为代表)的累积,主要通过政府债券的发行来达到;而货币(M)的累积,主要通过中央银行购买政府的债券或融通政府的财政赤字来达到。

在任一特定时刻,若本国货币、本币资产和外币资产的供应量既定,本币资产的利率 r 和外币资产的汇率 e 由各自的需求所决定。外币资产的利率因不受本国货币、本币资产和本国居民的外币资产需求所影响,故固定不变。在本国金融市场上,对各种资产的需求,在其他条件不变的假定下,取决于 r 和 W 的水平。对本币资产和外币资产的需求同该种资产的利率和 W 成正相关关系,同他种资产的利率成反相关关系。对货币的需求则同两种利率均成反相关关系。对3种资产的需求共同决定汇率 e。

资产市场怎么会达于均衡呢?即均衡利率和均衡汇率是怎么达成的,又为什么会同时达成呢?在回答这个问题前,要指出资产市场说未加说明但实际却隐含着的三个重要前提。第一是3种资产市场均有相当程度的发育,对利率和汇率的变动十分敏感。第二是3个市场具有紧密的联系,资金可以在3个市场之间自由流动,在市场进入方面没有限制。第三是货币可以充分自由兑换。在共有3种资产市场的条件下,由于 $W = M + B + eF$,任何两种资产市场达于均衡时,第3种市场也必同时达于均衡。因此,投资者在资产市场上调动资金对其资产结构进行重新组合的行为,使利率和汇率达于均衡。

(六) 汇率决定理论的新发展

传统汇率决定理论对现实经济的解释能力不断下降,学者们不断寻求突破,以期对汇率的决定因素进行合理的探究和解释。在此对最新发展的汇率决定理论进行简单梳理。

1. OR 模型

奥布斯特费尔德(Obstfeld)和罗格夫(Rogoff)提出的 OR 模型,在 M-F 的宏观分析法上结合微观基础,建立了动态一般均衡模型。它强调了汇率决定的几个重要因素,如宏观因素货币供给量、政府购买的需求、生产力的变动和微观分析中的消费者效用等因素,并结合20世纪80年代发展起来的跨时分析法,引入垄断竞争。该模型与M-F模型的一个重要区别是货币需求的影响因素取决于消费而不是收入。其基本思路和式子如下:在上述假设下,将微观经济学中的个人效用函数延伸为本国典型家庭终生效用函数、消费函数及价格指数。根据最大化问题的一阶条件可以得到3个方程:标准的欧拉消费方程;货币市场的均衡条件方程;劳动和闲暇的方程。通过最优消费、产出和货币持有量均衡保证家庭效用最大化,最后通过跨期分析寻求稳定状态值,进而得出名义汇率的一个稳定状态点。

2. 汇率决定的微观分析法

近代微观经济假设基础由卡特勒(Cutler)等提出。由于名义汇率理论对现实经济的预测能力逐渐变弱,一些学者认为主要的原因是汇率理论宏观分析方法存在的缺陷。这促使一些学者借鉴金融市场的微观结构,形成汇率的微观理论框架,包括订单流模型、市商的买卖价差、市场参与者的异质性。

3. 混沌模型

混沌模型从突破性的非线性的角度研究汇率决定问题,并假定市场参与者和预期是异质的,同时引入自然科学的方法。最具有代表性的是比利时经济学家保罗·德·格劳威(Paul De Grauwe)和汉斯·杜瓦赫特(Hans Dewachter),他们开创性地提出了一个汇率决定的混沌货币模型[1]。为了使模型更加符合现实,他们将基本模型进行扩展,融入多恩布什的粘性价格模型,从而使模型的基本经济变量具有现实性。建立基本模型后,他们设定不同的参数组合,研究了在不同参数组合下汇率的表现行为:在某些参数组合下得到固定解;在某些参数组合下得到的是周期解;而在另一些参数组合下,发现混沌的典型特征——奇异吸引子和对初始条件的敏感性,因而汇率行为遵循混沌。中外学者用此方法也进行了大量的实证检验,混沌首先被发现存在于西班牙货币比塞塔和美元的汇率中。杜朝运和陈少龙运用格劳威基本模型并加入多恩布什的扩展模型检验2000年1月—2007年7月的数据发现,汇率决定的混沌模型所描述的汇率波动呈现出一定的随机性。这种随机性完全由确定的汇率混沌模型所产生。

二、汇率制度选择理论

汇率制度又称汇率安排,是指一国货币当局对本国汇率变动的基本方式所做的一系列安排或规定。传统上,按照汇率变动的幅度,汇率制度被分为两大类型:固定汇率制(fixed)和浮动汇率制(floating)。一个国家选择什么样的汇率制度,受许多因素影响,不同经济学家提出了各种汇率制度选择理论。

(一) 蒙代尔-弗莱明模型

蒙代尔-弗莱明模型(Mundell-Fleming model,即M-F模型)并没有单纯考虑哪一种汇率制度更好,而是利用比较静态的总需求分析框架,考察了开放经济条件下货币政策和财政政策在不同汇率制度下的不同作用。M-F模型对汇率制度选择的研究具有重要意义,为汇率制度乃至整个开放经济政策的研究提供了一个精巧的、形式化的分析框架,在方法论上更进一步。

---

[1] Grauwe P D, Dewachter H, Embrechts M. Exchange Rate Theory: Chaotic Models of Foreign Exchange Markets[J]. The Economic Journal, 1993,104(425):473-475.

蒙代尔-弗莱明模型以标准的 IS-LM 模型为基础。从货币金融角度进行宏观分析的 M-F 模型纳入了国际收支因素,以开放的小国经济为研究对象,分析了短期内货币政策、财政政策在开放经济条件下的效力问题,成为进行国际宏观经济学研究分析重要的工作母机。M-F 模型指出,浮动汇率与固定汇率没有绝对的优劣之分,其收益取决于经济冲击的性质:如果经济所受的干扰主要来自名义冲击,那么固定汇率制度有助于减少国内产出的波动;相反,如果经济所受的干扰主要来自实际冲击(如贸易条件的高变动性或其他外部冲击),那么采取浮动汇率制度是明智的。

根据蒙代尔-弗莱明模型:固定汇率制度下财政政策有效,货币政策无效;而浮动汇率制度下,货币政策有效,财政政策无效。这实际上已蕴含着"三元悖论",也称为汇率制度选择中"不可能实现的三位一体",即资本自由流动、汇率稳定和货币政策独立三者不能同时达到,只能选择其中的两项。弗兰克尔(Frankel,1999)将"三元悖论"形式化为"不可能三角"模型。而后,易纲、汤弦又将"不可能三角"扩展,提出了扩展三角假说,通过把蒙代尔开放经济下的"三元悖论"形式化,为弗兰克尔的"半独立、半稳定"观点提供了形式化工具。沈国兵、史晋川对"不可能三角"模型引入本币国际借债能力变量,尝试将"不可能三角"模型扩展为四面体假说,并且证实"不可能三角"模型是四面体假说的一个特例,在此基础上,分析现实中各国汇率制度选择的多因素差异性与互共性。

(二)最适货币区理论与汇率目标区理论

最适货币区理论从经济结构特征的角度来研究汇率制度的选择,由著名经济学家蒙代尔于 1961 年首次提出。

蒙代尔认为,不能笼统而抽象地谈论汇率制度的优劣,应当结合某种经济特征来进行汇率制度的选择,并提出了以"生产要素流动性"作为建立最佳货币区的标准。他认为生产要素的流动性与汇率弹性具有相互替代的作用。在生产要素可以自由流动的区域内,实行固定汇率制是可行的,适宜组成货币区;但是,如果一个区域范围很大,生产要素不能自由流动,经济发展不平衡,那么采用浮动汇率制更合适。继蒙代尔之后,麦金农提出了经济开放度的标准,即贸易品占非贸易品的比例。他强调以一国的经济开放程度作为最适货币区的确定标准,并以贸易部门相对于非贸易部门的生产比重作为衡量开放程度的指标,认为贸易联系密切的国家实行单一货币较优。而后,凯南(Kenen)提出了产品多样化的标准,认为如果产品多样化的程度低,对外来经济冲击的抵抗能力弱,适于实行单一货币。此外,明兹(Minz)认为政治因素对货币区至关重要,弗莱明(Fleming)提出通货膨胀率的衡量标准,英格拉姆(Ingram)提出金融市场一体化标准。然而,这些标准均属于单一标准,遭到了一些学者的反对。拉斯(Lars)等在塔瓦拉斯(Tavlas)、贝莫尼(Baymoumi)以及艾肯格林(Eichengreen)研究的基础上,把最优货币区的标准拓展为一系列标准,弥补了单一标准的缺陷。

从技术层面来看,最适货币区理论已由最初依靠单一指标进行分析逐渐向综合分析方法过渡。另外,欧元的出现在世界范围内产生了里程碑式的影响,不仅为货币一体化理论提供了实践的平台,而且为未来的国际货币体系改革以及人民币国际化进程提供了有益的借鉴。

(三)经济论

这一理论的代表人物是美国前总统肯尼迪的国际经济顾问罗伯特·赫勒(Robert Heller),他认为,一国对汇率制度的选择,应该主要受经济方面的因素影响,各经济因素与汇率制度选择的相关性大体如表 17-1 所示。

表 17-1 汇率制度选择

因素	固定(fixed)	浮动(floating)
经济规模(size of the economy)	小	较大
经济开放程度(一国经济对国际贸易的依赖程度)(openness)	高	低
经济结构(economic structure)	缺乏多样性	比较多样
进出口贸易的商品结构和地域分布(goods structure and geographical distribution of trade)	集中	多样
国内金融体系的复杂程度(sophistication of the financial system)	低	高
经济/金融发展程度(economic/financial development)	低	高
相对的通货膨胀率(divergence from world inflation)	低	高
对经济政策的国际约束(international constraints on economic policies)	接受	拒绝
资本流动性(capital mobility)	低	高
劳动力流动性(labour mobility)	高	低
对外负债的规模(size of foreign exchange liabilities)	大	小
在国际上借款的能力(ability to borrow internationaly)	低	高

此外，还可以从经济效率和经济稳定性角度来权衡两种汇率制度，以便进行选择。经济效率是指稀缺的资源以最小的成本进行配置，而经济稳定性则是指经济可以保持稳定的速度发展，维持和谐的状态。另外，可能还会存在很多其他需要考虑的因素，如一个经济体的工资化指数程度、可能受到的冲击类型、货币政策的可信度的需要，以及区域性合作协议的存在等。

(四) 依附论

依附论的代表人物是一些发展中国家的经济学者，他们从本国的实际出发提出了这样一种汇率制度选择的理论。依附论的基本观点认为，一国汇率制度的选择取决于其对外经济、政治、军事等诸方面联系的特征。发展中国家在实行钉住汇率制时，采用哪一种货币作为"参考货币"，即被钉住货币，取决于该国对外经济、政治关系的"集中"程度，亦即取决于经济、政治、军事等方面的对外依附关系。反之，选择哪一种参考货币又会影响一国对外贸易的经济关系和其他各方面关系的发展。

在现实中，除了汇率制度选择的问题，还出现了货币替代(currency substitution)现象，即一国居民的货币需求不限于本币，而是由一个或多个国家的不同货币组合所补充甚至替代。

(五) 原罪论

原罪论的提出者是美国加州大学伯克利分校的艾肯格林和哈佛大学的里卡多·豪斯曼(Ricardo Hausmann)。他们认为，如果新兴金融市场有较大的脆弱性，会出现两种情况：一种是该国的货币不能用于国际借贷，另一种是其国内的金融机构不愿意发放长期贷款。所以企业在融资时存在两难：如果从外国借贷，存在货币不匹配问题；如果从国内借贷，又存在"借短用长"的期限不匹配问题。这就是原罪，后果是无论是汇率浮动还是利率变动都会使企业成本上升，企业经营出现困难，进而影响到金融机构和整个经济。此外，在货币政策和汇率政策方面,如果存在货币不匹配,那么政府不愿意汇率浮动,在汇率固定条件下,就不通过汇率的适当贬值来减少投机的冲击;在期限不匹配条件下,政府也不能提高利率来保卫货币,在投机冲击时,只好等待金融崩溃。因此,在"原罪"条件下,无论是浮动汇率制还是固定汇率制都会存在问题。在某些国家,最好的解决方式就是美元化。

(六) 害怕浮动论

该理论是由美国马里兰大学的吉列尔莫·卡尔沃(Guillermo Calvo)教授和卡门·赖因哈特(Carmen Reinhart)教授于1999年和2000年提出的。他们指出有这样一种现象,一些实行弹性汇率制的国家却将其汇率维持在对某一货币(通常为美元)的一个狭小幅度内,这反映了这些国家对大幅度的汇率波动存在一种长期的害怕心理。相关的实证研究证明,害怕浮动的现象在全球(包括发达国家)都是普遍存在的,因而这一理论受到了人们的重视。害怕浮动的原因主要是新兴的发展中国家不愿意本国货币升值,因为升值会损害其国际竞争力,会损害这些国家所做出的贸易出口多元化的努力;同时,这些国家也不愿意本国货币贬值,因为会减少进口。害怕浮动是合理的,是发展中国家本身结构性原因的体现,包括出口结构、产品结构等,最好的办法也是采取美元化。

(七) 中间制度消失论

该理论是由美国加州大学伯克利分校的艾肯格林于1994年和1998年提出的,认为唯一可持久的汇率制度是自由浮动或是具有非常强硬承诺机制的固定汇率制。在这两种汇率制度之间的中间汇率都正在消失或逐步消失。其逻辑是在国际资本自由流动条件下,一国货币当局不可能同时实现汇率稳定和货币独立,与著名的"三角理论"类似,一国要么选择汇率稳定而放弃货币主权,要么放弃汇率稳定而坚持货币独立。这一理论对现在各国的汇率制度选择是一个挑战。

(八) 退出战略

在亚洲金融危机之后,一个重要的研究领域是制度退出的战略,研究一个国家应如何退出现有的钉住汇率制度,选择更合理的制度。1998年艾肯格林和保尔·梅森(Paul Masson)在国际货币基金组织的一份报告中提出3个结论:一个高通胀的国家在实行钉住汇率之后不久就应该采用弹性汇率制;退出的时机应选择外汇市场比较平静的时期,或者是有大量资本流入的时机;如果已经出现了危机,属于被动退出,就需要行动迅速,并采取配套措施,防止本币过度贬值。以上结论是一种对过去经验的总结,是对未来选择汇率退出机制的国家的一种战略建议。

从现代汇率理论的发展来看,有关汇率决定的理论没有取得突破,而有关汇率制度选择的理论却出现了一些新的探索,这些探索与争论仍将持续进行下去。

三、中国的汇率制度

(一) 人民币汇率的演变

中国的人民币汇率制度变迁大体经历了以下4个阶段。

(1) 1979—1993年:复汇率制。所谓复汇率制,是指一国货币的对外汇率不止一个,而是有两个或两个以上的汇率,其目的是利用汇率的差别来限制和鼓励商品进口或出口。在此期间,中国对内改革、对外开放,开始实行外贸体制改革。为了鼓励出口、抑制进口,就必须解决人民币被高估的问题,进一步发挥人民币汇率对外贸的调节作用。但是,由于这一时期大部分西方国家处于物价高、工资高和通货膨胀严重的环境,从非对外贸易的角度看,要改变非对外贸易外汇兑换不合理的情况,增加第三产业收入及其他非对外贸易外汇收入,反而要将人民币汇率升值。一种汇率无法同时解决两方面的问题,所以必须实行复汇率制。

(2) 1994—2005年:钉住汇率制。1993年年底,中国进行了一次全面的外汇体制改革,从1994年1月1日起官方汇率与市场调剂汇率并轨,实行"以市场供求为基础的、单一的有管理的浮动汇率制"。汇率并轨使中国的外汇管理体制发生了深刻的变化,在一定程度上放开了对于汇率的管制并活跃了外汇市场,标志着在市场经济的背景下,人民币汇率机制更多地融入了市场的力量。1996年,中国宣布实现人民币经常项目下自由兑换,这也是进一步放松外汇管制的表现。然而,1997年东南亚金融危机使得这一趋势发生改变。1997年之后,人民币实际上钉住美元稳定下来。

(3) 2005—2015年:汇率形成机制改革。2005年7月21日,《中国人民银行关于完善人民币汇率形成机制改革的公告》发布,正式开启了汇率改革的新篇章,实行以市场供求为基础、参考一篮子货币进行调节、有管理的浮动汇率制度。人民币汇率不再钉住单一美元,而是参照一篮子货币、根据市场供求关系来进行浮动。这里的"一篮子货币",是指按照我国对外经济发展的实际情况,选择若干种主要货币,赋予相应的权重,组成一个货币篮子。同时,根据国内外经济金融形势,以市场供求为基础,参考一篮子货币计算人民币多边汇率指数的变化,对人民币汇率进行管理和调节,维持人民币汇率在合理均衡水平上的基本稳定。制度的改革并非一朝一夕就能完成,中国虽然迈出了汇率改革的第一步,但仍需要进一步推进。比如说,新的汇率制度虽然允许人民币汇率在一定的区间内浮动,但是波动的范围较小。这一方面是因为美元在货币篮子中还是占据较大的权重,另一方面是因为出于谨慎的考虑,中国政府和央行还具有相当的监管权力,这在一定程度上限制了市场化的进程。总之从各个方面看,"721汇改"所实行的浮动汇率制仍需要不断完善。

(4) 2015年至今:汇率弹性不断扩大。2015年8月11日,中国掀开了新一轮汇改的大幕,央行正式宣布做市商在银行间外汇市场每个工作日开盘前参考前一工作日银行间外汇市场收盘汇率,综合考虑外汇市场供求情况以及主要贸易对象汇率变化报出外汇中间价,同时,人民币汇率参考以市场供求为基础,一篮子货币计算出的汇率。这意味着央行将对于外汇中间价干预的权力正式移交给市场,中国在汇率市场化的路上又迈出了坚实的一步,同时这也是人民币汇率机制改革重要的一步。自"811汇改"实施以来,解决人民币在岸和离岸市场汇率报价差异的问题取得了立竿见影的效果,人民币汇率报价的市场化机制越来越完善,浮动性处于不断提高中,这也大大降低了"热钱"对于中国国际收支平衡的冲击;同时,释放了自2008年金融危机和世界各国加息以来国际社会对于人民币贬值的压力。2015年8月11日汇改实施当日,人民币汇率便应声贬值2%,外汇储备也相应地减少。更有意义的是,2015年12月1日,国际货币基金组织宣布将在10个月后将人民币纳入特别提款权(Special Drawing Rights,SDR)。这是人民币国际化的重要一步,也是中国经济融入世界体系的一个里程碑事件,更是对中国这些年来经济建设和经济体制改革成果的重要肯定,人民币国际化的脚步进一步加快。

(二) 中国汇率制度的特点

人民币汇率制度发展至今,每一个阶段都基于中国国情和经济发展的目标,从改革开放40多年来的历程,可以看出中国汇率制度变迁与发展的几个特点:第一,人民币汇率的弹性越来越大。一国或经济体的汇率制度往往是和综合国力紧密相关的,当国力较弱时,为了防止汇率大范围波动导致的经济不稳定,通常采用固定汇率制,而当国力不断增强并且拥有调控汇率的能力时,便可能采取浮动汇率制。新中国成立初期至改革开放前,中国还处于计划经济时期,发展脚步较慢,外汇储备较少,出于谨慎的考虑,中国采用了稳定的汇率制度。改革开放后,中国逐渐放开汇率,实行了官方汇率和贸易内部结算价并行、官方汇率和外汇调剂价格并行的复汇率制。随着改革开放的不断深入,1994年实行了汇率并轨,2005年的"7·21汇改"、2015年的"8·11汇改"则是汇率弹性不断加大的证明。2007年5月21日的人民币日波动幅度由0.3%上调至0.5%,2012年4月14日又由0.5%上调至1%,2014年3月17日则宣布将日波动区间扩大至上下2%,人民币汇率波动更好地适应了经济的即时变化。第二,汇率的生成机制越来越市场化。以往的汇率大多由政府根据特定时期的经济发展状况、国际社会经济大环境、下阶段的发展需求和目标来制定,同时央行管制较严。1994—2012年,中国一直实行强制结售汇制度,尽管这一制度让外汇储备不断增长,但同时带来人民币升值和通货膨胀的压力,央行货币政策的实施也受到影响。到2006年1月4日,央行宣布引入做市商制度,每日的汇率中间价参考前一日做市商的报价,这一重大举措意味着央行正式放权给市场,自己更多地担当宏观调控的角色,进一步发展了外汇市场,完善了人民币汇率生成机制,提高了外汇市场交易的流动性。第三,汇率制度对于宏观经济的调控作用越来越显著。人民币汇率在中国对外经济中发挥着越来越重要的作用。具体而言,首先,汇率可以有效调节贸易与非贸易部门的资源配置,防止国际"热钱"流入,更重要的是汇率对于中国产业结构调整也能起到推动作用,汇率在应对国际贸易摩擦时也是一个有效的工具。第四,人民币汇率的国际化程度越来越高。随着中国实力的不断增强,对外贸易对象、贸易范围的扩大,人民币国际化是必然的趋势。目前,国际货币中美元仍占据主导地位,中国的外汇储备中超过三分之二是美元,因此随时面临美元贬值、外汇大幅缩水的风险。人民币国际化一方面可以降低对外汇安全的威胁,减少中国对美元的依赖程度,另一方面也可以推动人民币在国际上自由兑换和在国际贸易中充当计价和结算货币。2015年12月11日,中国外汇中心(China Foreign Exchange Trade System, CFETS)公布了人民币汇率指数,这正是为人民币国际化铺路,也在为人民币汇率浮动区间扩大和双向浮动奠定基础。央行通过此举向国际社会表明将改变人民币汇率形成机制,人民币将逐渐与美元脱钩,实现钉住一篮子货币的汇率,发布的时间点恰好在人民币被纳入SDR后不久。这一现象说明,未来人民币将不再跟随美元的变化趋势,人民币国际化之路将加快。

(三) 中国汇率制度改革展望

人民币汇率制度的变迁与发展是中国经济体制不断变革、国内经济不断开放的结果。同时,汇率制度的变化又是中国调控宏观经济、实现内外均衡的重要政策工具与手段。在人民币国际化的背景下,中国的汇率制度改革将会向着更加市场化、更加国际化的方向发展,在国际收支调节和世界经济发展中发挥更大的作用。基于此,改革方向主要包括:第一,继续增加人民币汇率弹性,扩大波动的幅度。逐步增加市场的力量,真正实现市场主导的有管理的浮动汇率制是中国推进汇改的根本举措。由于计划经济的影响,中国理论界与实务界仍有很多人希望稳定汇率,害怕汇率浮动。本质上讲,汇率是一个市场价格,受外汇供求关系的直接影响。在中国汇率制度弹性逐渐加大的过程中,汇率的波动是自然的现象,市场不必对汇率变化过分敏感。人民币的升值有利于从国外引进先进的生产技术设备和人才,提升国民生活水平和质量;而人民币的贬值可以拉动出口,有利于国内经济的增长。因此,无论人民币升值还是贬值,都有对中国经济有利的一面。在保持市场风险可控的前提下,应该增强汇率弹性,依据市场供需波动体现价格,这是中国融入世界经济并逐渐成为主导力量、人民币走向国际化的必由之路。第二,有计划地放松资本与金融项目的管制。依常理,一个国家如果坚持固定汇率制,则资本自由流动与货币政策的独立性不能兼顾。在中国多年的汇率制度改革过程中,人民币汇率弹性逐渐加大,由固定汇率制向浮动汇率制的方向前进,最终目标是实现汇率的自由浮动。在此基础上,资本与金融项目的管制可以逐渐放松。也就是说,以浮动汇率制为基础,资本的自由流动和货币政策独立性完全可以同时兼顾;其中的难点在于,中国经济本身的承受能力,以及对各种国际资本尤其是短期资本的适当监管和风险控制。放松管制过程中,必须加强对跨境资本流动的监测以防出现大范围资本外逃。在保证不发生系统性风险为底线的情况下,金融改革可以继续推进,资本与金融项目的管制可以逐步放松,最终实现人民币完全自由兑换和汇率制度的市场化。第三,改进和完善央行的汇率干预机制。当前,中国外汇市场不够发达,央行入市干预频繁会导致汇率对资源配置的作用发挥不畅,而汇率对于资源分配的作用是具备先天优势的。因此,必须继续完善人民币汇率形成机制,逐步减少央行的干预,使汇率的波动真正能够体现市场供求关系,发挥信号作用。只有在市场汇率异常波动、恶意投机力量操纵价格等非常情况下,央行才需要入市干预;央行在必须进行干预操作时,应尽量配套实施各项细则稳定公众预期,减少对国内经济的负面影响。第四,深化银行体系的改革。在中国外汇市场中,银行是最重要的参与者,银行间外汇市场是中国外汇市场的主体。人民币要实现汇率的市场化和国际化,外汇市场的进一步开放是大势所趋。因此,需要进一步化解中国银行体系的风险、提高其免疫力,如有效解决不良贷款、资产结构不合理等问题,加强风险管理,以便在未来的竞争中占据优势。

总而言之,一个国家究竟应该依据何种理论、选择哪种汇率制度,应该依据各国经济规模、经济开放度、经济发展水平等因素来决定,不能千篇一律。没有一种汇率制度适合所有的国家和所有的时期,各种形式的汇率制均有其优劣,没有一种汇率制度可以说是完美的。经济环境的变化决定了汇率制度的变化,不同汇率制度的优缺点及其对经济环境的适应性与矛盾性决定了汇率制度的变迁。在当前国际货币体系中,各国汇率制度的选择出现了相当大的变化,其基本趋势是向着更为灵活的汇率制度演变。与发达国家相比,在现行国际货币体系下,发展中国家面临特殊的经济金融环境,其汇率制度选择陷入困境。西方汇率制度选择理论的研究必须与各国实际国情和汇率制度改革结合起来。一种汇率制度不是永久性地适用,发展中国家应根据所处的不同发展阶段,随着经济基本面与环境的变化做出主动调整和变化。而且,汇率决定理论和汇率制度选择理论都还处于发展完善中,汇率既是多种经济因素影响的结果,同时也受多种因素的影响,汇率相比其他经济变量更加复杂多变。一个国家在不同时期需要不断调整汇率制度和汇率政策,尤其是在当今经济高度全球化的条件下,汇率制度的调整必须结合时代特点,特别是金融全球化的发展趋势,选择适宜的汇率制度。对于中国人民币汇率来说,更应该认清当今面临的机遇与挑战,逐步实现人民币国际化的目标。

思考题

1. 汇率的决定因素有哪些?各种汇率理论是怎样阐释的?
2. 中国的汇率制度有什么特点,未来走向怎样?

第18讲 国际收支理论

基本要求：1. 了解国际收支理论的演变历程。
2. 掌握国际收支理论的主要种类和思想。
3. 熟悉中国的国际收支状况。
本讲重点：现代国际收支理论的主要内容。
本讲难点：国际收支危机的三代模型。

国际收支理论是国际金融的重要基础理论之一，是各国政府用于分析国际收支失衡的原因、采取相应的调节政策以促进国际收支平衡的主要依据。在不同汇率制度和历史背景下，国际收支失衡的原因、调节机制均有所不同，相应的调节理论也随着时代的发展不断深化与演进，为各国的均衡发展提供了一定的理论依据。

国际收支是指一个国家在一定时期内由对外经济往来、对外债权债务清算而引起的所有货币收支。它有狭义与广义两个层次的含义。狭义的国际收支是指一个国家或者地区在一定时期内，由于经济、文化等各种对外经济交往而发生的，必须立即结清的外汇收入与支出。广义的国际收支是指一个国家或者地区内居民与非居民之间发生的所有经济活动的货币价值之和。它是一国对外政治、经济关系的缩影，也是一国在世界经济中所处的地位及其升降的反映。本讲梳理了国际收支理论的演变历程，介绍了主流国际收支理论的内容和思想，介绍了国际收支危机模型及最新动态，分析了中国的国际收支状况。

一、国际收支理论的演变历程

国际收支理论迄今大体经历了4个发展阶段，即起步期、孕育期、形成期和完善期。在不同的时代背景和经济学主流思想影响下，各阶段的理论发展程度不同且各具特色。

（一）国际收支理论的起步期

14—15世纪，在地中海沿岸城市率先出现了资本主义的萌芽，随后在欧洲不断蔓延并迅速发展，到17—18世纪，资产阶级革命陆续在各国取得成功，为资本主义发展铺平了道路。19世纪末，国际金本位制形成。这个时期并未形成完整意义上的国际收支调节理论，主要原因是国际收支在实践中没有出现问题或危机。

国际收支理论萌芽最早可以追溯到15—16世纪的重商主义。在其国际贸易理论中零散地体现了对国际收支基本问题的表述，首次提出"贸易顺差"的概念，认为贸易顺差是获得财富的唯一源泉。其中的代表人物之一米尔顿首次提出"贸易平衡"概念,并编制"贸易结算表",被后人认为是现代国际收支平衡表的雏形。

1752年,货币数量论的代表大卫·休谟在《政治论丛》中提出"价格—铸币流动机制",被誉为最早的系统阐述国际收支问题的理论。在国际金本位制条件下,国际收支不平衡可以通过黄金的自由输出入来调节货币数量从而改变物价,最终会自动实现国际收支平衡。休谟反对国家干预外贸,主张市场自发调节,因此,可以说休谟开创了自由主义的国际收支理论的先河。后来,李嘉图、穆勒、马歇尔都继承了自动调节这一思想。可见,在长达500多年的历史跨度当中,国际收支并未成为一个重要研究领域,尽管已经取得了一些基础性成果,搭建起基本的研究框架,但尚未形成一个系统完整的国际收支调节理论。

(二) 国际收支理论的孕育期

资本主义经济发展彻底告别了自由竞争阶段后,各国间发展不平衡导致了矛盾激化,最后演变为第一次世界大战。1929年的资本主义大危机又凸显出市场调节的弊端,主要国家开始关注和重新审视国际收支调节问题。在这一历史背景下,虽然系统的国际收支调节理论仍未真正出现,但为国际收支理论的出现奠定了坚实的基础。20世纪初,马歇尔采用微观经济学局部均衡分析,首次提出"弹性"概念,对金本位制下的贸易差额成因及调节机制又做了阐述,为以后的国际收支弹性论奠定了基础。瑞典学派的克努特·维克塞尔(Knut Wicksell)完整的国际收支表将非贸易项目纳入其中。俄林区分了国际收支平衡与国际债务平衡,认为国际收支应当属于流量范畴,他将影响国际收支的因素细分为5类,并逐个阐述了它们对国际收支的不同作用。罗伊·哈罗德(Roy Harrod)划分了国际收支的具体内容,并首次将国际收支均衡分析与国内均衡联系在一起,他还将乘数思想引入对国际收支的分析,为以后的吸引论及乘数论做了铺垫。凯恩斯创立的宏观经济理论与方法也为现代国际收支理论的形成做出了重大贡献,他首次将国际收支列入宏观总量平衡的目标当中。乘数理论在开放条件下的推广应用直接促成了国际收支乘数理论,而吸收理论也是以凯恩斯宏观经济分析框架为前提的。金德尔伯格认为在纸币和浮动汇率条件下的"价格—铸币流动机制"已不能适应现实情况,黄金流动、汇率变化和短期资本流动都会对国际收支产生重要影响。

尽管这一阶段有关国际收支方面的理论研究成果丰硕,但国际收支相关的核心问题仍未直接触及,上述成果仍称不上是系统完整的国际收支理论。不可否认,这些研究对国际收支理论做出了承上启下的重要历史贡献,它们所打下的坚实理论基础已使现代经典的国际收支理论雏形隐约可见。

(三) 国际收支理论的形成期

20世纪30年代以后,国际金本位制彻底退出历史舞台,各国汇率竞相贬值,国家干预主义盛行,第二次世界大战后建立的布雷顿森林体系取得长期统治地位,直到20世纪70年代初瓦解。在这一阶段,国际收支理论从国际贸易理论中独立出来,并且形成了一个完整体系。

1937年由琼·罗宾逊提出的弹性理论标志着现代国际收支理论的诞生。在此基础上,1944年,阿巴·勒纳提出著名的马歇尔-勒纳条件;1948年,劳埃德·梅茨勒(Lloyd Metzler)完善了罗宾逊夫人的理论,形成了罗宾逊-梅茨勒条件,使该理论得以不断发展和完善。1943年,弗里兹·马克卢普(Fritz Machlup)在《国际贸易与国民收入乘数》中,把凯恩斯乘数理论应用于国际经济领域,为乘数论做出了突出贡献。1952年,西德尼·亚历山大(Sidney Alexander)在《贸易平衡的贬值效应》中首次提出吸收论,后经过马克卢普和约翰逊完善,形成独立而完整的理论。

20世纪60—70年代,货币主义兴起并扩展到国际收支研究领域,将国际收支不平衡视为货币现象。亨利·约翰逊(Henry Johnson)等人对国际收支货币分析法做出了重要贡献。国际收支结构论最早出现于20世纪50—60年代,于20世纪70年代形成,它源于发展经济学家们对欠发达国家国际收支失衡的考察,认为内部经济结构问题是失衡的根源。这一时期,国际收支政策搭配理论产生并不断完善,内外均衡问题首次被提出。

(四)国际收支理论的完善期

在经济开放和自由化浪潮主导下,国际资本流动及其影响日益突出,汇率经常性地大幅波动,国际收支危机发生频率越来越高。主流经济学方面也取得了重要发展,新古典宏观与新凯恩斯主义在争论中共同发展,经济研究方法不断改进。这一时期的国际收支理论进展主要引入了时间偏好、理性预期和跨时动态分析,对前期理论进行修正和完善,使之更接近现实。

二、国际收支理论的内容

(一)价格-现金流动机制理论

价格-现金流动机制(price-cash flow mechanism)学说被看作最早的国际收支调节理论,是英国经济学家休谟在1752年提出的,认为在金本位制下,国际收支具有自动调节的机制。

价格-现金流动机制理论认为,市场机制可以自动调节国际收支,而无须政府干预。该理论认为一国贸易差额会引起货币黄金的流入、流出,从而改变商品的相对价格,而商品相对价格的变化又会改变贸易差额,从而使国际间货币黄金量的分配恢复正常。这一过程完全由市场机制自动发挥作用,而政府不必干预。

一国如果发生国际收支逆差,就会引起黄金外流,从而使本国货币供给减少,导致国内物价下跌。国内物价下跌可以增强其出口产品的竞争力,促使出口增加;同时,逆差国物价下跌还使进口产品的相对价格上升而不利于进口,促使进口减少,因而起到自动调节国际收支、改善国际收支逆差的作用。调节过程如图18-1所示。

图18-1 价格-现金流动机制理论的国际收支调节过程

价格-现金流动机制理论的重要贡献在于:该理论从货币数量的角度出发,揭示了国际收支与货币数量及物价变动三者之间存在的一种自动循环、互相制约的内在联系,系统阐明了市场机制对国际收支的自动调节作用。这一理论不仅对当时西方各国国际收支调节的实践具有指导意义,而且对当前国际收支市场调节机制作用的认识和运用仍具有重要的理论和现实意义。

价格-现金流动机制理论的局限性在于：该理论只考虑货币数量，而未考虑其他因素对国际收支的影响，是一种局部静态分析，而且是一种适用于金本位制的国际收支调节理论。只有在没有资本流动、实行自由放任和公平贸易、进出口商品价格弹性足够大，以及各国严格执行金本位制等条件下，该理论所阐释的基本原理才能较为充分地体现。

（二）弹性论

弹性论（elasticity's approach）是在20世纪30年代金本位制彻底崩溃后，西方各国纷纷实行纸币流通制度，使早期的国际收支自动调节机制失去了赖以运转的客观条件，于是竞相实行货币贬值，汇率变动频繁的背景下产生的。

弹性论最早由英国经济学家马歇尔提出，他处于金本位制时代，认为贸易项是最重要的，因而在对国际收支的分析中注重贸易项，而相对忽略劳务和资本项，在这种情况下，有形贸易差额本身就总是趋向于零。马歇尔最早提出"价格的需求弹性"概念，并在1923年将局部均衡的弹性分析方法延伸到国际贸易领域，提出"进出口需求弹性"的概念。但是，马歇尔对国际收支的弹性分析比较分散，没有形成系统的理论。而且，随着金本位制的崩溃，他的分析也有必要做调整。1937年，英国经济学家琼·罗宾逊在研究汇率波动与进出口的关系时，以马歇尔的局部均衡分析为理论基础，在考虑进出口需求弹性的同时还引入了进出口供给弹性，正式提出了国际收支调节的弹性理论。1944年，美国经济学家勒纳在研究一国采取货币贬值政策对国际收支的影响时进行了更加深入、具体的弹性分析，并提出了著名的马歇尔-勒纳条件。同年，美国经济学家梅茨勒对琼·罗宾逊的论点进行了补充，从外汇市场的稳定性出发，研究了货币贬值改善国际收支的条件，并将进出口供给弹性引入马歇尔-勒纳条件，形成马歇尔-勒纳-罗宾逊条件。

弹性论是马歇尔的供给弹性和需求弹性理论在外汇市场上的延伸，它主要研究外汇汇率对国际收支的调节问题。在国际商品市场上，需求和供给对价格变动具有弹性，显然，在进出口贸易中可能涉及的弹性有4种：出口商品的需求弹性、进口商品的需求弹性、出口商品的供给弹性、进口商品的供给弹性。在供给具有完全弹性时，进口和出口的数量变化就取决于需求弹性。汇率的变化会带来进出口商品价格的变化，从而带来进出口的变化，影响国际收支的状态。弹性论正是用弹性分析的方法对价格、贸易条件与进出口的关系进行了精辟的论述，认为外汇汇率对国际收支进而主要对进出口商品总额和贸易差额有着直接影响。

弹性论认为，汇率变动是通过引起国内外产品之间、本国生产的贸易品（出口品和进口替代品）与非贸易品之间的相对价格变动来影响一国的进出口供给和需求，从而作用于国际收支的。在进出口供给弹性无穷大的情况下，只要一国进出口需求弹性的绝对值之和大于1，本国货币贬值就会改善国际收支的状况。当然，后来的学者还在考虑了更复杂的情形后对该条件进行了修正和改进。

弹性分析有两个明显的特点：一是局部均衡方法，无论是在分析影响贸易条件的因素中，还是在分析进出口需求弹性中，都使用了局部均衡方法，这一点也与其整个理论体系密切相关；二是弹性论属于纯演绎方法，而不是实证研究。正是由于弹性论还存在缺陷，所以经济学家对国际收支理论的研究不断深入，并发展出新的理论来。

（三）吸收论

吸收论（absorption approach）也叫支出分析法（expenditure approach）。弹性论的主要

假设之一是局部分析方法,即只考虑贬值对进出口市场的影响(事实上汇率变动对经济具有广泛的影响)。针对这一缺陷,出现了以宏观经济理论为基础、将国际收支与整个国民经济相关联的国际收支吸收论。吸收论是由米德和西德尼·亚历山大以凯恩斯的国民收入方程式为基础提出来的,1952年由亚历山大首次引入国际收支理论。吸收论认为,只有理解了经济政策怎样影响总的经济活动关系,尤其是产量变化如何带来支出的变动,才能理解国际收支的变化。吸收论假设价格保持不变,强调本国实际收入的变化。所以,吸收论是国际收支决定的真实收入理论。由于价格不变的假设,经济学家将吸收论看作短期的国际收支决定理论。

吸收论将一国在最终商品和服务上的消费(即支出)的市场价值分成4个基本的组成部分:消费支出、投资支出、政府开支和进口支出。出口则是其他国家在本国最终商品(服务)上的支出,所以不包括在内。这四项支出就被称为"国内吸收"(domestic absorption),也就是在一国内对商品和服务的吸收,表现在消费、投资和公共部门以及进口上,用公式表示如下:

$$A = C + I + G + IM \tag{18-1}$$

其中:C、I、G、M 分别表示消费、投资、政府开支和进口支出。

同时,一国的收入等于其在最终商品和服务上的实际支出,所以,收入包括消费支出、投资支出、政府开支和出口,可以表示如下:

$$Y = C + I + G + EX \tag{18-2}$$

其中:EX 表示出口。

在不考虑资本流动的情况下,经常账户就代表整个国际收支,忽略掉转移的话,就有:

$$CA = EX - IM \tag{18-3}$$

其中:CA 表示经常项目;IM 表示进口。

显然,经常账户差额这时候就取决于国内收入和吸收了:

$$Y - A = (C + I + G + EX) - (C + I + G + IM) = EX - IM = CA \tag{18-4}$$

在这里,仍将国际收支简化为贸易收支,则有国际收支余额等于国内收入和支出之差。吸收论是指国内的总产出(收入)被总支出所消耗:当总产出大于国内总支出时,可以将剩余的产品用于出口,从而形成国际收支的盈余(顺差);当总产出小于国内支出时,就要通过进口来弥补超额需求,带来国际收支的逆差。因此,要保持国际收支平衡,国内总收入就一定要等于总支出。

尽管吸收论很简单,但对于理解一国经常账户差额在经济扩张和经济衰退时期的表现很有帮助。当一国经济紧缩时,会减少对进口商品和服务的消费,所以经常账户差额将有所改善;而当一国处于经济扩张时期,会增加进口消费,从而带来经常账户余额的恶化。但现实不一定是这样简单。假设一国的经常账户开始是平衡的,如果该国开始经历经济扩张,随着真实收入的增加,真实花费或吸收也会增加。从式(18-4)可以看出,经常账户差额的变化方向是不确定的,其取决于真实收入和吸收哪个增加得更快。吸收论告诉我们,为什么一国在经济扩张时期和在衰退时期经常会经历某种对外经济的不平衡,关键因素就是真实收入和真实吸收的相对变化程度。

吸收论在调节国际收支上的基本精神是,以凯恩斯主义的有效需求管理来影响收入和支出行为，从而达到调节国际收支的目的。当一国国际收支出现逆差时，调节的方法可以是增加国民收入或者紧缩国内需求。当国内尚未实现充分就业时，可以采取支出转换政策，利用闲置资源增加国民收入调节国际收支；当国内已实现充分就业时，由于无闲置资源可以利用，就要采用吸收政策（支出减少政策），实行紧缩性的货币政策和财政政策，使国内总收入等于总支出。

根据吸收论的基本精神，调节国际收支可以使用宏观层面的或扩张型或紧缩型的经济政策。那么，在弹性论中讨论的贬值方法会如何影响国际收支呢？在一定的宏观经济背景下，贬值会通过什么样的渠道影响收入和吸收，从而影响国际收支呢？吸收论也对这一问题做了分析，并提出了几种效应。

首先，$B=Y-A$（B 即 CA，Y 表示收入，A 表示吸收）。可以将吸收 A 分为两个部分：自主性吸收（D）和诱发性吸收（cY），其中，c 是指边际吸收倾向，来自投资、消费和政府开支。

所以有：

$$B = Y - cY - D \qquad (18\text{-}5)$$

$$\Delta B = (1-c)\Delta Y - \Delta D \qquad (18\text{-}6)$$

从式（18-6）可以看出，贬值能否使 B 得到改善，即 $\Delta B > 0$，取决于贬值对收入的直接影响 Δy、对吸收的直接影响 ΔD 和通过收入变化而导致的间接影响 $c\Delta Y$。这些效应的大小与该经济体的宏观经济状况、经济结构、资源配置状况和吸收倾向等相关联，贬值对收入和吸收的影响可以表现为以下 7 种（见表 18-1）。

表 18-1　贬值对收入和吸收的影响

对收入和通过收入产生的影响 $(1-c)\Delta Y$	对吸收的直接影响 ΔD
闲置资源效应	现金余额效应
贸易条件效应	收入再分配效应
资源配置效应	货币幻觉效应
	其他效应

1. 闲置资源效应（idle-resources effect）

如果该经济体仍然存在还没有得到充分利用的资源，那么贬值就可以通过增加出口、减少进口从而带来产出的增加（$\Delta Y > 0$），而且根据乘数效应会是多倍的增加。但是与此同时，国内吸收由于边际吸收倾向的作用也会有所增加（$c\Delta Y > 0$）。因此，闲置资源效应的具体增减变化取决于边际吸收倾向 c 的大小。只有在 $c < 1$ 的情况下，闲置资源效应在贬值时才会为正。当然，如果经济体已经接近充分就业，闲置资源效应发挥的空间就不大了，而出口需求的增加还会带来价格的上涨，带来更为复杂的影响。

2. 贸易条件效应（terms-of-trade effect）

本币的贬值（r 变大）会使贸易条件（$\pi = P_d / rP_f$）恶化，使本国实际收入下降；实际收入的下降通过边际吸收倾向作用带来吸收的减少。前者带来的是国际收支的恶化，而后者则会带来国际收支的改善。具体效果如何则取决于两种力量的对比。显然，这时候如果边

际吸收倾向 $c>1$,会最终带来国际收支的改善。

3. 资源配置效应(resource allocation effect)

贬值还可能带来资源配置效应。如果贬值前由于汇率的不恰当有可能扭曲经济体的价格结构,影响资源的有效配置,那么贬值后通过贸易品与非贸易品相对价格的调整,提高原有资源的配置效率,则会带来产出的增加,改善国际收支。但是,收入的增加也会通过诱发性吸收带来支出的增加,减少国际收支改善的程度。所以,资源配置效应也与边际吸收倾向有关,它越小越有利于国际收支的改善。当然,这一效应存在的前提是贬值前资源的配置不是最优状态。

可以看出,闲置资源效应、贸易条件效应和资源配置效应具有相互抵冲的作用,因而贬值此时对 $(1-c)\Delta Y$ 的实际效果是不确定的,取决于实际的经济状况、边际吸收倾向等因素。

4. 现金余额效应(cash-balances effect)

现金余额效应是最重要的对吸收的直接影响。贬值会带来进口品和本国生产的贸易品的价格上升,在货币供应量不变的情况下,将带来现金余额水平(M/P)的下降。这样,公众为了将实际现金余额恢复到意愿持有的水平,就直接减少自主性吸收(D);而且,与此同时,公众可能还会出售所持有的非现金资产如证券,从而引起证券价格的下降即利率的上升,进一步抑制吸收。

5. 收入再分配效应(income redistribution effect)

贬值引起的价格上升在减少既定收入水平条件下的总支出的同时,还可能带来收入的再分配,即收入在具有不同边际吸收倾向的人群中进行转移,从而带来总支出水平的变化,进而影响国际收支。一般来讲,当价格上涨时,利益的重新分配会有利于利润收入者,而不利于固定收入者。固定收入者的边际倾向又往往比利润收入者高,所以,此时整个社会的吸收倾向会降低,有利于国际收支的改善。当然,这种影响是不确定的,还需要进行具体的分析。

6. 货币幻觉效应(money illusion effect)

在货币收入与价格同比例上升时,即使实际收入没有发生变化,但短期内的货币幻觉会使人们更加关注价格的上升,从而减少消费,也会带来国内吸收的减少,改善国际收支。

7. 其他效应(other diverse effects)

贬值还可能会对国内吸收带来一些有利或不利的影响。例如,贬值可能带来对价格还要进一步上升的预期,人们反而会增加当下的购买;但进口资本品的价格上升会使投资成本提高,抑制投资支出等。

吸收论将国际收支的决定和变动与整个宏观经济状况结合起来分析,使人们得以摆脱弹性论机械地就进出口论进出口的分析局限,有助于对国际收支失衡和均衡性质形成更加深入、全面的认识。但它仍然存在一些缺陷,包括:①吸收论是建立在国民收入核算会计恒等式的基础上的,但并没有对收入和吸收为因、贸易收支为果的观点提供任何令人信服的逻辑分析。事实上,贸易收支也会反过来影响收入和吸收。②在贬值分析中,吸收论在考虑相对价格在调整过程中的作用时可能不会很全面。例如,贬值后贸易品价格相对于非贸易品价格会上升,引导资源的再分配,并影响吸收,从而从收入和吸收两个方面来影响国际收支。但是,可能此时在吸收上减少的并不是对贸易品的支出,而是对非贸易品的支出,那样的话就会同时减少收入和支出,达不到改善国际收支的目的。另外,在收入上,能否改善国际收支则取决于从非贸易部门释放出来的生产资源能否被疏导到增加出口品和进口替代品的生产上。③吸收论是一个单一国家模型,在贸易分析中不涉及其他国家,但事实上一国进出口数量的多少和价格的高低正是由本国和贸易伙伴国的出口供给和进口需求所共同决定的,所以它的结论缺乏说服力。④吸收论也不涉及国际资本流动,这尤其不符合当下的事实,成为它的一个很大的缺陷。不过,吸收论指出了弹性论所忽视的国际收支逆差的货币方面,成为国际收支调节的货币分析先驱,为货币论的发展奠定了基础。

(四)货币论

弹性论和吸收论都只涉及了经常账户交易,但随着国际金融市场的发展和资本的大规模国际流动,尤其是在 20 世纪 70 年代初布雷顿森林体系解体之后,资本流动的发展使金融和资本账户在国际收支中越来越重要。在这些背景下,芝加哥大学约翰逊、蒙代尔等人发展起了货币论(the monetary approach),它也是随着以弗里德曼为代表的货币主义学派的兴起而出现的一种国际收支理论。

货币论认为国际收支的变化是一种货币现象,也就是说,国际收支的顺差或逆差都产生于货币供应数量和货币需求数量的不平衡,强调货币均衡对国际收支均衡的重要性。货币论自从出现之后就成为国际收支理论中非常重要的理论。

货币论对国际收支的分析核心是货币市场均衡,并将一国的对外经济交往会涉及的因素如外汇储备和汇率的变化,与可能引起货币市场失衡的因素联系在一起,认为当某一事件的出现使货币供应与货币需求失衡时,在由此引发的调节过程中就会导致外汇储备或汇率的变化,而储备、汇率的变化就必然带来经常账户和金融账户的调整。所以,货币论认为国际收支的变化是源于货币供应量与货币需求量之间的不平衡,货币市场的失衡会激发出一个自动调整的机制,这一机制最终能消除该失衡,而正是在该机制的作用过程中,国际收支发生相应的变化。因此,国际收支从根本上说是一种货币现象,这正是货币论的基本观点,同时也是一个金融市场导向(financial markets-oriented)的理论。

货币论对经济政策主张如下:①"所有国际收支不平衡,在本质上都是一种货币现象",是货币不平衡,即人们意愿的货币持有量与货币当局货币供给量间差异的结果。在私人支出较为稳定的条件下,只要一国不严重依赖于通货膨胀性的货币供给增加为政府支出融资,它就不会经历长期(或称结构性的)国际收支赤字。②只有能影响一国货币供求的经济政策才能影响该国的国际收支。为了平衡国际收支而采取的进口限额、关税、外汇管制等措施,只有当它们的作用是提高货币需求时,才能改善国际收支。如果施加限制的同时国内信贷膨胀,则国际收支不一定得到改善,甚至还会恶化。③固定汇率下,国际收支的失衡在长期条件下可以通过国际储备的流动自行纠正,所有调节国际收支失衡的政策除了加速调节过程外,是完全不必要的。④货币论者认为国际收支是一种货币现象,但并不否认实际因素对国际收支的作用,只不过它们需要经由货币需求来产生影响。总之,货币论的重点主张是:如果一国长期经受国际收支的逆差,虽然可以采用传统的国际收支政策,如紧缩性的货币、财政政策,或实行贬值、进出口限制、出口补贴等,但这些都只是暂时有效的,而国家政策当局手中长期的医治办法,只能是降低国内信贷膨胀率。

国际收支货币论试图解决国际收支和货币市场的最终的、长期的均衡问题,关注货币层面的问题,补充了弹性论和吸收论只集中于经常账户分析的片面性。但是,货币论在分析结构、假设中还存在许多缺陷：①货币论将国际经济的因果关系颠倒了，把货币因素看成决定性的，而把收入、支出、贸易条件和其他实际因素看成次要的，只通过对货币需求的影响发生作用。事实上，是商品流通决定货币流通，而不是相反。②货币论假定货币需求函数是相当稳定的，但在短期内它往往是不稳定的，也很难不受货币供给变动的影响。货币论还假定货币供给变动不影响实物产量，但货币供给变动后，人们不仅会改变对国外商品和证券的支出，而且也会改变对本国商品和证券的支出，由此影响到国内产量的变化。③货币论的假设中还强调一价定律的作用，但由于垄断因素和商品供求勃性的存在，它往往是不能成立的。④货币理论认为国际储备的变化会最终自行纠正国际收支的不平衡，国际储备的作用渠道是通过改变货币供应来影响货币市场的均衡。但实际中，货币当局可以通过公开市场业务抵消掉储备变化对货币供应的影响，从而使上述机制的作用受挫。

上面介绍了国际收支中最重要的 3 种理论，这些理论在国际收支核算的建立与以后的发展中都起了一定的指导作用。它们试图从不同的角度解释国际收支的不同侧面，因而在很大程度上是互补而非替代的。弹性论的出发点是贸易差额，侧重于相对价格的变化；吸收论侧重于收入与支出的差额，倾向于总体需求管理；货币论是吸收论的延伸，即从经常项目扩大到全部国际收支，重点研究货币市场的均衡。

三、当代国际收支危机模型

20 世纪 70 年代以后，国际收支危机开始频频爆发，对国际金融领域的动荡的关注程度不断提高，特别是 1992—1993 年的欧洲货币体系危机、1994—1995 年的拉美危机，以及 1997 年的亚洲金融危机给国际经济学界提出了许多值得思考的重大问题。国际收支危机是经济全球化的产物，是随着国际贸易和国际资本流动的发展，原有经济体系中各种矛盾不断积累和深化，国际收支失衡问题日益突出，调节手段不足或无效而出现的。针对国际收支危机的发生，过去的 20 余年里经济学家们建立了三代国际收支危机模型。

1. 第一代国际收支危机模型

1978 年，美联储经济学家斯蒂芬·萨兰特（Stephen Salant）和戴尔·亨德森（Dale Henderson）建立了最早的投机冲击模型，用来分析投机力量对政府控制的黄金价格的冲击。1979 年，著名经济学家保罗·克鲁格曼（Paul Krugman）发表了《一个国际收支危机模型》的论文，分析固定汇率体系在投机冲击下何时崩溃的问题。1984 年，美国经济学家罗伯特·弗拉德（Robert Flood）和皮特·加勃（Peter Garber）简化了克鲁格曼的理论，建立了一个在随机环境中的线性模型。此后，弗拉德和其他学者对上述模型的投机冲击假设进行了修正和补充。这些学说被称为第一代国际收支危机模型。

第一代模型的主要观点是：危机产生的原因在于宏观经济政策不协调、投机攻击时间为影子汇率线和固定汇率线的交汇点、采取冲销对策后投机攻击从货币市场向资本市场转移，因而这类模型也被称为理性冲击模型。它的缺陷在于简化了宏观经济模型，给政府可能采取的行动施加了只能通过买卖外汇来维持固定汇率的不现实限制。

2. 第二代国际收支危机模型

1994 年，加州大学伯克利分校的莫里斯·奥布斯特费尔德（Maurice Obstfeld）发表了《货币危机的逻辑》一文，提出投机冲击取决于政府政策的反应函数，而反应函数又受到公众对政府决策预期的影响，成为第二代国际收支危机模型的经典之作。近年来，吉列尔莫·卡尔沃(Guillermo Calvo)和恩里克·门多萨(Enrique Mendoza)等学者又给这一理论加入了资本市场上的信息成本约束,使之完善。第二代模型的主要观点是:危机产生的原因在于对危机的预期具有自我实现的性质、政府行为非线性和多重均衡的存在。第二代国际收支危机理论包括很多模型,如相机抉择的危机模型、自我实现的危机模型等。由于它们很好地解释了1992年的欧洲货币体系危机,因而得到了理论界的好评。其缺陷在于依然以固定汇率为研究对象,只是从发展中国家转移到了发达国家,另外过分夸大了预期的作用。

3. 第三代国际收支危机模型

2000年,杜利在《新兴市场的危机模型》一文中提出了金融危机的保险模型,他研究了资本内流和危机之间的关系,强调政府暗地里为管理不善的银行和公司债务人担保,导致道德风险,即所谓的裙带的资本主义(crony capitalism),有些经济学家称之为第三代国际收支危机模型。第三代模型的主要观点是:预期危机发生之前,没有汇率政策的冲突,也没有维持钉住汇率或由于危机放弃钉住汇率的预期。该模型也指出,私人资本内流总是先于危机,是危机过程中不可分割的一部分。但是该模型尚处于研究和争议之中。

综上所述:第一代模型强调宏观经济基本因素的恶化是导致国际收支危机的重要因素;第二代模型则认为预期引致是关键因素;第三代模型强调的是金融机制的作用。

四、国际收支理论前沿动态

西方经济学家"国际收支均衡"概念是以凯恩斯主义为理论基础的,虽然不认为"充分就业"是国内经济唯一均衡状态,但其基本内容即国民收入与就业分析旨在论证如何使总需求等于总供给、一国经济达到充分就业的均衡。国际货币基金组织认为,国际收支均衡是指"经常项目差额可由正常的资本流量来弥补,而不诉诸过度的贸易限制和资本流入或流出的特殊刺激,以及大规模失业"。其把国际收支均衡定义为:在暂时性因素(诸如码头罢工或欠收)、生产能力不正常使用或失业、贸易条件持久地外生变化、对贸易或资本流动的过度限制或刺激的影响之后,经常项目差额等于正常的资本净流量。它强调国际收支均衡指的是在中期,在给定的汇率水平上,一国基本的国际收支经常项目差额和正常的资本(私人资本)净流量以及官方外汇储备的合理的增长相一致。把经常项目的"可维持性"和"适度性"作为国际收支均衡的两个标准,前者是指经常项目逆差的可维持,后者是指经常项目所包含的一国消费及暗含的储蓄产生的最大的社会福利。可维持性是国际收支均衡的基本标准,适度性是国际收支均衡的最高标准。

(一)国际收支理论的最新发展

国际收支理论中以内外均衡理论最为全面,理论界又将其中的"不可能三角理论"的研究扩展到了汇率制度的选择。1999年,克鲁格曼将"蒙代尔不可能三角"发展为"三元悖论",即在开放经济条件下,一国货币政策独立性、资本自由流动与固定汇率3个目标最多只能同时实现两个。即存在3种情形:货币政策独立、固定汇率,则资本管制;固定汇率、资本自由流动,则货币政策无效;货币政策独立、资本自由流动则浮动汇率。

2000年,弗兰克尔提出"蒙代尔不可能三角"虽然意味着"角点解"不可能同时并存,只能三选二,但是并没有排除货币不完全独立、汇率不完全固定和资本部分流动不同组合存在的状态,内点解组合或中间汇率有效性也可能是成立的。

2001年,易纲在弗兰克尔观点的基础上,构造了一个指标体系对"蒙代尔不可能三角"

进行扩展。通过扩展三角假说表明,决定汇率制度选择的主要参数与最优货币区标准大致相符,中间制度解释是可以存在的,三者之间的关系是此消彼长的。2016年,易纲再次指出,"三元悖论"的理论可以灵活运用,中国可以在三角的每一条边上都取其一部分,并结合三者,总体加起来仍等于二。

(二)国际储备与国际收支平衡

大国持有国际储备的目的与小国有所不同,特别是面临本国货币国际化时,对国际储备规模的最优选择具有阶段性特征。货币国际化初期,持有国际储备是支持国际化的必要条件,它为本币国际化进程所要求的对外开放、金融体系稳健以及货币可兑换性保证提供了基础。当货币国际化程度达到一定水平之后,本币对防范本国开放风险的作用日益增强,并占据重要地位,这直接降低了对国际储备的预防性需求。或者说,本币的国际化替代了国际储备的部分功能,并导致国际储备规模下降。

国际储备的持有目的多元,但以预防动机为主。特别是在面临货币国际化风险时,国际储备对风险防控具有重要意义,仅从交易目的或成本收益分析的角度进行分析存在明显不足。

假定一国的对外支付平均来说是平衡的,因此,在支配一国国际交易支出和收入之间差额的随机过程中,将不存在漂移。这一随机模型指出,在最优国际储备和决定国际贸易差额的随机过程之间,存在正向相关关系。另外,如果在持有外汇储备的机会成本(以市场利率来衡量)中存在一个上升的趋势项,则外汇储备的最优数量会降低。因此,国际储备的最优水平由以下方程式所决定:

$$R^* = \sqrt{\frac{2C\sigma^2}{(\mu^2 + 2\sigma^2)^{1/2} - r}}$$

其中:R^* 是最优国际储备量;C 是每一次经济调节的固定成本,它同一国根据收入来调节其支出的能力有关;μ 和 σ^2 则是随机国际交易过程的均值和方差;r 是每一单位时间内持有储备的机会成本,我们可把它可看成因持有储备而放弃的收益。对该模型进行理论上的最优化之后可得出,国际收支波动性变量的系数以及机会成本的系数,分别应当为+0.50和−0.25。

表 18-2 国际储备适度规模的数量指标

数量指标(在一定范围内)	反映内容
国际储备额与国民生产总值的比率	一国的国民经济程度
国际储备额与外债总额的比率	一国的对外清偿能力和债信
国际储备额与其一定时期(1年)平均进口额的比率(最常用)	国际储备与进口之间的关系,通常认为不得低于25%
国际储备额与国际收支差额的比率	一国国际收支不平衡的调节与国际储备间的关系
影响国际收支状况的各种突发事件发生的频率	一国临时性国际收支和紧急国际支付与国际储备之间的关系
持有国际储备的成本与收益的比较	这种比较主要表现为5种指标:资本-产出率、储备收益率、资本缺乏程度、投资的边际效用以及国际储备调节国际收支不平衡的比较效用

资料来源:国家外汇管理局官网。

中国国际储备最优规模应当基于中国现实,并放到人民币国际化进程的历史背景中全面考察。中国的"过量"国际储备是经济转轨过程的必然产物。在国内市场化改革尚未全面完成,国内金融体系健全程度仍亟待改善的情况下,保持规模巨大的国际储备以防开放风险实属被动之举。同时,"过量"国际储备也是中国储备制度的结果。随着外汇管理制度改革,中国的国际储备管理将更加灵活和市场化,这不仅有助于减轻成本和风险压力,也有助于充分利用巨额国际储备的优势,为人民币国际化进程提供有力支撑。

中国的国际储备管理不应仅是成本收益决策的结果,也不该局限于应对短期资本流动冲击,而应将之视为支持人民币国际化的战略储备。相信随着人民币国际化水平的不断提高,中国"过多"储备的矛盾将逐步得以缓解,中国的国际储备规模将与人民币国际化程度及中国在国际经济体系中的地位相称。

(三) 对外债务与国际收支平衡

由于国际上有许多国家,其货币没有国际化,有些国家出口大于进口,这样就产生了贸易逆差,这种债务负担一直困扰着发达国家。建立世界各国货币国际化机制,也就是各国货币可以兑换其他国家的货币,但不论哪国的货币,只要是国家债务就可以用本国货币归还,我们可以设立外汇的保值世界性货币保险机构,也就是为各个国家拥有的货币(不论是哪个国家的)都给予保险,这样每个国家的货币地位不分高低,可以解决国家对外债务问题。外债的作用主要表现于其所带来的经济效益:弥补国内建设资金的不足,增加投资能力;根据本国的生产需要和消化能力引进国外先进技术和设备;提高本国的就业率和劳动力素质;改善出口商品结构,扩大出口创汇能力;加强债务国与债权国在金融领域的合作。外债的成本给了经济发展一定的限制,其成本性主要表现在债务偿还方面,其他方面还包括附带条件的外债、外资供应的不确定性、形成对外依赖。外债给债务国带来的收益和使它们付出的代价,对于不同的国家、不同的时期和不同的经济环境来说是不一样的。

衡量一国外债规模的常用指标有以下4个:①偿债率,指当年中长期外债还本付额加上短期外债付息额与当年货物和服务项下外汇收入之比,用以反映一个国家当年所能够承受的还本付息能力,警戒线为20%。突破20%这一警戒线,就有发生偿债危机的可能性。当然这一限度只能作为参考,超过这一警戒线并不一定就会发生债务危机,因为一国的偿债能力还取决于所借外债的种类、期限和出口贸易增长速度等重要因素,尤其取决于一国的总体经济实力。②债务率,指年末外债余额与当年货物和服务贸易外汇收入之比,用以反映一国国际收支口径的对外债总余额的承受能力,警戒线为100%。如果负债率超过100%,说明债务负担过重。但这也不是绝对的,因为即使一国外债余额很大,如果长期债务和短期债务期限分布合理,当年的还本付息额也可保持在适当的水平。③负债率,指外债余额与国民生产总值之比,用于反映国民经济状况与外债余额相适应的关系,警戒线为20%。超过20%,就有可能对外资过分依赖,当金融市场或国内经济发生动荡时,容易出现偿债困难。④短期债务比率,指当年外债余额中,一年及一年期以下短期债务所占比重。这是衡量一国外债期限结构是否安全合理的指标,它对某一年债务还本付息额影响较大,一般不宜超过20%。

世界银行将债务周期划分为5个阶段(见表18-3),从国际收支平衡对债务周期影响的角度来看,外债有助于债务国实现保持国际收支平衡的经济目标。

表 18-3 债务周期的 5 个阶段

债务周期阶段	贸易差额	净资本流动	净利息支付	债务余额
1. 不成熟的债务人	逆差	流入	流出	上升
2. 成熟的债务人	逆差下降	逆差下降	流入下降	递减速度上升
3. 向债券国转化	顺差	流出	流出减少	下降
4. 不成熟的债权人	顺差下降	流出速度下降	流入	净债权
5. 成熟的债权人	逆差	流出量减少	流入	债权稳定

资料来源:世界银行官网。

五、中国的国际收支状况

随着中国经济发展和结构调整以及各项改革的深化,经常项目顺差保持低位,资本项目可能小幅逆差,未来趋向于总体均衡的基础将更加具备。在宏观调控中既要考虑国际收支的总体平衡,也要把握国际收支的格局演变。经常项目逆差和资本项目顺差的国际收支平衡格局对中国经济发展、保持国际竞争力和提升国民福利不利,也难以持续。从理论、现实和国际经验看,经常项目小幅顺差和资本项目小幅逆差的国际收支基本平衡格局是中国的较好选择。促进国际收支平衡不应以抑制出口作为主要手段,应当保持中国出口竞争力,并加大进口力度,同时着力疏通资本输出渠道,实现"经常项目小幅顺差、资本项目小幅逆差"的总体平衡。

2001 年以来,国际资本不断涌入新兴经济体,中国国际收支呈现出多年的"双顺差"格局,外汇储备不断增加,基础货币被动投放。2008 年金融危机后,主要经济体实行了量化宽松政策,资本流入得以持续。但随着新兴经济体的增速放缓和发达国家量化宽松政策的退出,国际资本开始流出新兴市场。亦有观点认为跨境资本流动的规模明显增大,方向转换更加频繁,资本流动在"不可能三角"中的重要性明显提升。发展中国家汇率浮动情况、储备规模水平均不足以应对跨境资金流动所带来的货币政策冲击。自 2014 年第二季度开始,中国非储备性质金融账户开始出现逆差并呈逐步扩大趋势,国际收支呈现了"经常账户顺差,资本与金融账户逆差"的新局面。

从西方开放宏观经济学理论可以看到,政策搭配是解决内外矛盾的基本方法。想要实现内外均衡,就必须针对本国经济发展特点和宏观经济运行情况,搭配运用各项政策工具,使其发挥出最大效能。浮动汇率和资本流动是发达经济体国际收支调节的两大市场化工具。对于中国而言,国际收支、资本流动、汇率和外汇储备变化都是影响宏观经济和货币政策的核心内容。"三元悖论"的现实应用就是在保持一定的货币政策独立性、有管理的浮动汇率制和有管理的资本流动的情况下不断平衡三者的关系。国际收支平衡既是货币政策的目标又与汇率变化和资本流动密切相关。在保持货币政策相对独立的条件下,扩大汇率的波动范围和对跨境资本的宏观审慎管理逐渐成为应对现实情况的一种合理选择。

中国国际收支非均衡格局一直存在,历经十余年"双顺差"格局,目前逐渐稳定在"经常项目顺差、资本和金融项目逆差"状态。与此同时,人民币国际地位也在不断提升,特别是 2016 年 10 月 1 日人民币正式加入 SDR 货币篮子后,境外对人民币的需求量飞速增加,目前人民币稳居世界第五大支付货币之位,有望成为世界第三大货币。

近年来，中国经常账户仍保持合理的顺差规模，跨境资本流动总体保持稳定。经常账户下，货物贸易延续顺差，服务贸易逆差仍将扩大。国际经济环境向好，外需稳定，"一带一路"倡议和国际产能合作等稳步推进，利好区域贸易发展。主要进口大宗商品价格较高，进口增速仍然较快。服务贸易逆差扩大，境外旅游、留学等需求保持强劲，旅游项目逆差快速增长；全球贸易活动频繁，运输项目逆差增长势头不减。非储备性质的金融账户下资金流动保持稳定。直接投资在一揽子扩流入政策下保持顺差，达到或超过过去顺差规模。证券投资和其他投资主要受汇率波动以及汇率预期的影响，反映外币贷款和存款等短期资产配置行为，顺差逆差都有可能出现，总体风险可控，没有出现大规模资本外逃现象。

当今金融安全已上升到国家安全的高度，促进国际收支平衡不仅是为了防范失衡所带来的系统性风险，同样意味着对于金融安全的保障。中国在"强监管"和"促改革"的背景下，对于国际收支失衡的调节应坚持"主动"和"被动"相结合，进一步发挥市场化调节机制的作用，理性看待汇率与外汇储备余额变动；将货币政策和产业税收等财政政策密切配合，不断发挥供给侧结构性改革效能；对于跨境资本流动实施宏观审慎管理，探索逆周期调节的方式方法；要进一步完善资本项目和金融市场开放相关制度设计，打造高效、开放的市场环境；加强预期管理与货币政策的国际协调，密切关注跨境资金流向的趋势变化；整体上通过国际收支的动态平衡实现国家的金融安全，并促进中国经济的双循环和高质量发展。

思考题

1. 国际收支理论有哪些？主要思想各是什么？
2. 中国的国际收支状况怎样？

第19讲 开放金融均衡理论与政策

基本要求：1. 了解开放经济均衡政策目标。
2. 掌握开放金融均衡政策搭配。
3. 熟悉内外均衡冲突的调节。
本讲重点：米德冲突、伯根法则、斯旺模型。
本讲难点：蒙代尔-弗莱明模型。

现代世界经济基本上都是开放经济，各国不能独善其身。开放经济下的金融自然是开放金融，必须实现内外均衡。研究开放经济下金融活动的均衡理论就是开放金融均衡理论，实现内外均衡需要政策搭配。本讲在介绍开放经济内外均衡目标的基础上，重点梳理了主流经济学的各种开放金融均衡理论，介绍了开放金融政策搭配理论，分析了其最新发展及在中国的应用研究动态。

一、开放经济均衡政策目标

国家的宏观经济目标，在封闭经济条件下就是经济增长、物价稳定、充分就业；那么，在加入了国际的相互影响之后，政府所要面对的就是开放经济，目标就要再加上国际收支平衡。经济增长是一个长期的、动态的过程，因而短期内的目标就主要集中在后3个，这后3个目标又可以归纳为两大类，即内部均衡和外部均衡。

（一）内部均衡

当一国生产性资源被充分利用并且价格水平稳定时，经济处于内部均衡。价格水平的稳定和充分就业对经济体的意义几乎是常识性问题。

（1）物价稳定（price stability）。物价稳定，在避免长期通货膨胀和长期通货紧缩的意义上，对于实现经济体的健康成长主要有以下5个方面的贡献：①物价稳定意味着总体价格水平的正常波动不会掩盖相对价格的变化，使相对价格的变化更容易被观察到，由此，企业和消费者可以更好地进行消费和投资决策，从而使市场更有效地配置资源。物价稳定通过引导市场资源发挥最佳的生产价值，提高了经济的生产潜能。②如果投资者们确认未来的物价很稳定，就不会要求"通货膨胀风险溢价"以补偿他们长期持有资产的风险。通过降低实际利率的风险溢价，货币政策可以实现有效配置资本市场并且刺激投资，这也有助于经济增长。③物价稳定的可靠性降低了个人和公司因为避免通货膨胀而把资源从生产用途转移的可能。比如,在通货膨胀率很高的情况下,人们倾向于持有实物资产而不是货币或其他金融资产,因为实物资产可以保值,而囤积商品本身是一个消极的投资决策,可能阻碍经济增长。④税收和福利系统可以产生扭曲经济行为的消极影响。在大多数情况下,这种扭曲又会因为通货膨胀或是通货紧缩而加剧。物价稳定会减少因为通货膨胀而加剧的税收和社会保障系统的扭曲所带来的损失。⑤保持物价稳定可以防止由通货膨胀或通货紧缩引起的财富和收入的大量无序的重新分配。物价稳定的环境有助于保持社会的凝聚力和稳定,高度的通货膨胀或通货紧缩常常导致社会和政治的不稳定。

(2) 充分就业(full employment)。经济学就是研究如何有效配置稀缺经济资源的,这其中自然包括资源的运用效率,而经济资源在低于或高于充分就业的状态下被利用都可能造成巨大的浪费。充分就业并不意味着完全没有失业,因为在任何一个经济体内,一定的失业率(摩擦性失业和结构性失业)都是无法避免的。所谓自然失业率,即在不刺激通货膨胀的情况下可以维持的最低失业率。充分就业就是指经济保持一个自然失业率的就业水平。当经济没有达到充分就业时,失业率高于自然失业率,而且这部分高出的失业是不受欢迎的。这些失业意味着有些人想得到工作却没有工作,这部分劳动力资源就没有得到充分的利用,使国民产出偏低,并且进一步引起税收收入偏低和财政支出下降,影响公共产品的提供。更有甚者,失业虽然是失业者的不幸,但不幸的人很可能变成新的不幸的制造者,影响社会的稳定。当经济高于充分就业,即失业率低于自然失业率水平时,对资源的浪费是比较隐性的,表现为对机器、人的过度使用,从而可能会更频繁地发生故障和需要更快地折旧。

综上所述,短期内,物价稳定和充分就业目标的达成会成就经济的长期稳定、均衡发展。这两个目标是有关经济体内部的经济指标,所以被归类为内部均衡目标。

(二) 外部均衡

在开放条件下,国际收支记录了一国在一段时间内的对外经济交往,因此,通过对国际收支的观察可以判断其外部均衡的状况。当然,不同的经济体、不同时期的同一经济体对外部均衡的要求都可能有所不同,会受某一时期特定的经济形势、外部世界的条件,以及支配其与外部世界经济关系的制度安排等因素的影响。

如果只是从总体上观察国际收支的话,那么国际收支绝不会失衡。因此,我们所说的国际收支平衡是指它在某些项目上的平衡。一般准则是经常账户余额保持在一个适当的水平上,避免过大的赤字或盈余。

由 $S = CA + I$ 可知:

$$CA \text{ 赤字,意味着 } S < I, \text{存在资本流入} \quad (19\text{-}1)$$

$$CA \text{ 盈余,意味着 } S > I, \text{存在资本流出} \quad (19\text{-}2)$$

所以,如果一国国内具有较好的投资机会,投资的未来收益很高,不妨保持在式(19-1)的状态,成为现期产品尤其是资本品的净进口国;当由国外借入的资金用于生产性支出时,经常账户赤字不会对经济造成不良影响。

相反,当一国国内投资的预期回报低于它在国外的投资时,该国政府可以适当鼓励资本流向投资收益率较高的地区,同时保持在式(19-2)的状态。另外,暂时性的赤字或盈余可能是出于维护经济长期稳定的目的,也可以存在。但是,如果经济中存在着过度的赤字或盈余并伴随着以下经济状况,则应该引起注意。

1. 过度的经常账户赤字

经常账户赤字带来的资金流入可能用于以下两个方面：一方面，如果出现政府的错误导向或经济中其他因素失控使借入资金大多用于高消费，则这种赤字不仅不能对本国经济的长期发展做出贡献，还可能带来未来的偿付能力不足问题。另一方面，根据前面的等式，可知 $C+S_P+T=C+I+G+EX-IM+R$，从而有 $S_P+T=I+G+CA$，即 $S_P+(T-G)=I+CA$，其中 $T-G$ 就是政府储蓄。如果净进口带来的资本流入用于弥补巨额财政赤字（即 $T-G<0$），而后者又未能改善国内投资环境的话，也是相当危险的。另外，如果在计划阶段对利用外资的投资项目的盈利性有过于乐观的估计，也可能带来未来偿债能力的不足。在这些情况下，政府应该迅速采取措施减少赤字，以避免将来可能面临的外债偿还困难。

2. 长期的经常账户盈余

存在长期的经常账户盈余意味着对外投资和持有外国资产的净增长，也表明国内投资增长下降。实际上，在某些情况下，投资于国内可能比投资于国外具有更大的边际收益：如果国内资本存量的增加有助于减少本国失业，就比等量的国外资产的增加对国民收入的贡献更大；一个企业在国内的投资会对国内的其他企业在技术上具有外部性，从而促进国内技术的扩散；对国内投资收益比对国外投资收益更便于征税。还有一些因素如风险、与外国关系等，都使政府应该积极采取行动改变本国的经常账户收支状况。

二、内外均衡冲突

（一）米德冲突

英国经济学家米德在分析国际收支调节政策时指出，一国如果只使用一种支出变更政策或支出转换政策对宏观经济运行进行调节，就可能发生内部平衡与外部平衡的冲突，这就是所谓的米德冲突（Meade conflict）。

例如，当一国国内存在通货膨胀，而国际收支为顺差时，只用一种支出变更政策进行调节，就会引起内外部平衡之间的冲突；反之，当一国国内存在严重失业，国际收支为逆差时，只用一种支出变更政策进行调节，也会引起内外部平衡之间的冲突，其表现如表 19-1 所示。

表 19-1 单一支出变更政策引起的米德冲突

经济情况		政策调整			
		扩张性支出变更政策		紧缩性支出变更政策	
国内经济	国际收支	内部	外部	内部	外部
通货膨胀	顺差	加剧通胀	得到改善	消除通胀	更加不平衡
严重失业	逆差	扩大就业	更加不平衡	失业加剧	得到改善

支出转换政策包括汇率变动、工资水平变动和价格变动，其效应都会反映到实际汇率的变动中。如本币对外贬值、降低国内工资水平、降低国内商品价格，都会因提高本国出口商品的竞争能力，产生外汇实际汇率上升、本币实际汇率下降的效应。当一国国内存在严重失业，而国际收支为顺差时，只用一种支出转换政策，即只采用实际汇率变动政策进行调节，就会引起内外部平衡之间的冲突；反之，当一国国内存在通货膨胀，而国际收支为逆差时，只用实际汇率变动政策进行调节，也会引起内外部平衡之间的冲突。其表现如表 19-2 所示。

表 19-2　单一支出转换政策引起的米德冲突

经济情况		政策调整			
		本币实际汇率下降政策 （本币贬值）		本币实际汇率上升政策 （本币升值）	
国内经济	国际收支	内部	外部	内部	外部
通货膨胀	顺差	扩大就业	更加不平衡	失业加剧	得到改善
严重失业	逆差	加剧通胀	得到改善	消除通胀	更加不平衡

（二）丁伯根法则

荷兰经济学家丁伯根通过对国际收支调节政策的有效性分析认为，一国要想达到一个经济目标，政府至少要运用一种有效的政策工具进行调节。要想实现多个经济目标，政府至少要运用多种独立、有效的政策工具进行调节，这就是著名的丁伯根法则（Tinbergen's rule）。从上述各种政策与一国宏观经济目标之间的联系，以及各国国际收支调节的实践证明来看，丁伯根法则是成立的。

三、政策搭配理论

现实经济实践中，由于各国在国际收支调节过程中，常会遇到米德冲突问题，所以根据丁伯根法则，最好的选择就是多种政策的合理配合和运用，以求同时实现内部平衡和外部平衡。另外，还要根据一国内外经济失衡程度和各种政策调节效力的不同，选择不同的政策搭配。

（一）斯旺模型

斯旺模型是由澳大利亚经济学家特雷弗·斯旺（Trevor Swan）提出的。他运用凯恩斯主义理论，将国际收支纳入宏观经济管理整体框架中，通过分析国内支出和外汇汇率之间的对应关系，以及经济失衡的各种不同表现，总结出一国经济内部平衡与外部平衡同时实现所需要的条件，并通过图形进行描述，如图 19-1 所示。

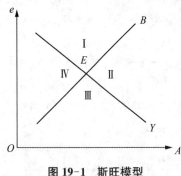

图 19-1　斯旺模型

1. 斯旺模型的含义

在图 19-1 中，横轴 A 代表国内总支出，纵轴 e 代表外汇汇率。Y 代表内部平衡线，在这条线上的点都意味着充分就业和物价稳定。B 代表外部平衡线，在这条线上的点都意味着国际收支平衡。

内部平衡线 Y 从左上方往右下方倾斜，说明在国内总支出减少的同时，需要外汇汇率上升或本币贬值政策的配合，从而使出口增加、进口减少，才能维持内部平衡；反之，在国内总支出增加的同时，必定是外汇汇率下降或本币升值从而使进口增加、出口减少，以维持内部平衡。Y 线右边Ⅰ区和Ⅱ区的任意一点都表示在一定汇率水平下，国内总支出大于总收入，因而存在通货膨胀；反之，Y 线左边Ⅳ区和Ⅲ区的任意一点都表示在一定汇率水平下，国内总支出小于总收入，因而存在失业。

外部平衡线 B 从左下方往右上方倾斜，说明在国内总支出减少的同时，需要外汇汇率下降或本币升值政策的配合，从而使进口增加、出口减少，才能维持外部平衡；反之，在国内总支出增加的同时，必定是外汇汇率上升或本币贬值从而使出口增加、进口减少，以维持外部平衡。B 线右边Ⅱ区和Ⅲ区的任意一点都表示在一定的国内总支出水平下,外汇汇率低于均衡水平或本币汇率高于均衡水平,导致国际收支逆差;反之,B线左边Ⅰ区和Ⅳ区的任意一点都表示在一定的国内总支出水平下,外汇汇率高于均衡水平或本币汇率低于均衡水平,导致国际收支顺差。

在图19-1中,只有两条曲线相交的E点意味着内部平衡与外部平衡的同时实现,反映了国内支出和外汇汇率政策的最佳组合。在Y线上除E点之外的其余各点意味着内部平衡的同时伴随着外部的不平衡,在B线上除E点之外的其余各点则意味着外部平衡的同时伴随着内部的不平衡,而不在两条线上的任意一点都意味着内外部同时失衡的状态。

2. 斯旺模型的单一政策调节

在斯旺模型中,在有些情况下是可以采取一种政策进行调节的。

第一种情况:在Ⅲ区表示一国同时处于国内失业和国际收支逆差状态,政府可以采取一种支出转换政策进行调节,即通过提高外汇汇率或降低本币汇率的办法,在改善国际收支逆差的同时,减少失业。

第二种情况:在Ⅰ区表示一国同时处于国际收支顺差和国内通货膨胀状态,政府可以采取一种支出转换政策进行调节,即通过降低外汇汇率或提高本币汇率的办法,在减少国际收支顺差、实现外部平衡的同时,抑制国内通货膨胀。

第三种情况:在Ⅳ区表示一国同时处于国内失业和国际收支顺差状态,政府可以采取一种支出变更或转换政策进行调节,即通过扩大国内总支出的办法,在刺激经济增长扩大就业的同时,消除国际收支顺差,实现对外经济平衡。

第四种情况:在Ⅱ区表示一国同时处于国内通货膨胀和国际收支逆差状态,政府可以采取一种支出变更或转换政策进行调节,即通过缩小国内总支出的办法,在抑制通货膨胀的同时,改善国际收支逆差,实现对外经济平衡。

3. 斯旺模型的政策配合调节

在斯旺模型中其他大多数情况下,只运用一种政策进行调节,就会出现米德冲突。例如,在失业和国际收支逆差并存的情况下,为了解决失业必须实行扩张的财政金融政策,为了消除逆差必须实行紧缩的财政金融政策。因此,如果只运用一种政策调节,无论怎样选择,一个目标的实现总是以牺牲另一个目标为代价。

为了避免米德冲突,斯旺认为,可以根据丁伯根法则,针对经济失衡的性质和情况及不同政策的效力,采取支出变更政策和支出转换政策搭配的办法,对各种失衡情况进行调节。实践中,大多数国家以财政货币政策调节内部均衡,以汇率政策调节外部均衡,或者根据内外均衡状况采取相应的政策搭配。表19-3简要说明了支出变更政策与支出转换政策的搭配情况。

表19-3 支出变更政策与支出转换政策的搭配

区间	经济状况	支出变更政策	支出转换政策
Ⅰ	通货膨胀/国际收支顺差	紧缩	本币升值
Ⅱ	通货膨胀/国际收支逆差	紧缩	本币贬值
Ⅲ	失业/国际收支逆差	扩张	本币贬值
Ⅳ	失业/国际收支顺差	扩张	本币升值

但是，由于一国内外经济失衡的程度和各种政策调节效力有所不同，还需要通过斯旺模型中内部平衡线和外部平衡线的斜率来判断经济失衡的性质和情况，从而有针对性地采取不同政策配合的方法进行调节。

第一种情况（见图19-2）：内部平衡线 Y 的斜率（绝对值）大于外部平衡线的斜率，意味着在汇率变动条件下，维持外部平衡所引起的支出变动大于维持内部平衡所引起的支出变动，从而说明支出转换政策即汇率调节政策对外部平衡影响较大。在支出变动条件下，维持内部平衡所引起的汇率变动大于维持外部平衡引起的汇率变动，说明支出变更政策对内部平衡影响较大。

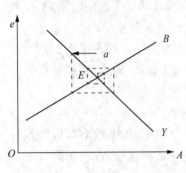

图 19-2　Y 的斜率（绝对值）大于 B 的斜率

如图19-2所示，如果一国经济处于 a 点，意味着国际收支顺差与国内通货膨胀并存，在这种情况下，政府就不能只用一种支出变更政策进行调节，因为实行支出紧缩政策会使国际收支更加失衡，也不能只用一种支出转换政策进行调节。虽然用支出转换政策降低汇率可以在减少国际收支顺差的同时抑制国内通货膨胀，但由于汇率政策对内部经济失衡调整的效力较小，达不到应有的效果，所以仍需要两种政策搭配，用支出转换政策调节对外经济以实现国际收支平衡，用支出变更政策调节国内经济以实现内部平衡。即政府用支出转换政策降低外汇汇率以减少顺差，同时采用支出变更政策实行紧缩性支出政策，以消除国内通货膨胀。调节的结果是经济沿逆时针方向朝 E 点收敛，实现其内部与外部的同时平衡。

第二种情况（见图19-3）：外部平衡线 B 的斜率大于内部平衡线 Y 的斜率（绝对值），意味着汇率变动条件下，维持内部平衡所引起的支出变动大于维持外部平衡引起的支出变动，从而说明支出转换政策即汇率调整政策对内部平衡影响较大。在支出变动条件下，维持外部平衡所引起的汇率变动大于维持内部平衡引起的汇率变动，说明支出变更政策对外部平衡影响较大。

如图19-3所示，如果一国经济处于 b 点，意味着国际收支逆差与国内衰退并存，在这种情况下，政府也不能只用一种支出变更政策进行调节，因为实行支出扩张政策会使

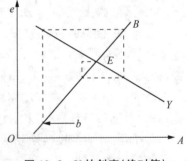

图 19-3　Y 的斜率（绝对值）小于 B 的斜率

国际收支更加失衡；也不能只用一种支出转换政策进行调节。虽然用支出转换政策提高汇率可以在减少国际收支逆差的同时刺激国内经济增长，但由于汇率政策对外部经济失衡调整的效力较小，达不到应有的效果，所以仍需要两种政策搭配，用支出转换政策即汇率调整政策调节国内经济以实现内部平衡，用支出变更政策调节对外经济以实现国际收支平衡。即政府应采用支出变更政策即实行紧缩性支出政策减少逆差；同时，用支出转换政策提高外汇汇率的办法刺激经济增长，扩大就业。调节的结果是经济沿顺时针方向朝 E 点收敛，实现其内部与外部的同时平衡。

（二）蒙代尔的政策配合理论

针对斯旺模型的缺陷，蒙代尔考虑了资本流动因素，并将要选择和搭配的政策分为财政

政策和货币政策两种类型。蒙代尔认为财政政策通常对国内经济的作用大于对国际收支的作用,而货币政策对国际收支的作用要大于对国内经济的作用。他认为:财政政策主要表现为政府开支的增减,其对国内经济活动比对国际收支活动的调节作用大;货币政策主要表现为国内外利率的差异,它促使资本在国家间流动,对国际收支影响较大。所以,一国可以通过财政政策和货币政策的适当配合进行调节,同时实现内部平衡和外部平衡,表 19-4 简要描述了其关于实现内外均衡的政策配合情况。

表 19-4 实现内外均衡的政策配合简表

经济情况		财政政策(对内)	货币政策(对外)
国内经济	国际收支		
衰退	逆差	扩张(扩大政府开支)	紧缩(升利率降物价)
衰退	顺差	扩张(扩大政府开支)	膨胀(降利率升物价)
膨胀	逆差	紧缩(缩减政府开支)	紧缩(升利率降物价)
膨胀	顺差	紧缩(缩减政府开支)	膨胀(降利率升物价)

(三) 对政策配合调节理论的评价

米德冲突和丁伯根法则所阐述的理论已经在各国内外经济调节实践中得到了很好的验证,而斯旺模型与蒙代尔的政策配合理论对各种政策在内外经济均衡中的作用分析,也有一定的理论意义和实际意义。

但这些理论大都是局部静态分析,往往失之于片面。如斯旺模型只考虑进出口变动与汇率及国内支出的关系,而忽视了资本流动的作用。同时,这些理论都要求有严格的假设条件,如:斯旺模型的建立就需要有可获得充分信息以完成模型中关于斜率的绘制、实行浮动汇率制等严格的假设条件,与现实不一定相符;而蒙代尔的政策配合理论则暗含着一个假设,即财政政策和货币政策互相独立。但现实经济生活中,财政政策和货币政策很难截然分开。而且可采取的政策措施很多,并不止财政政策和货币政策两种。另外,此理论对 20 世纪 70 年代以后出现的滞胀(stagflation)现象也无法解释,不能自圆其说。

四、蒙代尔-弗莱明模型

蒙代尔-弗莱明模型是在蒙代尔的政策配合理论基础上,通过弗莱明和其他一些经济学家的补充和完善,将表示国际收支均衡的 BP 曲线引入标准的 IS-LM 模型,扩展为 IS-LM-BP 模型而建立起来的。其重点是分析资本流动因素对模型的影响;同时,着重阐述了在不同汇率制条件下一国如何通过政策调节实现内外经济的同时均衡。

(一) IS-LM-BP 模型

IS-LM-BP 模型可用一个以利率 i 为纵坐标,以国民收入 Y 为横坐标的直角坐标系图形来表示。如图 19-4 所示,图中 E 点表示内外经济同时均衡,并且对应于充分就业条件下的国民收入水平 y_f,以及适合于内外经济同时均衡条件下投资与资本流动的利率水平 i_f。

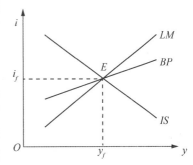

图 19-4 IS-LM-BP 模型

IS曲线表明了产品市场均衡的条件。即在IS曲线上任意一点都表明在给定的利率及其相对应的国民收入水平上,投资正好等于储蓄,才能达到产品市场的均衡。其中,I表示投资,S表示储蓄。投资是利率的减函数,储蓄是收入的增函数。当收入增加引起储蓄增加时,利率必须下降以相应增加投资,才能保持产品市场的均衡。因此,在IS-LM-BP模型坐标图上,IS曲线是一条向右下方倾斜的曲线,斜率为负值。

LM曲线表明了货币市场均衡的条件。即在LM曲线上任意一点都表明在给定的利率及其相对应的国民收入水平上,货币需求正好等于货币供给,才能达到货币市场的均衡。其中,L表示货币需求,M表示货币供给。L分为两部分:L_1表示对货币的交易需求,是收入的增函数;L_2表示对货币的投机需求,是利率的减函数。M是可以由政府调控的外生变量。在货币供给量既定的条件下,只能通过调节对货币的不同需求来实现货币市场的均衡。当收入增加引起货币交易需求增加时,利率必须上升使对货币的投机需求减少,以抵消收入增加对货币交易需求增加的影响。因此,在IS-LM-BP模型坐标图上,LM曲线是一条向右上方倾斜的曲线,斜率为正值。

BP曲线表明了国际收支均衡的条件。国际收支主要包括经常项目、资本和金融项目这两大项目。其中,经常项目主要反映一国商品和劳务的进出口,以及收益、经常转移等内容,而资本与金融项目主要反映一国资本流入和流出的内容。在凯恩斯主义宏观经济学四部门国民经济均衡模型中,常常以贸易差额$(X-M)$来代表经常项目差额及国际收支差额进行分析;而在蒙代尔-弗莱明模型中,则将国际资本流动因素引入,进行全面的国际收支差额分析。

如果不考虑资本流动因素,只考察经常项目,则用IS-LM-BP模型反映国际收支均衡的BP曲线是一条与y垂直的直线。因为这一坐标系假设,代表经常项目差额的贸易差额$(X-M)$是收入y的函数,只受收入的影响,而与利率无关。这时的内外经济均衡状况表现为IS曲线、LM曲线和BP曲线相交,并对应于充分就业条件下的国民收入y_f的点E上。具体如图19-5所示。

如果引入资本流动因素,全面考察国际收支均衡状况,则可能出现3种情况,如图19-6所示。

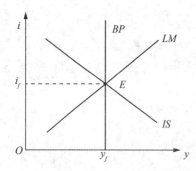
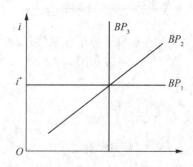

图19-5 无资本流动情况下的IS-LM-BP模型　　图19-6 不同资本流动情况下的IS-LM-BP模型

第一种情况:当资本完全流动时,图19-6中反映国际收支均衡的BP曲线是一条平行的水平线。资本完全流动意味着实现了国际金融市场的一体化,各国间不存在任何资本流动的障碍,本国利率与国际市场利率i^*完全一致,从而意味着任何经常项目的差额都可以通过资本流动来弥补,从而实现国际收支的均衡。由于国际市场利率 i^* 是个外生变量,国际收支的不均衡主要表现在本国利率与国际市场利率不一致的情况下。因此,在这条水平的 BP 曲线上方的各点,都表示本国利率高于国际市场利率,资本流入大于资本流出,国际收支处于顺差状态;而 BP 曲线下方各点,意味着国际收支处于逆差状态。

第二种情况:当资本不完全流动时,图 19-6 中反映国际收支均衡的 BP 曲线是一条具有正斜率向右上方倾斜的曲线。这时,仍然把进出口贸易差额 $(X-M)$ 近似地看作经常项目差额,并称其为净出口。当净出口为负值时,意味着进口大于出口,经常项目为逆差;当净出口为正值时,意味着出口大于进口,经常项目为顺差。将资本流入和流出的差额称作净资本流出。当净资本流出为负值时,意味着资本流入大于资本流出,资本和金融项目为顺差;当净资本流出为正值时,意味着资本流出大于资本流入,资本和金融项目为逆差。因此,只有当净出口正好与净资本流出相等时,即国际收支两大项目的差额正好互补,国际收支的差额为零时,才能达到一国国际收支的均衡。在 BP 曲线上任意一点都表明,在给定的利率及其相对应的国民收入水平上,净出口正好等于净资本流出,从而达到一国国际收支的均衡。在 IS-LM-BP 模型坐标图上,进口是收入的增函数,而资本流出是利率的减函数。当收入增加使进口增加、净出口为负值从而经常项目为逆差时,利率必须上升使资本流出减少,净资本流出也相应减少;而资本和金融项目为顺差时,两大项目差额才能互相抵消,国际收支才能达到均衡。因此,BP 曲线是一条向右上方倾斜的曲线,具有正斜率。但由于模型假设资本流动对利率的变动比货币需求对利率的变动更为敏感,所以在一般情况下,BP 曲线的斜率要小于 LM 曲线的斜率。

第三种情况:当资本完全不流动时,则与只考察经常项目差额的结果一样,图 19-6 中反映国际收支均衡的 BP 曲线是一条与 y 垂直的直线。

(二) IS-LM-BP 模型中宏观调节政策选择

在三部门国民收入模型分析中,国民收入的均衡主要表现在坐标图中除去 BP 曲线后,IS 曲线和 LM 曲线相交并对应于充分就业条件下的国民收入 y_f 的点 E 上。在由蒙代尔-弗莱明理论引入资本流动因素后的四部门国民收入模型分析中表明,一国要想达到内部平衡与外部平衡同时实现的目标,就必须使 IS 曲线和 LM 曲线及 BP 曲线这三条曲线也正好相交于 E 点,并且这一交点 E 也必须对应于充分就业条件下的国民收入 y_f,如图 19-7 所示。

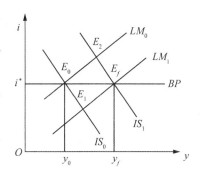

图 19-7 小国蒙代尔-弗莱明模型的政策调节

但实际上,这种理想状态不可能经常存在,经常出现的是以下 3 种情况。

第一种情况:IS_0 曲线和 LM_0 曲线并不相交于充分就业条件下国内经济均衡的 E_f 点,而是相交于 E_0 点;同时,在 E_0 点上的国际收支也未处于 BP 曲线上。所以,国内经济与对外经济均处于不平衡状态,如图 19-8 所示。

第二种情况:IS 曲线和 LM 曲线相交于充分就业条件下国内经济均衡的 E_f 点上,但反映国际收支平衡的 BP 曲线未能通过 E_f 点,即国际收支处于非均衡状态,如图 19-9 所示。

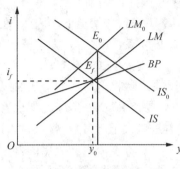

图19-8 国内经济与对外经济均处于不平衡状态

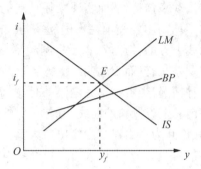

图19-9 国内经济平衡但对外经济处于不平衡状态

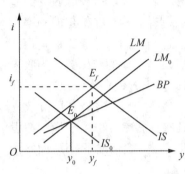

图19-10 非充分就业状态下的内外经济同时平衡状态

第三种情况：IS_0曲线和LM_0曲线相交于E_0点，而BP曲线也通过E_0点。但E_0点不是对应于充分就业条件下的国民收入y_f，而是对应于非充分就业条件下的国民收入y_0，如图19-10所示。

实际经济中无论这3种情况中的哪一种情况出现，都需要政府采用宏观经济政策进行调节，以实现内外经济的同时均衡。宏观经济调节政策的选择可以有3种类型，即移动或调节IS曲线、移动或调节LM曲线，以及移动或调节BP曲线。

1. 移动或调节IS曲线的政策选择

在蒙代尔-弗莱明理论的分析中，IS曲线的移动主要表现为对国内经济的调节。所以，运用财政政策进行调节更为有效。扩张性的财政政策可以使IS曲线向右移动；紧缩性的财政政策可以使IS曲线向左移动。同时，在开放经济条件下，贸易差额是国民收入的函数。因此，净出口成为影响投资需求和消费需求的一个有机组成部分。所以，对国际收支经常项目的调节也会导致IS曲线的移动。采用增加净出口的政策可以使IS曲线向右移动；而采用减少净出口的政策则可以使IS曲线向左移动。

2. 移动或调节LM曲线的政策选择

LM曲线表示一国一定时期内货币供给与货币需求的均衡。在国民经济非均衡状态下，LM曲线的移动则表示政府通过货币政策运用对宏观经济进行调节。扩张性货币政策可以使LM曲线向右移动，紧缩性货币政策则使LM曲线向左移动。同时，在开放经济条件下，外汇储备也成为一国货币供给的一个有机组成部分，所以外汇储备的变动也会导致LM曲线的移动。采取增加外汇储备的政策可以导致货币供给增加从而使LM曲线向右移动，采取减少外汇储备的政策则可以导致货币供给减少从而使LM曲线向左移动。

3. 移动或调节BP曲线的政策选择

移动或调节BP曲线有两种情况：一种情况是BP曲线未能与表示在充分就业条件下国内经济均衡的E点相交。这意味着国际收支自身虽然是平衡的，但未达到与国内经济在充分就业条件下的同时平衡，所以需要采取政策使BP曲线移动，以达到与国内经济同时均衡的目标。另一种情况是在国际收支自身失衡的前提下，对其进行调节，从而使其首先回到BP曲线上，然后再进一步谋求与国内经济的同时均衡。

移动或调节 BP 曲线的政策包括调整汇率、国内利率和国内商品价格,以及采取行政干预等措施。如果在采取本币升值的汇率政策和提高国内商品价格政策的同时,降低国内利率,则会起到抑制出口和导致资本流出,使国际收支顺差减少的作用,从而使 BP 曲线向右移动;如果在采取本币贬值的汇率政策和降低国内商品价格政策的同时,提高国内利率,则会起到鼓励出口和导致资本流入,使国际收支逆差减少的作用,从而使 BP 曲线向左移动。此外,如果采取贸易管制、外汇管制及财政管制等行政干预措施,同样可以起到使 BP 曲线移动的作用。其作用过程也同样是通过影响进出口和资本流动而调节国际收支,从而影响 BP 曲线的位置移动。

但是,由于调整汇率、国内利率和国内商品价格的政策,以及采取行政干预的措施,都有可能影响到 IS 曲线和 LM 曲线,所以无论哪一种政策的运用,都要根据一国国内经济是否处于充分就业的均衡状态而进行选择。

(三) 资本完全流动下的蒙代尔-弗莱明模型

在蒙代尔-弗莱明模型分析中,在资本完全流动情况下,反映国际收支均衡的 BP 曲线是一条对应于国际市场利率的水平线。蒙代尔-弗莱明模型分析的对象是开放的小型国家。因此,这条水平线同时也是反映小国国际收支均衡的 BP 曲线。在小国的蒙代尔-弗莱明模型分析中,本国利率是由外国利率决定的,所以本国利率与外国利率相等。一旦本国利率有所变化,很快就会引起资本流动,从而使利率回到原来的水平。因此,小国的 BP 曲线就是这样一条对应于国际市场利率的水平线。但在开放的大型国家及其他国家的蒙代尔-弗莱明模型分析中,BP 曲线的位置与小国是不同的。

1. 小国的蒙代尔-弗莱明模型及其政策调节

在不同的汇率制度下,小国在运用宏观经济政策对国内经济与国际收支进行调节时,货币政策和财政政策的效果是不同的。

(1) 在浮动汇率制条件下。在浮动汇率制条件下,小国的蒙代尔-弗莱明模型表明,政府采用货币政策调节国内经济失衡是比较有效的,而采用财政政策调节国内经济失衡是缺乏效力的。如图 19-7 所示,假定一国国际收支虽处于均衡状态,但国内经济却处于非充分就业状态,即图中点 E_0 对应的 y_0 处,需要用扩张性的货币政策进行调节。这时,政府可以通过增加货币供给的政策使 LM_0 曲线右移到 LM_1,以解决失业问题。同时,货币供给增加使利率下跌至点 E_1,导致资本流出,使国际收支顺差减少或逆差增加,从而使外汇供求关系发生变化。在浮动汇率制下,外汇供应减少会引起外汇汇率上升,会产生刺激出口而导致净出口增加的作用。净出口增加不但正好弥补了由于资本流出而产生的逆差,使国际收支恢复原有的均衡,而且还使 IS_0 曲线也向右移动至 IS_1,与同向右移的曲线 LM_1 在利率与收入新的组合点 E_f 上相交,从而达到内外经济在充分就业条件下的同时均衡。

沿用图 19-7,假定一国国际收支处于均衡状态,而国内经济处于非充分就业状态,但政府要用扩张性的财政政策进行调节。通过增加政府支出可以使 IS_0 曲线向右移动至 IS_1。同时,政府支出增加会引起对货币的需求增加,从而使利率上升至点 E_2,导致资本流入,使国际收支顺差增加或逆差减少,从而使外汇供求关系发生变化。在浮动汇率制下,外汇供应增加会引起外汇汇率下跌,因而会产生抑制出口而导致净出口减少的作用。净出口减少虽然弥补了由于资本流入而产生的顺差,使国际收支恢复均衡,但同时净出口减少会使 IS_1 曲

线向左移动而回到 IS_0 曲线的位置,从而抵消了政府扩张性的财政政策的效果。

(2) 在固定汇率制下。在固定汇率制下,小国的蒙代尔-弗莱明模型表明,采用货币政策调节国内经济失衡是缺乏效力的,而采用财政政策调节国内经济失衡是比较有效的。

沿用图 19-7,假定一国国际收支处于均衡状态,而国内经济处于非充分就业状态,政府要用扩张性的货币政策进行调节。虽然增加货币供给使 LM_0 曲线右移至 LM_1 的同时,也使利率下跌和资本流出,但在固定汇率制下,国际收支顺差减少或逆差增加所引起的外汇供求关系变化并不能直接导致汇率的变化,也不能带来净出口的增加,因此,由资本流出造成的国际收支逆差只能动用外汇储备进行平衡。外汇储备减少导致货币供给减少,使 LM_1 曲线左移又回到 LM_0 曲线的位置,从而抵消了政府扩张性货币政策的效果。

沿用图 19-7,假定一国国际收支处于均衡状态,而国内经济处于非充分就业状态,但政府要用扩张性的财政政策进行调节。虽然增加政府支出使 IS_0 曲线右移至 IS_1 的同时,也使利率上升,资本流入,但在固定汇率制下,国际收支顺差增加或逆差减少只会带来外汇储备的增加。外汇储备增加导致货币供给增加,从而使 LM_0 曲线右移至 LM_1,与同向右移的曲线 IS_1 在利率与收入新的组合点 E_f 上相交,从而达到内外经济在充分就业条件下的同时均衡。

2. 大国的蒙代尔-弗莱明模型及其政策调节

与小国的蒙代尔-弗莱明模型不同,大国的蒙代尔-弗莱明模型假设大国的财政货币政策不仅能有效地改变本国利率,而且还能通过资本流出影响外国利率。尽管在均衡状态下,本国利率仍与外国利率相等,但重建新的均衡会导致出现一条新的 BP 曲线。因此,大国的蒙代尔-弗莱明模型得出的结论将与小国有所不同。而且,在不同的汇率制度下,大国在运用宏观经济政策对国内经济与国际收支进行调节时,其采用货币政策和财政政策的效果也是不同的。

(1) 在浮动汇率制条件下。在浮动汇率制条件下,大国的蒙代尔-弗莱明模型表明,大国运用货币政策调节国内经济失衡的效力不如小国,但运用财政政策调节国内经济失衡的效力要强于小国。

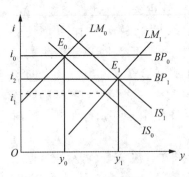

图 19-11　浮动汇率制下大国的货币政策调节

如图 19-11 所示,假定一国国际收支虽处于均衡状态,但国内经济却处于非充分就业状态,即图中点 E_0 对应的 y_0 处,需要用扩张性的货币政策进行调节。

这时,政府可以通过增加货币供给的政策使 LM_0 曲线右移到 LM_1,以解决失业的问题。同时,货币供给增加使利率下跌至点 i_1,导致资本流出。一方面,本国资本流出表现为外国资本流入而使其货币供给增加,利率下降,从而使本国与外国重建新的由 i_0 跌至 i_2 的均衡利率,以及新的 BP_1 曲线;另一方面,资本流出引起本国国际收支顺差减少或逆差增加,从而使外汇供求关系发生变化。在浮动汇率制下,外汇供应减少引起外汇汇率上升,因而刺激出口而导致净出口增加。净出口增加使 IS_0 曲线也向右移动至 IS_1,与同向右移的曲线 LM_1 及新的 BP_1 曲线在利率与收入新的组合点 E_1 上相交,从而达到在新的 BP_1 曲线上,使内外经济同时均衡。但由于新的 BP_1 曲线的位置低于原 BP_0 曲线的位置，IS_0 曲线右移至 IS_1 与新的 BP_1 曲线相交的移动幅度不如小国模型大，因而对国内经济的改善程度也不如小国。与此同时，均衡利率处于较低水平。

如图 19-12 所示，仍假定一国国际收支虽处于均衡状态，国内经济处于非充分就业状态，即图中点 E_0 对应的 y_0 处，但需要用扩张性的财政政策进行调节。

通过增加政府支出使 IS_0 曲线向右移动至 IS_1。同时，政府支出增加会引起对货币的需求增加，从而使利率上升至点 i_1，导致资本流入。一方面，资本流入本国表现为外国资本流出并使其货币供应减少，利率上升，从而使本国与外国重建新的由 i_0 升至 i_2 的均衡利率，以及新的 BP_1 曲线；另一方面，资本流入导致本国出现国际收支顺差。在浮动汇率制下，国际收支顺差使外汇供应增加，引起外汇汇率下跌，因而会抑制出口导致净出口减少，而净出口减少使得

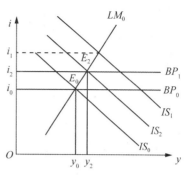

图 19-12 浮动汇率制下大国的财政政策调节

IS_1 曲线向左回移。当 IS_1 曲线向左移至 IS_2 曲线位置时，与新的均衡利率 i_2 及新的 BP_1 曲线相交于点 E_2 上，因此，在实现了国际收支新的均衡的同时也实现了国内经济新的均衡。但由于 IS_1 曲线的回移并未像小国一样回到点 E_0 对应的 y_0 处，只是回移到与 LM_0 曲线相交的 IS_2 曲线上点 E_2 对应的 y_2 处，因而对国内经济有所改善，从而强于小国。但与此同时，均衡利率处于较高水平。

（2）在固定汇率制下。在固定汇率制下，大国的蒙代尔-弗莱明模型表明，大国运用货币政策调节国内经济失衡的效力要强于小国，而运用财政政策调节国内经济失衡的效力不如小国。如图 19-13 所示，仍假定一国国际收支虽处于均衡状态，但国内经济却处于非充分就业状态，即图中点 E_0 对应的 y_0 处，需要用扩张性的货币政策进行调节。

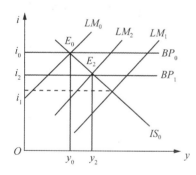

图 19-13 固定汇率制下大国的货币政策调节

政府通过增加货币供给的政策使 LM_0 曲线右移到 LM_1，以解决失业问题。同时，货币供给增加使利率下跌至点 i_1，导致资本流出。一方面，本国资本流出表现为外国资本流入并使其货币供给增加，利率下降，从而使本国与外国重建新的由 i_0 跌至 i_2 的均衡利率，以及新的 BP_1 曲线；另一方面，资本流出导致本国出现国际收支逆差。但是，在固定汇率制下，由资本流出造成的国际收支逆差只能动用外汇储备进行平衡；而外汇储备减少导致货币供给减少，从而使 LM_1 曲线左移。当 LM_1 曲线左移到 LM_2 曲线的位置时，与新的均衡利率 i_2 及新的 BP_1 曲线相交于点 E_2 上。因此，在实现了国际收支新的均衡的同时也实现了国内经济新的均衡。由于 LM_1 曲线的回移幅度小于小国，并未像小国一样回到点 E_0 对应的 y_0 处，只是回移到与 IS_0 曲线相交的 LM_2 曲线上点 E_2 对应的 y_2 处，因而对国内经济有所改善，从而强于小国。但与此同时，均衡利率处于较低水平。

如图 19-14 所示，仍假定一国国际收支虽处于均衡状态，国内经济处于非充分就业状态，即图中点 E_0 对应的 y_0 处，但需要用扩张性的财政政策进行调节。

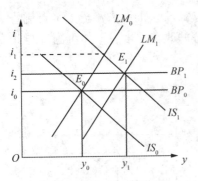

图 19-14 固定汇率制下大国的财政政策调节

通过增加政府支出使 IS_0 曲线向右移动至 IS_1。同时,政府支出增加引起对货币的需求增加,从而使利率上升至点 i_1,导致资本流入。一方面,资本流入本国表现为外国资本流出并使其货币供给减少,利率上升,从而使本国与外国重建新的由 i_0 升至 i_2 的均衡利率,以及新的 BP_1 曲线;另一方面,资本流入导致本国出现国际收支顺差。但在固定汇率制下,国际收支顺差不会直接影响汇率,而只会增加外汇储备,导致货币供给增加,从而使 LM_0 曲线右移至 LM_1,与同向右移的 IS_1 曲线以及新的 BP_1 曲线在利率与收入新的组合点 E_1 上相交,从而达到内外经济的同时均衡。但由于新 BP_1 曲线的位置高于原 BP_0 曲线的位置,因此 IS_0 曲线右移至 IS_1 与新 BP_1 曲线相交的移动幅度不如小国模型大,因而对国内经济的改善程度也不如小国。

3. 两国的蒙代尔-弗莱明模型及其政策调节

在资本完全流动情况下,一国采取的经济政策不仅会使本国经济状况发生改变,而且通过资本流动的国际传导影响到他国的经济运行。两国的蒙代尔-弗莱明模型就是通过分析两个相关国家之间政策效应的传递,揭示在资本完全流动情况下,一国政策调节的国家效应与国际效应。

(1) 在固定汇率制下。在固定汇率制下,一国扩张性货币政策和财政政策调节不仅有利于本国经济的改善,而且也有利于他国的经济增长。

如图 19-15 所示,假定 a 国与 b 国同处于国际收支均衡和国内非充分就业状态,即图中点 E_0 和 E_0^* 对应的 y_0 和 y_0^* 处,因此,a 国要用扩张性的货币政策进行调节。

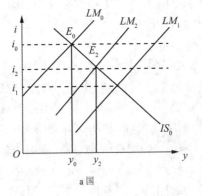
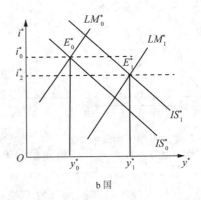

图 19-15 固定汇率制下两国货币政策效应的传递

a 国政府通过增加货币供给的政策可以使其获得与大国一样的效果,即图 19-15 中点 E_2 对应的 i_2 和 y_2,利率下降,就业和收入增加。但同时,a 国利率下降导致其资本流出而进入 b 国。b 国由于资本流入而产生国际收支顺差,在固定汇率制条件下,储备增加导致其货币供给增加。因此,在使其利率由 i_0^* 下降至 i_2^* 与 a 国变动后的利率 i_2 相等的同时,也使其 LM_0^* 曲线右移至 LM_1^*。a 国收入增加则引起其进口增加,从而表现为 b 国的出口增加,使 b 国的 IS_0^* 右移至 IS_1^* 与 LM_1^* 相交,因此,b 国经济在点 E_1^* 达到新的均衡。a 国的扩张性货币政策不仅改善了本国经济,而且促进了 b 国的收入增长。

与上述假定相同,如图 19-16 所示,a 国与 b 国同处于国际收支均衡和非充分就业状态,即图 19-16 中点 E_0 和 E_0^* 对应的 y_0 和 y_0^* 处,但这时 a 国要用扩张性的财政政策进行调节。

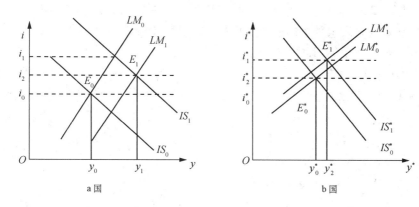

图 19-16　固定汇率制下两国财政政策效应的传递

a 国政府通过增加政府支出的政策仍然可以使其获得与大国一样的效果,即图中点 E_1 对应的 i_2 和 y_1,利率上升,就业和收入增加。但同时,a 国利率上升导致其资本流入而 b 国资本流出。b 国由于资本流出而产生国际收支逆差。在固定汇率条件下,b 国国际收支逆差使得储备减少,从而导致其货币供给减少。因此,在使其利率由 i_0^* 上升至 i_2^* 与 a 国变动后的利率相等的同时,也使其 LM_0^* 曲线左移至 LM_1^*。a 国收入增加引起其进口增加,而表现为 b 国的出口增加,使 b 国的 IS_0^* 右移至 IS_1^* 与 LM_1^* 相交,因此,b 国经济在点 E_1^* 达到新的均衡。a 国的扩张性财政政策不仅改善了本国经济,而且促进了 b 国的收入增长。

(2) 在浮动汇率制下。在浮动汇率制下,一国扩张性货币政策的实施有利于本国经济的改善,但却使他国的收入减少;而一国扩张性财政政策的实施不仅有利于本国经济的改善,也有利于他国的收入增加。

沿用上述假定,如图 19-17 所示,a 国与 b 国同处于国际收支均衡和非充分就业状态,即图中点 E_0 和 E_0^* 对应的 y_0 和 y_0^* 处,但这时 a 国要用扩张性的货币政策进行调节。

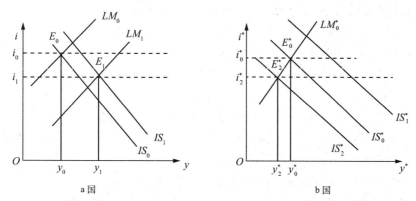

图 19-17　浮动汇率制下两国货币政策效应的传递

a 国政府通过增加货币供给的政策可以使其获得与大国一样的效果,即图 19-17 中点 E 对应的 i_1 和 y_1,利率下降,就业和收入增加。a 国收入增加引起其进口增加,而表现为 b 国的出口增加,使 b 国的 IS_0^* 右移至 IS_1^*。但与此同时,a 国利率下降导致其资本流出而 b 国资本流入,从而引起 b 国国际收支顺差。在浮动汇率制下,b 国外汇供应增加引起外汇汇率下跌,因而又导致其净出口减少。净出口减少使其 IS_1^* 曲线又向左移动至 IS_2^*,与 LM_0^* 相交于点 E_2^*,在较低收入水平上形成新的平衡。因此,a 国实施的扩张性货币政策虽有利于本国经济的改善,但却使他国的收入减少。

仍沿用上述假定,如图 19-18 所示,a 国与 b 国同处于国际收支均衡和非充分就业状态,即图中点 E_0 和 E_0^* 对应的 y_0 和 y_0^* 处,但这时 a 国要用扩张性的财政政策进行调节。

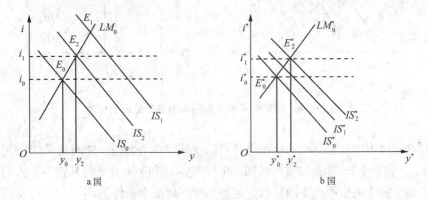

图 19-18 浮动汇率制下两国财政政策效应的传递

a 国政府通过增加政府支出的政策仍然可以使其获得与大国一样的效果,即图 19-18 中点 E_2 对应的 i_1 和 y_2,利率上升,就业和收入增加。a 国利率上升导致其资本流入而 b 国资本流出。b 国由于资本流出而产生国际收支逆差。在浮动汇率制条件下,b 国外汇供应减少使得外汇汇率上升而刺激其出口,而 b 国出口增加使其 IS_0^* 右移至 IS_1^*。与此同时,a 国收入增加引起其进口增加,而表现为 b 国的出口增加,又使 b 国的 IS_1^* 继续右移至 IS_2^* 与 LM_0^* 相交。因此,b 国经济在点 E_2^* 达到新的均衡。a 国的扩张性财政政策不仅改善了本国经济,而且促进了 b 国的收入增长。

4. 资本完全流动情况下的蒙代尔-弗莱明模型分析小结

从对资本完全流动情况下小国的蒙代尔-弗莱明模型及其政策调节的分析中可以看到,在固定汇率制条件下,用财政政策调节国内经济比用货币政策调节国内经济更为有效。在用货币政策调节国内经济缺乏效力的同时,扩张性的货币政策却由于引起利率下跌而导致资本流出,使国际收支出现新的不平衡。这说明货币政策在调节对外经济关系时是具有效力的,从而在一定程度上印证了蒙代尔政策配合理论中,所谓财政政策对国内经济调节的作用较大,而货币政策对国际收支的影响较大的结论。但在浮动汇率制下,这一结论就不一定成立,必须加以修正。

此外,虽然在分析中采用的只是国内存在失业和经济衰退的经济失衡案例,而实际经济中的经济失衡有多种表现,但其原理是相通的,可以进行类推。至于在资本不完全流动情况下和资本完全不流动情况下的蒙代尔-弗莱明模型,也可以运用上述原理进行类推。

总之,蒙代尔-弗莱明模型是开放经济条件下,运用财政货币政策配合调节一国内部经济和外部经济均衡的重要工具。蒙代尔-弗莱明模型对在不同汇率制度下财政货币政策效力的分析,不仅对国际收支理论产生了重大影响,同时也对各国政府为达到同时实现内外经济均衡目标的实践提供了有益的指导。但蒙代尔-弗莱明模型也有其局限性。其分析中需要有一系列严格的假设条件:总供给是一条水平曲线,具有完全弹性,产出完全由总需求决定,因而价格水平不变;名义汇率等于实际汇率,汇率变动只取决于国际收支;不存在对汇率的预期等。这些假设条件与现实不一定相符。

五、应用研究新动态

奥布斯特费尔德与罗格夫以开放经济为前提,开创性地将垄断竞争和名义价格粘性纳入动态一般均衡模型中,为深入解析开放经济内外均衡提供了非常精致的理论平台,开创了"新开放经济宏观经济学"。他们还在动态一般均衡模型中加入随机因素,形成了动态随机一般均衡的分析框架。

新开放经济宏观经济学是新凯恩斯主义在开放经济条件下的应用和发展,是进行开放经济分析的一个全新框架。相对于传统凯恩斯主义的开放经济分析框架而言,新开放经济宏观经济学方法不仅具有微观基础,还可以进行福利分析,可以考察宏观经济政策的变化对经济主体福利的影响。不过,由于分析过程的复杂性,相对于传统凯恩斯主义的开放经济分析框架而言,新开放经济宏观经济学并不是一个成熟的政策组合框架,由此也限制了其在实践中的应用。柯塞蒂(G. Corsetti)和皮塞蒂(P.A. Pesenti)尝试利用"奥罗分析框架"对宏观经济政策进行系统分析,并详细研究了财政政策与货币政策的传导机制、作用效果和福利效应。虽然新开放经济宏观经济学的"奥罗分析框架"作为一个全新的开放经济分析框架得到了学术界的广泛认可,但是该框架目前主要被用于汇率动态行为研究,还没有基于"奥罗分析框架"的系统的政策组合研究。

一些应用研究试图为财政政策与货币政策的搭配寻找一个一般性的最优化规则。例如,有学者在粘性价格和税收扭曲的条件下分析了福利最大化目标下的财政政策与货币政策规则,并与拉姆齐(Ramsey)最优政策规则进行了比较,研究发现:对产出沉默回应的货币政策以及对产出积极回应的利率政策会导致显著的福利损失;最优的财政货币政策搭配可以获得与拉姆齐最优政策规则几乎相同的福利水平。有学者研究了没有李嘉图等价的确定性动态均衡情况下的财政和货币政策规则,分析发现,在不明确政府赤字水平的情况下,不可能推断出应该使用什么力度的财政和货币政策工具来确保确定性动态均衡的成立。他们还找到了导致本地确定需求数量发生变化的稳态的政府赤字的门限水平。有学者研究了在工资谈判成本很高的情况下最优的财政货币政策组合问题。还有学者研究了最优财政货币政策配合,发现货币问题与财政政策存在深层次的相关性。

一些应用研究尝试用计量经济学的分析方法来检验新凯恩斯主义政策搭配理论的相关结论。例如,有研究运用 VaR 模型和新凯恩斯主义经济学的动态一般均衡模型,分析了美国的财政政策与货币政策的相互关系,研究发现:财政货币政策的搭配主要取决于外生冲击的类型和结构模型背后的假定;如果财政货币政策没有很好地协调,则反周期的财政政策可能会降低福利。有学者利用 VaR 模型和 1975—2006 年的年度数据,分析了巴基斯坦的财政政策与货币政策的协调情况,结果显示,巴基斯坦的财政货币政策的协调程度很低。还有学者(Davig & Leeper,2010)估计了美国的财政货币政策在积极与消极之间转换的马尔可夫(Markov)机制,研究认为,政府支出具有期内和跨期的替代效应和财富效应,但对经济的最终影响取决于当前和预期的财政货币政策,积极的货币政策和消极的财政政策会导致政府消费挤出私人消费,较高的财产税会产生较强的负财富效应等。

国内学术界关于宏观政策搭配的应用研究相应地也产生了一些成果。在这些研究中,只有极少数研究是以新凯恩斯主义政策组合理论为基础的。例如,张瀛(2006)在 OR 模型分析框架下,构建了一个包含卡尔沃(Calvo)价格交错调整粘性和垄断竞争的两国动态一般均衡模型,分析了金融市场和商品市场一体化程度对财政货币政策效果的影响。其结论与 M-F 模型的结论不同,他认为开放条件财政货币政策的有效性取决于商品市场和金融市场一体化程度及二者的相互作用。陈智君(2008)在柯塞蒂和皮塞蒂的研究的基础上,从微观经济分析出发,建立了新开放宏观经济学的政策搭配理论框架,在该框架之内展示了一个具有普遍适用意义的图形分析,涵盖了货币政策、汇率政策和资本管制政策相互搭配的各种可能性。

根据研究的侧重点不同,基于传统凯恩斯主义政策组合理论的应用研究可分为以下方面:一是侧重于评价和改进传统政策组合模型的研究。苏剑以 IS 曲线和 LM 曲线在两个坐标的截距为参照点,分析了决定 IS 曲线和 LM 曲线斜率的各个具体因素对货币政策与财政政策效果的不同影响,从而明确了宏观经济政策在不同条件下的作用效果。郭庆旺、赵志耘(1994)利用简明的图形形象地阐述了在蒙代尔-弗莱明模型的框架下,不同汇率制度下的财政货币政策的有效性问题。黄余送、梅鹏军(2007)通过放松 M-F 模型的前提条件,分析了浮动汇率制度下大国经济的最佳政策组合,得出了低估本币汇率水平时扩张性货币政策效果明显,高估本币时扩张性财政政策效果明显的结论。黄德权(2008)通过在 IS-LM 模型中加入基尼系数,发现基尼系数的增大将削弱货币政策的效应,而增强财政政策的效应。高坚、杨念(2007)构建了一个有中国特色的总供给-总需求模型,认为为了使经济能够得到稳定,并减少波动,财政政策与货币政策不仅应该遵守一定的调控规则,而且应该有一定程度的配合。二是侧重于评价政策搭配效果的研究。毛定祥(2006)运用向量误差修正模型、协整检验、格兰杰因果检验和方差分解的方法,对中国财政货币政策与经济增长关系的协整性进行了实证分析,发现中国财政货币政策对宏观经济的短期调控效果较显著,而且财政政策的调控能力更强,货币供应量具有明显内生性。柳欣、王晨(2008)通过构建名义 GDP、财政支出、M2 和 CPI 4 个变量的增长率的 VaR 模型,分析了中国内生经济增长下财政与货币政策产生的动态效应,认为在经济衰退时:如果政府采取紧缩的财政货币政策搭配模式,将导致更为严重的经济衰退;如果政府基于收入-支出模型或 IS-LM 模型使用财政货币政策来调节总需求,其结果很可能导致通货膨胀或滞胀。陈秀花(2013)对中国面对三元困境时的政策组合选择进行了实证检验,研究发现,汇率稳定在中国的政策组合中占主导地位,汇率的稳定和资本账户开放度的提高是以通胀为代价的,提高汇率的灵活性,允许汇率升值会降低中国的通货膨胀。三是侧重于分析政策组合影响因素的研究。司春林等(2002)借助经济计量方法建立了中国的 IS-LM 模型,认为频繁地改变制度会增加宏观经济政策效果的不确定性,现阶段中国存在宏观经济政策发挥作用的基础,目前财政政策比货币政策更能有效地刺激产出,但是依然要注意两类政策的搭配。段宗志(2003)认为,中国市场经济与西方发达国家市场经济的微观基础、体制基础是不同的,西方发达国家市场经济经历了几百年的发展历程,而中国经济则属于由计划经济向市场经济过渡的阶段,体制转型期的诸多不确定性导致了中国宏观政策搭配的效果受到限制。崔建军(2008)回顾了新中国财政政策与货币政策作用空间变迁的3个阶段,总结发现财政政策和货币政策要真正发挥宏观调控功能必须改善其赖以发挥作用的经济运行环境并加强两者之间的协调。龚六堂、邹恒甫(2001)讨论了对私人的经济援助和直接对政府的经济援助对政府财政政策和货币政策的影响。

以上通过对开放经济理论的回顾,展现了开放金融理论与政策的发展进程。学者们通过对经典假设的放松使模型更为接近现实,同时根据经济发展出现的新问题不断改进理论与模型,取得了丰硕成果,不断地发展着开放金融均衡理论。

中国金融界对这些成果的实际应用较少。政策目标不同、资本项目受管制、利率受管制、特殊的外汇制度、高储蓄率、货币政策的独立性不同等原因,使得中国实际的政策取向与蒙代尔政策搭配理论的建议大相径庭。经济增长和充分就业是压倒一切经济工作的重心,因而决定了中国采取资本管制、利率管制、汇率约束的相关措施,而把国际收支失衡问题放在一个更长的时间跨度里去解决。高储蓄率又使得蒙代尔政策搭配理论的运行缺乏微观基础。这样,蒙代尔政策搭配理论提出的建议并不适用于中国。鉴于蒙代尔政策搭配理论的运用是建立在一系列条件之上的,其应用范围实际上很有限。正如蒙代尔自己所说的,该模型只适合于世界上最发达的3个国家:美国、日本、德国。然而,我们用该模型分析发达国家的政策取向,进而分析对中国的影响,却是大有裨益的。

 思考题

1. 在不同汇率制下,一国如何通过政策调节实现内外经济均衡?
2. 中国在开放条件下的宏观金融均衡应该怎么做?

第七部分
金融管理理论与政策

第20讲 金融风险与危机理论

基本要求：1. 了解金融风险的主要类型。
2. 掌握金融危机理论的内容。
3. 熟悉金融风险、系统性金融风险到金融危机的演变机理。
本讲重点：金融风险理论的主要内容。
本讲难点：金融危机理论的四代模型。

从一定意义上讲，金融就是经营和管理风险的行业，金融的实质就是给风险资产定价，金融生存在一个风险的链条上，具有天然的脆弱性，风险的防范与管理是金融行业的底线思维。金融风险与金融危机之间存在紧密的联系，金融风险常常在某一类市场首先发生，然后经过感染机制的作用向其他市场传导，以致形成整个系统的风险。源头是利率风险，利率风险可能引起资产价格泡沫破裂，转化为资本市场、房地产市场的风险；同时，利率风险会传递到外汇市场，形成汇率风险，资本跨境流动引起国内商品价格波动、资产价格起落，转化为信贷风险。金融系统各个部分、各个元素之间彼此渗透、相互影响、彼此交织、联系紧密。系统性金融风险与金融危机之间没有什么不可逾越的鸿沟。系统性金融风险的发生会在一定程度上削弱金融系统功能，如果不能及时控制并加以化解，就不可避免地会使整个系统的功能遭到破坏，实体经济运行严重受挫，导致金融危机爆发。因此，对于金融风险、系统性金融风险以及金融危机的防范与治理至关重要，甚至会影响到一国的金融安全。本讲梳理了金融风险的主要类型，介绍了主要金融风险理论的思想，重点分析了从金融风险、系统性金融风险到金融危机的演变机理，以及金融危机管理政策及其对国家金融安全的战略意义。

一、金融风险理论

金融风险发生在金融系统内，与金融机构的特殊性和金融市场的波动性有关，但其形成又与企业等微观经济主体自身的运营、政府的财政和货币政策等宏观经济政策密不可分。对金融风险进行理论研究，梳理总结金融风险形成机制，对于提前进行金融风险防范的政策实践有很重要的指导意义。

（一）金融市场中的金融风险

金融与风险相伴而生，金融机构在发展过程中面临着一系列的金融风险，包括利率风险、市场风险、信用风险、表外业务风险、技术与运营风险、外汇风险、国家或主权风险、流动性风险以及破产风险等。

（1）利率风险。利率风险是指金融机构资产和或有负债的期限不匹配时所面临的风险。作为资产转换功能的一部分，资产和负债期限日的不匹配使金融机构面临潜在的利率风险。从理论上说，资产和负债的市场价值等于其未来现金流量的现值之和。因此，利率的上升增大了现金流量的贴现率，从而减少了资产或负债的市值。相反，利率的下降会增加资产和负债的市值。再者，当利率上升时，期限日的不匹配，如持有期限比负债长的资产，会导致资产的市值下降得比负债多。这使金融机构遭受经济损失，从而面临破产的风险。

（2）市场风险。市场风险与利率、股票回报、外汇风险息息相关。这些风险的增加或者减少会影响金融机构的总体风险。市场风险增加源自其交易活动的风险。市场风险是在积极交易政策中，利率、外汇、股票回报风险共同作用的结果。金融机构在市场上频繁交易各类金融工具，持有敞口或未对冲的债券、股票和外汇，以及衍生工具多头或空头头寸，当价格的变动方向与预期相反时，就会面临市场风险。因此，交易工具的价格变动越大，拥有敞口头寸的金融机构面临的市场风险就越大。

（3）信用风险。信用风险的产生，是因为金融机构持有的金融债权（贷款或债券）所承诺的现金流量完全或部分未能支付。实际上，各种金融机构都面临这种风险。金融机构的长期贷款或购买的长期债券的信用风险要比短期的大。这意味着，银行、储蓄机构和人寿保险公司面临的信用风险，要比货币市场共同基金和财产事故保险公司所面临的更大。如果金融机构持有的所有金融债权的本息都能在约定期限日内获得偿还，那么，金融机构就能收回它贷出的本金加上利息回报，也就是说，它们没有信用风险。如果借款人违约，金融机构预期将收到的本息就会面临信用风险。

（4）流动性风险。当金融机构的债权人，如存款人和保单持有人要求对其债权立即兑现，或者表外的贷款承诺（信贷额度）的客户突然要求贷款（执行贷款承诺）时，金融机构就会面临流动性风险。

（5）表外风险。现代金融机构最显著的趋势之一，就是表外业务的增长以及由此引发的表外风险的增加。能够赚取费用收入又无须动用或扩大资产负债表上的资产负债，这一优势成为金融机构开展表外业务的重要动机。然而，这种业务不是无风险的。假如地方政府对其债务的本息支付出现违约，那么由金融机构发行的担保而引起的或有负债将成为资产负债表上实际的或真实的负债，即金融机构不得不用自己的资本来补偿市政债券的投资者。事实上，表外业务的重大损失，跟表内业务因违约、利率风险产生的重大损失一样，都可能导致金融机构破产。

（6）外汇风险。外汇风险是指由于汇率的不利变动，使金融机构的外币资产或者外币负债遭受损失的风险。

（7）技术与运营风险。国际结算银行将营运风险（包括技术风险）定义为由不完善或有问题的内部程序、人员及系统内外部事件所直接或间接造成损失的风险。许多金融机构将声誉风险及战略风险作为广义的技术与营运风险的一部分。当技术投资不能像预期的那样通过规模经济或范围经济达到节省成本的目的时，技术风险就产生了。营运风险与技术风险存在一定联系，并且只要现有技术失灵，或后台支持系统发生故障，就会引发营运风险。

（8）国家风险或主权风险。一家面向全球的金融机构会因其外国资产和负债的数额和期限的不匹配，面临外汇风险及外国利率风险。但是，除了这些风险外，即使金融机构用美元来投资,在持有外国资产时,仍会使金融机构面临国家或主权风险。国家或主权风险是金融机构购买国外资产(如外国公司的债券、贷款)时面临的另外一种信用风险。例如,如果一家国内公司不能或不愿偿还贷款,作为债权人,金融机构有权向法庭要求宣布此公司破产,至少在违约公司清算或重组时能追回部分原始投资。比较起来,对一家外国公司来说,该公司可能不能偿还债务的本息,甚至在该公司愿意还款时也可能不能支付。发生这种情况的常见原因是,该公司所在的外国政府因外汇短缺或政治原因禁止或限制债务的支付。

(9) 破产风险。破产风险是上面所说的利率风险、市场风险、信用风险、流动性风险、表外风险、技术风险、外汇风险、主权风险等单独或者共同导致的结果。严格地讲,当金融机构所有者的资本或股东权益的来源不足以弥补前面讨论的单种或多种风险引起的损失时,就会导致破产。

以上集中列举了影响金融机构管理者决策制定过程和风险管理战略的 9 种主要风险,在现实中,这些风险常常是互相联系的。例如,当利率上升时,公司与消费者会发现,要继续保持其支付债务本息的承诺,其困难会更大。因此,在利率变化的某个范围内,信用风险与利率风险是正相关的。同时,金融机构可能会依赖客户承诺的还款资金来达到流动性管理的目的,因而流动性风险也与利率风险、信用风险存在联系。若客户不能履行偿还的承诺,不但会减少金融机构的收入与利润,同样也会改变其资产与负债结构。可见,各种风险以及它们之间的相互作用,最终都会给金融机构带来破产风险。同样,汇率变化和利率变化也是高度相关的。当央行利用货币政策行动改变一个关键利率时,汇率很可能受到影响而发生改变。

(二) 金融风险理论

国外比较流行的金融风险理论有:金融风险"周期性"解释派的代表人物海曼·明斯基(Hyman Minsky)依据资本主义繁荣与萧条的长波理论提出了金融不稳定假说;以弗里德曼为代表的货币主义认为金融动荡的基础在于货币政策,正是货币政策的失误引发了金融风险的产生和积累,即货币主义解释;由于汇率、股票等金融资产价格的剧烈波动是金融风险较大的显著标志,所以不少的经济学家认为,金融资产价格的内在波动是造成金融风险、引发金融危机的重要原因,即金融资产价格波动论;信息经济学认为,不对称信息是金融风险产生的主要原因,即信息经济学的微观解释。微观金融风险—宏观金融风险—系统性金融风险—金融危机这条传导链条最终可能导致金融危机爆发。

1. 金融不稳定假说:经济主体角度

美国经济学家明斯基提出的"金融不稳定假说"(financial instability hypothesis)开创了金融脆弱性理论研究的先河。他认为资本主义的本性决定了金融体系的不稳定,金融危机以及金融危机对经济运行的危害难以避免。金融不稳定假说的形成始于 1963 年明斯基在任布朗大学经济学教授时发表的一篇著名论文《"它"会再次发生吗?》("它"指大危机)。明斯基在随后 30 年中出版的各种论著对金融危机进行了深入研究,逐步形成今天为众多文献广泛引用的金融不稳定假说。

明斯基的金融不稳定假说从经济主体角度分析金融的不稳定性问题。该理论中的"债务-收入"关系将依靠债务融资进行投资的经济主体分为 3 类:对冲型、投机型和庞氏型。对冲型(抵补型)经济主体每个时期的收入都能够偿还债务,具有很强的吸收冲击的能力来应对现金流方面未来的变化,是融资最谨慎、最安全的类型。投机型经济主体在短期内无法以现金收入偿还债务,但预计在长期能够获得足够的收入来偿还债务本息。这类经济主体需要靠债务滚动、借新还旧来维持,投机型经济主体吸收冲击的能力较弱。滚动发行债务的政府、企业以及银行是典型的投机型经济主体。庞氏型经济主体不能靠经营所得收入来偿还债务本金,甚至不能偿还债务利息,只能变卖资产或者不断增加未到期的债务来偿还到期债务。庞氏型经济主体不具备吸收冲击的能力。投机型经济主体和庞氏型经济主体对现金流的变化很敏感,如果这两类经济主体占比过高,经济将处于脆弱的状态。如果对冲型的融资行为处于主导,经济将趋于均衡;相反,投机型和庞氏型融资行为的比重越大,经济就越有可能处于不断背离均衡的状态。经过一段时期的繁荣之后,经济趋于从对冲型经济主体占主导的融资结构转向投机型和庞氏型经济主体占主导的融资结构。如果投机型经济主体主导的经济处于通货膨胀的状态,当局通过紧缩货币来抑制通货膨胀,则投机型经济主体将变为庞氏型经济主体,而先前的庞氏型经济主体的净资产则很快就会蒸发掉。经济陷入费雪的"债务通货紧缩"境地。

金融不稳定假说的第一定理是,经济在一些融资机制下是稳定的,在另一些融资机制下是不稳定的。金融不稳定假说的第二定理是,经过一段时间的繁荣,经济会从有助于稳定系统的金融关系转向趋向于不稳定系统的金融关系。

(1)明斯基对马克思的借鉴与拓展:从生产的逻辑到金融的逻辑。明斯基与马克思基于不同的研究视角,探究决定资本主义本质特征和周期性运行机制的社会关系。马克思强调生产的基础性地位,从经济体的生产领域出发分析资本主义经济运行的周期性,虽然强调资本主义经济是一种"货币生产经济",但认为流通领域的货币与信用却要适应商品流通、反映生产领域的现实运动并服务于生产领域,因而金融的逻辑从属于生产的逻辑。

明斯基同样强调资本主义"货币生产经济"的性质,指出其本质特征是昂贵资本资产和复杂金融体系的结合,这一结合体现为需要进行广泛融资的资本资产技术特征、适于融资的企业组织形式和作为融资来源的金融机构。明斯基指出,金融体系和企业组织形式的变化在加深经济金融维度的同时,形成自身的运动规律,金融逻辑凌驾于生产逻辑之上,体现为金融体系从适应生产到主导生产的变化。明斯基通过卡莱茨基利润方程的引用,将投资(即资本资产生产)决定利润的观点纳入其分析框架,进一步指出融资关系影响投资的规模和速度,从而将金融关系引入利润的决定过程中。与出于融资需求动机的货币需求相对应,金融创新被作为货币的内生创造过程。在资本主义生产过程中,货币作为一种债务契约进入资本资产的形成过程中,形成货币供给、债务形成与资本主义生产过程的三位一体关系。作为金融创新结果的金融工具(包括货币)在资产的最终所有者和表面的持有者之间形成了一条融资之幕。因此,金融体系既影响收入创造,又影响收入分配。同时明斯基强调,金融体系是导致资本主义适应性和不稳定性的共同原因,金融体系在适应资本资产技术特征的同时,扩大了源于技术特征的不确定性的广度和深度。这种经济转型导致金融成为资本主义经济运行的核心和动力,作为金融不稳定性遏制制度的商业制度、政策制定惯例、政府管制过程等发生变化,从而形成超明斯基周期。

因此,马克思、明斯基都认为资本主义的金融不稳定性是内生的,市场机制在解决金融不稳定性方面是无效的。关于不稳定性的来源,马克思生产逻辑强调资本主义生产关系的总量价值关系的不确定性,明斯基则基于金融逻辑强调经济高涨时期信用关系的膨胀带来金融不稳定性。马克思认为只有以危机形式才能"强制解决"经济问题,而明斯基则认为金融不稳定性最终取决于融资结构的特征和政策干预,虽然无法根除金融不稳定性趋势,但大政府大银行在某种程度上可以平抑金融不稳定性。但必须指出,在制度和干预倾向性决定经济运行路径的同时,也为更大的不稳定埋下伏笔,明斯基悖论的出现难以避免。

(2) 明斯基对凯恩斯的借鉴与拓展:华尔街分析范式的形成。明斯基的凯恩斯渊源非常明显,凯恩斯的有效需求理论成为其理论拓展的基础。凯恩斯将资本主义经济界定为一种货币生产型经济,本质是资本发展,核心是投资周期理论,强调投资波动是经济波动的主要原因。明斯基通过分析源于存量失衡的经济变量偏差扩大机制,强调资本主义经济的动态非均衡性,并从投资流量与债务存量关系入手,将经济波动的原因从实体经济转向金融体系,指出金融不稳定是宏观经济波动的根本原因,强调满足"融资动机货币需求"的信贷扩张形成的过度负债对经济运行的影响。明斯基将其强调非均衡的、包含金融因素的分析框架称为"华尔街范式",经济运行的连贯性要求价格必须产生盈余以偿还债务、引致投资并提供部分融资,因而必须将收入创造、收入分配和融资关系结合起来才能理解资本主义经济运行。

(3) 对费雪的借鉴与拓展:明斯基动态。费雪的"债务-通货紧缩理论"尝试从金融层面对1929年资本主义经济危机进行分析,指出存在信用关系的资本主义经济由两个截然不同的市场体系组成:反映当前产出价格的市场体系和反映金融资产交易的信贷体系。费雪指出过度负债导致通货紧缩、利率上升,资本资产价格下降,从而进一步助推经济萧条。关于过度负债的最初原因,费雪的理论具有非常明显的外生周期理论特点,认为主要是源于技术创新的新获利机会的出现。通过强调过度负债与资本资产价格的负向反馈关系,费雪将1929年大萧条的原因归结为由过度负债和通货紧缩引起的金融不稳定。

明斯基根据债务-收入关系,将融资结构划分为存在递进关系的对冲性融资、投机性融资和庞氏融资。对冲性融资主体仅对成本增加或收入降低敏感,投机性融资和庞氏融资主体则对利率的上升和信贷市场标准的变化异常敏感。经济繁荣时期资本资产生产融资和资本资产所有权融资的叠加效应最终会导致利率上升,资本资产需求价格下降,投资减少,利润下降,安全边际下降;而金融市场对安全边际降低企业的流动性的强迫性夺取,会进一步降低其安全边际,金融不稳定性与资本资产价格崩溃之间形成强化机制。关于债务通缩自我维持机制打破的原因,$IS-LM$ 模型将之归结为市场机制自发作用的实际余额效应;明斯基则将之归结为融资结构和政策的综合作用,流动性价值的内生决定则会打破债务通胀的自我维持机制,"成功是成功之母,也是失败之母"。

但是,明斯基的理论缺少稳固的经济学基础,他把金融体系风险的产生和积累视为非理性或非均衡行为的结果,却又无法说明为什么经济行为人要按照那种破坏自身利益的非理性方式来行事,而在很大程度上不得不依赖心理学的判断来解释金融主体的非理性行为,从而降低了该理论的可信度,只能称之为"假说"。

2. 货币主义的金融风险理论:货币角度

以弗里德曼为代表的货币主义认为如果没有货币过度供给的参与,金融体系的动荡不太可能发生或至少不会太严重。金融动荡的基础在于货币政策,正是货币政策的失误引发了金融风险的产生和积累,结果使得小小的金融困难演变为剧烈的体系灾难。货币主义从自身的理论角度认识到金融风险要受货币政策的影响而变化,这无疑是正确的。

一般而言,在货币政策宽松期,存款、放款、投资、还款、结算等环节运行相对顺畅,社会资金流动量大,货币供需矛盾缓和,影响金融机构安全的因素减弱,金融风险相对较小。反之,在货币政策紧缩期,企业与企业之间、企业与金融机构之间、金融同业之间、金融运行与经济运行之间、金融运行各环节之间的矛盾加剧,货币供需出现较大缺口,影响金融机构安全性的因素逐渐增强,社会经济运行的链条常常发生断裂,金融风险增加。但是,货币主义解释太片面,它事先排除了非货币因素产生的金融动荡的可能性。

3. 金融资产价格波动性理论:市场角度

弗兰克·奈特(Frank Knight)将不确定性因素引入经济分析中。凯恩斯吸收并发展了奈特的思想,认为大多数经济决策都是在不确定的条件下做出的。金融市场的不确定性首先来自金融资产未来收入流量的不确定性,这种不确定性又来自生产性投资自身的风险。凯恩斯认为,投资取决于投资者对未来市场前景的心理预期,而这一预期又因投资者对于未来模糊的、不确定的、缺乏可靠基础的偏差而发生剧烈的波动。金融市场的脆弱性往往是从价格波动的角度来显现的。金融资产价格的不正常波动或过度波动,积累了大量的金融风险,极容易爆发危机。

金德尔伯格(Kindleberger)认为,市场集体行为非理性导致的过度投机对资产价格有巨大影响,因而过度投机足以引起股市的过度波动。凯恩斯将经济繁荣时推动资产价格上升的现象描绘成"乐队车效应",即当经济的繁荣推动股价上升时,幼稚的投资人开始涌向价格的"乐队车",使得股票价格上升得更快,以至于达到完全无法用基础经济因素来解释的水平。由于脱离了基础经济因素,市场预期最终会发生逆转,导致股市崩溃。

汇率的波动性增加了金融市场的脆弱性,多恩布什在汇率超调理论中指出,浮动汇率制度下,汇率剧烈波动和错位的主要原因在于面对某种初始的外部冲击,市场预期会引起汇率的大幅波动。在金融市场中,预期是投机资本运动的心理基础,投机是在预期指导下的现实行为。对将来预期的微小变化,都会导致汇率的大幅度变化。

4. 信息不对称理论:信息角度

不对称信息是金融风险产生的主要原因。不对称信息是指当事人都有些只有自己知道的私人信息。由于社会分工和专业化的存在,从事交易活动的各方对交易对象以及环境状态的认识是很难相同的。不对称信息大致可以分为两类:第一类是外生的信息,它是先天的、先定的,不是由当事人的行为造成的,一般出现在合同签订之前;第二类是内生的信息,取决于当事人的行为,它出现在签订合同之后。第一类信息将导致逆向选择,第二类信息将产生道德风险。这两种情况在金融市场上出现就会降低市场机制的运行效率,影响资本的有效配置,从而造成金融风险。

(1) 逆向选择与金融风险。在间接融资的资本市场上,银行贷款的收益取决于利率和企业还款的可能性,而企业还款的可能性在很大程度上与企业的经营活动有关。借贷市场各企业的风险程度各不相同,当银行不能观察到项目投资风险所在或者确定投资风险成本太高时,银行只能根据企业的平均风险状况来决定贷款利率。但如此一来,低风险企业会由于借贷成本高于预期水平而退出借贷市场,而余下的愿意支付高利率的企业都是高风险企业,因为从事高风险甚至投机性交易才能获得超额利润来偿付高利息。这时贷款的平均风险水平提高,银行收益就可能降低,呆账增多,金融风险必然增加。

(2) 道德风险与金融风险。虽然在交易双方达成合同时信息可能是对称的,但在合同中,一方缺乏另一方的行动信息,这时,拥有私人信息的一方就可以利用这种信息优势,做出使自身利益最大化但损害另一方利益的行为。道德风险普遍存在于以信用为基础的各种金融业务关系中,是造成金融风险的主要原因。在银行与企业达成借贷协议后,企业在贷款执行过程中可能出于机会主义的动机,隐藏资金使用的真实信息,采取不负责任的态度,从而酿成金融风险。

5. 金融自由化与金融脆弱性理论:政策角度

金融自由化政策包括实现利率市场化(也称作利率自由化)、允许金融混业经营、推动金融创新与开放资本账户等。金融自由化对金融脆弱性的影响主要表现在以下4个方面。

(1) 利率自由化与金融脆弱性。利率自由化主要通过两种途径加重商业银行的风险:一是利率自由化后,利率水平显著升高会影响宏观金融稳定;二是利率自由化后,利率水平的变动不定,长期在管制状态下生存的商业银行还来不及发展金融工具规避利率风险。赫尔曼、默多克和斯蒂格利茨指出,金融自由化引发银行部门脆弱化的重要通道是利率上限取消,以及降低进入壁垒所引起的银行特许权价值降低,这将导致银行部门的风险管理行为扭曲,从而带来金融体系的内在不稳定。

(2) 混业经营与金融脆弱性。金融自由化使得金融混业经营成为主流。在商业银行和投资银行日益融合的情况下,为竞争证券发行的承销权,双方通过各自的信贷、投资等部门向产业资本渗透,资本的高度集中会形成某些垄断因素,金融业的波动性加大,极易造成泡沫化。在资本市场不发达国家,银行资金雄厚,但过度介入证券市场,加剧证券市场的波动,促成泡沫形成。银行间并购也是银行业扩大业务范围的一种方式,但银行并购也存在着风险,一旦投资失败,即使资本实力雄厚的大银行也难逃厄运。

(3) 金融创新和金融脆弱性。金融创新从根本上改变了金融业的面貌,随着新市场和新技术的不断开发,许多传统风险和新增加的风险往往被创新掩盖。明斯基认为,无须分析金融资料本身,仅仅从金融层次的增加以及新金融工具的不断发明,就足以证明金融体系脆弱性在增加。金融衍生品具有极大的渗透性,风险更具有系统性。同时,由于金融衍生品本质上是跨国的,系统性风险将更多地呈现出全球化特征。

(4) 资本自由流动和金融脆弱性。金融自由化伴随着对资本管制的解除,本国银行从国际资金市场上借入外币资金并将它贷给本国借款者时,就承担了外汇风险。金德尔伯格强调,短期资本的流入国通过增加它在国外的短期净资产或减少它在国外的短期净负债,经济将会膨胀;反之,短期资本的流出国通过增加它在国外的短期净负债或减少它在国外的短期净资产,经济将会收缩。由此引发的主要后果是经济泡沫化、汇率无规则波动、货币政策失灵以及传播扩散效应,这也是整个国际金融体系脆弱性增加的根源之一。

6. 制度金融风险理论:制度角度

近年来,经济学家们又采用了新制度学派的分析方法,将"制度"视为能够变迁进而影响社会经济发展的内生变量,并将其引入金融风险的阐释,进一步在空间的层面上探讨制度变迁与金融风险演进之间相互制衡、相互抵消又相互促进、相互推动的复杂关系,从而为金融风险的成因与演化做出一种长期的动态的理论描述。因此,总体上来看,金融风险理论的创始与发展基本上是沿着一条从"宏观假说"转向寻求"微观基础"、从"静态"转向"动态"的演变路径来进行的。

由忽视转向正视转轨经济中制度变迁这一基本特征,转轨经济中的金融中介理论正在试图从解释转轨金融中介"是什么"向解释其"应该是什么"的转变过程中获得突破与进展,也就是说,这种理论开始更加关注制度变迁过程中金融中介存在的缺陷(即制度金融风险),在矫正这些缺陷的同时,通过提出解决方案以期实现转轨经济中的金融中介逐渐具备市场化的普遍特征。因此,转轨经济中的金融中介理论并不具有特立独行的本领,随着转轨阶段的结束,当转轨金融中介完成向市场金融中介的完全过渡时,转轨经济中的金融中介理论必然要与主流金融中介理论相融合。从中汲取灵感,可以预见金融风险理论研究的未来发展方向。尽管转轨经济中的金融风险问题无法为主流金融风险理论所解释,并由此结合制度变迁进而衍生出制度金融风险理论,但随着转轨经济的制度转换过程的完成,当"制度缺陷"逐渐消失进而转轨金融风险演变为"静态"的不对称信息理论的解释对象时,转轨经济中的金融风险理论也必然能够融合进主流金融风险理论中,而且这种融合可以为主流金融风险理论提供更具支持性的一般理论框架。

如果离开对一个国家经济发展总体水平和人们收入水平以及金融需求层次的总体动态把握,不从国有金融中介产生与演进的内在逻辑出发,仅仅局限于公司治理结构,是不可能全面洞察和准确把握转轨经济中金融中介尤其是国有金融中介的特征、结构、扩展与演进路径的。这一点为转轨经济中金融风险问题的研究提供了非常有益的启示:金融风险与制度变迁即金融风险与金融中介的扩展和演进是密不可分而不是相互独立的,从而可以将新制度经济学的一系列理论观点和分析框架应用至主流金融风险理论的层面。同时也表明,如果要解决散落在转轨经济中金融风险研究文献中的一些长期纠缠不清的逻辑关系(如银行呆坏账究竟应归咎于银行中介体系还是国有企业等讨论),就必须整合现有的各种不成熟的理论和不一致的理论框架,从而为成功地演绎和准确地描述转轨经济中的金融风险问题发展出更具支持性的一般理论框架。

7. 行为金融风险理论:心理角度

行为金融理论认为,市场信息的传递存在障碍,投资者不可能在市场中获得全部信息。劳拉·克瑞斯(Laura Kodres)、马修·普利兹克(Matthew Pritsker)和史蒂文·西瓦茨(Steven Schwarcz)的研究均表明了羊群效应将引发金融风险,即投资者恐慌情绪的爆发和传染会带来银行挤兑的爆发与传染,从而引发金融危机。奥古斯托·哈斯曼(Augusto Hasman)和马格丽塔·萨马廷(Margarita Samartin)建立了基于信息溢出的网络模型,指出信息不对称的存在使得债权人无法识别金融机构是否健康,因而单个或部分金融机构的清偿能力下降或丧失易引发债权人对所有金融机构丧失信心,进而造成银行挤兑,其他健康金融机构受到影响,最终导致金融体系全盘崩溃。

(三) 金融风险的识别与度量

1. 金融风险的识别

金融风险的识别是指经济主体对所面临的各种金融风险进行系统的、连续的甄别和归类,对金融风险的诱因进行判别,从而为金融风险防范的决策提供依据。金融风险的种类很多,造成金融风险的因素又各有不同的特征,因此,在识别金融风险时,就要求及时准确,防止金融风险造成重大损失。金融风险的识别和分析过程是一项系统工程,涉及多种不同的业务。因此,在对金融风险进行识别时,必须既全面、深入,又综合考虑影响风险的多种因素,进行全面综合分析。金融风险识别的途径主要有两个:一是借助经济行为主体的外部力量,利用外界的风险信息和资料来识别;二是依靠经济行为主体自身的力量、内部信息及数据来识别。

2. 金融风险的度量

金融风险的度量是指对风险存在及发生的可能性、风险损失的范围与程度进行估计和衡量,基本内容为运用概率统计方法对风险的发生及其后果加以估计,得出一个比较准确的概率水平,为风险管理奠定坚实的数学基础。风险度量的具体内容包括确定:风险事件在一定时间内发生的概率,估计可能造成损失的严重程度;根据风险事件发生的概率及损失的严重程度估计总体损失的大小;依据上述估计,预测这些风险事件的发生次数及后果,为决策提供依据。风险度量包括风险分析与风险评估两部分。

风险分析方法主要有以下 3 种:①风险逻辑法,该方法是从最直接的风险开始,层层深入地分析导致风险产生的原因和条件。②指标体系法,该方法是指财务报表中各科目的比率、国民经济增长指标、资金流动指标等都以图表形式,把需要分析的内容、指标的计算和含义集中表达出来。③风险清单法,该方法是指尽可能全面地列出金融机构所有的资产、所处环境、每资产或负债的有关风险,找出导致风险发生的所有潜在因素及其风险程度。

风险评估的内容包括两个方面:给出风险发生的概率和预测风险结果。事故概率分析有主观概率法、时间序列分析法、累积频率分析法 3 种方法。主观概率法是指对既无确定性规律也无统计性规律的风险,由专家或管理者根据主观判断来分析和估计其概率;时间序列分析法是指利用风险环境变动的规律性和趋势性来估计未来风险因素的最可能范围和相应概率,移动平均法、回归法等都能对有规律的波动或者趋势性变动进行预测;累积频率分析法是指利用大数法则,通过对原始资料的分析,依次画出风险发生的直方图来估计累积频率分布。

对金融风险的管理,不仅仅要认识、度量那些已经存在的金融风险,并对这些风险进行防范和监控,更重要的是预测风险,要求管理者能够在特定的环境下分析各类要素,运用特定的分析方法预测未来的风险,做到防患于未然。

二、系统性金融风险与金融危机的形成

金融风险常常是由微观到宏观再到系统性金融风险的一个演变。金融风险常常在某一类市场首先发生,然后经过感染机制的作用,向其他市场传导,普遍违约就造成了系统性金融风险。

(一) 系统性金融风险

关于系统性金融风险如何定义,目前尚未形成普遍接受的观点,以下 4 种定义是最具有代表性的。

(1) 从危害范围大小的角度定义。有学者(Bernanke,2009)将系统性金融风险定义为威胁整个金融体系和宏观经济稳定性而非个别金融机构的事件。另一种观点(Bijlsma et al.,2010)认为,系统性金融风险是系统性危机产生的可能性,系统性危机具有 3 个主要特点,即初始冲击、传染扩大机制和金融体系严重损失。

(2) 从风险传染的角度定义。强调系统性金融风险的传染机制,认为系统性金融风险是指单一事件通过经济和金融体系存在的关联结构不断传导和扩大,最终形成全局性损失的可能性。

(3) 从金融功能的角度定义。认为系统性金融风险可定义为引发金融市场信息中断,从而导致金融功能丧失的突发事件。

(4) 从对实体经济影响的角度定义。有学者(De Bandt & Hartmann,2010)将系统性金融风险定义为可能对实体经济造成严重负面影响的金融服务流程受损或破坏的风险。IMF 认为,系统性金融风险是金融体系部分或全部遭受损失时所导致的大范围金融服务中

断并给实体经济造成严重影响的风险。

(二) 系统性金融风险的诱发因素

系统性金融风险具有传播扩散效应,会引发剧烈的连锁反应,使经济和就业遭受重大冲击,甚至可能导致金融危机的发生,因此,挖掘诱发系统性金融风险的因素,对有效防范系统性金融风险具有重要意义。

(1) 金融脆弱性。金融脆弱性是整个金融领域固有的特性,是系统性金融风险存在的内生因素,换言之,就是整个风险的"原罪"。金融的脆弱性在市场上主要表现在信息不对称、顺周期特性及市场的不确定性上。市场上各类潜在风险点凭借连接链条这一扩散载体,遵循风险传播路径,某一风险点的爆发会沿着连接链条向着与其相邻或相关的风险点不断传播扩散,并在这个"原罪"的作用下,相互影响,共同演化,形成联动效应,进而导致系统性金融风险的不断发生。

(2) 经济周期波动。系统性金融风险通常隐匿于经济发展上行阶段,并不断累积,在经济下行时可能会突然爆发。经济顺周期因素太多,经济周期波动显著,并不断被扩张放大,进而造成潜在风险的不断累积。当这种潜在风险累积到一定程度时,就会出现突然的剧烈调整,可能引发系统性金融风险。

(3) 资产价格频繁调整。资产价格波动主要通过信用风险来影响系统性金融风险,并且由于信息不对称的加剧,而引发金融危机。资本市场上,股市杠杆效应比较突出,股票价格波动剧烈,风险持续累积,潜在风险隐患增加。房地产市场上,信贷扩张过度,房价飙升,波动显著,房地产泡沫持续增加,风险进一步累积。当股市风险和房地产风险累积到一定程度时,极其可能诱发系统性金融风险。

(4) 杠杆率过高。当经济状态处于高位时,会产生经济泡沫且不断膨胀,同时也伴随着潜在的系统性金融风险,当杠杆率扩张过快,会加速经济泡沫的破灭,进而诱发系统性金融风险。积极的财政政策和货币政策,致使债务占GDP的比重大幅上升,杠杆率达到历史高值。过高的杠杆率会造成债务偿还压力过大,一旦出现违约,会导致资金链断裂而引发信用风险,债务违约事件频繁发生,违约风险呈现高位运行态势,极易诱发系统性金融风险。

(5) 民间融资监管缺失。民间融资活动异常活跃,债务链条盘根错节,风险不断累积,并呈现相互叠加的趋势。民间融资增长快,融资模式多样化,如有价证券融资模式、票据贴现融资模式及传统的民间借贷模式等,而且民间借贷的实际利率越来越高,向高息放贷发展。民间融资游离于金融监管之外,存在巨大的信用风险隐患,很多中小城市地下金融的链条错综复杂,规模庞大,风险高且监管缺失,极易引发系统性金融风险。

(6) 消费贷款增长过快。家庭信贷部门重点关注消费贷款的过快增长。为进一步提高人们生活质量、刺激消费,实施居民消费贷政策,主要为居民在教育、旅游及大宗耐用品等方面的消费支出提供贷款。居民以消费贷款为主的短期贷款迅速增长,增幅过快,覆盖面广且涉及民生,一旦出现风险极有可能引发全局性的系统风险。

(三) 系统性金融风险转化为金融危机

系统性金融风险与金融危机之间没有什么不可逾越的鸿沟。系统性金融风险的发生会在一定程度上削弱金融系统功能,如果不能及时控制并加以化解,就不可避免地会使整个系统的功能遭到破坏,实体经济运行严重受挫,这是金融危机的实质。金融危机表现为普遍违约,挤兑蔓延,银行接连倒闭,证券价格急跌,汇率严重贬值,支付和偿债机制严重受阻,投资者信心丧失,资本大量外逃等。这些征兆或同时发生,或相继出现,引起整个金融和经济系统的严重震荡。

金融危机常常在某局部领域爆发,如货币市场、外汇市场、证券市场、房地产市场的大幅波动,或银行发生挤兑,金融机构、政府偿债困难,然后波及整个系统,成为全面的危机。按照危机爆发的领域,金融危机可分为货币危机、银行危机、债务危机等。如 20 世纪70—80 年代的美国银行与储蓄贷款协会危机属于银行危机,1997 年东南亚金融危机属于货币危机,2009 年欧债危机是典型的债务危机。

系统性金融风险的传导路径如图 20-1 所示。

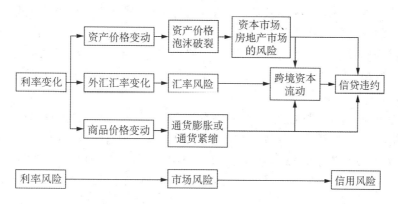

图 20-1　系统性金融风险的传导路径

系统性金融风险向金融危机的演变过程如图 20-2 所示。

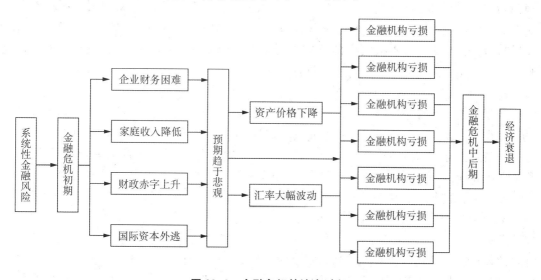

图 20-2　金融危机的演变过程

系统性风险的演变过程十分复杂,仍然充满神秘感。它通常会在经历较长的累积后突然爆发,迅速传染整个金融体系,引发灾难性的金融海啸。系统性风险的演进有 3 个关键阶段:累积—爆发—扩散。

1. 系统性金融风险的累积

系统性金融风险往往有较长的累积过程和"潜伏期"。系统性风险可以在较长时期内积累而不对金融体系产生明显影响,但往往会突然以灾难性的形式表现出来。在研究和政策领域,人们对金融危机爆发的关注度远胜于对系统性风险累积的关注度。然而,系统性风险的累积过程远比引发危机的导火索和危机本身更重要。如果不能理解系统性风险随时间推进而不断累积的过程,就不可能理解金融危机。促使风险累积的往往是一次正向的冲击事件,如一项技术创新、宽松的货币政策或财政政策等。

一个典型的演进过程如下:微观主体盈利预期乐观→风险偏好上升→增加投资头寸→风险敞口扩大→杠杆率高企→金融机构脆弱性上升→系统性风险不断发酵,导致金融体系越来越接近崩溃的边缘。系统性风险产生的主要标志性特征有资产价格上升、政府债务负担加剧、经济增长率波动、经常账户赤字等。行为金融学的研究发现,"繁荣情绪的社会传染"是破解泡沫越吹越大和风险积聚的最关键因素。支持资产价格上涨的观点会被大众传媒不断放大,紧接着乐观的看法和繁荣的情绪会呈螺旋式上升并在市场上蔓延。

2. 系统性金融危机的爆发

当系统性风险不断累积到达一定的临界值时,社会、经济中就会爆发某些突发事件,如某一家金融机构的倒闭,突然从紧的货币政策、财政政策或金融管制政策,资产价格泡沫的破裂等,便会成为系统性风险的导火索,导致系统性危机的爆发。这一时点称为"明斯基时刻"。

传统的观点强调系统性危机始于单个金融机构倒闭,即金融机构具有期限错配、杠杆率高等内在脆弱性,个别偶发事件会触发某家金融机构出现偿付危机,进而传染给其他金融机构。这种观点认为,风险爆发的最初冲击事件是外生的,而美国次贷危机则向我们展示了系统性金融危机的另一种触发机理,即由于金融体系内大部分机构均持有共同的金融工具(或风险敞口),一旦其出问题,则金融体系中的绝大部分甚至整个金融体系都同时面临破产的风险。2007年之前,美国金融机构全部大量持有次级债或相关衍生产品,次级债价格突然暴跌导致大部分机构资不抵债,面临各种经营困境。越来越多的研究强调,这种类型的系统性风险爆发引起的金融危机危害更严重,持续时间更长,更值得警惕。

3. 系统性危机的扩散

扩散机制是解释系统性金融危机从"小冲击"演变为"大危机"的核心所在。系统性风险的扩散渠道主要有以下方面:①资产负债表效应。既作用于金融机构,也作用于非金融企业。系统性金融风险的冲击会使得金融机构资产大幅缩水,进而侵蚀利润和资本,加剧资产甩卖和价格下跌;在负债方,金融机构正常的融资渠道被切断,资金短时间内集中净流出导致大批金融机构陷入流动性危机和资不抵债。对于非金融企业,资产价格下跌和债务偿还压力加大会迫使其经营模式从"利润最大化"转为"负债最小化",这时企业会将所有现金流首先用于债务偿还,以尽快走出"负债最小化"。金融深化程度越高,金融市场越发达,微观主体之间的资产负债表关联度越高,系统性风险的扩散越剧烈。②盯市计价的交易计价规则。2012年,发达国家采用盯市计价的银行资产占比达到了30%~50%,金融机构交易账户的投资头寸则需要全部盯市计价。在系统性风险爆发时,尽管资产的市场价格已不能反映实际价值,但持有这些资产的金融机构仍须根据严重低估的市价进行估值,形成"价格下跌→市值缩水→抛售→价格再跌"的恶性循环,推动危机深化。③心理的恐慌和信心的崩溃。随着危机的爆发,投资者和金融消费者对市场和金融机构的信心会一落千丈,加剧市场上的抛售行为和流动性兑付压力。随着信息科技的快速发展,悲观和恐慌的传染极其迅速,最终造成多个市场大面积的信心崩溃。信心的丧失最终演绎成典型的系统性危机"自我实现预言"。此外,系统性风险的扩散中存在独特的"合成谬误"问题。即单个金融机构为控制风险或提高流动性而出售资产是审慎的,但一旦金融机构都这样做,就会导致资产价格崩溃,引发系统性危机。

系统性危机还可能通过资本流动、国际贸易等渠道实现跨区域传染。对此,许多有关金融危机传染的研究已经进行了详细阐述。诸多因素交织在一起,形成了系统性危机的自放大性,决定了其复杂性和危害性。系统性金融风险会迅速从一个机构传递到众多机构,从局部市场传递到全部市场。市场价格呈现自由落体式下降,流动性瞬间枯竭,市场信心丧失殆尽,金融机构纷纷倒闭,宏微观经济形势急转直下,最终酿成全局性灾难。

三、金融危机理论及其治理

早期的经济学家对金融危机理论的研究较少,也较为统一。早期的金融危机理论主要分为两派:一派是经济周期理论,主要代表人物是费雪,他们认为金融危机与经济周期密切相关,是由市场非理性和非均衡行为所导致的一种经济现象;另一派对金融危机进行"货币主义"解释,主要代表人物是弗里德曼,他们认为是以中央银行对宏观经济的不当干预为代表的市场外部冲击导致金融市场的风险积聚,与市场内部非理性与市场恐慌无关。现代的金融危机理论主要包括货币危机理论、银行危机理论、债务危机理论等。

(一) 金融危机理论

1. 货币危机理论

货币危机理论是金融危机理论中最成熟的理论,已经发展出四代危机模型。

(1) 第一代货币危机模型。20 世纪 70 年代后期的拉美货币危机后,克鲁格曼在 1979 年提出了第一代货币危机模型,其基本思路如下:在固定汇率制下,政府主要经济目标之间的矛盾导致固定汇率制无法维持而崩溃,特别是长期巨额财政赤字的存在和货币信贷的持续扩张对固定汇率制的威胁最大,该模型认为投机性冲击是基本经济因素恶化造成的,而政府的预算赤字是危机之源,预算赤字由国内信贷扩张来弥补,从而导致国内需求增加,物价升高,实际外汇汇率上升。央行为维持固定汇率,只能抛售外汇,此过程使央行的外汇储备不断减少,直到不足以支撑固定汇率的长期稳定,最终导致外汇储备消耗殆尽。根据第一代危机理论,在经济基本面和汇率制度存在矛盾时,微观投资者将理性地选择投机行为,从而导致汇率制度的崩溃,由于该选择并不涉及行为道德,所以这类模型也被称为理性冲击模型。

第一代危机模型的政策启示是,在持续依靠货币融资解决财政赤字的同时又要维护固定汇率的宏观经济组合政策存在着不可调和的矛盾。因此,为避免货币危机的发生,政府应当尽量维持经济的良好、正常运行,进而使投资者对于汇率的稳定性充满信心,所以政府应当实施适当温和的财政和货币政策以避免投机攻击。

其整个危机的形成过程如图 20-3 所示,政府的宏观经济目标使得国内信贷增加,为了

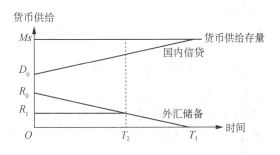

图 20-3 货币危机的发生过程

维持固定汇率制度,央行开始抛售外汇,当外汇储备消耗殆尽,固定汇率难以维持时,危机爆发。

第一代模型的现实意义为较好地解释了20世纪70—80年代的拉美货币危机,但是它也存在一定的缺陷:①认为只有一国基本面出现问题时,投机者才会发起冲击,而事实上并不一定,这也就衍生出了第二代危机模型。②认为政府行为无理性,盲目地通过信贷扩张来弥补财政赤字,而实际中,政府也是理性存在的。③认为发生货币冲击时,政府不顾一切地维护固定汇率,但政府作为理性人,也会考虑成本、收益等方面的因素,而不会盲目不顾一切地维护固定汇率。

(2) 第二代货币危机模型。20世纪80年代中期,奥布斯特费尔德提出了第二代货币危机模型,基本思路是:政府的相机抉择行为更为主动,会根据成本和收益决定是否维护固定汇率,而政府行为将受到公众预期的影响。当两者偏离越大,政府对于固定汇率的维持就会花费更多的成本,这样就会有更多的投资者选择投机攻击行为,导致公众信心的丧失,最终使得固定汇率制度崩塌,由此产生一个动态逻辑循环过程。政府和投机者都将不断地审视对方的行为及动机,并根据对方的行为动机做出反应。当政府维持固定汇率的成本小于收益时,政府继续固定汇率制度;当成本大于收益时,政府放弃固定汇率制度,危机爆发。其过程如图20-4所示。

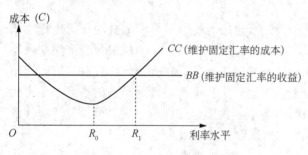

图 20-4　第二代货币危机模型

第二代危机模型的政策含义是:只依赖稳定的国内经济政策是无法最终抵御货币危机的,固定汇率制度本身的不足容易受到投资者的投机攻击;固定汇率制度在一国的失业压力和政府债务维持一定程度时,可以自我实现地陷入崩溃的多重均衡。所以说,货币危机的发生不一定要伴随扩张性的财政政策,即稳健的经济政策并不一定能阻止货币危机的发生,固定汇率存在着先天的缺陷,易于受到攻击。因此,为避免危机的爆发,一国在实施固定汇率的同时,需要进行资本管制,或者限制资本市场的交易。

第二代危机理论模型较好地解释了1992—1993年的欧洲汇率危机,但是并不能解释1997年东南亚金融危机,于是衍生出了第三代货币危机模型。

(3) 第三代货币危机模型。第三代危机模型主要从3个角度展开对危机的理论解释:①道德风险模型。麦金农和克鲁格曼认为,发展中国家的存款担保与过度负债之间的关系是危机爆发的根本原因,发展中国家的特点是企业和金融机构一般都有强烈的过度投资和过度借债的倾向,但是由于发展中国家的体制原因使得外国金融机构相信,在发展中国家发生危机时会有政府及国际金融机构对其进行救助。这种行为正好迎合了国外金融机构的贷款愿望,从而导致大量的泡沫和无效投资的出现,最终只能以危机收场。根据道德风险模型理论,货币危机发生时,由于危机发生国家制度的扭曲,所以只能依靠危机国自身的结构调整;同时,外部救助只会加重国际层面的道德风险问题。因此,危机的预防只能通过对政府担保予以取消,并通过加强金融监管来实现。②金融恐慌论。最早由戴蒙德于1983年提出,1998年史蒂文·瑞德里特(Steven Radelet)和杰弗里·萨克斯(Jefferey Sachs)对东南亚金融危机进行了解释。其主要观点认为,亚洲国家吸引资本流入,在促进经济增长的同时,也带来了巨大风险。金融市场的一系列突发事件,以及危机发生后政府的某些政策加剧了金融恐慌。其防止措施为,避免恐慌性资本流出,对短期流动性资本进行限制,政府引导降低公众的悲观预期。③基本因素论认为金融危机发生的原因在于基本经济因素的恶化,同时金融体系非常脆弱。

(4) 第四代货币危机模型。第四代货币危机模型是在第三代货币危机模型基础上建立起来的,目前还未形成成熟的理论体系。该模型认为,本国企业部门的外债水平越高,"资产负债表效应"越大,经济出现危机的可能性就越大。其理论逻辑是,企业持有大量外债导致国外的债权人会悲观地看待这个国家的经济,减少对该国企业的贷款,使其本币贬值,企业的财富下降,从而能申请到的贷款下降,全社会投资规模下降,经济陷入萧条。

2. 银行危机理论

银行危机理论主要从货币政策、银行体系功能、存款人心理和道德风险角度阐释危机爆发的原因。①弗里德曼的货币政策失误理论认为,造成金融体系的内在脆弱性的原因是货币政策的失误和过多的货币供给,正是货币政策的失误导致了金融风险的产生和累积,微小的和个别的金融问题可能演变为剧烈的金融动荡,进而演变成金融机构相继破产的银行业危机。②托宾的银行体系关键论认为,银行在金融危机中起着关键作用。在企业过度负债的状态下,如果银行能提供贷款,就可以避免债务—通货紧缩过程。但在经济、金融扩张中过度负债积累起来的风险增大,银行可能遭受企业违约的损失,甚至破产。为了控制风险,银行必然减少贷款,致使企业投资减少,直接影响经济发展。为偿还债务,企业被迫出售资产,造成资产价格下降,不足以偿还债务,银行业危机发生。③戴蒙德和迪布维格的银行挤兑理论(D-D模型)认为,银行的重要功能是将存款人的不具流动性的资产转化为流动性的资产,以短贷长,实现资产增值。在正常情况下,依据大数法则,所有存款者不会在同一时间取款。但当经济中发生某些突发事件时,就会发生银行挤兑,导致银行危机。④麦金农的道德风险论认为,存款保险制度的存在,以及政府和金融监管部门在关键时候扮演"最后贷款人"的角色,一方面会使银行产生道德风险,从事具有更高风险的投资,增加了存款人受损害的可能性,另一方面会导致存款者没有对银行实施监督的积极性,埋下了银行危机的隐患。

3. 债务危机理论

债务危机理论主要从企业债务融资、经济周期与国家外债负担关系角度解释危机的成因。费雪的"债务—通货紧缩"理论认为,企业在经济上升时期为追逐利润"过度负债",当经济陷入衰退时,盈利能力减弱,逐渐丧失清偿能力引起连锁反应,导致货币紧缩,形成恶性循环,金融危机就此爆发。苏特从经济周期角度提出了综合性的国家债务理论,认为随着经济的繁荣,国际借贷规模扩张,资本充裕的发达国家的资本为追求更高回报而流向资本不足的边缘国家,边缘国家的外债增多;债务的大量积累导致债务国偿债负担的加重,当经济周期进入低谷时,边缘国家赖以还债的初级产品出口收入下降,导致其逐渐丧失偿债能力,最终爆发债务危机。

(二) 金融危机预警模型

金融危机预警模型是从宏观层面上对国家范围内金融危机的发生做出预测和警报。预警模型是建立在正确理解金融危机发生原因和形成过程的经济理论基础上的。金融危机预警模型基本上采用指标预测法,具有代表性的模型有 KLM 货币危机预警模型、银行危机预警模型和 IMF 货币危机风险系数模型。

1. KLM 货币危机预警模型

格雷西拉·卡明斯基(Graciela Kaminsky)、索尔·利宗多(Saul Lizondo)和卡门·赖因哈特(Carmen Reinhart)提出了信号指标模型(KLM 模型),通过一系列指标在货币危机前后的变动规律来预测货币危机发生的可能性。一个指标偏离均值的程度超过阈值时,被称为发出了一个信号。一个时期内指标预期危机的能力被称为信号水平时期,时期定为 24 个月。一个信号发出后 24 个月内发生了金融危机,称为一个好信号;一个信号发出后 24 个月内未发生危机,称为一个坏信号或噪声。噪声信号比率是实际发出的坏信号的份额除以实际发出的好信号的份额。有预测力的指标包括实际汇率、出口增长率、股价、M2/国际储备、产出增长率、过度的 M1 余额、国际储备增长率、M2 乘数增长率、国内信贷/增长率、实际利息率、贸易条件增长率和实际利息率差异共 12 个指标,预测者只需要每月计算出 12 个指标值,并将指标的走势与 12 条预警规则对照,就可以知道哪些指标处于预警状态,并依据处于预警状态的指标多寡来推断货币危机发生的概率。

2. 银行危机预测模型

银行危机预测模型构建的理论与 KLM 模型相同,样本选取与 KLM 模型类似,但观察期与 KLM 模型不同,其观察期为危机爆发当月和前后 36 个月,共 73 个月;其指标体系选取方法也与 KLM 模型有所区别,主要是对银行业有较大影响的指标,包括 GDP,投资/GDP,财政收支差额、年通货膨胀率、M2/M1 等 12 个指标,指标数据处理方法与 KLM 模型相同。

3. IMF 货币危机风险系数模型

IMF 货币危机风险系数模型是国际货币基金组织于 1999 年依据东南亚金融危机研究开发的,主要用于预测新兴市场国家的货币危机。模型指标选取少,计算方法简单,可操作性较强。样本国只选取了泰国、马来西亚、印度尼西亚、菲律宾、新加坡和韩国 6 国,统计指标选取了本币实际利率、信用总额、M2/外汇储备 3 个指标,观察期为 1993 年 1 月—1997 年 11 月。按此模型,某国特定时期的风险系数计算方法如下:首先计算 3 个指标在观察期内的平均值、方差和方差的加权平均数,这个加权平均数即为该国在 t 期的风险系数,其上升和下降体现了金融风险程度的上升和下降,一旦突破了对比平均期风险系数设定的阈值,就发出金融危机预警的信号。该模型预测的准确性高,具有较强的实际应用价值。

(三) 金融危机的管理

金融危机管理的任务是及时察觉金融危机的苗头,及早采取措施防止金融危机的发生;一旦发生危机,就要采取适当的处置对策,最大限度地减轻金融和经济震荡的强度,避免导致危机的各种矛盾进一步激化,把危机造成的损害控制在最低限度。金融危机管理政策包括汇率政策、货币政策、财政政策、资本管制政策和重组政策等。

1. 金融危机管理中的汇率政策

金融危机管理中汇率政策要处理的问题包括:在危机可能发生的端倪显现时如何防止汇率急剧下跌;在危机已经爆发后,如何阻止汇率的惯性下跌。不同汇率制度之间尽管存在不可忽视的区别,但在导致危机的基本因素已经酿成的情况下,企图通过汇率制度的改变来摆脱危机,可能会适得其反。在汇率已开始受到冲击时,央行入市投放外汇以稳定货币市场是通常的做法,这种做法实际上意味着被动应战。从拉美和东亚国家危机期间经历的情形看,这种挽救汇率的努力往往以失败告终。要获得成功,必要条件是国际社会的支持。如墨西哥,因为同美国关系密切,在危机来临时得到了美国资金的支持,这对其较快地走出危机起到了重要作用。对大国或较强的国家而言,拥有与其经济规模相适应的外汇储备,使它们在与国际投机资本的较量中有更大的回旋余地,但是,这种干预的真正作用也许仅在于为清除或缓解导致危机的矛盾、转变投资者的不良预期争取时间。1992年的英镑危机就是实力较强的发达国家央行的汇市干预未能摆脱危机的典型案例。因此,通过汇市干预直接支持汇率的政策事实上已经无力扭转汇率持续大幅下跌的走势,还需要依靠货币政策、财政政策的配合,以及债务重组、银行重组与国际社会的支持。

2. 金融危机管理中的货币政策

金融危机管理中的货币政策主要是利率政策。利率是影响汇率的重要经济变量,抽象掉其他因素,当汇率趋于下降时,通过提高利率来抵消汇率贬值预期对资本预期收益率的影响,可以起到抑制资本流出和稳定汇率的作用。拉美国家20世纪90年代中期金融危机发生时,提高利率就曾经作为稳定汇率的一项重要措施,对较快止住汇率的下跌发挥了积极作用。但是,利率的提高会对汇率产生正面的直接影响,也会对外部均衡产生负面的间接影响,因为利率的大幅升高将强化信贷紧缩,大大提高企业的破产概率和违约风险,导致资本流出加剧。提高利率产生的间接负作用可能超过其直接的正作用,对汇率贬值雪上加霜,东南亚金融危机发生时的情况正是如此。在货币危机时期,利率政策面临两难选择:提高利率固然有利于吸引逐利资本的进入,然而却给已陷入衰退的经济以更加沉重的打击,进一步瓦解汇率稳定的基础;降低利率本身是刺激经济复苏的手段,然而利率的降低直接推动资本更大规模外逃,不仅加速汇率的下跌,而且也使实际经济受到更严重的伤害。因此,货币危机已经发生时,货币政策手段并不是摆脱危机的理想路径。

3. 金融危机管理中的财政政策

金融危机管理中的财政政策有两种截然相反的选择。一是实行紧缩性财政政策,压缩预算支出,提高税收,借以降低财政赤字和经常项目赤字,控制通货膨胀,扭转国际收支的失衡。二是实施扩张性财政政策,扩大预算支出,扩大基础设施建设和公共投资,增加失业补贴等社会保障支出,通过乘数效应带动私人投资和消费;同时降低税收,以刺激内需,并通过财政的贴息和扶持,推动出口的扩大等。两种不同的政策选择取决于不同的初始条件。如果危机发生前已出现大量财政赤字,而且财政政策过度扩张导致经济过热、通货膨胀和国际收支逆差以致汇率贬值,那么,实行紧缩性财政政策是对金融危机釜底抽薪的治本之策。拉美国家20世纪80—90年代的情况便是一例。相反,如果危机发生前并无严重财政赤字,而是财政收支大体平衡,甚至略有盈余,则实行紧缩性财政政策不利于经济恢复。1997年后东南亚国家的情况就是如此。不同的政策选择还取决于危机的进程,当危机还在酝酿中且经济处于过热状态时,紧缩财政有助于阻止危机或降低将爆发的危机的强度。但当金融危机已经发生并迅速冲击实际经济,使其陷入衰退,促进经济复苏成为稳定汇率、货币的重要条件时,实行适当的财政扩张是摆脱危机的必要选择。

4. 金融危机管理中的资本管制政策

在危机已经发生的情况下,运用利率手段面临的两难选择严重制约着该政策的有效性。在其他手段都不能阻止危机深化的情况下,控制资本流出便成为不得已而为之的政策选择。马来西亚在应对亚洲金融危机期间采取资本管制政策,取得了良好的效果。当然,资本流动控制成功需要具备一定的条件,包括:外汇与资本流动控制的政策透明,合理的外汇需求能够得到满足,央行拥有相当数量的外汇储备,对经常项目、资本项目、短期资本流动和长期资本流动区别对待,把政策目标明确地界定在控制短期资本流动上;明确规定政策的时限,让投资者和公众理解推行这种措施的出发点;中央银行要关注市场对政策的反应,根据市场反应和情况变化适时对控制措施进行灵活调整。

5. 金融危机管理中的重组政策

金融危机中的债务重组是重要的缓解危机的手段。缓解流动性短缺要求进行债务重组和提供新的融资。债务重组通过多方债权人和债务人集中谈判进行,经过谈判达成延长还贷时间、提供必要的滚动贷款的协议。通过债务重组缓解流动性短缺,有助于经济复苏和债务人恢复偿付能力,保障债务的偿还,实现债权、债务双方的共赢。金融危机管理中的银行重构政策包括补充商业银行资本、清理不良资产。国家应向面临破产威胁的银行注入公共资金,以形成正的资产净值。对银行的不良资产要进行清理,设立国有的或私人的资产管理公司,由它们进行银行不良资产的收购,使银行的呆滞资产变为可运作资金。有些银行还需要暂时改变其所有权,将其转变为公共机构所有,以维持其生存,待情况有所好转后再邀请国内外投资者出资,将其转交给私人经营。美国次贷危机期间,"两房"被国有化就是一例。与此同时,要运用公共资金建立银行存款保险,IMF提供的贷款可用作建立存款保险所需的最起码的资金,以利于恢复公众对银行的信心。

四、金融危机理论在中国的研究和应用

乔佳明对多种货币危机模型进行比较研究后认为,随着中国国际化步伐加快,同时也大大增加了中国的货币风险,研究货币危机的预警理论,对稳定人民币汇率和增强货币的抗风险能力都具有重要的理论及实践意义。他对东南亚金融危机后各种货币危机预警的主流理论做出梳理和归纳,并在对其实证结果做出客观评价的基础上,对中国的可能情况做了实际模拟分析,从而为中国货币危机预警理论及实践提供借鉴。白玫和李妮妮基于主权货币理论,认为拥有独立财政和货币政策的主权国家有足够的政策空间发展本国经济。中国实行资本管制基础上的浮动汇率制度是改革的方向,通过政府和市场的协调配合促进就业和地区均衡发展是经济可持续发展的必由之路。

郑小娟针对债务危机理论,结合欧洲债务危机的研究后提出,包括中国在内的世界主要经济体国家信用脆弱性尤为突出。她结合欧洲国家债务危机的现有研究,对风险传导机制进行刻画,对风险传导规模进行度量,对风险传导效应进行分析,从而提出规避国家信用脆弱性和风险传导的应对策略。林河进行了货币危机与债务危机相关性的研究,通过分析发现债务危机和货币危机有着明显的正相关关系,表明债务危机的发生将显著增加货币危机发生的概率,货币危机的发生也将显著增加债务危机发生的概率。此外,还发现滞后一阶货币危机变量对其后的债务危机发生有着显著的影响,但是滞后一阶债务危机变量对其后的货币危机发生无显著的影响。张郎朗通过马克思经济危机理论分析了欧洲主权债务危机的成因并说明欧债危机为什么以希腊、爱尔兰等国家作为爆发点以及危机为什么会在欧元区乃至欧盟扩散,并对欧债危机的深层次原因进行了探讨,探讨了借债主体的变化和信用扩张的关系、主权债务累积和政府职能转变的关系,以及主权债务和金融资本扩张的关系。

连捷在美国次贷证券引发金融危机后,分析认为由于次贷证券是以次级按揭贷款为基础资产的结构金融产品,此次危机的发生及其演化反映了近年来美国住房金融市场的变化,

而其根源在于全球流动性过剩推动的房地产价格飙升。由于中国资本项目尚未开放,资金跨境流动受限,中国经济受此轮次贷危机的直接影响有限。但应当看到,中国正经历流动性过剩和资产价格大幅上涨,在加息周期的背景下,这次危机足以对中国日益开放的金融业和价格连续上涨的房地产市场敲响警钟。陈坚在分析了美国次贷危机后提出反思,如果商业银行能够在房地产价格上涨时期将次级抵押贷款进行证券化,并向投资者成功发售次级抵押贷款支持证券,商业银行就可能减少甚至避免因宏观经济下滑、房地产市场回落造成的巨大损失。他还提出在宏观调控过程中,政府首先需要重点解决好国内金融体系流动性过剩的问题,要借鉴国外金融创新的经验,积极推动资产证券化业务。

张陆阳和孔玥在进行了美国次贷危机大系统影响因素分析后提出,随着中国经济开放,金融开放程度也越来越高,如何防范输入性金融风险及其可能引发的经济危机,是未来金融开放的一大挑战。中国必须从国际化的视角和理论高度认识金融风险的国际联动性,协同国家在财政、货币、外汇、海外投资、金融市场国家化等方面的政策,防范和控制风险,保障中国经济良性发展。刘凯、肖柏高、王度州等人在金融危机以后对汇率和中国相关政策进行了反思,认为人民币汇率的决定因素很复杂,购买力平价背后的贸易套利动机、利率平价背后的利率套利动机等都会对人民币汇率产生重要影响。中国应该在保持人民币汇率基本稳定的前提下,适当增强人民币汇率的灵活性,以更好地维持货币政策有效性和平抑宏观经济波动。

中国目前对金融行业以及金融创新的监管比较严厉,暂时没有爆发危机的可能性,但是随着中国金融开放进程加快,与国际金融逐渐接轨,谁也不能保证未来不会出现危机。现在,中国金融市场上各式各样的理财产品纷纷上市,有不少已经开始与利率、股指等基础标的相挂钩,而相应的监管是否跟上了创新的节奏还有待我们思考;另外,中国资产证券化的呼声也很高,有学者将资产证券化称为中国金融界"最肥沃的土地",现在以信托为代表的金融机构跃跃欲试,想到中国的资产证券化市场上去淘金,相应的监管是否到位、监管者水平是否达到,都是需要我们认真去思考的问题。

总而言之,金融机构的特殊性决定了其面临信用风险、利率风险等多种风险,金融市场运行中价格的波动性增加了金融的脆弱性,衍生品交易的高杠杆性放大了金融风险。企业财务结构决定财务风险的大小,商品价值实现矛盾是企业财务风险的根源,普遍的财务风险会转化为金融机构的信用风险、金融市场的价格风险,并扩展为系统性风险。宏观经济政策失误同样会加剧社会总产品价值实现的矛盾,成为宏观金融风险产生的原因。金融风险理论从实体经济、金融市场、经济金融政策等方面阐释风险形成机制。系统性金融风险转化为金融危机是金融体系均衡被打破的结果,历史上的金融危机已经揭示出过度金融发展、过度金融投机、过度金融创新、过度金融自由化的危害。金融风险管理要从微观和宏观两个角度,消除和控制金融风险的不利影响,要对金融风险进行有效的识别和度量。金融危机理论结合货币危机、银行危机和债务危机实际向前发展。金融危机预警模型在实践中不断改进和发展,提高了预测危机的效果。金融危机管理要依靠国际合作,综合运用汇率政策、货币政策、财政政策、资本管制政策和重组政策等,方能取得比较好的效果。

进一步地,金融风险、金融危机(银行危机、货币危机、债务危机、证券市场危机、保险危机等)与金融安全(一国保持其金融体系稳定、维护正常金融秩序、抵御外部冲击的能力)及金融稳定(通货稳定、金融机构稳定、金融市场稳定、汇率稳定、利率稳定)存在着必然的关系。金融风险通常是指金融机构的"头寸"短缺,金融机构的运作难以为继,面临破产倒闭的危险。金融风险与金融危机的不同点是:金融风险是可能性,金融危机是现实性;金融风险一般是局部的,金融危机是全局的;也可以说金融危机是金融风险的转化。假如金融风险转化为金融危机,金融危机的发生自然威胁着国家的金融安全,但国家的金融安全不仅仅是不发生金融危机。当然,金融安全有丰富的内涵和更深刻的含义,包括:防范金融风险、金融危机;防范金融领域的盗窃、诈骗、贪污、挪用;杜绝金融工作岗位上的失职行为;反逃汇和非法套汇,反假钞等。这表明即使没有发生金融危机,也存在着金融安全问题,金融安全是国家安全的重要保障。

思考题

1. 从金融风险、系统性金融风险到金融危机的演变机理是什么?
2. 中国金融系统性风险的表现及国家金融安全的对策是什么?

第21讲 金融监管理论与制度

基本要求： 1. 了解金融监管制度的发展历程。
2. 掌握金融监管理论的主要内容。
3. 知道国际最新金融监管动态。
本讲重点： 金融监管理论的主要思想。
本讲难点： 金融监管制度的主要类型及"监管沙盒"。

金融监管的根本原因在于金融风险，金融风险是市场失灵的一个重要表现，作为弥补市场失灵的国家干预在金融市场上表现为金融监管。金融监管就是在资源配置失灵时，用"看得见的手"去弥补"看不见的手"的一系列的措施和制度。随着世界经济金融形势的不断变化，各国的金融监管制度也在不断变革。如何在金融监管制度变迁的过程中建立更加有效的制度，确保安全性、效率性和公平性的金融监管目标的顺利实现，一直受到各国金融监管当局和理论界的高度关注。了解金融监管相关理论与监管制度的发展实践有利于监管当局制定有效的金融监管制度与政策，从而推动金融活动的有序运行，确保国家金融安全与全球金融稳定。本讲梳理了西方国家的金融监管制度变迁史，重点介绍了相关监管理论的内容和思想，对当前国际金融监管动态即沙盒监管在世界各国的应用状况做了阐述，对中国金融监管制度与政策进行了分析。

一、金融监管的发展历程

金融监管是金融监督和金融管理的总称，有狭义和广义之分。狭义的金融监管是指一个国家或地区的金融监管当局依据国家法律法规的授权对整个金融业实施的监管；广义的金融监管在上述含义之外，还包括金融机构的内部控制和稽核、同业自律性组织的监管、社会中介组织的监管等内容。金融监管制度是指有关金融监管的各类规则、惯例、组织安排与政策等，通过建立合理的金融监管的规则、惯例、组织安排和政策，来界定金融主体在金融交易过程中对空间的选择，约束和激励金融主体的经营行为，降低金融交易费用和竞争中不确定性所引致的金融风险，进而保护债权债务关系，提高金融资源的配置效率。金融监管制度的目标是：防范系统性金融风险，维护金融业安全；维护金融市场公开、公平、有序竞争，提高金融效率，并以此促进经济稳定增长；维护金融市场声誉，保护存款人、投资者和被保险人合法权益。金融监管制度作为政府管制制度的一种，是现代金融制度发展的客观要求。

回顾金融业发展史,每一次金融危机的爆发,都会引起人们对金融监管的反思。近现代金融发展史本身就是一部金融危机史,同时也是金融监管当局不断完善和强化监管与金融机构寻求监管套利的相互博弈史,因此,金融监管的发展与改革对金融业活动起着极为重要的护航作用。世界各国的金融监管制度是在不同的历史条件下逐步形成并不断演变的,主要有分业监管体系和统一监管体系两大类型,不同国家的金融监管体系具有不同的特点。

1. 金融监管形成期

早期的金融监管产生于20世纪初期,当时所注重的是中央银行的统一监管。1907年,美国发生银行业危机,当时的美国金融业投机盛行,不受监管的信托投资公司通过高息承诺,将大部分银行贷款投资在高风险的股市和债券上,使整个金融市场陷入疯狂投机状态,经济严重泡沫化。客户的疯狂挤兑引发了金融支付限制和银行危机,进一步导致金融危机,使得美国的经济严重衰退。事实证明,当时的银行体系在面对公众流动性偏好的改变时显得十分脆弱,也正是此次危机直接催生了1914年的美国联邦储备银行体系,自此,以提供流动性和充当"最后贷款人"角色为核心功能的中央银行制度确立,金融体系的稳定性得以增强。但由于当时金融市场兴起的时间并不久,政府对金融监管的思路也处于初探阶段,而且主要立足于对货币系统的管理,各项业务的分工并不明确,整体监管思路为混业监管。

2. 金融监管加强期

20世纪30年代的"经济大萧条"扭转了金融市场最初的金融监管理念。当时,全球经济危机的教训使人们开始逐渐认识到市场的波动性不能仅仅依靠市场来调节,一国核心的金融监管职能也不能只立足于货币管理。因此,在凯恩斯主义经济学的影响下,针对危机前的混业监管乱象,监管当局开始实施对金融机构具体经营行为的监管政策。美国总统罗斯福上台后颁布了《格拉斯-斯蒂格尔法》,禁止商业银行、投资银行和保险公司在业务上相互渗透,又在此后相继颁布了《证券交易法》《投资公司法》等一系列法案,使得美国步入了严格分业经营、分业监管的时代,同时影响了全球金融监管制度从混业向分业转变。

3. 金融监管过渡期

20世纪70年代以后,随着全球经济的复苏,金融市场开始呈现出多元化发展的态势,金融业开始迈向放松监管时代。以美国为首的国家大都通过放松对金融机构的严格管控来促进金融市场的发展。但在这种放松的监管体制下,金融市场中开始滋生各种问题,国际商业银行越来越脱离国内的银行管制,同时国际银行监管方面也十分薄弱,加上金融工具的创新也使得金融风险有所增大,特别是20世纪80年代出现的金融自由化浪潮,金融衍生品的迅速发展催生了大量投机行为。金融监管当局一方面为促进金融创新而放松管制,另一方面为协调国际间金融监管而制定了一系列有利于金融稳定的措施,监管方式由以往的硬性限制措施转变为以资本监管为核心的合理化管理,此时"巴塞尔协议"应运而生。美、英、法等10个国家于1974年共同成立了巴塞尔银行监管委员会,针对国际性银行监管主体缺位的现实,突出强调了两点,即任何银行的国外机构都不能逃避监管,母国和东道国应共同承担职责。在此后的金融发展中,针对不同金融危机的爆发,巴塞尔委员会对"巴塞尔协议"做出了多次改进,相继出台了"巴塞尔协议Ⅱ""巴塞尔协议Ⅲ"等文件,成为国际公认的金融监管准则,为各个国家制定符合自身金融业发展的监管政策提供了最为有效的理论基础。由此,金融监管的目标逐步转向协调安全、稳定与效率的关系,监管重点以管理金融活动和防范金融风险并重为主。

4. 统一监管期

2007年美国次贷危机的爆发引发了全球性金融危机,世界经济普遍性陷入低谷,金融监管制度在金融体系中的作用显得更为重要。2010年美国出台《多德-弗兰克法案》,成立了金融稳定监管委员会,将之前缺乏监管的场外衍生品市场纳入监管视野,更加注重宏观审慎监管,成为全球金融监管改革的新标杆。2013年,英国设立了金融行为监管局和审慎监管局,替代了原金融服务管理局的监管职责,负责监管银行、保险以及投资事业等。由此,以美、英等西方国家为代表,全球主要国家金融市场进入了统一监管期。

综上所述,西方国家金融监管的历史变迁表明,金融监管制度与政策的制定是在现实经济发展中不断进行调整并逐步完善的。总体而言,金融业的发展经历了先混业、后分业、再综合经营的历程,金融监管体系也经历了先集中、后分业、再统一的演变过程。实践表明,全球金融业在不断创新和发展的过程中应当注重思考如何构建有效的监管理念,并以此来完善监管制度的架构。

二、金融监管理论

金融监管问题自产生以来便引起了学者们的高度关注和广泛研究,从而形成了不同的金融监管理论,主要有公共利益理论、公共选择理论、追逐论和管制新论。监管理论的发展对金融监管制度与政策的制定和实施起到了重要的指导作用。

(一) 公共利益理论

公共利益理论又称社会利益论,是在20世纪30年代大危机后提出的。当时经济学界普遍认同的观点是:市场经济是有缺陷的,金融体系因存在自然垄断、外部效应、信息不完全从而不能实现资源的最优配置,造成了资源的浪费和损失,损害了社会福利,因此,代表公共利益的政府要在一定程度上介入经济生活,通过管制来消除或纠正市场缺陷,从而达到保护社会公众利益的目的。

当时,人们在对银行等金融存款机构失去信心后,要求政府通过金融监管来恢复金融稳定并提高金融效率。该理论主要强调自然垄断、外部效应和信息不完全这3个方面对经济的影响。竞争是市场机制发挥作用的前提,但竞争又会形成垄断,进而出现垄断价格,损害公共利益。因此,政府的职责之一就是要反对垄断,消除价格歧视,保护公众利益,使价格维持在社会平均成本的水平。外部效应是指在实际经济活动中,生产者或消费者的活动对其他生产者或消费者的非市场性影响。这种影响可能是有益的,也可能是有害的,有益的影响被称为正外部效应,有害的影响被称为负外部效应。这种正负效应可能同时出现或交错出现,有时是长期负效应,有时是长期正效应,这就需要加强国家监管来趋利避害。在自由竞争和市场机制条件下,信息不对称是普遍存在的,掌握较多信息的经济主体会在市场活动中得到较大利益,有较少信息的经济主体则利益可能受损。掌握信息优势的有银行、证券公司内幕人员,以及大企业或集团等。因此,为了纠正信息不完全问题,政府部门应采取多种措施进行监管,如对内幕交易的制约,对信息通信产业和银行、证券、保险产业等方面的管理等。

(二) 市场失灵理论

1958年,美国哈佛大学教授弗朗西斯·巴托(Francis Bator)发表了《市场失灵的解剖》一文,首次系统阐述了市场失灵理论,后又经过庇古、马歇尔、萨缪尔森、斯蒂格利茨等经济学家的不断补充和深化,进一步丰富了市场失灵理论的内涵。该理论认为,垄断、公共物品、外部性和信息不完全或不对称的存在使得市场难以解决资源配置的效率问题,市场无法实现资源配置效率的最大化,此时就出现了市场失灵。因此,必须依靠政府干预才能解决问题,以促进社会的公平和经济的稳定。

金融体系内存在垄断、外部性、公共物品、信息不完全或信息不对称等问题。在垄断方面,金融机构自由竞争悖论认为金融企业的高杠杆经营以及金融机构间错综复杂的资金关系均会导致负外部效应的出现,使得金融体系的风险剧增。在公共产品方面,由于其特征在于既不具有排他性也不具有竞争性,所以稳定、公平和有效的金融体系可以被近似看作公共产品,这一特点会导致"搭便车行为"的出现,使得公共物品供应不足,即金融体系的稳定性、公平性受到影响,出现市场失灵。在信息不完全或不对称方面,委托代理问题会导致信息不对称,代理人根据委托人的委托从事相关金融活动时,代理人是具有信息优势的一方,可能会违背委托人意志从事某些损害委托人利益的活动,从而破坏金融体系秩序。

(三) 金融脆弱性理论

海曼·明斯基(Hyman Minsky)于 1977 年较早地对金融内在脆弱性问题做了系统阐述,形成了"金融脆弱性假说"。认为私人信用创造机构特别是商业银行和其他相关的贷款人的内在特性使得它们不得不经历周期性危机和破产浪潮,即银行危机,银行部门的困境又被传递到经济体的各个组成部分,从而产生经济危机。

明斯基将借款企业分为 3 类:一是对抵补性的借款企业,这类企业只根据自己未来的现金流量做抵补性融资,是最安全的借款者;二是投机性企业,这类企业根据未来的资金丰缺程度和时间来确定借款;三是高风险的借款企业,又称庞氏企业,其借款用于投资期很长的企业,由于短期内没有足够的收入来支付应付利息,必须不断通过增加借款金额来支付,同时其长期收入建立在假想的基础上,总是预期在未来的某一天会有好的回报来弥补累积的负债。根据企业分类,随着投机性企业和庞氏企业的增加,金融系统面临越来越高的风险,金融脆弱性就会越来越严重。

(四) 金融管制失灵理论

在现实中,人们发现政府对金融的监管在大多数情况下都是失败的,因为政府作为一个拥有自己独立利益的特殊市场主体,并不能最大化社会福利。一方面,政府的金融监管政策往往会被少数既得利益集团所左右,因为利益集团为了自己的利益必然有积极性采取各种手段影响政府的金融监管政策;另一方面,政府对金融机构的过多管制行为进一步增加了市场中寻租的机会,破坏了市场的正常竞争秩序,这就不利于金融的长期发展。

1. 政府掠夺论

政府掠夺论认为任何管制和监管都是由政府推行的,都是政治家一手策划的。但是,政府和政治家并非像公共利益说所想象的那样代表着全社会的利益,它们的利益函数和效用函数与社会公众的并不一致。政府对金融业进行监管,不完全是为了消除金融市场失灵、防止金融风险、维护金融市场稳定和提高金融效率,而是为了实现自身利益最大化。

2. 管制俘获说

管制俘获说认为,政府实施的监管在客观上影响了资源的配置,被监管方就可以利用监管获得垄断高价,比如银行业准入的限制可以有效保持现存银行的特许权价值。因此,被监管者会尽可能寻找这些租金,而政府为了增加收益也乐于设置租金,结果监管就背离了其初衷,成为监管与被监管双方谋求自身利益的工具。根据利益流向,管制俘获说分为监管俘获和政治俘获两种。

监管俘获说认为,金融监管措施可能在最初的实施中可以起到一定效果,而当被监管者对监管制度以及监管手段的认识和了解越来越深入时,被监管对象不但会找出监管的漏洞从而进行回避,而且还会通过各种手段主导和控制监管机构。同时,被监管者通过对自身有利的监管获得收益和额外租金,作为回报会向政府支出提供适当融资并讨好政府官员,以便继续维持对自己有利的监管政策。这样,金融监管政策的生命循环开始于监管机构有力地保护消费者,设法最大化公共利益,随着被监管机构的回避和主导,最后止于保护被监管者。所以,该理论的核心是,监管不能实现公共利益的最大化,提供监管的机构只是被监管者俘获的猎物,有监管者比没有监管者的社会效益更差。

与监管俘获说不同,政治俘获说认为政府对金融的监管是为了自身利益。政府对金融的监管更有利于其进行融资,特别是为特定的政治目的进行的融资,从表面上看,融资有助于公共福利的改善,实质上是为了巩固某个政党或是提高政治家和官僚群体的利益与影响力,推动公众福利的提高只是冠冕堂皇的借口。

3. 管制的供求论

西方经济学家认为,经济管制可以被看作一种产品,因为政府的强制力量可以被用来给特定的个人或集体带来有价值的收益,所以管制可以被看作由政府供给、为特定个人与集体所需求的产品,它同样受供求法则或规律的支配,现行的管制安排是供求内斗力量相互作用的结果。

在供给方面,乔治·斯蒂格勒(George Stigler)指出,政府部门提供一种管制的行动时并非如公共利益说所认为的那样是毫无成本、毫不犹豫地按照公共利益来提供产品。在民主政治的决策过程中,谋求政治权力的产业必须去找合适的"卖主",那就是政党。政党在决定是否支持某项管制行动时要考虑这一行动是否有助于自己当选或再当选。因此,需要管制的产业必须有两项政党所需要的东西:选票和资源。资源包括竞选经费、筹集经费的服务以及较间接的资源,如为政党雇用工作人员,通过一些开支很大的项目来训练、说服该产业和其他有关产业的人员,使支持票增加、反对票减少。最后究竟是否采取某种管制政策,管制的范围有多大、程度有多深,取决于上述需求与供给两方面的互动。由于有着最高有效需求的集团往往是生产者集团,所以人们认为斯蒂格勒在一定程度上也持有管制的俘获观,他认为管制通常是由需求者自己争取来的,它的设计和实施主要是为受管制产业利益服务的。

4. 管制的寻租论

这里的寻租是指寻求政府干预以谋求私利的行为。一般来说,只要存在政府对资源配置的影响,对私人部门而言相当于有租可寻,就会产生对政府管制的需求。相应地,政府部门在面对这种需求时就成为供给一方。早期寻租理论的基本结论是,管制更可能使生产者而不是消费者得益,这一结论应该说与俘获理论相同,但寻租理论的发展已经更多地考虑了消费者群体在寻租活动中的力量,亦即寻求阻止政府授予厂商垄断权,不让厂商将本属于消费者的福利拿走。但无论是消费者还是生产者的影响更大,寻租行为本身都没有任何创造性,而只是消耗社会资源。因此,寻租活动越猖獗,社会付出的代价也就越大。

5. 监管的"生命周期"假说

按照生命周期假说,管制可分为4个阶段:产生期、青春期、成熟期和老化期。产生期是指监管机构的产生,由于受到社会公众的压力或在利益集团的要求下,监管机构通过立法形式成立;青春期是指此时尽管监管机构经验不足,但却充满朝气和信心,在主观上仍忠于职守;在成熟期阶段,监管机构与有关各方的冲突开始淡化,合作逐渐成为主流,管制者的利益逐渐被置于公共利益之上;在老化期阶段,监管机构的行为则完全与其公共利益的宗旨相违背,越来越多地倾向于保护被管制者的利益。正确了解监管的生命周期假设,能够为监管政策制定者提供有针对性的帮助。

三、金融监管新动态:"监管沙盒"

"监管沙盒"(regulatory sandbox)的概念由英国政府于 2015 年 3 月率先提出。按照英国金融行为监管局(Financial Conduct Authority,FCA)的定义,监管沙盒是一个"安全空间",在这个安全空间内,金融科技企业可以测试其创新的金融产品、服务、商业模式和营销方式,而不用在相关活动碰到问题时立即受到监管规则的约束。即监管者在保护消费者和投资者权益、严防风险外溢的前提下,通过主动合理地放宽监管规定,减少金融科技创新的规则障碍,鼓励更多的创新方案积极主动地由想法变成现实,在此过程中,能够实现金融科技创新与有效管控风险的双赢局面。

英国采取创新企业申请制来运作监管沙盒,根据申请者的具体情况来给予完整性授权或限制性授权,当申请者达到全部条件后,FCA 会取消限制性规定。此外,FCA 还采取了"虚拟沙盒"与"沙盒保护伞"的灵活的方式来让部分申请者进入沙盒监管。"虚拟沙盒"是指一个虚拟空间,是创新企业在不进入真正市场的情况下与其他各方(如学术界)探讨和测试其解决方案的虚拟空间,所有创新者都可以使用虚拟沙盒,不需要 FCA 的授权。"沙盒保护伞"是针对非营利性的公司设立的,这些非营利性的公司可以指派某些金融创新企业作为其试验期内的指定代表,即"代理人"。这些作为代理人的金融创新公司与其他获得授权的创新企业相类似,他们需要在通过批准的方式获得"沙盒保护伞"公司的授权的同时受到 FCA 的监管。针对获得授权的企业,FCA 会发布无强制措施声明、特别指导和规则豁免(waivers)等,帮助那些公司抵御未来可能会遇到的法律政策风险。

美国国会议员帕特里克·麦克亨利(Patrick McHenry)于 2016 年 9 月提出了沙盒监管相关法案,该新法案成为 2016 年金融服务创新法案的一部分。该法案所构建的监管框架与英国沙盒有很多相似之处,包括金融科技企业需要向监管机构进行申请,重点阐释其创新将为公众带来哪些好的影响,获得批准的公司即可获得测试环境内的经营许可。与英国不同的是,美国的监管框架涉及多个机构,包括联邦储备委员会、财政部和证券交易委员会,每个机构都需要设立一个金融服务创新办公室,负责金融科技企业相关沙盒监管规则的修改,处理金融科技企业的提案,审批沙盒测试服务。

新加坡金融管理局(Monetary Authority of Singapore, MAS)于 2016 年 11 月发布了《金融科技监管沙盒指引》文件,对监管沙盒的适用对象、准入条件、操作流程进行了说明。在此之前,MAS 曾于 2015 年 8 月设立了金融科技和创新团队,并在其内部建立了支付与技术方案、技术基础建设和技术创新实验室三个办公室。在新加坡的"监管沙盒"制度下,任何在沙盒中注册的科技金融(FinTech)公司,都允许在事先报备的情况下,从事和目前法律法规有所冲突的业务,并且即使以后被官方终止相关业务,也不会追究相关法律责任。就监管力度而言,新加坡较英国更为宽松和灵活。英国身为传统老牌金融中心,在制度设立方面更为稳健和严苛。

澳大利亚证券投资委员会（Australian Securities and Investment Commission, ASIC）于2017年2月发布了《金融科技产品及服务测试》监管指引文件，开始对部分未获得澳大利亚金融服务许可证或澳大利亚信用许可证（credit licence）的金融科技企业开放产品和服务测试环境。与英国、新加坡不同，澳大利亚的沙盒不需要公司申请许可，ASIC直接在监管指引文件中发布了监管豁免条款，只要符合特定条件并告知ASIC即可开启测试服务。但其监管豁免仅适用于少数领域，并且对公司的客户数量、风险敞口提出了具体的要求。

中国人民银行于2019年8月发布了《金融科技（FinTech）发展规划（2019—2021年）》，指出要强化金融科技监管，建立健全监管基本规则体系，增强金融监管的专业性、统一性和穿透性。同年12月，"监管沙盒"最先在北京试点。2020年1月，中国版金融科技"监管沙盒"试点首批6个创新应用向社会推出，标志着中国在构建金融科技监管基本规则体系方面迈出了关键一步，具有里程碑的意义。

四、中国的金融监管制度

从西方发达国家的金融发展史来看，其金融监管的演变经历了先混业、后分业、再综合经营的历程。在中国，尽管金融市场的发展历史不长，但同样历经周折，从时间上可大致分为4个阶段。

1. 混业经营、统一监管阶段

从新中国建立至1992年，中国金融业处于混业经营、统一监管时期。建国初期，中国实行的是高度集中的计划经济体制，整个金融业严格控制在政府财政部门手中，没有金融市场，一切信用归银行所有，作为国家机关的中国人民银行从事所有的银行业务。直至改革开放后，中国开始恢复四大专业银行、保险公司，设立信托投资公司等金融机构，结束了大一统的央行经营管理体制。1983年年底，中央银行和商业银行分离，开始建立多种金融机构并存的体系，这实际上就是一种金融混业经营模式。对应当时的混业经营，中国也采取了统一监管的制度模式。从新中国建立初期严格的集中统一监管体制到改革开放后的金融监管探索阶段，中国人民银行担负着主体监管责任，通过采取报告制度、年检制度、评级制度等进行监管，并建立现场检查和非现场检查相结合的制度，完善了商业银行报表专收、资产负债比例管理等一系列监管制度，通过定期和不定期考核和检查，及时发现问题。总体来看，这一时期的中国人民银行既是国家的中央银行，执行央行的特殊职能，又是国务院下属的负责全国范围内所有金融事业的国家机关，担负着实行全面监管的职责。

2. 分业经营、分业监管阶段

1992年，中国社会主义市场经济体制开始建立和发展。1993年颁布的《国务院关于金融体制改革的决定》明确提出了实行银行、信托、证券、保险分业经营的要求，规定证券公司不得从事证券投资之外的投资，其自营业务与代理业务在内部要严格分离。1995年7月和10月分别颁布的《中华人民共和国商业银行法》和《中华人民共和国保险法》，以及1998年颁布的《中华人民共和国证券法》以法律形式对银行业、保险业以及证券业的业务范围做出限制，由此中国金融业开始实施分业经营模式。与此同时，中国金融监管进入分业监管的阶段。1998年11月，中国保监会的成立使得保险业的监督职能彻底从中国人民银行分离出来，2002年修正的《保险法》从法律上进一步确立了这一体制；2003年3月4日召开的全国人大会议审议批准了国务院机构改革方案,中国银监会成立并接替中国人民银行成为银行业的官方监督机构,同年12月制定的《银行业监督管理法》从法律上对这一体制进行了确认。因此,1992—2003年,中国分业经营、分业监管制度得以确立,中国人民银行、中国证监会、中国保监会、中国银监会分别对证券业、保险业、银行业履行监督职能,中国"一行三会"的金融分业监管格局正式形成。

3. 金融业自发混业经营、监管制度初始创新阶段

2003年至党的十八大前后,金融业经历了分业经营向自发混业经营模式的转变。随着中国经济和金融对外开放程度的不断提高,金融业混业经营趋势日益明显,2002年年初出现混业现象,标志性事件为国务院批准中信集团、光大集团和平安集团成为综合金融控股集团试点,开创了以金融控股集团组织形式来进行综合化经营转型的先河。从法律层面上看,2003年修正的《商业银行法》规定,商业银行可以从事投资政府债券、金融债券等部分证券业务,代理收付款项及代理保险业务等信托业务,从而拓宽了银行业的经营业务。2005年修订的《证券法》全面修改了金融混业经营的限制条款,为混业经营奠定了制度基础。上述对于银行业和证券业相关法律的修订表明中国金融业进入了自发混业的阶段。从市场层面上看,中国混业经营模式出现了多种格局:一是随着金融机构跨业经营范围的逐步扩大,金融业务多元化趋势增强;二是不同形式的金融控股公司逐步形成;三是银行、证券和信托机构发行的各类理财产品规模逐渐增加,使得以理财产品为代表的各类交叉性金融产品蓬勃发展起来;四是互联网金融的快速发展加强了金融机构综合经营的动机,以大数据、云计算等为代表的信息技术的蓬勃发展,使得各金融业机构业务的相互交叉和融合更为便捷。

混业经营的趋势对中国的分业监管制度提出了新的挑战。2008年金融危机的爆发使得人们开始思考现行监管制度的缺陷,出于防范和化解金融风险的考虑,国务院要求央行同"三会"共同建立金融监管协调机制。为此,中国人民银行与中国证监会、中国保监会、中国银监会、国家外汇局于2013年8月共同确立了金融监管协调部级联席会议制度,并在2014年联合印发了《关于规范金融机构同业业务的通知》,进一步规范了金融机构同业业务的经营行为。总体来看,这一时期中国已逐步形成金融业混业经营的新业态,但监管体制的改革并未有明确的政策法规指引,只是处于应对新兴混业经营业态的初始创新期,整体分业监管格局仍然如旧,因此,完善金融监管体制成为当时的主旋律。

4. 混业经营与分业监管相协调阶段

党的十八大明确提出要求深化金融体制改革,提出"完善金融监管,推进金融创新,维护金融稳定"的目标,随后十八届三中全会对于金融业改革进一步提出了"落实金融监管改革措施和稳健标准,完善监管协调机制"的要求。2015年"十三五"规划中提到现行金融监管框架中存在着不适应中国金融业发展的体制性矛盾,要加快建立符合现代金融特点、有力有效的现代金融监管框架,2015年和2016年连续两年的中央经济工作会议均强调金融监管改革的重要性、必要性和紧迫性。2017年第五次全国金融会议强调要"加强金融监管协调、补齐监管短板,设立国务院金融稳定发展委员会"。2018年年初中国银监会和中国保监会合并成立"银保监会",实现了对银行业和保险业的全面监管,标志着中国金融监管体制的变革取得了实质性进展。党的十九大再次提出深化金融体制改革、健全金融监管体系、守住不发生系统性金融风险的底线的目标,为金融监管指明了方向。总体而言,这一时期中国积极开展金融监管体制变革,通过设立"金融稳定发展委员会"来增强各个监管机构的合作与协调,

银、保监会合并表明了金融监管体制改革取得重要进展,形成了"一委一行两会一局"的监管格局。值得注意的是,在此监管格局下中国对证券业的监管依然独立于其他金融业,说明整体上监管格局仍以分业为主,并未产生根本性变化。面对新的金融发展态势,后续金融监管体制的变革值得深入探究。

5. 金融科技创新助推金融监管改革

互联网时代,大数据、云计算等信息技术发展迅猛,不断重塑着传统金融的经营模式,互联网金融企业的创新活动本来就具有混业经营的特点,这使得银行、证券、保险业务间的交叉融合和跨市场金融创新常态化。体现在互联网金融中,券商、银行、保险公司等机构与大型互联网企业合作共建或自建平台,销售各类自行研发的或代销其他机构的金融产品,并通过金融控股公司的形式开展综合类金融业务,由此打破了货币市场与资本市场的传统分界,使不同市场和不同业别的联结更加紧密,投资者综合理财账户的管理制度与第三方资金支付与结算过程变革更是给传统的分业监管体制带来了极大冲击,再加上互联网金融具有的小微金融、普惠金融的典型特征,进一步对现行以监管大型金融机构为主的体制提出了严峻挑战。

与此同时,互联网时代跨市场的金融创新也在很大程度上加剧了市场风险。混业经营下,金融控股公司控制下的各业务分公司所属行业不同,追求目标并不一致,存在各种潜在的利益冲突,而为了实现利益最大化,经营者通常会利用信息优势实现风险转移,在互联网金融的公众性与普惠性特征下,风险最终将由更多非专业的弱势投资者承担。此外,互联网金融跨界融合的业务模式,不仅关联了不同市场与业别,而且将金融业同新兴技术产业、信息产业和电子商务产业糅合起来,不同行业高速发展过程中产生或隐匿的大量风险层层叠加嵌套,使得互联网金融前途无量但又风险丛生。在P2P借贷、股权众筹、电商平台销售金融产品的渠道创新等的尝试中,互联网在身份识别、交易促成、支付结算、账户管理等环节表现出其在金融创新中的巨大优势,但所隐藏的风险也会急速扩张并传递给互联互通的整个网络体系,从而引起一国金融业甚至整个国家经济社会的崩溃,在此种情况下,现行的金融监管体制亟待完善。

6. 中国金融监管的走向

2008年的国际金融危机充分暴露了美、英等主要发达国家金融监管体系的缺陷,危机后各国都对原有的金融监管体制进行了不同程度的改革,为中国金融监管体制的改革提供了借鉴和方向性启示:①着重关注系统性风险,加强宏观审慎监管的作用。危机爆发前,微观审慎监管是国际上的主流监管思路,强调金融机构间的独立性,然而随着混业经营和金融创新的发展,微观审慎监管已不能维护金融体系的整体稳定。宏观审慎监管的优势在于强调监管应侧重于系统重要性的金融机构,重视逆周期调节、整体期限错配的情况。2013年,英国成立了负责审慎监管的金融政策委员会,美国成立了金融稳定监督委员会,都反映了各国对系统性风险的普遍关注。②加强金融消费者的保护。科学完善的投资者和金融消费者保护措施是发达金融法律体系的共同特征。金融危机的原因之一就是金融衍生产品的复杂结构加剧了信息不对称,使得市场主体容易陷入无法准确有效评估风险而盲目决策的困境,美、英专门成立统一的消费者权益保护机构就表明了其保护金融消费者的决心。③不断改进和创新监管方式。应当着力改变并填补传统监管方式所存在的监管空白,对金融交叉业务和新兴业务制定针对性的监管政策,做到全面监管。监管沙盒作为国际上针对金融科技企业的新型监管模式,能够弥补现有金融监管在应对金融科技创新方面的不足,并且可以与第三方支付、P2P监管规则相适应,是对于金融科技市场监管体制改革的一次进步。中国已经借鉴并推出自己的"监管沙盒",制定相关规则以实现对金融科技创新的有效监管。④加强国内监管机构之间的协调统一和扩大国际监管合作。金融危机表明了风险会在不同行业、地区甚至不同国家间急速蔓延,金融业务的全球化和监管分割性的矛盾日益凸显,警示了各个国家在面对系统性金融风险时不能独善其身,而要扩大国内与国际监管合作,实现监管机构间的协调统一。

思考题

1. 金融监管理论的主要内容有哪些?
2. 国际最新金融监管动态是什么?中国金融监管现状与走向如何?

第八部分
其他金融理论

第22讲 马克思金融理论

基本要求：1. 了解马克思金融理论的学术定位。
2. 掌握马克思金融理论的主要内容。
3. 熟悉马克思金融理论对中国的特殊意义。
本讲重点：马克思金融理论的主要内容。
本讲难点：马克思虚拟资本理论与金融危机理论。

　　马克思的金融理论是马克思主义经济学的重要组成部分，它从独特的视角对市场经济的本质属性进行了深刻的剖析。马克思的金融理论主要集中在《资本论》中，而《资本论》第一卷出版于1867年，第二卷出版于1885年，第三卷出版于1894年，到现在已经过了一百多年了。那么，马克思金融理论是否仍具有现代性，是否仍旧可以在现代社会中发挥重要的作用？本讲分别阐述了马克思视角下的货币理论、信用与利息理论、虚拟资本理论以及金融危机理论，并将其与西方主流金融理论进行比较，认识当代资本主义经济的特征、内在矛盾及发展趋势，深入了解比特币等数字货币的作用，对促进中国特色社会主义市场经济和金融事业发展有重要的意义。

一、马克思货币理论

　　在整个马克思主义理论体系中，马克思主义政治经济学有着重要的地位和作用，而马克思的货币理论又是政治经济学中的重要组成部分。马克思关于货币的论述主要集中在《资本论》第一卷的第三章，包括货币的起源、货币的本质、货币的基本职能、货币的流通规律、货币的内在矛盾以及虚拟货币的本质几个部分。

（一）货币起源和本质

　　货币是伴随商品经济的发展而出现的。纵观整个人类发展进程，商品经济并不是一开始就有的，而是在一定历史条件下出现的。最早出现的是自然经济形式，自然经济是符合当时的社会发展和生产力水平的。但是，"随着生产分为农业和手工业这两大主要部门，便出现了直接以交换为目的的生产，即商品生产"[1]。在社会分工的同时，也促进了私有制的出现。于是，人们想要获得自己所需的商品，就必须通过生产与交换来得到满足。在最初的商品经济中，物物交换最为常见，然而物物交换存在着空间一致、时间一致、需求一致"三重巧合"

---

[1] 马克思恩格斯全集（第二十一卷）[M].人民出版社，1965:187.

的天然制约。随着商品流通的扩大,为了满足这种需求,便出现了货币这种媒介,来促进商品流通的顺利进行。因此,货币是一定历史条件下的产物,是伴随商品经济的发展而出现的。

货币是商品二因素和劳动二重性的必然结果。马克思认为,商品是包含着使用价值和价值这两个因素的。物的有用性使物具有使用价值,这是商品的自然属性。"使用价值只是在使用或消费中得到实现。不论财富的社会形式如何,使用价值总是构成财富的物质内容……使用价值同时又是交换价值的物质承担者。"[①]交换价值则是"一种使用价值同另一种使用价值相交换的量的关系或比例,这个比例随着时间和地点的不同而不断变化"[②]。决定交换价值的多少是由商品的价值来决定的。商品的价值是凝结在商品中无差别的人类劳动,是商品的社会属性。马克思认为,商品的二因素是由于劳动具有二重性导致的。人们的劳动可以分为具体劳动和抽象劳动,具体劳动能够为商品带来使用价值,而抽象劳动则使商品具有了价值。在商品经济中,人们往往通过交换来实现自己的需求,因此,人们只能占有使用价值或者价值中的其一,不能同时占有。人们交换商品,其实质是交换凝结在商品中的劳动,即价值量。因此,为了更好地实现等价交换,在商品经济中就出现了货币这个作为"一般等价物"的媒介来达成更好更快的商品流通。

货币是价值形式的变化结果。马克思认为,商品的价值形成经历了由低级到高级的发展过程,即由简单的偶然的价值形式,扩大的价值形式,一般的价值形式,最后达到货币价值形式,如图22-1所示。商品的价值形式通过不断的演变,发展成为货币形式,而货币的出现能够使得商品流通更加顺畅,更好地满足人们的日常需求。随着社会经济的发展,在未来还将可能有新的价值形式出现。因此,货币是价值的变化的结果。

简单的偶然的价值形式	扩大的价值形式	一般的价值形式	货币价值形式
一只羊=2把斧头	一只羊= { 2把斧头 / 5千克大米 / 15尺布 / 2克黄金 / …… }	{ 2把斧头 / 5千克大米 / 15尺布 / 2克黄金 / …… } =一只羊	W=G=W ↓ 固定
价值量不稳,交换困难	价值相同,价值量相对稳定 一=W W=W	多=一 W——等价物——W ↓ 不固定	金银天然不是货币,货币天然是金银

图 22-1 货币的产生过程

马克思通过对货币的历史考察,认为货币是从商品世界中分离出来的、固定地充当一般等价物的特殊商品[③]。货币的本质是一种特殊商品,而且被固定用来当作一般等价物,能够反映出商

---

① 马克思恩格斯全集(第二十三卷)[M].人民出版社,1972:48.
② 马克思恩格斯全集(第二十三卷)[M].人民出版社,1972:49.
③ 马克思恩格斯全集(第二十三卷)[M].人民出版社,1972:108.

品经济的内在矛盾,同时它背后实际体现的是一种社会关系。商品之所以能够流通,是因为其具有使用价值和价值,而决定其使用价值和价值的又是因为劳动具有二重性。生产者之间交换产品实际是交换凝结在商品中的劳动,于是人们通过物的交换,将人与人的社会关系掩盖。金银要成为货币,就必须充当一般等价物,体现商品经济背后的社会关系,才能具有货币的性质。因此,货币必须是一种商品,同时具有充当一般等价物的职能,其本质是人与人之间的一种社会关系。

(二) 货币职能和流通规律

马克思认为,货币的职能主要包括价值尺度、流通手段、贮藏手段、支付手段以及世界货币,而价值尺度和流通手段是货币的基本职能。货币的第一个职能是价值尺度。货币是被作为一般等价物的一种特殊商品,它是由劳动者通过劳动创造出来的,因而具有价值。在商品交换中,通过货币来衡量和表现其他所有商品的价值,货币只有在商品流通中才能实现流通手段的职能。货币作为社会财富的表现形式,在暂时退出流通的同时就拥有了贮藏手段的职能。支付手段是随着赊账买卖的产生而出现的,在赊销和赊购中货币执行着支付手段职能来支付债务。世界货币是随着商品生产和交换的扩大而产生的。当商品流通超出了一国的界限,为了满足这种跨国的贸易需求,货币就要执行世界货币的职能。货币的职能如图22-2所示。

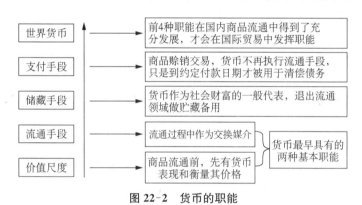

图 22-2 货币的职能

在商品流通中,货币执行流通手段的职能时,货币从买家手中转移到卖家手中,同时货币又会从这个卖家的手中交换到其他人手中来换取其他商品。货币在人们的手中不停地被交换,货币的位置不断地重复地改变着。货币的这种流动就是货币的流通。马克思指出,货币流通是由于商品流通所导致的,是反映商品流通的。商品流通是货币流通的基础,货币流通是商品流通的表现。马克思认为货币流通量规律是:在一定时期内,商品流通所需要的货币量等于全部商品的价格总额除以同一单位货币流通的平均速度,如图22-3所示。马克思揭示了货币流通规律,对我们认识和了解货币有着重要的指导作用。

$$\text{一定时期内流通中所需的货币量} = \frac{\text{商品价格总额} - \text{赊销价格总额} + \text{到期支付总额} - \text{相互抵消的支付总额}}{\text{单位货币(作为流通手段和支付手段)的流通速度}}$$

图 22-3 货币流通规律

(三) 货币的内在矛盾

马克思分析了商品的内在矛盾,并从商品内在矛盾的发展过程揭示了货币产生的逻辑过程。但是,马克思却没有将其方法应用于对黄金充当货币后货币内在矛盾的分析。人们之所以选择黄金作为货币是因为黄金本身也有价值,也就是说人们不过是用黄金的个别价值去做衡量所有其他商品价值的尺度。但价值概念如同长度概念一样,是抽象的。用木作尺衡量长度,就产生了尺的材料与其"衡量长度的职能"之间的矛盾。解决的办法是换一个更适合的材料或衡量长度的方法。从理论上说,"长度"的概念是抽象的,其衡量手段越是摆脱个别尺子材料的束缚就越能更好地执行尺度的职能。货币是用来衡量价值的,商品的价值也是一个抽象的概念,它是商品的社会属性。货币作为价值的独立化表现形式,其职能也是社会的,而它却被具体化在金银这种个别材料上,当它遇到尺度面对所有距离的同类问题时,就要放弃金银这种个别材料去寻找更适合的材料或者更适合的执行货币职能的方法。当生产力日益增长,商品的种类和数量越来越庞大的时候,当交易的空间更广泛、交易的时间越来越短暂的时候,黄金的个别使用价值及其生产力与其社会职能之间的矛盾就会越来越尖锐。这就是黄金非货币化的内在原因。

所以,当商品的内在矛盾,即使用价值和价值的矛盾外化为商品和货币的矛盾以后,一般等价物固定在金银上,商品的内在矛盾得到了暂时的解决。但却产生了货币的内在矛盾,即价值的社会属性与个别使用价值的矛盾。作为价值的独立化表现形式,作为衡量社会价值的标准,必然要求其自身能够超然于一切个别价值之上,而货币却寄身于个别使用价值(黄金)之上,用一种个别价值来作为衡量社会价值的尺度。价值是抽象的,也是社会的,但金银的价值却是个别的和具体的,这就是货币的内在矛盾。它促使货币向着摆脱个别使用价值的方向发展。现实历史展现的也恰恰是这样一个过程,1973年布雷顿森林体系的崩溃正式宣告黄金在世界范围内完成了非货币化。

(四)虚拟货币的本质

当代的货币已经完全是虚拟化的价值符号,本质上体现着高度社会化了的生产关系,这完全符合货币本质属性的要求。因为价值本身就是社会的和抽象的,虚拟货币更好地体现了这一性质:货币的价值不再是任何个别使用价值赋予的,而是社会经济关系所赋予的。虚拟货币与其价值的属性一样,也完全是社会的和抽象的。这同时也产生了一个新的矛盾:虚拟货币作为价值独立化的表现形式,其本身却没有价值。正因为如此,虚拟货币本质上要求对货币这种商品经济中经济关系的集中代表实行高度集权的严格的管理。随着货币形式的发展,银行制度也发展了。这就是第二次世界大战以后逐步发展起来的,以控制货币总量为其基本任务的中央银行制度。

二、马克思信用理论和利息理论

马克思对信用问题的研究始于19世纪40年代初,最早在巴黎笔记的札记《詹姆斯·穆勒〈政治经济学原理〉一书摘要》中,马克思在异化的范畴下对信贷问题展开了探讨。马克思研究的信用不是一般意义上的道德信用,而是资本主义生产中的社会关系,透过信用现象揭示了资本主义信用制度的本质和秘密。

(一)信用理论

马克思说,信用"这个运动——以偿还为条件的付出——一般地说就是贷和借的运动,即货币或商品的只是有条件的让渡这种独特形式的运动"[①]。在此,马克思给信用下了一

---

① 马克思恩格斯全集(第二十五卷)[M].人民出版社,1974:390.

个经典的定义,即信用"就是贷和借的运动",是以偿还为条件的经济上的借贷行为。进一步地,马克思引用了图克对信用的一段描述"信用,在它的最简单的表现上,是一种适当的或不适当的信任,它使一个人把一定的资本额,以货币形式或以估计为一定货币价值的商品形式,委托给另一个人,这个资本额到期后一定要偿还。如果资本是用货币贷放的,也就是用银行券,或用现金信用,或用一种对顾客开出的支取凭证贷放的,那末,就会在还款额上加上百分之几,作为使用资本的报酬。如果资本使用商品贷放的,而商品的货币价值已经在当事人之间确定,商品的转移形成出售,那末,要偿付的总额就会包含一个赔偿金额,作为对资本的使用和对偿还以前所冒的危险的报酬。"①马克思认为信用是一种借贷运动,是从经济层面进行界定的;同时,信用以借贷双方的相互信任为前提,信用又具有伦理意义,只不过这里的信任是异化了的信任,在信任的假象下面隐藏着极端的不信任,因为这里的信任只给予有钱人。

马克思认为,信用从奴隶社会开始就以古老的生息资本的形式——高利贷资本存在,但信用真正大范围地发展和发挥作用是到了资本主义社会。在资本主义制度条件下,高利贷资本让位于借贷资本,借贷资本发展为虚拟资本,进而在商业信用及商品货币关系的基础上建立起资本主义信用制度。资本主义信用制度不仅是在资本主义生产方式对高利贷资本扬弃的过程中产生的,也是借贷资本本身运动而产生的结果。

马克思认为,信用与货币经营业密切联系在一起。马克思说:"货币——贵金属形式的货币——仍然是基础,信用制度按其本性来说永远不能脱离这个基础。"②这说明马克思认为,信用作为上层建筑,自然离不开一定的经济基础,而信用制度与货币经营业的发展紧密联系在一起,它永远不能脱离货币基础。正如马克思所说:"一个人实际拥有的或公众认为他拥有的资本本身,只是成为信用这个上层建筑的基础。"③可见,信用是货币出现和货币运动的必然结果,是对古老生息资本——高利贷资本扬弃的结果,是随着资本主义生产方式的不断发展而逐渐形成的。

马克思认为,随着生产力的发展,信用形式经历了一个长期的演进过程:简单的信用——商业信用——银行信用——虚拟资本。

简单的信用起源于直接的产品交换,产品"能够交换,是由于它们的所有者彼此愿意把它们让渡出去的意志行为"④。马克思认为商业信用在资本主义以前就已经产生。买方和卖方在相互信任的基础上实现原材料的购入和商品的销售,信用就成为使商品资本向货币转化得以预先实现的形式⑤。马克思认为银行信用是随着商业的发展而发展起来的。银行作为借贷资本运动的中介,提供信用来清偿贷进和贷出的差额,使相当大的一部分交易不用货币。虚拟资本的出现是经济发展过程中,人们"渴望利用这种作为潜在货币资本贮藏起来的剩余价值来取得利润和收入的企图,在信用制度和有价证券上找到了努力的目标"⑥。

由于借贷行为一般采取商品和货币两种形式,所以马克思论述的信用主要包括商业信用和银行信用。

---

① 马克思恩格斯全集(第二十五卷)[M].人民出版社,1974:452.
② 马克思恩格斯全集(第二十五卷)[M].人民出版社,1974:685.
③ 马克思恩格斯全集(第二十五卷)[M].人民出版社,1974:496.
④ 马克思恩格斯全集(第二十三卷)[M].人民出版社,1972:106.
⑤ 马克思恩格斯全集(第二十五卷)[M].人民出版社,1974:576.
⑥ 马克思恩格斯全集(第二十四卷)[M].人民出版社,1972:562.

(1) 商业信用。商业信用是职能资本家之间用赊销商品的方式彼此提供的信用,它构成信用制度的基础。马克思在《资本论》中曾明确地说,商业信用"即从事再生产的资本家互相提供的信用。这是信用制度的基础。它的代表是汇票,是一种有一定支付期限的债券,是一种延期支付的证书。每一个人都一面提供信用,一面接受信用"①。商业信用有3个特点:首先,这里被贷出的资本总是处于再生产过程一定阶段的资本,如生产资本,或者是商品资本,通过交换由一个人手中转到另一个人手中,其代价要到约定的时间由买者支付。其次,商业信用中的债权人与债务人都是职能资本家。最后,商业信用的扩展与收缩和生产的扩大与收缩一般是同步的。这些特点决定了商业信用具有很大的局限性。一方面,商业信用的量受到产业资本家拥有的资本量的限制。马克思说:"在这里,信用的最大限度,等于产业资本的最充分的动用,也就是等于产业资本的再生产能力不顾消费界限的极度紧张。"②只要生产过程不断进行,从而资本回流确有保证,这种信用就会持续下去和扩大起来。一旦回流延迟,商业信用就会缩小,因为商人已无须信用购进商品,产业资本家也无须信用购买原材料。另一方面,商业信用要受商品流通方向的限制。商业信用只能是在商品流通过程中的前一阶段向后一阶段提供信用,如面粉加工厂向面包加工厂提供信用,而面包加工厂一般就不能向面粉加工厂提供商业信用。

(2) 银行信用。银行信用是银行向职能资本家提供的信用。银行作为借贷资本运动的中介,提供信用来清偿贷进和贷出的差额,使相当大的一部分交易不用货币。银行信用是随着商业的发展而发展起来的,因为银行信用的发展与货币经营业的发展联系在一起,而在资本主义生产中,货币经营业的发展又和商品经营业的发展齐头并进。银行信用突破了商业信用的局限性,它提供的信用既不受单个私人资本的限制,又不受商品流转方向的限制,它能广泛地集中社会的闲置货币资本,提供数量更大、时间更长、范围更广的信用。所以,在规模、期限和范围上,银行信用都极大地超过了商业信用。

除了商业信用和银行信用这两种基本的形式,马克思在"六册计划"中还涉及了公共信用和国际信用。公共信用又称"国家信用""国债制度"等。它不仅包含了信用的一般规定性,而且具有自己的基本特征。比如,债权人不能要求作为债务人的国家解除契约,而只能卖掉他自己的债权。关于国际信用,马克思主要论述了国际信用体系与世界市场的关系。马克思认为,殖民制度以及其海外贸易和商业战争是公共信用制度产生的温室,信用在世界市场上获得了更充分的发展。在信用制度产生之后,信用制度又加速了"生产力的物质上的发展和世界市场的形成"③。

马克思认为,以银行为主导的信用制度,对资本主义的发展有双重重要作用。积极作用主要表现在:信用促进了利润率的平均化;信用可以节约流通费用,加速再生产过程;信用加速了股份公司的形成和发展;信用可以加速资本的积累和集中;信用可以刺激需求,投资需求和消费需求都有可能突破自有资金的限制而得到扩大。消极影响主要有:信用助长了投机的产生,易于滋长欺诈和赌博行为,导致了资源配置的扭曲,加速了资本主义经济危机的爆发。

(二) 借贷资本与跨期消费

马克思的信用理论也就是他的借贷资本理论,包括商业信用和银行信用。马克思与西

---

① 马克思恩格斯全集(第二十五卷)[M].人民出版社,1974:542.
② 马克思恩格斯全集(第二十五卷)[M].人民出版社,1974:546.
③ 马克思恩格斯全集(第二十五卷)[M].人民出版社,1974:499.

方主流金融理论的区别之一就在于,他区分了资本主义信用与非资本主义信用。他指出,现代的借贷资本不是封建社会的高利贷资本演变的产物,而是资本主义生产关系的产物。高利贷资本是前资本主义的借贷资本,它对资本主义生产方式是一种强大的抑制力量。资本主义的借贷资本是从产业资本的循环过程中的货币资本形态逐渐演化而独立出来的。从产业资本发展而来的借贷资本才是现代信用的基础,它对资本主义的发展起着推动作用。

马克思关于借贷资本来自产业资本循环过程中货币资本形式的独立化的观点虽然更深刻地揭示了金融的本质属性,有利于区别西方理论中的金融与封建的高利贷,却使得马克思坚持认为借贷资本不创造价值和剩余价值,只是分享产业资本创造的价值和剩余价值。西方主流理论则认为金融资本是独立进行服务的一种资本,它有配置资源、实现跨期消费的功能,因而是与产业资本一样的创造财富的资本。

实际上,任何社会都有跨期消费,任何社会中的老年人、孩子和失去劳动能力的人们都是由这个社会的中、青年人来负担的,即使在没有现代金融的时候也是如此。这一点对于古代的氏族社会就十分明显和直接,老年人和孩子必须直接获得中、青年人的抚养,他们的生活状况直接取决于社会对老人和孩子的生活安排以及社会道德取向。在现代社会,却因为储蓄、养老保险等一系列现代金融活动使得人们感到老年人是自己在养活自己,他们在花自己的储蓄,甚至有钱的老年人在养一大群中、青年人。从生存和消费的角度看,多数消费品是不能长期储存的,所谓储蓄,不过是货币收入中的一部分,它们仅仅是一种价值储蓄,有没有物质保证,有多少物质保证完全是市场经济运行的结果,对此老年人根本无法控制,他们的储蓄仅仅保证了他们在使用储蓄时可以凭借这个储蓄份额获得总消费品中相应的一份。至于其份额的多少则取决于两点:一是他相对富有的程度,也就是与他人相比,他占有的货币表现的财富的多寡;二是整个市场经济运行的状况,如通货膨胀状况、股票债券等资产价格波动的情况等。

西方主流理论认为金融就是解决"跨期消费和投资"问题,实际上广义地看,从没有金融时就有跨期消费问题,跨期消费并不是伴随着货币产生的。正像市场经济的分配制度必须由市场以外的力量——政府——来干预才能更有人性一样,市场经济特有的跨期消费形式也必须由政府进行管制和干预才能更公平。

(三) 利息理论与财富创造

利息是产业资本或商业资本的利润的一部分,这是马克思对利息的基本认识。利息不是借贷资本创造的,而是产业资本创造的,由银行资本通过其融资活动转移到金融领域中。这就是利息的本质。西方金融理论则完全不同,他们认为利息是承担风险的报酬,是时间价值的体现。银行利润则是银行业服务报酬的一部分,也是银行家为社会创造的财富,银行利润与银行的其他服务报酬都被计入当年的 GDP。

在利息率的决定理论中,马克思的利率决定理论以剩余价值在不同资本家之间的分割作为起点,是从借贷资本的角度来分析利息率的决定问题的;而西方经济学关于利率决定的理论全都着眼于利率变动取决于怎样的货币供求对比,是从货币的角度说明利息率的决定的。

马克思去世后,由于黄金在世界范围内非货币化的进程,进入信用货币制度时代。纸币本身没有价值,它是靠国家信用来发行的,虚拟化的货币没有自动退出的机制,因而只要它被投放到流通中就不会自行退出流通,从而对流通没有自动调节作用。由于信用货币本身没有价值的这一特点,其同金属货币在对货币流通影响上有重要区别:这种区别决定了马克思时代后利息率决定理论的发展以及货币政策的发展,即国家对利率调控,以及货币发行和流通干预的必要和可能,也即西方各流派利息率理论研究的内容。因为马克思没有看到今天货币的高度虚拟化,也没有看到市场经济在金融上发展得如此令人眩目,所以我们应该注意挖掘西方各流派利率理论的合理因素,以求得马克思主义利息理论的不断完善和发展。

马克思认为利息的来源是产业资本创造的剩余价值,这与他认为商业资本和借贷资本都不生产,从而不创造财富的认识有关。根据马克思的认识,社会财富增加的唯一途径就是产业资本的扩大和效率的提高。商业资本和借贷资本只有在促进产业资本扩大和效率提高的时候,才有正面的作用。

沿着马克思的基本分析思路,可以揭示出市场经济的本质属性是价值的和追求价值增殖,认识到在市场经济高度发达的时候,价值由于其社会属性而脱离了任何个别使用价值,从而更加体现了其社会关系的性质,认识到价值增殖会脱离具体和个别的物质生产过程,成为依赖于货币环境以及整个实体经济的虚拟的价值增殖过程。这些过程创造出了大量的虚拟资产,它们的总量不但超过 GDP,更加引人瞩目的是,虚拟资产的价值总量大大超过了机器设备等实际资本的价值总量。

三、马克思资本理论

资本的产生和存在是一个历史范畴,马克思认为资本是在一定的历史条件下产生的。同时,马克思在长期的经济研究过程中,形成了自己独特的、科学的资本理论,使其成为马克思主义经济研究最为重要的理论之一。

(一)资本的形成和定义

马克思认为资本的形成必须具备两个历史条件:一是商品生产和商品流通已经相当发展,一部分人手中已经掌握了相当数量的货币,并足够去雇佣一定数量的工人,以致自己可以脱离劳动专靠榨取剩余价值生活以及积累,这时他的货币就转化为资本;二是在市场上必须要有劳动力商品存在。只有当这两种历史条件同时存在时,资本才能产生和存在,特别是劳动力商品的存在是资本产生的最根本的条件。作为劳动力商品,工人是自由的,不受到任何人身约束,然而他自己除了劳动力之外一无所有,丧失维持生存的生活资料。在这种情形下,他只有出卖自己的劳动力。作为拥有货币的那一部分人,马克思认为他们在商品流通时完成了资本的实现和积累。

关于资本的定义,一般都是根据马克思在《资本论》中的话:"这个过程的完整形式是 $G-W-G'$。其中 $G'=G+\Delta G$,即等于原预付货币额加上一个增殖额。我把这个增殖额或超过原价值的余额叫作剩余价值。可见,原预付价值不仅在流通中保存下来,而且在流通中改变了自己的价值量,加上了一个剩余价值,或者说增殖了,正是这种运动使价值转化为资本。"[①]马克思认为资本就是带来剩余价值的价值,这一点是不全面的。首先,资本是一个自行增殖的价值。资本的最初形式是货币,由于商品流通和交换,将货币转变成为资本,但货币本身并不是资本。马克思认为只有当货币能创造剩余价值时,它才变成了资本。其次,马克思认为资本包含着一定阶级关系。资本之所以可以带来剩余价值,正是因为工人生活资

---

① 马克思恩格斯全集(第二十三卷)[M].人民出版社,1972:172.

料被剥削,资本家在生产过程中进一步地剥削工人的劳动创造的价值。再次,资本是一种社会属性。资本是一个历史范畴,而且马克思分析的是在资本主义生产条件下的资本以及资本积累的规律。最后,资本在不停地运动,通过流通过程完成资本的形成和积累。资本只有在不停的流通运动的过程中榨取剩余价值,才能实现资本家的目标。马克思在对资本的定义中深刻地揭示了资本家剥削工人的现象,提出资本形成实际是一种社会关系的体现,这一点在西方经济学中是没有体现的。

(二) 资本构成理论

马克思从交换的角度发现,资本是商品和商品交换发展的产物,是货币发展的高级形式,他将资本的构成分成以下 3 种。

(1) 不变资本和可变资本。在《资本论》第一卷上册中,马克思着重分析了不变资本和可变资本。他根据劳动的二重性理论,通过资本在创造剩余价值的过程中起到的不同作用,认为:"变为生产资料即原料、辅助材料、劳动资料的那部分资本,在生产过程中并不改变自己的价值量。因此,我把它称为不变资本部分,或简称为不变资本。"[①]不变资本在生产过程中只是转换自己存在的物质形式,并且通过新产品把自己的价值转移,但并不改变本身的价值量。"变为劳动力的那部分资本,在生产过程中改变自己的价值。它再生产自身的等价物和一个超过这个等价物而形成的余额,剩余价值。这个剩余价值本身是可以变化的,是可大可小的。这部分资本从不变量不断变为可变量。因此,我把它称为可变资本部分,或简称为可变资本。"[②]可变资本实际上是剩余价值的真正源泉。

(2) 资本的有机构成。马克思的资本有机构成理论中指出:在资本主义整个发展的历史过程中,资本的有机构成是在不断变化的。在马克思看来,劳动资料是划时代的主要手段之一,由于劳动过程中的技术条件发生变化,在总资本中,不变资本和可变资本之间的比率发生变化,但是这种变化不会引起它们在价值增殖过程中的不同作用。资本有机构成不断提高的机理是:资本的生命力取决于利润——驱动资本到处寻求最佳获利区——提高自身的劳动生产率,以减少单位产出的劳动耗费——提高自身的技术装备水平——机器设备更完善,资本的技术构成提高——总资本相对增加,可变资本减少,资本的有机构成提高。

(3) 固定资本和流动资本。"固定在劳动资料上的这部分资本价值,和其他任何部分一样要进行流通……一切资本都是流动资本……在生产过程中预付的资本的其他一切物质组成部分,则与此相反,形成**流动资本**。"[③]马克思对固定资本和流动资本的定义是根据资本价值的周转性质和方式的不同进行划分的。他认为,投在厂房、机器上面的资本是固定资本,投在原料、燃料等劳动对象和劳动力上的资本是流动资本。固定资本和流动资本的主要区别是它们在生产过程中的价值转移方式。固定资本是一次预付、一次收回,在固定资本周转一次的时间里,流动资本可以周转多次。

(三) 资本分类

马克思从产业资本的运动形式分析资本的形式,将资本分为货币资本、生产资本和商品资本 3 种形式。资本的循环过程经过 3 种阶段:第一阶段,资本家作为买者出现于商品市场和劳动市场;他的货币转化为商品;第二阶段,资本家用购买的商品从事生产消费;第三阶

---

① 马克思恩格斯全集(第二十三卷)[M].人民出版社,1972:235.
② 马克思恩格斯全集(第二十三卷)[M].人民出版社,1972:235—236.
③ 马克思恩格斯全集(第二十四卷)[M].人民出版社,1972:177—178.

段,资本家作为卖主回到市场,他的商品转化为货币。货币资本是资本主义生产的出发点。商品资本的职能是使资本价值再转化为它原来的货币形式,其目的是实现资本的价值和剩余价值。商品资本循环的总公式是:W′—G′—W…P…W′。在资本主义生产方式占统治地位的基础上,卖者手中的一切商品都必然是商品资本。生产资本的职能是使劳动力和生产资料结合起来,生产剩余价值。生产资本循环的总公式是:P…W′—G′—W…P。这个循环表示生产资本职能更新,也就表示再生产;它不仅表示剩余价值的生产,而且表示剩余价值的周期再生产。经过资本的生产阶段,资本的存在形式又从劳动力和生产资料转化为商品,即生产资本转化为商品资本。

马克思从社会总资本的角度出发,按照资本在各个流通领域中发挥不同职能的特点和不同的运动规律,将资本分为产业资本、商业资本、生息资本、虚拟资本、银行资本等。

(1) 产业资本。产业资本是指按照资本主义方式生产经营的各个物质生产部门中的资本。它包括工业资本、农业资本、建筑业资本等。它的特点是采取货币资本、生产资本、商品资本3种形式,并在每一个过程中发挥作用,生产剩余价值。

(2) 商业资本。商业资本分为两种形式:商业经营资本和货币经营资本。商业资本的运动形式是:G—W—G′。商品资本的运动中并不出现生产过程,也不生产剩余价值,但它由于给生产资本带来了利润,所以要加入剩余价值的瓜分。商业利润从生产中转移过来,而这种转移是通过商品的买卖中的差价来兑现的。

(3) 生息资本。马克思说:"利息不外是一部分利润的特别名称,特别项目;执行职能的资本不能把这部分利润装进自己的腰包,而必须把它支付给资本的所有者。"[①]生息资本在历史上有两种形式:高利贷资本和借贷资本。高利贷资本是指以贷放货币或实物的方式来赚取高利的资本,通过这种形式,它占有全部的剩余价值。借贷资本是指为了利息而暂时地借贷给职能资本家使用的货币资本,资本的使用权与所有权不属于同一个资本家。借贷关系反映了资本主义社会资本家之间瓜分剩余价值的关系,被广泛使用。

(4) 银行资本。银行资本是进行银行业务带来平均利润的资本。马克思将银行资本分为现金和有价证券。有价证券又可分成两部分:一部分是商业证券即汇票,它们是流动的,按时到期,它们的贴现已经成为银行家的基本业务;另外一部分是公共有价证券,如国库券、国债券等各种有息的而和汇票有本质差别的证券。银行所能支配的资本包括两部分:自有资本和借入资本。

(5) 虚拟资本。虚拟资本是指以有价证券形式存在并且能给持有者带来一定收入的资本。它在企业生产中不发挥作用,只是间接地反映实际资本的运动。它本身不具有价值,但可以在证券交易中进行买卖。作为证券的持有者可根据票面价值领取股息,从而占有剩余价值。

(四) 资本积累的一般规律

资本积累的第一个条件是资本家能够卖出自己的商品,并能将由此得到的绝大部分货币再转化为资本,这种积累实际上是剩余价值转化为资本的过程,或者说是资本主义再生产。资本的积累形式有两种:资本积聚和资本集中。资本积聚是指单个资本直接通过积累而使本身扩大起来。首先,社会生产在大量资本家手中积聚的过程要受到社会财富增长程

[①] 马克思恩格斯全集(第二十五卷)[M].人民出版社,1974:379.

度的限制;其次,社会资本分散在单个资本家手中,他们作为独立的商品生产者相互对立。资本集中是指把已经形成的许多单个资本集中起来,是资本家剥削资本家,它不受社会财富增长的绝对增长的限制。它能够把许多的小资本家联合起来,同时又在消灭这些资本的独立、对立的性质。

资本积累的一般规律包括以下3个方面。

(1) 资本构成不变,对劳动力的需求随积累的增长而增长。资本的增长包含可变部分,即转化为劳动力的部分的增长。简单再生产不断地再生产出资本关系本身:一方面是资本家,另一方面是雇佣工人,规模扩大的再生产或积累再生产出规模扩大的资本关系,劳动力必须不断地作为价值增殖的手段并入资本,不能脱离资本。所以,马克思认为资本的积累就是无产阶级的增加。

(2) 在积累和伴随积累的积聚的进程中,资本的可变部分相对减少。劳动生产率的增长表现为劳动的量比它所推动的生产资料的量相对减少,或者说,表现为劳动过程的主观因素的量比它客观因素的量减少。同时,随着生产资料的价值发生变化,可变部分与不变部分的比率发生变动。加强和加大积累作用的同时,又在加大和加速资本技术构成的变革,即减少资本的可变部分来增加资本的不变部分,从而减少对劳动的相对需求。

(3) 相对过剩人口或产业后备军的累进生产。过剩的工人人口是积累或资本主义基础上的财富发展的必然产物,但是这种过剩的人口反过来又成为资本主义积累的杠杆,甚至成为资本主义生产方式存在的一个条件。过剩的工人人口形成一支可供支配的产业后备军,它绝对隶属于资本,就好像由资本出钱养大一样。过剩的人口不受人口实际增长的限制,为不断变化的资本增殖需要创造出随时可供剥削的人身材料。随着积累和伴随积累而来的劳动生产力的发展,资本的突然扩张力也有了增长。甚至马尔萨斯也承认,过剩人口对于现代工业来说是必要的。

四、马克思虚拟资本理论

"虚拟资本"是马克思货币金融理论的核心范畴,它被用来说明金融机构资本的大部分股票、债券、衍生品等金融资产的本质。"虚拟"一词恰当地揭示了证券的本质特征,即可以作为商品买卖,可以作为资本增殖,但本身却没有劳动价值论所说的价值。它们代表的实际资本已经投入生产领域或消费过程,它们最初的物质形态由于消费已经消失,或由于生产已经改变,但其自身却作为可以买卖的"金融资产"滞留在证券市场上。比如,通过证券,一笔资产可以有双重存在甚至多重存在;同时,一笔资本的运动过程也演化成了两种或两种以上的,既有联系又有相对独立性的经济过程,即实际的经济过程和虚拟的经济过程。

马克思在《资本论》中详细论述了商品的内在矛盾怎样孕育并发展为庞大的资本主义经济。今天虚拟资本的新发展也正是商品内在矛盾继续发展的产物。价值增殖是资本主义商品经济的本质特征,马克思指出在资本主义的发展过程中,一切可能产生收入的地方都会打上资本的烙印。那些没有价值的东西,如股票和土地,由于能够带来收入,都被资本化了。在资产证券化的过程中,各种收入流都被资本化了。人们的工资、利润、利息等收入,只要其中一部分定期偿还购买住房、汽车等的贷款,就可以用来发行债券,这些债权也就都披上了价值增殖的外衣。银行的其他贷款、企业的各种应收款,只要还款是有保证的,都可以发行债券,取得虚拟资本的形式。衍生物的发展使赌博、投机的活动也被资本化了。所以,虚拟资本在当代的发展是资本主义生产方式进一步发展的必然结果。

虚拟资本正是在资本主义信用的基础上发展的,它一出现就具有社会属性和资本主义社会特有的价值增殖的烙印。虚拟资本的发展过程是不断脱离实际生产的过程,同时也是不断提高对社会经济整体状况依赖程度的过程。马克思指出,商品的使用价值和价值的二重性,在资本主义生产过程中转化为物质生产和价值增殖的二重性。在价值形式的独立化表现形式——货币不断发展的同时,价值增殖过程也在外化,它越来越与实际生产过程相分离。作为虚拟的价值增殖过程,像虚拟的货币与商品家族的对立一样,它也越来越朝着与整个实际生产过程相对立的方向发展。价值增殖过程的外化和虚拟化,这就是虚拟资本在当代经济中发展的本质。

五、马克思金融危机理论

马克思的金融危机理论是马克思主义经济学的重要组成部分,19世纪中后期,马克思针对资本主义全球扩展过程中日益严重的经济与金融危机进行了系统深入的分析,在劳动价值论和商品与货币关系理论的基础上形成了自己的金融危机理论。在经历一个世纪之后,经济全球化和全球性金融危机同样出现加速发展循环出现的态势。在这种情况下,研究马克思的金融危机理论显然是十分必要的。

1. 货币在金融危机中的角色

在物物交换的年代不可能出现经济危机和生产过剩的问题。马克思认为,自从引入货币作为流通中介以后,就存在生产过剩和金融危机的可能。货币是最重要的线索,是金融运动的中心。商品交换孕育了危机的种子,但是没有货币参与,还不具备发生危机的可能性。只有当货币成为交换的媒介,并且最终成为财富的栖息地,危机的可能性才得以具备。之所以如此,在于马克思认为资本主义经济运动是一个周而复始的资本循环的过程,商品生产的目的在于获得价值增殖而不是使用价值,是货币财富的增加。就产业资本来看,它的运动起点是货币形式的资本,然后是生产形态的资本,再然后是商品形态的资本,最后又回到货币形态资本,从而完成一个以价值增殖、货币增长为中心的循环,用公式表示为:$G-W \cdots P \cdots W'-G'$。当货币进入商品流通领域充当一般等价物后,打破了产品交换在时空等方面的限制,而交换内部原有的统一被分裂成为要么"为卖而买"($G-W$),要么"为买而卖"($W'-G'$)这两种行为外部的对立。由此可见,货币对生产过程的介入,对危机因子向可能性转化起到了催化作用。

2. 金融危机发生的可能性与现实性

关于金融危机发生的可能性,马克思从货币的两种职能出发,将危机区分为两种形式:一是货币执行流通手段发生了买和卖的脱节、时间和空间的分离,商品和货币的转化出现随机性和不确定性。卖出商品不立即购买——货币退出流通,商品却在等待。买和卖的分离使商品生产和价值实现包含着中断和危机的可能性。二是货币执行支付手段时赊购和还款的脱节。从货币支付手段职能来看,随着信用的发展,商品的买卖中商品与货币不是同时出现的,作为一种客观现象,商品出现在现在,而货币作为支付手段出现在未来。如果一个企业依托信用所发生的商品交换的债权债务不是同时发生,而且数额相等,方向相反,如不能抵消就可能出现债务危机。

关于金融危机发生的现实性,马克思认为,货币只是危机产生的必要条件,并不必然导致危机的发生。马克思指出,"有简单的货币流通,甚至有作为支付手段的货币流通——这两者早在资本主义生产**以前**很久就出现了,却没有引起危机"①。可见,只有当信用膨胀、竞争加剧、资本主义发展到一定阶段以后,才具备了金融危机发生的现实条件。所以,"现实危机只能从资本主义生产的现实运动、竞争和信用中引出"②。

3. 金融危机形成机制

马克思认识到金融危机的爆发是以上两种机制的产物,并将金融危机分为两类,分析了其形成机制。

第一类是伴随经济危机的金融危机。马克思认为,伴随经济危机的金融危机是后者向前者自然延伸的结果,如果说危机发生是由于买与卖的彼此分离,那么,一旦货币执行支付手段的职能,危机就会发展为货币危机,在这种情况下,只要出现了危机的一种形式(商业危机),危机的第二种形式(货币信用危机)就会自然而然地出现。危机形成的条件,首先是激烈的市场竞争导致资本积累的加剧。资本具有逐利的本性,随着市场竞争的加剧,单个的资本为获得超额利润就必须加剧资本积累,提高资本有机构成。资本有机构成的提高,摊薄了资本的平均利润率,利润率下降又反过来促进新一轮的资本积累。如此反复,形成一个资本有机构成螺旋上升的过程,最终必须通过危机来强制终止这种"上升螺旋"。其次是信用的发展。在资本积累过程中,由于企业自身积累的限制,企业总是偏好利用商业信用和银行信用,利用债券、股票等形式广泛吸收资本,并以此为手段大大加速积累过程。这种信用的发展将资本主义再生产过程拉伸到爆发危机的边界。"信用的最大限度,等于产业资本的最充分的动用,也就是等于产业资本的再生产能力不顾消费界限的极度紧张。"③其结果是信用创造的虚假需求并不能真正解决生产与消费间的尖锐冲突。所以,信用一旦停止,危机显然就会发生。

第二类是独立的金融危机。马克思对19世纪上半期欧洲金融危机的研究,注意到的是社会再生产并未被拉紧到"极致",生产过剩也未达到临界,同样爆发金融危机。马克思坚持"一切危机不外乎生产相对于消费过剩"的判断,这里的过剩指的是金融商品的生产过剩,虚拟资本的引入使得商品和货币的矛盾更加错综复杂。

19世纪,证券交易日益繁荣,马克思注意到资本家的资本构成发生了巨大变化。银行家资本的最大部分开始由虚拟资本构成,正是虚拟资本的发展,导致生产垄断、所有权和经营权的分离,也改变了金融体系的状况。于是,虚拟资本的繁荣扩张彻底背离了现实资本的束缚,产生了一个虚拟资本市场。虚拟资本的天生逐利性,加速了自身膨胀,只要证券市场的资本注入停顿、银行信用收缩、金融投机者或机构失败,所有的虚拟资本就会转变成黄金等硬通货,从而金融危机就不可避免地发生了。

之所以称之为独立的金融危机,在于虚拟资本市场的发展一方面孕育着虚拟资本市场的金融危机,另一方向也抑制着资本市场的金融危机。当虚拟资本市场超过了实体经济的发展,就会将货币资本从生产活动中吸引到虚拟资本市场,造成虚拟资本的过度繁荣,而商品生产则相对滞后。所以,独立的金融危机发生,并不必然伴随经济危机的发生。

4. 金融危机周期与国际扩散

在金融危机的周期性问题上,马克思认为,由于资本主义基本矛盾的不可调和性质,就

---

① 马克思恩格斯全集(第二十六卷)(第二册)[M].人民出版社,1973:584—585.
② 马克思恩格斯全集(第二十六卷)(第二册)[M].人民出版社,1973:585.
③ 马克思恩格斯全集(第二十五卷)[M].人民出版社,1974:546.

必然会出现周而复始的危机。就伴随经济危机的金融危机来看，资本主义整个生产过程一定会经过消沉—逐渐活跃—繁荣—生产过剩—危机—停滞等阶段，这样的过程是不可避免的，并且随着技术的不断更新使得金融危机更加严重，技术更新速度的不断加快也使得金融危机周期有了不断缩短的趋势。

19世纪上半期，欧洲频繁发生金融危机。危机首先在一国发生，接着就会像"排炮"一样，从一个国家传递到另一个国家。在这一过程中，马克思注意到金等贵金属成为危机扩散的媒介，而国际贸易往来则搭建了扩散的通道。其发生机制表现如下：在一国产业周期上升阶段，贵金属流入—利率下降—促进经济繁荣；而在产业周期下降阶段，贵金属流出—利率上升—信用收缩—市场恐慌—危机发生。由于在国际贸易中信用和虚拟资本的广泛运用，各国都突破了本国现实资本积累的束缚，市场价格不再取决于国内消费能力，而是由国际市场的供求决定。在这个过程中，只要一国出现了生产过剩或金融过剩，其他国家也就相应具备了危机发生的条件。贵金属作为财富的最终归宿，一方面充当交易媒介，另一方面成为危机扩散的媒介。正如马克思所指出的："金的流出现象在不同各国发生的顺序只是表明，什么时候轮到这些国家必须结清总账，什么时候轮到这些国家发生危机，并且什么时候危机的潜在要素轮到在这些国家内爆发。"①

马克思的金融危机理论为我们呈现的更多的是金融危机的本质，解释了资本主义爆发金融危机的根源、危机的形成机制，以及危机的传导过程，对2008年全球金融危机具有很强的解释力。

总而言之，随着市场经济的发展，相关金融研究最常用的金融理论都是西方经济学家根据实践需要逐渐发展而来的。马克思简单的金融理论既没有办法说服人们放弃已经发展得非常有实用价值又在一定程度上自圆其说的西方主流的金融理论，也不能对实际操作有直接的实际价值。这是不是真的说明马克思金融理论已经过时了呢？通过深入地研读和探析马克思金融理论，并且从马克思金融理论的视角探讨当代许多金融问题尤其是金融危机的本质根源，就会发现，马克思的金融理论依旧有说服力，而且在现代资本主义经济高度虚拟化的条件下独显优势。

在市场经济日新月异的发展变化中，金融日益脱离实体经济而运行的"虚拟化"现象越来越突出，当代经济的虚拟资本规模进一步扩大了。面临经济系统整体"虚拟化"状况，我们必须研究金融"虚拟化"对经济和金融的广泛影响，从而真正理解现代金融的本质。中国已经建立起社会主义市场经济体制，但由于缺少相应的理论和实践经验，在建设金融市场和实行货币政策调控时只能主要借鉴西方的金融理论。但是我们不应该忽略马克思金融理论的科学成果，应在充分把握马克思金融理论本质的基础上来吸收西方金融理论中的精华，构建具有中国特色的金融理论，有效促进中国社会主义市场经济建设。

 思考题

1. 马克思虚拟资本理论对中国的现实意义有哪些？
2. 马克思金融危机理论对当代世界金融危机有什么启示？

---

① 马克思恩格斯全集(第二十五卷)[M].人民出版社,1974:557.

第23讲 中国金融学说

基本要求：1. 了解中国金融学说的学术定位。
2. 掌握中国古代货币的历史演变及特点。
3. 熟悉中国金融学说史的研究动态。
本讲重点：中国古代货币学说的主要思想。
本讲难点：古代货币与信用发展二者的关系。

对于金融理论的研究，国内外绝大多数学者都只关注西方金融思想，西方金融学说已成体系。中国介绍西方金融思想的著作随处可见，然而介绍中国金融思想与金融学说的却很少。这并不意味着中国古代就没有金融思想，相反，中国古代的部分金融思想甚至早于西方。从马克思主义的观点来看，货币、生息资本共存于古代中国和西方社会，人们在商品、信用活动中必然会产生与之相应的观念上的理性认识。然而，近代经济研究工作者在欧洲文化中心论的影响下，根本不相信、不理解或不承认中国古代乃至东方古代有可贵的金融思想。殊不知我们祖先的金融思想不仅有与西方一样的成就，而且还有具有民族性的独特贡献，其中有相当一批成就在世界金融思想史中遥居领先地位。这些成就反映了古代中国按照其独特的思维模式、思维方法持续一贯地发展和丰富着自己的金融思想，并形成了自己的金融学说体系。因此，有必要破除欧洲文化中心论的偏见，确立中国金融思想在世界金融思想史所应有的地位。基于此，本讲对包括货币学说、信用学说以及金融机构学说等在内的中国古代金融思想进行了梳理，分析了货币学说中部分取得过辉煌成就的观念，探讨了国家信用和高利贷的产生与发展，梳理了中国古代信用机构的演进，对中国近代金融史研究进行了综述，以对"中国金融学"的构建有所启示。

一、中国古代的货币学说

中国是古老文明的国家，有着悠久的历史和璀璨的文化，而钱币文化正是中国文化史中光彩夺目的一章。中国使用货币的历史长达五千年之久，不仅是世界上最早使用货币的国家之一，而且其数量、品种、版别之多浩如繁星。千姿百态的钱币实物，70多项世界货币之最，都是超越其他任何一个国家的。那些形制五花八门、材质多种多样、币值高低不一、大小相差悬殊的古钱、金银币、铜元、纸币，清晰地反映了当时的经济状况以及来自政治、军事、科技、文化、宗教等各方面的影响，它们是历史的见证，社会的化石。

(一) 中国古代货币的产生与演变

货币制度是商品经济发展的产物,也是一定政治、经济、文化和社会相关环境的总体反映。一个渐进的、逐步完善成熟的币制,须是国家以法令形式确定的货币流通及其组织形式。它应包括政府确认的法定货币名称、形制,币材的大小、轻重、品质,货币发行、流通、回笼、新旧兑换,以及不同货币之间的关系等,这是币制的基本内容。有限法偿与无限法偿,主币与辅币、能否自由铸造等,都是研究币制问题的重要方面。

中国古代钱币萌芽于夏代,起源于殷商,发展于东周,统一于嬴秦。中国古钱币文化历史悠久,内容丰富多彩,千百年来一直为人称道,并由此产生了颇具中国特色的的钱币之学。中国还是世界上最早使用铸币的国家,距今三千多年的殷商晚期墓葬出土了不少"无文铜贝",为最原始的金属货币。至西周晚期,除贝币外还流通一些无一定形状的散铜块、铜渣、铜锭等金属称量货币。中国古钱数量之大、品类之盛、分布之广,为世界所罕见。不仅揭示了中国社会三千年政治、经济、文化的发展和变迁,而且对周边许多国家和民族也产生了极其深远的影响,是从另一个层面写就的中国古代历史。

中国古代货币经过长期的历史发展,在不同的时期产生了巨大的变化,古代货币的演变无疑是中国古代金融发展的历史见证。中国古代货币先后经历了5次极为重大的演变。

(1) 自然货币向人工货币的演变。贝是中国最早的货币,商朝以贝作为货币。在中国的汉字中,凡与价值有关的字,大都从"贝"。随着商品交换的发展,货币需求量越来越大,海贝已无法满足人们的需求,商朝人开始人工铸币,海贝这种自然货币便慢慢退出了中国的货币舞台。中国从春秋时期进入金属铸币阶段,到战国时期已确立布币、刀货、蚁鼻钱、环钱4种货币体系。

(2) 由杂乱形状向统一形状的演变。从商朝铜币出现后到战国时期,中国的货币形状很多。战国时期不仅各国自铸货币,而且一个诸侯国内的各个地区也都自铸货币。以赵国的铲币、齐国的刀币、秦国的圆形方孔钱、楚国的蚁鼻钱较为著名。秦统一中国后,秦始皇于公元前210年颁布了中国最早的货币法,"以秦币同天下之币",规定在全国范围内通行秦国圆形方孔的半两钱。货币的统一结束了中国古代货币形状各异、重量悬殊的杂乱状态,是中国古代货币史上由杂乱形状向规范形状的一次重大演变。秦半两钱确定下来的这种圆形方孔的形制,一直延续到民国初期。

(3) 由地方铸币向中央铸币的演变。秦汉时期民间可以私自铸造钱币,只要钱币的重量一样,一般视为合法。汉初,听任郡国自由铸钱,据《汉书·食货志》记载,文帝时"除盗铸钱令,使民放铸"。公元前113年,汉武帝收回了郡国铸币权,由中央统一铸造五铢钱,五铢钱成为当时的合法货币。从此确定了由中央对钱币铸造、发行的统一管理,这是中国古代货币史上由地方铸币向中央铸币的一次重大演变。

(4) 由文书重量向通宝、元宝的演变。唐朝(唐高祖李渊)开始,废除轻重不一的历代古钱,统一铸造"开元通宝"钱。"开元通宝"一反秦汉旧制,此后铜钱不再用钱文标重量,都以通宝、元宝相称,一直沿用到辛亥革命后的"民国通宝"。唐高祖武德年间铸行"开元通宝"钱,结束了秦汉以来以重量铢两定名的钱币体系,而开创了唐宋以后以"文"为单位的年号、宝文体系铜铸币,"通宝"即流通的宝货。"开元通宝"开创十进位制,每枚重二铢四为一文钱,积十文钱重一两,即十钱一两"以钱代铢"。开元通宝在唐代铸行二百多年而使币制长期稳定。唐以"文"计数、以钱两为重量单位的宝文钱体系沿袭到清朝,历时千年。

(5) 金属货币向纸币"交子"的演变。北宋时,随着交换的发达,货币流通额增加,宋太宗时,年铸币 80 万贯,以后逐渐增加。由于铸钱的铜料紧缺,为弥补铜钱的不足,在一些地区大量地铸造铁钱。据《宋史》记载,当时四川所铸铁钱一贯就重达 25 斤 8 两。"交子"的出现,是古代货币史上由金属货币向纸币的一次重要演变。北宋的纸币主要有交子,南宋有会子、关子。元代曾铸行过少量铜钱,但货币主要流通纸币。这在中国古代是较突出的。元代的纸币称为钞。原钞本不许挪用,纸钞发行量有严格限制。但元末政治腐败,只好靠滥发纸币来弥补,引起物价飞涨。明朝初朱元璋推行纸币政策,发行"大明宝钞"与铜钱并用。但大明宝钞不定发行限额,也没准备金,很快就导致通货膨胀,故明中叶嘉靖后,宝钞已不能通行,民间主要用白银和铜钱。如明朝"班匠"以银代役、雇工工资,富豪积家产等都主要用银量了。银量被铸为一定标准的银锭从元朝开始,从元朝至元年间开始,银锭自名"元宝",这是中国称银锭为"元宝"的开始。同时民间流行铜制钱,质材由青铜转黄铜,铸行以年号为号的通宝钱。清代机制铜元的铸造始于 1900 年(清朝光绪二十六年),止于 1911 年(宣统三年)。铸造流通时间尽管只有十余年,但其鼎盛时期全国共有十九省二十局开机铸造铜元。

中国古代货币及其演变具有以下 4 个特点。

(1) 连续性。中国使用货币少说也有三千年的历史,是世界上最早使用货币的国家之一,而像中国这样货币连绵不断、经久不衰的,也是绝无仅有了。世界上其他国家的货币,有的被他国货币所替代,与其他货币融合,有的已经凋谢,退出历史舞台。中国货币恰恰体现出中华文明的绚烂光影和包容力,几千年来有分有合,有坎坷曲折、辉煌兴盛,也有疾风骤雨,劫难灾祸,变得日渐成熟,久而不衰。

(2) 以天圆地方的铸币为主。以天圆地方铸币为主体的币制体系,在中国古代少说也有两千年的历史。天圆地方的方孔圆钱,蕴藏着无穷的遐思,又附加以浓重的中国文化色彩,以致经过晋人飘逸神韵的妙笔,更是让人感到扑朔迷离,平添了许多神秘。其实,圆形钱是中外古代钱币发展演变的共同走向,它既便于携带,又能最大限度地减少磨损,保证其名实相副,避免自然损耗;方孔则是中国古代钱币的特点,它制造时便于灌注打光,流通时便于贯以辍索,便于提携和清算,最易为流通领域所接受与容纳。

(3) 世界上最早的纸币。中国纸币是世界上最早的纸币,分析它产生的原因可以看出中国古代商品经济的超常发展,以及纸币绝非任何个人或政府所能随心所欲创造发明的,也绝不是为了满足政府的财政需要而产生的。纸币产生以后被统治者攫取来作为弥补财政赤字的工具,变成财政的附庸则是另一码事了。中国古代纸币的产生,有创于汉武帝的皮币说,有源于唐宪宗的飞钱说。近人对此提出质疑,指出白鹿皮不是货币,飞钱只是汇票,都不能视为纸币产生的根由。但二者作为间接起因,启示性的诱导作用却难以抹杀。在分析纸币产生的具体时间上,有的学者认为大约是在宋太宗淳化四年(993 年)到至道二年(996 年)之间,有的则认为是政府设置官办交子务的仁宗天圣元年(1023 年),或翌年正式发官交子的时间。纸币产生的时间为什么必须以官办为准,而不承认民间自发兴起交子的时间,这或许是一种偏见,极要不得的一种偏见。

(4) 中央垄断造币权。古代中国中央集权的政体形成于秦汉,形成过程极其漫长,春秋战国时期即已出现萌芽,并有渐进之势。秦嬴政灭六国,结束了五个半世纪的混乱局面,建立起大一统的秦帝国。这种政体在币制方面的体现即中央垄断造币权。汉武帝元鼎四年(前 113 年)"悉禁郡国毋铸钱,专令上林三官铸",由设在上林苑的三个官署监铸五铢钱,并规定"天下非三官钱不得行"。自此,全国统一行用这种五铢钱,开启了中国历史上最长久最成功的五铢钱时代。

(二) 中国古代的货币学说

中国是世界上货币产生最早的国家之一,在漫漫历史长河中,货币思想的研究者们通过不断的理论思考和理论实践,构成了中国古代货币文化特有的思想体系,同时独特的中国文化及其思维方式也创造性地孕育了中国古代货币思想特有的经济范畴和经济概念。这些专有的经济范畴和概念不仅是中国古代货币思想赖以表达的语言工具,而且是古代货币思想体系的重要组成部分。

1. 子母相权理论

"子母"是中国古代货币思想领域重要的专有概念和范畴,"子母相权"是中国古代货币流通领域的特有历史现象,这一历史范畴在中国古代货币思想的发展史上具有举足轻重的地位,其对后世货币思想的发展有着深远的影响。

在中国货币思想的发展史上,首次明确提出"子母"范畴,并将这一概念运用于分析阐述货币流通情况形成"子母相权论"的是春秋时期的单旗。《国语》中记载了单旗反对周景王铸大钱时的言论"古者天灾降戾,于是乎量资币、权轻重以振救民,民患轻则为作重币以行之,于是乎有母权子而行,民皆得焉。若不堪重,则多作轻而行之,亦不废重,于是乎有子权母而行,小大利之。"单旗的议论中不仅提出了"子母"的概念,而且还涉及中国古代货币思想的另一个重要范畴,即货币的"轻重"概念。"量资币、权轻重"是指按照货币和商品价格的平衡关系来调整钱币的轻重。钱币以重大者为母,轻小者为子,子母相权的货币制度主张货币的轻重要适应商品流通的需要:如果百姓觉得货币太轻,交易不便,就要铸造较重的货币,"母权子而行",重钱按照对轻钱的一定比价投入流通;反之,如果货币太重,交易不便,就要铸造较轻的货币,"子权母而行",轻钱按照重钱的一定比价投入流通。子可以权母而行,母亦可以权子而行,根据现实中的货币流通情况,调整货币价格标准,使之与现实的价格水平相适应,满足商品流通的需求。单旗之后,"子母相权"的货币理论为人们长期援引,用以解释不同历史时期的不同货币流通现象。

尽管单旗的"子母相权论"是粗略的,但子母相权的概念长期流传,在后世的货币经济实践过程中,不断有新的内容和含义。至南宋时期,纸币开始广泛流通,传统的货币子母相权论也有了新的发展。南宋的杨万里最早将子母相权之说应用于分析纸币和钱币的关系,提出了钱楮母子说。当时政府规定两淮只行用铁钱,铜钱不得过江,其后发行两淮铁钱会子,流通地区除两淮外,还包括沿江八州(指四川、两府、两军,简称八州)。杨万里反对将铁钱会子行于沿江八州,提出:"盖见钱之与会子,古者母子相权之遗意也。今之钱币,其母有二:江南之铜钱,淮上之铁钱,母也。其子有二:行在会子,铜钱之子也;今之新会子,铁钱之子也。母子不相离,然后钱会相为用。"行在会子代表铜钱的会子,铜钱为母,会子为子;新会子代表铁钱的会子,铁钱为母,新会子为子。"母子不相离",表示纸币和它代表的钱币同时流通,可以在市场上互相兑换。杨万里以此理论反对在原本不行用铁钱的沿江八州发行铁钱会子,因为"有会子而无钱可兑,是无母之子也,是交子独行而无见钱以并行也"。可见,他反对这种无钱可兑的纸币的流通。但他要求的兑换是指市场上的兑换,而非政府对纸币兑换的责任。袁甫在《论会子札子》中也提到"见钱会子,子母相权",由于袁甫同时反对政府用金银或钱币来收回纸币,不主张纸币的兑现,他的"子母相权"和杨万里的意思是一样的,是指市场上钱币和纸币的并行流通和兑换。

至元世祖中统元年，元政府在各路设平准行用库，以金银为准备金维持纸币币值，实行纯粹的纸币流通制度。起初，币值稳定，至元十三年统一江南后，由于纸币发行额大增，平准库金被移作他用，纸币迅速贬值。京城学官郑介夫运用子母相权论反对实行纯粹的纸币流通制度，认为要钱钞并行，但与宋代货币制度不同的是，要"造铜钱以翼钞法"，即以钱为子，以钞为母，仍然保持现行的不兑现纸币流通制度，铜钱作为辅助通货，大数用钞，小数用钱，以满足当时商品交易对于货币流通的需要。

那么，子母相权和现代货币理论中主辅币的概念是否有关系呢？金属货币制度下，主币是用国家规定的货币材料按照国家规定的货币单位铸造的货币，辅币由于面额小、流通频繁、磨损快，多用贱金属由国家垄断铸造；信用货币制度下，主币和辅币的发行权都集中于中央银行或政府指定机构。单旗的子母概念从"权轻重"的观点出发，子母相权是为了在流通领域中找到一种轻重大小合适的货币，或以重币，或以轻币，作为基本的计价单位和价格标准，使与现实的价格水平相适应，以便更好地为商品交换服务。并且，单旗主张的"子母相权"的轻钱和重钱都是足值铸币，这些钱币的等级完全按照它的实际金属含量而定，而不是决定于政府的命令。可见，单旗子母相权论的中心思想在于货币作为价格标准，应该与现实的商品价格水平相适应。子母相权的过程就是寻找到合适的货币价格标准的过程，因此，子母相权理论是基于价值角度的考虑而非货币制度的考虑。这和近代意义的主辅币关系是完全不同的概念。

2. 轻重理论

"轻重"一词始于先秦，最初的概念是指金属货币分量的大小。如单旗的"子母相权论"中就包含了"轻重"的概念，其中主要有两层含义。一是指货币分量的轻重大小，金属货币重则价值大，金属货币轻则价值小。"民患轻则为作重币以行之""若不堪重，则多作轻而行之"意思是在货币流通中，根据货币流通需求，通过改变货币单位，调整价格标准，使得货币流通状况与现实的商品价格水平相适应。二是指货币对商品的衡量作用，表现货币和商品的关系。单旗认识到"废轻而作重，民失其资"，即铸重币虽然在重量上比原先的轻币重，但其实际购买力下降，铸币贬损导致人民失去财富。在后期墨家的刀籴相为价论中也用轻重概念阐述了货币和商品的相对关系，在《墨子·经说下》中有这样一段言论："买，刀籴相为贾。刀轻则籴不贵，刀重则籴不易。王刀无变，籴有变。岁变籴，则岁变刀。"这里，将货币和商品的交换表现为相对的价格，进行逻辑推理，并且将货币也看作商品，其价格以商品来表示。这里所谓的"刀轻""刀重"就是中国古代特有的轻重理论在货币流通中的应用，表现货币购买力的变化。之后，轻重概念被广泛运用于分析和研究国家经济活动，形成了经济学说的轻重论。

发展到西汉时期，《管子》这一重要古代经济巨著较完整地阐述了轻重理论体系，将其运用于对货币、商业、财政等问题的研究，尤其在论述货币和商品流通规律的部分，达到了历史的最高峰。在此之后，轻重论几乎成为中国古代专有的货币思想，其理论依据受到广泛的引证。在叙述《管子》轻重货币思想之前，必须要提到的是西汉贾谊的"禁铜七福"。贾谊反对民间自由铸钱，进一步提出禁铜主张，认为禁铜可使"博祸可除，而七福可致"。在他的"禁铜七福"中："铜毕归于上，上挟铜积以御轻重，钱轻则以术敛之，重则以术散之，货物必平"为第四福；"以临万货，以调盈虚，以收奇羡，则官富实而末民困"为第六福，意思是说国家可以通过敛散货币来调节物价,通过货币经商取利并抑制商人,这两条是《管子》轻重理论的先驱。与单旗时代不同的是,在《管子》中,"轻重"只包含一层意思,即反映商品和货币的关系,"轻重"代表物价的高低贵贱。单旗的理论具有金属主义的倾向,而《管子》中的货币理论具有名目主义的特点,强调货币的流通职能。如"夫物多则贱,寡则贵;散则轻,聚则重""币重而万物轻,币轻而万物重""粟重黄金轻,黄金重而粟轻,两者不衡立"。可见,商品和货币的价格轻重是相对的,商品供给量的多寡影响物价的高低。《管子》还指出:"国币之九在上,一在下,币重而万物轻;敛万物应之以币,币在下,万物皆在上,万物重十倍。"意思是大量货币被国家通过各种措施回笼,市场上的货币流通量减少,导致货币购买力增加,物价下跌;反之,国家回笼商品,货币流通量相对商品而言增加,导致货币购买力下降,物价大幅上涨。以上可以看出,《管子》在当时已经认识到,在当时货币总量和货币流通速度等条件既定的情况下,通过调节流通中的货币量和商品数量可以影响商品的价格和货币的购买力,即商品和货币的轻重关系,但这种调节是建立在国家权力和商品、货币的垄断基础上,为国家谋取商业利润、增强国家财力而为的。

随着对"轻重"含义认识的深化和对货币流通规律的进一步探索,统治阶级开始运用这些规律干预经济生活,实施一系列的货币调控措施,以达到巩固国家政权、加强中央集权统治的目的。《管子》"轻重"诸篇中的轻重之术就是在轻重论基础上提出的一套国家利用货币杠杆,调控市场和社会经济活动的具体办法和措施:在谷物价格低的时候用货币购买粮食,在布帛价格低的时候用货币购买衣料,通过增加流通中的货币量来稳定物价,使人民生活安定,限制富商大贾囤积货物牟取暴利的行为,同时"君得其利",即国家直接参与商业经营,获取商业利润,增加国家的财政收入。可见,当时的轻重概念不仅被运用于对货币和商品关系的认识,而且延伸到了对国家调控经济的政策手段的认识,这一思想在中外货币思想史上具有重要地位,被后世的学者奉为古代货币思想的经典,不乏追随者。轻重理论至此发展到了历史的巅峰,其后的货币思想家们广泛运用轻重概念解释和分析货币实践活动。

唐朝的刘秩在说明国家必须掌握货币铸造权时就曾引用《管子》"轻重"诸篇的货币理论,提到:"夫物贱则伤农,钱轻则伤贾。故善为国者,观物之贵贱,钱之轻重。夫物重则钱轻,钱轻由乎物多,多则作法收之使少;少则重,重则作法布之使轻。轻重之本,必由乎是,奈何而假于人?其不可二也。"他还主张货币决定一国的兴衰,要用货币调节农工商的关系,"平轻重而权本末"。比刘秩的话语更完整的是陆贽的言论,他说:"物贱由乎钱少,少则重,重则加铸而散之使轻;物贵由乎钱多,多则轻,轻则作法而敛之使重。是乃物之贵贱,系于钱之多少;钱之多少,在于官之盈缩。"这被认为是中国古代货币数量论的典型公式,将物价贵贱的原因完全归结于货币数量的多少,而货币数量的多少则由国家通过调节货币流通决定。虽然这种货币数量论是错误的,但现实中货币数量的多少的确也会影响到物价的高低。

至宋元时期,纸币的流通使得轻重概念在货币实践中有了新的内容,其含义扩展到用以解释纸币的发行数量和纸币币值的关系,以及其他纸币的流通情况。如宋孝宗的说法:"大凡行用会子,少则重,多则轻。"明代的叶子奇也曾提出过用兑现纸币调节物价的理论:"引至钱出,引出钱入,以钱为母,以引为子,子母相权以制天下百货。出之于货轻之时,收之于货重之日,权衡轻重,与时宜之,未有不可行之理也。"可见,轻重概念在中国古代经济思想史中有着广泛的应用。

后世经济学家胡寄窗先生在其著作《中国经济思想史》中写道:"用经济学的一般均衡分

析,轻重思想包涵了多种商品间的比价关系、因供求关系变化而引致的价格运动、货币数量论等理论要素,探讨的是经济均衡与非均衡的运动过程。"[1]

3. 虚实理论

货币概念意义的"虚实"最早出现在《盐铁论》桑弘羊的重商思想中。"虚"指货币,"实"指商品、有用之物。桑弘羊主张通过对外贸易,繁荣国内市场经济,并从中获得经济利益,同时达到在经济上削弱外国经济的目的。此时的虚实概念只限于说明货币和商品的关系。北宋周行己以金属货币为实,说到"交、钞为有实而可信于人",但同时又指出"物为实而钱为虚",因为他认为货币的轻重是在同商品的交换过程中产生的。元赵孟頫认为"始造钞时,以银为本,虚实相权",用以说明当时以银为本的纸币发行制度,同时又说:"古者,以米、绢民生所须,谓之二实;银、钱与二物相权,谓之二虚。四者为直,虽升降有时,终不大相远也。"可见,他的"虚实相权"和周行己的一样,也是泛指货币和商品的相权。

唐朝安史之乱时期,因财政危机,唐政府实行铸币膨胀政策,发行"乾元重宝"虚价大钱,导致大钱购买力下降,物价上涨,货币流通呈现混乱状态。彼时的思想家们对于货币"虚实"有了更深入的理解,丰富了虚实概念的内涵。史书记载"缘人厌钱价不定,人间虚抬价钱为虚钱"。"虚"指不足值的钱币,"实"指足值钱币,"虚实"反映了流通领域内部不同种类的货币之间的关系。

宋元时期,"虚实"这对货币专有范畴随着纸币的流通有了新的重要发展。杨冠卿的钱楮实虚说就很有代表性。他提出"楮,虚也""钱,实也"来解释纸币与铜钱的关系,称会子为"虚券"。在解释人们贵重铜钱、轻贱纸币的原因时,他指出:"铁之为质易于毁坏,不可以久藏如铜比也。是则铜者人之所贵,铁者人之所贱,故蜀之铁与楮并行而无弊。今之铜所以日乏者,正以富家巨贾利其所藏而不肯轻用耳。其意若曰:楮虚也,其弊又不可言也;钱实也,藏而无弊也。"由此看出,杨冠卿的实虚说仅仅是以货币的制作材料,自然实体的易损耗程度作为标准来判断货币的虚实,没有从货币价值、货币本质方面做更深入的思考。继杨冠卿之后,仍有不少思想家用虚实概念论述纸币问题。袁甫曾拿"实钱"和"虚会"相对,如他在批评南宋朝廷拟定的收兑办法时说道:"殊不思诸郡之有见钱者能几,纵有见钱,使之以实钱而博虚会,会价不及官陌,安得不谓之折阅?"这里的"实钱"应指金属货币,"虚会"指当时发行的纸币"会子",而且是发生严重通货膨胀而贬值的不可兑现纸币。元初在关于纸币流通的货币理论中,时常提到的"不实"和"致虚"也都是指纸币的贬值。关于纸币和金属货币的虚实,最明确的表述是元顺帝至正年间的王祎提出的"钞乃虚文,钱乃实器",与杨冠卿的虚实概念不同的是,王祎的虚实之说是以纸币和金属货币的实际价值作为判断标准来区分的,认为纸币没有实际价值,而金属货币为"实器",具有实际价值。古人运用虚实论,主要是为了强调纸币应具有兑换性。在宋元纸币流通的货币制度下,纸币的职能、纸币发行对一国经济的影响是思想家们关注的重点。尤其是纸币贬值的情况时有发生,导致社会经济中的诸多弊端,人们贵重铜钱,轻贱纸币,"有售而不乐取",导致流通状况恶化。所以,以"虚实"强调纸币的兑换性,达到稳定币值、改善货币流通状况的目的。

虚实概念发展至明清时期,其含义有了进一步的推衍,并且和"子母""轻重"概念相结合,用于阐述货币流通的原理和各类货币主张。清王朝时期,以银作为收支的标准,嘉庆后

---

[1] 胡寄窗.中国经济思想史(上)[M].上海人民出版社,1998:334.

期的鸦片走私造成大量白银外流,出现银荒,形成前所未有的严重货币危机。一方面,农民负担成倍增长,加深社会基本矛盾;另一方面,清政府田赋收入减少,钱粮积欠,加重政府的财政危机。针对这一货币问题,出现了不少的议论和主张。包世臣就是其中之一,他主张行钞,提出"一切以钱起算,与钞为二币,亦不废银,而不以银为币,长落听之市人",对于这种用一小部分兑现准备金来保证全部纸币流通的状况,他阐述为"轻重相权不相废,为古今之至言。行钞则以虚实相权者也,银、钱实而钞虚","驭贵之易者,以其有实也。……统计捐班得缺者,不过什之二三,然有此实际,则能以实驭虚。……盖实必损上,而能驭虚,则上之受益无穷,而天下亦不受损,此其所以为妙用也"。暂且不论这样的主张理论上是否准确,现实中是否可行,"以实驭虚"的主张已经跳出了纸币与铜钱、纸币与白银的关系,进一步运用于对纸币流通理论的阐述。清末理财大臣王茂荫在包世臣"以实驭虚"的基础上提出了"以实运虚"的行钞原则。他提倡的是一种以银本位为基础的纸币流通制度,充分肯定以银为主要货币的事实,发行的纸币都以银两为单位。王茂荫认识到纸币无限制过度发行和不可兑换性的弊端,强调"以实运虚"的行钞原则和"虚实兼行"的纸币并用制度。其中,白银为"实",纸币为"虚"。具体措施上:一方面,严格限制政府对纸币的过度发行,要求发行额有一个最高限额;另一方面,实行政府可兑换的纸币制度,使"钱钞可取钱""银票可取银"。同时还提出了钱钞和银票兑现的"实运法"和作为救弊辅助措施,要求店铺"必准搭钞"的"虚运法"。此外,王茂荫运用虚实概念对虚价大钱、货币周转环节和政府通货膨胀政策都进行了准确的分析和观察,从而将中国古代货币思想的虚实理论推进到一个新的水平和理论高点。

4. 称提理论

"称提"是宋代产生的一个货币术语,称提理论是中国古代社会后期纸币流通情况下又一独有的货币思想。南宋时期,纸币广泛流通,从原来的四川一地逐渐扩大到两浙、两淮、湖北、京西等地,成为全国性的主要通货。随着纸币的广泛流通,各地相继出现了不同程度的通货膨胀现象,纸币贬值,严重影响国家经济、财政收入和百姓的日常生活,因此,如何维持纸币币值稳定成为当时统治阶级及政治家、思想家等各方人物关注的重点。

所谓"称提理论"或"称提之术",就是利用各种措施,使纸币币值保持稳定的理论和方法。"称提"有泛言管理的意思,因而"称提之术"可以广义地理解为纸币发行和流通的管理原则和方法。"称提"主要通过兑现的措施维持纸币币值的稳定,稳定的含义包括:或恢复到原来的币值水平,或提高已经贬值的纸币币值,使得币值在一个新的水平和商品价格形成一个新的平衡关系。在宋代,除了用金属货币收兑纸币外,还可以以银、绢、茶盐钞引、官诰等实物收兑流通中过多的纸币,称为"阴助称提"。

关于"称提"的本义,叶世昌教授指出:"所谓称提,原意就是提高,它可以指提高物价,也可以指提高钱价,但更多地指提高纸币币值。"[①]1991年,叶坦博士补充认为"称提一词,取此二字某些含义复合而成。最初系言平衡"以及"准平、称提,皆以权衡取义"。[②] 所以,"称提"起初并不专用于货币,只是在南宋纸币流通恶化的情况下,因为当时的朝野人士普遍关注纸币币值稳定的问题,而被广泛使用。

宋代之后,"称提"在明清也被用于对纸币管理的阐述,但其使用频率并不高。明末政权

---

① 叶世昌.中国货币理论史(上)[M].中国金融出版社,1986:127.
② 叶坦.富国富民论:立足于宋代的考察[M].北京出版社,1991:241—242.

危殆、财政匮乏之际,有不少学者试图通过推行钞法解决财政困难,再次提出"称提"之说。如明末陈子龙在其所作《钞币论》中指出:"终元之世,无一人知有钱之用,而衣于钞,食于钞,贫且富于钞,岂尽禁令使然哉!夫亦因民所便,而特以收换称提,时疏其滞也。"他总结了中国古代纸币产生发展的历史过程,特别是元代实行的纯纸币流通制度的经验,认为纸币的流通是"因民所便",是有其客观原因的,而绝非国家强制禁令的结果,而国家的作用就在于"特以收换称提,时疏其滞也"。清代货币流通大数用银,小数用钱,纸币钞贯逐渐退出,"称提"一词也就很少有人使用了。

5. 货币价值论的缺失

在中国两千多年的古代货币思想史的发展过程中,对于各类货币问题的探讨和研究还是比较广泛的。通过以上对中国古代货币思想学说的梳理可以发现,各家各派的思想言论中基本包含了货币的基本理论,如货币的起源、货币的本质、货币的职能、货币的流通速度,以及货币的制度等方面的内容。关于货币价值的观点,不能说没有,因为历朝历代的货币思想中都有类似货币数量说的言论出现,而货币数量说一度是经济史上最流行的货币价值理论;此外,也有不少人肯定货币的金属价值。但无论是前者还是后者,都没有形成较完整的货币价值论。后者的思想过于零碎,含义不够深入,未成体系。前者关注商品和货币的相对比价关系,否认货币中价值的存在,或不否认货币本身的价值但主张货币价值在交换中不起作用,自然也就不会探讨一般性价值问题;分析经济问题和货币问题时无法跳脱货币的框架,只能从货币出发,对货币流通中的现象做些符合客观实际的叙述和逻辑推理,难免显得浅薄。货币价值论是货币理论的基础,是研究货币问题的主要依据,因而货币理论的发展以货币价值理论的发展为前提。中国古代货币价值论的缺失严重影响了古代货币思想的发展,尤其是宋元时期的纸币流通理论。胡寄窗曾经指出:"正确的纸币流通理论必须建立在科学的货币价值论基础上。在缺乏一般价值论从而缺乏货币价值论的条件下,又受到时代的局限,纸币流通理论的瑕瑜互见,甚至瑜不掩瑕是势所必然的。"[①]

货币价值理论的缺失对中国古代货币思想的发展产生了重要的影响,尤其是关于纸币流通方面的经济思想。货币价值论的缺失使得纸币理论缺乏研究的基础,导致一些基本货币观点的错误,并使得古代货币思想的关注点和着力点都集中在较次要的方面,观点零散,无系统性研究。这种零散和非系统性直接导致了从货币思想到科学的货币经济理论发展过程的断裂。基本观点的错误也导致了货币思想的混乱现象:一方面,对前人的货币思想和货币经验作片面性理解和总结,甚至对同一历史事实作不同主观解释来支持自己的货币观点和货币政策主张;另一方面,同一时期不同货币思想主张者争论的概念不明,互相混乱。因此,学术界普遍认为中国古代的货币思想并未形成完整的科学理论体系。

西方的货币理论,在早期重商主义的货币金属论中,等同货币和价值,认为货币是唯一的财富。但重商主义在法国失败之后,人们逐渐认识到货币仅仅代表交换价值。之后,经过重农学派的兴起和英国古典经济学的形成和发展,货币价值理论有了较大的发展。就价值理论而言,有边际效用使用价值论、生产要素价值论、供求价值论;就货币理论而言,有货币名目论、货币数量论、货币中性论、货币需求论、货币供给论和货币均衡论,这些理论都正确认识到了货币并非唯一的有价值的财富,尤其是关于纸币所代表的价值和它本身的价值两

---

① 胡寄窗.中国经济思想史(下)[M].上海人民出版社,1998:722.

者之间的关系,认识到纸币代表的是一种价值符号,除了价值符号以外,几乎没有其他的使用价值。恰恰在这一点上,中国古代货币思想始终没能实现理论上的突破。

货币价值论的缺失对中国古代货币思想的影响是深远的。作为货币理论架构的基础,货币价值理论的缺失使得货币基本观点出现偏差和错误,直接影响了货币理论在流通领域的深入发展。诚然,由于时代的局限,我们不能要求奴隶制社会和封建地主经济时代的思想家们完全懂得货币和价值的关系,辨明纸币的价值符号作用,区分纸币和金属货币的不同属性,但是,儒家和墨家的先秦经济伦理和珍贵的早期价值概念没有在经济领域得到继承和发展,实属憾事。

二、中国古代的信用学说

信用不因货币的产生而产生,却因货币的发展而发展。在货币的推动下,在不同的环境条件下,信用新产品、新工具,乃至信用新机构诞生了,信用获得突飞猛进的创新和发展,又推动了货币金融、商品经济的新一轮发展。货币与信用就是这样相互推动,相互制约,不断创新发展的。政治、经济、军事、文化对于此两者的制约和推动同样不可忽视。中国古代中央集权大一统的政治体制的影响力尤其值得关注和研究。

中国古代的信用制度是在社会分工的基础上,生产力发展到一定阶段的产物。在中国古代,私有制产生以后,随着贫富差异的加剧,借贷行为相伴而生。借贷关系的产生促使信用和信用机构作为一个独立的行业从其他行业中分离出来,最终形成了信用业。它的产生和发展为中国古代社会的经济繁荣创造了条件,并推动了中国古代经济的发展。

信用自产生之日起就是一把双刃剑,它既具有营利的一面,又具有福利的一面。中国古代的信用制度同样如此,对于贷放者来说,绝大部分是以营利为目的。国家也有以营利为目的的高利贷资本,但是,国家为了巩固政权、稳定社会秩序往往不以营利为目的发放农业信贷、赈济灾民等。还有一些私人信贷也可能作为公益事业而发放贷款。

(一)国家信用学说

自私有制产生之日起就存在借贷行为。《周礼》中的借贷既有私人信用,也有国家信用。《周礼·天官冢宰第一》小宰之职中有"听称责(债)以傅别",指小宰审理民间的借贷纠纷要以"傅别"为依据。傅别即债券。"傅"即附,指附有约束文字;"别"为两,即左、右券。《周礼·地官司徒下》记载泉府有赊贷:"凡赊者,祭祀无过旬日,丧纪无过三月。凡民之贷者,与其有司辨而授之,以国服为之息。"这里的赊贷都是国家信用。"赊"用于祭祀或办丧事,是消费性开支,故不收利息。"贷"用于经营产业,会带来收入,故要收利息。"以国服为之息",东汉郑众说是以当地的土产为息,郑玄说是"以其于国服事之税为息",即以所从事产业收入的一定比例为息。

国家为了稳定社会,有利于再生产的进行,会对农民发放农业信贷或者救济性信贷。国家对贫民的救济性贷放已成为一种经常性的制度。汉武帝元狩六年(前117年)曾派遣博士6人循行全国,存问鳏寡废疾,有不能谋生的人,就放款救济。汉昭帝始元二年(前85年),"遣使者赈贷贫民毋种、食者"。其他各朝也有类似的措施。信贷内容有种子、粮食和钱币。政府还鼓励各地富户参加对贫民的赈贷。汉宣帝本始四年(前70年)除"遣使者振(赈)贷困乏"外,还要"丞相以下至都官令丞上书入谷,输长安仓,助贷贫民"。在农民无力偿还债务时,政府有时还实行暂停还债或免除债务的措施。汉文帝前元二年(前178年)曾赦免未归还或未全部归还所贷种子、粮食的人。

高利贷在民间的快速发展使统治阶级看到了极大的利润来源。隋时,用官款放债成了合法的行为。朝廷曾发给各地政府一笔公廨钱,让官员放款或作他种经营,用利息或利润作为行政费用。隋文帝开皇十四年(594年)曾因其"出举兴生,唯利是求,烦扰百姓,败损风俗"而加以禁止。开皇十七年解禁,公廨钱可以作他种经营,但不许"出举兴利"。唐代官营放款成了一种经常的制度,政府的许多开支都以放款利息收入为其一部分或全部的来源。唐高祖武德元年(618年),因财政困难,设置公廨本钱,由诸州令史负责经营,名为"捉钱令史"。给以本钱4万至5万文,每月应纳息4 000文,一年纳息5万文。利息分给各官为月料(每月津贴)。捉钱令史年满授官。唐太宗贞观十二年(638年),谏议大夫褚遂良批评这一办法,将它比为汉代的卖官,要求停止。当时得到批准,但到贞观二十一年又恢复。以后还曾停罢,都因政府有需要而复置。宋代仍有京债,政府曾明令禁止。宋仁宗庆历元年(1041年),朝廷考虑到如"不得取京债,廉士或至贫窭,不能自给",因而放松政策,规定"自今受差遣出外,听私借钱五十千",仍容许京债的存在,只是在数量上作了限制。

综上所述,在信用政策方面,国家对贫民发放救济性借贷,则可使"天下归我者如流水"。以国家信用取代私人高利贷,一方面利用季节性差价(轻重之术)低贷高还,从中获取厚利;另一方面向估产的余粮户强行采取"大户多贷,小户少贷"的方法,同样运用轻重之术以获厚利。可见,轻重理论在当时鲜明地表达了国家运用经济手段、行政手段,利用货币、信用和价格等经济杠杆来调控借贷、利率、货币流通和财政收入。

(二)高利贷学说

国家信用不可能解决小生产者的全部困难,而且借债的也不只是小生产者。因此,高利贷资本并不因国家信用的存在而不能发展。随着货币积累的增加,高利贷资本的积累也必然日益扩大。

根据史书记载,债务问题自古就已成为不容忽视的社会问题之一。对于放贷者来说,绝大多数自然以取利为目的,这便使放贷者成为高利贷者。有的国家信贷也以取利为目的,形成了国家高利贷资本。从战国时期开始,放贷取息便成为普遍之事。史料记载,孟尝君放贷取息以养宾客,一年的利息收入就超过10万钱。对于贫苦农民来说,常常陷入高利贷网难以自拔。《管子·治国》分析了造成农民贫困的4个原因:一是国家征赋暴急无时,农民用"倍贷"来应付急征;二是在雨水不足时,农民用"倍贷"来雇工抗旱;三是农民在秋收时低价卖出粮食,到春天青黄不接时用加倍的价格买进粮食,这也相当于"倍贷";四是经常性的租赋、徭役等支出也相当于"倍贷"。4个原因中,后两个是比喻,前两个是真正的倍贷,即借贷的利息同原借数相等,归还数为借入数的两倍,利率高达10分。西汉初年,在长安就已经形成了一个放款市场,那些资本称为"子钱"。当吴楚七国之乱时,长安的将领们出发征讨,向市场借款。多数子钱家因成败未决,不肯贷款,有一个无盐氏拿出千金,以10倍的利率贷放。三月后吴楚七国平定,无盐氏一年中的利息收入使他"富埒关中"。由此也可见高利贷资本的势力。司马迁在《史记·货殖列传》中指出,经营工商业每年的利润率都是20%,高利贷者的利率收入也一样。实际上利率可能有高达10分的。西汉晁错说农民遇到急征暴赋时,"有者半贾(价)而卖,亡(无)者取倍称之息,于是有卖田宅、鬻子孙以偿责者矣"。"倍称之息"就是对倍的利息,同《管子》的"倍贷"是同一个概念。《管子》"轻重"诸篇是西汉作品,其中称高利贷者为"称贷之家"。《管子·轻重丁》中统计了齐国高利贷资本的活动情况,借债的人数达 3 万家,他们都是农民、渔民和猎户。借贷总额计粟 3 000 万钟,钱 3 000 万。利息从 2 分、5 分到 10 分。《管子》"轻重"诸篇的这一类记载带有寓言性质,不是信史,但从中也反映出西汉高利贷资本活动的猖獗。元初有一种名为"羊羔息"或"羊羔利"的高利贷,对借债人的剥削尤为严重。这种高利贷按复利计算,一年翻一倍,放债的人大多是回鹘人和西域商人。即使是官吏借这种债,也"往往破家散族,至以妻子为质,然终不能偿"。清朝计息的方法,有单利,有复利,有先扣,有后付,有借钱还谷,有借谷还钱等种种形式。其中最严重的一种是所谓的"印子钱"。如嘉庆十五年,浙江仁和(今杭州)"曹三向金玉殿借钱一千文,日还本利钱二十文,六十日还清,共本利钱一千二百文"。道光十年(1830 年)安徽旌德刘文树放印子钱,"每七折钱一百文,按日交利钱四文,以十七日半为期,利侔于本"。

在战乱频仍的社会中,高利贷的利率自然是很高的,特别是高利贷资本还和权势相结合,利率更没有限度。南朝宋文帝之子晋平剌王刘休祐用短钱 100 借与民,收成时要归还白米一斛,值钱 1 万,而且收钱而不收米。北魏文成帝和平二年(461 年)的诏书说:在刺史发调时,向人民搜刮,人民被迫借债。富商大贾乘机贷放,10 天内就可获利 10 倍,所获的利息在统治者和商人间进行分赃。贵族、官僚放高利贷如此普遍,所以北齐宋游道为尚书左丞时,被他弹劾的贵族高利贷者就有太师王坦、太保孙腾、司徒高隆之、司空侯景、录尚书元弼、尚书令司马子如等一大批高级官吏。此外,高利贷资本还直接得到官府的支持。如济州沙门统道人研究财巨富,放债收息,常常需要郡县政府帮助收债。唐太宗贞观初,公主、勋贵之家都竞相"放息出举,追求什一"。玄宗天宝九载(750 年)的一个敕文中也透露:"郡县官僚,共为货殖,竞交互放债侵人,互为征收,割剥黎庶。"宋、辽、金、元还有一种营债,是放款给士兵的,放款者有军官或豪强,取息很高,士兵深受其害。宋哲宗元祐八年(1093 年),苏轼上奏河北沿边军营情况说:"禁军大率贫窘,妻子赤露饥寒,十有六七,屋舍大坏,不庇风雨。休问其故,盖是将校不肃,敛掠乞取,坐放债负,习以成风。"宋徽宗政和时,朝臣指出当时的军政六弊,"举放营债"就是其一。元世祖至元十四年(1277 年),枢密院指出管军人员"以出放钱债为名,令军使用,不出三四月便要本利相停,一岁之间获利数倍,设有违误,辄加罪责"。剥削之残酷于此可见一斑。

过高的利息自然导致民不聊生,起义频发,于是国家开始限制利息。宋、金、元都有限制利息的法令。宋太宗太平兴国七年(982 年),"令富民出息钱不得过倍称,违者没入之"。金朝规定"举财物者月利不过三分,积久至倍则止"。蒙古于元太宗十二年(1240 年)即规定"凡假贷岁久,惟子本相侔而止"。元世祖至元三年(1266 年)又颁发圣旨:"债负止还一本一利,虽有倒换交契,并不准使,并不得将欠债人等强行扯拽头(指牲畜)匹(指布帛),准折财产,如违治罪。"至元十九年又规定:"今后若取借钱债,每两出利不过叁分。"这些法令都以取息一倍为限,但违反上述法令的现象也时有发生。北宋许多地主放债给佃户,"息不两倍则三倍"。宋神宗时,海南贫民"举贷于豪富之家,其息每岁加倍,展转增益,遂致抑雇儿女,脱身无期"。金宣宗时,兼并之家贷钱于人,"私立券质,名为无利而实数倍……或不期月而息三倍"。清代在顺治五年(1648 年)闰四月规定:"今后一切债负,每银一两止许月息三分,不得多索及息上增息,并不许放债与赴任之官及外官放债与民。如违,与者、取者俱治重罪。"不得"息上加息"是禁止复利,"不许放债与赴任之官"是禁止京债,但对一本一利未曾提及。同年十月大赦天下时又宣布:"势豪举放私债,重利剥民,实属违禁。以后止许照律,每两三分行利,即至十年,不过照本算利。有例外多索者,依律治罪。"这补充了前一条的不足。据史料统计,嘉庆年间的 389 起借贷行为中:利率不满 1 分 2 起,占 0.5%;1 分至 1.9 分的 25 起,占 6.4%;2 分至 2.9 分的 128 起,占 32.9%;3 分以上的 234 起,占 60.2%。

(三) 汇兑学说

唐代产生了汇兑。唐代的汇兑称"飞钱"或"便换"。唐代在唐德宗建中元年(780 年)实行两税法以后,钱币数量不足,各地渐有禁钱出境的措施。当时各道的地方政府在京师设有办事机构进奏院。各道在京师的商人卖出商品后,将钱交给进奏院或各军、使的在京机构以及富家,拿到取钱凭证,回乡后合券取钱,称为"飞钱"。飞钱不限于京师,飞钱的人也不限于商人。飞钱对减少钱币外流及节省运输费用都有好处,但因钱币贮在各举办飞钱的机构里,中央政府掌握不了这笔钱,故于唐宪宗元和元年(806 年)下令禁止。元和七年,朝廷自办飞钱业务,招召商人在户部、度支、盐铁三司飞钱,每飞钱 1 000 文收费 100 文。因商人不愿,又改为"敌贯与商人对换",即飞钱不另收费。采取这种优惠政策,反映了朝廷急需现钱的情况。

三、中国古代的金融机构学说

(一) 经营抵押贷款的质库

南北朝时期,佛教盛行,上至帝王下到平民常常对佛寺施舍,寺庙逐渐拥有了雄厚的经济势力。为了牟取暴利,他们把聚敛的钱财以抵押放款的形式贷给老百姓,于是就产生了经营抵押放款的质库。其中,最著名的有南齐的招提寺和南梁的长沙寺。另外,东晋南朝的抵店也是一种抵押放款的高利贷机构,主要经营堆贷、住宿和高利贷。

唐代质库发展成独立的经营抵押贷款的机构。到了明清得到进一步发展,逐渐发展成为当铺。清朝当铺的规模更大,地位也更重要。此时当铺已经不限于经营抵押放款,同时还经营信用放款、存款并经营货币兑换业务等,甚至还发行银票和钱票。清初典当业就已成为重要的金融势力,政府要调节金融,就要利用当铺。乾隆九年(1744 年),因为北京钱贵,大学士鄂尔泰等提出疏通钱法 8 条,其中有 2 条就同当铺有关。当时京城内外大小当铺共六七百家。鄂尔泰等建议由政府借给资本,大当 3 000 两,小当数目不定,由它们每日收钱交官钱局。大当每日交官银局制钱 24 串贯,每串加钱 10 文为局费。官钱局再将钱上市发卖,以平钱价。另外,当铺在秋冬时贮钱很多,要它们缴给官钱局换银,大当缴 300 串,小当缴 100 串。由此可见政府对当铺的重视,把它视为帮助政府推行金融政策的支柱。

(二) 经营保管业务的柜坊

唐代已经产生存款和代客保管钱财的业务。各种店铺以及寺庙等都间以代客保管钱财。这些存钱如果收存者要付利息,则是存款;如果仅是代客保管,不付利息而要收费,则可以说是信托业务了。有些存钱则由寄存者自己保管钥匙,店主靠出租保管箱柜而取得收入。基于此,唐代产生了名为"柜坊"的机构,用以经营保管业务。史料记载,有钱人普遍将钱物寄存于柜坊,故如寄存者犯法,柜坊有交出寄存钱物的责任,否则一并治罪。柜坊到了宋代成了非法的营业,因与赌博有关,受到政府的禁止,但保管钱财的业务仍在进行。

(三) 钱铺、钱庄和账局

明中叶以后,为适应工商业和资本主义萌芽的发展,产生了一些新的金融机构。最主要的金融机构是钱铺,亦称钱肆或钱店。在钱铺发展到一定规模后则产生钱庄、银号等名称。钱铺是总称,它可以包括钱庄、银号,但钱庄或银号则不能用来泛指所有的钱铺。钱铺的原始业务是经营货币兑换,包括金和银、银和钱、金和钱之间的兑换,主要是银和钱的兑换。明代还有钱米铺、兑店、兑钱铺、钱庄等名称。钱米铺是兼营货币兑换和粮食买卖的店铺。兑店即货币兑换店。兑钱铺的经营业务一望便知。钱庄的最初形态应是在街上设摊的货币兑换者,但后来发展成店铺,仍保留原来的名称。明末的钱铺已开始经营存款、放款、汇兑及发行兑换券等业务。汇兑凭记称为"会票",兑换券即银票或钱票。

清代这些业务有了进一步的发展。在清初小说《醒世姻缘传》中,开钱庄的有大量资本,需要放款给人家以赚取利息,客户只要开一张帖子就可向钱庄支钱,犹如银行的支票。清代还有官办的钱铺。雍正时,北京成立了官钱铺,按国家政策进行银钱兑换,维持适当的银钱比价。八旗也设有钱铺,亦称"钱局"。乾隆二年曾在京师内外设立店钱局10所,以平钱价。

清代前期在北方还产生另一种信用机构——账局。最早的一家是山西汾阳县商人王庭荣出资本四万两,在张家口于乾隆元年开设的账局。账局既对工商业放款,也贷放京债,而早期的账局似乎更偏重于放京债,这种京债自然是高利贷性质。另外,账局既经营放款,也必定要吸收存款,以扩大资本来源。

(四)经营汇兑业务的票号

从明末开始的汇兑,清前期主要由钱庄经营,但山西有些商铺也在经营汇兑,在此基础上,终于在道光年间产生了以经营汇兑业务为主的票号。票号是19世纪中叶伴随社会经济发展、商品流通扩大、统一市场形成、国内外贸易增多的客观需要而产生的中国古代社会末期的重要金融机构,是账局的延续和发展,是中国早期的银行。

票号之前,中国没有异地专营汇兑、存款、放款三大业务的私营金融机构。飞钱、交子、会票进行的汇兑都属兼营,钱庄、银号主要业务是兑换银钱,附带鉴定金银成色以及兼营存放款。乾隆元年(1736年),晋商在张家口开设的第一家账局虽主要经营工商业存放款业务,但只设在一城一地,没有分支机构,不经营异地汇兑,仍属商业和银行业混合经营的经济组织。异地资金主要靠镖局运现。其后山西商人凭借资本雄厚、商铺分号广布、商业信用卓著的优势,顺应远距离长途异地贸易对大额资金结算的需求,在道光三年(1823年)创造性地将传统汇兑业从一般商业中分离出来,到清末光绪三十二年(1906年)在全国近百处通都大邑建起汇兑网络,分号达到475家,开创了商业资本向金融资本质的飞跃的新时代。成就了晋商称雄商界500年,一度执金融界之牛耳,堪与威尼斯、犹太商人相媲美的强大商帮地位。

票号的诞生,标志着中国自成体系的信用票据日益完善。晋商创办票号,大量流通使用各种商业票据和银行票据。晋商将其称为"帖子",按各自性能分别称凭帖、兑帖、上帖、上票、瓶帖、期票等。凭帖属于本票性质,兑帖、上帖属于汇票性质,上票属于商业汇票范畴,瓶帖类似于银行系统自身划拨融通资金的票据,期票属于期约性质的票据,又分即期期票和远期期票两种,即期票据上写有"见票即付""验票兑付"标示,远期期票一般不在接票当天兑付,而是注明指定期限,如"三月内兑""六月兑清"等。

四、新中国成立前的金融制度

(一)北洋政府时期的金融

北洋政府时期(1912—1927年)是近代中国最黑暗和混乱的时期之一。军阀混战,社会动荡,经济发展受到严重影响,而西方列强在中国争权夺利,以图扩大自身利益。受第一次世界大战影响,英国金融独霸中国的局面开始发生变化,日、美金融势力逐渐扩张;同时,随着中国民族觉悟的提高,外国在华势力受到很大冲击,金融业上出现了一个新的现象,中外合资银行大量增加。中国金融业也在夹缝中获得发展,银行业方面,商业银行涌现出"南三行""北四行"等一批引人注目的民族资本银行;国家银行的中国银行、交通银行受挤兑风潮的影响,出现商业化趋势。到20世纪20年代后期,上述两类银行出现了资本集中的趋势。此外,各省官银钱局也纷纷改制为银行,大多成为各地政府的筹款工具。非银行金融机构方面也取得很大发展。

(1) 持续的两元并用。中国的币值并没有因清朝的覆灭而发生改善,到废两改元之前,仍然沿用银两、银元并用的制度。同时,受到各地银两、银元质量的影响,成色、重量的差异加剧了各地银两、银元的混乱,流通不畅,使用不便。混乱的币制使人们在生产、生活中极感不便,当持有一种货币单位的人想要得到其他货币单位时,就必须到市场上按逐日变化的汇兑行情去兑换。

(2) 滥铸铜元。辛亥革命以后,滥铸铜元的现象并未改善,全国各地仍然滥造,品种繁多。各地面值虽以当十为主,但当二十、当四十、当五十、当八十、当一百、当二百、当五百等面值的铜元仍在流行。铸造铜元能获厚利,各省也大量铸造,而各省造币厂"大都由军阀把持,此辈视币厂为利菇,但图多获盈利,供其作战之需,群众利益,国家信用,皆非所顾,中央政府则无力控制,由各省省自为谋,此所以各种辅币之重量成色及市价绝无准绳。更有进者,各省铸币情形,本混乱已极,而奸商复纷起私铸,伪品充斥市场,币值遂愈不可收拾"。各地大量铸造,造成铜元迅速贬值,并且受到各地局势的影响,铜元价值的变化各地不一,各地币值差距很大,波动剧烈。同时,各地方势力出于自身利益考虑,省自为政,禁止外地铜元输入,却鼓励本地铜元的输出,以便从中牟利。如此做法,不但加剧了币值的混乱,而且严重影响了经济的发展。

(3) 繁杂的纸币。民国以来,纸币发行权更加分散,钞票泛滥成灾,币值急剧下跌。此时不但外国在华银行等金融机构大量发行和推广其纸币,而且中国特种银行和商业银行以及各地方银行也大力发行纸币。根据时人的调查,当时在中国发行钞票的数量大致上是:特许银行占34.8%,各省官银行号占46.6%,外资在华银行占17.6%,其他银行占1.0%。当然,这种分布不断变化,早期外资在华银行所占比例远比上述大,到20世纪20年代以后则呈下降趋势。

(二) 国民政府时期的金融[①]

民国时期币制分成三个阶段:1933年以前,中国实行银本位制度,白银与银元同时在市面上流通;1933年3月10日,国民政府财政部宣布"废两改元",以银元为基本结算单位;1935年11月3日,国民政府宣布"法币改革",废除银本位,以中央、中国、交通三银行所发行之钞票为法币。从白银到银元,再从银元到纸币,财政部在两年内完成了三步走。可是,法币在1940年代中期以后的恶性通货膨胀中变成了废纸,中国的金融体制随之崩溃。

中华民国时期国民政府发行的货币叫法币。1935年11月4日,规定以中央银行、中国银行、交通银行三家银行(后增加中国农民银行)发行的钞票为法币,禁止白银流通,发行国家信用法定货币,取代银本位的银元。各金融机关和民间储藏之白银、银元统由中央银行收

---

① 宋东映.小知识:法币政策[EB/OL].宋东映高中历史工作室公众号,2019-02-07.

兑,同时规定法币汇价为1元等于英镑1先令2.5便士,由中央、中国、交通三行无限制买卖外汇,是一种金汇兑本位制。

20世纪30年代的中国,货币制度极为混乱,货币多种多样,严重阻碍了经济的发展。国民政府在内外交困下为了自己的利益,被迫改革,于1935年11月公布了法币改革令。

(1) 放弃银本位,实现管理通货制。法币改革令规定,中央、中国、交通、农民四行的钞票为法币,完粮纳税及一切公私款项的收付只能使用法币,不能使用银币。这就把白银从长期占据本位币的宝座上拉了下来,降格为一般商品了,从而割断了中国货币与白银的直接联系。这样,世界银价的涨落就再也不会影响中国货币制度的稳定了。这对中国经济的发展是一个极为有利的条件。同时,它对商品经济的发展和国民经济进步都起到便利和促进作用。

(2) 发行集中,货币趋于统一。国民政府规定以中央、中国、交通、农民四行的钞票为法币,其他银行发行的钞票限期兑换中央银行钞票。这就使货币发行权相对集中,货币趋向统一。据统计,法币改革前,除中国、中央、交通、农民四行外,全国有发行权的银行和银行机构共30家,发行额达3亿元。至于地方银行发行的钞票和各种工厂、商店、钱庄或其他非金融机构所发行的私票,更是混乱已极。此次货币改革以后,全国货币发行权完全集中到四行,货币也全由四行发行的钞票代替。这种发行集中、货币统一的趋向是符合各国货币发展规律的。只有集中发行,才能根据经济发展的需要来发行货币,维持正常的货币流通量,保证纸币币值的稳定,从而促进经济发展。但是,国民政府后来利用发行权的集中,加强金融垄断,实行通货膨胀,搜刮民财,又是货币发行集中的弊端。

(3) 白银收归国有,实行"汇兑本位"制。改革令规定,银钱行号商店及其他公私机关个人,均不得保留银币、金银,限期兑换法币。这实际上是以国家法律强制手段将全国白银收归国有。据统计,币制改革之际,政府各银行收受其他银行所持有的白银总计约两亿盎司。这些都加进政府各银行原已拥有的一亿三千万盎司之内。此外,1937年中期以前的20个月内,又从公众方面收集到一亿七千万盎司。故在白银国有化方案之下,总共动员了五亿盎司。这样,国民政府的财力大大增强了。国民政府将搜刮到的这些白银运往英美换取外汇,作为法币的准备金,这就稳定了法币币值,并增强了它在国际金融市场上的活动能量。法币对内是不能兑现的纸币,没有法定的含金量,但还不能算是一种纯纸币制度,而是一种"汇兑本位"的货币制度,以外汇为本位,信用由外汇的价格决定,这是货币的买办性的基本特点。法币不仅与英镑而且与美元相联系。据统计,抗战以前,存在英国伦敦的法币准备金有二千五百万英镑,存在美国纽约的约有一亿二千万美元,合计约合法币11亿元。这么大数额的资金存在英美,无疑增强了法币在国际市场上的活动量和信用。这种靠英镑和美元来维持货币币值的制度,使法币成了英镑、美元共同的附庸,这有利于英美控制中国经济命脉,加紧政治经济侵略。所以,法币不是一种真正独立的健全的货币制,而是一种具有半殖民地半封建特点的货币制。但是,稳定货币对英镑的汇价,对内可以稳定法币的价值和安定国内金融活动,解除金融恐慌,对外可用法币购买外汇支付所欠各国的外债,以避免用白银偿还外债时所带来的许多损失和干扰。而且,因为法币同英镑发生了固定比价(法币一元等于英镑一先令二便士半即14.5便士),就可走向世界市场去流通。这无疑将促进中国对外贸易的发展,改革后由于汇价较低而又稳定,对出口有利,进口亦有增加。例如,改革之后的头几个月之内,出现了几十年来未曾有过的贸易顺差,出口超过了进口。到1937年上半年,进口比一年前同期增加了40%,这是它有利的一面。但这同时又为后来国民党的权贵及其他投机分子套取外汇、投机倒把、化公为私提供了方便条件,这是它的弊端。

(4) 效法英美,采取货币贬值的办法,增加货币流通量,使物价回升,刺激工商业的发展。公布法币改革令时规定,银币一元兑换法币一元,而实际兑换时,却是白银60%,票据40%,兑换10%的法币,这样纸币的流通量比银币增加了。货币流通量的增加使货币紧缩市场危机得到了缓解,使全国物价不断下跌的趋势为之一变。从1935年11月开始呈现出回升的景象。物价的普遍回升又使商品生产有利可图,于是便刺激了农工商各业的发展,使国民经济出现繁荣的景象。

总之,国民政府实施的法币改革,是中国社会经济发展要求的客观产物。由于它是国民政府在美英帝国主义的控制下实行的,所以自从产生起就被打上了殖民主义的烙印,成了国民政府对外投靠、对内搜刮的工具,也给了帝国主义控制中国货币权的机会。加上它"生不逢时",刚刚崭露头角之时,日本帝国主义便大举侵华,造成中国经济恐慌,这就使币制改革的一点点进步性,又被急剧袭来的"通货膨胀"淹没了。然而,我们今天研究历史,应该看到,法币政策的直接后果不是通货膨胀,只是在当时的历史环境中,在国民政府支配下,把它作为通货膨胀实行的一个可用的条件。所以,我们不能因此而全面否定这次币制改革的历史作用。

在谈及法币改革的历史作用时,人们往往会想到国民党滥发纸币、通货膨胀、物价飞涨等。但法币改革在中国历史上却另有不容忽视的正效应。它结束了中国货币史中千百年来极为混乱的状态,在一定程度上适应乃至促进了中国商品经济和国民经济的发展。首先,它统一了全国的货币,有力地推动了商品经济的发展和国内统一市场的形成;其次,由于法币与现银脱钩,中国的货币就完全摆脱了世界银价涨落的影响,并且由于法币与英镑挂钩,可以到世界市场去流通,这有利于中国的对外贸易发展和国际收支平衡;最后,法币发行之初,规定银元兑换法币一元,但实际兑换时,却是白银60%可兑100%的法币,这样,纸币的流通量就增加了,后来法币又逐次增发,缓解了从前通货不足的局面,使物价开始回升,物价的回升使商业和生产变得有利可图进而刺激了商业的繁荣和工业生产的发展。诸多现象表明,法币改革后,情况一直朝着对中国经济和其他国家在华利益大有好处的方向发展。从长远看,法币改革提供了一种新的货币制度,这种货币制度是进步的,它是中国经济向现代化方向发展过程中不可跳过的一环。相对于旧的货币体系和货币制度,它能够更深、更广、更多层面地发挥对经济的调节作用,这也是现代经济的特征之一。

此外,法币改革对中国抗日战争的贡献是不可磨灭的。第一,币制改革后,国家以法币收兑了民众手中及社会各方面持有的白银和银元,这是一种强有力且有效的资金集中手段,便利了国家在战争全面爆发后最大限度地掌握调度现金、最大可能地集中白银等贵重金属,以作为在国际市场上购买军火物资的经费之用。第二,法币发行之初规定可以在指定的金融机构无限制买卖外汇,抗战爆发后,日本侵略者在沦陷区大量搜罗法币然后运至上海、香港套取外汇资金,再以此到国际市场上购买侵华战争所需的军用物资。面对这种情况,国民政府在1940年取消了法币"无限制买卖外汇"的规定,结果有力地打击了日本利用法币套汇的阴谋,造成其资金方面的困难。这种政策的调整是银元等硬币流通时所做不到的。第三,抗战开始后,资金开始向内地后方流动,资金的内流使大后方银行的存款增加、财力充实,从而使其扩大投资、放款成为可能。这使得内迁的企业可以迅速恢复生产,复工的企业可以扩大生产,新建的企业可以顺利投入生产,于是各种民用工业、交通运输业发展起来,为抗战取得最终胜利奠定了一定的物质基础。如果没有币制改革,资金不可能充裕、顺利地流向内地,大后方的经济也很难经得起长久的战争考验。

(三) 抗日战争时期的金融

(1) 国统区的金融。日本全面侵华战争引起了中国金融业的剧烈震荡,作为金融中心地区的国统区首当其冲,面临着极大的考验,国民党政府实施了一系列特殊政策,以因应时局变化。同时,实现金融垄断的时机愈益成熟,经过一系列的金融管制措施,官僚资本终于占据了中国金融的垄断霸主地位。

(2) 沦陷区的金融。日本侵占中国东北三省和华北、华东等地区之后,首先把破坏法币的信用和流通作为侵略战争的一个战略目标。要达到这一目标,主要手段就是设置伪银行发行伪钞。抗战爆发后,日本在东北沦陷区继续加强金融垄断和经济统制,把东北变成侵略中国关内及亚太地区的战略基地。东北的金融体系以伪满中央银行为主体,并代政府制造及发行货币;兴业银行由朝鲜、正隆、满洲三家日本系统银行合并而成,负责供应"产业开发"所需要的长期资金;横滨正金银行在东北的分行垄断外汇和外贸贷款。

(3) 抗日根据地的金融。1931年11月7—20日,中央革命根据地在江西瑞金县叶坪宣告中华苏维埃中央临时政府成立,通过《中华苏维埃共和国关于经济政策的决定》,规定"为着实行统一货币制度并帮助全体劳动群众,苏维埃应开办工农银行,并在各苏维埃区域内设立分行,这个银行有发行货币之特权"。把银行与金库统一起来是为了满足革命战争的需要。国家银行成立后,毛泽民行长就把从财政部接收金库作为银行工作的开端。国家银行分设总行、分行和支行,国家金库也分设总金库、分金库和支金库。为健全银行和金库的管理制度,苏维埃政府颁布了金库条例和会计、预算、决算、审计等制度。同时通过举办各类人员训练班,提高财经干部的业务水平。为支持长期抗战,根据毛泽东在《论新阶段》中提出的敌后根据地可以建立银行、发行地方货币的精神,各根据地先后建立起自己的金融事业,并随着根据地的发展而不断发展。在整个抗日战争时期,中国共产党在根据地共设立了十几家银行,其基本任务是贯彻执行政府的经济政策,发行本币,开展货币斗争,保护人民财富,稳定物价,支持财政,发展生产,借以巩固抗日根据地,支援抗日战争。

(四) 南京政府终结时期的金融

(1) 南京政府金融体系从高度垄断到瓦解。抗战结束后,南京政府通过接收日伪金融资产,迅速扩充了国家垄断金融资本的实力,通过周密的业务分工使金融垄断的广度和深度达到了历史最高峰。但由于反动战争政策和政权的腐化,迅速走向反面,直至金融体系的瓦解。抗战结束后,中央、中国、交通、中国农民四行和中央信托局、邮政储金汇业局二局在接收敌伪各种金融机构及其资产的基础上快速扩张,通过周密的业务分工,使其金融垄断的广度和深度达到了历史最高峰。1946年10月,四联总处重新划定四行二局的业务范围。中央银行的工作重心是为三行二局业务供应资金,协助调拨头寸及改进国库收支程序,以控制国库。中国银行的工作重心为协助出口贸易,调剂进口贸易,经办外汇业务,以及协助国内贸易的发展。交通银行的工作重心为协助交通事业之整理、改善与拓展,发展各大都市的公共事业,并与中国银行共同负责策划协助国内各项工矿事业的发展。中国农民银行的工作重心在协助农田水利建设、特种农业的发展,策划农业运销业务,提供农产改良贷款及部分农产加工贷款,协助各沿海渔业的发展。中央信托局的工作重心为发展运输仓储业务及保险业务,扩大经营地产业务,加强信托购料业务。邮政储金汇业局的工作重心为普遍推行小额储蓄,便利小额汇款,推行简易人寿保险业务。在四行二局的金融体系中,中央银行发行纸币,经理国库,推销公债,买卖黄金,管理外汇,对金融业实施监督管理,起着官僚资本金融集团核心作用,其地位日益突出。

(2)民族资本金融业的衰退。在官僚资本和外国银行的压制下,在日益崩溃的市场环境下,民族资本金融业业务萎缩,举步维艰,相当一部分被迫选择在投机市场中上下其手。抗战胜利后,民族资本金融业的发展呈衰落趋势。官僚资本国家金融垄断势力的扩张和恶性通货膨胀的继续加剧是影响和决定这种局面的两大因素。官僚资本国家金融垄断势力不仅垄断货币发行,独占金银外汇,集中绝大比重的存放款,还从金融行政上对民族资本银行进行控制。这一时期,政府颁布的多项有关管制金融的法令,目的都是扩张官僚资本金融势力,削弱民族资本金融业。《管理银行办法》、新《银行法》等各种管制法令,规定私营银行必须缴纳存款准备金,并对私营银行经营的存款、放款、汇款等各项业务做了种种限制。从这些措施中和各地官僚资本银行利用特权与私营银行进行的竞争中,一些民族资本金融业者深深感到政府对于金融事业有独占之趋势,而商业银行之地位,将大非昔比。

(3)外国金融机构的撤离。近代外国银行在华势力的消长变化如下:初为英国银行独霸;后是沙俄、德、法银行相继进入,激烈争夺,第一次世界大战使日、美银行势力抬头;第二次世界大战中日本银行独占一切,第二次世界大战后则变成美国银行独占优势;随着国民党政权在中国大陆的败亡,外国银行在华特权将要丧失,日益混乱的市场秩序亦使其难以正常营业,加之对新政权金融政策的预期,大批外国银行在新中国成立前后相继撤离。

五、中国近代金融史研究综述

中国金融学说史的代表人物和著作很多。管子在《管子》一书中最早阐述了货币起源的观点。西汉时期伟大的文学家、史学家司马迁,在《史记·平准书》中有专门记载货币问题的篇章。汉代贾山提出钱乃无用之物,否认货币是一种有价值的商品,认为货币之所以成为货币,是由君王的权力赋予的。李攸《宋朝事实》记录了人们对纸币(交子)的产生及流通必要性的认识。宋元之际杰出的史学家马端临著《文献通考》,记述了历史上关于货币贮藏的观点,并提出自己的见解,把蓄钱一般地看作志在流通,并且用这种观点来批判唐代蓄钱之禁。元末明初文学家、史学家王祎著《泉货议》,肯定货币是关系国家命脉,"不能以一日废"之事物,并主张以贵金属黄金和白银为币。清代思想家、史学家魏源著有《圣武记》,在"军储篇三"中从金属论出发,驳斥"禁银行钞",坚决反对无官钱作本的"空楮"(不兑换纸币),对有官钱作本的纸币(兑换纸币),他不反对,但坚持发钞必须有十足的准备金。

19世纪末,改良主义思想家陈炽著《续富国策》,在"创开银行说"一篇中将银行看作"通商惠工之真源,怀远招携之实效",认为如果"通商而不设银行,是犹涉水而无梁,乘马而无辔"。对银行的类型,他指出"有官银行,有私银行,有有限者,有无限者",更以"六事"概括银行的六种职能:"钞票也,汇票也,股票也,存款也,押款也,借款也。"20世纪初改良主义思想家郑观应著《盛世危言》,在"银行"上下两篇中把银行看成"商务之本"和"百业之总枢",在某种程度上认识到银行在整个国民经济中占有特殊的地位,其主张设银行,还着眼于抵制外国的金融掠夺。改良主义思想家黄遵宪著《日本国志》,介绍日本和西方货币流通情况,对日本明治维新后的纸币发行和通货膨胀问题做了评价。改良主义思想家康有为著《理财救国论》,提出广设银行、大量发行纸币就可以"富力无敌于天下",是一位十足的"银行万能论者"。改良主义思想家梁启超著《管子传》在介绍管子的经济政策时,着重指出中央银行的作用是"掌握全国金融枢纽"。

20世纪初,民主革命家孙中山提倡钱币革命,民主革命家朱执信著《中国古代之纸币》,民主革命家廖仲恺著《钱币革命与建设》《再论钱币革命》。

马寅初是现代金融学说史主要代表人物,有《马寅初经济论文选集》,简述了新中国成立后新人民币的本质、特点和优越性。

随着现代金融经济的发展、新史学的兴起以及西方新理念的引入,金融史受到了学界前所未有的重视。中国近代金融史研究突飞猛进,取得了令人瞩目的成绩。相关著作论文大量涌现,在研究深度与广度上均有很大突破,此前的空白研究领域逐渐有所涉及,之前的薄弱环节的研究也在不断加强。最值得一提的是,新世纪初,在李飞的主持下,多位专家学者参与撰写的多卷本《中国金融通史》由中国金融出版社陆续出版,第一次全面阐述了中国自古迄今的金融活动及其发展规律,是中国金融史研究中的一个里程碑。

1. 关于金融体系与金融制度

金融体系即金融格局,是一个时期金融机构依其业务与相互关系构成的金融网络结构。金融体系研究旨在从宏观上把握各时期的金融整体状况,在金融史研究中意义重大。近年来,学者们主要对北洋政府与国民政府时期的金融体系进行了宏观审视。关于北洋政府时期的金融体系,徐进功的论述较为全面,认为北洋时期银行业发展呈现出多元化景象,金融机构既有传统的典当、票号和钱庄,也有新式银行,包括国家银行、地方银行、私人银行和外国银行,形成了多种金融机构并存的局面。关于南京国民政府初建时期的金融体系,邱松庆指出,四行二局是其核心,是控制和支配中国金融货币的总枢纽。这在短时期内得以建立与当时整个国民经济的发展是分不开的。抗战时期南京国民政府的战时垄断金融体系是该专题研究的重点。董长芝的论述最具代表性,认为国民政府采取战时紧急金融措施,实行高度垄断的货币金融体制,对抗战起到物资保证作用,是抗日战争胜利的重要原因之一。

金融制度方面,杜恂诚研究成果显著,在此领域可谓权威。他开创性地将西方先进的制度学理论引入金融史研究,并且认为以1927年为界,中国近代经历了自由市场型和垄断型两种金融制度模式,指出二者制度和功能特性的不同表现在于政府作用的大小、有无中央银行制度等多方面;他还对近代中、外两种金融制度的变迁规律进行了横向比较,从而使金融史宏观研究提升了一个高度。也有研究者开始把目光转向中央银行制度,李桂花率先将中央银行作为一种银行制度加以考察,认为中央银行制度产生的深层条件和直接动因成熟于20世纪30年代中期,它的形成经历了从分立特许制到复合集中制的转变,并且指出确立这种转变的具体时间应该是1939年而不是1928年,对之前的认识进行了有力驳证。此外,因应于中国近代"西学东渐"的时代特征,中国金融制度建设必然也受到西方的影响,尤其是外国银行在中国纷纷建立,使这一可能终成事实。现在已有学者开始对此问题进行深入剖析,巫云仙就以汇丰银行为考察对象,在肯定其唯利是图的侵略本性的同时,客观分析了它在近代中国金融制度变革中的作用,这种"以小见大"的切入式研究法值得推崇运用。

2. 关于传统金融机构

金融机构即经济生活中起中间媒介作用的金融活动主体。中国的第一家银行"中国通商银行"出现之前,中国传统金融机构以票号、钱庄与典当为支柱。其中,票号研究经久不衰,近年来仍在向纵深发展,几部颇有深度的专著先后出版。张正明在其著作中重点考察了山西票号的组织状况和经营之道,并对大盛魁、日升昌等大商号和票号进行了个案评述,学术价值与史料参考价值极高。山西财经大学主编的《山西票号史料》于21世纪初也已出版发行,它广泛汇集票号资料,为研究山西、上海、天津等地票号提供了极大便利。同时,出于对"执清季金融之牛耳"的票号奇迹与"盛之百年,衰及一时"现象的关注,学者们对票号的运营、机制、管理进行了重点考察。有学者认为,山西票号的成功与其经营模式有关,山西票号全部是由总号和分号组成的中小型金融机构,基本特点就是本小、利厚、快速高效。有人认为,其成功关键在于有一套遴选人才、培训人才、使用人才和造就人才的机制,这套成功的人才管理机制又是以人身股参与分红这一激励机制为主线形成、发展和完善起来的。也有学者指出,山西票号的成功与经营中的激励与约束机制也有关。李凌就从山西票号商权分离出现的委托-代理关系入手,阐述了维系这种委托代理关系的激励和约束机制。票号激励机制中的人力股制度有确定、计量和分配3个方面的基本内容,而约束机制则体现在制定号规,以及基于儒家文化上的信任和忠诚方面。

上海钱庄是钱庄研究的重心。近几年,相关研究在深度、范围及观点、方法上均有突破。以往学者多强调上海钱庄的封建落后性,赵宝红则考察了上海钱庄由最初的银钱兑换进而到存放款业务和发行钱票的发展过程,分析了特殊历史条件下上海钱庄发挥的特殊积极作用。石涛、张军对上海钱庄的汇划制度做了探讨,指出汇划制度是在上海钱庄发展过程中创造出的一种颇具特色的票据清算制度,是钱庄经营制度化、近代化的重要标志。戴建兵是研究货币、票据的专家,他对上海钱庄的庄票做过专门论述。李耀华则采用理论和实证相结合的方法,重点考察了庄票的性质和功能。他论证庄票属于准货币的范畴,并且利用现有资料进行上海庄票数量的估计和分析,认为庄票的发行弥补了货币补给的相对不足,从而大大促进了经济的发展。关于钱庄业的衰落,朱荫贵运用统计学的新方法对史料进行量化分析,论述深入,极具典型性。他对1927—1937年钱庄业的数目分布、资本数额及数目下降、资本额上升等现象进行考察后得出结论:钱庄业衰落的关键因素在于国民党政权在金融领域实行的是扶持银行、排斥钱庄,并将钱庄早早纳入银行体系进行管理的政策。

典当业也是金融史的重要组成部分。在中国传统信贷体系中,典当行是专门经营以收取抵押品而放款的金融机构。20世纪90年代以来,典当业研究突飞猛进,几部专著先后问世,对中国近代的典当业和典当制度进行了系统全面的论述。李金铮在此研究中颇有建树。他以长江中下游地区为中心,通过对民国时期典当业与普通百姓的社会经济关系的系统实证,探讨了20世纪20—40年代典当业的衰落,认为其衰落给普通百姓的金融借贷造成了严重的影响。徐畅也对近代长江中下游地区农村典当进行了考察,指出典当与其他借贷相比,属于温和的高利贷。典当与农民经济和农民生活关系密切,不仅是农民重要的融资机构,也是连接都市金融与农村金融的桥梁。但需要提出的是,在票号、钱庄与典当研究中存在着一个共同的问题,即研究地域的局限性。如票号研究主要集中于山西票号,钱庄研究重点关注上海钱庄,典当业研究主要针对长江中下游地区。

3. 关于现代金融业

银行、证券、保险、信托是现代金融业的重要组成部分。鉴于银行在现代金融业中的重要地位,近代银行自然受到金融史研究者的特别关注。汪敬虞对外资银行研究较早,是该研究领域的资深专家,分阶段(19世纪70—80年代、1895—1927年)对各时期外国在华银行金融势力的扩张、对中国金融市场的控制及其在中国的投资活动等问题做了系统论述。

华资银行、地方银行也颇得学界重视,相关专著、论文迭出。研究重点在中国通商银行、"南三行""北四行"、中国银行、交通银行等,多集中于论述银行具体业务、人事变动、组织管理等问题。与此同时,学者们也开始考察银行制度,程霖的《中国近代银行制度建设思想研究》(上海财经大学出版社,1999年)从制度思想层面考察中国近代银行制度建设,是近年来银行史研究的重大突破。另外,有关近代银行业内外关系的研究也在逐渐展开,如杜恂诚曾将北洋政府时期华资银行的内部关系归结为3个层次的联合:第一层次,所有华资银行都以中、交两行为核心,形成了核心与外围的关系;第二层次是"南三行"和"北四行"等重要商业银行间的协作关系;第三层次是银行的同业组织,使人一目了然。其外部关系主要包括国内银行与政府、工商业、钱庄、票号、外资银行等之间的关系。

证券是金融史研究中新开辟出的一块"处女地",但其发展速度惊人,短短几年就有几部专著出版问世,在学界影响力很大。郑振龙等编著的《中国证券发展简史》(经济科学出版社,2000年)一书既全面又系统,在勾勒中国近代以来证券(包括公债、企业债券、金融债券)发展轨迹的同时,重点阐述了股票和证券交易所、证券交易市场、证券立法与监管。郑仁木则列专文重点论述了民国时期的证券业,通过勾勒其兴起与发展、兴旺与衰落的曲折发展历程,客观分析了证券市场对发展经济的利弊。

股票也属于证券的范畴,从20世纪80年代初起,就一直受到重视。近几年随着金融史研究领域的拓展,近代股票研究获得进一步发展。李玉开创性地从"官利"制度的视角,分析了中国近代股票的债券性,切入点新颖、论证独特有力。

另外,学者们开始关注近代保险业,这是近年金融史研究中的一个"亮点"。谭文凤探讨了中国近代保险业产生的历史原因、发展状况及特点。赵兰亮的《近代上海保险市场研究(1843—1937)》(复旦大学出版社,2003年)对上海保险市场做了全面系统的论述,对外商保险也有涉猎,在考察英商保险业在近代上海财产险、人寿险市场的投资与经营情况的同时,还对在沪英商保险业的资本额、营业地域范围、营业状况,以及华商企业代理英商保险业的情况进行了深入的分析。

信托业是近年来金融史研究中的又一个新方向。"信托"二字就字义而言,即信任而委托的意思,这种行为中外自古就有。作为近代的一种经济行为,信托是指委托人为了自己或者第三者的利益,把财产交给所信任的人或组织,委托其予以管理和处理的经济活动,是受人委托代行管理、处理各种财产业务的行业。刘鼎铭对中央信托局的筹备建立、人事机构、组织管理、业务开展等方面做了总体介绍。何旭艳则重点考察了信托业在中国的兴起,指出1921年信托业在上海兴起,并非商品经济发达后的自然结果,而是上海一地存银过丰而投资渠道有限情况下的畸形产物。

总而言之,金融学说史是从史学角度记述和研究金融学说的形成和发展过程,概括、归纳和总结金融学说在各个历史时期的主要门类、派别及其有代表性的研究成果或学术观点的一门史学学科。金融学说史的研究对象简单地说就是金融学说,金融学说史在时序上研究金融学说的起源、沿革、发展过程中的理论观点、学术方法及其在金融实践中的作用和影响,从而达到鉴古知今、古为今用的目的。中国古代文明中产生了一大批不亚于西方的金融思想,甚至部分思想更早于西方而亮相于古代世界。中国古代货币学说、信用学说、金融机构的发展适应并维持了当时的经济制度,稳定了社会秩序,但长期的封建经济体制使得中国的金融思想带有浓厚的民族特色,没有形成系统的金融理论体系。通过对中国金融学说史的研究,可以对"中国金融学"的构建有所启示。

思考题

1. 中国金融学说对主流金融理论的启示意义有哪些?
2. 中国金融学说史的研究动态如何?对构建"中国金融学"有何启示?

参 考 文 献

[1] 埃里克·罗尔.经济思想史[M].陆元成,译.商务印书馆,1981.
[2] 白钦先,谭庆华.论金融功能演进与发展[J].金融研究,2006(7):41—52.
[3] 保罗·萨缪尔森,威廉·诺德豪斯.经济学(第十九版)[M].萧琛,译.人民邮电出版社,2012.
[4] 彼得·博芬格.货币政策:目标、机构、策略和工具[M].黄燕芬,等译.中国人民大学出版社,2013.
[5] 朝克图,周亚军.西方货币需求理论研究述评[J].现代管理科学,2011(7):74—76.
[6] 陈保华.市场微观结构理论研究综述[J].经济学动态,2003(1):73—76.
[7] 陈佩,孙祁祥.多元共治:创新与监管的平衡——基于"监管沙盒"理论依据与国际实践的思考[J].保险研究,2019(3):27—35.
[8] 陈锐刚,杨如彦.有效市场假说:行为金融理论和现代金融理论[J].管理评论,2004(11):46—52,64.
[9] 陈秀花.三元困境下的政策组合:中国数据的实证研究[J].经济与管理评论,2013,29(6):71—77.
[10] 陈学彬.金融理论与政策:宏观分析视角[M].复旦大学出版社,2012.
[11] 陈雨露,侯杰.汇率决定理论的新近发展:文献综述[J].当代经济科学,2005(5):45—52,110.
[12] 陈雨露.国际金融:第5版[M].中国人民大学出版社,2015.
[13] 陈振云.中国金融监管体制改革的法律考量[J].学术研究,2016(9):80—84.
[14] 陈智君.在新开放经济宏观经济学框架下重新解读"三元悖论"[J].西安交通大学学报:社会科学版,2008(6):6—12.
[15] 程霖,刘甲朋.胡寄窗中国经济思想史研究的学术思想[J].财经研究,2003(10):67—72.
[16] 崔大沪.开放经济宏观均衡理论初探[J].世界经济研究,1988(6):64—69.
[17] 崔建军.财政、货币政策作用空间的历史变迁及其启示——基于中国财政、货币政策实践[J].经济学家,2008(3):106—112.
[18] 戴国强,吴林祥.金融市场微观结构理论[M].上海财经大学出版社,1999.
[19] 戴国强.货币银行学[M].上海财经大学出版社,2001.
[20] 戴金平,李治.现代资产定价理论的比较和发展[J].世界经济,2013(8):68—74.
[21] 道格拉斯·C.诺思.经济史上的结构和变革[M].厉以平,译.商务印书馆,1992.

[22] 道格拉斯·C.诺思.制度、制度变迁与经济绩效[M].杭行,译.格致出版社,2014.
[23] 董晓时.金融结构的基础与发展[M].东北财经大学出版社,1999.
[24] 杜冠德,胡志浩.系统性金融风险度量:一个文献综述[J].金融与经济,2019(2):10—15,82.
[25] 杜通,张学涛.股票市场中风险与收益的关系:来自传统金融理论和行为金融理论的观点[J].国外理论动态,2017(4):121—126.
[26] 段宗志.IS-LM模型与制约当前我国宏观经济政策效果的因素分析[J].统计研究,2003(9):60—63.
[27] 冯果,袁康.后危机时期金融监管之反思与变革[J].重庆大学学报,2011(1):90—96.
[28] 傅穹,于永宁.金融监管的变局与路径:以金融危机为背景的法律观察[J].社会科学研究,2009(6):8—13.
[29] 高坚,杨念.中国的总供给总需求模型:财政和货币政策分析框架[J].数量经济技术经济研究,2007(5):3—11.
[30] 龚六堂,邹恒甫.财政政策、货币政策与国外经济援助[J].经济研究,2001(3):29—39,60—93.
[31] 郭庆旺,赵志耘.论税收与收入分配公平[J].财经问题研究,1994(12):3—12.
[32] 哈维尔·弗雷克斯,让·夏尔·罗歇.微观银行学[M].刘锡良,等译.西南财经大学出版社,2000.
[33] 韩文龙,刘灿.共有产权的起源.分布与效率问题——一个基于经济学文献的分析[J].云南财经大学学报,2013(1):15—23.
[34] 胡昌生,龙杨华.法与金融理论述评[J].武汉大学学报,2008(1):5—10.
[35] 胡庆康,刘宗华,魏海港.金融中介理论的演变和新进展[J].世界经济文汇,2003(3):67—80.
[36] 黄达.金融学[M].中国人民大学出版社,2012.
[37] 黄德权,加入基尼系数的IS—LM模型分析——收入分配因素影响宏观经济的模型分析[J].经济评论,2008(1):64—67.
[38] 黄余送,梅鹏军.开放条件下大国财政和货币政策组合分析[J].经济社会体制比较,2007(1):82—89.
[39] 约翰·G.格利,爱德华·S.肖.金融理论中的货币[M].贝多广,译.三联书店上海分店,1988.
[40] 基思·贝恩,彼得·豪厄尔斯.货币政策:理论与实务:第二版[M].杨农,等译.清华大学出版社,2013.
[41] 贾根良.理解演化经济学[J].中国社会科学,2004(2):33—41.
[42] 江春,刘春华.中国利率市场化的新制度金融探讨[J].财经理论与实践,2003(7):46—50.
[43] 江春,许立成.金融创新的新制度金融学探索[J].武汉金融,2006(4):4—7.
[44] 江春.产权改革.人民币自由兑换与WTO[J].金融研究,2000(8):97—104.
[45] 江春.论金融的实质与制度前提[J].经济研究,1997(7):33—39.
[46] 江春.人民币浮动汇率:制度变革与经济转型[J].财经问题研究,2008(4):62—69.

[47] 江春.人民币升值之争待理论反思:新制度金融学的解释[J].中南财经政府大学学报,2004(16):41—48.
[48] 江春.新制度金融理论探索[J].经济学动态,2002(6):13—17.
[49] 江曙霞,代涛.法与金融学研究文献综述及其对中国的启示[J].财经科学,2007(5):1—10.
[50] 姜波克.国际金融新编[M].复旦大学出版社,2012.
[51] 蒋德鹏,盛昭瀚.演化经济学动态与综述[J].经济学动态,2000(7):61—65.
[52] 解川波.货币政策与金融监管[M].西南财经大学出版社,2009.
[53] 约翰·梅纳德·凯恩斯.就业、利息和货币通论[M].徐毓桐,译.译林出版社,2011.
[54] 雷蒙德·W.戈德史密斯.金融结构与金融发展[M].周朔,等译.上海三联书店,1994.
[55] 黎四奇.对后危机时代金融监管体制创新的检讨与反思:分立与统一的视角[J].现代法学,2013(5):76—87.
[56] 李稻葵,陈大鹏,石锦建.新中国70年金融风险的防范和化解[J].改革,2019(5):5—18.
[57] 李冠一.美国和日本的风险投资差异:一个基于演化博弈模型的解释[D].浙江大学演化金融小组工作论文,2003.
[58] 李国平,王柄权.中国最优金融结构演化路径分析[J].北京理工大学学报,2018(4):53—63.
[59] 李国平.行为金融学[M].北京大学出版社,2006.
[60] 李建标,曹利群."诺思第二悖论"及其破解——制度变迁中交易费用范式的反思[J].财经研究,2003(10):31—35.
[61] 李杰.汇率决定理论的发展研究[J].理论探讨,2010(1):78—82.
[62] 李竟成.金融制度效率:交易费用经济学的诠释[J].经济经纬,2005(3):139—141.
[63] 李黎力.明斯基金融不稳定性假说评析[J].国际金融研究,2017(6):36—44.
[64] 李量.现代金融结构导论[M].经济科学出版社,2001.
[65] 李萍.关于经济全球化下的金融功能的认识——金融派生功能的全面发展[J].现代经济信息,2014(11):319.
[66] 林毅夫.关于制度变迁的经济学理论:诱致性变迁与强制性变迁[C]//罗纳德·科斯.财产权利与制度变迁[C].2014:260—287.
[67] 刘东.中国金融改革面对的产权问题思考[J].金融研究,2003(8):88—94.
[68] 刘骏民.从虚拟资本到虚拟经济[M].山东人民出版社,1998.
[69] 刘逖.证券市场微观结构理论与实践[M].复旦大学出版社,2002.
[70] 刘志云,刘盛.金融科技法律规制的创新——监管沙盒的发展趋势及本土化思考[J].厦门大学学报,2019(2):21—31.
[71] 柳欣,王晨.内生经济增长与财政、货币政策——基于VAR模型的实证分析[J].南开经济研究,2008(6):75—89.
[72] 卢峰,姚洋.金融压抑下的法治、金融发展与经济增长[J].中国社会科学,2004(1):42—55.
[73] 吕江林,王磊.西方汇率决定理论的发展脉络评述[J].江西社会科学,2009(7):86—89.
[74] 马广奇.投资基金理论与实务[M].陕西人民出版社,1997.

[75] 马广奇.证券公司内部控制论[M].科学出版社,2009.
[76] 马广奇.证券投资理论与实务[M].兰州大学出版社,1993.
[77] 马广奇.中外金融会计比较[M].武汉大学出版社,2013.
[78] 马广奇.资本市场博弈论[M].上海财经大学出版社,2006.
[79] 马建华.政府监管、产权界定与路径依赖——以中西方早期金融演进机制为例[J].经济问题探索,2012(10):137—142.
[80] 马锦生.明斯基"金融不稳定性假说"的理论渊源与拓展路径[J].经济学家,2018(5):98—104.
[81] 马克思.资本论[M].人民出版社,2004.
[82] 马歇尔.经济学原理[M].朱志泰,陈良璧,译.商务印书馆,2019.
[83] 毛定祥.我国货币政策财政政策与经济增长关系的协整性分析[J].中国软科学,2006(6):46—52.
[84] 弗雷德里克·S.米什金.货币金融学[M].郑艳文,荆国勇,译.中国人民大学出版社,2006.
[85] 潘功胜.金融业综合经营发展和监管[J].中国金融,2014(1):9—11.
[86] 彭文平,肖继辉.新金融中介理论述评[J].当代财经,2002(2):34—38.
[87] 皮天雷.中国金融制度变迁分析:基于制度分析的路径依赖视角[J].经济与管理研究,2009(9):112—117.
[88] 饶育蕾,刘达锋.行为金融学[M].上海财经大学出版社,2003.
[89] 饶育蕾,盛虎.行为金融学[M].机械工业出版社,2010.
[90] 阮健弘.金融深化与货币政策和金融监管[J].中国金融,2018(13):36—39.
[91] 尚明.新中国金融50年[M].中国财政经济出版社,2000.
[92] 沈艺峰,许年行,杨熠.我国中小投资者法律保护历史实践的实证检验[J].经济研究,2004(9):91—100.
[93] 盛昭瀚,蒋德鹏.演化经济学[M].上海三联书店,2002.
[94] 石晶莹.再论马克思利息理论与凯恩斯利息理论的不同点[J].当代经济研究,2007(2):13—16.
[95] 司春林,王安宇,袁庆丰.中国IS—LM模型及其政策含义[J].管理科学学报,2002(1):46—54.
[96] 孙良.新旧制度经济学的比较分析[J].中国经济问题,2002(2):14—18.
[97] 陶士贵.中国银行业制度变迁的内在逻辑和路径选择[M].人民出版社,2014.
[98] 田霖.演化金融理论最新研究进展[J].生产力研究,2007(4):145—147.
[99] 托马斯·图克.通货原理探讨[M].张胜纪,译.商务印书馆,1996.
[100] 万伦莱.西方证券投资组合理论的发展趋势综述[J].安徽大学学报(哲学社会科学版),2005(1):84—88.
[101] 汪昌云.金融经济学[M].中国人民大学出版社,2006.
[102] 汪炜,蒋高峰.信息披露、透明度与资本成本[J].经济研究,2004(7):107—114.
[103] 王道平,雍红艳,范小云.金融市场化改革、金融监管与金融危机防范[J].财经问题研究,2018(6):48—57.

[104] 王广谦.现代经济发展中的金融因素及金融贡献度[J].经济研究,1996(5):58—64.

[105] 王国刚.中国金融体系改革之路[J].金融市场研究,2014(9):4—12.

[106] 王劲屹,张全红.农村资金互助社可持续发展:基于交易费用视角[J].农村经济,2013(3):74—77.

[107] 王晋斌.人民币汇率制度选择的政治经济学[J].经济理论与经济管理,2013(9):22—30.

[108] 王君.中国农村金融制度变迁分析[M].暨南大学出版社,2014.

[109] 王克敏,陈井勇.股权结构、投资者保护与公司绩效[J].管理世界,2004(7):127—133.

[110] 王林辉,董直庆.产权制度、金融结构与我国金融发展效率的实证检验[J].东北师大学报(哲学社会科学版),2008(6):166—172.

[111] 王璐.经济思想史中的货币理论及其争论[J].经济评论,2007(5):141—150.

[112] 王擎,黄娟.中国古代货币金融思想的瑰宝——《管仲》的货币、价格学说与政策[J].江西财经大学学报,2003(3):25—28.

[113] 王曙光.经济转型中的金融制度演进[M].北京大学出版社,2007.

[114] 王翼龙.从经济学的力学隐喻到经济学的生物学隐喻[J].经济学动态,2000(12):69—72.

[115] 王煜宇,何松龄.制度金融学理论与中国金融法治发展:理论述评[J].经济问题探索,2017(4):155—162.

[116] 王兆星.中国金融结构论[M].中国金融出版社,1991.

[117] 吴晓求,王广谦.金融理论与政策[M].中国人民大学出版社,2013.

[118] 西斯蒙第.政治经济学研究[M].胡尧步,译.商务印书馆,1989.

[119] 谢家智,冉光和.中国农村金融制度变迁的路径依赖[J].农业经济问题,2000(5):24—28.

[120] 欣士敏.金泉沙龙——历代名家货币思想论述[M].中华书局,2005.

[121] 徐元栋.BSV、DHS等模型中资产定价与模糊不确定性下资产定价在逻辑结构上的一致性[J].中国管理科学,2017(6):22—31.

[122] 杨琦,王旭.汇率理论的演变评述与人民币国际化借鉴[J].学术探索,2015(12),64—70.

[123] 杨小凯.经济学原理[M].中国社会科学出版社,1998.

[124] 杨云红.资产定价理论[J].管理世界,2011(3):123—127.

[125] 杨子晖,周颖刚.全球系统性金融风险溢出与外部冲击[J].中国社会科学,2018(12):69—90,200—201.

[126] 易绵阳.近代中国两种金融监管制度的比较:基于交易费用视角的研究[J].财经研究,2014(1):116—124.

[127] 殷孟波,翁舟杰.以交易费用看农村信用社的制度选择——为合作制正名[J].财经科学,2005(5):28—32.

[128] 袁庆明.新制度经济学[M].中国发展出版社,2005.

[129] 袁振兴,杨淑娥.现金股利政策:法律保护的结果还是法律保护的替代——来自我国上市公司的证据[J].财贸研究,2006(5):86—93.

[130] 约翰·福斯特,斯坦利·梅特卡夫.演化经济学前沿:竞争、自组织与创新政策[M].贾根良,刘刚,译.高等教育出版社,2005.

[131] 曾康霖.简论金融中介学说的发展轨迹[J].经济学动态,2001(11):5—7.

[132] 张宝祥.中国金融制度的路径依赖[D].吉林大学,2004.

[133] 张华新.个体决策行为的经济和心理学分析——2017年诺贝尔经济学奖获得者研究成果述评[J].上海经济研究,2017(12):116—124.

[134] 张家骧.中国货币思想史[M].湖北人民出版社,1991.

[135] 张杰.金融分析的制度范式:哲学观及其他[J].金融评论,2013(2):5—18,127.

[136] 张杰.金融中介理论发展述评[J].中国社会科学,2001(6):74—84.

[137] 张杰.制度金融理论的新发展:文献述评[J].经济研究,2011(3):145—159.

[138] 张立华,张顺顺.从诺贝尔奖看金融理论创新[J].中国金融,2018(1):89—90.

[139] 张五常.交易费用的范式[J].社会科学战线,1999(1):1—9.

[140] 张五常.新制度经济学的现状及其发展趋势[J].当代财经,2008(7):5—9.

[141] 张瀛.金融市场、商品市场一体化与货币、财政政策的有效性——基于OK分析框架的一个模型与实证[J].管理世界,2006(9):13—25.

[142] 章华.嵌入性与制度演化[D].浙江大学,2002.

[143] 赵丽芬,李玉山.我国财政货币政策作用关系实证研究——基于VAR模型的检验分析[J].财经研究,2006(2):42—53.

[144] 周琳琳,史峰.市场失灵、行为监管与金融消费者权益保护研究[J].金融监管研究,2018(2):84—93.

[145] 周仲飞,李敬伟.金融科技背景下金融监管范式的转变[J].法学研究,2018(5):5—21.

[146] 朱宝宪,唐淑晖.基于功能观点的金融体系改革论[J].经济学动态,2002(8):79—83.

[147] 兹维·博迪,罗伯特·默顿.金融学[M].中国人民大学出版社,2000.

[148] Acemoglu D, Johnson S, Robinson J A. The Colonial Origins of Comparative Development: An Empirical Investigation[J]. American Economic Review, 2001(1): 369-401.

[149] Acemoglu D, Johnson S, Robinson J. The Colonial Origins of Comparative Development: An Empirical Investigation [J]. American Economic Review, 2001 (91): 1369-1401.

[150] Acerbi C, Tasche D. On the Coherence of Expected Shortfall[J]. Journal of Banking & Finance, 2002(26): 1487-1503.

[151] Admati R, Pfleiderer P. A Theory of Intraday Patterns: Volume and Price Variability[J]. Review of Financial Studies, 1988, 1(1): 3-40.

[152] Akian M, Sequier P, Sulem A. A Finite Horizon Multidimensional Portfolio Selection Problem with Singular Transaction Costs[C]. Proceedings of the 34th Conference on Decision and Control, 1995: 2193-2198.

[153] Allen F, Gale D. Financial Innovation and Risk Sharing[M]. MIT Press, 1994.

[154] Allen F, Gale D. Financial Market, Intermediaries and Intertemporal Smoothing[J]. Journal of Political Economy, 1987, 105(3): 523-546.

[155] Allen F, Santomero A M. The Theory of Financial Intermediation[J]. Journal of Banking & Finance, 1998(21): 1461-1485.

[156] Allen F, Santomero A M. What Do Financial Intermediaries Do? [M]. Journal of Banking and Finance, 2001(2): 271-294.

[157] Amihud Y, Mendelson H. Volatility, Efficiency, and Trading: Evidence from the Japanese Stock Market[J]. Journal of Finance, 1991, 46(5): 1765-1789.

[158] Amihuda Y, Mendelsonb H, Lauterbachc B. Market Microstructure and Securities Values: Evidence from the Tel Aviv Stock Exchange[J]. Journal of Financial Economics, 1997(3):365-390.

[159] Artzner P, Delbaen F, Eber J M, et al. Coherent Kisk Measures[J]. Mathematical Finance, 1999(9): 203-228.

[160] Baker M, Wurgler J. Market Timing and Capital Structure[J]. Journal of Finance, 2002, 57(1): 1-32.

[161] Bal A. Should Virtual Currency Be Subject to Income Tax? [J]. Social Science Electronic Publishing, 2014.

[162] Banz R W. The Relationship Between Return and Market Value of Common Stocks [J]. Journal of Financial Economics, 1981, 9(1):3-18.

[163] Barberis N, Shleifer A, Vishny R. A Model of Investor Sentiment[J]. Journal of Financial Economics, 1998(49): 307-343.

[164] Barberis N. Investing for the Long Run when Returns Are Predictable[J]. The Journal of Finance, 2000, 55(1): 225-264.

[165] Bator F M. The Anatomy of Market Failure[J]. Quarterly Journal of Economics, 1958(3):351-379.

[166] Beck J, Demirgü-Kunt A, Maksimovic V. Financial and Legal Constraints to Firm Growth: Does Size Matter? [J]. Journal of Finance, 2005, 60(1):137-177.

[167] Beck J, Demirguc-Kunt A, Levinc R. Law and Finance: Why Does Legal Origin Matter? [J]. Journal of Comparative Economics, 2003(31):653-675.

[168] Beck T, Demirguc-Kunt A, Levine R. Law and Finance: Why Does Legal Origin Matter[J]. Journal of Comparative Economics, 2003(31):653-675.

[169] Beck T, Demirgü-Kunt A, Levire R. Law and Firms' Access to Finance[J]. American Law and Economic Review, 2005, 7(1): 211-252.

[170] Bencivenga V R, Smith B D. Financial Intermediation and Endogenous Growth[J]. Review of Economic Studies, 1991, 58(2): 195-209.

[171] Bernanke B. A Letter to Sen. Bob Corke[N]. The Wall Street Journal, 2009-11-18.

[172] Blume L, Easley D. Evolution and Market Behavior[J]. Journal of Economic Theory, 1992(58): 9-40.

[173] Blume L, Easley D. If You're So Smart, Why Aren't You Rich? Belief Selection in Complete and Incomplete Markets [J]. Econometrica, 2006(74): 929-966.

[174] Boudoukh J, Whitelaw R F. Liquidity as a choice Variable: A Lesson from the

Janpanese Government Bond Market[J]. Review of Financial Studies, 1993.

[175] Brandt M W, Wang K Q. Time-Varying Risk Aversion and Unexpected Inflation [J]. Journal of Monetary Economics, 2003, 50(7):1457-1498.

[176] Breiman L. Optimal Gambling Systems for Favorable Games[M]//Newyman J, Scott E, eds. Proceedings of the Fourth Berkeley Symp of Math Statistics, and Probability. University of California Berkely Press, 1961.

[177] Brock W A, Hommes C H, Wagener F O. Evolutionary Dynamics in Financial Markets with Many Trader Types[J]. Journal of Mathematical Economics, 2005, 41(1-2): 7-42.

[178] Campbell J Y, Chacko G, Rodriguez J, et al. Strategic Asset Allocation in a Continuons-Time UAK Model[J]. Journal of Economic Dynamics and Control, 2004, 28(11):2195-2214.

[179] Campbell J Y, Viceira L M. Who Should Buy Long? [J]. American Economic Review, 2001, 91(1): 99 127.

[180] Chan Y. On the Positive Role of Financial Intermediation in Allocation of Venture Capital in a Market with Imperfect Information[J]. Journal of Finance, 1983(38): 1543-1568.

[181] Chant J. The New Theory of Financial Intermediation [M]//Current Issues in Financial and Monetary Economics, Palgrave Macmillan, 1989.

[182] Claessens S, Laeven L. Financial Development, Property Rights and Growth[J]. The Journal of Finance, 2003, 58(6): 2401-2436.

[183] Comerton-Forde C, Rydge J. Call Auction Algorithm Design and Market Manipulation[J]. Journal of Multinational Financial Management, 2006(2):184-198.

[184] Cox J C, Huang C F. Optimal Consumption and Portfolio Policies when Asset Prices Follow a Diffusion Process[J]. Journal of Economic Theory, 1989, 49(1): 33-83.

[185] Daniel K, Hirshleifer D, Subrahmanyam A. Investor Psychology and Investor Security Market Under-and Overreactions [J]. Journal of Finance, 1998(53): 1839-1886.

[186] Daniel K, Titman S. Evidence on the Chamiteristics of Cross Sectional Variation in Stock Returns[J]. The Journal of Finance, 1997, 52(1): 1-33.

[187] Davig T, Leeper E M, Walker T B. "Unfunded Liabilities" and Uncertain Fiscal Financing[J]. NBER Working Papers, 2010.

[188] Davis M, Norman A R. Portfolio Selection with Transaction Costs[J]. Mathematics of Operations Research, 1990(15):676-713.

[189] De Bande O, Hattmann P. Systemic Risk: A Survery[J]. CEPR Discussion Paper, 2010, No. 2634.

[190] Debreu G. Theory of Value: An Axiomatic Analysis of Economic Equilibrium[M]. Yale University Press, 1959.

[191] Demirgǜ-Kunt A, Maksimovic V. Law, Finance, and Firm Growth [J]. Journal of

Finance, 1998, 53(6):2107-2137.

[192] Diamond D W. Dybvig P H. Bank Runs, Deposit Insurance, and Liquidity[J]. Journal of Political Economy, 1983, 9(13): 401-419.

[193] Diamond D W. Financial Intermediation and Delegated Monitoring[J]. Review of Economic Studies, 1984(51): 393-414.

[194] Dumas B, Luciano E. An Exact Solution to a Dynamic Portfolio Choice Problem under Transactions Costs[J]. Journal of Financo, 1991, 46(2): 577-595.

[195] Easley D, O'Hara M. Price Trade Size and Information in Securities Markets[J]. Journal of Financial Economics, 1987, 19(1): 69-90.

[196] Eastham J E, Hasting K J. Optimal Impulse Control of Portfolios[J]. Mathematics of Operations Research, 1998, 13(4): 588-605.

[197] Embrechats P, Kluppelberg C, Mikosch T. Modelling Extremal Events[J]. Applications of Mathematics, 1997, 71(2): 183-199.

[198] Evans D S. Economic Aspects of Bitcoin and Other Decentralized Public-Ledger Currency Platforms[J]. Social Science Electronic Publishing, 2014: 2-3.

[199] Frey M N. Estimation of Tail-Related Risk Measures for Heteroscedastic Financial Time Series: An Extreme Value Approach[J]. Journal of Empircal Finance, 2000, 7(3-4):271-300.

[200] Friedman D. Evolutionary Games in Economics[J]. Econometrica, 1991, 59(3): 637-666.

[201] Froot K A, Dabora E M. How Are Stock Prices Affected by the Location of Trade?[J]. Journal of Financial Economics, 1999, 53(2):189-216.

[202] Fudenberg D, Mobius M, Szeidl A. Existence of Equilibrium in Large Double Auctions[J]. Journal of Economic Theory, 2007(1): 550-567.

[203] Glosten L, Milgrom P. Bid Ask and Transaction Prices in a Specialist Market with Heterogeneously Informed Traders[J]. Journal of Financial Economics, 1985, 14(1): 71-100.

[204] Grinberg R. Bitcoin: An Innovative Alternative Digital Currency[J]. Social Science Electronic Publishing, 2011(4): 160.

[205] Gup B. What Is Money? From Commodities to Virtual Currencies/Bitcoin[J]. Most Important Concepts in Finance, 2017.

[206] Haselman R, Pistor K, Vig V. How Law Affects Lending[J]. Academy of Management Executive, 2006(12):64-73.

[207] Hauser F, Huber J. Short-selling Constraints as Cause for Price Distortions: An Experimental Study[J]. Journal of International Money & Finance, 2012(5): 1279-1298.

[208] Holden C, Subrahmanyam A. Long-Lired Private Information and Imperfect Competition[J]. Journal of Finance, 1992, 47(1):207-270.

[209] Hong H, Stein J C. A Unified Theory of Underreaction, Momentum Trading, and

overreaction in Asset Markets[J]. The Journal of Finance, 1999(6):2143-2184.

[210] Hong H, Stein J C. Differences of Opinion, Short-Sales Constraints, and Market Crashes[J]. Review of Financial Studies, 2003(2):487-525.

[211] Jahan-Parvar M R, Waters G A. Equity Price Bubbles in the Middle Eastern and North African Financial Markets[J]. Emerging Markets Review, 2010(1): 39-48.

[212] Jensen M, Meckling W. Theory of the Firm: Managerial Behavior, Agency Cost and Ownership Structure[J]. Journal of Financial Economics, 1976(4): 331.

[213] Johnson S. McMillan J. et al. Property Rights and Finance[J]. The American Economic Review, 2002, 92(5): 1335-1336.

[214] Jones C, Kaul G, Lipson M. Transaction, Volume and Volatility[J]. Review of Financial Studies, 1994(7):631-651.

[215] Jovanovic F. A Comparison between Qualitative and Quantitative Histories: The Example of the Efficient Market Hypothesis[J]. Journal of Economic Methodology, 2018(4): 1 20.

[216] Karatzas I, Shreve S E. Contingent Claim Valuation in a Complete Market[M]. Springer, 1998.

[217] Kim T S, Omberg E. Dynamic Nonmyopic Portfolio Behavior[J]. Review of Financial Studies, 1996(1): 141-161.

[218] King R G, Levine R. Finance and Growth: Schumpeter Might Be Right[J]. Quarterly Journal of Economics, 1993, 108(3): 717-737.

[219] Klein M A. The Economics of Security Divisibility and Financial Intermediation[J]. Journal of Finance, 1973(28): 923-931.

[220] Knack S, Keefer P. Instrtution and Economic Performance: Cross-Country Test Using Alternative Institutional Measure[J]. Economics and Politics, 1995, 7(3): 207-208.

[221] Kockafellar R T, Uryasev S. Optimization of Conditional Value-at-Risk[J]. Journal of Risk, 2000, 2(3): 21-41.

[222] La Porta R, et al. Law and Finance[J]. Journal of Political Economy, 1998(106): 1113-1155.

[223] La Porta R, Lopez-de-Silanes F, Shleifer A, et al. Legal Determinants of External Finance[J]. Journal of Finance, 1998(52):1131-1150.

[224] Laeven L, Woodruff C. The Quaility of the Legal System, Firm Ownership, and Firm Size[J]. The Review of Economics and Statistics, 2007, 89(4):601-614.

[225] Laeven L. Does Financial Liberalization reduce Financing Constraints? [J]. Financial Management, 2003, 32(1):5-34.

[226] Lakonishok J, Shleifer A, Vishny R W. Contrarian Investment, Extrapolation and Risk[J]. Journal of Finance, 1994, 49(5): 1541-1578.

[227] Lee C M C, Shleifer A, Thaler R H. Investor Sentiment and the closed-End Fund Puzzle[J]. Journal of Finance Patents Finance, 1991, 46(1):75-109.

[228] Leland H, Pyle D. Information Asymmetries, Financial Structure and Financial Intermediation[J]. Journal of Finance, 1977, 32(2): 371-387.

[229] Levine R E. Bank-Based or Market-Based Financial Systems: Which Is Better? [J]. Economia Chilena, 2000(1): 25-55.

[230] LLSV. Investor Protection and Corporate Governance [J]. Journal of Financial Economics, 2000(58):3-27.

[231] Loh L, Venkatraman N. Determinants of Information Technology Outsourcing: A Cross-Sectional Analysis[J]. Journal of Management Information Systems, 1992, 9(1): 7-24.

[232] Longstaff F A. Optimal Portfolio Choice and the Valuation of Illiquid Securitier[J]. Review of Finance Studies, 2001, 14(2): 407-431.

[233] Lueck D. Common Property as an Egalitanian share contract[J]. The Journal of Economic Behavior & Organization, 1994, 25(1):93-108.

[234] Mann S C, O'Hara M. Market Microstructure Theory[J]. Journal of Finance, 1997(2): 770.

[235] Manro P. Corruption and Growth[J]. Quarterly Journal of Economics, 1995, 110(3): 681-712.

[236] Markowitz H. Portfolio Selection[J]. The Journal of Finance, 1952(1): 77-91.

[237] Michael J. Brennan and Avanidhar Subrahmanyama. Market microstructure and asset pricing: On the compensation for illiquidity in stock returns[J]. Journal of Financial Economics.1996(3):441-464.

[238] Miller E M. Risk, Uncertainty, and Divergence of Opinion[J]. Journal of Finance, 1977(32):1151-1168.

[239] Modigliani F, Miller M H. The Cost of Capital, Corporation Finance and the Theory of Investment[J]. The American Economic Review, 1958(3): 261-297.

[240] Modigliani F, Miller M. Corporate Income Taxes and the Cost of Capital: A Correction[J]. American Economic Review, 1963(3): 433-443.

[241] Modigliani F, Miller M. The Cost of Capital, Corporation Finance, and the Theory of Investment[J]. American Economic Review, 1958(48): 261-297.

[242] Morck R K, Yeung B, Wu W. The Information Content of Stock Markets: Why do Emerging Markets have Synchronous Stock Price Movements? [J]. Journal of Financial Economics, 2000(1): 2-15, 60.

[243] Morck R, Yeung B, Yu W. The Information Content of Stock Markets: Why Do Emerging Markets Have Synchronous Stock Price Movements? [J]. Journal of Financial Economics, 2000(58):215-260.

[244] Morton A J, Pliska S R. Optimal Portfolio Mangement with Fixed Transation Costs [J]. Mathematical Finance. 1995, 5(4):337-356.

[245] North D C, Robert P R. The First Econormic Revolution[J]. Economic History Review,1977, 30(2):229-241.

[246] North D C, Rutten A. The Northwest Ordinance in Historical Perspective [C]// Klingaman D, Vedder R. Essays on the Old Northwest. 1973:19-31.

[247] O'Sullivan P. The Capital Asset Pricing Model and the Efficient Markets Hypothesis: The Compelling Fairy Tale of Contemporary Financial Economics[J]. International Journal of Political Economy, 2018, 47(3-4): 225-252.

[248] Phillips C A. Bank Credit: A Study of the Principles and Factors Underlying Advance Made of by Banks to Borrowers[M]. Arno Press, 1980.

[249] Radner R. Existance of Equilibrinm of Plans, Prices and Price Expectations in a Sequence of Markets[J]. Econometrica, 1972, 40(2):289-303.

[250] Rajan R G, Zingales L. Law, Polital and Financial Development [J]. Journal of Financial Ecomomics, 2000(69):559-586.

[251] Rajan R G, Zingales L. Law, Political and Financial Development[J]. Journal of Financial Economics, 2000(69):559-586.

[252] Reinganum M R. A New Empirical Perspective on the CAPM[J]. Journal of Financial and Quantitative Analysis, 1981(16): 439-462.

[253] Ren M S, Williamson R, Pinkowitz C L, et al. Culture, Openness, and Finance[J]. Journal of Financial Economics, 2002(3): 313-349.

[254] Saffi P A, Sigurdsson K. Price Efficiency and Short Selling[J]. Review of Financial Studies, 2011(24):821-852.

[255] Scholtens B, Wensveen D V. A Critique on the Theory of Financial Intermediation [J]. Journal of Banking & Finance, 2000(8):1243-1251.

[256] Scholtens B, Wensveen D V. The Theory of Financial Intermediation: An Essay On What It Does(Not) Explain[J]. SUERF Studies, 2003: 7-53.

[257] Scholtens B, Wensveen D. A Critique on the Theory of Financial Intermediation[J]. Journal of Banking & Finance, 2000(24):1243-1251.

[258] Schumpeter J A. Theorie der Wirtschaftlichen Entwicklung (The Theory of Economic Development)[M]. Duncker & Humblot, 1912.

[259] Sharpe W F. Capital Asset Prices: A Theory of Market Equilibrium under Conditions of Risks[J]. The Journal of Finance, 1964(3): 425-442.

[260] Shefrin H, Statman M. The Disposition to Sell Winners Too Early and Ride Losers Too Long: Theory and Evidence[J]. Journal of Finance, 1985(3): 777-790.

[261] Shefrin H. Behavioral Corporate Finance[J]. Social Science Electronic Publishing, 2001(3):113-126.

[262] Shreve S E, Soner H M. Optimal Investment and Consumption with Transaction Costs[J]. Annals of Applied Probability. 1994, 4(3): 609-692.

[263] Smith C W, Warner J B. On Financial Contracting [J]. Journal of Financial Economics, 1979(2): 117-161.

[264] Stattman D. Book Values and Expected Stock Returns[J]. The Chicago MBA: A Journal of Selected Papers, 1980(4): 25-45.

[265] Stulz R, Williamson R. Culture, Openness and Finance [J]. Journal of Financial Economics, 2003, 70(3):313-349.

[266] Tardivo, Giusoppe. VALUE AT RISK(VaR): The new benchmark for managing market risk[J]. Journal of Financial Mangement & Analysis, 2002, 15(1):16.

[267] Viceira C L M. Consumption and Portfolio Decisions when Expected Returns one Time Varying[J]. Nber Working Papers, 1999, 114(2): 433-495.

[268] von Wyss R, Hasbrouck J. Empirical Market Microstructure[J]. Financial Markets and Portfolio Management, 2007(3):399-400.

[269] Weber B. Can Bitcoin Compete with Money? [J]. Journal of Peer Production, 2013(4).

[270] Wurgler J. Financial Markets and the Allocation of Capital [J]. Journal of Financial Economics, 2000, 58(1-2):187-214.

[271] Yermack D. Is Bitcoin a Real Currency? An Economic Appraisal[M]// Handbook of Digital Currency, Elsevier, 2013.

图书在版编目(CIP)数据

金融理论与政策/马广奇著. —上海:复旦大学出版社,2021.9
(复旦卓越.金融学系列)
ISBN 978-7-309-15865-6

Ⅰ.①金… Ⅱ.①马… Ⅲ.①金融学-研究生-教材 ②金融政策-研究生-教材
Ⅳ.①F830 ②F831.0

中国版本图书馆 CIP 数据核字(2021)第 162070 号

金融理论与政策
JINRONG LILUN YU ZHENGCE
马广奇 著
责任编辑/李 荃

复旦大学出版社有限公司出版发行
上海市国权路 579 号　邮编:200433
网址:fupnet@fudanpress.com　http://www.fudanpress.com
门市零售:86-21-65102580　团体订购:86-21-65104505
出版部电话:86-21-65642845
上海华业装潢印刷厂有限公司

开本 787×1092　1/16　印张 23.75　字数 578 千
2021 年 9 月第 1 版第 1 次印刷

ISBN 978-7-309-15865-6/F·2822
定价:69.00 元

如有印装质量问题,请向复旦大学出版社有限公司出版部调换。
版权所有　侵权必究